Références sciences

Architectures logicielles réparties

Du client-serveur au cloud computing

Yann Pollet

ellipses

Collection Références sciences

dirigée par Paul de Laboulaye

paul.delaboulaye@editions-ellipses.fr

Retrouvez tous les livres de la collection et des extraits sur www.editions-ellipses.fr

ISBN 9782340-030237
©Ellipses Édition Marketing S.A., 2019
32, rue Bargue 75740 Paris cedex 15

www.editions-ellipses.fr

AVANT-PROPOS

La plupart des applications informatiques d'une certaine importance sont maintenant conçues comme des logiciels distribués, les différentes parties du logiciel étant alors déployées sur un nombre parfois grand de machines clientes et de serveurs, communiquant via des réseaux locaux et/ou à travers Internet. Dans le cadre d'un nouveau système ou d'une nouvelle application à développer, la définition de l'architecture logicielle adaptée aux besoins devient alors un enjeu majeur.

De manière générale, l'architecte devra définir comment les différentes parties du logiciel pourront interagir entre elles. Il sera donc amené à faire des choix, tels que ceux des principes d'interaction à adopter, des environnements techniques à mettre en œuvre, ou encore des standards à respecter. Dans les systèmes répartis, ces éléments constituent le nécessaire ciment liant les applications distantes, et jouent ainsi un rôle essentiel. Ils constituent l'alphabet de base mis à disposition de l'architecte logiciel pour concevoir l'organisation d'un système réparti. L'architecte doit donc parfaitement maîtriser les principes sous-jacents aux différentes technologies ainsi que les approches architecturales associées afin de faire les choix pertinents. Plus que les technologies elles-mêmes, ce sont bien ici les *principes* sur lesquels celles-ci sont basées qui sont importants.

L'objectif que nous nous fixons dans cet ouvrage est de présenter quelques-unes de ces approches parmi les plus importantes, et de voir comment les principes à la base de celles-ci sont mis en œuvre dans les technologies logicielles présentes sur le marché et sont fixés dans les standards. D'ores et déjà, précisons bien que l'objectif n'est pas de conduire le lecteur à une maîtrise approfondie des technologies évoquées (dont il serait impossible de condenser la présentation en un seul ouvrage), mais de contribuer à l'acquisition d'une *vision d'architecte logiciel*. Dans cet ouvrage, nous ne mettons donc pas l'accent sur le développement logiciel dans les environnements évoqués, ni sur l'expertise approfondie en rapport avec ceux-ci, mais sur une vision *en largeur*, seule garante d'une maîtrise globale de la complexité, en nous attachant aux *principes* à l'œuvre dans chaque approche.

Cet ouvrage développe pour l'essentiel des contenus correspondant à un cours proposé en approfondissement en fin de cursus ingénieur en informatique, option AISL (Architecture Intégration Systèmes et Logiciels), au *Conservatoire National des Arts et Métiers*. Nous supposons ici que le lecteur possède déjà de bonnes connaissances en informatique, notamment en rapport avec la *conception par objets*, avec les *langages de programmation objet*, la *modélisation UML*, et enfin les *systèmes de gestion de bases de données relationnelles* et le *langage SQL*.

Le premier chapitre sera d'abord consacré à une rétrospective en rapport avec l'évolution des systèmes informatisés, avec le passage du paradigme de *système centralisé* à celui de *système réparti*. Nous verrons alors les *principes de base du client-serveur*, déclinés dans différents contextes, ce qui débouchera naturellement sur l'approche des *architectures à objets distribués* puis, avec l'arrivée d'Internet, sur celle des architectures dites *N-tiers*.

Au-delà des objets distribués, la généralisation d'Internet a ouvert la voie à de nouvelles architectures et de nouveaux modèles d'interaction entre les différents composants d'un système réparti. Ce sera l'objet des chapitres suivants constituant le présent ouvrage.

En nous plaçant dans le cadre d'applications développées en langage objet, dont nous prendrons le langage *Java* pour exemple, nous verrons alors comment peut être réalisé le lien entre la partie applicative et la base de données, en général relationnelle, constituant ce que l'on appelle la *persistance objet*. Nous aborderons dans ce cadre la *correspondance objet-relationnel*, laquelle peut être mise en œuvre au travers de l'API standard *JPA* (*Java Persistency API*), ainsi que les *objets d'accès aux données* (DAO). Ces aspects feront l'objet du chapitre 2.

Dans le cadre spécifique de la conception des applications *N-tiers*, nous nous concentrerons ensuite sur la *partie applicative*, en étudiant ce que nous appellerons l'*approche par composants métier*, et étudierons sa mise en œuvre par le biais de *JEE* (*Java Enterprise Edition*) et des *EJB* (*Enterprise Java Beans*). Ceci fera l'objet du chapitre 3.

Nous prendre ensuite de la hauteur pour nous placer au niveau d'un *système réparti à plus grande échelle*, constitué par exemple par le *Système d'Information* d'une organisation, lui-même composé d'un ensemble d'applications coopérantes. Dans ce cadre, nous verrons la notion de *communication par messages*, concrétisée par les *intergiciels orientés messages*, ou *MOM* (*Message Oriented Middleware*), permettant la mise en œuvre d'une coopération entre applications sur la base d'un couplage lâche. Ceci fera l'objet du chapitre 4.

Nous verrons ensuite un autre moyen de coopération entre applicatifs distribués sur un réseau d'entreprise ou sur Internet, avec l'invocation d'une entité logicielle à distance par le biais de la notion de *Service Web*, laquelle fera l'objet du chapitre 5.

Toujours au niveau d'un grand Système d'Information, nous verrons comment diverses entités logicielles peuvent être invoquées et convenablement orchestrées par le biais des *processus métier*. Nous décrirons alors le *langage BPMN* (*Business Process Model and Notation*) et son utilisation pratique pour rendre compte des processus métier et au besoin les exécuter, ce qui fera l'objet du chapitre 6.

Sur la base de ces deux notions de *service* d'une part, et de *processus métier* d'autre part, nous serons alors en mesure d'aborder l'*architecture orientée service*, ou *S.O.A.* (*Service Oriented Architecture*), qui permet de construire ou de restructurer un Système d'Information sur cette base. Ceci fera l'objet du chapitre 7.

Nous nous placerons ensuite à une plus grande échelle encore, avec des systèmes potentiellement constitués d'un très grand nombre de machines serveurs, réparties et susceptibles de communiquer à travers Internet. Nous prendrons l'exemple des bases de données dites *NoSQL*, qui constitue une illustration intéressante de systèmes répartis à grande échelle, ce qui fera l'objet du chapitre 8.

Enfin, pour terminer, nous verrons comment toutes ces notions ont pu converger et être mises à profit dans la notion de *cloud computing*, nouveau modèle d'exécution où la ressource informatique devient *virtualisée* et *mobilisable à la demande*, ce qui nous permettra d'aborder le modèle de programmation d'*AWS* (*Amazon Web Services*) et de conclure sur ce nouveau modèle offert aux concepteurs d'une application ou d'un système informatisé.

Bien que reflétant une progression, chacun des chapitres constituant le présent ouvrage s'avère autonome, à travers les rappels éventuels des notions de base utiles, et peut donc être abordé de manière indépendante par le lecteur, notamment celui possédant déjà la maîtrise d'une ou plusieurs des approches ici présentées.

TABLE DES MATIÈRES

CHAPITRE 1. Des systèmes centralisés aux objets distribués

Objectif de ce chapitre

En introduction de cet ouvrage, nous allons en premier lieu retracer, à travers un très bref historique, l'évolution des architectures de systèmes informatisés depuis les systèmes centralisés jusqu'aux premiers systèmes répartis, ayant donné naissance au concept de *client-serveur*. Ceci nous conduira naturellement à présenter les différents cas d'interaction client-serveur consacrés par l'usage, ainsi que les technologies associées.

Nous présenterons ensuite l'approche par *objets distribués*, qui constitue l'évolution naturelle du client-serveur dans le contexte de la programmation par objets, et étudierons à cette occasion plus en détail la spécification *CORBA* (*Common Object Request Broker Architecture*) ainsi que l'invocation de méthode à distance avec *RMI* (*Remote Method Invocation*), liée au langage Java.

Nous aborderons enfin, avec la montée en puissance d'Internet, les *architectures 3-tiers* et *N-tiers* actuellement très utilisées dans la pratique des projets, lesquelles nous permettrons d'introduire les thèmes abordés dans les deux chapitres suivants

1.1. Introduction : systèmes centralisés et architectures réparties

1.1.1. Architecture centralisée et architectures réparties

Les premières générations de systèmes informatisés s'appuyaient sur un modèle centralisé, reposant sur un ordinateur unique, avec d'abord, historiquement, les *mainframes*, puis les matériels issus de la *mini-infomatique*. Logiquement, les constructeurs de machines développaient alors naturellement les logiciels adaptés aux matériels commercialisés, ce qui comprenait bien sûr les logiciels de base, dont le système d'exploitation et les gestionnaires de périphériques. Mais ces logiciels comprenaient aussi tout un ensemble de logiciels applicatifs destinés aux usages d'entreprise, sachant que les besoins portaient alors sur des aspects relativement génériques, essentiellement issus du monde de la gestion. Pour des usages plus spécifiques, soit de nature scientifique ou technique, soit liés à un système d'information, les organisations étaient invitées à développer leurs propres programmes dans des langages qui étaient essentiellement, au départ, Fortran (pour le calcul scientifique) et Cobol (pour les applications de gestion), complétés ensuite par de nombreux autres langages. Une fois ces logiciels conçus et développés, leur mise en œuvre ne posait pas de problème particulier d'intégration ou de déploiement puisque tout était conçu pour fonctionner dans le cadre d'un environnement unique, bien connu et stable.

L'arrivée des matériels issus de ce qui était alors appelé la *micro-informatique*, et celle des ordinateurs personnels et des stations de travail graphiques, a considérément modifié cette vision des choses. Dans la mesure où l'on disposait maintenant de matériels de coût bien inférieur, voire même très bon marché, bien plus faciles à déployer, dotés de systèmes d'exploitation standards, et susceptibles d'être connectés en réseaux locaux, tout un horizon potentiel d'applications nouvelles apparaissait alors.

Mais la contrepartie d'un tel bénéfice, certes considérable, était que le système informatisé apparaissait alors comme un ensemble de logiciels et de matériels potentiellement hétérogènes qu'il fallait interconnecter et faire coopérer, requérant donc la définition d'*architectures* matérielle et logicielle adaptées au problème à résoudre. Le rôle d'*architecte logiciel*, c'est-à-dire celui d'acteur en charge de la conception du système, responsable de l'organisation du logiciel et du choix des éléments à y intégrer, devenait alors absolument essentiel. On passait ainsi d'une notion relativement simple d'*application à développer* à celle, plus complexe, de *système à architecturer*. Nous parlerons ici, pour qualifier une telle situation, de logiciels ou de systèmes *distribués*, ou encore *répartis*[1].

La figure ci-dessous illustre ce changement de paradigme dans le développement de systèmes informatisés, avec, d'un côté, un ordinateur central exécutant des applications, accédées via de simples terminaux passifs, et, de l'autre, un ensemble de machines unies en réseau, et exécutant des entités logicielles réparties sur celles-ci.

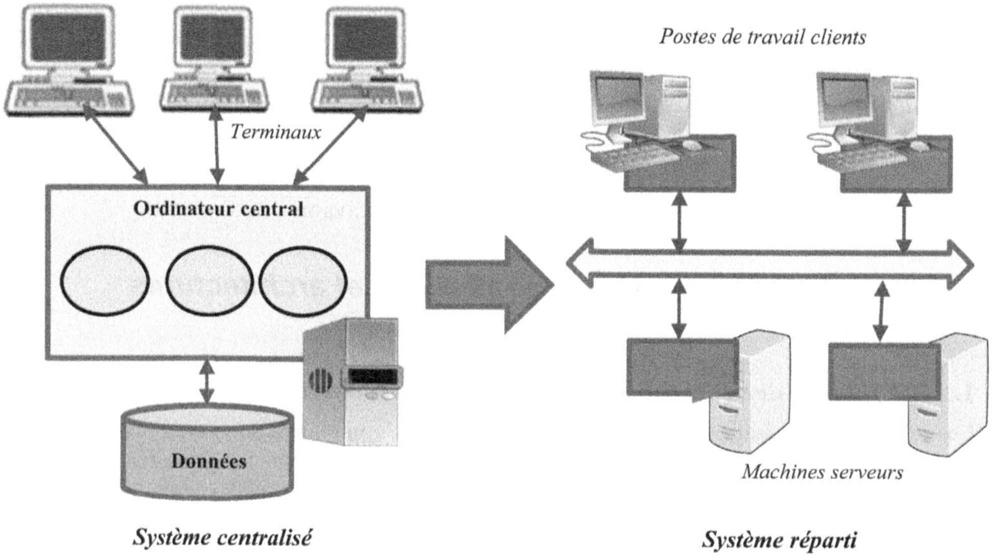

Figure 1. Système centralisé et système réparti.

Dans une *approche répartie*, nous aurons ainsi différentes machines, parmi lesquelles des machines dites *clientes*, au contact direct des utilisateurs, et responsables en particulier des interactions avec ces derniers, et des machines plus puissantes, dites *serveurs*, en charge du stockage des données et/ou de l'exécution de traitements communs.

On remarquera que cette approche de *système réparti* est toujours l'approche actuelle, maintenant transposée à une plus grande échelle, celle d'Internet. La répartition est ainsi

[1] Nous considérerons ici ces deux termes comme synonymes. Si la langue anglaise ne connait qu'un seul terme, à savoir *distributed*, les professionnels de l'informatique en France emploient volontiers les deux termes de *distribué* et de *réparti*. Il a un temps été proposé de préférer le terme de *distribué* pour qualifier la localisation des traitements sur différents matériels distants, et celui de *réparti* pour parler de la distribution des données. L'usage semble considérer à l'heure actuelle ces deux termes comme synonymes, ce que nous ferons ici.

devenue à ce jour l'approche naturelle pour la conception d'un nouveau système informatisé de quelque importance. Cette répartition peut se concevoir à l'échelle d'un réseau local, mais aussi, comme très souvent maintenant, à une échelle beaucoup plus grande, avec des machines réparties géographiquement sur plusieurs sites physiques.

1.1.2. Les architectures réparties : intérêts et difficultés

De manière générale, la conception d'un système implique donc de définir une certaine répartition des traitements et des données sur différentes machines physiques distantes. Les composants logiciels présents sur ces machines vont coopérer entre eux, via des mécanismes logiciels particuliers, très souvent basés, comme nous le verrons dans la suite, sur une relation *asymétrique* du type *client à fournisseur de service*, ou bien encore, parfois, sur une relation *émetteur-récepteur* d'information, dans un lien cette fois d'*égal à égal*.

Outre les avantages déjà indiqués, liés aux coûts et à la *déployabilité*, la mise en œuvre d'une solution répartie présente de *nombreux intérêts potentiels*. L'un de ses intérêts est la possibilité d'introduire des *redondances* dans un système, que ce soit une redondance des *données* (gestion des mêmes données sur plusieurs serveurs, voire sur plusieurs sites géographiques) et/ou des *traitements*, de manière à se prémunir contre des pannes, augmenter la *disponibilité* du système et ainsi la continuité du service fourni. Un autre intérêt du principe de répartition réside dans une *extensibilité*[1] *a priori plus facile* du système. Ainsi, si un système est convenablement architecturé à cette fin, il pourra permettre une certaine adaptation (dans une certaine limite), via l'ajout de machines supplémentaires, aux nouvelles dimensions du problème posé, qu'il s'agisse du volume des données à gérer, du débit de flux entrant, de la charge à supporter, etc. Enfin, l'approche des systèmes répartis permet d'envisager l'*intégration d'applications issues de différentes générations technologiques*, lesquelles, on le sait, doivent fréquemment cohabiter au sein d'une même organisation. Ainsi, une application *patrimoniale*[2] pourra-t-elle continuer à être exploitée sans modification sur le matériel pour lequel elle a été conçue, tandis que des applications nouvellement développées tourneront sur d'autres machines plus récentes, et s'interfaceront néanmoins avec celle-ci via des *couches logicielles de médiation* conçues à cet effet. Bien sûr, tous ces intérêts sont des intérêts *potentiels*, en ce sens qu'ils ouvrent des possibilités, sans bien sûr apporter de réponse directe toute prête à chaque cas.

Le principe d'un système réparti permet d'envisager de nouvelles manières, beaucoup plus simples, de résoudre un certain nombre de problèmes. Encore faudra-t-il faire inter opérer concrètement les éléments logiciels répartis sur les différentes machines. De manière générale, pour construire un système réparti, nous aurons donc besoin de technologies logicielles convenables, permettant de *mettre en œuvre les interopérations indispensables entre applications distantes*. Sur cette base, il faudra concevoir les applications ainsi réparties sur la base d'une organisation architecturale adaptée, c'est-à-dire qui réponde bien au problème posé. Il nous faudra bien sûr aussi choisir les approches et les technologies logicielles d'interopération adaptées à chaque cas.

Au-delà des avantages de la répartition, il convient de bien noter ici le fait que, lorsqu'on développe un système réparti, des difficultés de conception particulières, spécifiquement liées à la répartition, apparaissent. Une première source de difficultés vient bien sûr des

---

[1] Nous employons ici ce terme d'*extensibilité* dans le sens du mot anglais *scalability*.

[2] On emploie ce terme d'application *patrimoniale*, ou encore *legacy* pour désigner une application basée sur une technologie ancienne, que l'on continue, par choix, à opérer en l'état. On parlera aussi d'application « léguée ».

réseaux de communications eux-mêmes. Certains composants logiciels n'interagissent plus directement entre eux, mais via divers réseaux de communication, qui vont de simples réseaux locaux jusqu'à la mise en œuvre d'échanges à travers Internet. Ces réseaux introduisent inévitablement une plus ou moins grande *latence* et un *temps de transmission* dont il faut tenir compte dans le comportement global du système, en particulier pour ce qui est de l'atteinte des performances attendues. Par ailleurs, la *fiabilité* d'un réseau ne peut être absolue, et une limite dans les *débits de transmission* apparaît. Enfin, les communications à travers un réseau à grande échelle posent des problèmes particuliers de *sécurité*, qui n'apparaissaient nullement dans le cas d'une application locale, liée géographiquement à un site unique.

Une autre source de difficulté vient de la *dynamicité intrinsèque à tout système distribué*, constitué par nature de machines indépendantes. A tout instant, une machine peut être arrêtée du fait d'une panne, voire d'une opération de maintenance. Il convient donc de prendre en compte cette possibilité dans les interactions logicielles en traitant convenablement les erreurs. Enfin, si nous avons mentionné l'intérêt de pouvoir ajouter facilement de nouvelles machines (ouvrant la voie à des caractéristiques d'*extensibilité*), cet intérêt nécessite bien sûr, pour être concrétisé, une mise en œuvre de mécanismes logiciels *ad hoc*, sans lesquels on ne pourra espérer la moindre adaptabilité du logiciel. Ceci n'est pas toujours simple.

Tous ces éléments font que les interactions entre composants logiciels à travers les réseaux de communication posent des problèmes tout à fait spécifiques. Les solutions apportées et les modes d'interactions ne pourront être une simple transposition de mécanismes logiciels locaux, c'est-à-dire mis en œuvre au sein d'un logiciel tournant sur une machine unique. De manière générale, la résolution de ces problèmes appelle ainsi de nouvelles approches, avec, pour mettre en œuvre celles-ci, des logiciels de liaison particuliers, que nous appellerons des *connecteurs*. A un certain niveau de complexité, on a coutume de désigner de tels logiciels par le terme d'*intergiciel*[1].

Ce sont ces approches et leurs mises en œuvre que nous nous proposons d'étudier ici.

1.1.3. Objectif de cet ouvrage

Dans les systèmes répartis, les technologies logicielles permettant les interactions entre composants distants constituent le nécessaire ciment liant les applications distantes entre elles. Elles jouent donc un rôle tout à fait essentiel. Ces technologies sont de différents types, et constituent les éléments de base mis à disposition de l'architecte logiciel pour concevoir l'architecture globale du système réparti. L'architecte doit donc parfaitement maîtriser les principes sous-jacents aux différentes technologies, ainsi que les approches architecturales associées, afin de faire les choix d'architecture pertinents. Mais plus que les technologies elles-mêmes, ce sont bien en fait les *principes* sur lesquels celles-ci sont basées qui sont importants.

L'objectif que nous nous fixons ici est avant tout de présenter quelques-unes de ces approches parmi les plus importantes, et étudier la manière dont elles sont mises en œuvre dans les technologies logicielles présentes sur le marché et fixées dans les standards.

---

[1] Traduction du terme anglais *middleware*.

Nous examinerons donc les principales approches autorisant les interactions entre entités logicielles distantes sur un réseau de machines, avec des exemples de mises en œuvre techniques. Nous avons fait ici le choix, pour nos exposés, de baser les exemples sur le monde du langage Java, pour lequel il existe quantité d'implémentations *open source*. Bien sûr, ceci constitue un choix de présentation arbitraire. Les technologies décrites dans la suite ne le sont qu'à titre d'exemples de mises en œuvre, sachant qu'il existe également, quasiment pour chaque aspect traité, d'autres approches technologiques, dont des implémentations « propriétaires », à peu près équivalentes en termes de fonctionnalités, *a priori* tout aussi intéressantes sur le plan technique. Ce choix ne reflète donc aucune espèce de préférence ni jugement de valeur.

Dans le présent chapitre, nous examinerons en premier lieu le modèle de base proposé pour les interactions entre applications distantes, à savoir le client-serveur simple dit « à deux niveaux ». Nous verrons comment ce principe peut se décliner selon plusieurs variantes, et servir ainsi de base à différentes familles technologiques. Nous verrons ensuite des évolutions naturelles de ce modèle dans le monde objet, avec, d'une part le modèle d'architecture proposé par *CORBA* (*Common Object Request Broker Architecture*), puis le modèle d'interaction spécifique du monde Java, très utilisé, à savoir *RMI* (*Remote Method Invocation*).

Enfin, avec l'arrivée d'Internet dans les applications informatiques, et à titre de préambule aux chapitres qui suivent, nous présenterons l'évolution ayant mené aux architectures dites *N-tiers*, base des *applications orientées Web*.

1.2. Le client-serveur de base, ou à deux niveaux

Un modèle de base pour l'interaction entre entités logicielles distantes est le *modèle client-serveur*. Ce modèle est basé sur la séparation physique entre, d'une part, des *entités logicielles clientes*, requérant pour s'exécuter la fourniture d'un certain *service* (par exemple délivrer une information, ou encore exécuter un traitement) et, d'autre part, une entité logicielle dite *serveur*, en charge de fournir ce service au bénéfice des dits clients.

1.2.1. Le principe du client-serveur

On peut ainsi définir le modèle client-serveur comme une *approche architecturale* qui vise à *distribuer une application logicielle sur un ensemble de machines physiques distantes*, et où des *entités logicielles clientes et serveur interagissent via des protocoles de communication standards, sur la base de la notion de service*.

Le modèle client-serveur définit donc *deux rôles*, celui de *client*, joué par autant d'entités logicielles que nécessaire, et celui de *serveur*, joué par *une* entité particulière. Dans le modèle d'interaction client-serveur, le client adresse une *requête* au serveur puis reçoit un résultat en réponse à celle-ci, comme symbolisé sur la figure ci-après. Dans le modèle de base, cette interaction est dite *synchrone*, c'est-à-dire que l'entité cliente suspend son exécution en attente de la réponse de l'entité serveur, et la reprend une fois ce résultat obtenu.

L'intérêt fondamental du client-serveur est de mettre en commun un ensemble de traitements et/ou de centraliser l'accès à des ressources communes, tout en répartissant la charge entre les machines clientes et la machine serveur.

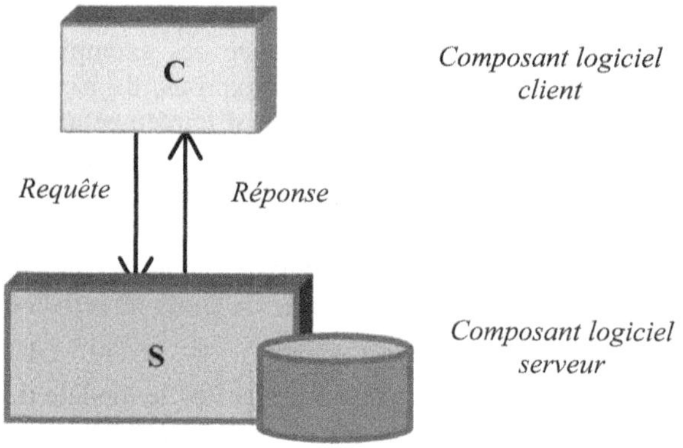

Figure 2. Interaction client-serveur.

Un tel découpage entre code client et code serveur obéit donc à une double logique : celle liée à une décomposition de l'application en entités logicielles bien découplées, et celle liée à une répartition de la charge de travail nécessaire sur différentes machines physiques. Bien sûr, outre l'exécution des traitements dont il a en propre la charge, l'entité serveur devra, en outre, savoir gérer les accès multiples concurrents aux mêmes ressources.

La figure ci-dessous symbolise une telle organisation :

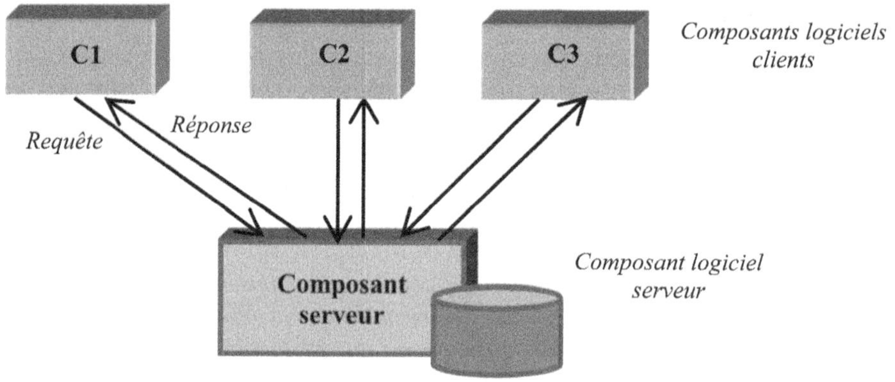

Figure 3. Illustration du modèle client-serveur.

Bien sûr, rien n'empêche l'architecte d'utiliser plusieurs relations client-serveur au sein de la même architecture, avec donc plusieurs logiciels serveurs assurant différents services.

Les caractéristiques définissant le modèle *client-serveur* sont ainsi les suivantes :

- Il est basé sur la notion de *service*, selon un mode d'interaction de type *requête-réponse.*
- Il respecte un principe d'*encapsulation*, la manière dont un service est rendu restant invisible au client. Le client reçoit un résultat sans savoir comment ce résultat a été produit et sans avoir aucunement à s'en préoccuper.

- Il assure le *partage des données et des ressources communes entre les clients*, dans le respect de l'intégrité de ces dernières. Le serveur doit ainsi gérer convenablement les accès concurrents aux mêmes ressources afin de garantir à tout instant cette intégrité. Ainsi, chaque client peut-il interagir avec le serveur comme s'il était le seul client.
- Il assure la *transparence vis-à-vis des protocoles de transmission de données* sous-jacents, dont le client n'a pas à se préoccuper.
- Il assure une *transparence vis-à-vis de l'emplacement physique du serveur*. Une fois la connexion au serveur convenablement effectuée, le client interagit avec celui-ci comme avec une entité locale dont il n'a plus besoin de connaître l'emplacement physique.
- Il assure enfin la *transparence vis à vis des matériels et des systèmes d'exploitation*, en masquant l'hétérogénéité de ceux-ci.

On notera que, dans le modèle de base client-serveur, les communications requièrent un mode *connecté*, avec présence d'une notion de *session*.

Du fait des caractéristiques ci-dessus, le modèle client-serveur apporte une certaine capacité d'*extensibilité*. Ainsi, une évolution du système visant, par exemple, à faire face à une plus grande charge de travail, pourra-t-elle se traduire selon deux axes possibles et non exclusifs. Ces deux axes concernent d'une part 1) le niveau des clients, avec l'ajout de machines et de composants logiciels clients associés (forme d'*extensibilité* dite *horizontale*), et d'autre part, 2) le niveau du serveur, par remplacement de la machine serveur par une machine plus puissante (*extensibilité* dite *verticale*).

Il convient ici de bien distinguer le client-serveur en tant que *principe d'interaction* entre entités logicielles, dont il vient d'être question, et le client-serveur vu cette fois en tant que *style architectural*, organisation d'un système réparti où les composants logiciels interagissent précisément entre eux selon ce *mode client-serveur*. On parle plus volontiers dans ce dernier cas de *style client-serveur à deux niveaux*. Les composants sont alors soit clients, soit serveurs, de manière exclusive, et l'architecture distingue donc de fait deux niveaux. Plus généralement, on considère des styles *client-serveur à N niveaux*, certains composants jouant alors en même temps des rôles de client et de serveur dans différentes relations client-serveur. Dans la première situation, l'architecture apparaîtra structurée sur deux niveaux, à savoir le niveau des clients et celui des serveurs. Dans la seconde situation, l'architecture présentera cette fois non pas deux, mais N niveaux. Un composant d'un niveau intermédiaire pourra alors jouer en même temps le rôle de serveur pour le niveau supérieur, et celui de client vis-à-vis du niveau inférieur. En d'autres termes, dans une architecture à N niveaux, un composant serveur peut donc s'appuyer sur un autre composant pour rendre le service qui lui est demandé.

1.2.2. Découpage des responsabilités entre client et serveur

Nous avons vu que le client-serveur sous-entendait une *interaction de type requête-réponse*, c'est-à-dire une interaction basée sur des requêtes adressées par un client à un serveur, lequel rendait un résultat, et ce de manière *synchrone*.

Mais le modèle, dans son principe, ne présuppose rien quant à la répartition des responsabilités entre le client et le serveur. Si certaines tâches, tels les accès aux données partagées, ou encore les contrôles d'intégrité de celles-ci, ont leur place naturelle côté serveur, il n'en va pas de même des traitements applicatifs, dont on peut imaginer qu'ils soient exécutés côté client ou bien côté serveur, ou bien encore pour partie côté client et pour partie côté serveur. Le choix d'une répartition particulière à adopter résulte d'une multitude de facteurs, parmi lesquels, par exemple, la minimisation du couplage, la réduction de la quantité de données à faire transiter entre les machines, ou bien encore le souci d'équilibrer la charge sur la base des puissances respectives des machines clientes et serveur. Il s'agit donc toujours d'un certain *compromis*, efficace dans un certain contexte de besoins.

Le positionnement pertinent de la « frontière », répartissant les responsabilités respectives entre clients et serveur, constitue donc un problème à part entière. Ce problème est résolu de diverses manières, comme nous le verrons dans la suite, avec une multitude de solutions, très variables selon le contexte et la technologie considérée. La figure ci-dessous illustre ce problème de séparation entre entités clientes et serveur, qui vise à déterminer les tâches respectives associées à l'un et l'autre des composants en interaction.

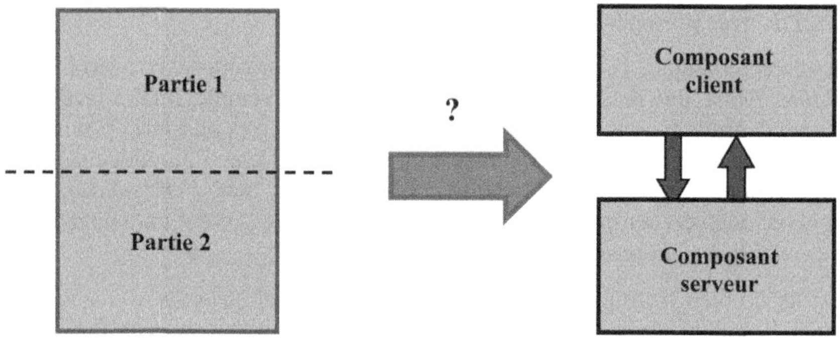

Figure 4. Illustration du choix de frontière entre client et serveur.

Il est évident qu'en fonction du choix opéré quant au positionnement de cette séparation, ce ne sont pas du tout les mêmes données qui seront échangées entre le client et le serveur, et qui donc circuleront sur le réseau de communication. Il y a là clairement un compromis à opérer dans chaque cas entre les aspects afférant aux charges respectives des machines, à la réduction de la quantité de données transitant sur le réseau (que l'on cherche à rendre la plus faible possible), et enfin à la minimisation du couplage entre composants (visant à faciliter l'évolutivité). Nous allons examiner ici quelques solutions typiques apportées à ce problème, telles que mises en œuvre dans quelques approches technologiques classiques.

Afin d'éclairer au préalable cette problématique, nous considérerons ici que le code de tout système logiciel[1] assure naturellement plusieurs responsabilités, et que l'on peut donc, en principe, trouver dans le code plusieurs grandes parties afférant à celles-ci. Ainsi, on trouvera une certaine partie du code en charge de l'interaction avec les usagers. C'est la partie dite *Interface Homme-Machine,* ou en abrégé I.H.M. Elle sera en charge de la *présentation*, c'est-à-dire de la gestion des éléments d'interaction présentés à l'écran, mais aussi du *contrôle du dialogue*, c'est-à-dire de l'implémentation des règles présidant à la

[1] Nous ne ferons pas ici de différence entre la notion de *système logiciel* et celle d'*application*, et emploierons ici les deux termes de manière indifférente.

dynamique de cette présentation. Toute application présente par ailleurs nécessairement une certaine partie purement *applicative*, que nous désignerons ici par souci de simplicité, et quelque peu abusivement, par le terme d'*application*. Cette *application* comprend tous les aspects proprement liés au domaine, et rend compte en particulier des *entités métiers* utiles, des *traitements applicatifs* à mener, ainsi que de la *dynamique des processus* liés au métier. Enfin, la grande majorité des applications, même très simples, comprend en outre une partie en charge de la gestion des données et de leur persistance. On peut donc considérer que, de manière générale, tout système logiciel comprend 1) une partie *Interface Homme-Machine*, 2) une partie *applicative*, et 3) une *partie gestion des données*. Dans le cas d'un système réparti, il sera par définition nécessaire de distribuer ces parties sur différentes machines physiques.

La figure ci-dessous illustre sur cette base un certain nombre de choix typiques afférant au positionnement de la frontière client-serveur. Nous trouvons sur la figure en question, en partie gauche, la tripartition générale indiquée ci-dessus, et, plus à droite, la répartition correspondante des responsabilités client et serveur dans différents cas typiques, numérotés de 1 à 5. Nous voyons que, pour chaque cas illustré, la frontière entre client et serveur se déplace.

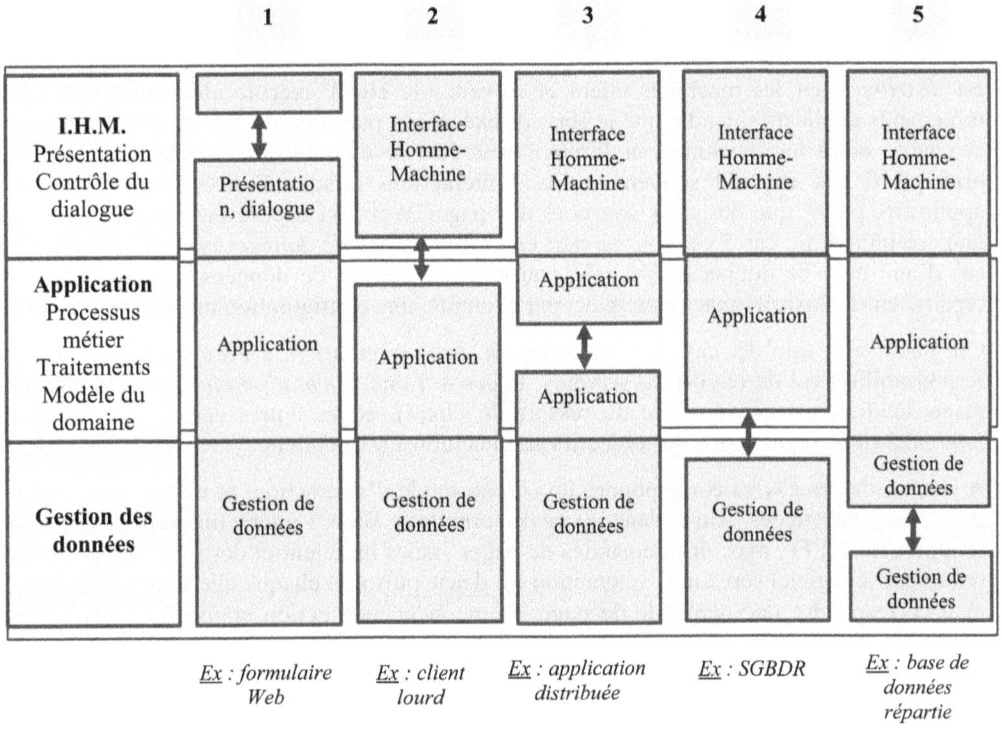

Figure 5. Différents types de découpage entre client et serveur (d'après R. Chevance).

Le cas 1 nous montre une situation où toutes les responsabilités indiquées ci-dessus sont regroupées du côté serveur, le client étant réduit au simple rôle de terminal « clavier-écran ». Cette situation illustre par exemple le cas historique de terminaux passifs connectés à un ordinateur *mainframe* (le terminal se contente en effet dans ce cas de transmettre et afficher des caractères), ou encore le cas de *formulaires Web* (le client exécute alors un navigateur Internet, le rôle de dernier se limitant le plus souvent à transmettre les clics souris ou des éléments saisis par l'usager, et à afficher les pages délivrées en résultat ; toutes les autres tâches, y compris celles liées à la présentation et au contrôle des valeurs saisies, sont de la responsabilité du serveur).

Dans le cas 2, la séparation entre client et serveur correspond à l'articulation entre I.H.M. et application. C'est un cas que l'on rencontre dans une approche *client lourd*. La station client a alors la charge de l'intégralité des tâches liées à l'interaction homme-machine, tandis que le serveur exécute l'intégralité des actions applicatives et assure la persistance des données. On peut aussi classer dans ce cas la situation correspondant à une application patrimoniale que l'on continue d'opérer, mais à travers une nouvelle interface homme machine interactive en phase avec les attentes actuelles.

Passons maintenant directement au cas 4. Celui-ci illustre un autre cas de client lourd, qui fait appel à un Système de Gestion de Bases de Données Relationnelles (SGBDR). La station cliente est ici en charge de l'I.H.M. et de la partie applicative, alors que la partie serveur se limite à la gestion des données persistantes. L'interaction client-serveur repose alors ici le plus souvent sur les mécanismes fournis par le SGBD lui-même.

Les cas 3 et 5 illustrent pour leur part des situations intermédiaires où la coupure entre client et serveur *traverse* cette fois l'un des blocs. Ainsi, le cas 3 est-il celui où l'application est *distribuée* sur les machines client et serveur : le client exécute alors une partie des traitements applicatifs, tandis que le serveur exécute la partie complémentaire, répartissant la charge entre les machines, et limitant peut-être le volume des transmissions (sur le principe, il y a en effet souvent moins d'interactions lorsque l'on échange des objets applicatifs plutôt que des clics souris et des pages Web, ou encore des requêtes SQL et leurs résultats). Le cas 5 est pour sa part celui d'une *base de données répartie* (incluant le cas d'une base de données *répliquée*), où c'est la gestion de données qui est cette fois répartie entre plusieurs machines, avec, par exemple, une configuration maître-esclave.

On peut dire que le cas 1 correspond à une *orientation serveur* (l'essentiel des responsabilités est de ressort du serveur), le cas 4 à une *orientation client* (l'essentiel des responsabilités est au contraire du ressort du client), et les autres cas à des *situations intermédiaires*, répondant à des objectifs architecturaux particuliers.

A chacun de ces cas va correspondre un certain mode d'interaction, et une certaine nature de données échangées. Ainsi, dans le cas de formulaire Web, l'interaction repose-t-elle sur le protocole HTTP, avec des demandes de pages issues du client et des pages délivrées en retour par le logiciel serveur. L'interaction est dense puisqu'à chaque clic souris de l'usager peut correspondre une demande de page, même si aucune action applicative particulière n'est requise.

Dans le premier cas de client lourd (cas 2), l'interaction pourra reposer sur des mécanismes de type *appel de procédure à distance*, comme par exemple les *RPC* (*Remote Procédure Call*). Les requêtes seront alors des appels de fonctions, lesquelles retourneront des objets applicatifs que la partie cliente aura la charge de transformer en affichage. Dans le cas 4, par contre, les interactions reposeront sur des invocations de requêtes SQL retournant des résultats, ceci donc à travers un langage standard.

Dans le cas 3, nous aurons des échanges d'objets applicatifs, selon des interfaces applicatives à définir dans chaque cas, et une technologie à choisir (nous verrons qu'il en existe un certain nombre). Enfin, dans le cas 5, les échanges reposeront sur les couches logicielles d'interactions entre bases de données, qui pourront être celles fournies par l'éditeur du Système de Gestion de Base de Données.

1.2.3. Quelques exemples de technologies de base du client-serveur

Dans le client-serveur, on est donc amené à distinguer un composant en charge d'un certain travail (par exemple opérer un traitement, retrouver une donnée, etc.) d'un autre composant demandeur de ce travail, et qui en exploite le résultat.

On voit bien que l'on doit s'appuyer ici sur une certaine logique de découpage, afin, d'une part, de disposer d'une structure générale lisible (une architecture), dans le but de maîtriser la complexité, et, d'autre part, de tirer au mieux parti de la possibilité de distribuer l'exécution sur plusieurs machines. Après avoir illustré différents cas typiques de séparation entre client et serveur, nous allons maintenant examiner comment peut être opérée cette séparation. Nous passerons ainsi en revue quelques technologies très classiques concrétisant différentes notions de *connecteurs*. A chaque cas considéré correspondra une technologie de base, ou plus exactement une *famille technologique*, que nous ne ferons ici qu'évoquer.

Nous considérerons successivement le cas des *serveurs de fichiers en réseau*, celui des *Systèmes de Gestion de Bases de Données*, celui des *serveurs de procédures distantes* (tels que les RPC, ou *Remote Procedure Call*), celui des *serveurs de transactions*, et enfin celui des *serveurs de messages*.

1.2.4. Les serveurs de fichiers en réseau

Un premier cas à considérer est celui des *systèmes de fichiers en réseau*. Le but d'un tel système est de permettre à une application d'accéder à des fichiers du disque d'une machine distante, avec l'illusion d'accéder à des fichiers de son propre disque en local.

Un tel fonctionnement se base sur un protocole particulier, non étudié ici, permettant de traduire les actions classiques applicables à un fichier (telles *ouvrir*, *lire*, *écrire*, et *fermer*) sous la forme de commandes envoyées à un serveur de fichiers sur une machine distante, commandes retranscrites à l'arrivée sur le système de fichiers cible. L'opération par laquelle un répertoire d'un système de fichiers distant est logiquement « attaché » à un nœud du système de fichiers local se nomme le *montage* (*mount*). L'exemple typique d'un tel système de fichiers en réseau est *NFS* (*Network File System*), issu de la société Sun Microsystems, et qui date de 1984.

Le fonctionnement d'un système de fichiers en réseau est symbolisé sur la figure ci-après.

On remarquera qu'il s'agit là d'une forme d'échange de bas niveau sur le plan conceptuel. Une telle approche présente l'inconvénient majeur de ne pas gérer, en tout cas pas directement, la concurrence d'accès aux fichiers, lesquels peuvent de ce fait, en l'absence de précautions, être ouverts, lus et écrits de manière concurrente par plusieurs applications, avec un résultat final incontrôlable. Il est donc indispensable, dans un tel cas, de *verrouiller explicitement* un fichier devant être lu et/ou écrit, et ce à l'aide un mécanisme de verrouillage distant prévu à cet effet.

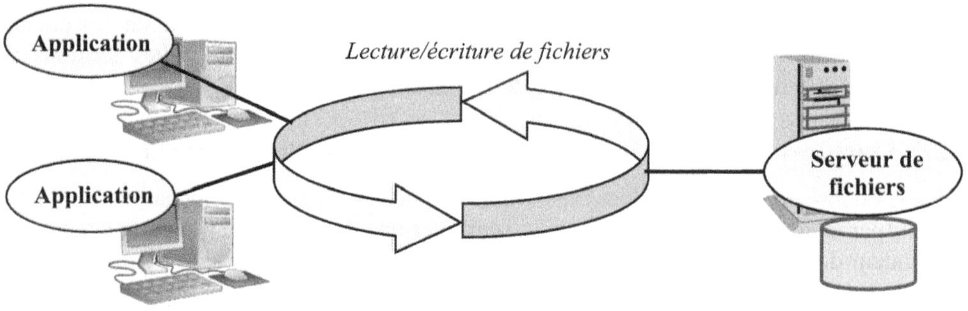

Figure 6. Système de fichiers en réseau (d'après R. Orfali).

Parmi les inconvénients de ce mode d'échange, on notera le fait que, pour des raisons d'optimisation des accès disque, les modifications opérées sur un système de fichiers ne sont, en général, pas immédiatement répercutées sous forme d'écritures physiques sur le disque. Ceci peut poser des problèmes majeurs en cas d'arrêt inopiné de la machine serveur, et rien ne garantit alors à une application cliente que les mises à jour demandées ont bien été effectivement opérées. Pour toutes ces raisons, le client-serveur sous la forme de l'utilisation d'un système de fichier en réseau est restreint dans les faits à des usages bien particuliers, comme par exemple le partage de fichier volumineux. Hors de tels usages, les systèmes de gestion de fichiers en réseau trouvent surtout leur utilisation dans les phases de développement logiciel, où l'utilisateur des fichiers n'est pas une application, mais un usager humain.

1.2.5. Les serveurs de bases de données

Le deuxième cas considéré ici est celui des *Systèmes de Gestion de Bases de Données*, pour la plupart conçus pour être accédés à distance. Grâce à une interface de programmation (API) convenable, une application peut ainsi se connecter à un serveur de bases de données situé sur une machine serveur distante. Dans le cas d'un Système de Gestion de Bases de Données Relationnelles, cette application pourra adresser via une telle API des requêtes SQL sous la forme de chaînes de caractères, et, dans le cas d'une requête *SELECT*, récupérer les résultats.

On peut remarquer qu'il s'agit d'une forme d'interaction de plus haut niveau que la précédente. Notamment, les accès concurrents aux tables relationnelles sont directement gérés, par le bais de verrous posés en interne par le système de gestion lui-même. Tous les traitements de base, comme par exemple ceux nécessaires à l'exécution d'une requête de sélection, sont opérés de manière transparente sur le serveur, le client accédant simplement aux résultats, au retour de l'invocation du serveur. En pratique, un éditeur de logiciel fournit le logiciel serveur de base de données, et joint à cette offre la couche client convenable, dite *client SQL*, permettant la communication avec le serveur, via un protocole propre. L'interaction d'un client avec un serveur de bases de données relationnelles est symbolisée sur la figure ci-après :

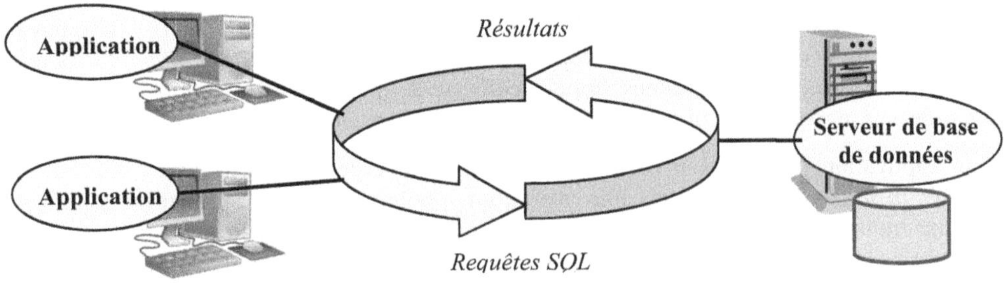

Figure 7. Serveur de bases de données relationnelles (d'après R. Orfali).

Les requêtes adressées au serveur s'appuient sur un langage standard, lequel est, dans le cas très répandu des bases de données relationnelles, le langage SQL2. Ce dernier est souvent complété par des extensions propriétaires de l'éditeur, non portables d'un produit à l'autre. On notera qu'il existe une extension standard du langage SQL intégrant des facilités de modélisation de données allant dans le sens de l'orientation objet, qui est le langage SQL3.

API SQL et SQL embarqué

Depuis le code d'une application, l'accès à une base de données relationnelle distante est, à la base, opéré par le biais d'une API. Un standard historique relatif à une telle API est ODBC (*Open DataBase Connectivity*). Un standard actuel du monde Java, très utilisé à ce jour est JDBC (*Java DataBase Connectivity*). En vue d'une plus grande facilité de développement, une autre manière proposée pour l'accès à une base de données depuis le code applicatif est l'utilisation d'un mode dit *SQL embarqué*. Le SQL embarqué est constitué de directives SQL que le développeur intègre directement dans le code source de l'application utilisatrice, un pré compilateur spécifique du langage de programmation se chargeant alors de transformer les commandes SQL ainsi « embarquées » en appels convenables. Il convient alors que l'éditeur du SGBD fournisse des *précompilateurs* spécifiques pour les langages de programmation les plus utilisés. La figure ci-dessous illustre alors l'interaction entre une application et un serveur de bases de données.

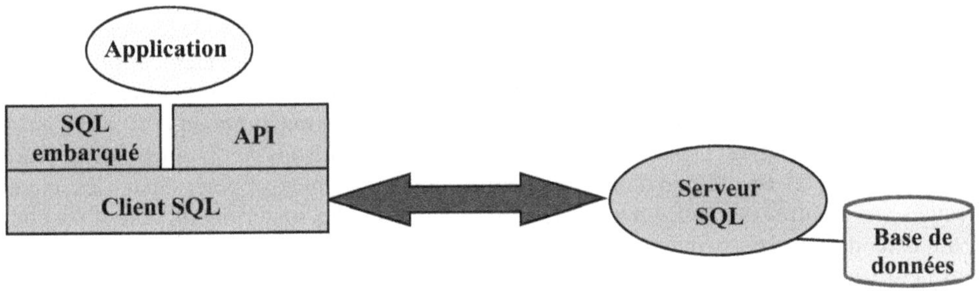

Figure 8. Interaction entre un client et un serveur de bases de données relationnelles.

1.2.6. Les serveurs de procédures distantes

Le cas suivant considéré est celui des *appels de procédures distantes*, ou *Remote Procedure Call (RPC)*. Le principe de ces appels consiste à mettre à disposition d'applications réparties sur le réseau non plus des données, mais des traitements.

Une application peut alors invoquer une fonction hébergée sur un serveur, qui est alors appelée *procédure distante*. Une telle invocation a pour vocation de simuler un appel local, rendant transparentes toutes les opérations nécessaires d'encodage des paramètres d'appel sous forme de messages (*marshalling*), de transmission des données correspondantes sur le réseau, de décodage de ces paramètres côté serveur (*unmarshalling*), invocation de l'entité logicielle implémentant la fonction, puis enfin les opérations inverses liées au retour des résultats à l'application appelante. Il s'agit à la base d'une invocation de nature *synchrone*. Sur la machine serveur, un programme particulier, le *serveur de procédures*, enregistre les fonctions ainsi déclarées comme invocables à distance, et reste à l'écoute des appels afin de les traiter. Le code des procédures ainsi mises à disposition des applications constitue le code spécifique à développer. Des outils sont alors être mis à disposition des développeurs pour lier ce code au serveur de procédures et *publier les interfaces* permettant leurs invocations distantes.

La figure ci-dessous symbolise le principe des appels de procédures distantes.

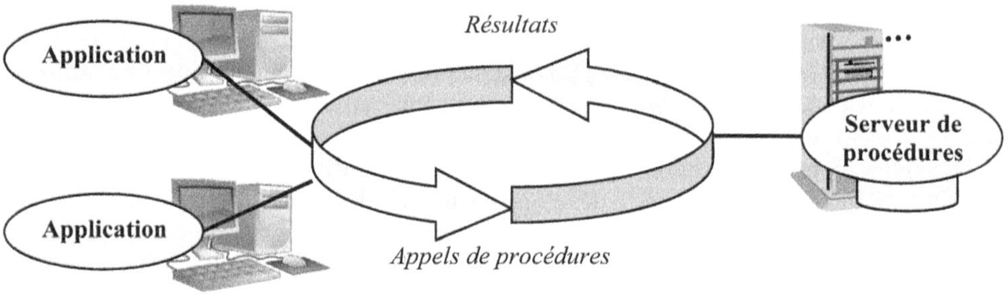

Figure 9. Appel de procédure distante *(d'après R. Orfali).*

Dans les RPC, il s'agit donc de permettre l'appel d'une procédure qui s'exécute en fait sur un serveur distant. L'appel est *synchrone*. Il y a *transparence* à l'emplacement physique du serveur : une fois une procédure localisée, l'invocation de celle-ci est adressée au bon serveur sans qu'il soit besoin de repréciser l'adresse de la machine serveur ou d'autres informations techniques. Dans un système donné, nous pourrons avoir plusieurs serveurs hébergeant chacun un certain nombre de procédures distantes appelées par des clients exécutés sur d'autres machines. On notera par ailleurs que les matériels du côté d'un client et du côté du serveur peuvent être *hétérogènes*, le logiciel technique se chargeant de transmettre les paramètres d'appel et les résultats en retour en réalisant l'encodage et le décodage nécessaires.

Si l'invocation d'une procédure distante reproduit un mode d'invocation similaire à celui d'une invocation de code local, il existe cependant une grande différence avec ce dernier cas. En particulier, la notion de *passage de paramètres par référence,* utile pour passer à une fonction des variables susceptibles d'être modifiées par l'appelé, n'est plus possible dans le contexte de deux machines distinctes, la notion de partage d'adresse n'ayant alors plus de sens. Les passages de paramètres en entrée et en sortie d'une procédure procèderont donc toujours d'un *passage par valeur*, c'est-à-dire que ces paramètres seront en fait *copiés*. Nous verrons plus loin comment cette limitation est abordée dans le cas des systèmes à objet distribués.

Des évolutions naturelles de ce principe d'appel de procédures distantes dans le monde de l'objet sont par exemple l'architecture *CORBA* (*Common Object Request Broker Architecture*), ou encore *Java RMI* (*Remote Method Invocation*), que nous présenterons dans la suite. Il s'agira dans ces approches d'invoquer non plus des procédures, mais des *méthodes d'objets*, rendues accessibles à travers le réseau, avec la quasi-illusion pour l'appelant d'invoquer des objets locaux classiques.

La figure ci-après synthétise les principes évoqués, à la base d'un appel de procédure distante.

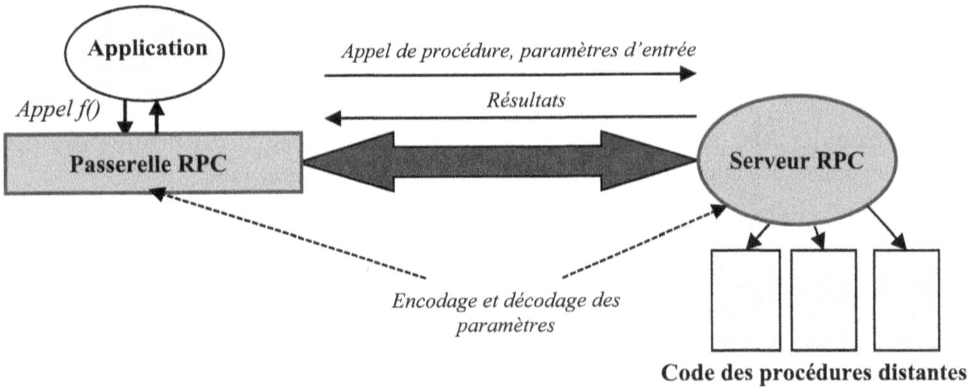

Figure 10. Principe d'un appel de procédure distante ***(d'après R. Chevance).***

Localisation d'une procédure distante

L'invocation d'une procédure distante requiert sa *localisation* préalable par l'appelant. Pour ce faire, une application cliente interroge en premier lieu un *service d'annuaire*. L'application précise le nom sous lequel cette procédure a été enregistrée, et reçoit en retour l'adresse du serveur matériel hébergeant cette procédure. Dans un deuxième temps, la même application interroge par exemple un registre mis à disposition sur la machine serveur identifiée, lequel délivre alors les informations utiles pour l'invocation de la procédure recherchée, dont le port de communication à utiliser. Dans un troisième temps, l'application peut invoquer la procédure distante elle-même. Il y a alors transparence des appels à la localisation physique du serveur. Bien sûr, tout ceci suppose que l'application connaisse l'interface de cette procédure, laquelle doit auparavant avoir été *publiée* à destination des clients potentiels.

Les échanges correspondants sont synthétisés sur la figure ci-après.

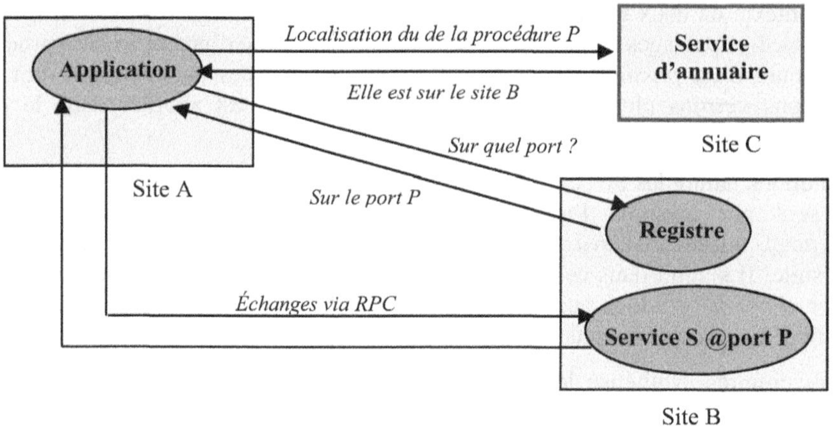

Figure 11. Echanges associés à l'appel d'une procédure distante (*d'après R. Chevance*).

RPC asynchrones

Si, à la base, les RPC reposent sur des interactions synchrones, il existe aussi des RPC mettant en œuvre des interactions *asynchrones*, dites *RPC asynchrones*.

Dans les RPC classiques, c'est-à-dire *synchrones*, l'exécution du client est suspendue tant que la réponse n'a pas été reçue du serveur, ou encore tant qu'une condition d'exception n'a pas été rencontrée. L'inconvénient d'un tel mode d'interaction est que le client reste inactif le temps de l'exécution du traitement côté serveur. Or, il existe des cas où le résultat attendu n'est pas immédiatement nécessaire au client, et où ce dernier pourrait donc mettre à profit ce temps pour continuer son exécution, au moins tant qu'il n'a pas besoin du résultat. On peut penser ici par exemple au cas de l'affichage d'une carte géographique sur un écran, et où l'usager souhaite déplacer la zone visualisée de manière « lisse ». Ceci requiert une certaine anticipation du chargement sur le client, pour les données correspondant à une certaine bordure de la zone visible. Toutefois, les données correspondantes ne sont pas immédiatement nécessaires au client, et ne le deviennent que lorsque l'usager se déplace suffisamment dans la vue. Une mauvaise solution serait bien sûr celle où le client se bloquerait en attente de ces données.

On voit là l'intérêt qu'il peut y avoir d'une *interaction asynchrone*, où 1) le client demande des données, puis 2) reprend aussitôt la main sans avoir encore reçu ces données, et enfin 3) est prévenu lorsqu'elles sont prêtes, et peux ainsi les récupérer. Cette dernière opération est opérée de manière *asynchrone* par rapport à l'exécution du client, par déclenchement d'une procédure spécifique de type *callback* côté client. Le client doit bien sûr dans ce cas fournir, lors de l'appel distant, le lien convenable vers la procédure locale à activer, et dont l'action pourra être de ranger au bon endroit les résultats attendus, tout cela de manière asynchrone par rapport à l'exécution « normale », c'est-à-dire séquentielle, du code client.

La figure ci-après illustre les principes respectifs des appels de procédure *synchrone* et *asynchrone*.

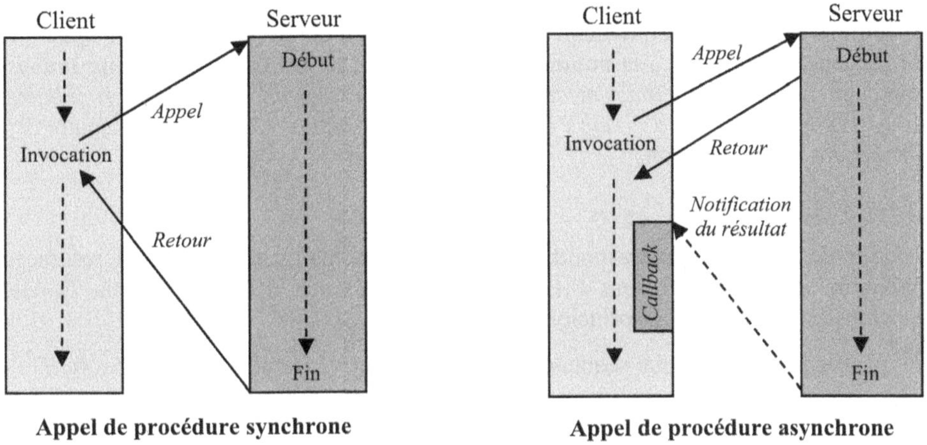

Figure 12. Invocation de procédures *synchrone* et *asynchrone*.

1.2.7. Les serveurs de transactions

Dans une application informatique, il est fréquent qu'une certaine séquence d'actions métier doive impérativement être menée à terme comme un tout, c'est-à-dire de manière indivisible, de sorte à garantir la cohérence d'un état global. Dans le domaine bancaire, un exemple typique est celui où une certaine somme d'argent doit être virée d'un compte à un autre, c'est-à-dire débitée d'un compte et venir au crédit de l'autre. Il est évident qu'une de ces opérations, exécutée seule, n'aurait pas de sens au niveau métier, dans la mesure où elle laisserait le système dans un état incohérent (un invariant du métier est ici l'argent mis en dépôt). On constaterait donc des situations où une certaine somme d'argent est retirée d'un compte ou ajoutée à celui-ci sans raison ni contrepartie, ce qui serait absurde.

La notion de transaction

Dans la réalité des applications, des pannes matérielles de machines, ou encore des coupures de réseau peuvent survenir, ce qui peut rendre impossible l'exécution de certaines actions, alors même que d'autres ont déjà été effectuées (conduisant par exemple à l'impossibilité de créditer un compte alors que l'autre a déjà été débité). On voit bien ici qu'il faut se prémunir contre de telles situations en gérant ces séquences d'opérations, conceptuellement indivisibles. En particulier, en cas de panne conduisant à l'impossibilité d'exécuter une action, il s'agira de « défaire » proprement les opérations déjà menées, en faisant en sorte que le système apparaisse *in fine* exactement dans l'état de départ, comme si aucune opération n'avait jamais été effectuée.

Mais cela n'est pas suffisant. On peut en effet imaginer des situations où d'autres applications accéderaient de manière concurrente à ces mêmes comptes pour consulter les soldes ou effectuer d'autres virements. Il y aura ici potentiellement incohérence des soldes lus. En écriture, le risque est d'arriver à des situations où un certain virement, qui apparaissait légitime (solde suffisant) au moment de la décision prise de l'opérer, devienne impossible du fait d'un solde insuffisant (un compte ayant été entre temps débité par une autre application). On voit ici que le groupe d'opérations en question doit non seulement être *indivisible*, mais que les *états intermédiaires* issus de l'exécution de chaque opération composante doivent en outre rester *invisibles de l'extérieur*, comme si la séquence d'opérations considérée (ici, le débit puis le crédit) avait été exécutée *en un temps nul*. Une telle séquence correspond à la notion de *transaction*. Une *transaction* doit être *indivisible*, garantir en final un *état cohérent*, *masquer depuis l'extérieur les états intermédiaires*, et enfin *gérer les situations d'erreurs et de pannes matérielles*. Ce sont là les quatre aspects caractérisant une transaction.

Transactions et propriétés ACID

La notion de *transaction* correspond donc à la présence de quatre propriétés, résumées par l'acronyme *ACID*, et qui sont l'*Atomicité*, la *Cohérence*, l'*Isolation* et la *Durabilité*. Rappelons-en brièvement les principes.

Une *transaction* est donc une séquence d'actions métier vérifiant les propriétés *ACID* :

- L'*atomicité* signifie que les opérations spécifiées dans la transaction sont exécutées dans leur totalité ou pas du tout.
- La *cohérence* correspond à la transformation correcte de l'état du système d'un état cohérent vers un nouvel état cohérent.
- L'*isolation* signifie que les changements opérés sur les données, et plus généralement sur l'état des applications participantes, ne sont visibles par les autres transactions qu'une fois la transaction achevée avec succès.
- Enfin, la *durabilité* assure que les modifications qui suivent une validation survivent à une panne du système.

Une transaction peut être *locale* à une seule et même application (par exemple une séquence de requêtes adressée à un Système de Gestion de Bases de Données). Dans ce cas, elle peut être gérée par le moteur de gestion lui-même, comme le font les Systèmes de Gestion de Bases de Données Relationnelles par exemple. Mais une transaction peut être aussi *distribuée* sur un réseau d'applications. Dans ce second cas, une transaction sera ainsi une séquence d'opérations impliquant différentes applications distribuées, dites *applications participantes*. Ce sera par exemple le cas d'une séquence de requêtes adressées à différentes bases de données.

Une transaction est initialisée par un ordre de départ, appelé *begin*. Toutes les modifications qui suivent ce *begin* sont exécutées dans un espace temporaire masqué, et ne deviennent effectives, c'est-à-dire physiquement répercutées et visibles, que lors du *commit*, ordre de validation final clôturant la transaction. Entre le *begin* et le *commit*, peut survenir un *abort*, dont l'effet est de défaire les opérations exécutées, en garantissant un retour strict à l'état exact de départ. La figure ci-dessous illustre le principe d'une transaction.

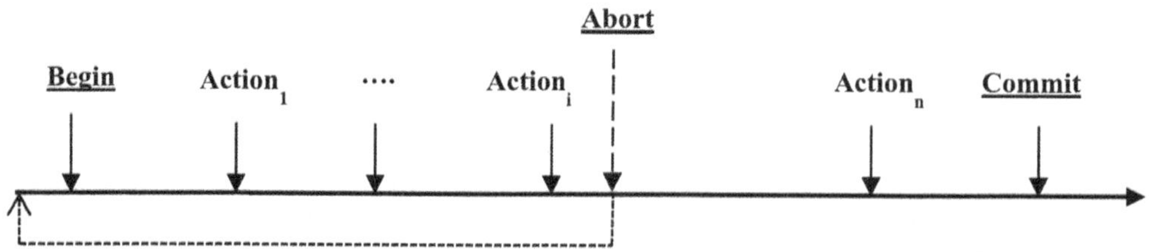

Figure 13. Principe d'une transaction.

Bien sûr, tout ceci suppose que chaque *application participante* (c'est-à-dire chaque application ayant à réaliser une action constitutive de la transaction) soit « consciente » de sa participation, et sache agir de manière conforme à cette logique transactionnelle, en distinguant une opération préalable, exécutée dans un espace temporaire (que l'on appelle la *préparation*), de sa *validation* dans un espace pérenne et dès lors visible (lors du *commit*). On notera que la mise à jour d'une donnée dans une base, ou encore l'exécution d'un traitement distant modifiant l'état d'une application, s'effectue donc en *deux temps successifs*, et non plus une en seule opération comme c'est classiquement le cas.

La mise en œuvre de *transactions distribuées* nécessite donc, d'une part, un *moteur de transactions*, prenant en charge la gestion de l'exécution des actions, et, d'autre part, des *applications serveur participantes*, qui effectuent ces actions, en implémentant en outre les comportements associés à la *préparation* et à la *validation* associées à celles-ci. Le rôle du *moteur de transactions* est d'assurer l'exécution des transactions dans le respect des propriétés ACID. Une application cliente s'adressera à un tel *serveur de transactions* pour lui sous-traiter la gestion complète de la séquence d'actions, et simplifier ainsi sa propre logique d'exécution. Outre les relations client-serveur entre un client et une application serveur participante déjà vues (Systèmes de Gestion de Base de Données, et serveurs de procédures), nous voyons donc apparaître une nouvelle relation de service entre un *client* et un *serveur de transactions*.

La figure ci-dessous symbolise le principe des appels à un *serveur de transactions*.

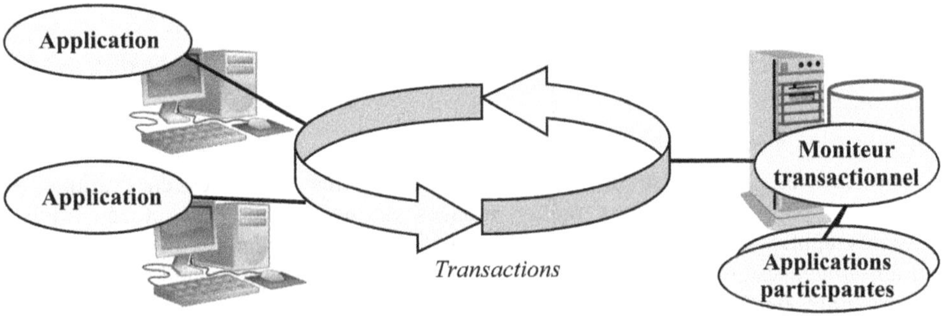

Figure 14. Serveur de transactions (*d'après R. Orfali*).

Le principe de la validation à 2 phases

La fonction d'un *moteur de transactions* réside donc dans la prise en charge complète de l'exécution d'une transaction, depuis le *begin* jusqu'au *commit*, en passant par la gestion des erreurs et des indisponibilités matérielles éventuelles.

Le protocole classique qui permet la coordination d'une *transaction distribuée* sur plusieurs applications participantes, résidant sur des serveurs indépendants, est l'algorithme dit de *validation à deux phases*, connu sous le nom de *Two-Phase Commit*. Celui-ci implique la présence d'un *coordinateur*, exécutant l'algorithme, et s'adressant à des *participants distants*. Cet algorithme est basé sur une phase de *préparation* des actions locales, impliquant une première fois les participants locaux, puis une phase de *validation*, ou *commit*, où un ordre de validation est adressé par le coordinateur aux participants.

La figure ci-dessous symbolise de manière simplifiée le fonctionnement de cet algorithme dans le cas de deux participants.

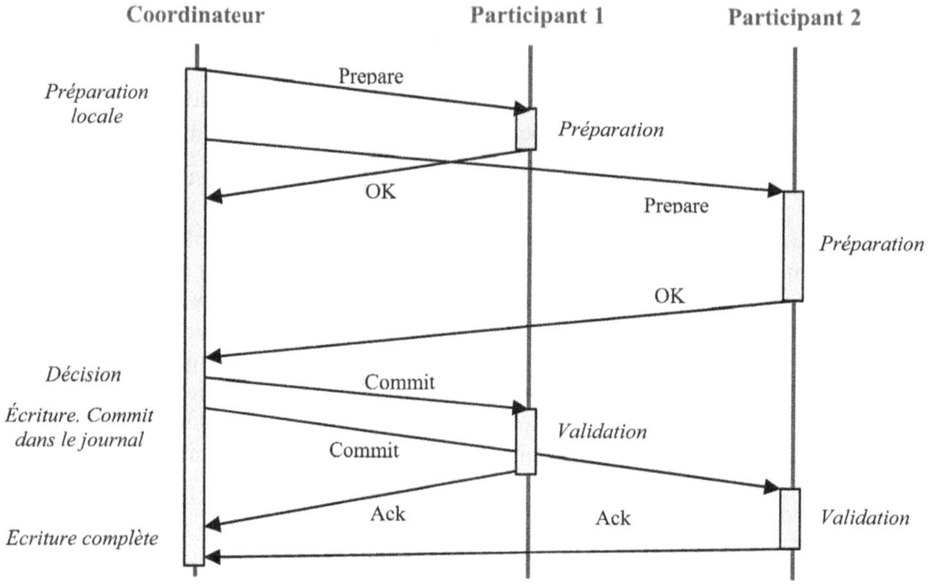

Figure 15. Principe du *commit à deux phases* (*d'après R. Chevance*).

Fonctions d'un moniteur transactionnel

Les applications d'entreprise dites *transactionnelles*, très répandues en pratique, sont caractérisées par des opérations métier menées de manière intense et répétitive sur différentes applications. Plus précisément, on considère d'ordinaire qu'une *application transactionnelle* est une application possédant à différents degrés une ou plusieurs des caractéristiques parmi les suivantes :

- Elle fait appel à des *bases de données partagées* par l'ensemble des utilisateurs.
- Elle donne lieu à des *flux de requêtes potentiellement importants* et *non planifiables* à l'avance.
- Elle donne lieu à des *traitements répétitifs*, sous la forme d'un ensemble prédéfini de fonctions relativement simples (à l'inverse de requêtes *ad hoc* formulées par un utilisateur humain).
- Il existe un *grand nombre d'utilisateurs* potentiels, humains ou autres programmes.
- Elle requiert une *haute disponibilité*, avec, par exemple, un équilibrage de charge automatique entre les différentes machines.
- Il existe un besoin impératif d'*intégrité des données*.

La satisfaction de ces besoins est d'ordinaire supportée par des progiciels particuliers jouant le rôle dit de *moniteur transactionnel*, et placés entre les applications utilisatrices et les applications de gestion. Les fonctionnalités principales associées à de tels progiciels sont les suivantes :

- La *gestion des processus*, avec l'équilibrage de charge, le multiplexage des clients sur un nombre limité de processus.
- La *gestion des transactions*, dans le respect des propriétés ACID, et dans le cadre de plusieurs gestionnaires de données en contexte distribué.

De tels produits implémentent le protocole de validation à deux phases, en coopération avec les gestionnaires de données. Ils permettent la mise en place du modèle d'architecture défini par X/Open (Open Group), avec les interfaces standard TX, XA et XA+.

1.2.8. Les serveurs de messages

Le dernier cas de relation client-serveur que nous considérerons ici est celui des *serveurs de messages*. Lorsqu'on souhaite mettre en place une interaction entre applications, non plus de manière synchrone, par invocation directe d'un service et attente de réponse, mais plutôt de manière *asynchrone*, et avec un couplage faible, une solution est alors un échange de *messages*.

Aux fins de réaliser de tels échanges de messages, il est nécessaire de mettre en place un *intergiciel* matérialisant ce que nous appellerons ici un *bus de messages*. Un tel bus permettra ainsi à des applications distantes sur un réseau d'envoyer et de recevoir des messages. Un message est simplement envoyé par une application émettrice, sans attente de réponse, puis ensuite, mais seulement ensuite, lu par une application consommatrice en mesure de le traiter.

Ainsi, une application déposera un message sur ce bus, via une API convenable, et retournera aussitôt à son exécution dès lors que le message aura été convenablement déposé. Dans un deuxième temps, une autre application prendra connaissance de ce message et effectuera l'action requise par le domaine applicatif, qui pourra être, par exemple, de stocker dans son espace propre l'information reçue, ou bien d'exécuter une action déterminée, ou bien encore d'envoyer elle-même un message, etc.

Dans la mesure où il y a dissociation temporelle entre l'action d'envoi du message et celle de réception de celui-ci, et que les applications émettrices et consommatrices sont distantes, de nombreuses situations singulières sont alors à gérer, notamment en cas d'indisponibilité d'applications consommatrices. Par ailleurs, des matériels peuvent tomber en panne, causant une impossibilité de traitement immédiat. Il convient de se prémunir contre toutes ces situations afin qu'une certaine assurance puisse être donnée quant à la transmission effective d'un message. Pour ce faire, il est donc nécessaire de stocker les messages, certes temporairement, mais de manière sûre. C'est pourquoi, en contexte distribué, les *intergiciels orientés messages*, c'est-à-dire les logiciels en charge de telles interactions, reposent-ils sur la mise en œuvre de logiciels serveurs, que nous appellerons ici des *serveurs de messages*, ou *brokers*. Lorsqu'une application envoie un message, elle interagit donc en fait avec un tel *broker*, et les applications interagissent donc entre elles à travers un ou plusieurs *brokers*. Ces derniers masquent aux applicatifs toute la complexité afférant à l'acheminement, au stockage temporaire et à la délivrance d'un message.

La figure ci-après illustre cette interaction, cette fois *indirecte*, entre applications distantes.

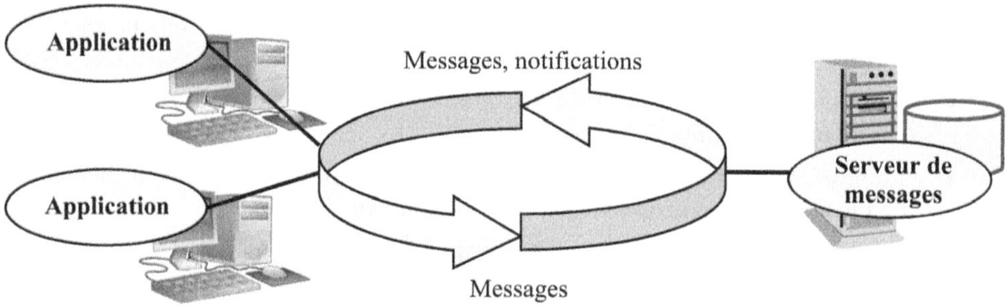

Figure 16. Serveur de messages ***(d'après R. Orfali).***

Une interaction via des messages répond à un souci de couplage faible entre applications, et, ainsi, l'adressage d'un message ne repose-t-il plus sur une logique de spécification de destinataire. Un *intergiciel orienté messages* propose classiquement deux modes :

- Le premier correspond à l'envoi d'un message sur une « *boîte à lettre* ». Toute application accédant à une boite à lettre est alors en mesure de lire et de traiter les messages déposés sur celle-ci par d'autres applicatifs. Le message disparait de la boîte une fois celui-ci déclaré lu et traité.
- Le second est le mode « *publication et abonnement* », où un message est posté avec un « sujet » (*topic*). Toutes les applications qui se sont déclarées comme « abonnées » à ce sujet reçoivent alors une copie du message. Le message disparait lorsque toutes les applications abonnées en ont eu copie.

Nous reviendrons largement en détail dans un chapitre ultérieur sur les fonctionnalités et les mécanismes mis en œuvre dans un *intergiciel orienté messages*, appelé aussi un « MOM ».

1.3. Une première évolution du client-serveur : les objets distribués

A ce stade, nous avons examiné quelques approches de base permettant de faire interagir des logiciels physiquement distribués sur un réseau de machines. Dans ce cadre, nous avons pu voir qu'il existait différentes approches, supportant différents modes de coopération, et répondant à différents besoins. En particulier, l'approche dite des RPC (*Remote Procedure Call*) permettait de mettre en œuvre des interactions entre un logiciel client et un fournisseur de services selon le modèle d'un *appel de fonction*, et en apportant une transparence à la répartition physique des logiciels comme à l'hétérogénéité des matériels et des systèmes d'exploitation.

1.3.1. Pourquoi des objets distribués ?

Avec l'avènement du *paradigme objet*, largement dominant depuis les années 90, et, en particulier la généralisation de la *conception par objets* et l'usage des *langages de programmation associés*, le mécanisme de RPC, basé sur la notion de fonction, ne s'avérait dès lors plus réellement en phase avec la philosophie de conception, car de plus bas niveau conceptuel. Pouvait-on y substituer la vision d'une interaction entre logiciels distants basée non plus sur des appels de fonctions, mais sur des *invocations de méthodes adressées à des objets distants* ? L'idée était alors d'appréhender un système distribué comme un *assemblage d'objets coopérants*, où des objets exécutés sur différentes machines s'appuieraient sur des services fournis par d'autres objets, que ces derniers soient *locaux* (c'est-à-dire situés dans le même environnement d'exécution), ou *distants* (c'est-à-dire exécutés sur d'autres machines, et accédés à travers le réseau).

Idéalement, dans une telle approche, l'architecture logicielle globale d'un système distribué apparait alors comme un *ensemble d'objets répartis* sur un ensemble de machines interconnectées. On parle de *style d'architecture orienté objet*, généralisant sur un réseau de machines physiques l'organisation d'une application conçue par objets. La figure ci-dessous illustre une telle vision des choses :

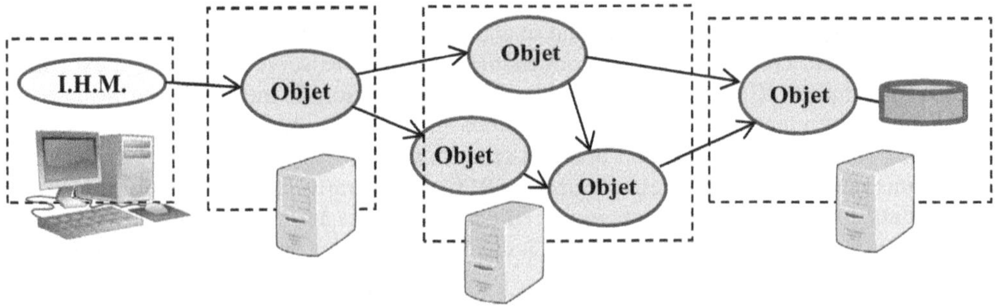

Figure 17. Architecture orientée objet.

Comparée au simple appel d'une fonction, la même pour tous les appelants, l'invocation d'un *objet distant* s'adresse *à une instance particulière d'une classe*, possédant son identité et sa mémoire propre. En d'autres termes, une même *classe* pourra donner lieu à la création de plusieurs *objets* distribués, distincts pour les appelants. Il s'agit bien ici de la même distinction que celle qui peut être opérée entre un appel de fonction d'une part et l'*invocation d'une méthode afférant à une instance particulière d'une classe* d'autre part.

L'approche par objets distribués

De manière générale, une approche dite par *objets distribués* est une approche offrant un cadre général pour la mise en œuvre d'*interactions entre objets sur une base client-serveur*, où l'objet client et l'objet serveur *ne résident pas nécessairement sur la même machine*.

Dans ce cadre, une référence en termes de cohérence et de complétude reste la spécification *CORBA* (*Common Object Request Broker Architecture*), standard issu de l'*OMG*, et que nous allons ici considérer. On notera que l'environnement logiciel de la société *Microsoft* basé sur *COM/DCOM* apparaît comme une approche très proche sur le plan des concepts, sachant toutefois qu'il s'agit, non d'une spécification, mais d'un logiciel concret, et qu'elle est mise en œuvre dans un cadre propriétaire. *CORBA* propose, à l'inverse, une *spécification*, que tout éditeur peut implémenter.

Si CORBA est devenu, dans le contexte des technologies actuelles, un choix très peu adopté en tant que tel dans la pratique des projets, il n'en va pas du tout de même de *Java RMI* (*Remote Method Invocation*), autre approche par objets distribués, que nous allons, de même, décrire dans la suite de ce chapitre. Java RMI apparait essentiellement comme une sorte de *simplification de CORBA, limitée au seul cadre des programmes Java.*

1.3.2. L'invocation d'un objet distant

Sur le principe, dans une approche *par objets distribués*, un logiciel A doit être en mesure d'invoquer les méthodes offertes par un objet B exécuté sur une autre machine, dès lors que ce dernier a été exposé comme *objet distribué*.

Toutefois, l'objet B ne résidant pas dans l'environnement d'exécution de A, il faut bien sûr substituer à l'appel direct de B l'appel à un autre élément logiciel, celui-ci local. Dans l'approche classique, que l'on qualifie d'*invocation statique*, A invoque en fait un *objet local* qui *tient lieu de l'objet distant* B, et fait apparaître la *même interface* que ce dernier. L'objet en question est la *souche* client associée à B, qui joue le rôle de *mandataire* (*proxy*). A invoque donc une méthode de la souche associée à B, identique en tous points à la méthode correspondante de B. La souche se charge alors de transmettre à travers le réseau à destination d'une couche logicielle convenable, placée côté serveur, l'ordre d'exécution avec ses paramètres. Ce dernier logiciel répercute l'invocation de méthode sur l'instance B, convenablement identifiée par rapport à d'autres instances éventuelles de la même classe. La souche récupère le résultat de l'appel et rend la main à l'appelant A. Nous voyons que ce mécanisme repose, exactement comme les RPC, sur la transmission d'appels et le retour de résultats sous la forme de *messages*, véhiculés à travers les protocoles réseau, et avec mise en œuvre de mécanismes de « *pliage* » et « *dépliage* » des paramètres et des résultats.

Ce scenario est mis en œuvre avec quelques variantes dans les différentes approches par objets distribués. De manière générale, l'objet B doit avoir auparavant été explicitement créé et *enregistré* comme *objet distribué* dans l'environnement, avec *publication d'une interface*. Cette responsabilité est en général dévolue à un *logiciel serveur* placé dans l'environnement d'exécution de B. L'objet B est parfois appelé *servant*, le terme *serveur* désignant alors plutôt dans ce cas le logiciel en charge de la création et de l'enregistrement de l'objet servant. On remarquera que, dans une telle approche, *le logiciel client A ne dépend plus de l'implémentation de l'objet fournisseur B*. Il ne dépend plus que de son *interface*. La figure ci-dessous synthétise ce mécanisme général :

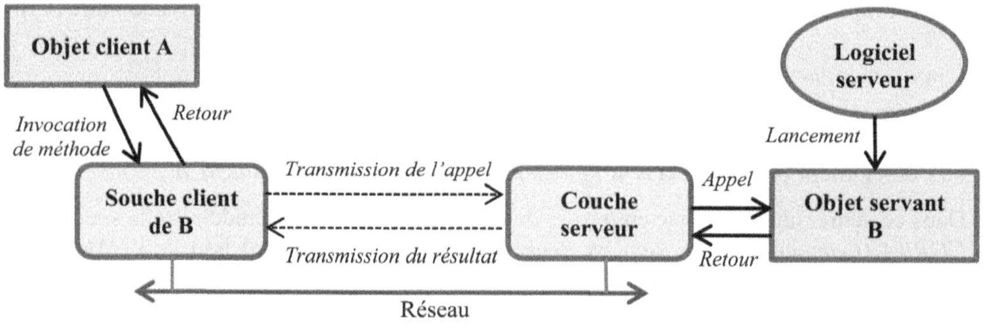

Figure 18. Principe d'invocation d'un objet distant.

Selon les approches, différentes sophistications d'un tel mécanisme seront proposées. Par exemple, un logiciel placé côté serveur pourra jouer le rôle de *conteneur d'objets distants*, afin de gérer les dits objets, et assurer certaines propriétés additionnelles, par exemple en termes de performances ou de capacité à monter en charge, en étant ainsi capable, par exemple, de gérer les états des instances d'objets servants, et, si besoin, de les arrêter ou de les relancer.

A côté de ce mode d'appel classique, dit *statique*, et reposant sur la présence dans le code côté client d'une souche dédiée, matérialisant explicitement les appels à l'objet servant B, on peut envisager un mode d'appel dit *dynamique*, lequel ne sera plus basé sur la présence dans l'appelant d'une souche spécifique de l'appelé. Une invocation dynamique est basée sur le principe d'une *découverte dynamique* de l'interface offerte, effectuée par le code de l'appelant.

1.3.3. Objets et objets distribués

Malgré l'analogie directe entre l'invocation classique, en développement objet au sein du même programme, d'une part, et l'invocation d'objet distant, dans le contexte d'une approche par objets distribués d'autre part (le second cas donnant l'illusion du premier), cette analogie a toutefois ses limites. On peut en effet remarquer des différences notables qui rendent l'usage des objets distants dans un programme délicat et beaucoup moins naturel que l'usage d'objets classiques.

Dans le cas d'une *application mono machine*, constituée d'objets « classiques », les objets du programme pourront être instanciés à volonté par d'autres objets dès lors que ces derniers ont déclaré une variable typée par la classe convenable. Ces instances pourront alors être invoquées, et, si besoin, passées en paramètre dans les invocations d'autres objets. Par contre, dans le cas d'une approche par *objets distribués*, la chose est plus complexe. La logique présidant à cette approche fait que l'instanciation de tels objets doit passer par un logiciel serveur tiers. Dans le même temps, il doit être procédé à leur enregistrement en tant qu'objets distribués, de sorte qu'ils puissent être effectivement connus comme tels et invoqués. La création et l'enregistrement de tels objets se fera alors plutôt dans une phase d'initialisation.

De plus, de manière à s'adresser à la bonne instance, c'est-à-dire à celle que le client souhaite spécifiquement invoquer, celui-ci doit *récupérer la souche client* convenable. La solution apportée peut être par exemple une génération automatique sur le serveur du code de cette souche client, à partir de l'interface déclarée de l'objet servant, ou encore à partir du code de l'objet lui-même, puis une récupération de celle-ci par le développeur, de sorte à ce qu'elle puisse être placée dans le code du client au moment de sa génération. Dans les environnements d'exécution, de manière à bien identifier une instance d'objet distant, on devra attacher à celle-ci un *nom*, ce qui permettra de la gérer dans un *service de nommage*, ou *annuaire* d'objets distribués.

Enfin, la *référence* à un objet, telle qu'utilisée en programmation objet, et basée sur la mémorisation d'une adresse mémoire, n'a bien sûr plus aucun sens lorsqu'il s'agit de *référencer un objet distribué*. Il en ressort que la notion de *passage d'objet par référence*[1], occasionnée lors des appels de méthode d'un objet distant, doit être redéfinie dans le contexte spécifique des objets distribués. Ceci est valable, comme nous allons le voir, pour le passage en paramètre d'un objet classique d'un programme, comme pour le passage d'un objet lui-même *distant*.

[1] Opposée à un *passage par valeur*, reposant sur une copie du contenu de l'objet.

1.3.4. Manipulation d'objets distribués dans un programme

La coexistence au sein du même programme d'*objets classiques* et d'*objets distant*s pose bien sûr un certain nombre de problèmes. Il convient donc, dans une plateforme à objets distribués, de spécifier ce qu'il est permis de faire avec chacun des deux types d'objets, en précisant exactement le comportement attendu dans chacun des cas. Avant de présenter les modèles d'objet distribués de CORBA et de RMI, nous allons donc, au préalable, faire un point sur ce qui peut être attendu d'une plateforme d'exécution d'objets distribués en matière d'invocation, à travers l'examen de *plusieurs cas typiques*.

Le *premier cas,* qui est aussi le plus naturel à envisager, concerne tout simplement *l'invocation de méthode d'un objet distant*. Une telle invocation doit pouvoir être exprimée de la même manière qu'une invocation locale. Nous considérerons donc ici des instructions du type :

resultat = objetDistant.methode(.....);

Dans ce cas, le logiciel client n'invoque bien sûr pas réellement l'objet distant en tant que tel, mais un *objet local* répondant à la même interface, la *souche*, et la référence possédée par le client est en fait une *référence à cette souche*. Elle est manipulée comme si nous disposions en local d'une véritable *référence* à l'objet distant. Bien sûr, cette référence a dû au préalable être obtenue par le client.

Ce problème est l'objet du *deuxième cas* considéré, lequel a trait à la *localisation d'un objet distant*. Il convient ici que le client interroge un service dédié, que l'on appelle un *service de nommage,* annuaire permettant de créer une *référence* locale sur un objet distant aux fins de l'invoquer. Ce besoin concerne donc des instructions du type :

objetDistant = ServiceDeNommage("Mon objet distant");

Dans ce cas, « Mon objet distant » est une simple chaîne de caractères qui constitue le *nom* par lequel l'objet distant est connu des utilisateurs. Le résultat *objetDistant* renvoyé est en fait une *instance de la souche à utiliser* pour atteindre le « véritable » objet distant, et apportant l'illusion d'interagir directement avec ce dernier.

Nous avons considéré jusqu'ici les interactions avec un objet distant, visant à invoquer ses services. Toutefois, dans l'approche objet, un objet peut être aussi *passé en paramètre dans l'invocation de méthode d'un autre objet*. Le *troisième cas* à considérer concerne donc la possibilité de *passer un objet, lui-même distribué, en paramètre d'appel d'une méthode*. Il y a en fait situations plus spécifiques, et très différentes, à examiner : 1) celle de l'appel de méthode d'un *objet local*, et 2) celle de l'appel de méthode d'un *objet distant*. Il s'agit donc d'instructions de types :

resultat = objetLocal.methode(objetDistant);

resultat = autreObjetDistant.methode(objetDistant);

Dans la première situation (invocation de méthode d'un objet local), c'est la souche qui doit être passée en paramètre par *référence*. La seconde situation (invocation d'une méthode d'un objet distant) est moins immédiate, l'objet distant passé en paramètre n'existant pas réellement dans l'espace d'exécution du client. L'objet distant ne pouvant être passé lui-même en tant que tel *par référence*[1], on attend de l'environnement qu'il passe à l'objet distant invoqué (ici nommé *autreObjetDistant*) les informations nécessaires pour que ce dernier puisse accéder à la souche convenable associée à l'objet distant ici dénommé *objetDistant*. Ce faisant, l'illusion sera donnée au logiciel client d'un passage par référence, ce qui donnera en particulier à l'appelé la possibilité de modifier son état ou encore de suivre des liens issus de l'objet en question, ce qui ne serait bien sûr pas possible dans un *passage par valeur*.

Enfin, le *quatrième cas* concerne la récupération du résultat d'un appel distant sous la forme d'un *nouvel objet* dynamiquement créé sur la machine serveur distante, et rendu accessible au client. Il s'agit donc d'instructions du type :

nouvelObjetDistant = objetDistant.methode();

Dans ce cas, *nouvelObjetDistant* est typé dans le programme client utilisateur par le *type de la souche associée*. L'affectation doit avoir pour effet de placer dans l'instance *nouvelObjetDistant* les informations nécessaires afin que cette souche effectue l'accès à l'objet créé.

Sur la base de ces éléments d'ordre général, nous allons maintenant voir plus en détail le modèle d'objets distribués proposé par la spécification CORBA, puis celui proposé par Java RMI.

1.4. CORBA : un modèle de référence pour les objets distribués

1.4.1. Qu'est-ce que CORBA ?

CORBA (*Common Object Request Broker Architecture*) est un standard issu de l'OMG (*Object Management Group*) qui spécifie une *infrastructure pour l'exécution d'applications réparties à base d'objets distribués*. La première version CORBA 1.0 date de 1991. Elle a été suivie de deux évolutions majeures, les versions CORBA 2.0 et CORBA 3.0, sorties respectivement en 1995 et 2002.

Sur le principe, CORBA propose un *modèle unifié pour l'invocation d'objets distants à travers un réseau*, en faisant abstraction des langages dans lesquels les objets, clients ou fournisseurs, ont été développés, tout comme des systèmes d'exploitation et des matériels sur lesquels ces objets s'exécutent. Le paradigme sous-jacent est celui d'*appel synchrone*, permettant à un objet d'invoquer une opération offerte à distance par un autre objet. Ainsi, des clients émettent-ils des requêtes à destination d'objets qui s'exécutent sur d'autres machines. Clients et objets distants appelés s'exécutent dans des *environnements potentiellement hétérogènes*, sur des *machines potentiellement distantes*. L'invocation d'une opération d'objet distant reste alors, dans sa forme, tout à fait similaire à l'invocation de méthode d'un objet local (c'est-à-dire situé dans le même programme), avec illusion de localité.

De manière générale, CORBA vise donc bien à généraliser l'approche objet, de l'échelle d'une application, à celle, beaucoup plus large, d'un ensemble de logiciels répartis sur un réseau de machines. Dans CORBA, les interactions entre objets reposent sur la présence d'un *bus logiciel* qui joue le rôle de *courtier*, véhiculant à travers le réseau les appels

[1] Le vocable de passage de paramètre « par référence » est toujours bien pris ici au sens de la programmation, et toujours opposé au « passage par valeur ».

accompagnés de leurs paramètres, ainsi que les résultats délivrés en retour. Ce bus est appelé *ORB* (*Object Request Broker*). On peut dire de ce bus qu'il est *multi-langages* et « *multi systèmes d'exploitation* ».

CORBA répond donc à une exigence d'interopérabilité des applications dans le contexte d'une forte hétérogénéité des matériels, systèmes d'exploitation et langages de développement. Il est né du besoin de faire communiquer de telles applications, dans le contexte de la programmation objet. *CORBA associe donc les concepts d'objet et de répartition dans une approche intégrée.*

1.4.2. L'architecture de référence

CORBA n'est pas un logiciel, mais une *spécification*, indépendante de tout fournisseur, et pour laquelle il existe de fait un certain nombre d'implémentations. Cette spécification porte en particulier sur :

- Un *modèle général d'architecture* pour les applications réparties à base d'objets, auquel est associé plus précisément un *modèle pour l'interaction entre des objets distribués*.
- Un *bus logiciel de communications entre objets distants* (ORB), venant en support, et accompagné d'outils associés.
- Des *services communs* (*CORBA Services*), qui enrichissent la plateforme ainsi constituée avec des fonctionnalités supplémentaires. On trouve en particulier, parmi ceux-ci, un service de *résolution de noms*, permettant de localiser préalablement un objet aux fins de l'invoquer, mais aussi des services en charge des aspects transactionnels, ou encore de la persistance, de la sécurité, des notifications d'événements, etc.

CORBA comprend enfin les spécifications d'*utilitaires* (appelés *CORBA facilities*), outils d'intérêt général, offerts en support aux applications (par exemple fonctionnalités d'impression, d'internationalisation, etc.), ainsi qu'un ensemble d'éléments applicatifs prédéfinis, proposés au profit de grands domaines métier (appelé *CORBA Domains*).

Ces éléments s'inscrivent dans l'architecture de référence de l'OMG appelée *OMA* (*Object Management Architecture*), dans laquelle se place la spécification CORBA. Nous y trouvons d'abord les *objets applicatifs*, comprenant des objets clients requérant des services, et des objets fournissant ces mêmes services au profit de ces clients. Tous ces objets s'exécutent dans des applications réparties sur un réseau de machines. Nous y trouvons également les *utilitaires* et les *domaines métiers* prédéfinis, déjà cités. Tous s'appuient sur les *services communs.* Cette organisation est symbolisée sur la figure ci-après.

L'interopérabilité apportée par CORBA repose sur deux éléments clés. Tout d'abord, le *langage IDL* (*Interface Definition Language*), que nous verrons dans la suite, et qui nous permettra de définir les interfaces des objets serveurs, *de manière neutre et déclarative.* Ensuite, les protocoles d'échange standards : GIOP (*General Inter-ORB protocol*) et IIOP (*Internet Inter-ORB protocol*), sur lesquels s'appuie le bus logiciel depuis la version 2.0 de CORBA. Du fait de l'existence de ces protocoles, définis par le standard lui-même, diverses implémentations de CORBA 2.0 et versions ultérieures peuvent cohabiter au sein du même système, assurant l'interopération entre des applications exécutées sur différentes implémentations du bus CORBA.

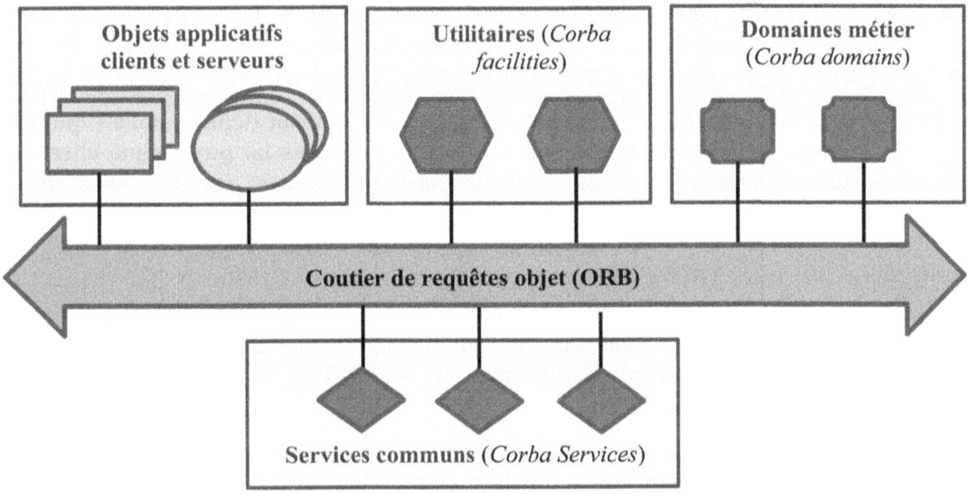

Figure 19. Architecture de référence OMA.

Un bus *ORB* conforme au standard CORBA 2.0, ou aux versions ultérieures, doit donc implémenter les protocoles *GIOP* et *IIOP*. *GIOP* est un *protocole générique*. Il définit un mode de représentation commun des données, appelé *CDR* (*Common Data Representation*), un format unique pour les références à des objets, à savoir *IOR* (*Interoperable Object Reference*), et enfin des modèles de messages pour transporter les requêtes et leurs résultats. *IIOP* est une instanciation de *GIOP* sur TCP/IP, c'est-à-dire une implémentation concrète dans le cadre des protocoles de l'Internet. Ce protocole définit donc comment les ORB répondant à la spécification CORBA se transmettent de l'information à travers Internet.

1.4.3. Les composants de l'architecture CORBA

CORBA permet les invocations de méthodes d'*objets distribués*, préalablement enregistrés comme tels, que nous appellerons ici les *objets CORBA*. Les appels s'effectuent de manière *synchrone*, c'est-à-dire de manière bloquante pour l'appelant[1]. Suivant un principe classique afférant aux objets distribués, un appel nécessitera la présence côté client d'un objet local associé à l'objet distant, destiné à le représenter : la *souche client*, aussi appelée *stub*. Il s'agit d'un objet *mandataire*, c'est-à-dire d'un *proxy*, répondant à la même interface que l'objet distant, sachant communiquer avec lui, et dont il tient lieu. L'appel lui-même sera véhiculé par le *bus ORB*, indépendamment des langages dans lesquels le client et l'objet serveur ont respectivement été implémentés.

Chaque objet CORBA doit exposer une *interface*, définissant des *opérations* (c'est-à-dire des *méthodes*) offertes, ainsi que leurs signatures. Pour assurer l'interopération entre des langages de programmation différents, cette description s'exprime par le biais d'un *langage neutre*, déjà mentionné : *IDL*. A partir de celle-ci, les déclarations de méthodes, avec les types de données, et tous autres éléments utiles à l'appel, devront bien sûr être traduites

---

[1] Nous verrons plus loin que CORBA fournit également en complément une certaine forme d'interaction *asynchrone*.

dans le ou les langages de programmation effectivement utilisés. Une telle traduction sera faite de manière automatisée à l'aide d'outils dédiés fournis par l'implémentation de CORBA considérée, et selon des règles définies pour chaque langage.

La *projection* d'une interface IDL dans le langage de l'appelant définira donc l'interface concrète du *stub*, permettant l'invocation des méthodes depuis un programme client. La projection dans le langage utilisé côté serveur constituera pour sa part l'interface que le développeur de l'objet fournissant le service devra implémenter.

Invocation d'un objet CORBA

La figure ci-après symbolise les différents composants logiciels impliqués dans un appel distant, c'est-à-dire un appel depuis une application cliente vers l'implémentation de l'objet invoqué. Nous nous proposons d'examiner en détail dans la suite chacun de ces composants.

Nous considérons ici le cas le plus courant de l'invocation *statique*, dans laquelle l'interface d'appel est préalablement connue de l'appelant, et peut donc être fixée en dur dans le code de celui-ci. Nous verrons dans la suite qu'il existe également dans CORBA une forme d'invocation *dynamique*, permettant une *découverte* de cette interface par l'appelant à l'exécution.

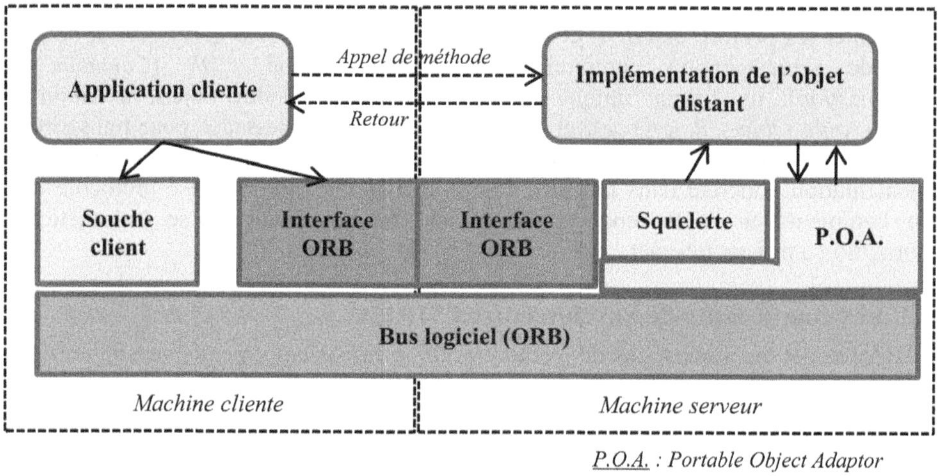

Figure 20. Principe d'une interaction client-serveur en CORBA.

Dans un système réparti, nous aurons un certain nombre d'applications *clientes*, qui effectueront des appels à des objets CORBA situés potentiellement sur d'autres machines. Une même application pourra être à la fois *cliente*, c'est-à-dire s'appuyer sur les services d'objets CORBA et *serveur*, c'est-à-dire mettre elle-même de tels objets à disposition d'autres applications.

Pour chaque classe d'objet CORBA mise en œuvre, une interface IDL devra être définie, et une implémentation de la classe fournie dans un certain langage de programmation. Afin d'être à même de délivrer effectivement les services requis, une instance de la classe d'implémentation, que nous appelons l'objet *servant*, devra être créée puis enregistrée comme telle, ceci par les soins d'une *application serveur* résidant sur la même machine.

Passons maintenant en revue les composants impliqués dans l'invocation d'un objet CORBA.

Le bus ORB

L'ORB est le *bus logiciel de communication* par lequel transite toute invocation de méthode à distance. Ce bus permet donc l'acheminement d'une requête vers le bon objet CORBA à partir d'une référence à celui-ci, les paramètres d'invocation de la méthode et le retour du résultat transitant sur le réseau sous la forme de messages. Pour cela, le bus effectue avant envoi le *pliage* convenable (*marshalling*) des données transmises, ainsi que l'opération inverse de *dépliage* (*unmarchalling*), c'est-à-dire de reconstitution des données à l'arrivée Afin de permettre de telles invocations, l'ORB maintient les références sur les objets CORBA en s'assurant de l'existence effective d'un objet correspondant à chaque référence fournie. En particulier, un défaut de cohérence (c'est-à-dire le cas d'absence d'objet actif correspondant à une référence invoquée) doit lever une exception.

L'ORB est un *logiciel distribué* sur différentes machines. A ce titre, il est *matérialisé* par un *ensemble de composants* répartis sur les différentes machines physiques, communiquant entre eux à travers les protocoles déjà mentionnés.

Le bus est accessible via un ensemble de *primitives standards*. L'accès à l'ORB se fait en local, à travers l'API du composant local. Si l'on utilise plusieurs langages de programmation, on utilisera sur chaque site l'implémentation de l'ORB pour le bon langage, fournie par le produit choisi. Nous disposerons ainsi de liaisons entre des programmes développés avec différents langages de programmation. Notons que l'on pourra également utiliser différents produits CORBA, le protocole assurant alors l'interopérabilité entre les différentes implémentations. On mentionnera le fait que l'ORB fournit de plus toutes les *fabriques* d'objets permettant l'accès effectifs aux *services CORBA*, en particulier le *service de nommage*, à partir duquel on pourra retrouver les références aux objets CORBA enregistrés. Les références à ces services communs, *directement accessibles* à partir du bus, seront appelées les « *références initiales* ».

Vis-à-vis d'un logiciel, l'ORB répond en local à trois méthodes de base, qui sont, exprimées ici en langage Java[1] :

- **static ORB init(String[], Properties)**; (*initialisation de l'ORB*).
- **void run()**; (*lancement de l'ORB*).
- **resolve_initial_references(String name)**; (*accès à une référence initiale à partir d'un nom*).

Souches et squelettes

Nous avons vu qu'une application cliente invoquait un objet CORBA en s'adressant en fait à un objet intermédiaire, la *souche client* associée à l'objet, dont la présence est nécessaire en local. Il doit exister ainsi dans l'application cliente autant de souches que d'objets susceptibles d'être invoqués. Une souche assure l'*intermédiation avec le bus ORB*. Elle prend les paramètres d'entrée et les prépare aux fins de les communiquer au bus. De même,

---

[1] Sauf mention explicite du contraire, nous utiliserons ici le langage Java pour les exemples.

elle reçoit les résultats et les restitue sous une forme convenable, dans le langage de programmation du client. Enfin, elle assure la *transparence au serveur*, en encapsulant les informations requises pour la liaison effective avec ce dernier, le logiciel utilisateur de la souche ne connaissant pas l'adresse IP de la machine serveur.

Le code de cette souche client, spécifique de la classe de l'objet CORBA considéré[1], est généré dans le langage de programmation du client par un outil, fourni par tout environnement CORBA. Cette souche doit ensuite être téléchargée sur la machine client. Pour une même classe souche correspondant à une même classe d'objets CORBA, on aura autant d'instanciations d'objets souches que nécessaire, c'est-à-dire autant que d'objets CORBA de cette même classe à même d'être accédés depuis l'application cliente considérée. Le *squelette* est pour sa part un composant logiciel placé côté serveur, et qui assure l'interfaçage avec l'implémentation de l'objet CORBA. Il réalise les opérations inverses de celle du *stub* pour le langage d'implémentation de cet objet.

L'adaptateur d'objets

Côté serveur, l'objet d'implémentation qui concrétise l'objet CORBA, c'est-à-dire l'objet *servant*, est en fait identifié, puis invoqué par un logiciel intermédiaire appelé *adaptateur*. Dans les versions de CORBA à partir de la 2.0, cet adaptateur est le *P.O.A.* (*Portable Objet Adapter)*, remplaçant l'ancienne notion de *B.O.A.* (*Basic Object Adapter*), non abordée ici. Le *P.O.A.* implante le mécanisme permettant de connecter une requête au code convenable. Un P.O.A. répond à une spécification énoncée dans le standard CORBA, permettant une interopérabilité effective entre différentes implémentations du standard.

Un *adaptateur d'objets* a donc la charge d'*interpréter les références aux objets CORBA*. Il gère ces références ainsi que les autorisations d'accès aux objets correspondants, et répercute l'invocation des méthodes sur les implémentations identifiées à travers le *squelette*. Un même adaptateur gère en général un *ensemble d'objets servants*.

Plus exactement, le P.O.A. joue le rôle de *conteneur* pour cet *ensemble d'objets servants*. A ce titre, il « active » les instances des implémentations concrétisant les objets CORBA, et gère leur cycle de vie. En effet, tous les objets CORBA d'une même machine serveur ne sont pas nécessairement sollicités avec la même fréquence ni sur les mêmes périodes de temps. Il peut donc être intéressant de n'activer les instances que lorsqu'elles sont effectivement sollicitées (activation sites « paresseuse »). Il faut aussi, dans ce cadre, pouvoir les arrêter et les relancer au besoin, ou bien, tout au contraire, selon le choix adopté, anticiper leur activation. De tels choix définissent une certaine *stratégie*, laquelle doit conduire à l'obtention des niveaux de performance attendus, concernant, par exemple, la capacité à la montée en charge, ou encore le temps de réponse. Plus généralement, une *stratégie* permet de répondre à des besoins particuliers afférant à des aspects *non fonctionnels*, tels que, par exemple, la *sécurité* ou encore la *disponibilité*.

Une stratégie pourra se traduire en particulier par la mise en œuvre de *threads* (*fils d'exécution*) *indépendants*, par l'utilisation d'un *cache*, par la gestion de la persistance des instances, etc. Il est possible de mettre en œuvre plusieurs P.O.A. sur une même machine serveur, mettant chacun à disposition un certain groupe de servants. Toutes les instances d'implémentation gérées par un même P.O.A. partageront donc *de facto* les propriétés non fonctionnelles issues de la stratégie implantée dans ce P.O.A.

---

[1] Du moins dans le cas de l'*invocation statique*.

Un P.O.A. s'appuie sur le *référentiel d'implémentations* où les implémentations des objets CORBA locaux au serveur sont enregistrées La figure ci-dessous illustre le rôle d'un P.O.A. :

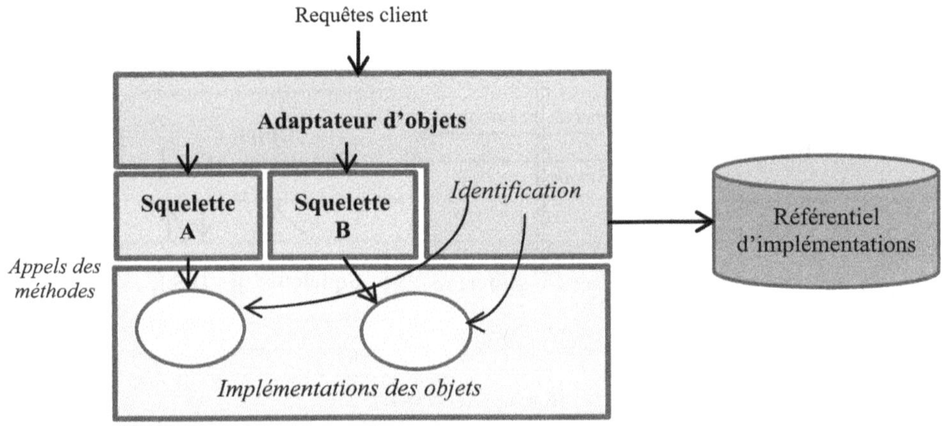

Figure 21. Illustration du rôle d'un P.O.A.

De manière générale, CORBA fournit une classe de base nommée *RootPOA*, qui constitue le P.O.A. fourni par défaut. Sur cette base, un concepteur d'application pourra en dériver d'autres P.O.A., par héritage de la classe ainsi fournie, de sorte à implémenter telle ou telle stratégie spécifique de l'application. A partir d'une classe P.O.A. ainsi définie, il est ainsi possible de créer d'autres P.O.A. plus spécialisés. Nous pourrons donc avoir, dans le cas le plus général, une *hiérarchie de P.O.A.* dont le *RootPOA* constituera, comme son nom l'indique, la racine. Dans CORBA, on associe à un P.O.A. un composant appelé *gestionnaire de P.O.A.*, ou *POAManager*, ce dernier étant en charge du contrôle de l'état de ce P.O.A.

Il est possible d'accéder au P.O.A. racine par le biais de l'ORB, lequel fournit alors une référence à celui-ci. Cette référence est une *référence initiale* connue du bus. Une telle référence sera obtenue par invocation d'une méthode particulière de l'ORB, via un appel du type :

org.omg.CORBA.Object objRef = orb.resolve_initial_reference("RootPOA");

Nous voyons que le résultat de l'appel est du type *org.omg.CORBA.Object*, qui est le type le plus général pour un objet CORBA.

Cas de l'invocation dynamique

L'organisation des composants évoquée ci-dessus correspond au mode d'appel le plus courant, qui est l'*invocation statique*. Dans le mode dit *dynamique*, déjà évoqué, et également offert, l'interface de l'objet CORBA n'est plus fixée en dur dans le code de l'appelant, mais est *découverte dynamiquement* par le client par le biais d'interrogations, selon une logique comparable à celle de l'*introspection* en langage Java. Ce mode, plus complexe d'usage, permet de découpler le code client de toute référence à une interface particulière. Dans ce mode, il n'est donc pas nécessaire de disposer d'une souche client spécifique de l'objet à invoquer. La souche client est remplacée par une *souche dynamique,* commune à toutes les classes, et appelée DII (*Dynamic Invocation Interface*). Le *squelette* associé à la classe est remplacé par un composant dit *squelette dynamique*, appelé D.S.I. (*Dynamic Skeleton Interface*).

L'organisation ainsi complétée qui en résulte est représentée sur la figure ci-dessous :

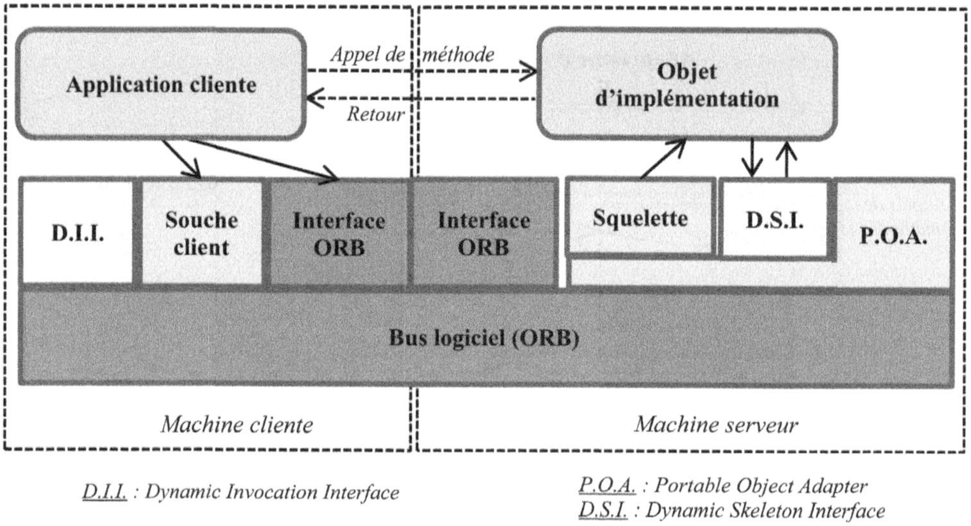

Figure 22. Composants CORBA en charge de l'interaction entre objets.

Propriétés

Nous pouvons maintenant énoncer de manière synthétique quelques propriétés caractéristiques de CORBA :

- *La transparence à la localisation* : un objet est utilisé indépendamment de sa localisation sur le réseau.
- *La transparence de l'accès* : les services sont accédés en invoquant les méthodes d'un objet local, qui représente l'objet distant invoqué.
- *La séparation des interfaces et des implémentations* : le code client dépend de l'interface de l'objet distant invoqué, mais pas de son implémentation.
- *Le typage* : les objets distants invoqués par un logiciel client sont typés par le biais d'interfaces associées à leur classe.

1.4.4. Le langage IDL

But du langage IDL

Dans CORBA, comme nous l'avons déjà indiqué, un objet fournisseur de service implémenté dans un langage A doit pouvoir être invoqué par un logiciel client développé dans un langage B, distinct de A. Il est donc nécessaire de décrire l'interface de cet objet de façon « neutre », c'est-à-dire indépendante du langage dans lequel il a été programmé.

CORBA définit pour cela un langage commun, *IDL* (*Interface Definition Language*), qui permet de spécifier l'interface d'un objet pourvoyeur de service, de manière *neutre* et *déclarative*. On trouvera en particulier dans une définition IDL la *liste des opérations offertes* accompagnées de leurs *signatures*. IDL vise à décrire ainsi les *interfaces*, et aucunement le corps des méthodes. Un objet serveur aura donc une *interface*, décrite en IDL, qui spécifiera les *opérations offertes et leurs paramètres*, et une *implémentation*, écrite dans un certain langage de programmation, où l'on trouvera le code de ces opérations.

Bien sûr, tout ceci n'a d'intérêt que si l'on sait définir une *correspondance* non ambiguë entre, d'une part une définition d'interface IDL, et, d'autre part les expressions équivalentes qui lui correspondent dans différents langages de programmation. On appelle souvent *projection*, ou encore *mapping*, une telle correspondance. Une *projection* est donc basée sur un ensemble de *correspondances standardisées* entre un concept IDL et le concept qui lui correspond dans le langage de programmation considéré. Des *projection*s sont disponibles en standard pour tout un ensemble de langages, dont, en particulier, les langages Java, C++, et C.

Dans la pratique, on disposera d'outils fournis par l'implémentation CORBA, lesquels pourront générer de manière automatique la *projection* d'une déclaration IDL vers un langage choisi, traduisant cette déclaration dans les concepts propres de ce langage cible. Ce sera d'abord vers le langage de l'application cliente, afin d'être à même d'invoquer l'objet CORBA depuis cette application. Mais ce sera aussi vers le langage d'implémentation choisi pour ce dernier, le développeur ayant alors la charge de compléter l'interface générée par le code des opérations lui-même. Les outils seront à même de générer automatiquement les *souches* dans l'environnement de programmation du client, et les *squelettes* associés dans l'environnement de programmation du fournisseur, dans leurs langages respectifs. Les outils en question supporteront bien sûr les langages les plus courants, dont ceux cités plus haut.

Comme déjà indiqué, le client invoquera localement la souche pour accéder à l'objet. La souche construira alors la requête, qui sera ensuite transportée par le bus logiciel, pour être finalement délivrée au squelette, coté serveur, lequel déléguera cette requête à l'implémentation de l'objet.

On notera ici que, dans le cas d'un *langage non objet* comme le langage C (qui ne connait pas la notion de classe, ni celle de variable d'instance), un *mapping* devra « simuler » les concepts objet dans le langage cible, de sorte à respecter la sémantique associée à l'invocation d'une instance particulière.

Les définitions IDL

En IDL, la définition d'une *interface* est introduite par le mot clé *interface*, et précise le nom donné à celle-ci. De manière générale, une définition d'interface doit être placée dans une définition de *module*. En IDL, un *module* est un simple *espace de définition*, identifié par un nom, et permettant un regroupement logique de différentes déclarations.

Une interface définit des *opérations*, ou *méthodes*, associées à la classe d'objets CORBA. Pour chaque opération, on indique donc les paramètres de l'opération avec le type de chacun. Un paramètre sera, de plus, déclaré *in* (paramètre en entrée), *out* (paramètre en sortie) ou encore *inout* (paramètre fourni en entrée, mais modifiable par l'opération)[1].

Une interface peut également spécifier des *attributs publics* attachés à l'objet, c'est-à-dire directement visibles par un appelant, et que ce dernier peut être ou non être autorisé à modifier. Dans un *mapping* vers un langage de programmation, de tels attributs seront typiquement transformés en méthodes *accesseurs* et si besoin *mutateurs* (c'est-à-dire en méthodes de type *get* et *set*).

Dans un module, outre des interfaces, on peut également définir des *types de donnée* spécifiques, appelés parfois *types complexes*, permettant le typage des paramètres des opérations. Si nécessaire, on peut également définir des *constantes*, ou encore des *exceptions*. Considérons par exemple la déclaration IDL suivante :

```
module banque {
        struct informationsCompte {
                long numeroCompte;
                string nomDetenteur;
                string adresseDetenteur;
                double solde;
        };
        exception soldeInsuffisant {long depassement};
        interface compte {
                void deposer(in double montant);
                void retirer(in double montant) raises(soldeInsuffisant);
                readonly attribute InformationsCompte informationsCompte;
        };
};
```

Cet exemple illustre un module *banque* contenant une interface *compte*, laquelle offre des opérations *déposer* et *retirer* applicables à un compte bancaire. La méthode *déposer* prend en entrée un montant de type *réel long* (*double*). La méthode *retirer* prend en entrée, de même, un tel réel, mais peut également lever une exception de type *soldeInsuffisant*, convenablement définie auparavant, et véhiculant le montant du dépassement.

L'interface *compte* définit également un attribut *informationsCompte*, non modifiable par l'appelant. Ce caractère de non modificabilité est spécifié par le mot clé *readonly*. Cet attribut est du type *InformationsCompte*, structure composée de plusieurs éléments simples, et décrivant un compte. Nous voyons qu'une telle structure est définie de manière tout à fait analogue à une *structure* du langage C, dont la syntaxe IDL d'ailleurs s'inspire. Il s'agit ici d'un *type complexe* attaché à l'interface, comme nous le verrons plus loin.

Les types simples

Les types utilisés en IDL comprennent en premier lieu les *types élémentaires*, aussi appelés *types simples*. Notre exemple utilise ainsi les types *entier* (*long*), *nombre réel* (*double*) et *chaîne de caractères* (*string*). De manière plus générale, les types simples IDL

[1] De manière tout à fait similaire à ce qui est offert en langage ADA.

comprennent les *booléens* (*boolean*), les *caractères* (*char* et sa variante *wchar*, ainsi qu'*octet*), les *entiers* (*short* et *unsigned short*, ainsi que *long*, *longlong*, *unsigned long* et *unsigned longlong*), les *réels* (*float* et *double*), et enfin les *chaînes de caractères* (*string* et sa variante *wstring*).

Pour un langage de programmation donné, chacun de ces types sera mis en correspondance avec le type du langage qui lui correspond, ou, à défaut de correspondance parfaite[1], avec le type compatible s'en rapprochant le plus. Ceci définit une bijection entre les types primitifs CORBA d'une part et les types du langage considéré d'autre part, laquelle constitue la base du *mapping* avec ce langage.

Les types complexes

Il est possible de définir en IDL ses propres types applicatifs, appelés *types construits*, ou encore *types complexes*. Ces types comprennent en particulier, comme nous l'avons vu sur l'exemple ci-avant, des *types structurés*, analogues aux *structures* du langage C. L'exemple nous montre ainsi un nouveau type *InformationsCompte* constitué de plusieurs champs. Un *type structuré* est un exemple de type défini par l'utilisateur, et un cas particulier de *type construit*.

Il existe d'autres manières de définir des *types construits*. Ainsi, il est possible de définir, grâce au mot clé *sequence*, un nouveau type constitué d'un *ensemble de valeurs* d'un même type. Par exemple, nous pourrions considérer l'ensemble des modifications passées d'un compte. En supposant, pour simplifier, que chaque opération puisse être résumée par une simple chaîne de caractères, nous définirions alors un attribut *historiqueCompte* par :

```
sequence<string> historiqueCompte;
```

Une séquence définit donc un ensemble de valeurs, dont le nombre d'éléments est quelconque (cette taille pouvant être cependant bornée). Il est également possible de définir des *tableaux à une ou plusieurs dimensions*, de tailles fixes prédéfinies, à l'aide d'une notation de la forme :

```
long matrice[10][10];
```

Le mot clé *enum* permet la définition de types « énumération », c'est-à-dire ne pouvant recevoir de valeur que parmi n valeurs prédéfinies spécifiées par le type. Une telle définition serait par exemple :

```
enum natureCompte {compteCourant, compteLivret};
```

Il est possible de *définir en IDL de nouveaux types* réutilisables, en donnant simplement un nom à une des constructions évoquées ci-dessus. On utilise pour se faire le mot clé *typedef*. Par exemple, pour définir un nouveau type représentant l'historique d'un compte, nous placerions alors dans l'exemple une déclaration du type :

```
typedef sequence<string> HistoriqueCompte;
```

Ce type ainsi nommé pourra alors être réutilisé dans différents déclarations, permettant de typer, non plus un seul, mais plusieurs éléments.

---

[1] C'est le cas par exemple de nombres sans signe (c'est-à-dire nécessairement positifs), qui n'existent pas dans tous les langages de programmation.

Le langage IDL offre en outre la possibilité de définir des types particuliers appelés *union*, en partie inspirés du langage C[1]. Sur le principe, une variable d'un type *union* pourra recevoir *différents contenus alternatifs*, en fonction de la valeur d'un champ dit *discriminant*. Considérons ainsi la déclaration ci-dessous :

```
union InformationPersonne switch(nature) {
        case personnePhysique : short categorieSocioProf;
        case entreprise : long codeActivite; };
```

Cette déclaration définit une *union*. Une variable de ce type contiendra, selon le cas, soit une information *categorieSocioProf* de type *short*, soit une information *codeActivite* de type *long*, et ce en fonction de la valeur du champ *nature* (selon que ce dernier prend la valeur *personnePhysique* ou *entreprise*).

Enfin, notons qu'il existe en IDL un type *anonyme*, appelé *any*. Un élément typé *any* pourra recevoir une donnée de n'importe quel type. Il existe aussi un « pseudo type » vide, appelé *void*, qui n'est pas à proprement un type, et permet simplement d'indiquer le fait qu'une opération ne renvoie aucun résultat.

Il importe ici de bien distinguer le type *any* du type appelé *Object*. Le type *any* s'applique à une *valeur*, en indiquant qu'elle peut être de n'importe quel type, simple ou complexe. *Object* sera pour sa part utilisé pour représenter n'importe quel *objet CORBA*. Ceci sera utile lorsque nous souhaiterons passer un tel objet en paramètre d'une opération sans préciser sa classe, comme ceci sera précisé dans la suite. Ainsi, le type *Objet* s'applique à des *objets CORBA*, alors que le type *any* s'applique à des *valeurs*[2].

Les exceptions

Comme illustré dans l'exemple, il est possible d'attacher des *exceptions* aux opérations d'une interface, en ayant au préalable défini des *types d'exceptions*. Un type d'exception se définit de manière analogue à une *structure*. L'exemple présenté ci-avant illustre la définition d'une exception *soldeInsuffisant* portant une valeur entière (long) *depassement*. Cette exception sera ensuite utilisée pour définir la sortie en erreur associée à la méthode *retirer*.

Paramètres des opérations

En ce qui concerne les opérations attachées à une interface d'objet CORBA, il est important de bien comprendre que nous pourrons définir des paramètres de *deux natures bien distinctes*.

Un paramètre peut être en premier lieu une *valeur*, issue d'un *type simple* ou d'un type *complexe* convenablement défini. Déclarés *in*, *out* ou *inout*, de tels paramètres seront passés par *valeur*, c'est-à-dire copiés depuis l'espace d'exécution de client vers celui de l'objet serveur et/ou l'inverse. Dans un langage de programmation orienté objet, les types en question seront traduits de manière directe comme des types élémentaires ou comme des *classes du langage*, selon des règles énoncées par le *mapping*. Les instances qui en dériveront seront de simples *objets locaux au programme*.

---

[1] Et quelque peu aussi des *records* avec « *case of* » du langage Pascal

[2] Même si par ailleurs les types de ces valeurs sont traduits dans un langage à objet sous la forme des classes.

Ainsi, dans l'exemple ci-dessous, l'opération *déposer* prend-t-elle en entrée un paramètre de type *double*, et l'opération *getInformation* délivre-t-elle en sortie en résultat de type complexe *InformationsCompte*, supposé précédemment défini dans le module :

```
interface compte {
        void deposer(in double montant);
        InformationsCompte getInformations();
};
```

A côté des *valeurs*, il est également possible de passer en paramètre d'une opération un autre *objet CORBA*, ou encore de délivrer un tel objet en retour de celle-ci. Dans tous les cas, l'information passée du client au serveur (cas d'un paramètre *in* ou *inout*), ou encore du serveur au client (paramètre *out*, *inout*, ou résultat d'opération) est en fait, non le contenu de l'objet lui-même, mais *le moyen d'accéder à celui-ci*. Dans ce cas, on passe donc bien, *non plus une copie de l'objet*, c'est-à-dire des données décrivant son état figé à l'instant t, *mais une « référence » à celui-ci*, laquelle donne le moyen d'accéder ultérieurement à l'objet via ses opérations. Le comportement observé est bien celui d'un *passage de paramètre par référence*.

Ainsi, dans l'exemple ci-dessous, nous pouvons voir la définition d'une nouvelle interface *EtablissementBancaire*. Celle-ci permet de créer un nouveau compte, ou bien encore d'enregistrer un objet *compte* déjà existant. L'élément *compte*, délivré en sortie de l'opération *creerCompte*, ou encore celui placé en entrée de l'opération *enregistrerCompte*, est typé par l'interface *compte* précédent définie.

```
interface etablissementBancaire {
        compte creerCompte(in long numeroCompte);
        void enregistrerCompte(in compte unCompte);
};
```

Lors d'une invocation de l'opération *enregistrerCompte*, tout se passera comme si une *référence* à l'objet *compte* était effectivement passée à l'objet de type *etablissementBancaire*, quelle que soit la localisation du premier, et ce bien que les objets ne partagent pas le même espace d'adressage. Dans l'opération *creerCompte*, de même, c'est bien une *référence* à un objet CORBA distant *compte* qui est rendue à l'appelant.

Nous avons pour l'instant considéré deux cas : celui d'un paramètre véhiculant de simples données, *passé par valeur*, et celui d'un paramètre représentant un objet CORBA, *passé par référence*. Mais nous pourrions souhaiter également faire transiter entre l'appelant et l'appelé des objets utiles à notre application, comportant attributs et méthodes, non réduits à des structures, sans pour autant faire de ces objets des objets CORBA répartis et invocables à travers le réseau. De tels objets devraient être simplement passés *par valeur*, c'est-à-dire que leur contenu devrait être copié, dans un sens et/ou dans l'autre, selon qu'ils sont *in*, *out* ou *inout*.

Pour répondre à ce besoin, la version 2.3 de CORBA introduit une notion de *passage d'objet par valeur*. Pour typer un tel objet, on définit alors non une *interface*, mais un *ValueType*.

Considérons par exemple les déclarations IDL ci-après :

```
valuetype compte2 {
        long getNumero();
        factory initialiser(in long numeroCompte);
};
interface etablissementBancaire2 {
        void enregistrerCompte(in compte2 unCompte);
} ;
```

Dans cet exemple, *compte2* n'est ni une interface ni un type complexe, mais un *valuetype*. L'exemple nous montre également la définition d'une *interface* etablissementBancaire2 possédant une opération qui utilise un paramètre typé par ce *valuetype*. Contrairement à un type complexe qui se bornerait à véhiculer des valeurs, nous voyons que compte possède une *opération getNumero*, et un *constructeur*, introduit par le mot clé *factory*, et qui permet l'initialisation d'un nouvel objet, via une valeur passée en paramètre. Nous avons bien là copie d'un *objet local* et non passage d'une référence un objet distant. Un paramètre d'un tel type dans une opération est ainsi *passé par valeur*.

Héritage d'interfaces

Les *interfaces* sont les points d'accès aux services offert par les objets CORBA. Nous avons vu plus haut des exemples de définitions de telles interfaces. De manière générale, une définition d'interface pourra comprendre des définitions de *types*, de *constantes*, d'*exceptions*, d'*attributs* et bien sûr d'*opérations*.

Mais il est également possible de *faire hériter une interface d'une ou plusieurs autres interfaces*. On introduit alors, de manière plus générale, une interface par une déclaration du type :

```
interface nouvelleInterface : interface1, interface2 {
        ....
};
```

Ceci indique que l'interface *nouvelleInterface* hérite des propriétés des interfaces *interface1* et *interface2*. IDL autorise donc l'*héritage multiple*, mais au prix d'un certain nombre de restrictions. Sont exclus en particulier la redéfinition de noms et types d'attributs hérités, la redéfinition ou la surcharge des opérations de base, et enfin l'héritage multiple de différentes interfaces ayant des opérations de même nom.

Dans l'exemple considéré ci-dessus, les interfaces *interface1* et *interface2* sont supposées avoir été déjà définies au préalable, avant définition de *nouvelleInterface*. Notons qu'il est toutefois possible d'anticiper l'utilisation d'une interface non encore définie grâce à l'emploi une déclaration préalable autorisée par le langage.

Opérations asynchrones

En CORBA, il est possible d'attacher à un objet distant des opérations particulières dites *opérations asynchrones*. Une opération classique vise à délivrer un résultat, et son invocation est *bloquante* pour le logiciel appelant, ce qui signifie que l'exécution du client est suspendue jusqu'au retour de l'opération. Une telle opération est de nature *synchrone*. A l'inverse, une opération dite *asynchrone* ne vise pas de délivrance de résultat à l'appelant, et rend aussitôt la main à ce dernier. Elle effectue donc une simple *transmission d'information* à un objet, sans retour immédiat attendu de ce dernier (mais peut cependant modifier l'*état* interne de l'objet).

Une *opération asynchrone* est introduite par le mot clé *oneway*, comme illustré dans l'exemple ci-dessous, où l'opération *informer* se borne à envoyer une information à l'objet CORBA cible d'interface *exemple*.

```
interface exemple {
        oneway void informer(in long monInformation);
};
```

Par défaut, une opération est *synchrone*, une opération *asynchrone* devant être explicitement définie comme telle. Pour définir une opération *asynchrone*, il convient de respecter certaines contraintes. Ainsi, une opération *asynchrone* ne peut bien évidemment avoir de valeur de retour (elle aura donc obligatoirement un résultat *void*), ni de paramètres en mode *out* ou *inout*. Elle ne peut pas non plus lever d'exception.

Définition de modules

Les définitions d'interfaces sont placées dans des *modules*. Comme déjà indiqué, un *module* est un simple espace de définition, identifié par un nom. Il permet le regroupement d'un certain nombre d'interfaces logiquement liées, mais aussi d'autres modules inclus dans le premier, c'est-à-dire de « sous-modules ». Il est donc possible de définir des *hiérarchies de modules*. La visibilité des éléments ainsi définis est conforme à la relation d'inclusion, avec un opérateur de résolution de portée noté « :: ».

L'exemple ci-dessous illustre une définition de module :

```
module finance {
        typedef string<64> tAdresse;
        ....
        module clients {
                typedef string<32> tNom;
        };
        module banque {
                struct informationsCompte {
                        clients::tNom nomDetenteur;
                        tAdresse adresseDetenteur;
                        ...
                };
                interface compte {
                        ...
                };
        };
};
```

Nous voyons que le module *finance* ici défini comprend deux sous-modules *clients* et *banque*. Nous voyons également que le module *banque* peut directement réutiliser le type *tAdresse* défini dans *finance*, c'est-à-dire dans le module de niveau supérieur. Nous voyons également que le type *tNom*, défini dans le module « frère » *clients* peut être utilisé, mais que cette utilisation requiert le *préfixage* par le nom du module où ce type est défini.

1.4.5. Mise en œuvre de CORBA

Dans le développement d'une application CORBA, la mise en œuvre de l'interaction entre un logiciel client et un objet CORBA nécessite la réalisation d'opérations menées selon différentes étapes. Ces étapes sont les suivantes :

- La *définition IDL de l'interface* de l'objet CORBA à créer.
- La *génération* à partir de celle-ci *des classes* nécessaires côté *client*, dans le langage de programmation du client.
- La *génération*, toujours à partir de cette définition, *des classes* nécessaires *côté serveur*, dans le langage de programmation serveur.
- L'écriture par un développeur du *code d'implémentation de l'objet CORBA* lui-même.
- L'écriture du code serveur de *création* et d'*activation* de cet objet.
- Et enfin, l'écriture du *code applicatif* côté client qui utilisera l'objet ainsi mis à disposition.

Le schéma général de mise en œuvre

La figure ci-après illustre le principe général présidant à cette mise en œuvre, avec les différents éléments logiciels, générés ou produits par un développeur et leurs relations. On notera que la mise en œuvre de ce principe dans un langage de programmation particulier sera susceptible d'ajouter à ce schéma des éléments additionnels spécifiques propres à ce langage. Pour simplifier, nous n'avons pas fait figurer ici le composant adaptateur P.O.A.

Examinons les différents éléments présents sur cette figure. Nous voyons au sommet de celle-ci la spécification de l'*interface IDL*, définissant les services offerts par l'objet. Cette spécification est fournie par le concepteur.

A partir de cette définition, un outil IDL offert par l'environnement CORBA générera une *interface de classe* dans le langage de programmation du côté serveur. Le développeur devra alors fournir une *implémentation de l'objet*, sous la forme d'une classe conforme à cette interface.

Il conviendra alors d'écrire le *code* nécessaire *côté serveur*, qui permettra la création de l'objet *servant*, son enregistrement et son activation.

L'outil dont il vient d'être question permettra également la génération automatique à partir de l'interface IDL du code de la classe constituant le *stub* associé à l'objet.

Enfin, disposant de cette classe *stub*, il sera alors possible d'écrire le code applicatif du client. Celui-ci créera une instance du *stub* et l'utilisera pour invoquer les services de l'objet via ses méthodes.

Lors d'une invocation de ces méthodes via le *stub*, ce dernier transmettra la requête d'appel à travers le bus ORB, ce qui conduira à l'invocation du code du *servant* à travers le squelette, le code de ce squelette ayant également été généré à partir de l'interface IDL, comme indiqué sur la figure.

Nous avons passé ici sous silence le rôle de l'*adaptateur P.O.A.* Bien évidemment, dans le cas où l'application nécessite un P.O.A. spécifique, il convient de développer au préalable la classe correspondante, par spécialisation du P.O.A. racine ou bien d'un P.O.A. déjà existant.

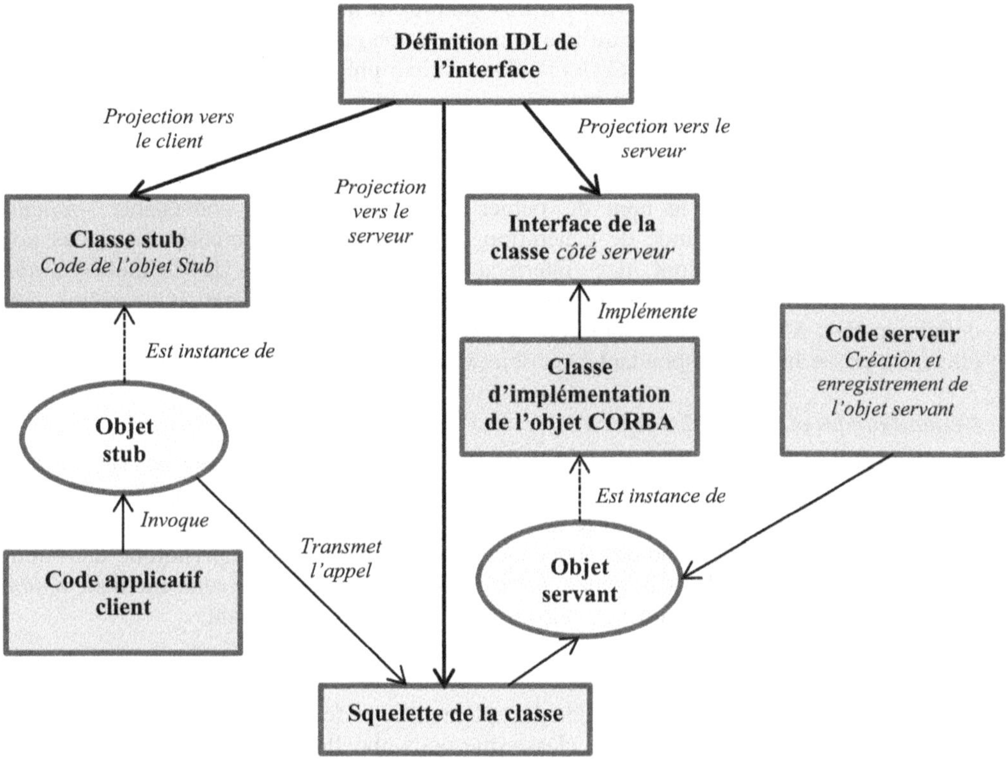

Figure 23. Principe de mise en œuvre de CORBA.

Nous allons maintenant revenir plus en détail sur chacune de ces opérations.

Génération des éléments côté client à partir de l'IDL

Nous allons ici considérer un service très simple, qui consiste à délivrer le cours d'une action à partir du nom de celle-ci. Nous souhaitons mettre en œuvre un objet CORBA permettant de rendre ce service, et que des logiciels clients distants pourront donc invoquer à distance.

Nous allons donc en premier lieu définir une interface à laquelle devra répondre un objet CORBA mettant en œuvre un tel service. Il pourra bien sûr exister plusieurs instances d'un objet CORBA répondant à cette interface. Celles-ci rendront le même service, mais, par exemple, pour différentes places de marché, en étant donc chacune capable de délivrer les cours d'un certain ensemble d'actions.

Nous aurons ici une définition IDL de la forme suivante :

```
module actions {
        interface bourse {
                double getCours(in string nomAction);
        };
};
```

Nous voyons que le module *actions* est très simple : il ne définit qu'une seule interface, *bourse*, ne fournissant elle-même qu'une seule opération *getCours*. Afin de simplifier, nous supposons ici que l'opération *getCours* rend une valeur prédéfinie convenue lorsque le nom fourni en entrée ne correspond à aucune valeur cotée à la bourse en question. Dans la réalité, nous définirions plutôt une *exception* afin de traiter ce cas.

Si nous prenons l'exemple du langage Java côté client, nous lancerons un outil appelé *idlj* en fournissant en entrée le nom du fichier IDL, avec l'option convenable (*-fclient*), correspondant à une demande de génération du code client. Différentes interfaces java seront alors générées, dont une interface *Bourse* définissant la méthode *double getCours(String nomAction)*, en correspondance directe avec l'opération de même nom définie en IDL. Cette interface sera celle à laquelle répondra un objet *stub* instancié côté client. La classe Java correspondant à cet objet *stub* est également générée par l'outil.

Génération des éléments côté serveur

Nous aurons également besoin de créer différents éléments logiciels côté serveur. Dans le cas où le langage côté serveur est également Java, comme nous le supposons ici, ces éléments seront générés en lançant le même outil, avec une autre option (*-fserver*), ce qui aura pour résultat la génération des éléments utiles. Ces éléments comprendront, dans notre exemple, une interface Java nommée *BourseOperations*, contenant une méthode *double getCours(String nomAction)* ainsi qu'une classe *BoursePOA* en dérivant.

Implémentation de l'objet CORBA

Le développeur doit alors écrire le code d'implémentation de l'objet CORBA. Ce code doit être délivré ici sous la forme d'une classe que nous appellerons *BourseImpl*, étendant la classe *BoursePOA*. Cette classe devra fournir le corps des méthodes définies dans l'interface *BourseOperations*, soit, ici, la seule méthode *getCours* :

```
public class BourseImpl extends BoursePOA {
        public double getCours(String nomAction) {
                ...
                return .... ;
        }
}
```

Il s'agit d'une écriture d'objet *servant* dite *par héritage*, *BourseImpl* héritant de la classe *BoursePOA* fournie précédemment. Une instance de la classe *BourseImpl* deviendra directement à sa création un *objet servant*.

Il existe un autre mode d'écriture, dit *par délégation*. Dans ce cas, la classe *BourseImpl2* que nous écririons implémenterait cette fois l'interface *BourseOperations* directement, et non plus à travers *BoursePOA*. Nous n'aurions pas alors d'objet servant à la création d'une instance de *BourseImpl*, et il conviendrait de réaliser une opération supplémentaire, de sorte à obtenir un tel objet. Cet aspect ne sera pas détaillé ici.

Ecriture du code serveur

Il nous faut maintenant écrire le code côté serveur, qui permettra la création de l'objet CORBA, avec mise à disposition effective des services associés.

Il convient ici en premier lieu d'initialiser l'ORB, avec l'appel :

```
ORB orb = ORB.init(args, null);
```

Puis de lancer le P.O.A., qui sera ici le *P.O.A. racine*, après avoir obtenu une « *référence* », c'est-à-dire un *identifiant CORBA*[1] de celui-ci, via l'ORB. Il convient ici de lancer également le gestionnaire de P.O.A. associé.

```
org.omg.CORBA.Object objRef = orb.resolve_initial_reference("RootPOA");
POA rootpoa = POAHelper.narrow(objRef);
rootpoa.the_POAManager().activate();
```

On notera que l'appel de la méthode *narrow* de *POAHelter* permet de transformer la *référence initiale* obtenue en un objet *rootpoa* manipulable dans le programme.

Il nous faudra enfin créer l'objet *servant* lui-même :

```
BourseImpl maBourse = new BourseImpl();
```

On notera que toutes les instances que l'on pourrait créer à partir de cette même classe d'objets CORBA offriraient ici exactement les mêmes services. En effet, à la création de l'instance, nous n'avons passé aucun paramètre permettant de distinguer cette instance d'une autre. Bien sûr, nous pourrions faire une sorte de créer plusieurs instances d'objets CORBA de cette même classe, qui auraient par exemple la charge de gérer chacune un sous-ensemble bien spécifique d'actions (par exemple pour une place de marché donnée). Dans ce cas, il conviendrait que le code écrit en tienne compte (ce code allant, par exemple, chercher des informations dans une base de données). A la création de l'instance, nous passerions alors en paramètre des informations utiles afin de spécifier le sous-ensemble particulier des actions à gérer.

Afin que des logiciels clients puissent invoquer l'objet CORBA ainsi créé, il nous faudra donner à ceux-ci le moyen de l'identifier et d'y accéder.

Un moyen simple, mais aussi très rudimentaire, pour cela est de générer une *référence interopérable*, dite IOR (*Interoperable Objet Reference*) sur l'objet, que l'on pourra ensuite communiquer à un logiciel client. Une *IOR* est une manière de coder sur une suite d'octets une *clé d'accès* à l'objet. Cette clé synthétise l'ensemble des informations nécessaires, c'est-à-dire l'adresse de la machine, le port d'écoute, ainsi que les éléments d'accès spécifiques à l'objet. Une IOR joue en quelque sorte le rôle d'une URL, sans que l'on puisse vraiment l'y comparer du fait de la longueur de l'IOR et de son absence de lisibilité par un humain. Une IOR pourra par exemple être communiquée via un fichier.

Pour générer une IOR, il faut d'abord obtenir une « référence », sur l'objet servant, c'est-à-dire son identifiant CORBA :

```
org.omg.CORBA.Object obj =  rootpoa.servant_to_reference(maBourse);
```

Il faudra ensuite sauver l'IOR de l'objet, ce qui peut être fait de la manière suivante :

```
saveIOR("bourse.ior", orb, obj);
```

Il convient alors de clore l'exécution du code du serveur par une instruction bloquante se mettant en attente des invocations :

---

[1] On notera qu'il ne s'agit pas ici d'une référence à un objet au sens de la programmation, mais d'une référence dans un sens bien particulier, employé par CORBA, et qui est ici celui d'un identifiant de l'objet au sens de CORBA.

```
orb.run();
```

Un moyen plus satisfaisant que la transmission d'une IOR consiste à utiliser l'*annuaire*, ou *service de nommage*, spécifié par CORBA. Une référence à l'objet pourra y être déposée, l'objet étant alors connu sous un certain *nom*, spécifié par le créateur de l'objet. Des logiciels clients pourront ensuite accéder à ce service de nommage de sorte à retrouver la référence à l'objet à partir de son nom, puis à transformer celle-ci sous la forme d'un objet *stub*, permettant l'invocation de l'objet lui-même.

Pour utiliser ce *service de nommage*, il faut préalablement obtenir une référence à celui-ci. Ceci est possible grâce au mécanisme des *références initiales* proposé par l'ORB :

```
refAnnuaire =  orb.resolve_initial_reference("NameService");
NamingContextExt
anuaire= NamingContextExtHelper.narrow(refAnnuaire);
```

Procédant à la création de l'objet CORBA, nous pourrons obtenir une référence à celui-ci de la manière suivante :

```
BourseImpl maBourse = new BourseImpl();
objRef = rootpoa.servant_to_reference(maBourse);
```

Nous pourrons alors convertir cette référence à l'objet en un lien de type *Bourse*, permettant l'accès effectif à l'objet, et ce via l'instruction suivante :

```
Bourse maBourseRef = BourseHelper.narrow(objRef);
```

Il est alors possible de lier cette référence à un nom que nous voudrons donner à l'objet, ici, par exemple, *MonServiceDeBourse*, en utilisant le *service de nommage* et l'opération *rebind* de ce dernier :

```
NameComponent [] path = annuaire.to_name ("MonServiceDeBourse");
annuaire.rebind(path, maBourseRef);
```

Et il nous faudra alors, comme précédemment, lancer :

```
orb.run();
```

Ecriture du code applicatif côté client

Côté client, nous devrons d'abord initialiser l'ORB, soit :

```
ORB orb = ORB.init(args, null);
```

Puis, par exemple, récupérer la référence IOR par le bais d'un fichier. Nous pourrons alors disposer d'un accès à l'objet via un appel du type :

```
Bourse maBourse = (Bourse) orb.string_to_object(ior);
```

Et nous pourrons alors invoquer l'objet avec, par exemple, un appel du type :

```
double cours = maBourse("Societe X");
```

En utilisant non plus l'IOR de l'objet, mais en faisant appel au service d'annuaire, il nous faudrait écrire, comme nous l'avons déjà vu :

```
refAnnuaire =  orb.resolve_initial_reference("NameService");
```

```
NamingContextExt anuaire = NamingContextExtHelper.narrow(refAnnuaire);
```

Et nous pourrions alors récupérer la référence à l'objet par un appel du type :

```
Bourse maBourse =
        BourseHelper.narrow(annuaire.resolve_str("MonServiceDeBourse"));
```

1.4.6. Les services CORBA

Les *services CORBA* font partie de la spécification énoncée par l'OMG. Ils constituent un *ensemble de services d'intérêt général*, utiles dans la plupart des applications. Ces services apportent à ces dernières des fonctionnalités additionnelles de haut niveau. Ces fonctionnalités incluent le *service de nommage* que nous venons d'évoquer, mais aussi d'autres services, comme, par exemple un service permettant d'exécution de *transactions* ou encore de transmission d'*évènements* sur le réseau entre les différentes applications distribuées constituant le système. Il est à noter que chaque implémentation de CORBA peut faire le choix d'implémenter ou non chacun de ces services, le produit se distinguant ainsi selon les services implémentés.

La figure ci-dessous illustre la place de ces services dans l'architecture CORBA :

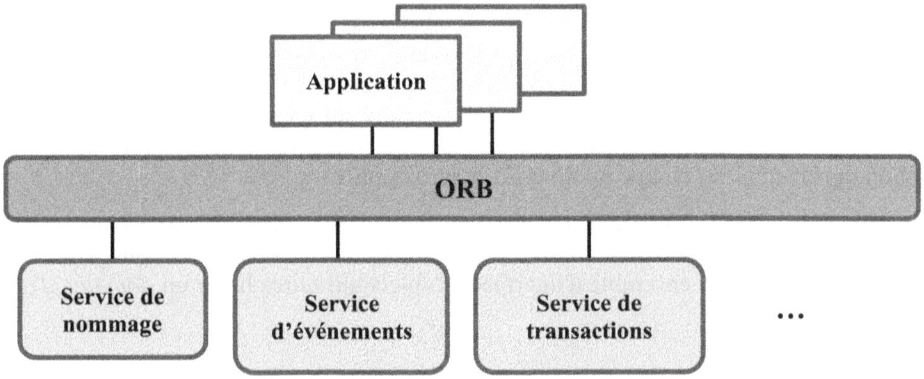

Figure 24. Les *services CORBA*.

Nous donnons ci-dessous une liste des principaux services spécifiés dans CORBA :

- Le *service de nommage*, ou *Naming Service*, qui est le *service d'annuaire* déjà considéré. Tout objet est enregistré dans un catalogue sous la forme d'un couple (nom symbolique, référence), et un logiciel client est alors en mesure l'obtenir la référence d'un objet connaissant son nom.
- Les *services d'évènements* et *de notification*, ou *Event Service*, *Notification Service*, qui permettent à une application d'émettre des événements asynchrones entre les applications, en autorisant la notification des événements reçus. Ces fonctionnalités sont complétées par une notion de *qualité de service.*
- Le *service de courtage*, ou *Trader Service*. Ce service permet de rechercher un objet dont on ne connait pas le nom, et ce à partir de critères basés sur les valeurs de propriétés, de manière analogue à un service de *pages jaunes*.

- Le *service de transactions*, ou *Transaction Service*. Ce service permet l'exécution de transactions, en permettant en particulier de garantir l'intégrité des données lors de traitements portant sur différents objets.
- Le *service de persistance*, ou *Persistence State Service*. Ce service permet de rendre l'état d'un serveur persistant entre deux activations, sur la base d'un mécanisme de stockage et de restauration de contenus d'objets.
- Le *service de concurrence*, ou *Concurrency Service*, qui permet de gérer les accès concurrents à un même objet, en particulier au travers de la pose de verrous.
- Le *service de sécurité,* ou *Security Service,* qui permet de gérer la sécurité des accès aux différents services, avec en particulier l'authentification des clients, et l'assurance d'intégrité et de confidentialité des messages échangés.
- Le *service de cycle de vie,* qui fournit un ensemble d'opérations permettant de créer, supprimer, déplacer, ou encore copier des objets.

1.4.7. Les utilitaires communs et les interfaces de domaines

Citons pour terminer deux types d'éléments additionnels composant l'architecture CORBA : les *utilitaires communs*, ou *CORBA Facilities*, et les *interfaces de domaine.*

Les *utilitaires communs* offre des fonctionnalistes de haut niveau facilitant la création d'applications, sous la forme de composants réutilisables d'intérêt général. Les fonctionnalités concernées par ses utilitaires concernent par exemple la gestion des tâches, les interfaces utilisateur, la gestion de l'information, ou encore l'administration système. On pourra y trouver des éléments tels que des gestionnaires d'impression, des outils de gestion documentaires, ou encore diverses boites à outils.

Les *domaines CORBA* répondent pour leur part à des besoins spécifiques issus des différents domaines applicatifs, comme par exemple les télécommunications, la finance, la santé, etc. Il s'agit d'un ensemble d'interfaces d'objets utilitaires liés à un *domaine d'activité spécifique.*

1.5. L'invocation de méthodes à distance avec RMI

1.5.1. Qu'est-ce que Java RMI ?

RMI, acronyme de *Remote Method Invocation*, est une librairie logicielle permettant à une application Java, tournant sur une machine virtuelle Java (JVM, *Java Virtual Machine*), d'invoquer les services d'objets présents sur d'autres machines virtuelles, et en particulier d'objets exécutés sur des machines physiques distantes. A la différence de CORBA, qui est multi langages, RMI ne permet la communication qu'*entre programmes écrits en langage Java.* La vocation de RMI est donc de permettre la construction d'*applications Java réparties.* Dans ce cadre, RMI permet au développeur de manipuler des objets distants Java d'une manière similaire à la manipulation d'objet locaux classiques du programme.

RMI fait partie de la spécification Java. Une implémentation de RMI est donc en principe fournie avec toute implémentation de ce langage. Apparu avec Java 1.1 en 1997, RMI est depuis cette date complètement intégré à Java. Dans les faits, RMI est fourni sur la forme d'un ensemble de classes contenues dans un paquetage nommé *java.rmi.*

Tout comme CORBA, RMI est une *application du concept de RPC au contexte de la programmation objet*, mais dans le cadre exclusif du langage Java. Seules des applications développées en Java pourront inter opérer via RMI, et tout le code devra donc être développé en Java coté client comme coté serveur (à l'inverse de CORBA, qui prenait pour base la possibilité de coopération entre applications développées en différents langages). On notera cependant que RMI permet bien des échanges entre différents systèmes d'exploitation et différents matériels, dès lors que ceux-ci supportent une machine virtuelle Java. On peut voir RMI comme un *intergiciel*, très similaire dans ses principes à CORBA, allégé et simplifié dans sa mise en œuvre. La restriction à un seul langage apporte l'avantage de nombreuses simplifications. Ainsi, par exemple, il n'est plus besoin d'un langage neutre tel que l'IDL, le langage Java étant alors lui-même utilisé pour définir les interfaces des objets distants. De plus, RMI permettra de charger des classes à l'exécution, sur le client depuis le serveur, contrairement à CORBA où ceci n'est pas possible. RMI apporte donc des fonctionnalités très similaires à celle de CORBA, avec un modèle de programmation tout à fait semblable, et l'avantage d'une plus grande simplicité de mise en œuvre. L'inconvénient présent en contrepartie est sa limitation aux seules applications Java. On notera en outre que RMI n'offre pas les couches de services de haut niveau spécifiées dans CORBA.

Il convient de noter ici que, même si l'invocation d'un objet distant est très proche dans sa forme d'une invocation classique d'objet, le portage d'un programme Java classique vers une version distribuée utilisant RMI nécessitera toutefois la réécriture des interfaces. De manière générale, pour déployer une application RMI, il sera donc nécessaire d'avoir une réelle maîtrise du code, *le comportement associé au passage des paramètres* étant, de plus, particulier à RMI, comme nous le verrons.

Une même application locale tournant sur une certaine machine virtuelle, et sur une certaine machine physique, pourra comporter des *objets clients* (c'est-à-dire faisant appel à des objets serveurs distants), mais aussi contenir elle-même des *objets* appelés *serveurs* (c'est-à-dire exécutés au profit d'autres clients)[1]. Ainsi, la figure ci-après illustre-t-elle le cas d'une application distribuée sur deux machines physiques A et B, où la machine B héberge pour sa part deux machines virtuelles distinctes. Nous pouvons voir sur la machine A une application comportant des objets clients faisant appel à des objets serveurs situés sur la machine B. Mais nous voyons également qu'une autre application, située sur cette même machine B, se révèle en même temps *cliente et fournisseur* de services.

Il est à noter qu'en RMI, un objet distant pourra ne mettre à disposition d'applications distantes que *certaines de ses méthodes*, les autres étant alors réservées à l'usage d'applications locales.

---

[1] On notera que, dans RMI, nous parlons maintenant d'*objets serveurs* pour désigner ce que nous nommions dans CORBA des *objets servants*.

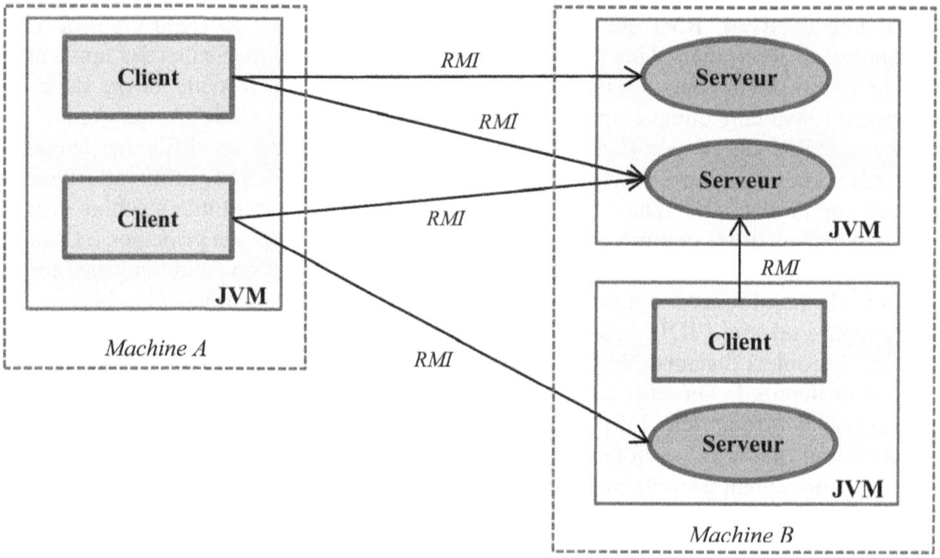

Figure 25. Objets clients et serveurs.

1.5.2. Les principes de base de RMI

Dans une interaction basée sur RMI, nous aurons donc deux parties impliquées : d'une part un *logiciel serveur*, tournant sur une certaine machine physique, offrant des services accessibles via des invocations de méthodes, et, d'autre part, un *logiciel client*, tournant sur une autre machine, requérant l'accès à des services offerts par le premier. Dans ce cas, un *objet distant* (c'est-à-dire un objet susceptible d'être invoqué à distance), ou *objet RMI*, doit avoir été préalablement créé côté serveur, et une référence sur cet objet rendue visible au client. Une telle visibilité peut être mise en œuvre en utilisant, comme nous le verrons dans la suite, une facilité d'annuaire, appelée *registre RMI.* Comme dans CORBA, un objet client peut alors solliciter l'objet distant placé sur le serveur en invoquant les méthodes de celui-ci.

Architecture logicielle

La figure ci-après illustre les couches logicielles impliquées dans une interaction RMI. Cette organisation fait apparaître différents composants.

A la base, nous avons la *couche de transport* qui permet la communication physique proprement dite entre le client et le serveur. Cette couche gère la connexion et assure la communication des données entre les deux machines. RMI peut utiliser deux protocoles : d'une part un protocole natif, appelé *JRMP* (*Java Remote Method Protocol*), et d'autre part le protocole IIOP de CORBA. Dans la seconde option, il sera possible de mettre un objet RMI à disposition d'une application cliente CORBA, qui peut pour sa part avoir ou non été développée en Java.

La *souche client*, appelée le plus souvent *stub*, est un objet logiciel qui, comme dans CORBA, représente l'objet distant côté client. Il réside sur la machine client, et agit comme une passerelle vers le « véritable » objet serveur, au bénéfice du programme client. Le *stub* joue donc toujours ici un rôle de *proxy*.

Le *squelette*, que nous appellerons ici le *skeleton* est placé, pour sa part, côté serveur, et reste invisible des applications clientes. Le *stub* communique avec le *skeleton* associé à l'objet serveur considéré, et lui transmet les requêtes émises par le client.

Les composants dits *RRL* (*Remote Reference Layer*), placés côté client et serveur, constituent la couche logicielle en charge de la gestion des références vers des objets distants, invoquées par le client. Cette gestion inclut ainsi l'aiguillage des appels vers le code convenable du côté serveur.

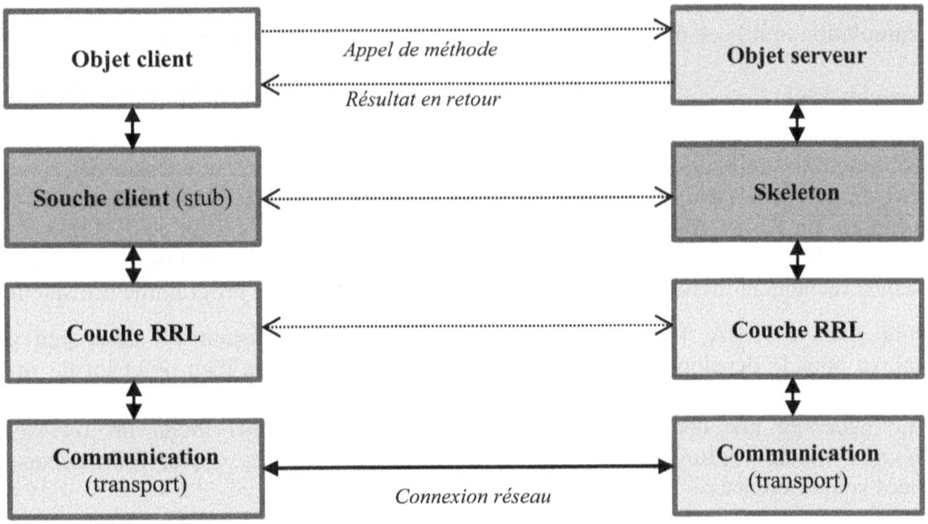

Figure 26. Principe de l'interaction entre objets client et serveur.

Fonctionnement d'une interaction RMI

Le *stub*, situé côté client, et le *skeleton*, son homologue coté serveur, joints aux composants *RRL*, se chargent donc de l'ensemble des opérations techniques nécessaires à l'exécution d'un appel de méthode, incluant le codage et décodage des paramètres, la communication, la localisation du code, l'exécution de celui-ci, ainsi que le renvoi et la réception du résultat côté client.

Le déroulement d'un appel distant peut être résumé de la manière suivante :

- Lorsqu'un client souhaite invoquer une méthode d'un objet distant, il invoque la méthode correspondante de même nom du *stub* local associé à cet objet. Le *stub* construit alors un bloc de données contenant un identifiant de l'objet distant, un identifiant de la méthode à invoquer, ainsi que les valeurs des paramètres d'appel, convenablement encodés sous une forme de représentation indépendante de la machine physique.
- Le *stub* transmet alors la requête au *composant RRL local*, lequel transmet lui-même la requête au *composant RRL placé côté serveur*. Ce dernier passe alors la requête au *skeleton*.

- Le *skeleton* décode les paramètres, invoque la méthode spécifiée du bon objet, récupère le résultat, puis encode la valeur de retour ou bien l'exception renvoyée par l'appel.
- Enfin, le résultat issu de l'exécution du code de l'objet serveur est retourné au client appelant, en suivant un chemin inverse.

Nous voyons ici un fonctionnement très similaire à celui d'un appel CORBA, à ceci près qu'il n'y a pas ici de notion de *conteneur* d'objet côté serveur, rôle qui était joué par le P.O.A. dans CORBA.

Il est à noter que RMI met en œuvre une fonctionnalité particulière de gestion de la mémoire afférant aux *stubs* dite *ramasse-miette distribué*, dont le but est d'éviter l'accumulation inutile en mémoire de références à des objets RMI disparus.

Le registre RMI

En programmation objet classique, un objet est, en principe, explicitement créé par le programme utilisateur, ceci par le biais d'un *constructeur*, à partir d'une classe définie dans le programme. A la création, une référence à l'objet est placée dans une variable de type convenable. En RMI, cependant, il s'agit d'invoquer les méthodes d'un objet d'une classe située hors du champ du programme utilisateur et déjà créé. L'opération de création de l'instance réellement invoquée n'est pas ici de la responsabilité du programme utilisateur.

Comme dans CORBA, l'invocation d'une méthode d'objet distant est donc peu plus complexe pour le développeur qu'un appel classique de méthode d'un objet local : on ne dispose pas au départ d'une référence à l'objet à invoquer, et il convient donc de l'obtenir, ce qui nécessite une opération additionnelle. A cet effet, RMI inclut un *service de nommage*, appelé *registre RMI* (*RMI Registry*), espace où les objets fournisseurs de services sont référencés.

Le *service de nommage* est un programme particulier fourni par la plateforme Java. Il est accessible par défaut sur le port 1099 de la machine serveur. Pour des raisons de sécurité, seuls les logiciels locaux, c'est-à-dire résidant sur la même machine que le service de nommage, sont autorisés à ajouter ou retirer des références à des objets distants. Enfin, le *service de nommage* est lui-même identifié sur le réseau à l'aide d'une URL.

Chaque fois qu'un logiciel créée un objet serveur, il procède dans le même temps à l'enregistrement de celui-ci dans le registre RMI, ce qui a pour effet de le rendre visible et donc invocable à distance. On utilise pour ce faire des méthodes offertes par une classe *Naming*, nommées *bind* et *reBind.* Cet enregistrement est fait sur la base d'un nom, identifiant unique fourni par le logiciel appelant, et que l'on appelle le *bind name.* Il est à noter ici l'existence de deux méthodes distinctes, *bind* et *rebind*, permettant de procéder à une telle opération. La méthode *bind* est ici réservée au cas du premier enregistrement d'un objet sous un nom donné (ce qui déclenche donc une erreur dans le cas où un autre objet est déjà lié à ce nom), alors que la méthode *rebind* procède dans ce second cas simplement à un *remplacement* de l'objet associé à ce nom.

Enregistrement d'un objet distribué

L'enregistrement d'un objet dans le registre RMI peut être fait par l'*objet serveur lui-même* (par exemple dans une méthode *main* de cet objet, invoquée à l'initialisation), ou bien encore par une tierce application indépendante, exécutée, de même, côté serveur à l'initialisation. La seconde option peut avoir l'avantage de regrouper logiquement dans une même portion de code les actions afférant à l'ensemble des objets distants à activer sur la machine serveur, contribuant de ce fait à améliorer la lisibilité du code et l'évolutivité de l'application.

Pour être en mesure d'invoquer un objet RMI, le client doit d'abord accéder à une référence à celui-ci, et disposer en local d'un *stub* associé à l'objet. Ceci est fait en utilisant la méthode *lookup* de la classe *Naming*, sur la base du nom d'objet spécifié sous la forme d'une chaîne de caractères (*bind name*). Bien sûr, pour un objet donné, ceci peut n'être fait qu'une seule fois dans le code, même dans le cadre d'invocations multiples ultérieures de ce même objet.

L'appel lui-même est alors simple. Une fois obtenue la référence à l'objet distant, l'appel consiste simplement à invoquer la méthode correspondante du *stub*, sous la forme classique *objetDistant.methode()*. La technologie RMI se charge alors de rendre transparente, comme déjà indiqué toutes les opérations techniques liées à son appel, à la transmission des paramètres, et au renvoi du résultat.

La figure ci-dessous schématise le processus ainsi mis en œuvre, qui comprend l'enregistrement de l'objet distant, l'accès à sa référence via la méthode *lookup*, puis son utilisation distante par l'application cliente via le *stub* associé.

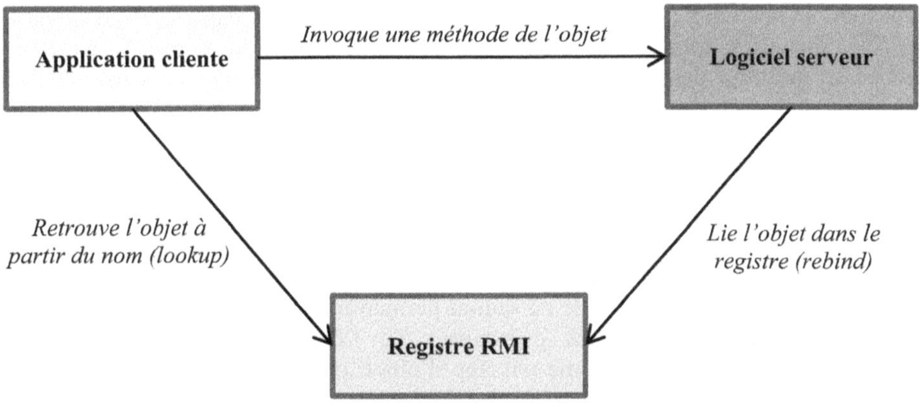

Figure 27. Processus d'enregistrement d'un objet distant.

En pratique, il faut bien sûr disposer dans le programme client du code correspondant au *stub*, ce dernier étant spécifique de la classe d'objet considérée. Le code source correspondant est généré de manière automatique par l'outil appelé *rmic*, fourni par Java avec RMI (la génération de la classe *skeleton* étant devenue inutile dans les versions récentes de RMI).

On notera qu'il n'est pas toujours nécessaire que le *service de nommage* référence l'intégralité des objets RMI présents sur le serveur. En effet, aux fins de limiter pour le concepteur la complexité liée à la gestion de noms uniques, une règle de bonne utilisation du service de nommage peut être de *ne lier à des noms que les objets RMI faisant office de points d'entrée*, dans le cas où les autres objets RMI peuvent être accédés à partir des premiers. Bien sûr, lorsque tous les objets RMI d'un serveur sont *indépendants*, c'est-à-dire ne se connaissent pas, tous ces objets doivent être nécessairement enregistrés dans le service de nommage pour pouvoir être accédés.

Passage de paramètres dans les appels RMI

Nous savons qu'en programmation, de manière très générale, les paramètres d'une fonction ou d'une méthode peuvent être passés *par valeur* ou *par référence.* Le *passage par valeur* consiste à passer une simple *copie* du paramètre, alors que le *passage par référence* consiste à passer une *référence* (c'est-à-dire en pratique, dans une implémentation, une adresse mémoire) permettant d'accéder à celui-ci. Ceci est valable dans le sens d'un passage de l'appelant vers l'appelé comme du retour de résultat de l'appelé vers l'appelant.

Bien sûr, les deux modes ne sont pas équivalents : le maintien d'une référence reçue permettra l'accès ultérieur aux états futurs d'un objet, voire la modification de celui-ci, alors que le passage par valeur ne délivrera jamais qu'une copie figée à l'instant t. Chaque langage de programmation gère cette distinction à sa manière propre, certains langages proposant au développeur un contrôle du mode de passage[1]. Le langage Java traite pour sa part ce sujet de manière très simple : dans un appel de méthode, toutes les variables de *types primitifs* (tels que *int*, *float*, *char*, *byte* etc.) en entrée de la méthode sont implicitement passées *par valeur*, alors que tous les *objets* du programme sont pour leur part systématiquement *passés par référence*, le développeur n'ayant pas donc de contrôle.

La question se pose toutefois en termes sensiblement différents dans le cas d'*appel d'un objet RMI.* En effet, dans le cas d'un appel distant à travers le réseau, le passage par référence tel qu'opéré dans un appel local classique en Java n'a plus de sens, appelant et appelé étant situés sur deux machines virtuelles distinctes et ne pouvant partager le même espace mémoire.

En RMI, le mode de passage standard d'un objet est ainsi un *passage par valeur*, et c'est bien alors l'*objet sérialisé* qui est en fait transmis entre les deux parties client et serveur. Ceci exige donc que tous les paramètres des méthodes exposées dans une classe d'objet RMI soient *sérialisables.* On notera donc que, si la valeur ainsi transmise est conservée dans le programme qui la reçoit, elle ne saurait permettre l'accès aux états ultérieurs (c'est-à-dire aux valeurs des variables d'instance) de l'objet. On notera aussi que ce comportement est différent du même passage d'objet, opéré dans le cadre d'un appel de méthode classique en local.

En RMI, de manière tout à fait similaire à CORBA, il est également possible de *passer des objets distants* en paramètre d'un appel de méthode. Dans ce cas, il s'agit alors toujours d'un *passage par référence.* Ceci est tout à fait naturel dans la mesure où l'intérêt d'un objet RMI est justement qu'il puisse être accédé ensuite, de sorte à ce que le détenteur du lien puisse bénéficier des services de l'objet. Comme il ne saurait y avoir de partage d'adresse, un tel *passage par référence* est en fait réalisé par le passage du *stub* associé à l'objet.

---

[1] Ainsi, par exemple, en langage *Pascal*, un paramètre de fonction ou de procédure est passé *par référence* ou *par valeur* selon que sa déclaration est ou non précédée du mot clé « Var ». Lorsqu'il est déclaré « Var », un paramètre peut alors (et seulement dans ce cas) être modifié par cette fonction ou cette procédure. En langage C, un paramètre en entrée de fonction est toujours passé *par valeur*, le *passage par référence* devant être *simulé* par le biais du *passage par valeur d'un pointeur sur la variable* à transmettre.

Considérons par exemple un service de bourse, où l'on trouvera un objet RMI *monCompte*, de type *CompteTitre*, où une méthode permettra à un client de transmettre un ordre d'achat. Un tel ordre sera alors transmis par un appel[1] :

```
monCompte.transmettreOrdreAchat(ordre);
```

Un ordre d'achat pouvant alors être défini par une classe telle que :

```
class OrdreAchat {
        private String titre;
        private int quantite;
        private double seuil;
        public String getTitre() { return this.titre ; }
        public int getQuantite() { return this.quantite; }
        public double GetSeuil(){ return this.seuil; }
        ...
}
```

Un objet *OrdreAchat* véhicule ici le nom du titre à acheter, la quantité demandée, et enfin le seuil, c'est-à-dire la valeur du titre à laquelle l'achat doit être effectivement déclenché (cet achat serait par exemple à la charge d'un logiciel dédié à la surveillance des cours, auquel la présente méthode transférerait la demande).

Si *ordre* est un objet Java « classique » du programme, alors il sera transmis de l'appelant à l'appelé *par valeur*, c'est-à-dire qu'il sera *sérialisé*, de sorte à constituer un bloc de toutes les données utiles, transmis à travers le réseau, puis reconstitué, et enfin copié dans l'espace mémoire de l'appelé. L'appelé dispose alors du contenu ainsi transmis, avec le nom du titre, la quantité et leur seuil, et peut enregistrer la demande. Mais le code serveur est évidemment absolument insensible à toute modification ultérieure éventuelle de l'ordre qui serait faite côté client. Si l'ordre est susceptible d'être modifié, et que l'on souhaite être en mesure d'en tenir compte, en réinterrogeant l'objet plus tard, il convient alors que nous ajoutions une méthode *ad hoc* permettant l'annulation de l'ordre, et que la méthode *transmettreOdreAchat* soit de nouveau invoquée après annulation avec l'objet *ordre* convenablement modifié.

Si par contre *OrdreAchat* définit un *objet RMI*, l'objet passé est en fait le *stub* d'accès au véritable objet. Les données telles que le nom du titre, la quantité et le seuil ne sont alors pas directement transmises, mais c'est le *moyen d'accès* à celles-ci qui est transmis. Avec le *stub*, l'appelé dispose du moyen d'accéder aux valeurs indiquées ci-dessus, via des accès à l'objet distant *ordre*, lequel peut résider, par exemple, sur la machine physique de l'appelant. Dans notre cas, cela pourrait permettre au logiciel en charge de l'exécution des ordres de bourses de ré accéder régulièrement à l'ordre tant qu'il n'est pas passé[2].

---

[1] Afin de simplifier les choses, nous ne tenons pas compte ici des cas d'erreur possibles, avec les exceptions auxquelles ils pourraient donner lieu.

[2] Dans une application réelle, la chose serait évidemment plus complexe, car il faudrait prendre en compte d'autres éléments, tels que, par exemple, l'annulation possible d'un ordre après sa transmission, ainsi que tous les cas d'erreur possibles. Il ne s'agit ici que d'un exemple destiné à illustrer le mécanisme de passage d'un objet RMI en paramètre d'un appel de méthode.

Nous voyons donc ici comment peuvent être passés des objets *par valeur* ou *par référence* dans le cadre de RMI :

- Les *objets distribués,* c'est-à-dire les *objets RMI* sont passés *par référence* au moyen de leur *stub*.
- Les *objets locaux*, c'est-à-dire les *objets classiques Java*, sont passés *par valeur* au travers de leurs copies *sérialisées*.

Nous voyons qu'une attention particulière doit être attachée au passage des paramètres des méthodes lorsqu'une application monolithique doit être portée sous la forme d'une application distribuée avec RMI.

1.5.3. Mise en œuvre de Java RMI

Pour mettre en œuvre une liaison RMI, il convient, de manière similaire à CORBA, de suivre un certain nombre d'étapes.

Les opérations à mener du *côté serveur* comprennent :

- La *définition de l'interface de l'objet distant*, laquelle doit faire apparaître les méthodes de l'objet susceptibles d'être invoquées à distance. Dans le cas de RMI, cette définition est effectuée non en IDL mais *en langage Java*.
- L'écriture par le développeur de *la classe de l'objet distant* implémentant cette interface, puis la compilation de cette classe.
- La *génération automatique du code de la souche*, via l'exécution du programme *rmic*, avec en entrée le code compilé de l'objet distant.
- Et enfin, l'écriture du *code de mise à disposition de l'objet serveur*, qui devra instancier l'objet, et, si besoin, l'enregistrer en lui affectant un nom dans le *registre de noms RMI*.

Le développement côté client se composera pour sa part de l'écriture du *code client* utilisant l'objet distant.

A l'exécution, il faudra *lancer l'annuaire*, *puis le logiciel serveur*, *puis le logiciel client*. Ce dernier obtiendra alors une référence à l'objet distant à partir du nom de celui-ci, puis procédera à l'appel lui-même de la méthode à partir de la référence à l'objet ainsi obtenue.

Nous allons détailler ici ces différentes opérations.

Définition de l'interface de l'objet distant

L'interface de l'objet distant doit hériter de l'interface prédéfinie *java.rmi.Remote*, laquelle ne contient aucune méthode, mais permet d'*indiquer que l'interface peut être appelée à distance*. Celle-ci doit ainsi contenir toutes les méthodes susceptibles d'être appelées de manière distante. Cette interface est en fait une *projection* de l'objet, qui, pour sa part, pourra comprendre d'*autres méthodes*, non exposées, et donc *invocables uniquement en local*.

La communication entre le client et le serveur lors de l'invocation de la méthode distante à travers le réseau pouvant échouer, chaque méthode appelée à distance doit déclarer qu'elle est en mesure de lever une exception spécifique nommée *java.rmi.RemoteException*.

Par exemple, nous définirions l'interface d'un objet distant *Bourse* de la manière suivante :

```
import java.rmi.*;
public interface BourseInterface extends Remote {
        public double getCours(String nomAction) throws RemoteException;
}
```

Toutes les méthodes ainsi définies (ici il n'y en a qu'une seule) doivent être déclarées *publiques*. Il est par ailleurs indispensable que tous les paramètres des méthodes soient bien *sérialisables* (ce qui est bien le cas ici du nom de l'action ainsi que du résultat de la méthode, qui est de type *double*). Il convient de bien noter ici que, du fait en particulier de la présence nécessaire de l'exception spécifique *RemoteException, il n'est pas possible de réutiliser directement une interface Java non RMI déjà existante sans modification.*

Ecriture du code de l'objet distant

La classe à écrire correspond au code de l'objet RMI. Elle doit implémenter l'interface précédemment définie en fournissant le code nécessaire, et peut comporter d'autres méthodes éventuelles dont on souhaite disposer en local. Elle doit hériter de la classe *UnicastRemoteObject*, laquelle contient tous les traitements de base utiles à l'accès distant.

Une telle manière de faire correspond à une *implémentation par héritage du mécanisme Java préexistant.* Le code serait ici, par exemple :

```
import java.rmi.RemoteException;
import java.rmi.server.UnicastRemoteObject;
public class Bourse extends UnicastRemoteObject implements BourseInterface {
    protected Bourse() throws RemoteException { super(); }

    public double getCours(String nomAction) throws RemoteException {
        ...
        return..... ;
    }
    public setCours(String nomAction, double valeur)
                                        throws RemoteException {
        ...
    }
}
```

Nous voyons que la classe ainsi définie fournit une implémentation de la méthode *getCours* définie dans l'interface, mais aussi celle d'une méthode *setCours*, non exposée. Par ailleurs, nous remarquons la présence d'un *constructeur particulier* susceptible de lancer une exception. Une telle définition est obligatoire car, même si le constructeur n'a aucun traitement particulier à exécuter, il doit cependant être redéfini aux fins d'inhiber la génération du constructeur par défaut du langage Java qui, pour sa part, ne lèverait bien sûr pas cette exception.

La figure ci-après nous montre l'organisation des classes et interfaces présidant à la définition de la classe de l'objet, ainsi qu'au *stub Bourse_Stub* qui en tiendra lieu pour l'appel à distance. Dans ce schéma, *UnicastRemoteObject* est prédéfinie. L'interface *BourseInterface* et la classe *Bourse* sont fournies par le développeur. Enfin, la classe *Bourse_Stub* est générée automatiquement.

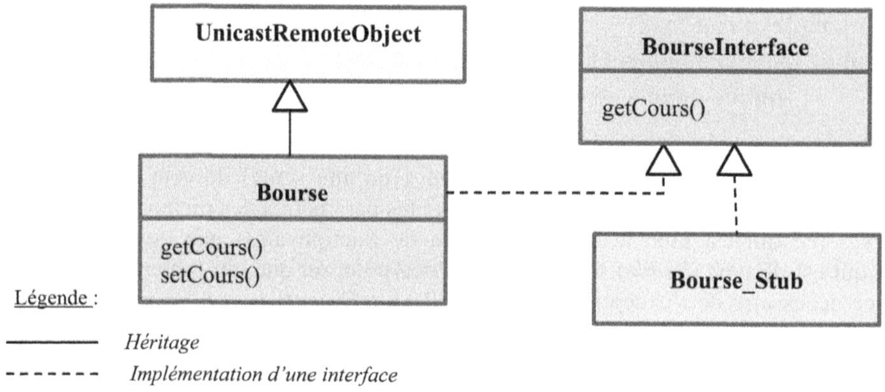

Figure 28. Organisation des classes (cas de l'implémentation par héritage).

Ce qui a été exposé correspond, comme il a déjà été dit, au mécanisme d'*implémentation par héritage*. Il existe en fait depuis Java 1.4 deux manières de faire. Dans l'autre manière, dite *implémentation par délégation*, la classe *Bourse* n'hérite plus de *UnicastRemoteObject*, et il est alors inutile de déclarer un constructeur spécifique. La classe sera alors simplement introduite par :

```
public class Bourse implements BourseInterface {
        ...
}
```

L'organisation des classes est alors modifiée comme indiqué sur la figure ci-dessous.

Lorsqu'un objet de la classe *Bourse* aura été créé selon cette seconde manière de faire, il s'agira d'un simple objet Java « normal » du programme serveur. Il conviendra alors de le faire reconnaître comme objet RMI à l'exécution. Ceci sera fait à l'initialisation dans le code du côté serveur, comme nous le verrons dans la suite, par invocation d'une méthode particulière de la classe *UnicastRemoteObject.*

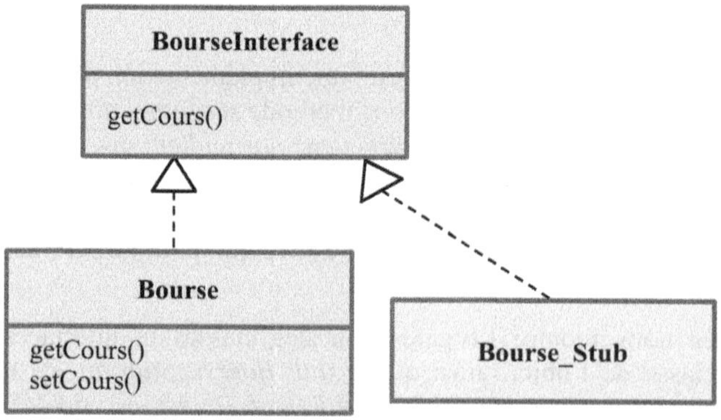

Figure 29. Organisation des classes (cas de l'implémentation par délégation).

Génération de la souche

Il convient alors de produire le code de la souche associée à l'objet. Ce code est généré automatiquement en lançant l'outil *rmic*, et en passant à ce dernier le nom du fichier associé à la classe de l'objet. On notera qu'en RMI, la souche est générée *à partir du code compilé de la classe*. Le *stub* doit ainsi être généré sur le serveur, puis téléchargé par les clients ayant besoin d'invoquer un objet de la classe.

Ecriture du code de mise à disposition de l'objet serveur

Il s'agit ici du code exécuté sur le serveur à l'initialisation, et qui est donc responsable de la création de l'objet mis à disposition, ainsi que de son enregistrement dans le *service de nommage*. Comme déjà indiqué, ces opérations peuvent être effectuées dans le code d'une classe dédiée, solution souvent adoptée, ou bien encore placées dans une méthode particulière de la classe de l'objet distant. Le code à écrire doit réaliser les opérations suivantes :

- Mise en place éventuelle d'un *gestionnaire de sécurité* dédié (*security manager*).
- *Instanciation d'un objet* de la classe.
- E*nregistrement* de l'objet ainsi créé dans le *service de nommage*.

La mise en place d'un *gestionnaire de sécurité* n'est pas obligatoire, mais cependant recommandée, en particulier si le serveur doit charger des classes récupérées sur des machines distantes. Le code ci-dessous montre un exemple de mise en place d'un *gestionnaire de sécurité*.

```
try {
        if (System.getSecurityManager() == null) {
                System.setSecurityManager(new RMISecurityManager());
        }
} catch (Exception e) { … }
```

Notons qu'il est également possible d'activer un *gestionnaire de sécurité* en utilisant simplement une option de la *machine virtuelle Java*.

Il convient ensuite tout simplement d'instancier l'objet :

```
Bourse maBourse = new Bourse();
```

Dans le cas de l'*implémentation par héritage*, l'objet ainsi créé est alors un *objet RMI*, invocable à distance. Dans le cas d'une *implémentation par délégation*, et dans ce cas seulement, il conviendra d'y ajouter le code permettant la mise à disposition de l'objet Java ainsi créé, soit :

```
BourseInterface monStub = UnicastRemoteObject.exportObject(maBourse, 0);
```

Dans un tel appel, le *stub* associé à l'objet est délivré en résultat. Le paramètre dont la valeur est 0 permet de spécifier que l'on souhaite une *allocation dynamique* du port au niveau du serveur.

La dernière opération à mener consiste à *enregistrer l'objet* ainsi créé *dans le service de nommage* en lui affectant un nom. Ce service doit au préalable avoir été lancé, soit par le biais d'une simple commande, soit par code, via un appel de type :

```
LocateRegistry.createRegistry(numeroDePort);
```

Dans le cas d'un lancement par ligne de commande, le port est 1099 par défaut. Dans le cas d'un lancement par programme, ce numéro de port est spécifié en entrée. L'enregistrement de l'objet se fait alors via l'une des méthodes *bind* ou *rebind* de *Naming*, lesquelles attendent en paramètre le nom donné à l'objet, ainsi que l'objet lui-même :

```
Naming.rebind("MonServiceDeBourse", maBourse);
```

L'objet pourra alors être connu sur le réseau via une *URL* préfixée par *rmi://*, incluant le nom du serveur (*hostname*) et la chaîne de caractères spécifiquement associé à l'objet. C'est ce nom qui sera utilisé par le client pour obtenir une référence à l'objet distant.

On notera que, dans le cas d'une *implémentation par délégation*, l'appel doit passer, non pas l'instance, mais le *stub* lui-même, qui doit donc auparavant avoir été créé.

Utilisation du côté du logiciel client

Comme nous l'avons vu, le client doit d'abord obtenir une référence à l'objet RMI qu'il souhaite invoquer en utilisant le *service de nommage*, et en fournissant à celui-ci l'*URL* correspondant au nom sous lequel l'objet a été enregistré. L'appel sera du type :

```
BourseInterface maBourse = (BourseInterface)Naming.lookup(url);
```

où l'url est du type "rmi://machineServeur :port/nomObjet". Dans cet appel, le résultat de la méthode *lookup* est le *stub* associé à l'objet. Il est du type *Remote* (classe mère de tous les objets distants) et doit être *transtypé* (*casting*) vers le type *BourseInterface* par lequel l'objet RMI *Bourse* est connu côté client. Si le nom fourni dans l'URL n'est pas référencé dans le registre, la méthode lève l'exception *NotBoundException*.

On notera que la mise en place éventuelle d'un *gestionnaire de sécurité* côté client suit des règles identiques à celles du côté serveur.

Les méthodes de l'objet pourront alors être invoquées, soit, par exemple :

```
double valeur = maBourse.getCours("ActionX");
```

1.5.4. Autres fonctionnalités de RMI

Dans cette présentation de synthèse, il ne saurait être question d'examiner de manière exhaustive tous les aspects de RMI. Nous évoquerons cependant brièvement ici quelques aspects complémentaires aux principes de base précédemment exposés.

Nous verrons ainsi successivement les *exceptions* dans RMI, les *accès concurrents* aux objets RMI, et enfin le mécanisme d'*activation* de ces objets.

Les exceptions

RMI définit un certain nombre d'exceptions spécifiques liées aux mécanismes mis en œuvre. Nous avons ainsi déjà vu l'exception *RemoteException* introduite dans la définition des méthodes, et qui concerne les erreurs liées au fonctionnement du bus logiciel.

En RMI, les exceptions distantes sont *sérialisables*, et elles sont donc retransmises à l'appelant comme des exceptions classiques provenant d'une erreur locale. Ainsi, par exemple, si un client invoque un serveur inexistant ou inactif, il en sera informé et pourra déclencher le traitement adéquat prévu en cette circonstance, permettant la construction simple d'un code robuste. RMI définit d'autres exceptions spécifiques dont celles liées au service de nommage, avec, par exemple, le cas d'une référence non liée (*NotBoundException*), ou encore d'une référence déjà liée (*AlreadyBoundException*). Outre les exceptions spécifiques de RMI, il est possible de définir ses propres exceptions applicatives. Elles sont *sérialisables* et retransmises à l'appelant, comme des retours d'erreur classiques.

Accès concurrents aux objets RMI

Un objet RMI peut être accédé de manière concurrente par plusieurs programmes clients. De base, les méthodes exposées seront gérées en mode *multithread*, ce qui signifie que le logiciel serveur exécutera chaque appel dans un *fil d'exécution séparé*. Plusieurs clients pourront donc exécuter le code de la même méthode simultanément, et, plus généralement, accéder de manière concurrente aux mêmes variables d'instance en les consultant ou en les mettant à jour.

Il est donc nécessaire que le développeur de l'objet RMI prévoie ces situations, et introduise dans le code les verrous nécessaires afin de gérer la concurrence d'accès, lorsque celle-ci serait susceptible de conduire à des situations d'incohérence des donnés. Le développeur devra alors soit déclarer des méthodes *synchronized*, soit poser des verrous de manière plus fine sur les variables d'instance de l'objet distant.

Activation des objets

En RMI, dans le fonctionnement standard, les objets distants sont lancés à l'initialisation et restent actifs, prêts à être invoqués, tant qu'ils ne sont pas arrêtés. Cette situation n'est pas toujours satisfaisante, en particulier lorsque l'on a besoin de nombreux objets distants sur un serveur. Parmi ces objets, en effet, il est possible que certains soient peu invoqués et que le temps de réponse afférant à leur invocation ne soit pas crucial dans l'application. Dans ce cas, dans l'usage de RMI, on peut éviter le maintien continu en mémoire de serveurs actifs en attente d'appels.

A cet effet, un démon particulier peut intercepter un appel, et créer l'objet utile seulement au moment de l'invocation. On reconnait ici une stratégie d'invocation dite « paresseuse », qui a pour but de réduire l'emploi non indispensable de ressources mémoire et processeur. RMI introduit ici un mécanisme d'*activation d'objets*. Ce mécanisme repose sur l'emploi de démons Java, dont *rmiregistry* (qui permet au client de trouver la référence à un objet distant) et *rmid* (démon d'activation, qui permet de lancer l'objet serveur à la demande).

Pour le développeur côté client, le code est inchangé par rapport à un appel standard de l'objet. Par contre, cela exige l'écriture de code particulier du côté de l'objet serveur, code qui peut s'avérer relativement complexe à mettre en œuvre. En premier lieu, il est nécessaire que la classe définissant l'implémentation hérite d'*Activable* et non plus de *UnicastRemoteObject*. De plus, le code afférant au paramétrage du contrôle d'activation devra être fourni par le développeur. L'activation en elle-même repose sur une notion de *groupe d'activation*. Elle nécessite la donnée d'un *ID d'activation* et la création d'un *descripteur d'activation*, aspects que n'examinerons pas ici.

1.6. Client-serveur et architectures N-tiers

Nous venons de voir l'approche à base d'objets distribués, illustrée notamment par CORBA er RMI. Il s'agit d'une approche architecturale historiquement initiée dans la première moitié des années 90, créée aux fins de répondre au besoin d'architecturer un système distribué dans le cadre d'une conception par objets. Cette approche s'inscrit essentiellement dans l'hypothèse d'un réseau local de machines connectées en permanence.

Toutefois, avec le déploiement et l'adoption massive d'*Internet* au milieu des années 90, il est apparu que le Web, avec les technologies associées, ouvrait la voie à la mise en œuvre d'applications utilisables à beaucoup plus grande échelle, avec notamment possibilité d'accès par des usagers potentiellement répartis dans le monde entier. Plus simplement, au seul niveau d'une organisation, il est également apparu que ces même technologies Web, basées sur le protocole HTTP au-dessus de TCP/IP, joint au langage HTML, pouvaient être mises à profit aux fins de réaliser des Interfaces Homme Machine, certes peu sophistiquées, mais ayant l'immense avantage de simplifier à l'extrême le problème récurrent du déploiement sur un grand nombre de postes clients. C'est l'idée de base présidant aux *applications orientées Web*, que nous allons maintenant considérer.

1.6.1. Les applications orientées Web

Dans un *client Web*, le code placé côté client est constitué d'un simple *navigateur* générique, et les pages décrivant les interfaces sont chargées à la volée depuis le logiciel *serveur Web*, puis affichées par le navigateur, au moment où l'utilisateur en a besoin. Il n'y a donc plus le moindre code spécifique de l'application résidant sur le poste client.

Comme déjà indiqué, ce principe d'interaction via le Web permet la mise en œuvre applications exploitables à très grande échelle, comme, par exemple les applications de commerce électronique, où l'usager peut être n'importe quel internaute, avec, donc, potentiellement, un très grand nombre de clients connectés en même temps. Ceci ouvre également la voie à des applications d'entreprises accédées par les collaborateurs depuis des postes distants, n'importe où dans, ou hors, de l'entreprise. Des applications métiers peuvent alors être accédées comme de simples *sites Web*. Bien sûr, les aspects liés à la sécurité liés à l'exposition ainsi faite des applications sur le Web deviennent essentiels et doivent être traités, en particulier par le biais de mécanismes d'identification et de protocoles de communication adaptés.

Dans ce cadre, si les approches à objets répartis gardaient tous leur sens pour la partie purement applicative d'une application, il convenait d'englober cette partie applicative dans de nouveaux modèles architecturaux plus vastes, prenant le Web comme base pour l'interaction entre l'utilisateur et le système. C'est le principe à la base des architectures dites *3-tiers* et, plus généralement *N-tiers*, que nous allons considérer dans la suite.

1.6.2. De deux vers N niveaux

Le modèle trois-tiers de base

Un premier *style d'architecture dit « trois-tiers »*[1], peut, dans sa forme la plus basique, être symbolisé comme ci-dessous :

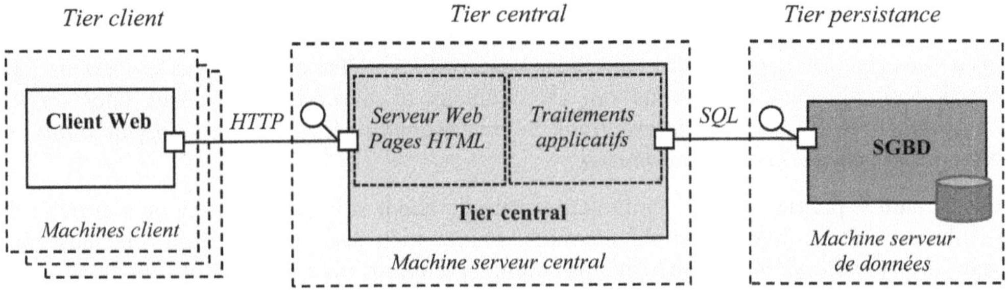

Figure 30. Architecture « 3-tiers » de base.

Nous voyons que nous avons maintenant *deux niveaux d'interactions client-serveur.* Le premier niveau d'interaction se place entre une machine client et le logiciel que nous appelons ici le *tier central.* Cette relation repose sur des *demandes de pages HTML* adressées au *serveur Web* et la fourniture conséquente par ce dernier des pages demandées, aux fins d'affichage, ou bien, à l'inverse, sur l'envoi de données par le client vers ce même serveur Web, pour une transmission d'informations venant de l'usager. Il s'agit ici d'un nouveau type de relation client-serveur, que nous n'avions pas considéré jusqu'alors, et qui est celui à la base même du Web. Le *tier* central est ici en charge de la prise en compte des requêtes HTTP issues des clients, ainsi que des traitements applicatifs

La seconde relation client-serveur se situe pour sa part entre le *tier* central et le *tier* dit de *persistance*, en général matérialisé par un *Système de Gestion de Bases de Données Relationnelles*. Cette seconde relation repose donc en général sur une relation client-serveur déjà considérée, à savoir l'invocation de *requêtes SQL.*

Dans l'usage classiquement fait de ce modèle, la relation entre le *tier central* et le *tier persistance* repose sur un *réseau interne à l'organisation*, alors que la relation *tier client – tier central* peut reposer pour sa part sur *Internet* et/ou sur *des réseaux internes.*

Dans un tel schéma, la partie *interaction homme-machine* est implémentée pour une part dans le *tier client* (qui se limite dans le modèle de base à afficher les pages et à traduire les clics souris en requêtes associées) et, pour une plus grande part, dans le *tier central* (en charge de générer les contenus dynamiques à partir de données issues des traitements applicatifs ou issus de la base de données). La *partie « applicative »*, avec les traitements est, pour sa part, également implémentée dans le *tier central.* Le *tier persistance* est bien sûr en charge de la partie *« Gestion de Données »,* par le biais du Système de Gestion de

[1] Conformément à un usage bien établi, nous utilisons ici directement le mot anglais « *tier* » qui signifie usuellement « étage », ou « niveau ». Précisons bien qu'il ne s'agit bien évidemment pas du mot français « tiers » au sens d'une division d'un tout par trois.

Bases de Données qui le constitue. On peut ici sophistiquer quelque peu ce modèle en plaçant dans le *tier* persistance plusieurs bases de données, relationnelles ou non relationnelles, ou encore en intégrant des composants particuliers, dont le rôle est d'encapsuler des applications dites *patrimoniales* dont on souhaite poursuivre l'utilisation.

1.6.3. Le modèle N-tiers

Pour remédier à la trop grande simplicité de ce modèle sous sa forme de base, tel que nous venons de le voir, et, en particulier, à l'utilisabilité très limitée des interfaces interactives proposées (en comparaison des interfaces susceptibles d'être offertes par les applications classiques), plusieurs extensions ont été ajoutées à ce modèle. On peut citer ici les *technologies Web pour les interactions homme-machine*, les *serveurs d'applications*, et enfin les *couches d'accès aux données*.

Concernant le premier aspect, l'interaction entre le client et le *tier* central a pu s'enrichir de nombreuses technologies complémentaires. Outre, bien sûr, le code Java téléchargeable sous la forme d'*applets*, des mécanismes complémentaires opérant soit côté client, soit côté serveur ont été ajoutés. On peut donc citer parmi ceux-ci deux grandes familles. Nous aurons ainsi d'une part les *langages de scripts*, exécutés dans le navigateur (ce dernier recevant alors des pages contenant des lignes de scripts à exécuter), et, d'autre part, les *technologies serveur,* comme par exemple, dans le monde Java, les *JSP* (*Java Server Pages*), basées sur les *Servlets*, puis JSF (*Java Server Faces*), qui visent à faciliter et automatiser au maximum la génération des pages HTML côté serveur. On citera ici également l'approche AJAX, plus récente, qui est en fait, non une technologie, mais un principe de programmation, basé sur l'utilisation conjointe sur le client du langage *Javascript* et de la transmission de données en XML, sur la base d'interactions client-serveur *asynchrones*[1]. Tout ceci implique une mise en œuvre logicielle particulière sur le *tier central*, centrée autour du *serveur Web*.

Outre ce premier aspect, visant à la mise en œuvre d'interactions homme machine Web proches de ce que les applications locales peuvent offrir, une autre évolution consiste à séparer clairement dans le *tier central* d'une part les éléments en charge de la *présentation*, que nous venons de considérer, et, d'autre part, les éléments *applicatifs*, rendant compte des aspects métier. L'exécution des composants représentant les traitements est alors confiée à une plateforme d'exécution, le *serveur d'applications*, en charge de rendre ces traitements disponibles à distance, de les lancer au moment opportun, ou encore de contribuer à la mise en œuvre des aspects non fonctionnels requis par l'application. Ces derniers aspects peuvent inclure les performances, la sécurité ou encore l'exécution transactionnelle. Nous aurons alors non plus un *tier* central, mais deux *tiers*, à savoir un *tier Web*, en charge des aspects liés à la présentation, et un *tier métier*, en charge des aspects applicatifs.

Un avantage de cette approche est de rendre les traitements applicatifs accessibles aux navigateurs côté client, via le *tier* Web, mais aussi, si nécessaire, à des interfaces homme machine « classiques », c'est-à-dire résidant sur un poste client en tant qu'applications *stand alone*. Cette approche permet donc le développement de plusieurs types d'interfaces utilisateur sur la base de la même logique applicative. Ceci conduit à distinguer dans ce qui était le *tier central* deux parties bien distinctes et découplées : d'une part le *tier Web*, en charge de la réception des requêtes et la génération des pages HTML au profit du navigateur client, et, d'autre part, le *tier métier* proprement dit. Nous aurons l'occasion de

[1] Ces éléments qui mériteraient à eux seuls un ouvrage complet ne seront pas du tout développés ici.

revenir en détail sur cet aspect dans un chapitre consacré à l'*approche à base de composants*, où nous verrons l'exemple de mise en œuvre de JEE (*Java Enterprise Edition*).

Enfin, ce qui concerne le troisième aspect indiqué ci-avant, à savoir l'interaction entre le code applicatif et les bases de données, il est intéressant de faciliter l'interaction entre ce code applicatif, situé sur le *tier métier*, en général conçu selon une approche par objets, et les bases de données, situées sur le *tier persistance*, accédées via des requêtes. On mettra alors souvent en œuvre au sein même du *tier métier* des approches telles que la *correspondance objet-relationnel*, dite *ORM* (*Object Relational Mapping*) ou encore les patrons *objets d'accès aux données*, ou *DAO* (*Data Access Objects*). Nous aurons donc alors, dans ce cas, une bipartition du *tier métier* en une partie *traitements métier* d'une part et une *couche d'accès aux données* d'autre part. Le chapitre suivant sera consacré à la mise en œuvre de ces notions d'accès aux données.

Le modèle d'architecture *N-tiers* ainsi obtenu peut alors être symbolisé sur la figure ci-après :

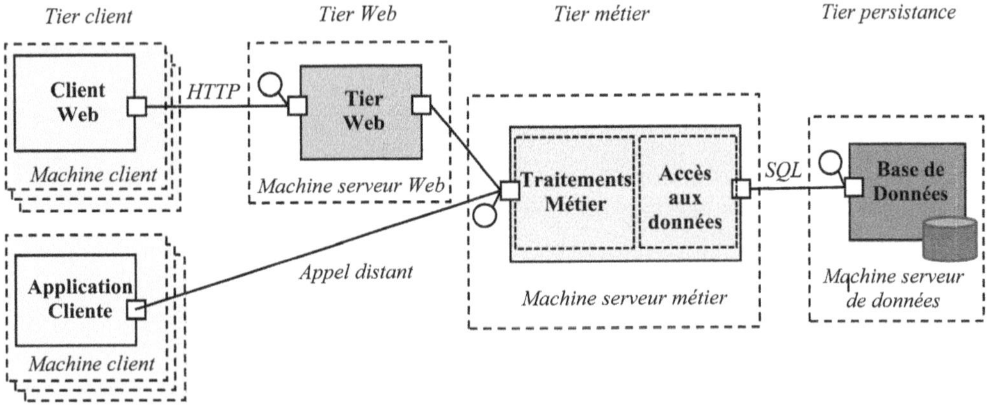

Figure 31. Architecture « N-tiers ».

Nous allons maintenant consacrer les deux chapitres qui suivent tout d'abord aux approches de la *persistance objet*, qui correspondent à la mise en œuvre de la partie *accès aux données* indiquée ci-dessus dans le cadre d'un développement dans un langage à objets, puis aux approches à base de *composants métiers*, qui visent pour leur part à faciliter les développements afférant à la partie *traitement métier*, également évoquée ci-dessus, et toujours dans le cadre d'un développement par objets.

CHAPITRE 2. La persistance objet

Objectifs de ce chapitre

Ce chapitre présente les principes des solutions permettant de gérer la persistance des objets d'un programme, c'est-à-dire permettant de mémoriser ceux-ci sur le disque, et ré accéder ultérieurement à leur contenu.

Après avoir présenté la notion de *persistance* et plus précisément la *persistance d'objets*, nous aborderons les principes à la base de la *correspondance objet-relationnel*, dite *ORM* (*Object Relational Mapping*), approche qui a pour but de mémoriser des objets dans une base de données relationnelle. Nous présenterons à cette occasion la mise en œuvre de ces principes telle que proposée par JPA, API de persistance objet offerte par Java.

Nous ferons alors une présentation des principales approches architecturales de la persistance dans les applications, puis verrons ensuite l'approche basée sur les *objets d'accès aux données*, dits *DAO* (*Data Access Object*), laquelle offre en particulier un moyen d'abstraction de la technologie de gestion des données sous-jacente.

Le but que nous nous fixons ici est de délivrer une compréhension d'ensemble de toutes ces approches afin d'être en mesure de choisir celle ou celles susceptibles d'être mises en œuvre dans chaque cas.

2.1. Introduction : la notion de persistance

Qu'est-ce que la persistance ?

A la terminaison d'un programme, les données présentes dans la mémoire vive de la machine sont perdues. Rendre une donnée *persistante*, c'est faire en sorte que celle-ci soit sauvegardée sur le disque dur de la machine, ou sur tout autre dispositif de sauvegarde pérenne, et survive alors à la session de travail (on dit que la donnée *persiste*). La donnée peut être alors retrouvée lors d'une session ultérieure du même programme, ou encore être accédée par un autre programme.

Un *objet persistant* est un objet créé dans une *application orientée objet* (c'est-à-dire développée dans un langage de programmation orienté objet), et rendu capable de persistance via des technologies *ad hoc*.

Par opposition à un objet *persistant*, un objet qui n'a pas vocation à persister (aucun mécanisme particulier de persistance n'étant alors mis en œuvre) est dit « *transient* »[1] (ou « éphémère »). On pourra souhaiter, dans certaines applications, qu'un même objet puisse avoir certains attributs *persistants* (la partie de l'objet à mémoriser sur le disque) et d'autres *transients* (les valeurs qui n'ont d'utilité que pendant l'exécution).

Langages orientés objet et bases de données relationnelles

Il existe plusieurs moyens de faire persister des objets. Le moyen le plus largement utilisé est l'enregistrement des données de l'objet dans une *base de données relationnelle*. Le développeur d'application utilise pour ce faire une API (Interface de programmation) particulière permettant d'envoyer les ordres SQL convenables à un *Système de Gestion de Bases*

---

[1] Il s'agit du mot de la langue anglaise que nous reprenons ici directement pour plus de simplicité.

de Données Relationnelles (SGBDR) et de lire les résultats. Un exemple d'une telle API est *Java JDBC* (*Java Data Base Connectivity*), utilisable depuis un programme écrit en langage Java.

Toutefois, un problème majeur vient du fait que les logiques de manipulation respectives des objets d'un programme d'une part, et des données d'un SGBDR d'autre part, sont très différentes.

La manipulation d'objets de programmation se conforme à une logique *procédurale* : on indique explicitement dans le programme ce qu'il faut faire, les structures des objets manipulés étant par ailleurs aussi complexes que l'on veut. La manipulation de données dans un SGBDR suit au contraire une logique *déclarative* : on spécifie cette fois *ce que l'on veut obtenir*, sans imposer la séquence des opérations par lesquelles ce résultat pourra être produit. Par ailleurs, les structures de données sont des tables « plates », structures beaucoup plus simples que des graphes d'objets. Les requêtes prennent pour opérandes des *ensembles* et non des entités individuelles, ce qui change totalement l'approche de manipulation. Enfin il n'y a pas nécessairement de correspondances immédiates entre les types de valeurs rencontrées dans un programme et les types des attributs présents dans les tables relationnelles.

Il en résulte la nécessité d'écrire du code, à la fois lourd et fastidieux à développer, destiné à assurer la mise en correspondance des données entre les deux mondes (cette problématique, qui n'a pas de solution immédiate, a été parfois dénommée par les chercheurs « *impedance mismatch* »).

Dans le cas de l'API JDBC par exemple, on manipule bien des objets du langage Java, mais ceux-ci ne sont pas du tout les objets correspondant aux classes métier de l'application. Ce sont des objets de bas niveau représentant des *tupples* (n-uplets) relationnels (lignes d'une table) ou de simples champs. Ceci laisse à la charge du développeur tout le travail de décomposition des objets applicatifs sous une forme tabulaire (pour construire les requêtes SQL), et tout le travail inverse de recomposition des données tabulaires en objets applicatifs (pour retraduire les résultats des requêtes en objets).

C'est pourquoi des *solutions de persistance automatisant ou facilitant les correspondances entre objets de programmation et tables relationnelles* ont été développées. C'est le domaine de l'ORM (*Objet Relational Mapping*), ou *correspondance objet-relationnel*. Ces solutions ont en particulier la charge de fournir tout le code nécessaire permettant au développeur de manipuler simplement des objets et non plus des valeurs dans des tables.

Correspondances « descendante » et « montante »

Lorsqu'on développe une nouvelle application, on rencontre typiquement dans la pratique deux cas. Le premier est celui où aucune base de données ne préexiste. On cherche alors à automatiser la création des tables permettant l'enregistrement des objets persistants du programme. C'est l'approche *descendante*, ou *top down*. Le second cas est celui où une base de données existe déjà, indépendamment de notre application, sachant que celle-ci devra alors interagir avec la base en question. Le problème est plus délicat, car il faut donner au développeur le moyen de prendre en compte la structure relationnelle déjà existante, c'est-à-dire le schéma de données, tout en lui facilitant la tâche consistant à accéder aux valeurs de ces données. Une approche *montante*, ou *bottom-up*, est alors requise.

Dans les applications courantes, les deux cas peuvent se rencontrer simultanément : une partie du schéma des données à considérer existe déjà, alors qu'une autre partie est à créer.

Par exemple, dans un site de commerce électronique, on sera amené à faire persister des informations telles que les commandes et les livraisons. Dans ce cas, la manière la plus simple de procéder est d'assurer la persistance de ces objets sous la forme de données relationnelles, et, pour cela, il faudra donc exécuter des ordres SQL de création de tables. Par contre, pour ce qui concerne les articles marchands proposés par le site, il est probable qu'il existe déjà une base de données des références aux produits (issue d'applications déjà développées), gérant ces données. Pour accéder à celles-ci sous la forme d'objets, le développeur devra tenir compte du schéma existant, et donner un certain nombre de directives au mécanisme de correspondance (*mapping*), qui devra alors assurer automatiquement les traductions. Notons qu'une fois les structures « commande » et « livraison » créées en base de données, les tables ainsi présentes vont s'imposer aux autres programmes (par exemple au programme à développer pour gérer les expéditions) comme déjà existantes.

D'autres solutions

L'utilisation d'un SGBDR est la solution la plus courante, mais ce n'est pas nécessairement l'unique solution à considérer. Si l'immense majorité des applications a besoin de données persistantes, dans le cas de données très simples, utiles à une seule application (paramètres de configuration par exemple), et où il n'y a pas de concurrence d'accès, des solutions comme la *sérialisation d'objets*, telle que fournie par le langage Java, sont envisageables, comme, de même, la persistance dans des fichiers, les données étant alors sous un format *XML* ou *JSON* par exemple. Pour certaines applications embarquées, des solutions beaucoup plus simples qu'un SGBDR classique, proposant un moteur relationnel simplifié sous la forme d'une librairie (comme *SQLite* par exemple), sont à envisager.

A l'inverse, pour les cas plus complexes, il existe des solutions techniques telles que les *extensions relationnelles-objet* des SGBDR (avec le langage SQL3), les SGBD XML, voire les Systèmes de Gestion de Données Orientés Objet (SGBDOO) dans le cas des applications *patrimoniales* encore en service. Des contextes spécifiques, ou un existant à prendre en compte peuvent justifier de tels choix. Par ailleurs, il nous faut bien sûr considérer les Systèmes de Gestion de Bases de Données dits « *NoSQL* » que nous verrons dans la suite, et qui s'imposent comme des solutions intéressantes dans nombre de contextes spécifiques, notamment lorsque l'aspect transactionnel ne revêt pas un caractère contraignant. On mentionnera enfin les possibilités de persistance de données à distance offertes par diverses plateformes de *cloud*.

Les critères à prendre en compte pour le choix d'une solution

Si la solution d'emploi d'un SGBDR s'impose dans une grande majorité de cas, il existe donc néanmoins une grande variété de situations possibles et de choix de solutions de persistance. Le choix *in fine* doit tenir compte des spécificités du contexte. Par exemple, les éléments suivants (liste non exhaustive) sont importants :

- Est-ce qu'un Système de Gestion de Bases de Données est déjà présent dans le système ? Si oui, quel est sa nature, à savoir SGBD relationnel, ou autre ? (sachant que le cas le plus répandu et de très loin sera le cas d'un SGBD relationnel).
- Les données à rendre persistantes sont-elles *spécifiques* d'une application (données privées), ou bien au contraire doivent-elles être *partagées* entre différentes applications, et accédées en concurrence par celles-ci ?

- Quelle est la *complexité du modèle objet*, ou plutôt de la partie de ce modèle, qui devra persister (depuis le cas le plus simple d'une classe unique avec quelques attributs atomiques, jusqu'au cas d'un modèle objet quelconque avec liens multiples entre classes) ?
- Quel est le *degré de complexité des requêtes d'interrogation* à effectuer sur les données persistantes ?
- Y aura-t-il ou non des *accès concurrents* de plusieurs applications aux mêmes données (avec un besoin transactionnel)? Si oui, quel est le degré de finesse concernant la concurrence des accès aux données ?
- Et enfin, quelle est la pérennité des applications utilisant ces données ?

Nous considérons dans un premier temps les solutions dites d'ORM (*Object Relational Mapping*), où la persistance s'appuie sur un SGBDR.

Principe d'indépendance des tiers

Dans une architecture N-tiers, on peut adjoindre au *tier métier* une couche qui effectue la *correspondance (mapping) entre les objets des programmes, et les données tabulaires enregistrées dans la base de données*. C'est l'*approche ORM* (*Object Relational Mapping*), étudiée dans la suite de ce chapitre.

Parmi les solutions possibles au problème de la persistance, on trouve également la solution utilisant les *objets d'accès aux données*, ou *DAO* (*Data Access Object*), qui obéit à un principe lié à l'utilisation des *patrons* de même nom.

Un principe de base lié aux architectures *N-tiers* est celui dit d'*indépendance des tiers*. Il est en effet admis que le *tiers métier* ne doit pas dépendre du *tier présentation*. En effet, le *tier* présentation peut être souvent modifié (en particulier pour suivre les demandes des utilisateurs et améliorer l'utilisabilité), ce qui ne doit pas induire de modifications dans les autres *tiers*. Mais, de même, le *tier métier* ne doit pas dépendre non plus de l'implémentation du *tier de persistance*. Le plus souvent, en effet, un processus métier reste relativement stable durant la vie de l'application. On ne doit le modifier que pour l'améliorer ou le corriger, mais pas pour tenir compte d'une modification, le plus souvent technique, dans l'un des autres *tiers*.

Le *tier de persistance* doit donc dépendre le moins possible du *tier métier*. Une indépendance totale est évidemment impossible. Cependant une bonne indépendance, via l'utilisation d'un *framework* ORM par exemple, permettra de circonscrire la charge de maintenance au *tier de persistance* en cas de modification du modèle objet métier. L'utilisation de DAO permettra également de rendre la couche métier *indépendante du support de persistance*, afin de se prémunir contre des changements liés à la technologie adoptée pour la gestion des données.

Persistance implicite et persistance explicite.

Pour la persistance d'objets, les solutions peuvent adopter plusieurs points de vue, donnant au développeur d'application différentes perceptions de la persistance. Les approches se positionnées historiquement entre deux points de vue opposés :

- La *persistance implicite,* où la persistance des objets est assurée de la manière la plus invisible, la plus transparente possible au développeur d'application

- La *persistance explicite,* dans laquelle le développeur garde au contraire à la fois la charge et la maîtrise de l'ensemble des opérations de persistance.

Dans l'approche de *persistance implicite*, on recherche une transparence maximale, idéalement totale, vis-à-vis de la présence d'une base de données support. Les applications doivent donc en principe manipuler les objets persistants exactement comme des objets classiques (donc sans se soucier de la présence d'un support de persistance). La propriété de persistance attachée à des objets particuliers doit conduire à ce que les modifications sur ceux-ci soient répercutées implicitement et automatiquement sur le support de persistance, selon des conditions convenues. Cette approche a été en particulier celle de certains Systèmes de Gestion de Bases de Données Orientées Objet. Le développeur ne voit alors (toujours idéalement) qu'un *langage de programmation avec persistance*, ce qui peut exiger un certain nombre d'ajout syntaxiques au langage de sorte à exprimer la propriété de persistance attachée à une classe ou à un objet, et une pré-compilation éventuelle des codes sources, afin de transformer ceux-ci en code conforme à la syntaxe native du langage. La persistance peut être envisagée comme s'appliquant implicitement au niveau des *classes* (c'est alors toute nouvelle instance d'un classe déclarée persistante qui est implicitement persistante), ou bien au niveau de l'*instance* en particulier (il faut alors soit déclarer à la création de l'instance celle-ci comme persistante, ou introduire des règles ; on parle alors d'*orthogonalité*[1] *entre type et persistance*).

Au contraire, dans la *persistance explicite*, la présence d'un support de persistance n'est plus transparente pour le programmeur. Il s'agit de masquer les particularités du support de persistance spécifique utilisé, mais pas sa présence. Les actions d'enregistrement sur le SGBD résultent d'invocations explicites. Il en va bien sûr de même pour ce qui concerne les transactions, qui doivent être explicitement programmées.

Dans la programmation, ainsi, il pourra être nécessaire de distinguer le cas où un objet est chargé pour consultation uniquement, *sans intention de mise à jour* (auquel cas les consultations concurrentes par d'autres applicatifs seront autorisées) du cas où un objet est chargé *avec intention de mise à jour* (dans ce dernier cas, entre le lancement de l'ordre de recherche provoquant le chargement d'un objet et la mise à jour sur le support de persistance, aucun autre programme ne pourra modifier cet objet).

Problèmes posés par la persistance implicite

De manière générale, on considère souvent que le développeur d'application doit avoir la maîtrise de l'instant où une mise à jour d'un objet est effectivement répercutée sur le support de persistance. Ceci est important, en particulier dans le cadre de la gestion de la concurrence d'accès dans les applications distribuées, ou encore pour permettre aux mécanismes de reprise après panne de fonctionner. Il est essentiel côté programme d'application d'être conscient du fait qu'une donnée a effectivement bien été enregistrée, ou qu'elle ne l'a pas été, afin de traiter correctement les cas d'erreur (par exemple en ré exécutant une transaction non aboutie). Dans une solution de *persistance explicite*, ceci sera fait par programmation de transactions. Dans une solution de *persistance implicite*, les mises à jour pourront être répercutées suivant certaines règles, par exemple en fin de bloc ou de fin de méthode, et non plus sur invocation depuis le programme applicatif.

---

[1] On devrait plutôt dire d'« indépendance », terme qui serait plus correct.

La persistance implicite « idéale » pose des problèmes délicats, et n'est pas nécessairement souhaitable. La tâche du développeur doit certes être déchargée autant que possible des considérations liées aux aspects techniques de la persistance, mais certains aspects doivent rester dans la sphère de contrôle du développeur. C'est l'orientation prise par la majeure partie des outils de persistance actuels. On verra ainsi que les approches se basent sur des principes apparentés à l'une et l'autre des deux approches, tout en laissant au développeur la charge d'invoquer un certain nombre d'appels spécifiques de la persistance.

2.2. La correspondance objet-relationnel, ou ORM

2.2.1. Introduction

Ce chapitre présente les problèmes de base à résoudre dans la *correspondance* (ou *mapping*) *objet-relationnel* (ORM), c'est-à-dire les problèmes qui se posent lorsque l'on veut mettre en correspondance les objets d'un modèle de classes avec des données tabulaires contenues dans une base de données relationnelle. Il présente également les principes des solutions actuelles.

Le but des outils d'ORM est d'automatiser cette correspondance, sur la base de principes que l'on va décrire. JPA (*Java Persistence API*) est une API liée à *Java JEE*, proposant une standardisation des interfaces offertes. Nous l'examinerons dans la suite. Une base de données relationnelle manipulée par une application orientée objet peut déjà exister (et être en opération) au moment de la conception de l'application objet. Si c'est le cas, les adaptations nécessaires des appels à la base déjà existante (sans modification de celle-ci) sont le plus souvent prises en charge par les outils de *mapping*, au prix de directives convenables fournies par le développeur.

Nous allons nous placer tout d'abord ici dans le cas où aucune base de données ne préexiste, c'est-à-dire dans l'*approche top down*. Examinons maintenant les problèmes posés et les solutions proposées.

2.2.2. Les problèmes de base de la correspondance objet-relationnel

On a déjà souligné le fait que les paradigmes sous-jacents à la programmation objet d'une part, et au modèle relationnel d'autre part, étaient très différents, entrainant de nombreuses difficultés. L'automatisation du *mapping* objet-relationnel recouvre en fait deux aspects principaux :

- La génération du schéma relationnel correspondant au modèle de classes de l'application (traduction, *aspect statique* du *mapping*).
- La génération des requêtes SQL et du code destinés à la décomposition des objets lors des requêtes, puis à la recomposition des objets résultats (*aspect dynamique*).

Nous examinons dans la suite les principaux problèmes soulevés par l'ORM. Nous considérerons en premier lieu la manière dont les objets peuvent être *identifiés* dans le contexte d'utilisation d'une base de données. Nous considérerons ensuite la manière dont un modèle de classes d'objets peut être *transformé en tables relationnelles*, avec en particulier la traduction des associations entre classes, ainsi que celle des liens d'héritage.

Enfin, nous nous pencherons sur deux problèmes importants : celui de la *navigation entre les objets* et celui des *stratégies de récupération et de mise à jour en mémoire* du contenu des objets.

Illustration par un exemple

La figure ci-après présente un exemple simple et très classique de modèle objet, que nous réutiliserons dans la suite, et qui comprend trois classes principales *Employe*, *Departement* et *Projet*. Dans cet exemple, un employé appartient à un département, et travaille sur un ou plusieurs projets.

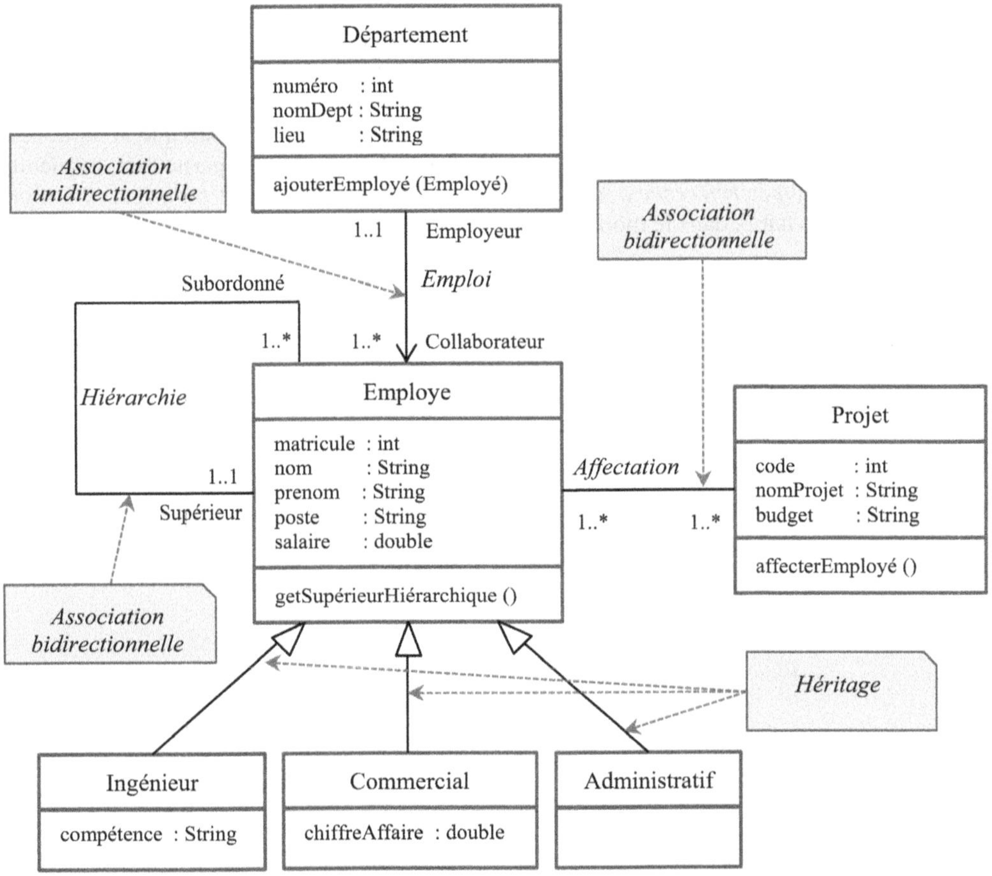

Figure 32. Exemple de concepts du monde objet.

Ici, les associations entre classes recouvrent différents cas. Nous pouvons ainsi remarquer la présence d'associations avec des *cardinalités simples* ou *multiples*, *directionnelles* ou *non*. L'association *Emploi* est dite « *one to many* » (elle met en relation un département avec plusieurs employés), et elle est *unidirectionnelle* (elle permet de naviguer d'un département vers les employés de celui-ci, mais pas l'inverse). L'association *Affectation*, reliant des employés à des projets est « *many to many* » (ainsi, un projet emploie un ou plusieurs employés, et un employé peut travailler sur un ou plusieurs projets). Elle est *bidirectionnelle* (elle permet à la fois de naviguer d'un employé vers les projets sur lesquels il travaille, et d'un projet vers les employés affectés à celui-ci). Enfin, l'association *Hiérarchie* est « *many to one* », et nous l'avons définie ici de manière *bidirectionnelle*[1]. Nous trouvons enfin dans le modèle des liens de *spécialisation* (héritage), avec trois classes spécialisant la classe *Employe*, (un employé peut être ingénieur, commercial, ou administratif), non détaillées ici.

Nous utiliserons cet exemple pour montrer comment ce problème de traduction de classes en tables est ordinairement résolu par les outils d'ORM.

Un objet a en général une structure plus complexe qu'une simple table. Par nature, un diagramme de classe s'apparente à un *graphe*. Le problème de base de la représentation d'objets en modélisation relationnelle consiste donc à trouver un moyen d'« aplatir » un tel graphe, de manière à mémoriser son contenu sous forme tabulaire. On sait que la modélisation objet est de plus haut niveau que la modélisation relationnelle. En particulier, beaucoup de concepts tels que la *référence à un objet*, les *cardinalités multiples*, l'*héritage*, etc., n'ont pas d'équivalents natifs dans le monde relationnel, et il s'avère donc nécessaire de les simuler.

Dans le cas le plus simple d'une classe n'ayant que des attributs de types perçus comme *élémentaires* (c'est-à-dire d'un type de base tels qu'entier, date, etc., ou bien une chaîne de caractères), celle-ci peut être traduite simplement par *une seule table*. A chaque objet instance de la classe correspond alors un *tupple*, c'est-à-dire une ligne, de cette table. Par exemple, la classe *Departement* ci-dessus sera traduite par la table suivante :

DÉPARTEMENT (<u>numéro</u>, nomDept, lieu)

Elle-même créée par le biais de l'ordre SQL suivant :

```
CREATE TABLE departement (
        numero integer PRIMARY KEY,
        nomdept varchar(20),
        lieu varchar(20)
)
```

Dans le cas général, nous verrons que le principe de base sera, de même, de faire correspondre à toute classe persistante une *table principale,* mais avec, si nécessaire, présence de *tables additionnelles*.

Examinons maintenant les problèmes évoqués et leurs solutions.

2.2.3. L'identification des objets

Avant d'évoquer la traduction de classes en tables, examinons préalablement comment on peut identifier un objet dans le contexte d'une persistance en base de données.

Dans le monde objet, tout objet est naturellement identifié dans le programme par l'adresse de son emplacement en mémoire vive, et ceci tout à fait indépendamment des données qu'il

[1] Nous n'avons pas considéré ici le cas des associations portant elles-mêmes des propriétés (« classes-associations »), qu'il n'est pas possible de représenter directement dans un langage à objets tel que Java. Un exemple serait ici une association exprimant le fait qu'un employé travaille sur un projet *avec un rôle* (le rôle étant alors une propriété attachée au lien entre les deux objets, et non à l'un de ces objets en particulier). On notera que ce cas peut se ramener immédiatement à la définition de deux associations et d'une classe intermédiaire portant les propriétés de l'association initialement considérée.

contient (ainsi, deux objets distincts peuvent avoir exactement les mêmes valeurs de propriétés ; ils sont *égaux* en valeurs, mais pas *identiques*).

Dans le monde relationnel, seules les *valeurs* des attributs peuvent servir à identifier une ligne. Ainsi, si deux *tupples* ont les mêmes valeurs, il n'est pas possible de les différencier. C'est pourquoi toute table doit donc avoir en principe une *clé primaire* (attribut particulier, ou groupe d'attributs définis comme tels) permettant d'identifier un *tupple* de manière unique parmi tous les autres *tupples* de la même table.

Principe d'identification des objets

Dans toute classe du programme, il faudra donc un attribut ou un groupe d'attributs particulier identifiant l'objet. On lui fera correspondre de manière directe un attribut ou un groupe d'attributs dans le monde relationnel. Ce sera la *clé de la table principale associée à la classe*. Si celui-ci ne peut être défini, il faudra impérativement ajouter à la table un attribut supplémentaire qui jouera alors le rôle d'identifiant unique de l'objet, et que l'on appellera l'OID (*Object Identifier*). En général, dans un SGBDR, pour une table donnée, il est possible de demander une génération automatique de telles clés lors des insertions (on utilise pour ce faire une clause *auto increment* lors de la définition de la table et de sa clé primaire). Si le SGBDR cible ne le permet pas, il convient alors effectuer cette génération d'OID par le biais d'un mécanisme spécifique, avec la précaution absolue d'empêcher (par verrouillage de table, exclusion mutuelle, etc.) l'attribution en concurrence de *deux fois le même OID* à deux objets distincts.

Gestion du cache avec les identifiants d'objets

Lorsqu'un objet est accédé par un programme, cet objet est créé en mémoire vive, et le contenu de celui-ci est rempli avec les valeurs des champs lues dans la base. Du fait de la concurrence possible lors des accès à la base par différents processus, il se pose alors le problème de duplication potentielle des données d'un même *tupple* dans plusieurs copies physiques en mémoire du même objet. Si cette situation n'est pas gérée, elle peut conduire à des pertes de données, un même objet pouvant alors, dans ce cas, être modifié à plusieurs endroits en même temps en mémoire vive, et de manière incohérente.

Considérons par exemple un modèle de classes comportant des factures, constituées elles-mêmes de lignes de factures, portant chacune sur un produit commandé. Imaginons qu'un objet p_1 de la classe *Produit*, de code « 1628 » soit créé en mémoire vive à l'occasion d'une navigation à partir d'une ligne de facture. On peut retrouver le même produit en navigant depuis une autre facture, ou bien en recherchant simplement tous les produits qui vérifient un certain critère. On voit le danger qu'il y aurait à créer en mémoire vive un autre objet physique p_2, indépendamment du premier objet p_1 déjà créé (on représenterait en effet alors deux fois le même objet). De manière à éviter les duplications en mémoire, on adopte donc les principes suivants :

- En mémoire, un *objet « cache »* conserve une référence vers les données contenues dans la base.
- Lors d'une navigation vers un objet, ou lors de l'obtention du résultat d'une recherche effectuée dans la base (requête de type *SELECT*), le cache intervient de la manière suivante : si l'objet est déjà référencé par le cache, celui-ci fournit simplement cet objet ; sinon, l'objet est physiquement créé avec les données récupérées de la base, et ainsi ajouté au cache.

Nous verrons dans la suite que cette fonction est par exemple assurée dans le standard JPA (*Java Persistance API*) par le biais d'un composant logiciel particulier appelé le *gestionnaire d'entités* (*entity manager*).

2.2.4. Traduction des associations entre classes

L'exemple présenté nous montre un certain nombre d'associations entre classes. Dans le monde du programme, ces relations seront matérialisées par des propriétés définies sur les classes avec les types convenables.

Par exemple pour exprimer une association reliant une classe A à une classe B (avec parcours dans ce sens), on placera dans la définition de A une propriété de type *B*, ou *Set<B>* (selon la cardinalité côté B), matérialisant la ou les références à un ou plusieurs objets B associés à un objet A.

Les principes de base qui permettent la définition de tables appropriées à chaque cas sont très classiques et connus de longue date. D'abord à la base des outils d'aide à la conception de bases de données (traduction de modèles entité-association en tables) dans les ateliers de développement, ces principes ont été ensuite appliqués au monde objet. Nous examinerons successivement les cas des associations dites « *one to one* », « *one to many* » et « *many to one* », et enfin « *many to many* ».

Association « one to one »

Pour illustrer le cas « *one to one* », prenons l'exemple d'une association reliant à toute ville le maire de celle-ci. Pour chaque ville, on a un maire et un seul, et chaque maire ne peut être maire que d'une seule ville. On suppose ici que l'association est *unidirectionnelle*. Dans le *monde objet*[1], on a alors tout simplement une classe *Ville* possédant une propriété de type *Maire*[2] :

```
class Ville {
        int IDVille ;
        String nomVille ;
        int nbreHabitants ;
        ...
        Maire maire ;
}
```

Dans le *monde relationnel*, ce lien pourra être traduit de deux manières : soit par un champ ajouté à la table *ville*, clé étrangère référençant un *tupple* de la table *maire* via sa clé primaire, soit, de manière inverse, par un champ clé étrangère ajouté à la table *maire*, et référençant une ville.

Si l'on fait le choix de la première option, on aura donc les deux tables suivantes (définies par les commandes SQL de création de celles-ci) :

---

[1] Nous prenons pour base une notation basée sur le langage Java, à titre d'exemple. Les concepts présentés ici sont cependant tout à fait valables pour tout langage de programmation objet.

[2] Nous faisons figurer ici et dans la suite de cette section des propriétés de classes *a priori* accessibles à l'extérieur de la classe. Une telle présentation est faite par souci de simplification. Dans la réalité, dans le présent contexte, les propriétés en question seraient plutôt définies comme privées, et accompagnées de méthodes accesseurs et mutateurs permettant leur manipulation.

```
CREATE TABLE maire (
        IDMaire integer PRIMARY KEY AUTO_INCREMENT,
        nom varchar (20),
        prenom varchar (20),
        ...
);
CREATE TABLE ville (
        IDVille integer PRIMARY KEY AUTO_INCREMENT,
        nomVille varchar (30),
        nbreHabitants integer,
        ....
        codeMaire integer FOREIGN KEY REFERENCES maire (IDMaire)
);
```

sachant que nous aurions pu tout aussi bien placer, à l'inverse, le champ clé étrangère assurant le lien dans la table *maire*.

La navigation depuis une ville (par exemple celle dont l'ID est 20) vers le maire de celle-ci s'effectue alors ici à l'aide d'une requête (dont la construction sera à la charge de l'outil d'ORM), nécessitant une jointure entre les deux tables :

```
SELECT IDMaire, nom
FROM ville, maire
WHERE ville.codeMaire = maire.IDMaire AND ville.IDVille = 20
```

A l'inverse, si l'on avait fait le choix de placer la clé étrangère assurant le lien dans la table *maire*, la requête (plus simple, car requérant seulement une restriction) aurait été dans ce cas la suivante :

```
SELECT IDMaire, nom
FROM maire
WHERE maire.codeVille = 20
```

Si l'on souhaite que notre relation « *one to one* » soit maintenant *bidirectionnelle* (dans le cas où l'on a besoin d'accéder, depuis un maire, à la ville dont celui est l'élu), nous devrons cette fois placer dans le monde objet une nouvelle propriété de type *Ville* attachée à la classe *Maire*. Il faudra bien sûr un moyen d'indiquer au *framework* d'ORM qu'il s'agit *de la même association, parcourue en sens inverse*.

```
class Maire {
        int IDMaire;
        String nom;
        String prenom;
        ...
        Ville ville;
}
```

Dans un schéma relationnel, tout ce passe comme si une association était toujours *bidirectionnelle*. En effet, dans les tables ci-avant, on remarque que l'*on peut toujours naviguer dans un sens ou dans l'autre* à travers l'association, par le biais d'une requête de sélection et/ou de jointure convenable. Les solutions précédentes s'appliquent donc toujours dans le cas *bidirectionnel*.

Les deux solutions évoquées, équivalentes du point de vue de la représentation des données, ne le sont toutefois pas du point de vue des performances d'accès. Le choix *in fine* de l'une ou l'autre doit donc dépendre des navigations effectivement requises par l'application, ainsi que des index éventuels posés sur les champs. Ainsi, un outil d'ORM devra-t-il permettre au concepteur (notamment dans le cas d'une approche « *top down* », cas où le schéma doit être créé *ex nihilo*) de paramétrer le choix de l'une ou l'autre solution. Nous verrons comment cela est possible avec JPA.

Associations « one to many » et « many to one »

Considérons maintenant une association « *one to many* », par exemple celle associant à tout département l'ensemble de ses employés. Dans le monde objet, la classe *Departement* aura ici une propriété dont le type sera de la forme *Set<Employe>* :

```
class Departement {
        . . .
        Set<Employe> employes;
}
```

La traduction en tables est faite ici obligatoirement en ajoutant à la table des employés *un champ clé étrangère référençant un département*, soit :

```
CREATE TABLE departement (
        numero integer PRIMARY KEY,
        nomDept varchar (20),
        lieu varchar (20),
        ...
) ;
CREATE TABLE employe (
        matricule integer PRIMARY KEY,
        nom varchar (20),
        prenom varchar (20),
        ....
        codeDept integer FOREIGN KEY REFERENCES departement (numéro)
) ;
```

Nous remarquons que ces deux tables permettent les navigations dans les deux sens, des départements vers les employés, ou des employés vers les départements, via des requêtes de restrictions et de jointures utilisant le champ clé étrangère. Cette solution est donc également adaptée à la représentation d'une *association « many to one »*.

Par exemple, une association reliant un département à l'agence où il est situé (plusieurs départements pouvant être situés dans la même agence) se traduira dans le monde objet par :

```
class Departement {
    int numero;
    String nomDept;
    ...
    Agence agence;
}
```

et par la tables relationnelles suivantes :

```
CREATE TABLE agence (
    IDAgence integer PRIMARY KEY,
    nomAgence varchar (20),
    ....
) ;
CREATE TABLE departement (
    numero integer PRIMARY KEY,
    nomDept varchar (20),
    ....
    codeAgence integer FOREIGN KEY REFERENCES agence (IDAgence)
) ;
```

Si une association « *one to many* » ou « *many to one* » est maintenant *bidirectionnelle*, ceci revient à considérer simultanément les deux sens, avec une association « *one to many* » (respectivement « *many to one* ») et l'association inverse « *many to one* » (respectivement « *one to many* »). La solution déjà considérée s'applique toujours.

Par exemple, dans le cas de l'association appelée *hierarchie*, associant à un employé ses subordonnés éventuels (sens « *one to many* »), et associant aussi conséquemment, dans le sens inverse, à un employé son responsable (sens « *many to one* »), on aura, dans le monde des objets :

```
class Employe {
    int matricule;
    String nom;
    ...
    Employe superieur;
    Set<Employe> subordonnés;
}
```

avec la table suivante :

```
CREATE TABLE employe (
    matricule integer PRIMARY KEY,
    nom varchar (20),
```

```
        prenom varchar (20),
        ....
        matrSup integer FOREIGN KEY REFERENCES employé (matricule)
    );
```

Associations « many to many »

Un exemple d'association « *many to many* » est l'association *Affectation*, associant à tout employé les projets sur lequel il travaille. Il apparait immédiatement que la solution précédente ne convient plus. Que l'association soit *unidirectionnelle* ou *bidirectionnelle*, elle se traduit toujours dans le monde relationnel par l'introduction une table supplémentaire dite « *table association* », utilisée pour relier les clés primaires des objets de chacune des classes mises en relation. La clé primaire d'une telle table est alors formée par le couple de clés primaires des deux tables représentant les classes reliées par l'association (une répétition de deux couples de clés identiques n'a en effet pas ici de sens et doit être évitée).

Dans le monde objet, en supposant par exemple que la relation est *bidirectionnelle*, nous aurions (si l'association était *unidirectionnelle*, nous n'aurions alors présence que d'une seule des deux propriétés « Set » ci-dessous, dans une seule de deux classes) :

```
class Employe {
    ...
    Set<Projet> projets;
}
class Projet {
    ...
    Set<Employé> employés;
}
```

avec les tables suivantes :

```
CREATE TABLE employe (
    matricule integer PRIMARY KEY,
    nom varchar (20),
    prenom varchar (20),
    ....
);
CREATE TABLE projet (
    code integer PRIMARY KEY,
    nomProjet varchar (20),
    ....
);
CREATE TABLE affectation-employe-projet (
    matr integer REFERENCES employe,
    codeProjet integer REFERENCES projet,
    PRIMARY KEY (matr, codeProjet)
);
```

Gestion des associations bidirectionnelles

Gérer une *association bidirectionnelle* est plus complexe dans le monde de la programmation objet que dans le monde relationnel. Par exemple, en relationnel, si un employé change de département, il suffit de changer le numéro de département dans le *tupple* convenable de la table représentant les employés. En objet, il faut en plus retirer l'employé de la collection des employés du département et le rajouter dans la collection de son nouveau département. On voit qu'il faut notamment gérer, par écriture de code *ad hoc*, la cohérence entre les deux sens d'une même association.

Un *framework* de persistance peut être en mesure d'automatiser la gestion des associations ou d'une partie de celle-ci. Ainsi, dans un tel cas, si le champ *codeDept* d'un employé (référence du département où cet employé travaille) est modifié, l'employé est passé automatiquement de la collection des employés du département d'origine à celle du nouveau département (il faut bien sûr indiquer ici d'une manière ou d'une autre à l'outil que les deux associations sont inverses l'une de l'autre). Il est également possible pour un *framework* de faire le choix ne pas automatiser cette gestion.

2.2.5. Traduction des attributs multivalués

Dans le monde objet, un attribut peut être une collection de simples *valeurs* (et non d'objets), ces valeurs pouvant être perçues comme élémentaires (telles des entiers ou des chaînes de caractères par exemple) ou *complexes* (comme des *objets-valeurs*, tels des adresses, définies par une *composition*). On dit qu'il s'agit d'attributs *multivalués*, c'est-à-dire d'attributs susceptibles de recevoir *plusieurs valeurs*. Pensons par exemple aux numéros de téléphones d'une personne, qui pourront en l'occurrence être représentés par une propriété de type *Set<Integer>*. On sait que les tables relationnelles classiques ne supportent pas de tels champs *multivalués* (on dit que les tables relationnelles sont nécessairement en *première forme normale*). Ainsi, lorsqu'une telle propriété sera présente dans le modèle objet, elle devra être traduite sous la forme d'une *table additionnelle*. Ainsi, une classe *Employe*, définie par :

```
class Employe {
        int matricule;
        String nom;
        ...
        Set<Integer> telephones;
        ...
}
```

donnera lieu à la création d'une table principale :

```
CREATE TABLE employe (
        matricule integer PRIMARY KEY,
        nom varchar (20),
        ....
);
```

et, pour chaque propriété *multivaluée*, à la création d'une table « annexe », comme celle représentant ici les différents numéros de téléphones attachés à la personne. On aura ainsi, par exemple :

```
CREATE TABLE employe-telephones (
        matrEmpl integer REFERENCES employe (matricule),
        numeroTelephone integer,
        PRIMARY KEY (matrEmpl, numeroTelephone)
);
```

On voit qu'avec une telle structure, il sera en particulier possible de retrouver sur la base d'un SELCT des personnes à partir d'*un* de leurs numéros de téléphone.

2.2.6. Traduction de l'héritage

La traduction sous forme de données tabulaires des liens d'héritage du monde objet pose également des problèmes. Ces problèmes donnent lieu à différents principes de solutions possibles, présentant chacun divers avantages et inconvénients, comme nous allons le voir.

Considérons l'exemple de la figure suivante, avec une *classe abstraite RessourceHumaine* représentant soit des employés de l'entreprise, soit des sous-traitants extérieurs, les employés pouvant pour leur part être par ailleurs des ingénieurs. Les employés, sous-traitants et ingénieurs représentent des *classes concrètes* issues de la classe abstraite précédente.

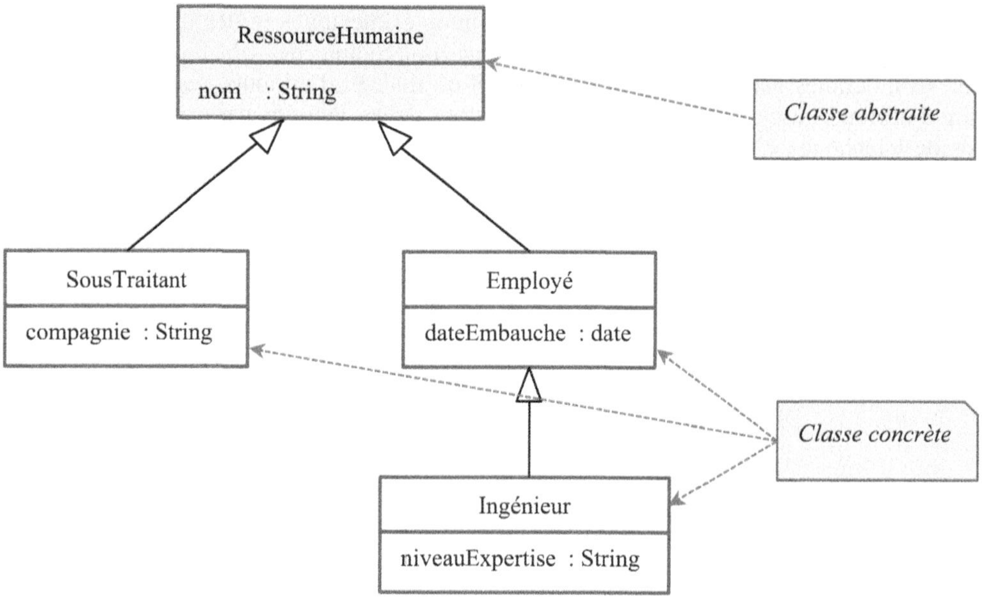

Figure 33. Exemple d'héritage.

Il faut bien noter que, dans le contexte de la persistance, un héritage prend bien le sens d'une *inclusion* ensembliste d'une *sous-classe* dans la *sur-classe* dont elle hérite. Ainsi, par exemple, une requête de sélection opérée sur les employés doit *aussi* retourner les ingénieurs vérifiant le critère de sélection indiqué, les ingénieurs formant un sous-ensemble des employés.

On peut alors considérer des associations dites *polymorphes*. Dans une telle association, il est par exemple possible de référencer un objet typé comme *RessourceHumaine* depuis un objet d'une autre classe du modèle (par exemple *Projet*), sachant que, dans ce cas, une référence effective à une ressource humaine s'appliquera nécessairement dans les faits à une instance d'*une des sous-classes concrètes* de cette classe.

On peut également, dans ce contexte, considérer des *requêtes polymorphes*. Par exemple, une requête sur la classe (abstraite) *RessourceHumaine,* devra renvoyer en fait des objets concrets issus des classes *Employe* et/ou *SousTraitant*. Une telle requête est dite *polymorphe*.

Il existe en fait trois principes possibles de traduction de l'héritage objet en tables :

- *La représentation par une table unique* : toutes les classes d'une arborescence d'héritage sont alors représentées *par une seule table*.
- La solution où *chaque classe (concrète ou abstraite) est représentée par une table spécifique*.
- La solution où *chaque classe concrète* (et chaque classe concrète seulement) *est représentée par une table spécifique.*

Comme nous allons le voir, chacune de ces solutions a des propres avantages et inconvénients.

Représentation par une table unique

Le principe de la représentation par une *table unique* est symbolisé sur la figure ci-dessous :

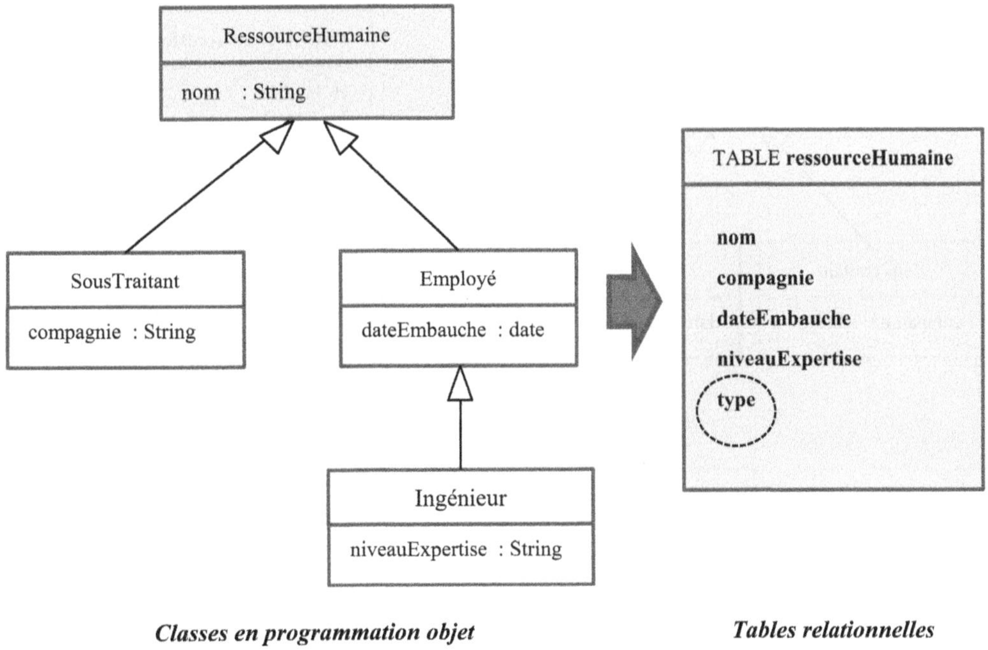

Figure 34. Traduction de l'héritage par table unique.

On notera qu'il nous faut introduire ici un *nouvel attribut* nommé *« type »,* à caractère technique, et qui n'existe pas dans le monde objet. Cet attribut nous permet de noter l'appartenance d'un *tupple* à telle ou telle classe. Sans cet attribut, cette information serait perdue, du fait de l'intégration de toutes les entités dans la même table.

Les avantages et inconvénients de cette méthode sont les suivants :

- Au niveau des *avantages*, c'est la méthode la plus simple à mettre en œuvre. Elle permet par ailleurs les *requêtes polymorphes*.
- Au niveau des *inconvénients*, il y a introduction artificielle dans certaines colonnes de nombreuses valeurs *NULL*, ce que l'on cherche justement à éviter d'ordinaire dans un schéma. De fait, on ne pourra plus déclarer ces colonnes « NOT NULL », même si une telle contrainte est par ailleurs requise dans l'application (on sait en effet que, de manière générale, il est fréquent que certains champs doivent être impérativement renseignés dans une base de données).

C'est une solution fréquemment choisie par les *frameworks* d'ORM.

Représentation dite « une table par classe »

Le principe de cette méthode est symbolisé sur la figure ci-dessous. Elle consiste à créer *une table propre par classe du modèle objet, concrète ou abstraite.* On place alors comme clé primaire de chaque table un même champ identifiant de l'objet (champ que nous avons appelé ici *ID-RH*). Les informations afférentes à un même objet se retrouvent alors réparties dans plusieurs tables, des jointures selon la clé *ID-RH* permettant de reconstituer l'intégralité d'un objet.

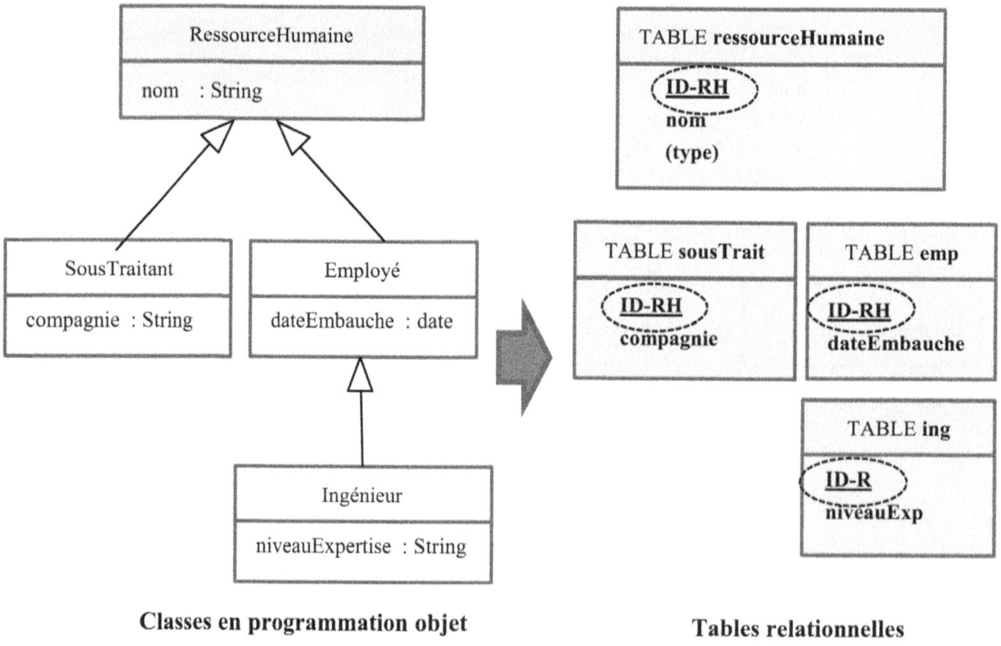

Figure 35. Traduction de type « Une table par classe ».

Nous voyons ici que, pour accéder par exemple à l'ensemble des informations d'un ingénieur (son nom, sa date d'embauche et son niveau d'expérience) à partir de son identifiant, *plusieurs jointures* sont nécessaires. En outre, une simple requête de sélection sur les ingénieurs, sur la base de critères impliquant ces diverses informations, nécessitera, de même, plusieurs jointures.

Par exemple (et pour autant qu'une telle requête ait ici un sens), la recherche d'un ingénieur dont le nom satisferait à un certain critère, ayant été embauché sur une période donnée, et doté par ailleurs d'un certain niveau d'expérience, nécessiterait deux jointures, impliquant les trois tables *ressourcesHumaines*, *emp* et *ing*.

Les avantages et inconvénients de cette méthode sont les suivants :

- *Au niveau des avantages*, cette méthode est également simple à mettre en œuvre (à une classe correspond une table). Elle permet les *requêtes et associations polymorphes*. Enfin, il n'y a *plus de valeurs NULL artificielles*.
- *Au niveau des inconvénients*, les accès aux informations nécessitent de *nombreuses jointures,* et ce d'autant plus que la hiérarchie d'héritage est profonde. *Les performances en sont donc pénalisées*.

Représentation « une table par classe concrète »

Dans cette solution, l'idée est de limiter la dispersion des données d'un même objet concret, et donc limiter le nombre de jointures conséquentes occasionnées par la solution précédente. Chaque classe concrète a une table qui lui correspond, et chacune de ces tables regroupe toutes les informations afférant à un même objet de la classe représentée. Chaque classe concrète est donc représentée par une *table indépendante*, laquelle contient tous les attributs, *y compris les attributs hérités*.

Le principe de cette méthode est symbolisé sur la figure ci-après.

On remarque bien que tous les attributs d'une classe sont représentés dans la table correspondante. Par exemple, la table *ing* contient toutes les colonnes requises pour décrire complètement un ingénieur, et l'accès au contenu complet ne nécessite plus d'effectuer les jointures de la solution précédente.

Les avantages et inconvénients de cette méthode sont les suivants :

- *Au niveau des avantages*, c'est la méthode la plus naturelle ; il n'y a ainsi plus besoin d'attribut supplémentaire *type*. Par ailleurs, l'accès aux informations d'un objet ne nécessite pas de jointures, d'où de bonnes performances.
- *Au niveau des inconvénients*, il n'est plus possible de traduire simplement les associations polymorphes. Dans le schéma ci-dessus, on voit par exemple qu'aucune table ne correspond à une *Ressource Humaine* en général (d'où le nécessité de faire différents « SELECT » avec union des résultats, après avoir déterminé dans chaque cas les tables convenables à interroger).

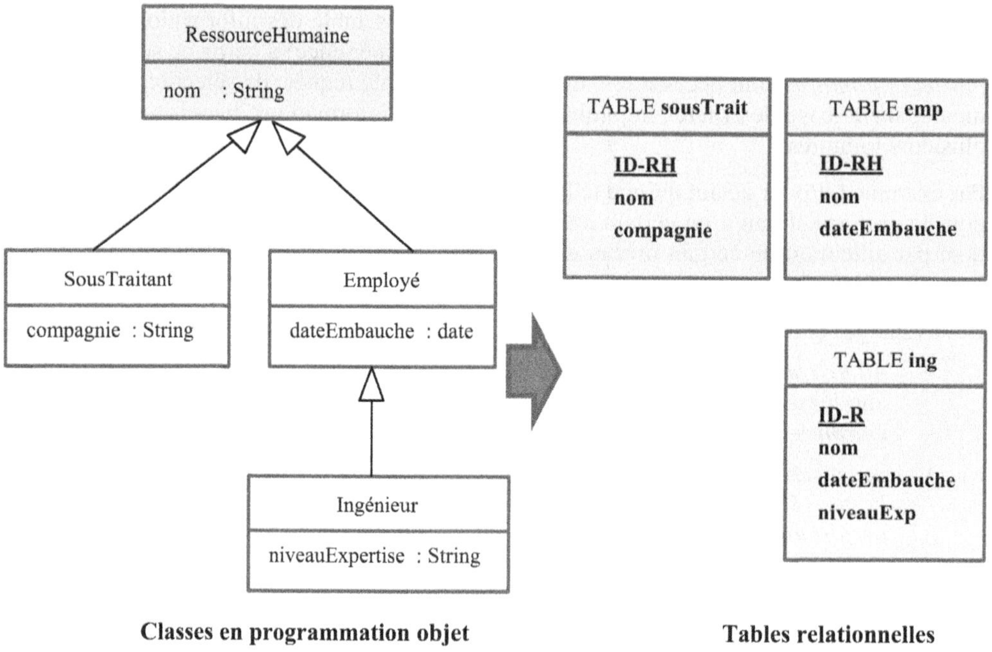

Figure 36. Traduction de type « Une table par classe concrète ».

Conclusion sur la traduction de l'héritage

Il n'existe donc pas de solution unique totalement satisfaisante pour couvrir tous les cas. Il y a seulement des solutions « acceptables », qui conviendront plus ou moins à chaque cas particulier d'application considéré. Tout dépend ici si le *polymorphisme* est important ou non dans l'application.

Il sera important de connaître la solution mise en œuvre par le *framework* que l'on utilise, *afin de prendre toutes les mesures utiles dans la programmation du code applicatif*. Par exemple, pour des requêtes polymorphes, selon la solution, le développeur pourra être obligé d'effectuer plusieurs requêtes *SELECT*, puis de faire ensuite lui-même l'union des résultats.

On notera que la spécification JPA (Java Persistance API) actuelle propose *les trois modes de traduction*, avec le premier mode comme mode *par défaut*.

2.2.7. Le paramétrage des correspondances

Il existe de nombreux outils destinés à automatiser, ou en tout cas faciliter largement les opérations de correspondance objet-relationnel. Nous verrons que les informations à apporter en plus du code, aux fins de spécifier le *mapping* à réaliser, seront fournies, de manière générale, soit par le biais de *fichiers de configuration externes*, soit par le biais d'*annotations* convenables placées dans le code source, avec la possibilité de combiner les deux manières de faire (l'une des deux manières, par exemple les fichiers de configuration ayant alors priorité sur l'autre).

Pour les données « nouvelles » d'une l'application, c'est-à-dire pour les informations qui ne correspondent à aucune donnée existant déjà dans la base de données (cas d'usage *« bottom up* »), les outils de *mapping* donnent le moyen de spécifier les correspondances utiles quant aux noms de colonnes. Si une base de données préexiste au développement de l'application, ce qui est finalement un cas fréquent dans la pratique (le plus souvent, il ne peut être question de modifier le schéma d'une base en utilisation), certains outils proposent de générer, si nécessaire, des squelettes de classes à partir du schéma de la base.

Pour le cas de bases de données préexistantes, les *frameworks* ORM actuels fournissent la possibilité de paramétrer la correspondance par ajout d'annotations convenables. Création automatisée de nouvelles tables (idéalement non vues du développeur) et utilisation de tables déjà existantes peuvent donc se combiner.

2.2.8. Stratégie d'accès aux données

Nous nous plaçons maintenant sur un plan dynamique, lié à la manipulation des données depuis un programme. Un premier problème est alors celui de déterminer la *stratégie à mettre en œuvre lorsque l'on doit récupérer les contenus des objets à partir des données relationnelles correspondantes*.

En effet, lorsqu'on veut accéder à un objet, on charge naturellement en mémoire les valeurs des attributs vus comme « élémentaires » (entiers, réels, chaînes de caractères, etc.) de cet objet. Mais un problème est alors de savoir ce que l'on doit faire en ce qui concerne *les objets liés par des associations à l'objet ainsi récupéré*. Ainsi, convient-il ou non d'extraire et charger également en mémoire vive ces objets ?

Deux stratégies peuvent alors être envisagées :

- La *récupération immédiate* des données correspondant aux objets associés à l'objet accédé, avec création des objets correspondant en mémoire. C'est la *stratégie d'anticipation* (stratégie dite « *eager* »), qui se base sur le fait que les objets référencés par l'objet initial seront probablement accédés dans la suite du programme (ces derniers sont en effet visibles de l'objet comme des attributs).
- La *récupération « à la demande », dite aussi différée* : les objets associés ne sont pas créés tout de suite, mais seulement lorsque l'application en aura effectivement besoin. C'est la stratégie dite « *paresseuse* » (stratégie « *lazy* »), qui ne préjuge pas du comportement de l'application dans le futur immédiat, les données étant alors chargées au fur et à mesure des besoins.

Considérons par exemple le cas de factures, constituées chacune d'une ou plusieurs lignes afférant chacun à l'achat d'un produit particulier et dans une quantité donnée. Examinons le cas où l'on accède à un objet *Facture* après recherche dans la base d'une facture vérifiant un certain critère, par exemple la donnée de son numéro. Un objet de la classe *Facture* correspondant à cette facture est alors créé en mémoire.

Le problème est alors de savoir si des objets *LigneFacture* associés à cette facture doivent être ou non être créés en même temps que l'objet *Facture*. Si la réponse est positive, la question est maintenant de savoir si, par transitivité, les objets *Produit* correspondants à chaque ligne doivent aussi être créés, etc. On voit que l'application systématique d'une pure stratégie d'anticipation mènerait au chargement d'un volume de donnés incontrôlable, et, en tout cas, d'un très grand nombre d'objets, probablement, pour une grande part, inutiles à l'application.

Il faut par ailleurs être conscient que toutes ces créations d'objets impliquent d'une part l'exécution de requêtes, avec donc un coût en temps d'exécution, et d'autre part une occupation de mémoire vive. Par exemple, si on veut récupérer la facture en question aux fins de connaître seulement la date de facturation correspondante, on voit que tous les objets associés ont été créés de manière totalement inutile, d'où de mauvaises performances, sans bénéfice. Dans ce cas, la seconde stratégie de *récupération paresseuse* (dite également *lazy loading*, ou *récupération à la demande,* ou encore *récupération retardée*) est préférable.

Dans une récupération *à la demande*, lorsqu'un un objet est créé à partir des données lues dans la base de données, les objets associés ne sont pas immédiatement créés. Ils sont remplacés par des objets « *proxy* » qui ne contiennent que l'information minimum (soit la clé primaire, OID de l'objet), pour créer, ensuite seulement, les « véritables » objets, c'est-à-dire possédant des valeurs, et ce au fur et à mesure des accès. Ces véritables objets ne seront donc créés que s'il y a effectivement des accès à ceux-ci dans la suite.

Un exemple illustratif

Imaginons par exemple que, après accès à la facture de numéro 456, nous voulions accéder à la quantité du produit associé à la i^{ème} ligne. Nous nous plaçons dans le cas de l'adoption d'une stratégie *paresseuse*. Nous aurons alors les étapes suivantes :

- Un objet f de la classe *Facture* est créé.
- Les objets correspondant aux lignes de la facture f sont remplacés par des objets *proxy* vides. Ces objets proxy ne contiennent que la clé primaire des lignes de la facture dans la table associée.
- Le programme invoque ensuite un appel du type *f.getLigne(i).getQuantite().* L'objet *LigneFacture* correspondant à la i^{ème} ligne de la facture est alors créé en mémoire après exécution de la requête convenable. Cette requête sélectionne les données du *tupple* correspondant dans la table associée aux lignes à partir de son identifiant.
- La méthode *getQuantite()* est alors appelée sur cet objet, maintenant présent en mémoire vive.

Le choix d'une stratégie : le problème des « N+1 selects »

On voit que le choix de la bonne stratégie de récupération des données adaptée à chaque cas concret dépend de l'usage effectif qui sera fait de la base de données par l'application. Il semble donc naturel que les outils d'ORM implémentent les deux stratégies, laissant *in fine* la possibilité au développeur de choisir, dans chaque cas, celle à utiliser. Toutefois, ce choix n'a rien d'immédiat.

Pour illustrer cette difficulté, nous présentons ici le *problème dit des « N + 1 selects ».* Toujours dans le cadre de l'exemple précédent relatif aux factures, considérons le cas suivant :

- On souhaite afficher les lignes associées à 1000 factures, par exemple celles éditées après une certaine date, en précisant que l'on effectue une récupération *à la demande* (en effet, on ne sait pas *a priori* les contenus de quelles factures devront être détaillés).
- Les 1000 objets *Facture* sont d'abord récupérés (par le biais d'une requête *SELECT*).

- Puis, dans un deuxième temps, pour chacune des 1000 factures, on récupère les lignes associées à celles-ci (ce qui est donc effectué par le biais de 1000 requêtes SELECT).

On constate alors que l'on est conduit à un total de 1001 requêtes, alors qu'il était possible d'obtenir directement le résultat avec une seule (par restriction et jointure). Mais il est clair qu'indiquer dans ce cas que la récupération devait être *immédiate* n'aurait pas non plus convenu. En effet, dans d'autres circonstances (dépendant de ce que fait le programme, mais aussi éventuellement l'usager), on aurait pu ne pas avoir besoin de charger le détail des lignes de factures, et seule la première requête, très simple, aurait été suffisante.

Une solution possible à cette difficulté consiste à introduire une méthode spécialement développée, lançant l'ordre SQL *ad hoc* destiné à renvoyer uniquement ce qui est vraiment recherché par l'application. Par exemple, pour trouver la facture qui a le plus gros montant total, il est inutile de charger toutes les factures et lignes de factures en mémoire (dans la mesure où une unique requête *ad hoc* peut être créée pour cela). C'est bien sûr dans ce dernier cas la solution la plus simple et la plus performante (elle évite en particulier la création de nombreux objets). Mais cela ne convient pas si on souhaite effectuer des traitements plus complexes sur les objets associés.

En fait, il est nécessaire que le développeur ait la possibilité de spécifier la stratégie spécifique à employer pour chaque requête individuelle. Par exemple, on doit pouvoir indiquer que le mode de récupération par défaut est le mode *différé* (sans anticipation), tout en ayant la possibilité de spécifier si besoin, pour une requête particulière, le mode *immédiat*.

Les outils de *mapping* offrent la plupart du temps cette possibilité. Le choix sera alors exprimé, par exemple, par le biais d'un paramètre fourni dans un fichier de configuration (la stratégie indiquée devenant alors la stratégie par défaut), et par une option de programmation laissée au choix du développeur.

Spécification de la stratégie attachée à une requête

Dans le cadre de la mise en œuvre des *frameworks* d'ORM, différents moyens d'expression ont été proposés aux fins de spécifier la stratégie particulière de récupération des données que l'on souhaite attacher à une requête. Dans le standard JPA, qui propose un langage appelé JPQL (*Java Persistence Query Language*), étendant SQL, le choix du *mode anticipé* peut être, par exemple, spécifié dans une requête à l'aide d'une clause « JOIN FETCH », exprimant une jointure particulière. Celle-ci permet de spécifier les données dont on souhaite *anticiper le chargement* en mémoire.

L'exemple suivant montre la formulation d'une telle requête, laquelle exprime la nécessité de chargement anticipé des lignes associées aux factures retrouvées par le SELECT :

```
String texteQuery = "SELECT f FROM Facture f JOIN FETCH f.lignes
                                        WHERE f.date > '1/1/07'";
Query query = em.createQuery(texteQuery);
List<Facture> liste = (List<Facture>)query.getResultList();
Ligne ligne = liste.get(0).getLigne(0);
```

On peut noter ici que la dernière instruction, c'est-à-dire l'appel de la méthode *get*, ne génère absolument aucune requête SQL, les chargements des objets *ligne* en mémoire ayant en effet été anticipés.

Une autre manière de *spécifier dans le programme le mode attaché à une requête* consiste à fournir une valeur associée à ce mode, sous la forme d'un paramètre passé à une méthode *setFetchMode*, invoquée lors de la construction d'une requête. Nous donnant ci-dessous un exemple d'une telle manière de faire, formulée dans le cadre du *framework Hibernate* :

```
List results = session.createCriteria(Item.class)
                        .add( Expression.eq("item.seller", user) )
                        .setFetchMode("bids", Fetch-
Mode.EAGER).list();
Iterator items = new HashSet(results).iterator();
while (items.hasNext()) {
        ...
}
```

2.2.9. Contrôle de la concurrence d'accès

La lecture des objets persistants et leur modification par les programmes posent une difficulté dès lors que la même base de données peut être accédée de manière concurrente par différents logiciels. Il faut en effet être toujours capable de garantir la *cohérence* des données, et ce malgré de possibles opérations de lecture et écriture effectuées en concurrence.

Nous avons vu que l'utilisation d'un *cache d'objet*, garantissant l'unicité d'une copie de la donnée en mémoire, était une solution. Toutefois, cette solution n'est bien sûr valable que pour des applications concurrentes partageant un même espace d'adressage, c'est-à-dire s'exécutant sur la même machine physique. Lorsqu'il s'agit d'applications situées sur différentes machines, comme cela arrive souvent en pratique, le problème reste entier.

Dans la programmation classique des bases de données, c'est-à-dire lorsqu'on ne met pas en œuvre le principe d'ORM, le développeur définit ses propres ordres SQL (en particulier *SELECT* et *UPDATE*), qu'il intègre dans le code de son programme. Chaque directive SQL transmise individuellement au SGBD est en elle-même une transaction, que le SGBD exécute donc en isolation et dans le respect de l'intégrité, en posant les verrous convenables (en lecture ou en écriture) sur les données.

Dans des cas plus complexes, le développeur est en mesure de définir des séquences de commandes SQL, dont l'ensemble constitue une *transaction* plus complexe. Ainsi, par exemple, une requête de type *SELECT FOR UPDATE*, suivie de directives *UPDATE*, permettent de sélectionner des *tupples*, puis de mettre à jour certains d'entre eux, en étant assuré que les valeurs lues n'ont pas été modifiées entre temps par un autre programme. Il convient ici qu'il y ait *respect de la « causalité »* des données, une nouvelle valeur n'étant valide, sur le principe, que dans l'hypothèse où sa dernière valeur effective était bien celle lue par le programme juste avant la mise à jour.

Dans le monde objet, le problème se pose d'une manière quelque peu différente. En effet, les données sont considérées non comme des tables indépendantes, mais comme l'*image d'un graphe d'objets*, où ces objets sont liés les uns aux autres par des relations. Lorsqu'une application accède à un objet, elle doit être en mesure de modifier ensuite cet objet (ce qui doit impliquer une écriture dans la base), mais aussi de naviguer depuis cet objet vers un autre, en suivant des liens, et de lire, et si besoin mettre à jour cet autre objet.

On voit qu'une garantie absolue de l'intégrité impliquerait que l'on pose par précaution, à chaque accès à un objet, des verrous en écriture sur tous les objets susceptibles d'être atteints par navigation à partir de celui-ci. Ceci conduirait à des solutions très complexes, inefficaces, mais surtout très restrictive en termes de concurrence d'accès, du fait que l'on se placerait dans l'hypothèse par nature la plus pessimiste.

C'est pourquoi on utilise souvent en ORM d'autres techniques, non idéales, mais efficaces dans la pratique. Nous évoquons rapidement ci-dessous le principe d'une technique simple et souvent utilisée par *gestion de versions*.

Dans cette approche, un attribut supplémentaire « version » est ajouté à chaque table associée à une classe. Lorsqu'un programme lit le contenu d'un objet depuis les données d'une table, la valeur de l'attribut version est chargée en même temps en mémoire. La valeur de cet attribut représente le « numéro de version » du contenu actuel de l'objet. Aucun verrou ne subsiste sur les données des tables une fois la lecture effectuée. Lorsque le même programme met (éventuellement) à jour le contenu de l'objet en cache, et que ce contenu est répercuté dans la base, ce numéro de version est incrémenté et répercuté *dans la même transaction* que la mise à jour du contenu. Si entre temps un autre programme a effectué une mise à jour sur ce même objet, la différence des versions est détectée au moment de la tentative d'écriture, et le premier programme peut ainsi être averti de cette situation, et réagir de manière appropriée (par exemple, reprendre l'ensemble de la séquence). L'intérêt est bien sûr d'automatiser ces opérations en les confiant au *framework* utilisé.

2.2.10. Conclusion

Nous avons ici présenté les principes de base de la *correspondance objet-relationnel*, ou ORM. Ces principes sont actuellement à la base du standard JPA ainsi que de nombre d'outils, dont certains outils libres, très utilisés, et dont quelques représentants sont à ce jour *EclipseLink*, *Hibernate* et *OpenJPA*.

Nous avons pu voir que la résolution des correspondances entre le modèle objet et le modèle relationnel n'était pas un problème trivial. C'est toutefois une problématique qui a été largement investiguée, avec maintenant de solutions très matures. C'est pourquoi les *frameworks* d'ORM actuels permettent maintenant de réduire très largement l'effort de programmation et le nombre de lignes de code liés à la prise en compte de ces difficultés.

2.3. Le standard JPA et les architectures orientées ORM

JPA (*Java Persistence API*) est une *spécification d'API standard de persistance pour le monde Java*. Succédant à une partie « persistance » intégrée à *Java 2 Entreprise Edition* (J2EE), qui portait sur des composants *Enterprise Java Beans* particuliers appelés les *entités*, il s'agit d'une API utilisable maintenant *indépendamment d'un environnement serveur d'application*. Ainsi l'API JPA est-elle aussi bien utilisable dans le contexte d'un serveur d'application, en programmation Java JEE (*Java Entreprise Edition*), que dans le contexte d'une application « *stand alone* », programmée dans l'édition de base du langage.

Cette API permet la mise en œuvre dans le monde Java des concepts de l'ORM ici exposés, en s'inspirant de fonctionnalités apportées par le *framework* populaire *Hibernate*. JPA est un standard sur lequel se sont alignés les actuels *frameworks* de persistance (ainsi, par exemple, *Hibernate* a-t-il évolué dans le sens d'une conformité à JPA).

Nous nous attacherons ici à présenter les caractéristiques majeures de JPA dans sa version 2.0, sans prétendre bien sûr en aucune façon à l'exhaustivité, le lecteur étant invité à se reporter à la spécification du langage pour plus de détails sur tel ou tel aspect de ses fonctionnalités ou de sa mise en œuvre.

L'implémentation de référence actuelle de JPA est *EclipseLink*, laquelle a succédé à *Toplink Essentials*. D'autres implémentions *open source*, très utilisées, sont *Hibernate* et *Apache OpenJPA*.

2.3.1. Principes généraux

Les principes à la base de JPA sont les suivants :

- Le développeur écrit du code standard Java, tout en spécifiant la correspondance ORM à réaliser, soit par définition de paramètres dans un fichier de configuration prévu à cet effet, au format XML, soit, comme le plus souvent, par ajout d'*annotations* directement placées dans le code Java (les deux modes pouvant être utilisés conjointement).
- Un composant, appelé le *gestionnaire d'entités* (*entity manager*) prend alors en charge la *gestion du cycle de vie des objets* capables de persistance, ainsi que l'exécution des *opérations CRUD* (*Create*, *Retrieve*, *Update*, *Delete*) de manipulation de ces objets, invoquées par les programmes.
- Un langage de requête, appelé *JPQL* (*Java Persistence Query Language*), très proche de SQL, mais intégré à Java, va permettre si besoin l'interrogation de la base de données depuis le logiciel, avec des facilités de recherche comparables à celles de requêtes SQL classiques.

On notera ainsi que l'API JPA est de beaucoup plus haut niveau conceptuel que l'API JDBC.

Le fichier de configuration XML déjà évoqué (appelé « *persistence.xml* ») permet de spécifier les informations de configuration indispensables au fonctionnement, telle que la ou les sources de persistance (bases de données utilisées par l'application), la manière de se connecter à celles-ci, l'implémentation de JPA utilisée, etc., ou encore des informations éventuelles afférant aux classes persistantes du programme. Ces éléments sont apportés sous forme de *valeurs* données à des *propriétés*.

2.3.2. Définition d'une entité

Une *classe persistante*, ou « *entité* » JPA[1], est une classe Java dont les instances sont *capables de persistance* au sein d'une base de données relationnelle.

Comme déjà indiqué, la persistance d'une classe peut être spécifiée par des *annotations* insérées dans le code Java, sans ajout syntaxique au langage lui-même. De manière générale, une annotation est une information que l'on passe à la machine Java concernant un élément du programme (tel une classe, un attribut ou une méthode), et qui a pour but de *spécifier un fonctionnement particulier attendu de cet élément*.

---

[1] Nous emploierons ici ce terme d'« entité » à la fois pour désigner une classe dont les instances sont dotées de la capacité de persistance et l'une de ces instances elles-mêmes.

Une annotation se place dans le code juste avant la définition de l'élément sur lequel elle porte. Elle est introduite par le caractère « @ ». Les *annotations* placées dans le code permettent d'orienter le *mapping* entre les objets du programme et une base de données.

Une *entité* est une simple classe *POJO*[1], définie dans le logiciel avec la syntaxe Java, et qui modélise le domaine d'application. On impose juste à une telle classe de posséder un *constructeur* (*public* ou *protected*) sans argument (on notera qu'un tel constructeur existe par défaut si aucun autre constructeur n'est défini dans la classe). Une telle classe pourra être *concrète* ou *abstraite*, mais il ne pourra s'agir ni d'une interface ni d'une classe « énumération ». On notera que la classe en question doit implémenter *Serializable* afin de permettre le passage d'objets à distance à travers le réseau.

En pratique, la *capacité de persistance* signifie que le *framework* d'ORM utilisé, et accédé à travers JPA, prendra implicitement en charge les opérations nécessaires à l'insertion, à la mise à jour, à la destruction et à l'accès aux objets (c'est-à-dire les opérations *CRUD*) sans qu'il soit besoin d'écrire du code ni de requêtes en particulier.

On pourra définir une classe *Departement* persistante, en écrivant, par exemple :

```
@Entity
@Table(name="EMPLOYE")
public class departement implements Serializable {
        @Id
        private Long matricule;
        public Long getMatricule() {
                return matricule;
        }
        private String nom;
        public String getnom() {
                return nom;
        }
}
```

L'annotation *@Entity*, qui porte sur la classe *Employe*, indique que celle-ci définit une *entité* JPA. Cette entité aura un nom, qui sera par défaut le nom complet de la classe Java (si l'on souhaite fixer soi-même ce nom, il est possible de spécifier celui-ci en utilisant un attribut *name* attaché à l'annotation).

L'annotation *@Table* permet de fixer, grâce à son propre attribut *name*, le nom donné, cette fois, à la table relationnelle associée. Il s'agit d'une déclaration facultative, et, si aucun nom n'est spécifié, le nom attribué à la table sera simplement le nom de la classe. Ce champ est utile si l'on souhaite donner un nom particulier à la table, ou bien si cette classe doit correspondre à une table déjà existante en base (cas « *bottom up* »).

L'annotation *@Table* peut recevoir des attributs *catalog*, *schema* et *name*, qui permettent de fixer plus finement les paramètres de la table utilisée. Cette annotation peut également

---

[1] *Plain Old Java Objet*. Ce terme, sans signification réellement bien formalisée, signifie simplement qu'il s'agit d'objets Java classiques, dont l'utilisation ne requiert pas de mise en œuvre d'une implémentation particulière. De tels objets pourront en particulier être *sérialisés*, c'est-à-dire transformés en données afin d'être transmis d'un programme à l'autre à travers un réseau de communication.

inclure une autre *annotation @UniqueContraint* (placée donc *à l'intérieur* de l'annotation *@Table* elle-même), qui permet de définir des contraintes d'unicité sur un champ, ou sur des ensembles de champs relationnels de la table en question. Par exemple :

```
@Entity
@Table(name="EMPLOYE",
        uniqueConstraint={
                @UniqueConstraint(columnNames={"nom", "prenom"} )
        }
public class departement implements Serializable {
        .....
}
```

permettrait de s'assurer que le couple de valeurs nom et prénom de tout employé est unique, garantissant ainsi que l'on ne peut insérer deux employés avec les mêmes nom et prénom.

L'annotation *@Access* permet quant à elle de fixer la façon dont le *gestionnaire d'entités* doit lire et écrire les valeurs de champs de la table en base de données. Ce peut être soit directement sur les champs relationnels (valeur *AccessType.FIELD*), soit en passant par les *mutateurs* et les *accesseurs* (méthodes de type *set* et *get*) définis dans le code (valeur *AccessType.PROPERTY*).

2.3.3. Indentification d'une entité

L'annotation *@Id* permet de préciser la manière dont une entité sera identifiée, via l'indication de l'attribut jouant le rôle d'identificateur. Cette annotation définira dans le même temps le *champ clé primaire* de la table relationnelle associée à la classe. Par exemple, pour une classe entité *Client*, on pourrait écrire :

```
@Entity
public class Client implements Serializable {
        @Id
        @GeneratedValue(strategy=Generation.Type.AUTO)
        private Long id;
        public Long getId() {
                return id;
        }
}
```

Dans cet exemple, on indique par l'annotation *@GeneratedValue* que l'on souhaite une *génération automatique* de la valeur de la clé, à savoir l'attribut id, lors de l'insertion d'un nouveau *tupple*. L'attribut *Strategy* permet alors de fixer la stratégie retenue :

- La valeur « AUTO » (stratégie par défaut) permet de laisser à l'environnement d'ORM le soin de générer automatiquement une valeur.
- La valeur « IDENTITY » correspond au choix d'une génération automatique par le SGBD sous-jacent (avec *auto increment*).

- La valeur « SEQUENCE » spécifie la création d'une *séquence* dans le SGBDR, dans le cas où celui-ci supporte cette fonctionnalité (cas par exemple du SGBD Oracle).
- Enfin, la valeur « TABLE » spécifie un comportement analogue, la séquence étant cette fois simulée par une table relationnelle dédiée.

2.3.4. Annotations des attributs

De manière générale, les attributs d'une classe sont automatiquement considérés comme *persistants*, et associés à des champs définis dans la table portant par défaut les mêmes noms. Pour particulariser ces correspondances, et les spécifier de manière plus fine, on peut utiliser l'annotation *@Column*. Cette annotation pourra alors être qualifiée par le biais d'attributs et de valeurs éventuelles attachées à ces derniers.

Ainsi, nous pourrons avoir, en particulier (nous ne citerons ici que les principaux attributs les plus utilisés), l'attribut *name*, qui permettra de spécifier le nom donné à la colonne générée, l'attribut *lengh*, permettant de fixer la taille du champ SQL associé à un attribut, dans le cas où il s'agit d'une chaîne de caractères. L'attribut *unique* permettra pour sa part d'ajouter une contrainte d'unicité dans la table. L'attribut *nullable* interdira à l'attribut d'être laissé à la valeur *NULL*, c'est-à-dire non rempli. Enfin, les attributs *insertable* et *updatable* permettront si besoin d'interdire la modification de la valeur de la colonne (utilisé par exemple dans le cas d'une clé étrangère). On notera que l'annotation *@Transient* permet en outre de spécifier que tel ou tel attribut particulier d'une entité ne doit pas persister en base.

On trouvera ci-dessous un exemple de définition d'entité avec annotation *@Column* :

```
@Entity
public class Client implements Serializable {
        ...
        @Column (name="REF", unique=true, nullable=false,
                                        insertable=true, updatable=true)
        private Long referenceClient;
        public Long getReference() {
                return referenceClient;
        }
        ....
}
```

2.3.5. Les classes embarquées

Dans la pratique, on peut rencontrer des attributs définis dans une classe, qui, bien qu'ayant eux-mêmes le statut d'*objets* dans le langage de programmation, apparaissent toutefois, dans une optique de persistance, comme de simples *valeurs*. Par exemple, notre classe *Departement* pourra avoir une propriété *adresse*, typée par une classe Java *Adresse* (comportant elle-même des attributs représentant le numéro dans la rue, un nom de voie, le nom de ville, etc.). Si l'on n'a pas besoin de gérer de manière individuelle les adresses dans notre application, il n'est pas nécessairement pertinent d'introduire une table séparée pour le stockage de celles-ci, ceci compliquant en effet notre solution, sans réel bénéfice (en particulier, les jointures, nécessaires à l'accès aux adresses, y auraient un coût en termes de performances). En particulier, si notre classe Java *Adresse* provient d'une *composition*

UML, figurant dans un modèle de classes, nous sommes dans ce cas. Ainsi, conceptuellement, dans ce cas, un objet *Adresse* ne pourra exister en tant que tel que dans la mesure où il est rattaché à un objet *Departement*.

On utilise alors le concept de *classe embarquée* (*embedded*). On parle aussi d'*objet inclus*, ou encore d'attribut *composite*, pour spécifier que la persistance des instances en question (ici les adresses attachées à un département) doit se faire *dans la table même associée à la table contenante*, par ajout de nouvelles colonnes. On pourra ainsi spécifier que la classe *Adresse* est « embarquable » (*embarquable*), c'est-à-dire non persistante par elle-même, et que l'attribut *adresse* de *Departement* » (et, si nécessaire, d'éventuels autres attributs typés comme *Adresse* dans d'autres classes) est *embarqué* dans la classe qui le contient. Les annotations *@Embeddable* et *@Embedded* sont alors utilisées comme ci-dessous :

```
@Embeddable
public class Adresse implements Serializable {
        private String numero;
        private Integer nomVoie;
        ...
}
@Entity
public class Departement implements Serializable {
        @Id
        private Long numero;
        public Long getNumero() {
                return numero;
        }
        ....
        @Embedded
        private Adresse adresse;
}
```

L'annotation *@EmbeddedId* permettra pour sa part de spécifier des *clés composites*, c'est-à-dire des clés formées d'un *groupe d'attributs*. Par exemple, on définira une entité *Compte* identifiée par un objet *ComptePK* (couple numéro et clé), de la manière suivante :

```
@Embeddable
public class ComptePK implements Serializable {
        private String numeroClient;
        private Integer cle;
}
@Entity
public class Compte implements Serializable {
        @EmbeddedId
        private ComptePK numeroCompte;
        ...
}
```

2.3.6. Les associations

Associations « one to one »

Une association « *one to one* » *unidirectionnelle* sera représentée en annotant l'attribut qui matérialise l'association dans la classe de départ par le biais de *@OneToOne*. Nous aurons ainsi par exemple :

```
@Entity
public class Ville implements Serializable {
        ...
        @OneToOne
        private Maire maire;
        ...
}
```

Une colonne *clé étrangère* sera alors créée dans la table des villes. Il est à noter que l'on peut imposer le nom de cette colonne par le biais d'une annotation *@JoinColumn(name =”...”)*.

Dans le cas d'une association *bidirectionnelle*, nous aurons en outre, du côté de la classe *Maire* :

```
@Entity
public class Maire implements Serializable {
        ...
        @OneToOne(mappedBy= "maire")
        private Ville ville;
        ...
}
```

L'attribut *mappedBy* de l'annotation permet de spécifier le champ « retour » de l'association, c'est-à-dire le champ qui représentera celle-ci du côté de l'entité *Ville* (dite ici « propriétaire » de l'association). C'est donc bien cet attribut qui permet au *framework* de comprendre qu'il s'agit bien de *deux associations inverses l'une de l'autre*, c'est-à-dire de *la même association* parcourue en fait dans les deux sens.

Associations «one to many » et «many to one »

Un exemple d'association « *one to many* » est celui de départements, employant chacun un ou plusieurs employés. Dans ce cas, on trouvera dans la classe *Departement* une propriété du type *Set <Employe>*. Avec la *relation inverse*, l'association est alors vue dans l'autre sens, un employé ayant un département de rattachement unique. On trouvera dans ce cas une propriété de type *Departement* dans la classe *Employe*.

On notera qu'une association peut exister *avec ou sans son association inverse*, en fonction des besoins applicatifs de navigation entre les objets.

Dans la définition des entités, on annotera la classe *Departement* de la manière suivante :

```
@Entity
public class Departement implements Serializable {
        ...
        @OneToMany(mappedBy= "departement")
        private Set<Employe> employes = null;
        ...
}
```

L'attribut *mappedBy* de l'annotation *@OneToMany* indique que c'est l'autre entité, donc ici celle associée à la table des employés, qui est *propriétaire de l'association*. Le champ de liaison est placé dans cette dernière table, son nom étant ici *departement*. En ce qui concerne la relation inverse éventuelle (propriété *departement* de la classe *Employe*), on pourra placer dans la classe *Employe* les annotations suivantes :

```
@Entity
public class Employe implements Serializable {
        @ManyToOne
        @JoinColumn(name="departement",
                                referencedColumnName="numero")
        private Departement department;
        ...
}
```

L'annotation *@JoinColumn* permet de spécifier les noms des attributs relationnels des deux tables mis en relation.

Association « many to many »

Considérons ici le cas d'une commande qui peut être constituée de plusieurs produits, un produit pouvant de son côté faire l'objet de plusieurs commandes. Une telle association est donc « *many to many* ». On sait que, dans ce cas, il convient d'utiliser une table relationnelle « de liaison », en plus des tables des deux classes, table dans laquelle on trouvera les couples de clés des éléments mis en relation (ici, par exemple une table qui pourrait s'appeler *COMMANDE-PRODUIT*).

Dans le monde objet, selon le cas (relation *uni* ou *bidirectionnelle*), on trouvera dans la classe *Commande* une propriété appelée *produits*, de type *set <Produit>* et/ou dans la classe *Produit* une propriété *commandes* de type *set <Commande>*, ceci en fonction des besoins applicatifs. Ces propriétés seront annotées par *@ManyToMany*.

Par exemple, l'entité *Commande* pourrait être définie de la manière suivante :

```
@Entity
public class Commande implements Serializable {
        ...
        @ManyToMany
        @JoinTable(name= "COMMANDE-PRODUIT",
                joinColumns = @JoinColumn(name= "commande_id",
                referenceColumnName = "Id")
```

```
                inverseJoinColumns = @JoinColumn(name = "produit-id",
                referenceColumnName = "id") )
        private Set<Produit> produits;
        ...
}
```

et, dans la classe *Produit*, nous aurions alors simplement :

```
@Entity
public class Produit implements Serializable {
        ...
        @ManyToMany(mappedBy = "produits")
        private Set<Commande> commandes;
        ....
}
```

L'annotation *@JoinTable* permet donc de spécifier le nom de la table de liaison *COMMANDE-PRODUIT* (utilisation de l'attribut *name*) ainsi que les noms des attributs de liaison des différentes tables. On remarque que *la valeur d'un attribut d'une annotation peut être elle-même une annotation.*

Concernant la classe *Produit*, la relation inverse est définie par la propriété *commandes* de type *set<Commande>,* et annotée par *@ManyToMany*, avec un attribut *mappedBy* indiquant que la relation en question est définie par l'intermédiaire de la propriété *produits* (elle n'a donc pas à être redéfinie).

Autres caractéristiques d'une association

Les éléments présentés ci-dessus ne définissent pas complètement une association. En effet, comme on le sait, d'autres éléments entrent en jeu. De manière générale, ces aspects complémentaires seront spécifiés par le biais d'attributs associés aux quatre annotations possibles introduisant une association, c'est-à-dire *@OneToOne*, *@OneToMany*, etc.

Un premier aspect concerne la *propagation de la persistance*, c'est-à-dire le *comportement adopté lors de l'invocation d'une opération modifiant l'état l'une des entités*, telle qu'ajout, modification, suppression, rechargement, etc. On utilise pour spécifier cet aspect un attribut *Cascade*, avec des valeurs possibles définies par une énumération *CascadeType*, comportant les valeurs *PERSIST*, *MERGE*, *REMOVE*, *REFRESH*, et *DETACH* (les valeurs du paramètre *Cascade* seront ainsi *CascadeType.PERSIST*, *CascadeType.MERGE*, etc.).

Un autre aspect concerne la *stratégie de chargement* depuis la base de données, c'est-à-dire un chargement *anticipé* ou *à la demande*. On utilise alors l'attribut *Fetch*, avec deux valeurs possibles *EAGER* et *LAZY*, la valeur par défaut étant *EAGER*.

Enfin, il est possible de spécifier le *caractère optionnel* d'une association, avec deux valeurs possibles, à savoir *true* et *false*.

Le tableau ci-après synthétise les principaux attributs avec indication de leur applicabilité aux différents types de relations.

Caractéristique	@OneToOne	@OneToMany	@ManyToOne	@ManyToMany
targetEntity	Oui	Oui	Oui	Oui
cascade	Oui	Oui	Oui	Oui
fetch	Oui	Oui	Oui	Oui
optional	Oui	Non	Oui	Non
mappedBy	Oui	Oui	Non	Oui

Tableau 1. Principaux attributs avec indication de leur applicabilité.

En ce qui concerne les associations dont l'une au moins des cardinalités est *many*, nous avons présenté nos exemples avec des *ensembles* de valeurs (c'est-à-dire sans doublons), représentés donc par des *collections* de type *Set<C>* en langage Java. Il convient de mentionner le fait que le *mapping* JPA supporte également d'autres types de *collections*, dont les *List<C>* et les *Maps<C>*, aspects que nous n'avons pas abordés ici.

2.3.7. Héritage entre classes

JPA prévoit un jeu d'annotations permettant de définir l'héritage de manière déclarative. L'annotation utilisé est *@Inheritance*, avec les trois stratégies possibles déjà vues, indiquées par les valeurs suivantes :

- *SINGLE_TABLE* : les entités sont stockées dans une seule table. On utilise alors les annotations *@DescriminatorColumn* et *@DescriminatorValue*.
- *JOINED* : chaque entité stocke ses attributs spécifiques dans sa propre table, et la discrimination est opérée via une colonne *type*.
- *TABLE_PER_CLASS* : chaque entité de la hiérarchie stocke tous les attributs de la hiérarchie dans une table distincte.

Pour une classe *Compte*, possédant une sous-classe *CompteCheque*, nous aurons :

```
@Entity
@Table(name="compte")
@Inheritance(strategy=InheritanceType.SINGLE_TABLE)
@DiscriminatorColumn(name="TYPE",
                     discriminatorType= discriminatorType.STRING)
public class Compte implements Serializable {
        @EmbeddedId
        private ComptePK numeroCompte;
        ...
}
@Entity
@DiscriminatorValue(value="CHEQUE")
public class CompteCheque extends Compte implements Serializable {
        ....
}
```

2.3.8. Manipulation d'entités depuis un programme

Nous avons vu comment il était possible de définir des *entités*, c'est-à-dire des classes dont les instances possédaient la *capacité de persistance*. Nous allons maintenant examiner comment se présente la manipulation de ces instances depuis un programme Java.

Par principe, toute instance d'entité JPA possède une référence vers un objet appelé *gestionnaire d'entités*, ou *entity manager*, auquel il est rattaché. A l'inverse, un *entity manager* possède des références sur toutes les instances d'entités qu'il a la charge de gérer. L'*entity manager* gère ainsi un *contexte de persistance*, formé d'un ensemble d'instances d'entités présentes en mémoire, ayant chacune un état et une relation avec des données en base. Plusieurs instances d'*entity manager* (par exemple pour plusieurs bases de données) peuvent être simultanément présentes. Toutefois, il n'est pas possible de mettre en relation une entité gérée par un *entity manager* avec une autre entité gérée par un autre *entity manager*.

De manière générale, les *opérations de persistance*, correspondant aux actions applicables à un objet persistant (ou plutôt « potentiellement persistant ») seront logiquement représentées par des *méthodes* offertes par l'*entity manager*, l'objet cible étant alors *passé en paramètre* d'une telle méthode. Une fois un objet chargé en mémoire, et géré dans un *contexte de persistance*, celui-ci pourra alors être consulté et/ou modifié par un programme. On prêtera attention toutefois au fait qu'une modification sur un tel objet ne sera effectivement répercutée dans la base de données *qu'à la fin de la transaction courante* dans laquelle travaille le programme.

La figure ci-dessous symbolise l'architecture ainsi mise en place. On notera que deux circonstances peuvent en fait donner lieu à la modification d'une instance d'entité en base : soit une *modification explicite*, par invocation d'une méthode de l'*entity manager* depuis un programme, comme on vient de le voir, soit une *modification implicite*, résultant pour sa part de l'application d'un comportement de *cascade* défini, comme on l'a vu, de manière *déclarative* dans les entités (voir paragraphe ci-avant consacré à la définition des associations).

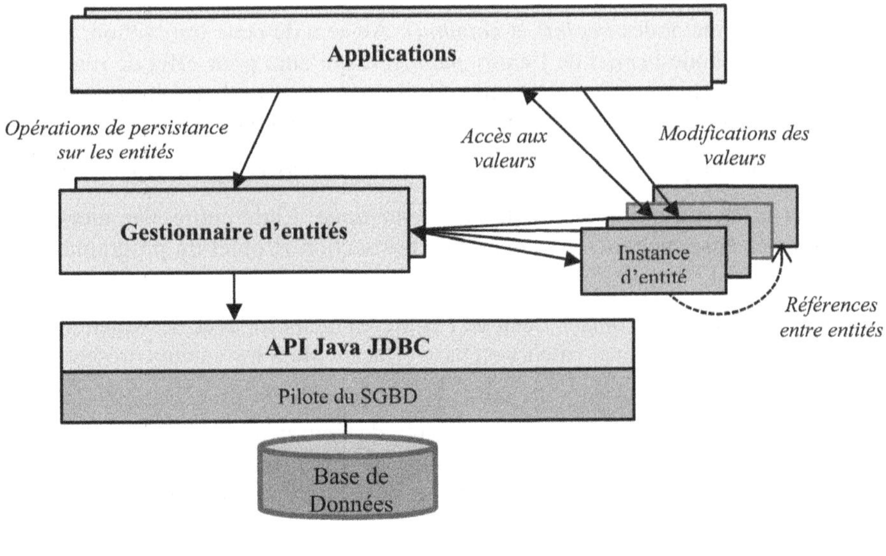

Figure 37. Architecture orientée ORM de JPA.

La programmation avec JPA

JPA définit *cinq opérations* applicables à une instance d'entité, auxquelles correspondent autant de méthodes de l'*entity manager*. Tous ces appels de méthodes s'inscrivent dans le contexte d'une *transaction*. Celle-ci peut être initiée dans le programme par un *begin*, et seront close par un *commit* (ou un *rollback*, en cas d'annulation de la transaction).

La première opération, appelée *persist*, a pour effet de rendre une entité persistante (celle-ci ayant auparavant été créée comme un simple objet Java, par un « *new* »). L'invocation de cette méthode aura donc pour effet d'*inscrire la modification de l'objet en base à la fin de la transaction*.

A titre d'exemple, considérons la portion de code ci-dessous :

```
public static void main(String[] args){
        EntityManagerfactory emf =
                Persistence.createEntityManagerFactory("Exemple");
        EntityManager em = emf.createEntityManager();
        Employe employe = new Employe();
        em.getTransaction().begin();
        employe.matricule = 125;
        em.persist(employe);
        em.getTransaction().commit();
}
```

On voit ici qu'un *entity manager* est créé en deux temps : d'abord par invocation d'une méthode du module *javax.persistence.Persistence*, permettant de créer une *fabrique* convenable, puis, ensuite, par *invocation d'une méthode de la fabrique ainsi créée*. On notera qu'*EntityManager* est une *interface*, et que l'on ne peut donc pas créer un tel objet directement.

L'instance dont nous disposons va alors nous permettre d'accéder à un objet *transaction*, et ainsi d'invoquer ses méthodes *begin()* et *commit()*. Au sein de cette transaction, nous pourrons invoquer la méthode *persist* de l'*entity manager*, qui aura pour effet de rendre persistante l'instance *employe* passée en paramètre. Cette instance sera donc physiquement écrite en base, avec la valeur qui lui a été affectée, mais seulement au moment du *commit*.

Les autres méthodes de persistances sont respectivement *remove*, *refresh*, *detach* et *merge*.

Remove a pour effet de rendre une entité *non persistante*. Cette entité sera alors logiquement effacée de la base *au prochain commit* de transaction (l'objet du programme n'étant pas détruit).

Refresh a pour effet de *synchroniser* l'état de l'entité en mémoire avec ses valeurs présentes en base de données (les dernières valeurs en base effaçant alors les valeurs présentes dans le contexte).

Detach a pour effet de *détacher* l'entité considérée de l'*entity manager* qui la gère, et, dès lors, les valeurs qu'on pourra affecter à cette entité ne seront plus prises en compte au prochain *commit*. Une telle instance reste persistante, et pourra être ensuite, par exemple, attachée à un autre *entity manager*).

Enfin, l'opération *merge* permet de *rattacher de nouveau* l'instance à l'*entity manager* depuis lequel la méthode est invoquée. Une instance d'entité peut ainsi passer par différents états, comme symbolisé sur la figure ci-dessous :

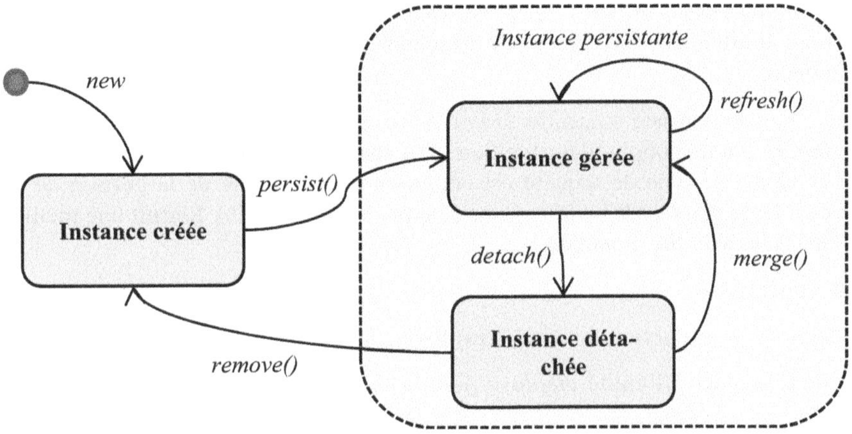

Figure 38. Etats de persistance d'une entité.

Par ailleurs, les méthodes de l'interface *EntityManager* qui permettront de *gérer le cycle de vie du contexte de persistance* lui-même sont *close*, *clear* et *flush*.

La méthode *close* ferme le contexte de persistance et force la synchronisation du contexte de persistance avec la base de données. Si un objet du contexte n'est pas présent dans la base, il y est mis par un ordre SQL INSERT. Si un objet du contexte est présent dans la base et qu'il a été modifié depuis qu'il a été lu, une commande SQL UPDATE est exécutée aux fins de répercuter la modification. Enfin, si un objet du contexte a été marqué comme « supprimé » à l'issu d'une opération *remove*, une commande SQL DELETE est exécutée pour le supprimer de la base de données.

La méthode *clear* vide le contexte de persistance de tous ses objets, ce dernier n'étant pas fermé.

Enfin, la méthode *flush* synchronise le contexte de persistance avec la base de données, avec les mêmes règles que celles afférant à la méthode *close.*

Un objet *EntityManager* possède un cycle de vie qui n'est pas nécessairement celui de l'application qui l'utilise. Ainsi un client JPA peut-il travailler successivement avec différents objets *EntityManager* au cours de son exécution. Par contre, le *contexte de persistance* associé à un *EntityManager* a le même cycle de vie que celui-ci et lui reste lié. Lorsqu'un objet *EntityManager* est fermé, son contexte de persistance est, si nécessaire, synchronisé avec la base de données. Il faut donc créer un nouvel *EntityManager* pour avoir de nouveau un contexte de persistance.

Accès à des entités stockées dans la base

Posons-nous maintenant le problème d'interroger la base de données afin d'y retrouver des instances d'entités particulières et accéder à leur contenu. En relationnel, il s'agit du domaine exclusif de la requête *SELECT*. En objet, le problème se pose de manière quelque peu différente. En effet, si les requêtes de sélection gardent toute leur utilité, il faut également qu'une application puisse *naviguer dans le graphe d'objets* en suivant les liens définis par les *associations* (voir ci-avant les principes de l'ORM et les stratégies d'accès aux données). JPA offre donc différents moyens pour accéder, non à des *valeurs*, mais à des *objets*. Il existe de nombreuses variantes de ces moyens, qu'il ne peut être question de détailler ici, et nous nous limiterons à présenter les principes généraux, en développant trois moyens d'accès de base.

Le premier moyen consiste à *accéder à une entité à partir de la donnée de sa classe et de sa clé primaire*, un tel couple identifiant en effet sans ambiguïté une entité individuelle. De manière générale, ce type de requête est connu dans le domaine de la gestion de données sous le vocable de « *Select from id* ». Pour ce type de requête, JPA fournit une méthode *find* définie sur la classe *entity manager*.

Ainsi, la requête :

```
Employe employe = em.find(Employe.class, 5233);
```

permet-elle d'accéder à l'entité *employe* dont la clé primaire (dans notre cas le matricule) vaut 5233.

Un autre moyen d'accès est celui qui résulte d'une *navigation depuis un objet vers un autre objet*, mettant à profit le lien offert par une association. Par exemple, à partir de l'objet *employe* ci-dessus, nous pourrions souhaiter accéder à son département (en supposant ici qu'un tel lien *DeptAffectation* a bien été défini dans l'entité *Employe*), et donc aux informations associées telles que le nom de ce département (pour au besoin, ensuite accéder à l'adresse du lieu, à l'agence où se situe ce département, etc.). Ceci est offert naturellement par des invocations de méthodes d'accès préalablement définies sur l'entité, comme dans l'exemple suivant :

```
Employe employe = em.find(Employe.class, 5233);
Departement departement = employe.getDeptAffectation();
String nomDepartement = departement.getNomDept ();
```

Bien sûr, en fonction de notre stratégie d'accès aux données choisies, le *framework* procédera aux chargements d'objets requis de manière transparente vis-à-vis de l'application, laquelle aura alors l'illusion de naviguer dans d'un graphe d'objets totalement contenu en mémoire, et n'aura donc pas conscience de l'exécution des requêtes sous-jacentes.

Le troisième moyen considéré ici est celui où l'on souhaite, très classiquement, *adresser une requête à la base de données en spécifiant un critère de sélection*, aux fins de retrouver l'ensemble des entités satisfaisant à ce critère. L'utilisation du langage SQL, si elle est possible dans les faits, va ici à l'encontre des principes de l'ORM, lesquels visent, au contraire, à masquer au développeur le détail de la structure des tables, lui permettant de se concentrer sur le modèle d'objet.

C'est pourquoi JPA offre un langage (en particulier pour les requêtes d'interrogation, mais pas uniquement) comparable à SQL, très proche sur le principe comme sur le plan syntaxique, mais s'inscrivant dans le contexte de *requêtes opérant sur des objets*. Ainsi, dans ce cadre, une requête « SELECT » pourra être posée *sur une classe d'entités* (et non sur une table), et retournera des *entités* ou des valeurs *attributs* de celles-ci (et non plus des valeurs de *tupples*). Examinons maintenant ce langage, appelé JPQL.

2.3.9. Le langage JPQL

Afin d'introduire l'idée générale présidant au langage JPQL, examinons tout d'abord une requête très simple :

select employe from Employe employe where prenom = 'Pierre'

Nous voyons que cette requête prend pour base (clause *from*) non pas une table, mais une classe d'entité[1]. Par ailleurs la clause *select* indique que le ou les éléments retournés par la requête seront, non pas des valeurs d'attributs, mais des *instances* (zéro, une ou plusieurs) *de la classe d'entités* en question. Enfin, la clause *where* spécifie pour sa part les contraintes imposées aux valeurs des attributs de cette entité, de manière analogue à des contraintes que l'on imposerait aux valeurs des attributs de table. La requête présentée ici est donc valide si l'entité *Employe* possède effectivement bien un attribut *prenom*.

Requêtes de sélection en JPQL

En JPQL, la clause *from* spécifie la ou les classes d'entités sur lesquelles porte la requête. On notera qu'il est parfaitement possible d'y faire figurer une classe *abstraite*, pouvant donc donner lieu à une requête *polymorphe*.

Il est possible d'introduire implicitement des *jointures* sans exprimer directement celles-ci. Par exemple, en supposant toujours que nous ayons dans l'entité *Employe* un lien *deptAffectation* vers une entité *Departement*, la requête :

select employe.deptAffectation
from Employe employe
where employe.prenom = 'Pierre'

contient une jointure *implicite*. Nous voyons en effet que cette requête retourne un ou plusieurs départements en relation avec les employés sélectionnés (c'est-à-dire ceux se prénommant « Pierre »), avec donc nécessité d'une jointure entre deux tables.

Cette jointure aurait pu aussi être exprimée de manière *explicite*, par exemple de la façon suivante :

select departement
from Employe employe join employe.deptAffectation departement
where employe.prenom = 'Pierre'

On notera que les jointures dites *externes* permettent, comme en SQL, de conserver les entités impliquées du côté gauche de la jointure, même si ces dernières n'ont pas d'entité correspondante. Elles sont exprimées par la formulation « *left join* ».

Enfin, une nouveauté apportée par JPQL vis-à-vis de SQL est l'introduction de *jointures de type « fetch »*, lesquelles n'ont pas d'effet sur le résultat retourné par la requête, mais permettent d'*anticiper le chargement d'objets* en relation avec les objets sélectionnés (voir « stratégie d'accès aux données » ci-avant). Par exemple, la requête :

---

[1] On notera que le nom d'entité spécifié est celui qui a (éventuellement) été spécifié à la déclaration de celle-ci (attribut *name* de l'annotation *@Entity*). S'il ne l'a pas été, le nom de l'entité est tout simplement, par défaut, et comme déjà indiqué, le nom complet de la classe qui lui correspond.

```
select employe
from Employe employe left join fetch employe.deptAffectation
where prenom = 'Pierre'
```

aura pour effet de charger, en même temps que les employés sélectionnés, leur département d'affectation, ce qui permettra ensuite, si besoin, une navigation immédiate vers ceux-ci.

La clause *where* permet d'exprimer plus généralement des *requêtes imbriquées*, comme il est possible de le faire en SQL. Ainsi, par exemple, on peut exprimer une contrainte imposant l'appartenance d'un élément à un ensemble généré dynamiquement par une autre requête *select*, placée dans la clause *where* elle-même (via des opérateurs *in*, *any*, *all*, et *some*). Nous ne détaillerons pas ces aspects qui s'avèrent dans leur principe en analogie tout à fait directe avec les fonctionnalités correspondantes du langage SQL. Notons enfin qu'il est possible d'utiliser dans une requête *select* JPQL des *agrégats*, comme en SQL (en utilisant les opérateurs *count*, *sum*, *min*, *max*, etc.), mais aussi de définir des requêtes présentant des clauses *group by* et *having*.

Invocation de requêtes « select » depuis un programme

La forme de base de l'invocation de requête depuis un programme est la *requête dynamique*. Il convient alors de passer à la méthode *createQuery()* de l'*entity manager* la chaîne de caractères définissant la requête, de manière à construire un objet de type « requête », que l'on peut ensuite invoquer grâce à la méthode *getResultList()*, comme l'illustre l'exemple ci-dessous :

```
String prenom = new String ("Pierre");
Query query = em.createQuery("select employe from Employe employe
                              where employe.prenom = '" + prenom + "'");
List<Employe> resultat = query.getResultList();
...
```

Ici, la chaîne de caractère définissant la requête est construite à la volée, via la concaténation du texte de la requête, inscrit dans le programme, et d'une valeur donnée au prénom définie auparavant. On connait la vulnérabilité d'un tel principe à l'injection malveillante de code, lorsque la valeur provient, par exemple, d'une source extérieure. C'est pourquoi d'autres formes sont proposées aux fins de fixer des valeurs laissées libres dans une requête dynamique. De telles requêtes sont basées sur la *spécification de paramètres*, identifiés soit par des *numéros* (paramétrage *anonyme*), soit par des noms symboliques (paramétrage *nommé*).

Dans l'exemple suivant de *paramétrage nommé*, nous voyons que, grâce à la méthode *setParameter()*, nous sommes en mesure d'injecter dans la requête les valeurs des prénom et nom, convenablement identifiés par des noms de paramètres, et ce *après construction de l'objet « requête »* :

```
Query query = em.createQuery("select employe from Employe employe
    where employe.prenom = :prenomEmp and employe.nom = :nomEmp");
query.setParameter("prenomEmp", "Pierre");
query.setParameter("nomEmp", "Martin");
List<Employe> resultat = query.getResultList();
...
```

On remarquera que, de manière générale, l'inconvénient des requêtes dynamiques est de faire supporter au programme, à chaque invocation, le coût lié à l'analyse de la requête, ce qui est inutilement pénalisant lorsque la même requête est exécutée de nombreuses fois. Pour pallier ce problème, les *requêtes nommées* permettent de prédéfinir des requêtes répétitives, celles-ci étant alors analysées une fois pour toutes dès le chargement de la classe. Il est possible de déclarer de telles requêtes nommées grâce à l'annotation *@NamedQuery*. On rattache en général la définition de telles requêtes à celle de la classe d'entités à laquelle elles se rapportent naturellement. Par exemple, le code suivant :

```
@Entity
@NamedQuery(name="Employe.findAll",
                              query="select emp from Employe emp")
public class Employé implements Serializable {
    ...
}
```

définit une *requête nommée findAll*, retournant toutes les instances de l'entité *Employe*. Cette requête peut logiquement être associée à la définition de cette entité. Plusieurs requêtes peuvent être définies en même temps par le biais d'une annotation *@NamedQueries*, portant en attribut un tableau d'annotations *@NamedQuery*. Nous aurons par exemple :

```
@Entity
@NamedQueries({
  @NamedQuery(name="Employe.findAll",
                              query="select emp from Employe emp"),
  @NamedQuery(name="Employe.findByName",
         query="select emp from Employe emp where emp.nom = :name"),
  @NamedQuery(name="Employe.count",
                         query="select count(emp) from Employe emp")
})
public class Employé implements Serializable {
    ...
}
```

Récupération des résultats d'un select

Nous avons vu ci-avant des exemples de requêtes *renvoyant des entités*. De manière naturelle, les résultats sont alors exploités dans le programme par le biais d'un appel *getResultList(),* et le type des éléments renvoyés en Java est alors, tout simplement, la classe de l'entité en question.

Une requête JPQL peut également renvoyer de simples *valeurs*. Par exemple, la requête :

```
select emp.prenom, emp.prenom from Employe emp
```

renvoie quant à elle des couples (prenom, nom) composés de deux chaînes de caractères. Dans le programme, il conviendra de considérer ces valeurs comme des *objets*, convertis dans le type Java convenable (ici des chaînes de caractères, c'est-à-dire un type *String*).

Plus généralement, il est possible de définir en JPQL des requêtes retournant des objets « construits » selon un certain type défini par un *bean*. Ici, par exemple, nous pourrions définir un *bean Identite*, dont les deux champs seraient des chaînes de caractères *prenom* et *nom*. Les résultats sont alors bien sûr exploités en Java grâce au type convenable.

Autres requêtes

JPQL ne se limite pas à la définition de requêtes *select*, et permet aussi la définition de requêtes de type *update* et *delete*. On pourrait s'étonner de la présence de telles requêtes, dans la mesure où l'API JPA fournit déjà toutes les opérations utiles pour opérer simplement les mises à jour et destructions d'entités depuis un programme. La réponse à cette interrogation réside dans les logiques respectives de l'API d'une part et de JPQL d'autre part. JPQL suit une logique déclarative et est conçu, comme SQL, pour manipuler des ensembles. Dans certains cas particuliers, où l'on a besoin de manipuler de grands ensembles d'entités, outre l'expression plus simple (opération menée en un seul appel, sans besoin d'exprimer de boucles dans le programme), l'utilisation d'une requête JPQL *ad hoc* peut s'avérer beaucoup plus efficace.

2.3.10. Autres approches

Pour terminer cette partie, nous présentons à titre indicatif deux projets ayant eu trait au développement d'outils au-dessus de l'API JDBC, mais s'inscrivant dans une démarche quelque peu différente : d'abord un projet plus ancien, SQLJ et ensuite la proposition d'un autre standard, nommé JDO.

On sait que JDBC (*Java Data Base Connectivity*) est l'API Java qui permet à un programme de s'interfacer avec les bases de données relationnelles, en exécutant des ordres SQL depuis le code Java. Or, l'API JDBC est de bas niveau, et souffre donc d'un certain nombre de limitations, portant essentiellement sur les points suivants :

- La correspondance entre les classes Java et les tables relationnelles est à la charge du développeur. Ce dernier doit porter attention à de multiples détails, et écrire de nombreuses lignes de code pour travailler sur les données de la base (alors qu'une grande partie de ce travail est répétitive et pourrait être automatisée).
- JDBC ne contrôle pas les requêtes SQL ennoyées au SGBD, qui sont passés comme de simples chaînes de caractères. Ainsi une faute de frappe dans le nom d'une table ou une faute de syntaxe dans un ordre SQL ne sont-elles détectées qu'à l'exécution, provoquant une erreur du programme.

C'est pourquoi d'autres d'outils et API complémentaires ont été imaginés au-dessus de JDBC dans le but de lever ces limitations. En complément à la présentation de JPA, nous avons fait le choix de présenter succinctement deux projets : SQLJ et JDO.

SQLJ

SQLJ était un projet promu par un consortium d'éditeurs (dont *Oracle* et *IBM*), et dont le but était de permettre le développement d'applications intégrant directement des ordres SQL dans le programme Java. On parle dans ce contexte d'approche « *embedded* ». Il s'agit d'une approche ancienne, déjà employée dans les SGBDR, en particulier par *Oracle*, dans le cadre de plusieurs langages de programmation (C, Cobol, Ada, ...). Il s'agissait ici de perfectionner cette approche, en poussant plus loin l'intégration au langage Java.

Avec cette approche, par exemple, une variable Java peut recevoir directement une valeur retournée par une requête SQL. Nous donnons ci-dessous un exemple de code SQLJ :

```
import sqlj.runtime.ref.*;
import java.sql.*;
...
String nom;
int matricule = 1500;
#sql { select NOME into :nom from EMP where MATRICULE = :matricule};
System.out.println("Nom : " + nom);
```

Dans cet exemple, nous voyons qu'un ordre SQL est présent au milieu d'instructions Java, et que la variable Java *matricule* (de type *int*) est utilisée comme valeur de paramètre de l'ordre SQL en question.

SQLJ comporte un traducteur, et un composant *run-time*. Un pré compilateur SQLJ transforme les ordres SQL en instructions Java contenant les appels convenables aux méthodes JDBC. Le résultat est un programme source Java que l'on peut compiler avec un compilateur Java ordinaire. Ce pré compilateur contrôle la validité des ordres SQL, et il en faut donc un spécifique par SGBD cible. Il convient de noter que SQLJ ne couvrait en fait que le *SQL statique*, c'est-à-dire les ordres SQL définis à la compilation, et non pas ceux construits en cours d'exécution. L'implémentation SQLJ d'Oracle présentait par contre des extensions permettant de supporter le *SQL dynamique* (c'est-à-dire l'exécution d'ordre SQL non définis au moment de la compilation, et connus seulement au moment de l'exécution).

Les avantages d'une telle approche, comparée à JDBC, sont les suivants :

- Les ordres SQL sont mieux séparés du code (rappelons que dans JDBC, les ordres SQL figurent comme de simples chaînes des caractères en paramètres des appels).
- Il y a moins de lignes de code, et le code est plus lisible.
- La syntaxe des ordres SQL et la cohérence de ceux-ci avec la structure de la base sont vérifiées au moment de la pré compilation, et non à l'exécution (on peut ainsi vérifier par exemple l'existence et le type des attributs SQL).
- La portabilité d'un SGBD à l'autre est meilleure.

Par contre, JDBC permet de créer dynamiquement un ordre SQL (en manipulant des chaînes de caractères) ce que SQLJ, dans sa version standard, ne permettait pas. Par ailleurs, la fabrication du code était bien sûr plus lourde en SQLJ du fait de la pré compilation.

JDO

JDO est un projet plus ambitieux que SQLJ puisqu'il vise à définir un standard permettant de rendre en grande partie transparente la persistance des objets Java. L'approche va donc ici dans le sens d'une *persistance implicite*. Ainsi, en utilisant JDO, les développeurs écrivant le code Java n'ont plus réellement à se préoccuper de la persistance. JDO nécessite une infrastructure complexe, à la compilation comme à l'exécution, et celle-ci doit être fournie par une implémentation JDO.

Selon le principe de transparence de la persistance, certaines classes auront des instances *capables de persistance*. Le principe de base de JDO est que le développeur n'a à écrire *aucun code pour gérer cette persistance. Dans cette optique, le code source d'une classe* doit être ainsi exactement le même, que la classe soit capable de persistance ou non.

Pour rendre une instance persistante, il suffit d'utiliser la méthode *makePersistent* (voir l'exemple de code présenté ci-après). En fait, la plupart des instances sont rendues persistantes automatiquement « par référence », c'est-à-dire dès qu'elles deviennent *atteignables depuis une instance persistante* : par exemple, si on rend persistante une instance de la classe *Employe*, et que cette classe possède un champ capable de persistance de type *Projet*, alors le projet référencé *devient automatiquement persistant*.

La persistance peut s'effectuer sur un support quelconque, SGBD relationnel ou autre solution de gestion de données, voire sur des fichiers ordinaires. Il suffit pour cela d'avoir une implémentation JDO spécifique adaptée à ce support. La persistance se base sur une description logique des classes persistantes, via des métadonnées, fournie de manière déclarative par le biais d'un fichier XML fourni par le développeur. Il est ainsi très facile de changer de support, ce qui procure une grande portabilité.

Les implémentations de JDO fournissent des outils, d'utilisation non obligatoire, permettant de créer automatiquement des schémas de base de données compatibles avec les classes persistantes, ou inversement, de créer des classes compatibles avec des tables existantes.

Exemples de code utilisant JDO

Nous donnons ci-dessous un exemple de code permettant de récupérer un gestionnaire de persistance :

```
// Création de la fabrique de gestionnaires de persistance
PersistenceManagerFactory pmf =
            JDOHelper.getPersistenceManagerFactory(jdoProperties);
pmf.setConnectionURL(DBURL);
pmf.setConnectionDriverName(DBDRIVER);
// Accès au gestionnaire de persistance
PersistenceManager pm = pmf.getPersistenceManager();
```

Nous donnons maintenant un exemple de code où l'on ajoute une adresse dans une base de données. La classe *Adresse*, non figurée ici, est une classe simple Java ordinaire. Le schéma de la base doit comporter une table dont la structure correspond aux champs persistants de la classe *Adresse*.

```
Transaction t = pm.currentTransaction();
t.begin();
Adresse adresse = new Adresse("292 rue Saint Martin","Paris", "75003");
pm.makePersistent(adresse);
t.commit();
pm.close();
```

Dans cet exemple, après lancement d'une nouvelle transaction, il y a dans un premier temps création d'un nouvel objet *adresse* en mémoire. Puis cet objet est rendu capable de persistance par invocation de la méthode *makePersistent*. Enfin, dans un dernier temps, l'objet est réellement stocké en base de données à l'invocation du *commit* qui clôt la transaction.

2.4. Les architectures de persistance

Nous abordons maintenant, de manière plus générale, les approches de conception usuellement adoptées dans la pratique pour structurer une application faisant appel à des objets persistants.

Comme nous l'avons déjà mentionné, toutes les applications n'ont pas une complexité nécessitant une architecture N-tiers. Par ailleurs, dans certains cas simples, on peut considérer des solutions de persistance très élémentaires, basées sur des fichiers XML ou JSON. Enfin, on sait que d'autres supports facilitant la persistance d'objets sont envisageables comme, par exemple, les systèmes de gestion de bases de données *NoSQL*. Nous nous plaçons donc ici dans le cadre général de mise en œuvre d'un *support de persistance*, qui n'est pas nécessairement une base de données relationnelle. Nous présentons dans la suite les différentes manières de programmer la persistance, que ce soit dans une approche *top down* ou dans une approche *bottom up*.

On peut classer très grossièrement les approches des architectures de persistance en quatre grandes catégories :

- Une architecture *avec couche d'accès séparée aux données*.
- Une conception plus sophistiquée dite de type « *persistance active* ».
- L'approche *ORM*, avec utilisation d'un *framework*, dans le cas d'une base de données relationnelle.
- La conception avec utilisation de *passerelles*, exploitant le patron *DAO* (*Data Access Object*), et qui, dans le cas d'une base de données relationnelle, peut être conjointement utilisée avec un *framework* ORM.

2.4.1. L'architecture avec couche d'accès aux données

Cette approche est la plus simple. Elle consiste à écrire le code effectuant les requêtes, correspondant aux données à retrouver ou à mettre à jour à l'aide de l'API d'accès à la base de données dont on dispose (Java JDBC par exemple, dans le cas d'une base de données relationnelle et d'une programmation en Java), puis à placer ce code *dans des classes spécifiques, clairement séparées des classes applicatives*. Ce code peut alors être invoqué par le biais d'*appels de méthodes ad hoc*, spécifiquement définies dans notre application. Nous aurons alors constitué une *couche d'accès aux données*, au profit du reste de l'application.

Le travail de cette couche d'accès consiste alors à effectuer les requêtes nécessaires, puis à ranger les valeurs lues dans l'objet applicatif concerné. Ceci reste à l'entière charge du développeur. Il n'y a pas de liens directs entre les classes implémentant les accès à la base et les classes du modèle applicatif.

Si ce modèle n'est pas le plus satisfaisant sur le plan conceptuel (les primitives d'accès à la couche d'accès sont « application dépendante »), il peut convenir à des applications dotées d'un *modèle d'objets simple* et de *fonctionnalités peu évolutives*. On se place plutôt ici dans le contexte d'une base de données préexistante, dans une approche *bottom up*. Dans le cadre d'une base de données relationnelle restant à créer, il est bien sûr possible d'alléger le code applicatif par utilisation de *procédures stockées*, éventuellement offertes par le moteur relationnel, et permettant d'encapsuler les séquences d'accès complexes et répétitives.

Par exemple, on pourra définir une classe *GestionEmployes,* avec des méthodes telles que :

- *void ajouterUnEmployé (int matricule, String nom,...),* ajoutant un nouvel objet *employe* (ce qui se traduira par un nouveau *tupple* dans la table des employés dans le cas d'une base de données relationnelle).
- *Int getSalaireTotalDept(int dept),* renvoyant le total des salaires pour le département spécifié.

Dans cet exemple, la copie des valeurs retournées par les méthodes dans des objets applicatifs, comme par exemple des instances de la classe « *Employe* », est à la charge du développeur. Les méthodes de la classe *GestionEmployes* n'ont d'autre rôle que *procédural*, et n'y a donc pas lieu de créer des instances multiples de cette classe. Nous avons donc typiquement ici une classe *singleton*. Il n'est d'ailleurs pas nécessaire qu'il existe quelque part dans le code une classe *Employe.*

Dans cette approche, les traitements de l'application doivent être simples en termes métier. Le modèle du domaine doit être stable, car l'évolution du code peut poser des problèmes. Ainsi, quand l'application se complexifie, il devient difficile de l'enrichir avec de nouvelles fonctionnalités, de réutiliser ou encore de partager du code.

Cette approche est donc limitée. Elle est très éloignée de la logique de l'approche objet, et ne profite pas du tout d'apports potentiels tels que l'*héritage*, le *polymorphisme*, ou encore les associations entre objets.

2.4.2. La programmation de type « persistance active »

Dans cette approche, dite de *persistance active*, chaque classe applicative contient elle-même le code permettant de *gérer la persistance de ses propres instances*, avec, en particulier, la sauvegarde de l'instance, la mise à jour des valeurs de celle-ci, et sa destruction. La capacité de persistance est ainsi ici complètement intégrée aux objets du domaine applicatif. Il s'agit de l'utilisation d'un *patron* de conception appelé *active record.*

Ce type convient bien lorsque le modèle objet est stable et de complexité limitée. Pour chaque classe applicative persistante, dans le cas d'une base de données relationnelle, il y aura une table principale lui correspondant en base de données. Toujours dans ce cas, considérons par exemple la classe *Employe* avec une table *EMPLOYE* associée. Cette classe contiendra la méthode d'instance *ajouter()*, dont l'invocation effectuera en base de données les actions nécessaires à la persistance des données de l'instance. Cette méthode insèrera donc un *tupple* dans la table *EMPLOYE*, contenant les valeurs des attributs de l'instance en question.

La classe comportera aussi des méthodes afin que les instances puissent enregistrer les modifications de leurs propriétés, ou se supprimer elles-mêmes de la base de données (méthodes *modifier(), supprimer(),...*), ainsi que toutes autres méthodes utiles. En ce qui concerne les méthodes permettant la recherche dans la base de données, et *qui ne sont donc pas logiquement liées à une instance particulière* de la classe, celles-ci peuvent être placées :

- Soit dans une classe particulière, appelée souvent *finder*, chargée des recherches. Par exemple, une méthode recherchant tous les employés d'un département pourra être :

  List<Employe> rechercher(Dept dept);

  et sera placée dans une classe *RechercheEmploye.*

- Soit en méthode *statique* (méthode de classe non liée à une instance particulière) dans la classe du domaine correspondant au type renvoyé. Par exemple :

```
static List<Employe> rechercher(Dept dept);
```

  placée donc ici dans la classe *Employe*.

Dans le cas où l'accès à un objet résulte d'une navigation (par exemple l'accès à l'ensemble des employés d'un département depuis ce même département), il est naturel de définir la méthode d'accès dans la classe métier de départ, soit :

```
List<Employe> getEmployes();
```

placée ici dans la classe *Departement*.

Au titre des inconvénients de cette approche, il convient de souligner le fait que les classes du domaine sont alors fortement *couplées au support de persistance utilisé*. En conséquence une refonte entraînant une modification du modèle objet obligera souvent le concepteur à revoir le code de la persistance, l'inverse étant également vrai, une modification de la manière dont persistent les objets entraînant une modification du code des classes applicatives.

Par ailleurs, le code à développer pour assurer la persistance peut se révéler long et fastidieux à écrire et à mettre au point dès que le modèle objet se complexifie et qu'on recherche des bonnes performances, en environnement transactionnel par exemple.

C'est pourquoi des approches plus sophistiquées ont été développées. Deux axes, non exclusifs, peuvent être considérés :

- Dans le cas relationnel, la *génération automatique* du code assurant la persistance, et contenant les requêtes SQL. Ceci correspond à la mise en œuvre d'un *framework* ORM, sur les bases de ce qui a été étudié précédemment.
- La *séparation entre une couche applicative et une couche prenant en charge la persistance*, mais avec cette fois des *opérations génériques*, *réduites aux seules opérations requises par l'application*. Seule la seconde couche a connaissance des spécificités du support de persistance effectif, qui peut être relationnel, mais pas nécessairement. C'est l'approche du *patron DAO* (*Data Access Object*).

Nous allons examiner ces deux approches dans la suite.

2.4.3. Architecture avec framework d'ORM

C'est le mode de programmation basé sur les principes de l'ORM exposés plus haut. Dans le cas d'un modèle objet complexe, un *framework* ORM permet d'automatiser la correspondance objet-relationnel, et de réduire de manière considérable la quantité de code et de requêtes à écrire. Comme on l'a vu, un intérêt réside dans l'existence d'outils très matures et d'une spécification d'interface standard, JPA, à laquelle se conforment maintenant les outils.

2.4.4. La programmation avec utilisation de passerelles

Le principe des *passerelles*, ou *DAO* (*Data Access Object*), consiste à introduire des classes, séparées des classes métier, contenant l'intégralité du code nécessaire à gestion de la persistance. Chaque classe du domaine a alors une classe « passerelle » qui lui correspond. Les classes du domaine font alors appel à ces *passerelles* pour gérer la persistance des instances des classes. Les passerelles sont des *patrons pour la persistance*. Elles isolent la persistance du reste de l'application. Elles facilitent donc d'éventuels changements de SGBD relationnels, voire de technologie de stockage, et permettent *de restreindre le code des classes applicatives aux seuls aspects métier*.

Il existe plusieurs principes pour la mise en œuvre de passerelles. Nous retiendrons ici le cas le plus fréquemment mis en œuvre, qui associe à toute classe applicative *une instance unique de DAO* chargée de la persistance de toutes les instances de cette classe. Par exemple, une classe *EmployeDAO* gérera la persistance des instances de la classe *Employe*, et sera associée, dans le cas d'une persistance relationnelle, à une table principale *EMPLOYE*. Elle contiendra en particulier une méthode *ajouter(Employe employe)*. Cette méthode doit prendre en paramètre l'employé à ajouter, dans la mesure où il n'existe ici qu'*une seule instance de la classe EmployeDAO pour tous les employés*[1].

2.5. Les patrons de persistance, ou DAO

Cette section présente le *patron de conception* facilitant la prise en compte de la persistance par passerelles, à savoir le patron *DAO* (*Data Object Access*), déjà mentionné.

Dans la pratique, il arrive souvent que l'on veuille faire évoluer la manière dont la persistance est techniquement assurée, sans pour autant de changer les fonctionnalités et/ou le modèle métier, par nature plus stable. Pour faciliter les changements, il faut isoler le plus possible le code gérant cette persistance et le découpler du reste de l'application. Dans l'approche ici considérée, la persistance sera isolée et compartimentée dans des objets spécifiques jouant le rôle de *passerelles*, que l'on appelle les DAO. Il s'agit d'un modèle de conception très utilisé dans le monde de la persistance.

2.5.1. Le patron DAO (Data Access Object)

Dans une architecture N-tiers, la couche DAO s'intercale entre le *tier persistance* et le *tier métier*. Les objets métiers placés dans cette dernière font alors appel exclusivement aux DAO pour accéder au *tier persistance*, comme symbolisé sur la figure ci-après. On considère d'ordinaire que la couche DAO doit pouvoir être une mise en œuvre sur un serveur physique distinct du serveur applicatif, d'où la nécessité conséquente de pouvoir faire transiter les objets sur le réseau.

Le principe des DAO part du constat suivant : le code destiné à assurer la persistance des objets est très dépendant du type de support (SGBDR, simple fichiers, bases de données NoSQL, utilisation d'un service *cloud*, etc.). En outre, ce code dépend également beaucoup de détails afférant aux différentes versions des progiciels de gestion de données.

Le principe retenu consiste ici à encapsuler le code lié à la persistance des données dans des objets DAO *dont l'interface d'appel est indépendante du type de persistance*. Le reste de l'application utilise les DAO pour gérer la persistance, en utilisant une *interface abstraite,* indépendante du support effectif de persistance. Si la façon d'implémenter la persistance est modifiée, seuls les DAO devront être modifiés.

---

[1] Notons qu'avec un autre type de passerelle, basé sur le principe d'« une instance de passerelle par objet applicatif », non considéré ici, on aurait eu une méthode ajouter(), sans paramètre, l'objet passerelle ayant déjà toutes les informations sur l'employé auquel elle est liée.

Cette interface abstraite pourra contenir par exemple une méthode telle que *getEmploye(int matricule)*, renvoyant l'objet employé correspondant au matricule donné en entrée.

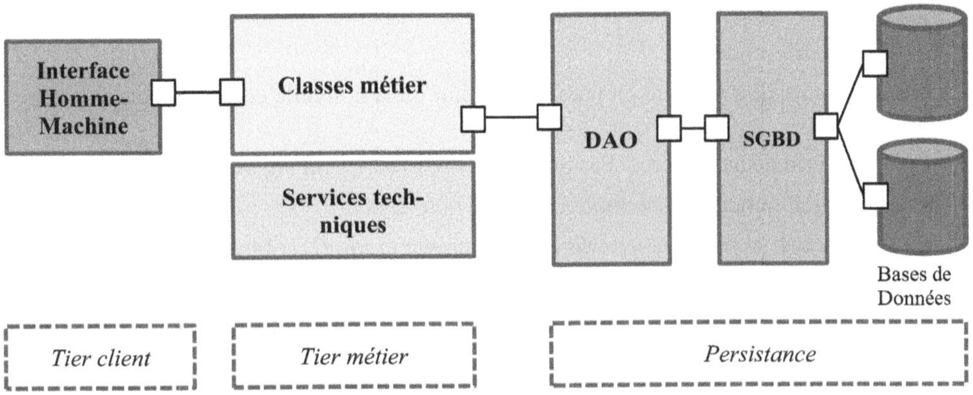

Figure 39. Architecture N-tiers avec DAO.

En synthèse, les principes à la base des DAO sont les suivants :

- Quand l'application a besoin d'effectuer une opération liée à la persistance d'un objet, elle fait appel à un objet DAO, à qui elle passe les informations nécessaires.
- Chaque classe métier a sa propre DAO associée (par exemple *DAOEmploye*, *DAODepartement*, etc.).
- Le même objet DAO est utilisé pour tous les objets d'une classe d'objets métier donnée. Par exemple, une seule instance de *DAOEmploye* servira pour tous les employés, c'est-à-dire toutes les instances de la classe métier *Employe*.

Avec l'utilisation de DAO, il devient plus facile de faire évoluer le code gérant la persistance, dans le cas où la technologie de gestion de données change. Par ailleurs, les DAO factorisent le code d'accès à la base de données, d'où une plus grande lisibilité. Enfin il devient plus facile d'optimiser les accès au support de persistance (l'expert n'ayant pas à parcourir toute l'application pour examiner les ordres SQL présents, et n'ayant qu'à se concentrer sur les seules classes DAO.

Les DAO sont placés logiquement dans le *tier persistance* qui, comme déjà indiqué, peut être sur une autre machine physique distincte de celle du *tier métier*. Les échanges entre les objets métiers et les DAO engendrent donc des appels distants et pourrons nécessiter la définition d'*objets de transfert*, dits DTO (*Data Transfer Objet*).

2.5.2. Les opérations CRUD

Les opérations de base permettant de manipuler des objets persistants peuvent se résumer aux quatre types d'opérations classiques, désignés par l'acronyme CRUD, qui signifie *Create*, *Retrieve*, *Update*, *Delete*. Typiquement, la finalité d'un DAO est donc d'implémenter ces quatre types d'opérations pour une classe d'objets métiers donnée.

L'opération *create* permet de créer une nouvelle entité dans la base. *Retrieve* (on dit aussi *read*) est destiné à retrouver une ou plusieurs entités de la base selon des critères spécifiés.

Update permet de modifier les valeurs d'une entité donnée de la base. Enfin, *delete* supprime une entité de la base. Il pourra bien sûr exister plusieurs variantes en ce qui concerne les *signatures* de ces méthodes dans les DAO.

Opération « create »

L'opération *create* doit prendre en paramètre l'état de la nouvelle entité à créer, lequel peut être donné par :

- Une série de paramètres. Par exemple *create(int id, String nom,...).*
- Un objet métier. Par exemple *create(Article article).*
- Ou encore un *objet de transfert*. Par exemple *create(DTOArticle monDto).*

Comme déjà indiqué, un *objet de transfert*, ou *patron DTO*, est un moyen pour transférer des valeurs d'objets métier à travers le réseau, dans des environnements où la sérialisation des objets métier n'est pas directement possible. Cet aspect ne sera pas détaillé ici. Le type de retour d'une opération de création peut être *void*, ou encore *boolean*, de sorte à rendre compte du succès ou de l'échec de la création (une exception peut être aussi utilisée). Le retour peut être aussi l'*identifiant* de l'entité ajoutée (ce qui peut être utile si la clé primaire est générée automatiquement dans la base de données, et ne correspondant donc à aucun champ applicatif), ou bien encore l'*objet lui-même*, qui correspondant à l'entité ajoutée.

Nous faisons figurer ci-dessous un exemple de code Java, utilisant JDBC, avec une opération *create* destinée à créer un article à partir de trois paramètres :

```
public void create (int reference, String nom, String fournisseur) {
    ...
    private String requeteInsertion
            = "insert into ARTICLE (ref, nom, fournisseur) values(?, ?, ?)";
    ...
    PreparedStatement ps = connexion.prepareStatement(requeteInsertion);
    ps.setInt(1, reference);
    ps.setString(2, nom);
    ps.setString(3, fournisseur);
    ps.executeUpdate();
    ...
}
```

Opération « retrieve »

L'opération *retrieve* correspond en fait à *trois types de méthodes* distincts, selon que cette opération retourne *un seul objet*, une *collection d'objets*, ou encore une *valeur calculée* à partir de plusieurs entités (comme par exemple un total résultant d'une agrégation). Les méthodes dont le but est de retourner un ou plusieurs objets sélectionnés selon un certain critère sont appelés *finder*. On rencontre donc plusieurs types de méthodes :

- Les méthodes de type *findById(id)*, qui retournent une entité particulière unique trouvée à partir de son identifiant.
- Les méthodes de type *findAll()*, qui retournent toutes les entités d'une certaine classe gérée par le DAO.

On trouve enfin les *finders* qui autorisent des recherches selon des critères libres (analogues à un *SELECT* avec une clause *WHERE* spécifiée), ou, au contraire, selon des critères bien précis dépendant du domaine applicatif. Un *findById*, qui a vocation à retourner un objet reçoit en paramètre l'identifiant de l'entité recherchée, et retourne l'objet métier correspondant. Il retourne *Null* si rien n'a été trouvé (identifiant erroné). Un *finder*, qui a vocation à retourner *une collection* reçoit en paramètre un critère de sélection sous une forme quelconque. Les types de retour possibles sont très variés, et peuvent être par exemple *ResultSet*, *RowSet*, ou encore une *collection* (*Set*, *List*, *Map*, etc.) d'objets métier.

Dans le cas où l'on a besoin d'une *valeur calculée* à partir de plusieurs entités, une telle valeur pourrait bien sûr s'obtenir à partir des objets en question que l'on aurait auparavant chargés en mémoire. Mais il peut être préférable d'utiliser un DAO spécifique pour interroger directement la base de données, et ainsi optimiser l'accès. Par exemple, on définirait une méthode *getTotalSalaire()* sur la classe *DaoEmploye*, qui serait destinée à renvoyer le total des salaires des employés.

Opération « update »

L'opération « update » est susceptible de diverses variantes en ce qui concerne ses paramètres. On pourra ainsi employer par exemple un *identificateur et une suite de valeurs*, ou encore l'*objet métier lui-même dont on veut sauvegarder les modifications*. Le type retour peut être *void*, ou *boolean*, ce dernier cas permettant d'indiquer si la modification a bien eu lieu (sachant qu'en Java, la levée d'une exception serait sans doute dans ce cas une solution préférable).

Opération « delete»

Les variantes possibles pour les paramètres sont au nombre de deux : on indique soit *l'identificateur de l'entité à supprimer* dans la base, soit *l'objet métier lui-même* correspondant à l'entité à supprimer. Le type de retour peut être *void* ou *boolean* pour indiquer si la suppression a bien eu lieu (dans ce cas aussi, en Java, l'utilisation d'une exception peut être une solution préférable). On notera qu'outre les opérations CRUD, les DAO peuvent également implémenter des méthodes spécifiques au modèle métier de l'application. On peut le plus souvent considérer ces dernières comme des sortes de variante de l'opération *retrieve*.

2.5.3. Les stratégies d'utilisation des DAO

Il existe deux stratégies possibles d'utilisation des DAO. Dans la première stratégie, chaque objet métier a une *référence à un DAO*, et utilise lui-même celui-ci pour *assurer sa propre persistance*. Le programme qui manipule les objets métier ne connaît pas les DAO. A l'opposé, dans la seconde stratégie, le programme qui manipule les objets métier *utilise directement les DAO. Les objets métier n'ont pas besoin de référence à un DAO*. C'est la stratégie la plus fréquemment utilisée.

Stratégie où les objets métiers ont une référence sur un DAO

Les programmes qui manipulent les objets métier sont ici totalement identiques aux programmes correspondants qui n'utiliseraient pas de DAO. Enfin effet, *seuls les objets métier connaissent leur DAO*.

Les objets métier doivent avoir une référence vers le DAO qu'ils utilisent Cette référence peut être obtenue par exemple par une *méthode statique* de la classe DAO, ce qui permet de partager un DAO entre toutes les instances d'une même classe métier. La figure ci-dessous illustre cette stratégie dans le cas d'un modèle métier très simple comprenant simplement deux classes *Commande* et *Article*, une commande étant ici formée d'un ou plusieurs articles.

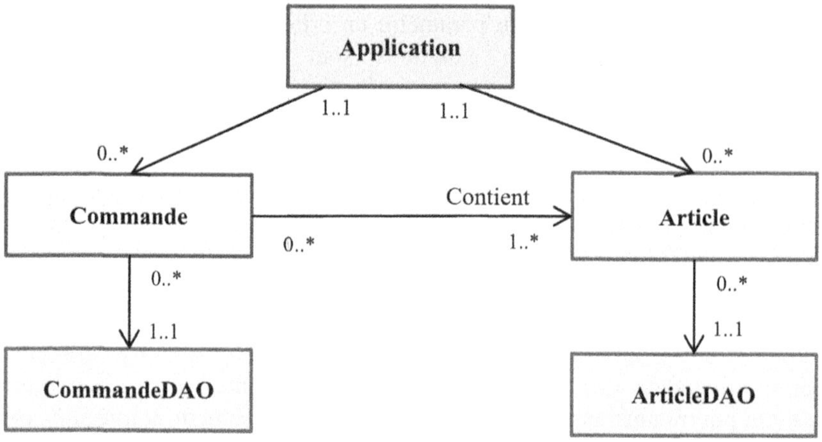

Figure 40. Stratégie « Objets métiers avec références sur les DAO ».

Nous donnons ci-dessous un exemple de code pour la classe *Article* (on notera qu'afin de simplifier les choses, nous n'avons pas tenu compte des exceptions possibles) :

```
Public class Article {
        private ArticleDAO dao;
        ...
        public void sauvegardeToi() {
                dao = getDAO();
                dao. insertOrUpdate(this);
        }
        private ArticleDAO getDAO() {
                if (dao == null) ArticleDAO.getDAO();
                return dao;
        }
}
```

Dans l'application, nous aurons alors, après les instructions des manipulations (création ou mise à jour) de l'article, l'appel suivant :

```
article.sauvegardeToi();
```

On remarque que le DAO n'est dans ce cas pas visible en dehors de la classe *Article*.

Stratégie où les objets métier ne possèdent pas de référence sur un DAO

C'est la stratégie la plus souvent utilisée. Si l'on perd ici en partie l'esprit de la programmation objet, l'avantage est que le code des objets applicatifs n'est pas alourdi par les appels permettant d'assurer leur persistance. Ceci confère une meilleure lisibilité au code, concourt à faciliter les tests et permet globalement une meilleure isolation du code de persistance.

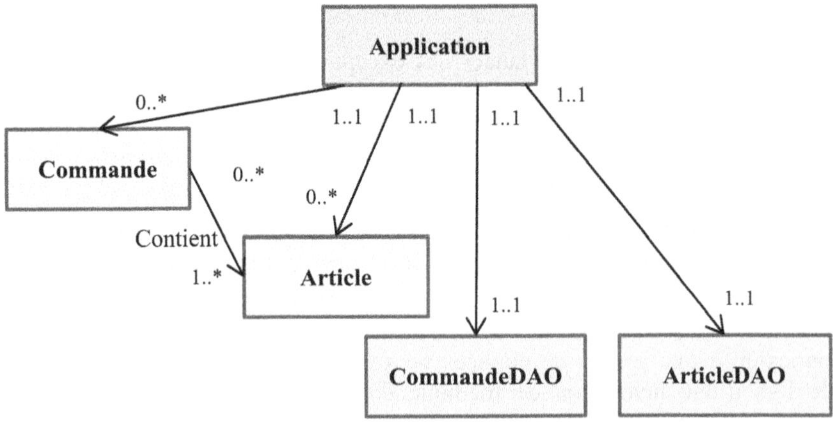

Figure 41. Stratégie « Objets métiers sans références sur les DAO ».

Dans l'application, nous pourrons avoir des manipulations diverses d'un objet *article*, telles que, par exemple :

```
Article article = new Article(145, "Stylo", "Maison de la Presse");
ArticleDAO articleDAO = ArticleDAO.getDAO();
articleDao.create(article);
. . .
Article article = articleDAO.findById(1234);
article.setFournisseur("Toto");
. . .
articleDAO.update(article);
List<Article> maliste = articleDAO.findAll();
...
```

On notera que la classe *Article* n'utilisera cette fois aucun DAO.

2.5.4. Problèmes avancés avec les DAO

Si les DAO sont simples dans leur principe, le détail de leur mise en œuvre pratique présente dans les faits un certain nombre de difficultés. Nous examinons ici quelques problèmes types posés par l'emploi des DAO et la manière dont ils sont usuellement résolus.

Dans la pratique, *il est difficile de rendre l'utilisation des DAO complètement indépendante du support de persistance.* Ainsi, il faut masquer toutes les exceptions spécifiques des types de persistance (par exemple *SQLException*), mais aussi les différentes manières de se connecter au support de persistance (qui peuvent être très différentes selon le support de persistance utilisé). Ce masquage est pourtant essentiel, puisque c'est lui qui permettra de remplacer si besoin un support de persistance par un autre au cours de la vie du système, ce qui est justement une des motivations d'emploi des DAO. Or, ce masquage n'est pas immédiat. Nous allons en examiner ici quelques aspects, avec les solutions usuellement apportées.

DAO et exceptions

Les méthodes des DAO peuvent lancer des exceptions lorsqu'elles effectuent des opérations d'entrées-sorties. Pour autant, les exceptions ne doivent pas être liées à un type de support de persistance particulier si on veut pouvoir changer facilement celui-ci. Pour cette raison, on crée le plus souvent *une ou plusieurs classes d'exception indépendantes du type de persistance*, appelées par exemple *DaoException*.

Les méthodes des DAO doivent alors recevoir les exceptions particulières aux supports de persistance, par exemple les *SQLException*, et relancer en réponse des *DaoException*.

DAO et gestion des connexions

Une connexion à une source de données peut être ouverte de manière transparente, par exemple lors d'une invocation de méthode d'un DAO, et fermée ensuite à la fin de l'utilisation. Mais cette stratégie est très coûteuse en temps d'exécution, notamment dans le cas où l'on ne fait pas appel à un *pool de connexions* préparé à l'avance. Elle manque par ailleurs de souplesse. Il est donc préférable que les connexions soient ouvertes par les clients des DAO eux-mêmes, à la demande, et que ces connexions puissent ainsi couvrir plusieurs appels de méthodes.

Pour cela il faut ajouter au code du DAO une méthode *setConnection* qui va permettre au client de passer au DAO la référence à une connexion déjà ouverte. Un exemple très simplifié de DAO avec JDBC serait ainsi :

```
public class ArticleDao {
    private Connection conn;
    public void setConnection(Connection c) {
        this.conn = c;
    }
    public boolean create( ) {
        if (conn == null) return false;
        PreparedStatement st = conn.prepareStatement(...);
        st.setString(...);
        ...
        st.executeUpdate();
        return true;
    }
}
```

Du côté de l'application utilisatrice, nous aurions alors un code de la forme suivante :

```
// Ouverture d'une connexion
Connection conn = ... ;
// Passage de la connexion aux DAO daoArticle et daoCommande
daoArticle.setConnection(conn);
daoCommande.setConnection(conn);
```

```
...
daoArticle.create(...);
daoCommande.update(...);
conn.commit();
```

Encapsulation du type de connexion

Chaque API de persistance possède une logique d'invocation qui lui est propre. Il est essentiel de masquer au maximum celle-ci à l'application appelante, toujours pour pouvoir changer plus facilement le progiciel de gestion utilisé. Une solution pour ce faire est de créer une *classe abstraite* ou une *interface*, que l'on nommera, par exemple, *Connexion*. Les *connexions concrètes* seront alors implémentées par des sous-classes de *Connexion* encapsulant la connexion concrète (qui sera par exemple une connexion JDBC, une connexion via un *EntityManager JPA*, ou tout autre type de connexion).

Une instance d'une telle sous-classe de *Connexion* pourra être fournie aux clients des DAO par le biais d'une *fabrique abstraite de DAO* (méthode *getConnexion*). Les clients pourront alors passer cette instance de *Connexion* aux DAO, par le biais, par exemple d'une méthode *setConnexion(Connexion c)* ajoutée aux DAO. La classe *Connexion* contient des méthodes pour ouvrir et fermer la connexion, pour gérer les transactions, permettant ainsi aux clients des DAO de gérer eux-mêmes les connexions et les transactions.

Gestion des transactions

Nous pourrions imaginer qu'un DAO démarre et termine lui-même une transaction propre à chaque invocation de méthode. Cependant, la logique de l'application peut nous conduire à devoir inclure dans une même transaction un ou plusieurs appels de méthodes de DAO. Il est donc impératif que les clients du DAO soient capables de gérer directement les transactions, en invoquant explicitement un *begin* et un *commit*, ou encore un *rollback* si cela s'avère nécessaire. Toute méthode de DAO invoquée utilise alors la transaction en cours, si elle existe.

Si nous sommes dans le cas d'une manipulation des connexions telle que décrite précédemment, les clients peuvent gérer les transactions par l'intermédiaire des connexions dont ils ont la maîtrise. Il suffit d'ajouter des méthodes du type *beginTransaction*, *commit*, *rollback* au type *Connexion*. Ces méthodes agiront en interne sur les connexions concrètes encapsulées.

Récupération des informations liées aux connexions

Dans l'approche DAO, on peut se demander comment le code doit opérer pour récupérer les informations nécessaires à la connexion à la base de données. Le plus souvent ces informations sont contenues dans un fichier de propriétés, dont l'emplacement est convenu (c'est alors soit un emplacement par défaut, soit un emplacement passé en paramètre au code qui doit ouvrir la connexion).

L'utilisation d'un fichier de propriétés a l'avantage de permettre le changement des informations concernées sans nécessiter une nouvelle compilation de l'application. Dans le cas où les DAO sont créés via des *fabriques*, les informations de connexion, souvent encapsulées dans les *connexions*, pourront être passées aux fabriques, qui elles-mêmes les passeront ensuite aux DAO.

DAO et objets composés

Considérons l'exemple d'une facture. On peut se demander si le DAO associé à la classe *Facture* doit aussi retourner ou non les lignes de la facture à laquelle il est accédé. Il n'y a pas ici de réponse unique, car la réponse dépend en fait du contexte de l'application.

De ce fait, on pourra être amené à écrire dans le DAO *DAOFacture* deux méthodes *Find* pour récupérer une facture, ou bien encore une méthode unique, mais acceptant un paramètre indiquant ce qui doit être retourné immédiatement, c'est-à-dire soit les seules informations spécifiques de la facture (comme la date ou l'état par exemple), soit ces informations accompagnées des lignes constituant la facture.

2.5.5. Création de DAO par fabrique abstraite

Le plus souvent, on fait en sorte que les clients des DAO ne créent pas ces dernières en utilisant leur constructeur, mais plutôt via des *fabriques* ou des *fabriques abstraites*. L'utilisation de ces patrons améliore beaucoup en effet, comme on va le voir, l'indépendance vis-à-vis du support de persistance.

Considérons par exemple une application fonctionnant sur un ordinateur portable. Imaginons que l'application puisse utiliser une base de données locale MySQL si l'ordinateur n'est pas connecté à Internet, ou bien une base *Oracle* distante située sur un serveur de l'entreprise dans le cas où l'ordinateur est connecté. Le problème est alors de récupérer le bon DAO, et ce pour chacune des classes métier, avec, par exemple, pour la classe métier *Article*, un DAO *DaoArticleMySQL* ou bien un DAO *DaoArticleOracle* suivant le cas.

Création de DAO via un constructeur

Nous pourrions procéder à la création d'un DAO par le biais du *constructeur* de sa classe. Dans ce cas, l'appel suivant :

```
DaoArticle dao = new DaoArticleMySQL();
```

aurait pour effet de fixer le type de DAO créé. Ce type devrait être modifié pour passer à un autre type de persistance. Il faudrait donc prévoir un test selon le type de DAO souhaité, avec une multitude de codes créant des DAO, ce qui serait très lourd. Cela nécessiterait de plus de modifier le code source et recompiler celui-ci dès que l'on souhaite ajoute de nouveaux types de DAO (pour ajouter par exemple les DAO adaptées à une persistance via un service de base de données sur un *cloud*).

Création des DAO via une fabrique

Pour pallier ce problème, une *fabrique, ou factory*, permet de *créer une instance en cachant le type concret de celle-ci* à l'application utilisatrice, laquelle récupère simplement la référence sur l'instance créée. En utilisant une *fabrique*, on écrit alors simplement :

```
DaoArticle dao = fabriqueDaoArticle.getDao();
```

où *DaoArticle* est une *interface*, implémentée par les classes concrètes *DaoArticleOracle* et *DaoArticleMySQL*. L'objet concret DAO sera donc du type *DaoArticleOracle* ou *DaoArticleMySQL* suivant le cas, l'application ne voyant qu'un *DaoArticle*.

Pour fixer le type de DAO renvoyé, ou pour le modifier par la suite, on peut alors définir une méthode particulière :

```
fabriqueDaoArticle.setTypeDao(typeDao);
```

typeDao peut, par exemple, être déterminé en testant si l'ordinateur est connecté ou non à Internet, au démarrage de l'application et à d'autres moments clés de l'exécution. Son type Java peut être une *énumération*.

Nous donnons ci-dessous un exemple du code d'une telle fabrique :

```
public class FabriqueDaoArticle {
        private TypeDao typeDao;
        public void setTypeDao(TypeDao typeDao) {
                this.typeDao = typeDao;
        }
        public DaoArticle getDao() {
                switch (typeDao) {
                    case TypeDao.MYSQL: return new DaoArticleMySQL();
                    case TypeDao.ORACLE: ...
                    ....
                }
                ....
        }
}
```

Nous voyons que cette solution n'est toutefois pas idéale. Elle oblige en effet le développeur à placer dans le code des *switchs* énumérant tous les cas de supports de persistance possibles, conduisant à du code qu'il pourra s'avérer difficile de maintenir.

Création des DAO par fabrique abstraite

Si on veut changer de support de persistance, le type de DAO doit alors être fixé en même temps pour toutes les fabriques de DAO. On peut pour cela utiliser une *fabrique abstraite*. Ceci permettra que tous les DAO soient remplacés par des DAO adaptés au nouveau support de persistance choisi, et ce en une seule ligne de code.

Une *fabrique abstraite* est un type abstrait qui permet de *cacher les types réels d'un ensemble de fabriques concrètes*. Chaque fabrique concrète fournit tous les DAO (*DAOArticle DAOCommande*, etc.) associés à un support de persistance particulier (*DAOArticleOracle*, *DAOCommandeOracle*, etc.).

Le code qui suit constitue un exemple de l'utilisation de DAO avec une création par *fabrique abstraite* suivie de diverses manipulations d'entités *article* :

```
DaoFactory.setTypeDao(DaoFactory.TypeDao.MYSQL);
DaoFactory daoFactory = DaoFactory.getDaoFactory();
articleDao = daoFactory.getArticleDao();
int articleNo = articleDao.create(...); // crée un nouvel article dans la base
Article article = articleDao.find(...); // retrouve un article selon un certain critère
article.setPrix(125);                   // modifie des valeurs de l'objet
articleDao.update(article);             // modifie l'article dans la base
Article articleSelection = new Article();
```

```
articleSelection.setMarque("XX");
Collection<Article> listeArticles = articleDao.find(articleSelection);
                        // Retrouve tous les articles de la marque XX
```

On remarquera qu'une seule ligne de code permet de *changer de type de persistance*. Tout le reste du code est indépendant du type ainsi fixé.

Fabrique abstraite et DAO

Les figures ci-après illustrent le principe d'organisation des classes utilisées. On remarque que les différentes classes *DAOFactoryXXX* héritent toutes de la *fabrique abstraite DAO-Factory*. Dans cet exemple, on considère qu'il y a trois supports possibles de persistance, correspondant à trois technologies de stockage, à savoir les SGBD Oracle et MySQL, ainsi qu'un stockage dans un service de gestion de données offert par un *cloud*).

Pour simplifier, seuls les éléments associés à la classe *Client* ont été détaillés sur le premier diagramme. Nous aurions dans la réalité des éléments analogues pour les trois classes métier utilisées.

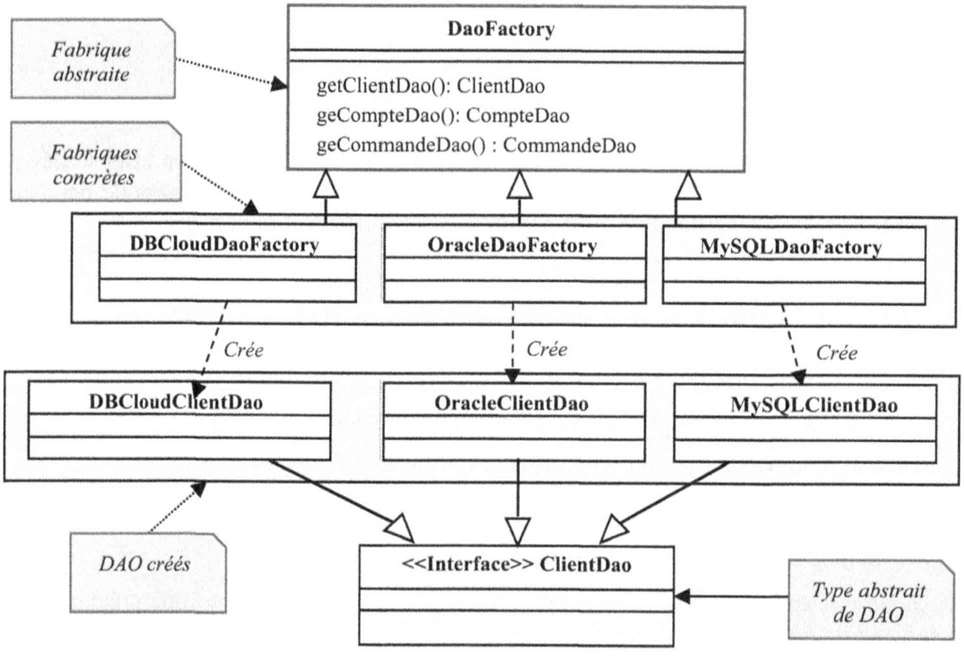

Figure 42. Diagramme de classes illustrant une fabrique abstraite avec détail des sources de données.

En ajoutant des entités *Compte* et *Commande*, ceci donne (en ne représentant cette fois, toujours pour simplifier, que le support de persistance « Oracle » à l'exclusion de deux autres).

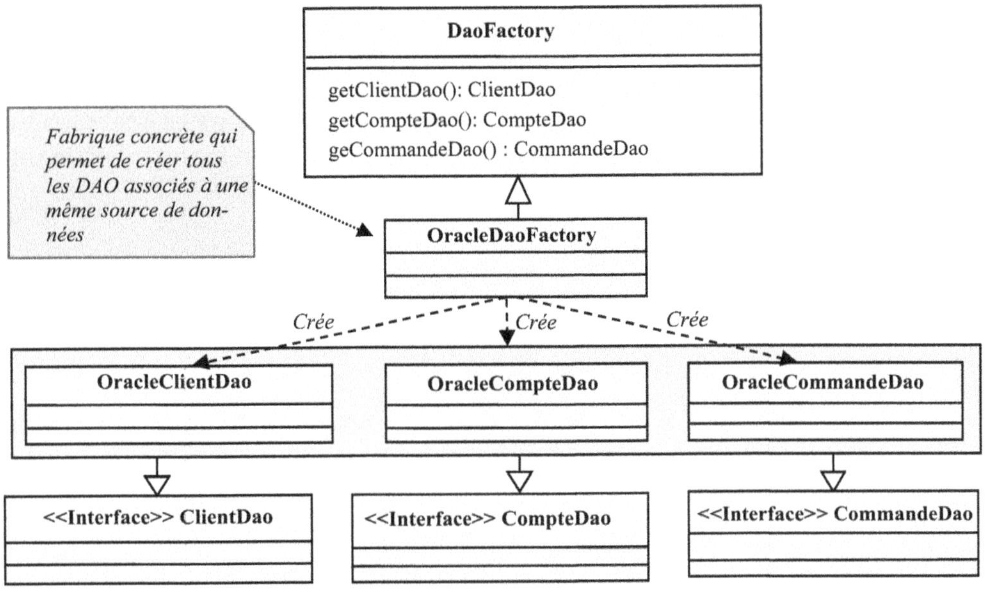

Figure 43. Diagramme de classes illustrant une fabrique abstraite avec détail des classes métier.

Enfin, la figure ci-après présente en synthèse un modèle complet dans l'exemple des trois supports de persistance possibles et de deux classes d'entités *XX* et *YY* persistantes.

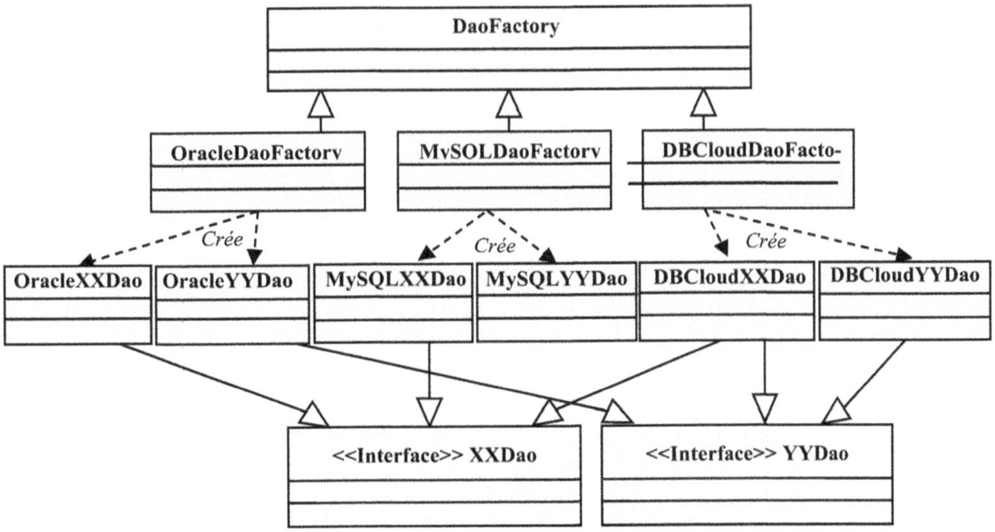

Figure 44. Diagramme de classes. Synthèse avec deux classes métier.

CHAPITRE 3. Les composants métier

Objectifs de ce chapitre

En nous plaçant dans le cadre d'une architecture N-tiers, et plus spécialement dans celui de la partie applicative d'une telle architecture, nous allons maintenant étudier une approche, très utilisée à l'heure actuelle, que nous appellerons l'*approche à base de composants métier*, et qui vise à faciliter la conception et le développement des applications.

Nous présenterons d'abord la problématique générale abordée et les difficultés rencontrées dans la mise en œuvre des applications Web. Puis nous étudierons les principes généraux à la base des serveurs d'applications ainsi que les composants métiers, qui constituent la réponse actuelle à la problématique évoquée, en examinant plus en détail le principe d'*injection de dépendances*.

A cette occasion, et à titre d'exemple, nous présenterons le modèle de composants proposé par *Java EE* et les *composants EJB3*, approche majeure et standard de fait du domaine, et verrons la manière dont une application peut être développée sur cette base. En accord avec la vision développée ici, axée sur le point de vue de l'architecture logicielle d'un système, nous axerons notre propos non sur le détail des fonctionnalités de Java EE, mais sur l'analyse des mécanismes mis en œuvre avec leurs apports et leurs limites.

3.1. Introduction : le développement des applications métier

On sait que, dans toute application informatique, se trouve une partie centrale dédiée à l'aspect *métier*, qui rend compte de la *logique d'enchaînement* des activités et des divers *traitements* opérés sur les données. C'est le cœur métier de l'application. Après nous être intéressés à la *persistance* des données et aux *entités métier*, nous allons maintenant aborder la partie afférant à la logique « métier ». Nous nous situons pour cela plus précisément dans le cadre, aujourd'hui très courant, des architectures *N-tiers*.

On peut bien sûr concevoir, développer et déployer la partie métier d'une application comme un simple sous-système logiciel particulier, à l'aide des approches classiques de conception et de développement, et en particulier d'un langage orienté objet, sans autre approche ou outillage spécifique. Toutefois, avec le domaine maintenant omniprésent des applications orientées Web, et dans le cadre des applications d'entreprise comme dans celui des applications offertes à l'internaute, *de nouveaux besoins en outils de développement sont apparus*. Dans ce cas, la partie métier s'insère en effet dans des ensembles logiciels de plus en plus complexes, avec le plus souvent de *forts besoins d'évolutivité*, de *performances*, *d'aptitude à la réutilisation* ou encore d'*extensibilité* (c'est-à-dire de capacité de « passage à l'échelle »). Ceci implique de nouveaux besoins sur le plan méthodologique comme sur le plan des outils à mettre en œuvre, tant pour le développement que pour l'exécution.

L'approche la plus naturelle est alors de concevoir cette partie métier comme un *ensemble d'objets coopérants* que l'on pourra, si besoin, distribuer sur plusieurs machines physiques. La partie interactive de l'application sera alors en mesure d'invoquer les fonctionnalités métier sous la forme de simples appels de méthodes. De plus, on souhaitera souvent construire l'application en procédant à l'*assemblage d'objets faiblement liés*, avec, ainsi, la possibilité de substituer facilement l'implémentation d'un objet à une autre, ou bien encore de réutiliser un objet existant dans un nouveau contexte applicatif. Nous voyons ici que la programmation par objets classique, si elle reste la base indispensable, ne résout pas à elle seule tous les problèmes posés. On notera que cette problématique a ainsi été à la base, bien avant l'avènement d'Internet, des *architectures* dites *par objets distribués*.

Mais une autre difficulté importante dans la conception, puis dans l'écriture du logiciel correspondant à cette partie métier se révèle celle liée à la nécessité qu'a le développeur de *résoudre simultanément des problématiques métier, liées aux exigences fonctionnelles, et des problématiques techniques*, liées à tout ce qui peut être exigé de l'application en termes *non fonctionnels* (par exemple des exigences de performances, de sécurité, de capacité à la montée en charge avec le nombre d'utilisateurs, ou encore les aspects transactionnels). Dans de nombreux cas, la logique métier, même simple, se retrouve noyée dans un code complexe dont la finalité se trouve être de traiter de tels aspects techniques. Outre la faible lisibilité et la faible réutilisabilité du code ainsi développé, un temps important du développeur est ainsi consacré à la résolution de problèmes purement techniques, au détriment de l'attention portée à la logique métier.

Enfin, dans beaucoup d'applications, en particulier dans le cadre des applications déployées sur le Web, nous pourrons avoir un très grand nombre d'usagers ou d'applications utilisatrices susceptibles d'invoquer de manière concurrente, au même instant, les services de l'application. Ces clients, potentiellement en très grand nombre, pourront solliciter notre application de manière tout à fait aléatoire. Il est évident qu'il faudra ici mettre en œuvre des mécanismes logiciels adaptés, de manière à *absorber au mieux cette charge,* en tirant parti de manière la plus efficiente possible de la puissance matérielle disponible, *sans effondrement brutal de l'application*.

Pour répondre à tous ces besoins, les architectures à objets distribués apportent les mécanismes d'invocation à distance, comme ceux fournis par RMI. Ce sont précisément ces mécanismes qui seront utilisés dans les approches à base de composants pour invoquer les services du *tier* afférant à la logique métier depuis la partie interactive de l'application, voire depuis d'autres applications. Mais les approches à objets distribuées se révèlent par contre de moindre apport en ce qui concerne d'autres besoins, en particulier l'*assemblage dynamique de composants*, la *séparation des problématiques métier et technique*, ou encore l'aide à la prise en charge de *besoins non fonctionnels*, comme par exemple l'*extensibilité* (*scalability*) de la solution ou encore le *support à la montée en charge*.

Pour toutes ces raisons, le développement des applications N-tiers, et en particulier celui des applications déployées sur le Web nécessitent une *approche adaptée et convenablement outillée*. Cette approche est celle basée sur *les composants métiers*, utilisant des logiciels associés tels que les *serveurs d'application* et les *conteneurs*, que nous allons étudier dans ce chapitre. Ces outils relèvent d'une grande diversité de fonctionnalités, depuis des produits basées sur la simple mise à disposition de *conteneurs* (*Google Guice*, *PicoContainer*, etc.), jusqu'à des *frameworks* complets, tels les produits basés sur la spécification *Java EE*, ou encore *.NET*.

Dans la suite de ce chapitre, nous examinerons d'abord le contexte des *applications d'entreprise orientées Web*, actuellement omniprésentes. Nous examinerons ensuite les *approches à base de composants métiers*, puis leur mise en œuvre dans l'exemple des EJB (*Enterprise Java Beans*) proposés par la spécification JEE (*Java Enterprise Edition*).

3.2. Les approches à base de composants métier

3.2.1. Principes des approches à base de composants métier

Pour répondre aux besoins posés par le développement du *tier métier* d'une application *N-tiers*, une nouvelle approche a donc vu le jour dès la fin des années 90 : celle des *architectures à base de composants métier*. Une telle approche repose sur l'utilisation d'un *framework*, dont les représentants actuels sont les diverses implémentations du *standard JEE* (dont le *framework Spring*), ainsi que l'environnement *.NET*. Cette approche s'efforce essentiellement de faciliter le développement du *tier métier d'une application N-tiers.*

Pour mener à bien le développement du *tier métier* d'une application orientée Web, nous avons, en synthèse, les besoins suivants :

- Permettre sa *construction comme une composition d'objets* développés de manière indépendante, sans présence de liens explicites en dur dans le code. Ces objets seront liés seulement à l'assemblage du logiciel voire à l'exécution. Ils devront pouvoir être déployés sur différentes machines physiques, les liaisons utiles étant établies via la définition d'une configuration. Une telle configuration devra pouvoir être définie de manière simple (c'est-à-dire sans écriture de code particulier ni de modification des sources des objets), voire totalement *déclarative.*
- Autoriser une *invocation à distance du tier métier depuis le tier présentation* ou depuis d'autres applications, en le faisant apparaître comme un *ensemble objets rendant des services*. Les opérations fournies devront pouvoir être invoquées depuis ce *tier présentation*, que celui-ci soit basé sur des clients légers, c'est-à-dire avec *navigateur* et *tier Web*, ou sur des applications clientes classiques, dites *stand alone.*
- Et enfin, permettre un développement de *code axé sur la logique métier*, *clairement séparé des aspects techniques*. Plus précisément, pour répondre aux différentes exigences techniques s'appliquant à l'application à développer, il s'agira de spécifier les comportements attendus de manière simple, plutôt que de les programmer explicitement via des appels à des librairies.

Les exigences concernant le troisième point pourront concerner en particulier la *sécurité*, les *aspects transactionnels*, la *capacité à la montée en charge*, etc., mais aussi l'établissement des liens avec les sources de persistance. Il s'agit dans tous les cas de cacher au développeur la complexité liée à la mise en œuvre de mécanismes techniques et l'établissement des connexions utiles. De manière générale, on confie à des composants additionnels, les *conteneurs*, la prise en charge de telles opérations au bon moment. La complexité de ces opérations sera masquée aux objets applicatifs, que l'on appellera ici les *composants métier*. Un *conteneur* aura ainsi la charge :

- *D'établir entre les composants métier coopérant les liaisons convenables* correspondant aux différentes relations de services requises.
- De *créer et lancer l'exécution des composants métier*, et plus généralement de *gérer ces composant et leur cycle de vie.*
- De permettre l'*accès aux services applicatifs ainsi offerts*, en particulier au profit de clients distants.

Mais le conteneur sera en charge également :

- D'intercepter les appels de service adressés aux composants métier, afin d'*exécuter de manière cachée les opérations techniques nécessaires à l'obtention de propriétés attendues* déjà évoquées (sécurité, transactions, montée en charge, etc.).
- Et, enfin, de *faciliter les connections avec le bloc de persistance des données*, via une abstraction convenable des sources de données.

Le code produit sera ainsi beaucoup *plus lisible*, *évolutif* et *réutilisable*, puisque centré sur les aspects purement métier. Bien sûr, si le code à écrire est considérablement réduit et simplifié, il reste au concepteur la charge de spécifier d'une autre manière ce qui aurait été classiquement introduit sous forme de code. Il s'agit ici des informations utiles au *conteneur* lui permettant d'établir les liaisons attendues, et d'exécuter de manière cachée le code technique nécessaire. Nous verrons que dans les approches actuelles, et en particulier dans le standard JEE, ces informations sont introduites *sous une forme essentiellement déclarative*, soit dans un *fichier de configuration*, soit via des *annotations* placées au sein du code.

La figure ci-dessous symbolise les différents aspects évoqués ci-dessus, afférant au rôle d'un *conteneur*.

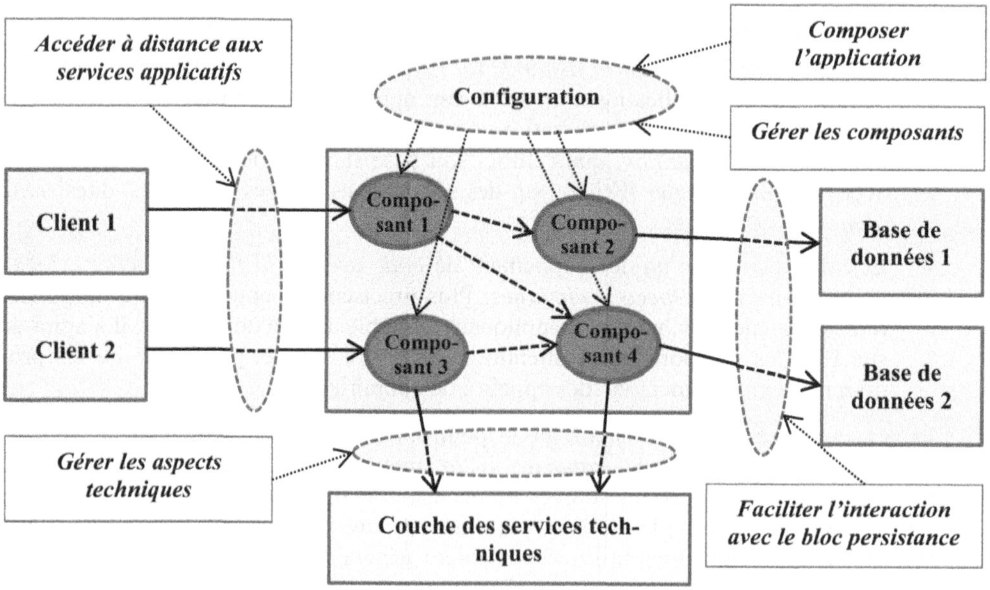

Figure 45. Principe des approches à base de composants métier.

Certains *frameworks* proposent des *conteneurs* plus simples, centrés sur les fonctionnalités de base, telles l'établissement de liaisons dynamiques ou la gestion des composants. Les produits les plus connus poussent au contraire plus loin les fonctionnalités en y intégrant des aspects supplémentaires, tels que la possibilité d'*invocation asynchrone* d'un composant métier[1], le support aux *Services Web* ou encore la prise en compte d'interactions basées

[1] Par *invocation asynchrone*, on entend ici l'invocation d'une opération non bloquante pour l'appelant (qui retourne alors immédiatement à son fil propre d'exécution sans attendre les résultats).

sur des *messages*. Ainsi, le standard JEE intègre-t-il ces différents aspects. Dans ce chapitre, nous ne ferons que les évoquer rapidement, dans le mesure où la plupart d'entre eux relèvent en fait d'autres approches que l'approche à base de composants, et seront donc traités plus loin dans des chapitres dédiés.

3.2.2. La notion de composant métier

On conçoit donc le *tier logique métier* d'une application comme un *assemblage de composants* indépendants, dits *composants métier*. Un *composant métier* (que nous appellerons dans la suite le plus souvent « *composant* » pour plus de simplicité) est conçu et développé comme un objet, éventuellement, avec certaines limitations par rapport à l'ensemble des facilités offertes par le langage de programmation utilisé. De tels objets pourront être déployés sur différentes machines serveurs, et pourront alors interagir par invocations de méthodes, de manière simple, et dans le respect d'interfaces standards.

Dans cette optique, un *composant métier* est donc un constituant logiciel *développé selon certaines spécifications*, offrant un ou des services prédéfinis, et capable de *communiquer simplement selon le modèle d'une invocation de méthode avec d'autres composants locaux ou distants*.

Sur un plan conceptuel, on considère en général qu'un *composant métier* est une entité satisfaisant aux critères suivants :

- Il est conçu pour un *usage multiple*, c'est-à-dire que le même composant peut être invoqué dans différents cas d'utilisation.
- Il doit être facilement *composable* avec d'autres composants.
- Il assure l'*encapsulation* des services offerts, c'est-à-dire qu'il n'est pas possible à une entité logicielle appelante de connaître son implémentation à partir de son interface.
- C'est une *unité indépendante de déploiement et de versionnement*.
- Enfin, c'est une entité *réutilisable*. Il *n'est pas spécifique* d'un contexte technique particulier.

Un *composant métier* est donc un *objet* doté de certaines caractéristiques additionnelles d'*indépendance* et de *composabilité*. L'implémentation d'un composant métier prendra la forme d'une *classe* (au sens du langage de programmation utilisé), respectant certaines conventions. Les objets ne seront pas instanciés par d'autres objets de l'application, mais créés et géré tout au long de leur cycle de vie par le *conteneur* sur lequel ils sont déployés. Des informations complémentaires permettront de définir la *configuration*, c'est-à-dire l'assemblage attendu des composants. Il s'agira sur le principe d'informations fournies par le concepteur de manière déclarative, comme déjà indiqué, soit sous la forme de *fichiers de configuration* (hors du code) ou d'*annotations*, placées, elles, dans le code.

L'écriture d'un composant métier se focalise donc sur la partie réellement « applicative », les aspects purement techniques (c'est-à-dire, par exemple, le relais des appels entre composants distants, la prise en compte de la sécurité, de la concurrence d'accès, des transactions, etc.) étant pris en charge implicitement par la plateforme sous-jacente. Selon ces principes, les objets seront facilement déployables sur un réseau de machines, mais également potentiellement réutilisables, puisque non spécifiques de la façon particulière dont les services sont implémentés. Il y a donc ici une véritable *séparation entre le code proprement applicatif et les mécanismes techniques de base*.

3.2.3. Le modèle d'architecture

Le modèle d'architecture côté résultant de tels principes est illustré sur la figure ci-dessous.

L'exécution d'un composant métier s'y appuie, comme nous l'avons indiqué, sur une unité d'exécution, commune à plusieurs composants, le *conteneur*, celui-ci reposant pour sa part sur une *structure d'accueil*. Il peut y avoir un ou plusieurs *conteneurs* par machine serveur physique (ce qui peut être utile par exemple aux fins de permettre une certaine évolutivité du déploiement). Enfin, les communications avec les clients distants sont supportées par un *intergiciel*.

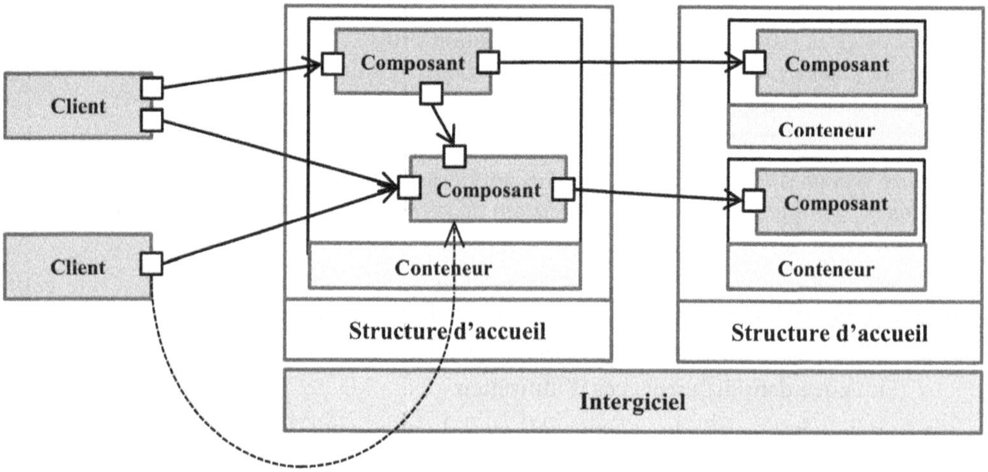

Figure 46. Principe d'une architecture à base de composants.

Il est à noter que, si les clients invoquant un composant métier ont bien l'illusion de s'adresser directement à celui-ci, les communications passent en fait par la *structure d'accueil* et par le *conteneur* (selon le chemin figuré par une flèche recourbée sur notre schéma). Le conteneur peut alors exécuter, de manière cachée, toute action technique utile propre à assurer une propriété attendue.

Un *conteneur* assure ainsi la *localisation* et la *résolution des dépendances entre composants*. Ceci permet à un composant de localiser un autre composant et d'invoquer ses méthodes. Le conteneur donné gère ainsi les composants déployés sur celui-ci, c'est-à-dire qu'il les connaît, et qu'il relaie convenablement les appels de service entre eux.

Un conteneur assure également le *lien vers les services de base*, permettant à un composant de s'appuyer sur des librairies techniques de l'infrastructure effectivement choisie pour le déploiement, sans lien en dur avec celle-ci.

Un conteneur assure enfin d'*autres services,* tels, par exemple, la *répartition de charge*, la *gestion fine du cycle de vie* des composants, la *gestion des transactions*, etc. A titre d'exemple, la charge du *tier métier*, avec de multiples instances concurrentes en exécution ou en attente, peut nécessiter la mémorisation temporaire de certaines d'entre elles sur disque. Tout le code nécessaire à ces « passivations », puis ces « réactivations » au moment opportun, fera partie des services que pourra fournir un conteneur au titre de la gestion du cycle de vie des composants.

L'environnement logiciel sur lequel s'exécutent les différents composants métier déployés sur une machine donnée, comprenant la *structure d'accueil* et les *conteneurs*, constitue ce que l'on appelle le *serveur d'application.*

3.2.4. Quand utiliser une approche à base de composants métier ?

Les applications dont relève usuellement cette approche sont, de manière générale, les *applications d'entreprise* ayant une *certaine complexité*, et *accédées par un nombre potentiellement élevé d'usagers concurrents*, en particulier à travers Internet. Plus précisément, on considère le plus souvent qu'une application révèle de cette approche si une ou plusieurs des caractéristiques suivantes sont vérifiées :

- L'application est à caractère *transactionnel.*
- Il existe un besoin de *sécurité des accès.*
- Il existe un besoin de montée en charge, ou de *répartition de charge.*
- Il existe un besoin de *disponibilité.*
- Il existe une besoin d'*extensibilité* (« *scalability* »). Ceci signifie qu'on attend de la solution mise en œuvre une aptitude à être étendue dans le futur proche pour répondre à un besoin de charge, de nombre d'utilisateurs, ou encore de volumétrie des données plus élevés.
- Il existe un besoin de *réutilisation.*

On ne peut réellement tirer avantage de cette approche que si l'application à développer présente déjà une certaine complexité. En effet, l'approche n'est pas toujours simple de mise en œuvre, dans la mesure où elle requiert la maîtrise d'un environnement de développement particulier. Nous considérerons plus particulièrement dans la suite la spécification *Java EE* (Java Enterprise Edition), sachant que *.NET* révèle d'une approche tout à fait similaire.

Mais avant cela, nous nous proposons d'examiner différents aspects liés à l'obtention d'une caractéristique importante des approches à base de composants, à savoir celle de l'*indépendance entre composants.* Si nous examinons en effet les caractéristiques de base attendues, évoquées ci-dessus, nous remarquons qu'une exigence fondamentale est celle d'une *absence de dépendances entre les composants*. Une telle absence permettra en particulier une composition aisée, ainsi que l'indépendance de *déploiement* et de *versionnement*, et, enfin, favorisera la *réutilisation.* Cette absence de dépendance est donc une propriété tout à fait essentielle à obtenir dans un *framework* dédié à une approche par composants métier.

3.2.5. Les approches pour l'assemblage de composants

Dans une application où coopère un ensemble de composants métier, on souhaite ainsi effacer toutes les dépendances entre ceux-ci. N'introduire aucune dépendance entre les composants, c'est faire en sorte que le code source d'une classe implémentant un composant ne dépende pas des implémentations concrètes des composants que celle-ci sollicite. L'idée sous-jacente est qu'une implémentation doit pouvoir être remplacée par une autre sans modification du code source de l'appelant, dès lors que l'interface d'appel ne change pas. Autrement dit, il ne doit y avoir aucune référence aux classes des autres composants « en dur » dans un code source. Or, en programmation classique, pour être en mesure d'invoquer les services d'une autre classe, il est nécessaire que la classe utilisatrice fasse explicitement référence à la classe fournissant ces services, en procédant classiquement à la création d'une instance de celle-ci.

Dans l'approche par composants métier, plutôt que de figer en dur dans le code la référence à une implémentation particulière, on cherche au contraire à *relier de manière tardive un service à son implémentation concrète*, plus précisément au moment de l'assemblage du code, ou directement au moment de l'exécution. Ceci donne la possibilité de substituer une implémentation de composant à une autre, et rend possible une meilleure réutilisation (en minimisant les modifications de code), ce que les concepts de base de l'approche objet classique ne permettent en fait que difficilement. Bien entendu, s'il n'y a plus de dépendances au niveau des codes sources, il faudra néanmoins être en mesure d'assembler les composants pour exécuter le code, et, pour cela il faudra donc définir autrement les connexions effectives vers les implémentations souhaitées, si possible *de manière déclarative*.

La liaison de composants au sein d'une application au moment de l'assemblage du code est un rôle typiquement assuré par des *frameworks* dédiés, plus précisément par certains composants génériques fournis par le *framework*, et qui sont les *conteneurs*. Les solutions usuellement fournies reposent essentiellement sur deux principes, utilisés seuls ou en association, et appelé respectivement *injection de dépendance*, et *approche par localisateur* (*locator*).

Nous allons ici examiner les principes de base de ces deux approches.

3.2.6. L'injection de dépendance

Pour illustrer l'approche d'*injection de dépendance*, considérons l'exemple très simple d'une application en charge de la gestion des congés dans une entreprise. On aura très probablement dans un tel cas une classe en charge du traitement des demandes de congés, dont une méthode sera une opération « traiter une demande ». On peut penser que cette méthode aura, entre autres, besoin d'invoquer une fonction de calcul retournant le droit à congés d'un employé donné (déterminé à partir de son statut, de son ancienneté, etc.) pour la période en cours (nous ne nous intéressons pas ici à l'interface homme machine de saisie de la demande, ni à la comptabilisation des congés, ni au cycle de validation, etc.). Une telle fonction pourra, par exemple, figurer comme méthode d'une classe *DroitsCongés*, classe dont il conviendra de créer une instance aux fins d'invoquer le service requis.

Afin de garantir une certaine généralité et une certaine évolutivité (pour suivre par exemple les évolutions de la loi, ou encore réutiliser l'application ainsi développée dans le cadre d'une autre entreprise), on pourra souhaiter paramétrer ce calcul de droits. Ainsi, par exemple, nous pourrons faire le choix de créer l'instance de la classe *DroitsCongés* en lui passant la référence à un fichier de données, identifié par son nom, et contenant les valeurs données aux paramètres du calcul[1].

Considérons ce cas. On définira dans une classe *DemandeConges* une méthode *traiterUneDemande* qui aurait, dans le cas d'une programmation en langage Java, la forme suivante :

[1] On notera qu'un tel principe de passage de nom de fichier en argument de méthode pourrait s'avérer critiquable dans une application réelle pour le *couplage* qui est alors introduit. Mais il ne s'agit ici que d'illustrer nos propos par un exemple simple.

```
public class DemandeConges {
        ...
        public boolean traiterUneDemande(Employe employe) {
                ...
                nbJoursDroits = droitsConges.calculerDroits(employe);
                ...
        }
}
```

Cette portion de code s'enquiert simplement des droits à congés de l'employé passé en entrée. Cela suppose qu'une instance *droitsCongés*, de la classe *DroitsCongés* ait été auparavant convenablement créée, avec la référence au bon fichier de paramètres. Nous pourrons par exemple placer un tel appel dans un constructeur de la classe *DemandeCongés*, conduisant au code suivant :

```
...
private DroitsConges droitsConges ;
public DemandeConges() {
        droitsConges = new DroitsConges("FichierParametres1");
}
```

Ceci donne la *dépendance* entre classes symbolisée par la figure ci-dessous :

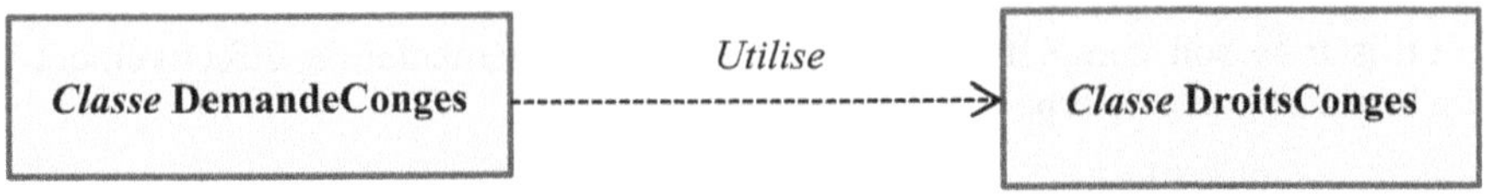

Figure 47. Dépendance entre deux classes utilisatrice et fournisseur de service.

Dans cet exemple, la classe utilisatrice *DemandeConges* dépend de la classe *DroitsConges*, et elle est donc liée à sa manière particulière d'implémenter notre fonction de calcul. Or, nous souhaitons pouvoir changer cette implémentation, pour, par exemple, offrir la même fonctionnalité dans une autre entreprise, avec d'autres statuts de personnels, ou encore en pays étranger, où les congés relèveront d'autres règles. En bref, il s'agit ici de permettre la connexion de la classe utilisatrice à n'importe quelle implémentation existante ou à venir de *DroitsConges*, dès lors que celle-ci rend une certaine forme du service attendu. Pour cela, il nous faut avant tout définir une *interface abstraite* à laquelle devra répondre toute implémentation de DroitsConges. ce sera par exemple :

```
public interface DroitsConges {
        Int calculerDroits(Employe employe);
}
```

La classe fournissant le service attendu, que nous avons renommée, est alors :

```
public class DroitsCongesImpl1 implements DroitsConges {
        Int calculerDroits(Employe employe) {
                // implémentation particulière
                ...
        }
}
```

et il sera alors possible d'invoquer l'implémentation ainsi choisie de la méthode *à travers l'interface précédemment définie* :

```
public boolean traiterUneDemande(Employe employe) {
        ...
        nbJoursDroits = droitsConges.calculerDroits(employe);
        ...
}
```

Le développeur n'a plus alors à se soucier de l'implémentation concrète effective. Toutefois, on voit bien que l'on ne résout que très imparfaitement le problème posé, à savoir l'effacement de la liaison entre les deux classes. Certes, si l'implémentation de *DroitsConges* change, nous n'aurons plus à altérer le corps de la méthode *traiterUneDemande*. Toutefois, il faudra bien avoir récupéré auparavant dans l'appelant un lien vers une instance correspondant à la bonne implémentation de *DroitsConges* (c'est-à-dire créée avec le nom du fichier de paramètres convenable). Notre présente solution exige donc toujours que l'appelant « connaisse » la classe concrète d'implémentation. Or, nous voulions que la classe utilisatrice soit complètement ignorante de l'implémentation effectivement utilisée (soit un comportement de type « *Plugin* »).

La figure ci-dessous illustre cette situation de *dépendances* entre classes. Nous voyons que la classe *DemandesCongés* dépend à la fois de l'interface abstraite *DroitsConges* et de sa classe d'implémentation *DroitsCongesImpl1*. Nous cherchons à ce qu'elle ne dépende que de l'interface.

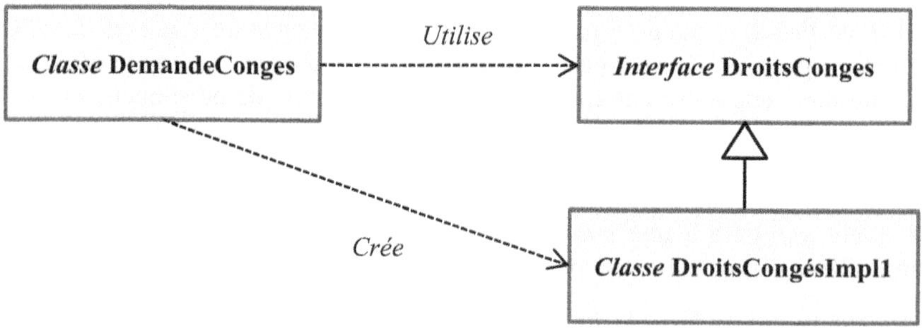

Figure 48. Dépendances dans le cas d'une création simple.

Un principe de conception permettant de surmonter cette difficulté est le principe dit d'*injection de dépendance*, que nous allons illustrer ci-après. On pourrait définir ce principe comme l'association de la *délégation à travers une interface abstraite*, que nous venons d'aborder, et du *patron de conception « inversion de contrôle »* (*IoC, Inversion of Control*).

L'inversion de contrôle

L'*inversion de contrôle* est un mécanisme utilisé de longue date, en particulier depuis les toutes premières *interfaces graphique interactives*. Alors que dans les interfaces utilisateurs anciennes, sur des terminaux « texte », le programme déroulait des instructions de manière séquentielle, en affichant des messages à l'attention de utilisateur, puis en lisant ses réponses (en ayant donc classiquement le contrôle de l'exécution), dans les *interfaces graphiques interactives*, le logiciel applicatif délègue le contrôle de l'exécution au *toolkit* d'interfaces graphiques, après avoir spécifié à celui-ci les fonctions (dites *callbacks*) à exécuter en réponse à tel ou tel type d'événement utilisateur. Le contrôle d'exécution est ainsi délégué par le programme au *toolkit*, lequel prend ainsi le comportement de « *listener* » d'événements. Le logiciel applicatif ne s'exécute plus qu'en réponse à des appels du *toolkit*, faisant suite à des événements utilisateurs (par exemple un clic souris sur un bouton). C'est un cas d'utilisation typique de l'*inversion de contrôle*, et on reconnait le principe de la *programmation événementielle*. C'est ce principe d'inversion de contrôle qui sera ici utilisé, ajouté à l'utilisation d'une interface, pour constituer le mécanisme d'*injection de dépendance*.

Principe de l'injection de dépendance

Nous souhaitons que l'appelant dispose d'une référence à une instance de la classe d'implémentation, sans pour autant qu'il lui soit nécessaire de déclarer le type particulier correspondant. Une réponse apparait alors naturellement : il convient que cette référence soit *injectée* dans l'appelant par un autre composant, dédié à cet usage, que nous appellerons ici le *configurateur*. Pour ce faire, un mécanisme d'inversion de contrôle est utilisé : l'appelant ne demande pas explicitement cette référence, mais fournit simplement au configurateur le code convenable permettant de lui injecter celle-ci. Autrement dit, dans l'injection de dépendance, l'inversion de contrôle est utilisée pour permettre la localisation du bon « plugin » implémentant le service attendu.

L'idée de base qui préside à l'injection de dépendance est ainsi d'utiliser une entité logicielle séparée, le *configurateur*, laquelle remplit un certain champ de la classe appelante avec la valeur de l'instance appropriée. Dans la pratique, ce rôle de configurateur sera joué par le *conteneur* tel que proposé par le *framework* utilisé. Il en résulte dans ce cas un diagramme de dépendance tel qu'illustré ci-dessous :

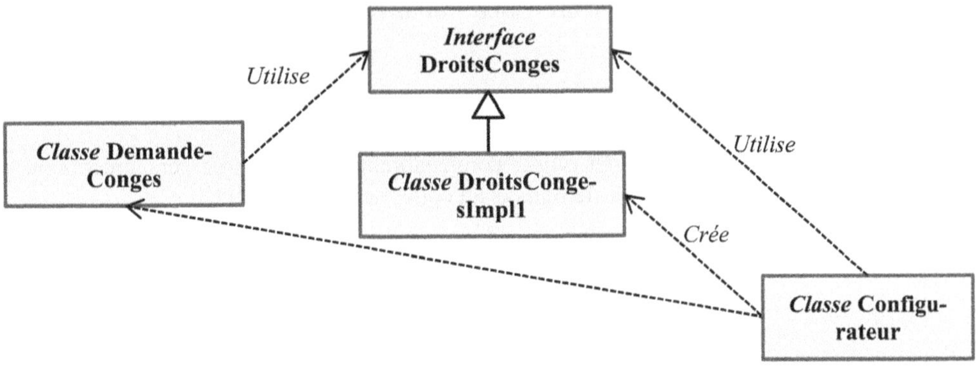

Figure 49. Dépendances dans le cas de l'injection de dépendances.

Les différentes formes d'injection de dépendance

Classiquement, *trois formes d'injection de dépendance* sont en général considérées. Elles correspondent à trois manières d'injecter dynamiquement dans le code tous les éléments utiles à la mise en œuvre de la bonne implémentation d'un service « abstrait ». Dans notre exemple, ces éléments utiles sont, d'une part, la référence à une instance de la classe de calcul convenable, et, d'autre part, l'identification du fichier de paramètres à utiliser. Ces trois formes sont parfois appelées 1) l'*injection par interface*, 2) l'*injection par méthode « set »*, et 3) l'*injection par constructeur* (connues aussi sous les noms de *1 IoC*, *2 IoC* et *3 IoC*). Nous examinerons successivement l'injection par constructeur, l'injection par mutateur (méthode « set »), puis l'injection par interface[1].

En pratique, la forme d'injection de dépendance implémentée dépendra du *framework* utilisé. Bien sûr, le mécanisme utilisé sera caché autant que possible au développeur qui à la limite pourra voir simplement un code source classique associé à des informations complémentaires, spécifiées *de manière déclarative* via des *fichiers de configuration*, ou encore via des *annotations* placées dans le code.

3.2.7. Injection par constructeur

Le principe de l'*injection par constructeur* consiste à définir dans la classe de chaque composant coopérant un constructeur particulier, permettant de créer une instance disposant déjà de tous les éléments utiles à sa bonne exécution. Par exemple, en reprenant notre exemple, on créera une instance de *DroitsConges* en lui passant en argument le nom du fichier à utiliser, puis on créera ensuite une instance de *DemandeConges* en passant cette fois en argument l'instance de *DroitsConges* précédemment créée. Les créations de ces instances ne sont plus à la charge de l'applicatif, mais à la charge du configurateur, à qui cette tâche est déléguée.

Dans notre exemple, la classe appelée est *DroitsCongesImpl1*, et nous aurons cette classe un constructeur de la forme :

```
public class DroitsCongesImpl1 implements DroitsConges {
        String nomDuFichier;
        ....
        public DroitsCongesImpl1(String nomDuFichier) {
                this.nomDuFichier = nomDuFichier;
        }
        ...
}
```

De même, l'instance de *DemandeConges* convenablement configurée sera créée sous la responsabilité du *configurateur* par le biais d'un constructeur *ad hoc* :

```
public class DemandeConges {
        DroitsConges droitsConges;
        ...
```

[1] Nous nous appuierons ici sur la présentation qui en a été faite par Martin Fowler dans l'article « *Inversion of Control Containers and the Dependency Injection pattern* ». Réf : https://martinfowler.com/articles/injection.html.

```
        public DemandeConges(DroitsConges droitsconges) {
                this.droitsConges = droitsConges;
        }
        ...
}
```

On remarque que le type du paramètre passé au constructeur est *DroitsConges*, c'est-à-dire l'interface commune à toutes les implémentations, le type de l'instance effectivement passée étant DroitsCongesImpl1, implémentant *DroitsConges*.

Ici, on voit que le *configurateur* est en charge de créer les instances des classes convenables, en passant les arguments des bons types. Bien sûr, nous n'avons ici que deux composants, avec une seule connexion, mais nous pourrions avoir, plus généralement, N composants, avec, de fait, un graphe d'appel beaucoup plus complexe.

Ici, le configurateur est une classe développée spécifiquement au cas par cas, qui concrétise sous la forme d'un code source toute l'information afférant à la configuration souhaitée des composants. Dans la pratique, le principe d'un composant configurateur spécifique, à réécrire dans chaque cas, présente un intérêt limité. Il est toutefois possible de simplifier beaucoup les choses. En premier lieu, il est possible, par exemple, d'offrir au concepteur de l'application une API de configuration lui permettant de mémoriser dans le conteneur l'ensemble des informations (classes et valeur de paramètres) à injecter dans les composants. Dans ces conditions, un code d'assemblage générique permet de lire les valeurs enregistrées et de mener les créations d'instances convenables, le code restant à écrire étant le code correspondant au paramétrage de la configuration sur la base de cette API.

De manière générique, l'injection de dépendance réalisée va consister, pour chaque composant, identifié par exemple par son nom, à dérouler une *procédure récursive*, définie de manière informelle par le pseudo code ci-dessous :

```
Construire un composant (entrée : nom du composant)
Début
    Récupérer la classe d'implémentation (nom du composant)
    Récupérer la liste des dépendances déclarées (nom du composant)
    Pour chaque dépendance Faire
        Construire un composant (dépendance)
        Ajouter le composant construit à la liste des paramètres
    Fin faire
    Créer une instance (classe d'implémentation, paramètres)
Fin
```

On peut bien sûr aller plus loin et substituer au code de configuration un *code générique*, qui interprétera des informations de configuration fournies par le concepteur sous la forme d'un fichier texte. Le contenu de ce fichier peut être basé par exemple sur la définition, une fois pour toute, d'une grammaire XML *ad hoc*. C'est l'approche dite *par fichier de configuration*. A la limite, il est même possible de se passer d'un tel fichier texte en définissant les valeurs utiles à la configuration sous la forme d'*annotations* placées dans le code lui-même à des endroits convenables, mais distinctes de ce code. C'est d'ailleurs la solution la plus utilisée à ce jour. L'élément logiciel jouant, entre autres, le rôle de configurateur *générique* sur la plateforme d'exécution sera le *conteneur*. Les classes que le conteneur aura ainsi la charge de lier seront enregistrées et gérées dans celui-ci.

3.2.8. Injection par mutateur

On désigne de manière générale par le terme de *mutateur* une méthode « set » permettant de fixer la valeur d'un attribut privé d'une classe (le « set » fait ainsi pendant au « get », que l'on appelle un *accesseur*).

L'*injection par méthode « set »* suit un principe très proche de celui de l'injection par constructeur décrite précédemment, mais les informations de configuration sont ici communiquées aux instances, non à leur création, mais dans un second temps, via l'utilisation d'un *mutateur ad hoc*. Il y aura donc, dans une configuration donnée, et pour une instance donnée, autant de mutateurs que d'informations à injecter dans l'instance. Par exemple, en reprenant l'exemple ci-dessus, nous aurons à définir dans la classe *DemandeConge* un mutateur approprié à l'injection d'un objet de la classe *DroitsConges*, soit :

```
public class DemandeConges {
        private DroitsConges droitsConges;
        ...
        public void setDroitsConges(DroitsConges droitsconges) {
                this.droitsConges = droitsConges;
        }
        ...
}
```

Nous aurons également à définir dans la classe *DroitsCongesImpl1* un mutateur approprié à l'injection du nom de fichier, soit :

```
public class DroitsCongesImpl1 implements DroitsConges {
        private String nomDuFichier;
        ...
        public setNomDuFichier (String nomDuFichier) {
                this.nomDuFichier = nomDuFichier;
        }
        ...
}
```

Ce type d'injection se fait après initialisation de l'objet, opérée à l'aide d'un constructeur sans paramètre. Les différents champs sont initialisés grâce à des *mutateurs* de la forme *composant.setNomPropriete(objet à injecter)*. Le nom *setNomPropriete* est retrouvé grâce à la configuration enregistrée, où il est déclaré que la propriété à initialiser est *NomPropriete*. L'*injection par mutateur* telle qu'abordée ici a été mise en œuvre en particulier dans le *framework Spring* (*Spring* ayant en fait mis en œuvre à la fois l'injection de dépendance par constructeur et celle par méthode mutateur).

La procédure de création d'un composant, variante de celle précédemment exposée, est définie ci-après :

```
Construire un composant (entrée : nom du composant)
Début
    Récupérer la classe d'implémentation (nom du composant)
    composant = créer une instance (classe d'implémentation)
    Récupérer la liste des dépendances déclarées (nom du composant)
    Pour chaque dépendance Faire
        composant de dépendance = construire un composant (dépendance)
        composant.setNomMembre (composant de dépendance)
    Fin faire
Fin
```

Tout ce que nous avons indiqué précédemment concernant la manière de définir une configuration (par développement d'une classe *configurateur* spécifique, ou de manière déclarative, par exemple via un fichier XML) et de l'enregistrer s'applique toujours ici exactement de la même façon. Nous présentons ci-dessous le contenu d'un fichier de configuration dans le cadre de l'exemple considéré (en prenant ici l'exemple d'une syntaxe issue du *framework Spring*) :

```
<beans>
    <bean id="DemandeConges" class="projet.DemandeConges">
        <property name="DroitsConges">
            <ref local=" DroitsConges "/>
        </property>
    </bean>
    <bean id="DroitsConges" class="projet.DemandeCongesImpl1">
        <property name="nomDuFichier">
            <value> FichierParametres1</value>
        </property>
    </bean>
</beans>
```

3.2.9. Injection par interface

Le troisième et dernier cas à considérer est celui de l'*injection par interface*. L'approche consiste cette fois à définir et utiliser des *interfaces* pour réaliser l'injection des propriétés attendues dans chaque classe. Dans notre exemple, il conviendra ainsi que toute classe ayant besoin d'utiliser les services de *DemandeConges* ou *DroitsConges* implémente une *interface d'injection* convenable.

Nous commençons donc par définir les interfaces qui seront utilisées pour opérer les injections. Par exemple, pour injecter une instance de *DroitsConges*, on définira l'interface suivante :

```
public interface InjectDroits {
        void injectDroits(DroitsConges droits);
}
```

Cette interface devra être implémentée par toute classe qui veut utiliser les services de *DroitsConges*, comme ici la classe *DemandeConges* :

```
public class DemandeConges implements InjectDroits {
        ...
        public void injectDroits(DroitsConges droits) {
                this.droitsConges = droits;
        }
}
```

On se sert d'un principe analogue pour injecter le nom du fichier dans la classe *DroitsCongesImpl1*, avec donc ici une interface d'injection et une implémentation de celle-ci par la classe, comme indiqué ci-dessous :

```
public interface InjectNomFichier {
        void injectNomFichier(String nom);
}

public class DroitsCongesImpl1 implements DroitsConges
                                        implements InjectNomFichier {
        ...
        public void injectNomFichier(String nom) {
                this.nomDuFichier = nom;
        }
}
```

La procédure de création d'un composant est alors modifiée comme suit :

```
Construire un composant (entrée : nom du composant)
Début
    Récupérer la classe d'implémentation (nom du composant)
    composant = créer une instance (classe d'implémentation)
    Récupérer la liste des dépendances déclarées (nom du composant)
    Pour chaque dépendance Faire
        composant de dependance = construire un composant (dépendance)
        composant.méthodeInjection composant de dépendance) ;
    Fin faire
Fin
```

L'injection se fait ici sur la base d'une *méthode*. Le principe est donc très proche de celui de l'injection par *mutateur*, l'avantage étant finalement ici de pouvoir utiliser un autre nom de méthode. La classe de chaque composant doit alors simplement implémenter l'interface requise.

3.2.10. Injection par le conteneur

Nous avons vu ci-dessus les principes de base présidant à l'injection de dépendance, et examiné comment celle-ci pouvait directement être mise en œuvre par un développeur. Dans les *frameworks* actuels, le développeur n'a pas à coder explicitement ces mécanismes, ceux-ci étant pris en charge par le *conteneur*. Il suffit alors au développeur de simplement *spécifier de manière déclarative* les injections à réaliser relatives à telle ou telle variable déclarée dans le code source. Nous reviendrons largement sur cet aspect dans la présentation des *composants métier Java* dits *EJB* dans la suite de ce chapitre.

Deux possibilités sont en général offertes, la première consistant à spécifier les injections dans un *fichier de configuration*, séparé du code source, la seconde consistant à insérer des *annotations* convenables dans le code lui-même. Nous verrons que Java EE en particulier offre ces deux possibilités.

3.2.11. Les localisateurs de services

Nous allons aborder maintenant une autre manière d'effacer les dépendances entre les composants, toujours en cherchant à ne les lier que *de manière tardive*, à l'assemblage ou à l'exécution. Il s'agit de l'approche dite par *localisateur de services* (*Service locator*).

Le principe de base d'un localisateur

Typiquement, un *localisateur de services* est une entité logicielle en mesure de délivrer sur demande à un composant les références aux objets implémentant les services dont il a besoin. Le rôle d'un localisateur est donc d'enregistrer de telles références lors d'une phase de configuration, puis, ensuite, de restituer celles-ci via l'invocation d'une méthode de type « *lookup* ». Remarquons ici que les références ne sont pas ici injectées implicitement, en configurant les instances, mais sont délivrées de manière classique via une *invocation explicite* du localisateur.

Pour illustrer le principe de base de cette approche, imaginons un localisateur très simple, capable de mémoriser l'instance convenable de *DroitsConges*, puis de délivrer celle-ci sur demande. Nous pourrons avoir dans *DemandeConges* un appel de la forme.

```
DroitsConges droitsConges = ServiceLocator.getServiceDroitsConges();
```

Nous invoquons ici une *méthode de classe*, ne nécessitant pas la création d'une instance *ServiceLocator*. On pourrait imaginer que classe *ServiceLocator* soit implémentée sous la forme d'un *singleton*, de la manière suivante[1] :

```
public class ServiceLocator {
        private static ServiceLocator uniqueInstance;
        private DroitsConge droitsConges;
        public ServiceLocator(DroitsConges droitsConges) {
                this.droitsConges = droitsConges;
        }
        public static void load(ServiceLocator instance) {
                uniqueInstance = instance;
        }
        public static DroitsConges getServiceDroitsConges() {
                return uniqueInstance.droitsConges;
        }
}
```

[1] Nous nous inspirons également ici de la présentation de Martin Fowler déjà citée.

Nous voyons que la classe *ServiceLocator* possède un *attribut privé de classe* (statique), utilisé pour recevoir la référence vers l'unique instance de cette même classe. Celle-ci est en charge de mémoriser, dans son champ *droitsConges*, la référence à l'instance de *DroitsConges* utilisée. Le *constructeur* ici défini permet de remplir le champ *droitsConges* avec la référence à mémoriser, laquelle lui est passée en paramètre. L'invocation de la méthode de classe *load* permettra, pour sa part, de mémoriser l'instance de *ServiceLocator*. Enfin, la *méthode de classe getServiceDroitsConges* permettra de récupérer sur demande l'instance de *DroitsConges*. C'est cette méthode qui sera ensuite invoquée par *DemandeConges*. Il ne s'agit bien sûr que d'un simple exemple d'implémentation.

Pour configurer convenablement le localisateur, et en supposant que la classe *DroitsCongesImpl1* est dotée du constructeur convenable, il suffit alors de réaliser l'appel suivant :

```
ServiceLocator.load(new ServiceLocator(
                    new DroitsCongesImpl1("FichierParametres1")));
```

Nous y créons une instance de la classe d'implémentation, que nous passons aussitôt au constructeur de la classe *ServiceLocator* afin de créer une instance de celle-ci. Nous chargeons enfin cette dernière dans le champ statique associé à l'instance unique.

Dans une solution avec *localisateur*, le configurateur crée l'objet *fournisseur de service,* à savoir *DroitsConges*, mais pas l'objet utilisateur du service (ici *DemandeConges*). Les dépendances entre les différentes classes peuvent alors être symbolisées par le diagramme ci-dessous :

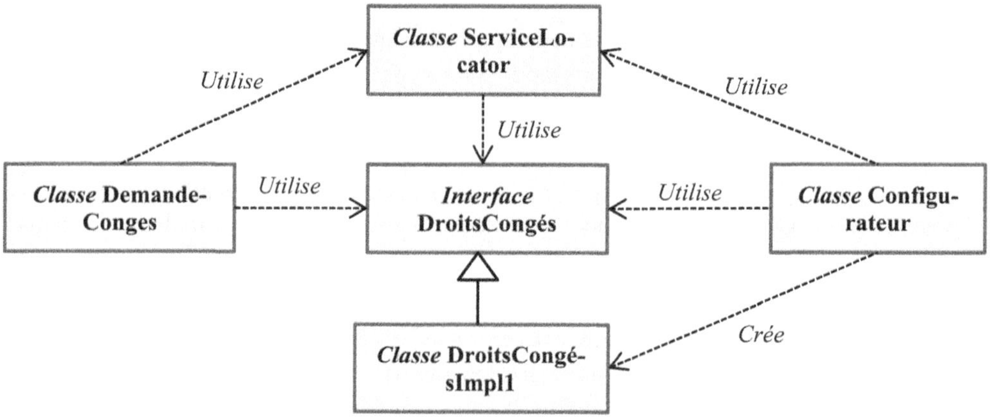

Figure 50. Dépendances dans le cas d'un localisateur de service.

Ce que nous avons présenté ici constitue bien sûr une solution de portée extrêmement limitée. En pratique nous devrions sophistiquer considérablement ce localisateur, notamment en gérant les *références à plusieurs services* (et non plus seulement à un unique service), utiles à *DemandeConges* ou à d'autres composants. Nous pourrions également développer un localisateur *accessible de manière concurrente* par plusieurs *threads*, etc.

Utilisation d'interfaces séparées

Si nous nous plaçons maintenant dans le cadre plus général d'un localisateur en charge de mémoriser un *ensemble de services* au profit de plusieurs composants, on remarque qu'un problème vient du fait qu'un composant appelant, par exemple, ici, *DemandeConges*, *dépend de l'intégralité du composant localisateur*, alors qu'il n'est pas nécessairement concerné par tous les services (en effet, dans notre cas, seul un service le concerne).

On peut réduire cette dépendance en utilisant des *interfaces dédiées à différents rôles*. Ainsi, au lieu d'utiliser l'interface complète du localisateur et d'en dépendre, un composant pourra ne se lier qu'avec le *sous-ensemble de méthodes qui lui est utile*. Dans ce cas, le fournisseur de la classe utilisatrice doit spécifier l'interface représentant les services dont il a besoin, et le localisateur doit alors implémenter cette interface.

Considérons par exemple, l'interface suivante :

```
public interface DroitsCongesLocator {
        public DroitsConges droitsConges();
}
```

Cette dernière représente l'accès à ce dont a besoin la classe *DemandeConges*, et *seulement* à cela.

Localisateur dynamique

Dans les solutions précédentes, nous avions un localisateur *statique*, en ce sens que celui-ci rendait compte d'une *liste fermée de services*, définis une fois pour toutes dans le code. Or, de manière à fournir une solution générique, nous souhaitons maintenant pouvoir enregistrer de nouveaux services *de manière dynamique*. Dans ce cas, nous disposerions alors d'un *localisateur générique*, où un service serait, par exemple, référencé, puis retrouvé par le biais d'un nom spécifié sous la forme donc d'une chaîne de caractères.

L'obtention d'une telle fonctionnalité est simple sur le principe. Il convient ici de remplacer la liste en dur de champs (ici l'unique champ *droitConges*) par une « *map* », c'est-à-dire une liste ouverte d'éléments indexés par une clé de type *String*. Tout service sera ainsi enregistré via une méthode *load*, en fournissant en entrée, d'une part, un objet, à savoir l'instance à invoquer pour disposer du service, et, d'autre part, la valeur de la clé identifiant celui-ci. Un service sera ensuite « retrouvé », par invocation d'une méthode « get », en fournissant en entrée la clé associée au service requis. Il n'y a plus ici autant de *load* et de *set* que de services enregistrés, mais une méthode *load* et une méthode *get* uniques.

Le code du localisateur serait modifié très simplement comme suit :

```
public class ServiceLocator {
        private static ServiceLocator uniqueInstance;
        private Map services = new HashMap();
        public static void load(ServiceLocator instance) {
        uniqueInstance = instance;
        }
        public void loadService (String cle, Object service) {
                services.put(cle, service);
        }
```

```
        public static Object getService(String cle) {
                return uniqueInstance.services.get(cle);
        }
}
```

Nous pourrons alors définir la configuration par le biais du code suivant :

```
ServiceLocator locator = new ServiceLocator();
ServiceLocator.load(locator);
locator.loadService("DROITSCONGES",
                    new DroitsCongesImpl1("FichierParametres1"));
```

Le logiciel utilisateur du service (ici *DemandeConges*) pourra retrouver la référence à ce dernier de la manière suivante :

```
DroitsConges droitsConges
        = (DroitsConges)ServiceLocator.getService("DROITSCONGES");
```

On remarquera que l'on n'accède plus à un service l'invocation d'une méthode spécifique, les services étant simplement *identifiés par des chaînes de caractères*, les définitions de celles-ci devant bien sûr être partagées.

L'*injection de dépendance* d'une part, et l'usage du *localisateur* d'autre part, ne sont pas des pratiques exclusives l'une de l'autre. Par exemple, l'injection de dépendance peut permettre de lier les composants constituant l'application entre eux, un localisateur servant à récupérer les références pour l'invocation de services externes. On propose par ailleurs parfois un mécanisme (mis en œuvre par certains *frameworks* comme *Avalon*) où les références aux services sont retrouvées par le biais d'un *localisateur*, ce même localisateur étant communiqué au code des composants par le biais d'une *injection de dépendance*.

3.3. L'architecture Java Enterprise Edition

Nous allons poursuivre ce chapitre par l'étude de la mise en œuvre de l'approche à base de composants métier telle que proposée dans le standard *Java Enterprise Edition (JEE)*. Il convient de considérer ici ce choix de *JEE* comme celui d'un exemple, justifié par son caractère de standard de fait adopté pour de nombreux développements. Indépendant de tout produit ou éditeur particulier, *JEE* est à la base de nombreux produits libres et de produits commerciaux, et constitue donc une référence pour le développement des applications orientées Web d'une certaine envergure.

Nous examinerons en premier lieu ici l'*architecture d'une application logicielle standard,* telle que proposée par Java EE, avec, en particulier, les différents blocs constitutifs de celle-ci, avec les entités logicielles présentes et les connexions entre celles-ci. Puis nous examinerons rapidement les différents types de constituants logiciels présents.

3.3.1. Qu'est-ce que Java EE ?

Java EE, ou encore *JEE* (*Java Enterprise Edition*) est un standard supporté par un large consortium d'éditeurs, qui définit un modèle de développement et d'exécution d'applications *N-tiers* basées sur la notion de *composant*, ainsi que la spécification d'une *plateforme* associée. Une *plateforme JEE* comprend un environnement d'exécution (le *serveur d'application*), et un *ensemble de services* mis à disposition via des API Java. Ces services sont des extensions Java indépendantes offrant en standard un certain nombre de services à caractère technique.

Issu d'une première version, J2EE 1.2, délivrée par la société *SUN Microsystems* en 1999, la spécification a fortement évolué avec la version Java EE 5, sortie en 2006, principalement aux fins de remédier à une certaine lourdeur de mise en œuvre constatée par les développeurs. Cette difficulté avait considérablement freiné l'adoption de J2EE par les architectes logiciels, au profit de *frameworks* ou d'outils de développement plus simples d'usage tels *Struts* ou *Spring* (pour la partie développement serveur), ainsi qu'*Hibernate* ou *Toplink* (pour les aspects *persistance*). Une grande partie de ces défauts ayant été corrigée dans la version 5, la spécification a continué à évoluer sous le nom de Java EE, avec les versions ultérieures 6 (2009), puis 7 et 8 (version actuelle). Les spécifications et les implémentations ont maintenant atteint une excellente maturité.

La vocation de *Java Enterprise Edition* est de permettre le développement d'applications d'entreprise d'envergure orientées Web[1]. A ce titre, JEE propose un modèle d'architecture *N-tier* pour ces applications, ainsi que des spécifications afférant aux différents types de constituants logiciels présents. *JEE* couvre en particulier *les aspects Web* (constituants logiciels exécutés sur le serveur Web en réponse à des requêtes d'un navigateur, et participant à l'interaction avec l'usager et la présentation de l'information), *les aspects « logique métier »* (avec les traitements de nature applicative), et enfin les *aspects liés à la persistance des données dans une base relationnelle*. Nous axerons ici notre présentation sur les aspects liés à la logique métier, où JEE apporte une réponse concrète et efficace à la *construction logicielle par composants* telle que nous l'abordons ici. On notera que les aspects persistance afférant à JEE ont déjà été vus dans le chapitre précédent avec l'API *JPA* (*Java Persitence API*).

Java EE comprend en particulier :

- Les spécifications du *serveur d'applications*, c'est-à-dire de l'*environnement d'exécution*. Ceci permet à des entreprises tierces de développer et de commercialiser des serveurs d'applications conformes à ces spécifications.
- Des *services* offerts au travers d'*API*, une implémentation minimale de ces API appelée *JEE SDK* (*JEE Software Development Kit*) étant fournie.

On parle généralement de *plateforme JEE* pour désigner cet ensemble ainsi constitué de l'infrastructure d'exécution ainsi que des services offerts. Dans la mesure où JEE s'appuie entièrement sur le langage Java, il bénéficie des avantages de ce langage, en particulier une réelle portabilité et une bonne maintenabilité du code.

Le but de la plateforme *Java Enterprise Edition* est, comme on l'a indiqué, de simplifier le développement et le déploiement d'applications d'entreprise *N-tiers*. Il est important de bien voir qu'il s'agit d'un *ensemble de spécifications*, et *non d'un produit*. Pour la mise en œuvre de *JEE*, il faut donc faire appel à une *implémentation de JEE,* libre ou commerciale.

---

[1] On rappelle ici que le langage Java (*Java Platform*) est en fait composé de trois éditions, destinées à des usages différents : *JSE*, ou *Java Standard Edition*, est destiné au développement d'applications « *stand alone* » pour les ordinateurs personnels, *JME*, ou *Java Micro Edition* est une édition prévue spécifiquement pour le développement d'applications embarquées, tournant notamment sur des assistants personnels et des terminaux mobiles, et enfin *JEE*, ou *Java Enterprise Edition*, ici considérée, est destiné aux applications d'entreprise distribuées, avec mise en œuvre de serveurs.

Si ces spécifications sont bien respectées, les applications conçues sur un environnement pourront être directement déployées sur d'autres environnements, dès lors bien sûr qu'elles ne tirent pas parti de fonctionnalités spécifiques d'un outil particulier.

3.3.2. Le modèle d'architecture de Java EE

Le *modèle architectural* proposé par Java EE, c'est-à-dire le *modèle d'architecture logicielle type* des applications développées par le biais d'un outil conforme au standard, est un modèle d'architecture *N-tiers*, que l'on peut symboliser comme indiqué sur la figure ci-après :

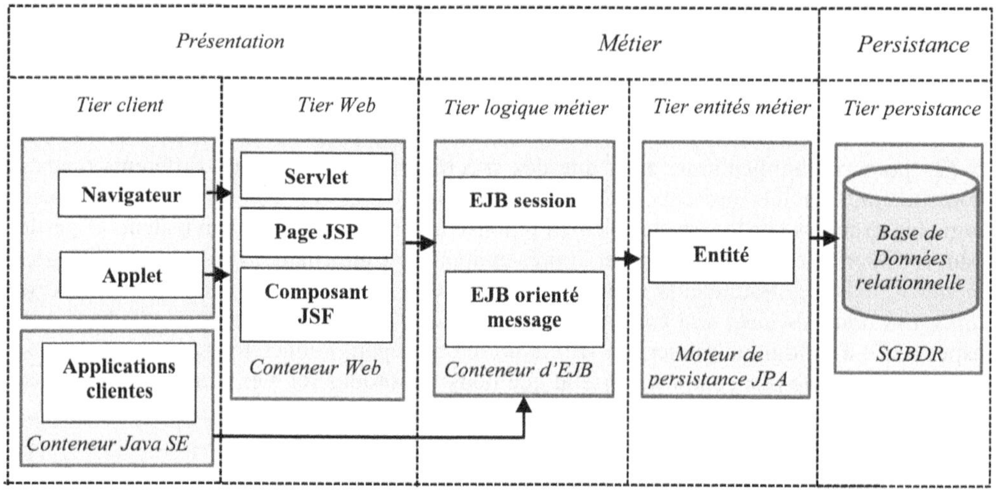

Figure 51. Le modèle d'architecture Java EE.

Ce modèle d'architecture fait apparaître plusieurs blocs, où l'on peut en fait identifier des *tiers* plus fins, au nombre de cinq.

Le tier « client », situé sur les postes de travail clients, est responsable de l'interaction directe avec les usagers. Ce *tier* peut être basé sur un *navigateur Internet*, fonctionnant donc à partir de pages HTML, et sur la base des technologies usuelles associées au *client léger* ou au *client riche*. Il peut être basé également sur l'exécution d'une *applet* dans un navigateur. Enfin, il peut être constitué d'une *application Java classique* dite *stand alone*, ou encore *client lourd*, développée en langage *Java SE*. Dans une même application, on pourra trouver plusieurs interfaces différentes (correspondant à différents types d'utilisateurs ou à différents usages), avec, en particulier, coexistence, si nécessaire, de *clients légers ou riches* exécutées sur des navigateurs, et d'*applications classiques*.

Le tier « Web » est la partie logicielle assurant, dans le cas d'un *client léger ou riche*, la traduction des requêtes issues du navigateur en appels convenables adressés à la partie métier. Exécutée sur un serveur Web, elle reçoit les sollicitations d'un navigateur sous la forme de requêtes HTTP, invoque si besoin les actions applicatives requises, et génère les pages HTML résultats à destination du navigateur. On voit qu'il s'agit ici de la passerelle nécessaire entre le monde Internet, basé sur HTTP/HTML et le monde des applications, basé sur les technologies des langages à objets et les appels de méthodes. Ce *tier* peut être développé grâce à diverses technologies de différents niveaux de sophistication, avec les *Servlets*, les *pages JSP* (de plus haut niveau conceptuel, permettant de générer le code de servlets), et enfin les *composants JSF* (*Java Server Faces*).

Ce *tier Web* n'est pas sollicité dans le cas d'une application client *stand alone*, le client interagissant alors dans ce cas directement avec le *tier métier*, via un protocole d'*invocation d'objets à distance*, à savoir RMI. Les autres clients, basés sur un navigateur, passent par ce *tier Web*. Remarquons que, dans ce dernier cas, *le bloc logiciel en charge de l'Interface Homme-Machine*, incluant la présentation et la gestion du dialogue, est en fait ici *distribuée à la fois sur le tier Client et sur le tier Web*. On parle ici de *tier « présentation »*[1].

Le *bloc « métier »* (aussi appelé *business tier*, ou *middle tier*) contient pour sa part le code représentatif de la partie métier, avec, ainsi, les *entités* et les *traitements* propres au domaine concerné. Java EE considère que ce *tier* est en fait constitué de deux parties distinctes, distinguant donc *deux tiers séparés* :1) le *tier* « *logique métier* », contenant le code afférant à la logique des cas d'utilisation, et 2) le *tier* « *entités métier* », constituée des classes d'objets du domaine, *potentiellement persistantes*. Les méthodes associées à ces dernières seront alors essentiellement des opérations *CRUD*, permettant la manipulation de ces objets. On parlera parfois de *tier métier* ou désigner, si besoin, l'ensemble formé du *tier logique métier* et du *tier entités métier*.

On pourrait s'étonner de cette séparation, une modélisation objet classique pouvant suggérer que les traitements applicatifs soient plutôt placés comme des méthodes d'objets métier. Dans la philosophie de conception d'un système en général, et des approches à base de composants en particulier, il s'agit pourtant bien de deux niveaux distincts. Le premier *tier* relève de la logique des cas d'utilisation ou de parties de processus, qu'il n'est en général pas logique de lier à une classe d'entité unique en particulier. Les entités métiers, en principe d'une grande stabilité, et potentiellement communes à de nombreux cas d'application, doivent alors logiquement être modélisées de manière séparée. *Cas d'utilisation* et *entités métier* pourront alors évoluer de manière relativement *indépendante*.

Dans l'approche Java EE, le *tier* « logique métier » sera construit comme un assemblage de *composants*, appelés ici *Enterprise Beans*, ou encore *EJB* (*Enterprise Java Beans*), dont l'exécution reposera sur un *conteneur d'EJB*. Le *tier* « *entités métier* » sera quant à lui constitué d'un ensemble d'objets persistants, appelés *entités*, développés à l'aide de l'API JPA (*Java Persistence API*), déjà abordée précédemment, et reposant sur un moteur de persistance associé à JPA.

Selon le principe architectural proposé par Java EE, une interface homme-machine invoque un composant *Enterprise Bean* (nous emploierons dans la suite plus simplement le terme d'« EJB »), lequel invoque à son tour les opérations associées à une ou plusieurs entités, l'appel direct d'entités depuis l'IHM n'étant en effet pas une bonne pratique sur le plan architectural.

Nous voyons sur la figure déjà présentée ci-dessus que Java EE distingue entre plusieurs types d'EJB. Parmi ceux-ci, nous avons les *EJB* dits *session*, relevant de l'approche classique à base de composants, et qui nous occuperont ici. Un autre type d'EJB, représenté par

---

[1] Bien que ce terme soit en fait impropre, une interface homme-machine ne se limitant pas à la fonction de présentation, et incluant également en particulier des aspects liés au contrôle du dialogue. Il serait donc plus correct pour qualifier cet ensemble de parler de « *tier* Interface Homme-Machine ».

les *EJB* dits « *orientés messages* » (*Messages Driven Beans*), rend compte d'un mode d'interaction par messages de notre application avec l'extérieur. Un EJB *orienté message* définit le comportement de l'application lors de la réception, par nature asynchrone, d'un message. Ce type d'EJB sera examiné plus longuement dans le chapitre ultérieur concernant les *intergiciels orientés messages,* ou MOM (*Message Oriented Middlewares*).

Enfin, le dernier *tier* à considérer est le *tier persistance*, aussi appelé *tier* « Données », ou *tier* « Bases de données », ou encore « *Enterprise Information tier* ». Ce *tier* regroupe les différents supports de persistance de l'application. Dans ce *tier*, on trouvera classiquement les bases de données, et en particulier les bases de donnes relationnelles. On place aussi traditionnellement dans ce *tier* les applications existantes dites *patrimoniales* ou *léguées* (*legacy applications*), c'est-à-dire les applications que l'on souhaite laisser en service et utiliser telles quelles avec, au besoin, le simple ajout d'une nouvelle interface d'appel adaptée.

Architecture matérielle

Sur le plan de l'architecture matérielle :

- Le *tier client* est placé sur les *postes de travail* des usagers, ordinateurs ou bien dispositifs mobiles (smartphones, tablettes, etc.), qui peuvent être en très grand nombre, et qui communiquent (soit par le biais d'Internet ou du réseau local) avec une machine serveur Web.
- Le *tier Web* est pour sa part placé sur une *machine serveur.*
- Les *tiers logique métier* et *entités métier* peuvent être sur une *machine serveur* unique (très souvent, la même que le *tier* Web). Mais il peut être également *réparti sur plusieurs serveurs* d'entreprise.
- Enfin le *tier persistance* est placé sur un ou plusieurs *machines serveurs de données*, qui peuvent être ou non les mêmes que les serveurs précédents.

La figure ci-dessous illustre un exemple d'architecture matérielle.

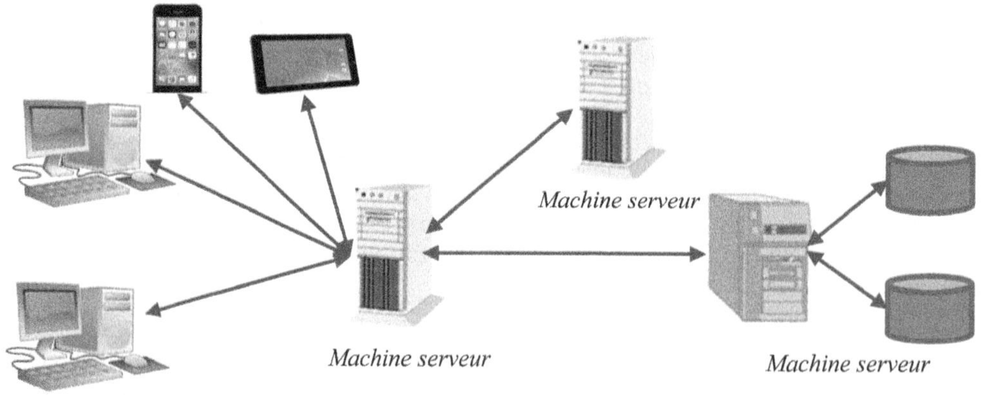

Figure 52. Un exemple d'architecture matérielle.

Un cas très souvent rencontré en pratique est celui du regroupement des *tiers Web*, *métier* et *persistance* sur la *même machine serveur*.

3.3.3. Les composants d'une application Java EE

Les applications JEE sont donc constituées de différents éléments logiciels parmi lesquels nous trouvons les *composants métier*, de type *EJB session* et de type *entités*. Un composant JEE est une *unité logicielle autonome* qui peut être assemblée au sein d'une application par le biais de ses classes et fichiers associés, et qui communique avec d'autres composants.

Nous avons vu que l'architecture JEE considérait les constituants suivants :

- Des *applications clientes* et des *applets* Java, que l'on appelle les *composants client*.
- Des composants développés en technologies *servlet*, *Java Server Pages* (JSP), ou encore JSF, que l'on appelle les *composants Web*.
- Des composants *EJB,* qui sont des *composants métier,* ainsi que des *entités.*

La spécification JEE porte sur les *composants Web* et les *composants métier*. Les composants *clients* étant, pour leur part, développés avec les outils classiques, soit liés au monde des navigateurs Web, soit à celui du langage Java SE.

Les *composants métier* JEE sont écrits en Java, et compilés de la même manière que n'importe quel programme Java. La différence, lorsque l'on travaille avec la plateforme JEE, est que les composants JEE sont assemblés dans une application JEE avec vérification du fait qu'ils sont *bien formés*, c'est-à-dire qu'ils respectent les spécifications imposées par JEE. Ils sont alors *déployés* dans l'environnement de production, et sont ensuite *exécutés* et *gérés* dans un *conteneur* sur un serveur particulier.

3.3.4. Les composants clients

Une application cliente peut être une application « *Web-based* » (c'est-à-dire exécutée dans un navigateur) ou une application « *stand alone* » classique.

Une *application stand alone* réside sur une machine cliente. Elle est développée en langage Java, et s'exécute dans une machine virtuelle *Java SE*. L'utilisation de ce type d'application permet de développer des *Interfaces Homme-Machine* sophistiquées, mais aussi, par exemple, des applications d'administration. Ces applications auront une interface utilisateur créée à l'aide d'une API telle que *Swing* ou *AWT* (*Abstract Window Toolkit*). Les applications clientes accèdent dans ce cas *directement* aux EJB tournant sur le *tier* logique métier.

Pour une *application* « *Web-based* », on utilisera par contre, sur la machine client, un *navigateur Web*, lequel effectuera les chargements de pages Web (ou encore d'*applets*) utiles. Le navigateur Web de l'utilisateur charge ainsi des pages HTML statiques ou dynamiques, ou encore des fichiers XML depuis le *tier* Web. Les pages Web dynamiques seront générées par le biais de *servlets* ou de *Java Server Pages* tournant sur le *tier* Web.

Une page Web chargée depuis le *tier* Web peut inclure une *applet*. Une *applet* est une petite application cliente écrite en Java, qui s'exécute dans la machine virtuelle Java présente sur le navigateur. Les interactions entre l'applet et le reste de l'application suivent alors le principe d'une application Java cliente. Le système côté client nécessite cependant en général un *plug-in* Java ainsi qu'un fichier « *security policy* » convenable, de telle sorte que l'*applet* puisse s'exécuter correctement dans le navigateur Web.

3.3.5. Les composants Web

Les *composants Web* sont les unités logicielles exécutées sur le *serveur Web*. Ce sont, dans le modèle d'architecture JEE, des *servlets*, des *JSP* (*Java Server Pages*) ou encore des *Java Server Faces* (*JSF*).

Les *servlets* sont des unités qui prennent en charge le traitement de requêtes HTTP issues du navigateur client, et la construction dynamique des réponses destinées à celui-ci. Elles étendent le comportement du serveur Web, et sont développées sous la forme de classes Java, selon une certaine spécification.

Toutefois, l'écriture d'une *servlet* requiert l'écriture par le développeur de l'intégralité du code afférant aux opérations d'écriture requises pour la construction de la page de réponse HTTP, opérations répétitives et de bas niveau. Ceci n'est plus réellement viable en pratique lorsque l'application atteint un certain niveau de complexité. Pour pallier cette difficulté, les *JSP* (*Java Server Pages*) permettent une écriture directe, plus simple, en partie déclarative, de ces pages. Les *JSP* sont ainsi définies dans des fichiers texte, qui contiennent à la fois du contenu statique et des éléments de code Java (*snippets*) permettant de générer la partie dynamique du contenu. Quand une *JSP* est chargée, une *servlet* exécute en arrière-plan le code « *snippets* » et retourne une réponse affichable par le navigateur.

Malgré l'apport des *JSP*, les éléments ainsi offerts ne sont pas directement adaptés à une mise en œuvre simple du *patron de conception MVC* (*Model View Controler*). La technologie *JSF*, introduite dans la version Java EE5, permet le développement simple d'une interface interactive basée sur le *patron MVC*.

On notera que les pages statiques HTML et les *applets* sont liées aux composants Web à l'assemblage de l'application. Elles ne sont pas considérées comme des composants Web par la spécification JEE.

Comme le *tier client*, le *tier Web* peut faire appel à des objets particuliers, les *Java Beans* (à ne pas confondre avec les *Enterprise Java Bean*), qui permettent de gérer, par exemple, un flot de données entre une application cliente, ou une applet, et les composants tournant sur le serveur *JEE*. Les *Java Beans* ne sont pas des composants dans la spécification *JEE*, mais de simples objets destinés à recevoir et véhiculer des données.

La figure ci-dessous illustre les échanges entre les différents constituants logiciels.

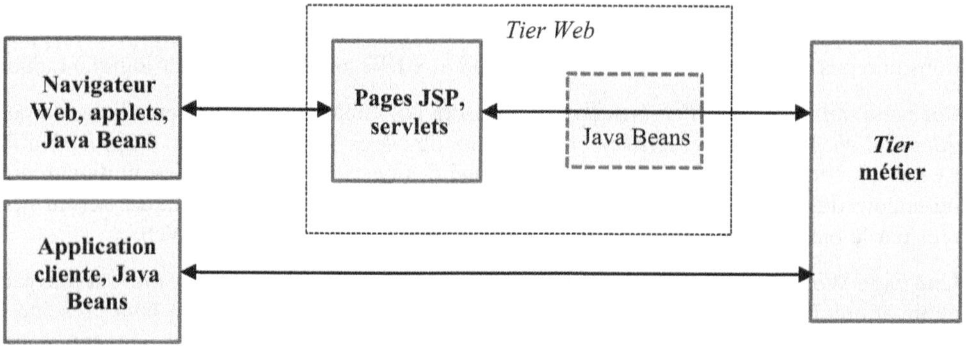

Figure 53. Tier Web et application JEE.

3.3.6. Les composants métier

Le code « métier » est la partie de code qui implémente la logique métier et qui gère les entités propres au domaine d'application (par exemple pour une entreprise du domaine financier, les comptes, les opérations, les clients, etc.). Ce mode métier est implémenté via des composants *Enterprise Java Beans* (EJB), qui tournent sur le *tier* métier.

Comme l'illustre la figure ci-dessous, un *Enterprise Java Bean* reçoit des données depuis un programme client, les traite, et envoie au besoin des données vers le *tier* « données » à des fins de persistance. Un EJB peut également extraire des données depuis une base de données ou une application patrimoniale, les traiter, et renvoyer des informations vers les programmes clients.

La figure précédente peut donc être complétée comme suit :

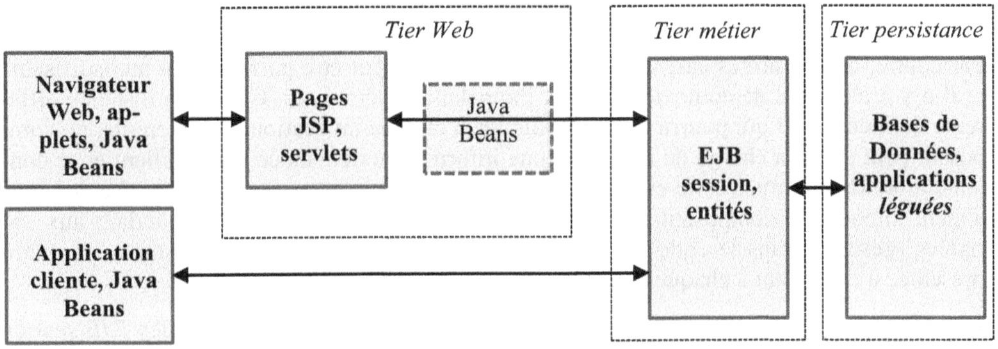

Figure 54. Rôle d'un EJB.

Nous avons indiqué que, dans le modèle d'architecture *JEE*, le niveau métier était structuré en deux *tiers* : un *tier* implémentant la logique métier, sous forme de services applicatifs offerts par des EJB (par exemple, créer un compte, faire un virement, etc.), et un *tier* modélisant les « *entités* » *du domaine* (par exemple « Compte », « Opération », « Client », etc.).

JEE facilite la tâche des développeurs en définissant différents types d'EJB adaptés à différents rôles. Nous aurons ainsi essentiellement deux types de composants EJB, dont on exposera plus loin les rôles respectifs : les EJB dit « *session* » (*session beans*) et les EJB *orientés messages* (*message driven beans*). Il convient d'ajouter à ces EJB les « *entités* ». Alors que dans les versions antérieures à JEE 5, les entités étaient simplement un type particulier de composants gérés par le conteneur, les entités sont maintenant développées à l'aide de l'API JPA, et gérées par un *moteur de persistance* indépendant, évoqué dans le chapitre précédent. Ceci sépare bien les deux problématiques de *gestion des composants applicatifs* d'une part, et de *gestion de la persistance* d'autre part. On notera que de telles *entités* persistantes peuvent être utilisées hors du contexte d'une application serveur, par exemple dans une application classique *Java SE*.

EJB session avec état et sans état

Un *EJB session* représente une *séquence d'actions applicatives* lancée suite à une sollicitation de l'interface client (en passant par le *tier* Web), ou bien suite à une invocation par une application distante, ou encore par un autre EJB. Ils correspondent typiquement à l'implémentation de *cas d'utilisation*. Un tel EJB session implémente donc par nature un certain aspect de la logique métier.

Dans certains cas, après invocation d'un *EJB session*, on peut souhaiter que l'instance qui vient d'être utilisée reste affectée au client qui l'a invoqué, avec conservation dans l'état interne du contexte d'interaction propre au client. Lorsque ce client même invoquera de nouveau cet EJB (que ce soit la même méthode de cet EJB ou bien une autre), c'est la même instance qui sera implicitement utilisée. Si nous pensons au comportement classique d'un panier d'achat sur un site marchand, par exemple, nous voyons que le composant implémentant ce panier doit conserver un état correspondant aux produits déjà commandés, afin que des invocations ultérieures puissent accéder à la liste, et y ajouter un nouveau produit, ou encore supprimer un produit qui y figure. Le comportement attendu du composant est alors dit *stateful*. Ceci permet d'implémenter une *session interactive entre le client et l'EJB*, qui se « rappelle » alors à chaque invocation de son état antérieur.

Par contre, dans d'autres cas, une séquence d'actions peut être parfaitement autosuffisante et il n'y a alors pas de contexte propre à l'appelant à mémoriser. C'est une instance différente du même EJB qui pourra être ici sollicitée à chaque invocation. Par exemple, un composant peut avoir la charge de récupérer une information demandée par un client et se contente alors de retourner celle-ci. Il n'y a alors aucun état interne à mémoriser. Le comportement attendu du composant est alors dit *stateless*. Les données correspondant aux variables présentes dans le code ne sont pas conservées, et une nouvelle instance peut être présentée à l'appelant à chaque appel.

Java EE propose de manière native ces deux comportements sont la forme des *EJB session* dit *avec état* (*stateful*) et *sans état* (*stateless*), et il suffit au moment de la définition de l'EJB de préciser le type souhaité. L'application aura donc besoin d'un EJB session *statelesss* ou *stateful* suivant que l'*état de l'EJB entre deux invocations* du même client *doit être ou non conservé*. L'intérêt de cette approche, est que la plateforme donne *implicitement* aux EJB ces comportements *sans que l'on ait à programmer ces propriétés explicitement* comme on avait à le faire dans une approche à objets distribués classique.

EJB singleton

A ces deux types d'EJB classiques, disponibles depuis les toutes premières versions de JEE, il a été ajouté un autre type d'EJB session, constitué par les EJB *singletons*, offrant en standard un autre comportement : un EJB singleton possède *une seule instance pour l'ensemble de l'application*, et c'est cette même instance qui est invoquée, quel que soit le client appelant. L'état des variables de l'EJB se trouve donc, non seulement mémorisé entre les appels comme pour un EJB *stateful*, mais aussi *partagé entre les clients*. On peut par ce biais implémenter des cas d'utilisation globaux liés à l'ensemble du système, et non plus liés à un utilisateur en particulier.

EJB orientés messages

Les *EJB session* précédents répondent au besoin d'implémenter des services invoqués *de manière synchrone* par un logiciel client distant, par la couche Web voire par un autre EJB. Ces appels sont véhiculés par le protocole d'invocation à distance RMI, ou bien pourront être aussi de simples appels locaux au sein du même serveur physique. Toutefois, dans un système d'information constitué de nombreuses applications distribuées, on peut souhaiter faire communiquer des applications ou parties d'une même application par *échanges de messages*. A la différence de l'invocation d'une opération, un message est réceptionné de manière *asynchrone*. Un logiciel applicatif n'a pas nécessairement à se placer en attente de message, et peut simplement fournir les moyens de traiter celui-ci à la volée, c'est-à-dire de manière réactive. Par ailleurs, à la base, un message n'est pas en tant que tel une demande de service. Il correspond simplement à une *communication d'informations*, l'action menée en réaction au message pouvant ne pas avoir d'effet pour l'appelant.

Les messages seront véhiculés par le biais d'*intergiciels* dédiés que l'on appelle les MOM (*Messages Oriented Middlewares*), et qui fournissent un bus logiciel en charge du bon acheminement des messages et de leur *bufferisation* éventuelle dans l'attente de leur lecture par les applications destinatrices. Nous étudierons les MOM dans un chapitre ultérieur.

Dans une approche à base de composants, un besoin est donc de pouvoir disposer de composants jouant un rôle de *listeners*, fournissant le code convenable à exécuter en réponse à l'arrivée de tel ou tel type de message. Il existe pour cela des EJB spécifiques, dit *EJB orientés message*, ou « *message driven beans* ». Un EJB « *message driven* » combine les propriétés d'un *EJB session* et d'un « *listener* », tel que proposé par l'API *Java Message Service* (JMS). Il constitue un composant métier permettant de recevoir *de manière asynchrone* des messages JMS. C'est un composant analogue à un EJB session, mais il est invoqué, non pas suite à un appel explicite, mais suite à l'arrivée d'un certain message.

Nous ne ferons ici que citer les *EJB orientés messages*, sachant que nous reverrons cette notion en détail dans le chapitre consacré aux *intergiciels orientés messages*, ou MOM.

Les entités

Les *entités* sont complémentaires des EJB. Une *entité* (*entity*) représente un *objet métier potentiellement persistant*, stocké en général comme une ligne (*tupple*) d'une table en base de données. Comme nous l'avons déjà indiqué, dans la version actuelle de Java EE, les entités ne sont plus des *EJB* gérés par le conteneur d'EJB. Ils peuvent ainsi être développés grâce à l'API JPA et géré par un *moteur de persistance* lié à cette API, soit dans le contexte du *tier* serveur, avec JEE, soit dans le contexte d'une simple application « *stand alone* » Java SE. Nous avons déjà étudié les entités dans le chapitre dédié à la persistance objet.

3.3.7. Le *tier* persistance

Le *tier* persistance ou « données » comprend les logiciels en charge de la gestion des données. Ceci comprend les *Systèmes de Gestion de Bases de Données*, le plus souvent *relationnelles*, mais aussi, dans certain cas, comme on l'a vu, des applications « léguées » déjà en service, et gérant leurs données propres. Dans ce dernier cas, il peut s'agir soit d'applications basées sur des progiciels (par exemple des ERP), soit de développements internes que l'on ne juge pas opportun de redévelopper.

3.4. JEE et conteneurs

3.4.1. La notion de conteneur

Comme nous l'avons déjà indiqué, le *tier* métier des applications *N-tiers* peut être délicat à développer, dans la mesure où l'on est amené à manipuler du code mêlant de manière intriquée d'une part des *aspects applicatifs* (avec en particulier les traitements et la gestion de l'état des objets métier), et d'autre part de nombreux *aspects purement techniques*, liés au *multithreading*, à la gestion des *pools* de ressources, à l'écriture des objets en base de données, etc.

Une architecture à base de composants métier vise à rendre les applications plus simples à écrire et à maintenir en organisant le code suivant deux parties bien séparées : d'une part *la partie purement applicative,* c'est-à-dire le code qui implémente la *logique métier*, sous la forme de composants réutilisables, à la charge du développeur, et d'autre part la *partie technique*, constituée d'un ensemble de *services standards sous-jacents*, dont l'implémentation est *spécifique de la plateforme,* et dont le développeur n'a donc pas à se préoccuper. Ces services d'infrastructure sont fournis par la plateforme. L'environnement est tout simplement configuré en fonction de ce que l'on veut faire au moment du déploiement de l'application. Ainsi, dans cette approche*, le développeur peut se concentrer exclusivement sur le développement de sa partie métier.*

Les services d'infrastructure sont mis en œuvre à travers des *conteneurs*. Un conteneur est un *support d'exécution de composants sur un serveur.* Le type de conteneur dépend du type de composant, c'est-à-dire *composant client*, *composant Web*, *composant EJB*, ou encore *entité métier*, comme illustré sur la figure ci-dessous. Les composants sont installés dans leurs conteneurs au moment du déploiement. Les conteneurs assurent les *interfaces entre un composant et les fonctionnalités techniques*, dont l'implémentation est spécifique de la plateforme utilisée.

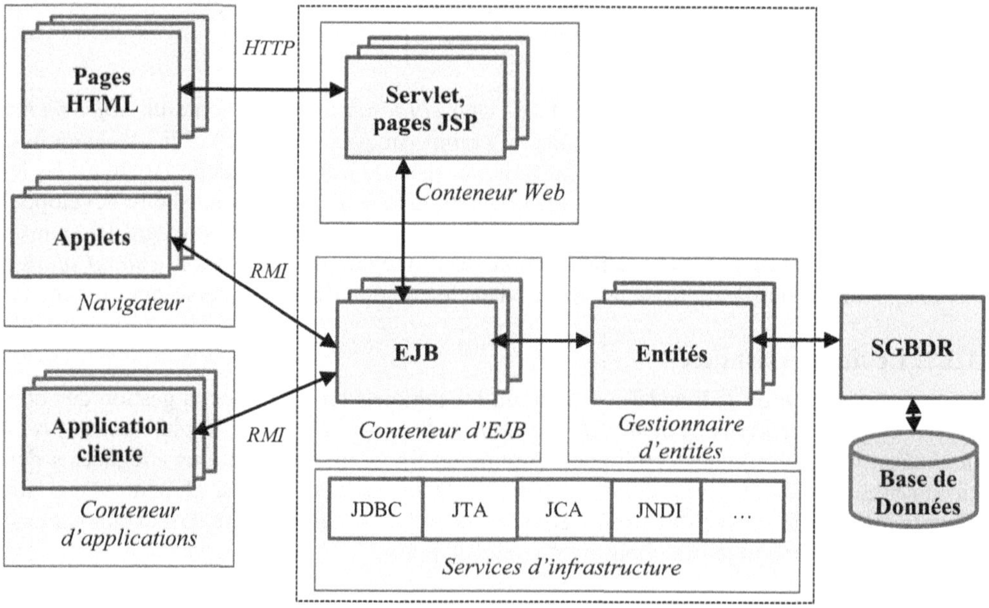

Figure 55. Composants, conteneurs et services d'infrastructure.

Pour qu'un composant métier puisse être exécuté, il doit auparavant être *assemblé* dans une application JEE et *déployé dans son conteneur*. Le processus d'assemblage implique de spécifier la configuration du conteneur pour chaque composant de l'application. La configuration du conteneur personnalise le support fourni par le serveur JEE, pour les aspects tels que la sécurité, la gestion des transactions, le service d'annuaire et de nommage (*Java Naming et Directory Interface* (JNDI), ainsi que la connectivité distante (invocation d'un composant distant). En particulier :

- Le *modèle de sécurité* JEE permet de configurer un composant Web ou un EJB de telle sorte que les ressources système ne puissent être accédées que par les utilisateurs autorisés.
- Le *modèle de transactions* JEE permet de spécifier les relations entre des méthodes ayant en charge une transaction, de telle sorte que tous les appels de méthodes situés dans une même transaction soient traités comme un tout (propriétés ACID).
- Les *services de nommage et d'annuaire* (JNDI, *Java Naming and Directory Interface*) fournissent une interface unifiée pour le nommage et la gestion d'un annuaire de ressources persistant. Toute ressource, y compris un composant, peut être nommée, référencée dans un annuaire global, et enfin retrouvée par un composant à partir de son nom (*lookup*).
- Le *modèle de connectivité* JEE gère les communications de bas niveau entre les clients et les EJB. Après qu'un EJB ait été créé, un client peut invoquer ses méthodes comme s'il était dans la même machine virtuelle Java.

Le fait que l'architecture JEE fournisse des services configurables signifie que les composants applicatifs à l'intérieur de la même application JEE peuvent *se comporter différemment selon l'endroit où ils sont déployés.* Par exemple, un EJB peut présenter une configuration de sécurité lui autorisant un certain niveau d'accès aux données d'une base pour un certain environnement de production, et, par ailleurs, un autre niveau d'accès dans un autre environnement de production.

3.4.2. Les types de conteneurs

Nous avons vu que le processus de déploiement visait à installer les composants d'une l'application JEE dans *différents types de conteneurs*.

Un *conteneur* d'*Enterprise Java Beans* (*conteneur d'EJB)* gère l'exécution d'EJB pour une application JEE sur une machine donnée. Le *conteneur Web* gère dans le serveur Web l'exécution de toutes les composants *pages JSP* et *servlets* pour l'application. Dans le cas d'un serveur matériel unique pour les couches Web et métier, les conteneurs Web et EJB tourneront sur ce serveur. On considère ici de manière logique un gestionnaire d'entités de la couche JPA comme un *conteneur d'entités métier*. Enfin, la *machine virtuelle Java SE* sur un client jour le rôle de *conteneur d'application clientes*, en gérant l'exécution de composants applicatifs clients pour une application donnée.

3.4.3. Le packaging d'une application

Les composants JEE sont packagés séparément, puis liés au sein d'une application JEE pour le déploiement.

Chaque composant, accompagné de fichiers associés tels que des fichiers GIF et HTML, ou encore des classes utilitaires placées côté serveur, ainsi qu'un *descripteur de déploiement* (DD), sont assemblés et ajoutés à l'application JEE. Une application JEE est ainsi composée d'un ou plusieurs EJB, d'entités, et de modules Web, et/ou de composants applicatifs clients.

Un système informatique pourra être composé d'*une seule application JEE* ou bien de *plusieurs applications JEE communicantes*, selon les besoins. Notons que les Systèmes d'Information des organisations sont en général, dans la pratique, constitués de plusieurs applications communicantes, incluant des applications JEE et des applications non JEE.

Une application JEE, avec chacun de ses modules, possède ses propres descripteurs de déploiement. Un descripteur de déploiement est un fichier texte au format XML, avec une grammaire associée permettant de définir la configuration de déploiement de composants. Une application JEE avec tous ces modules est livrée dans un fichier d'archive dit « Enterprise Archive » (EAR). Un fichier EAR est un fichier standard JAR, doté d'une extension *.ear*. L'utilisation de modules et fichiers EAR permet d'assembler différentes applications JEE en réutilisant certains composants communs.

3.4.4. Les interfaces de programmation de JEE

Les API de JEE sont les interfaces permettant d'invoquer directement les *services techniques* pris en charge par la plateforme JEE. Il existe un grand nombre d'API. On trouve parmi celles-ci des API d'accès aux *services d'infrastructure* proprement dits, ou encore des API d'accès aux *services de communication*.

Parmi les premières, on peut citer en particulier :

- *JDBC* (*Java DataBase Connectivity*), qui est l'API bien connue d'accès aux bases de données relationnelles.
- *JNDI* (*Java Naming et Directory Interface*) qui est l'API d'accès aux services de nommage et aux annuaires d'entreprises tels que DNS, NIS, LDAP, etc.
- *JTA/JTS* (*Java Transaction API/Java Transaction Services*), qui définit des interfaces standard d'appel à un gestionnaire de transactions.
- *JCA* (*JEE Connector Architecture*), qui est une API facilitant la connexion avec les autres parties du Système d'Information de l'entreprise, notamment les applications « léguées », avec, en particulier, les solutions basées sur des progiciels ERP (*Entreprise Resource Planning*, ou PGI, *progiciels de gestion Intégrés*).
- *JMX* (*Java Management Extension*), qui fournit des extensions permettant de développer des logiciels Web de supervision d'applications.
- *JavaWebStart*, qui est une technologie de déploiement de client lourd Java.

L'API JDBC 3.0 permet d'invoquer des commandes SQL depuis du code Java. On utilise cette API dans un *EJB* lorsqu'on a besoin d'un accès spécifique à la base de données, nécessitant de contourner la gestion de persistance par défaut fournie par le conteneur, ou encore lorsqu'on souhaite qu'un *EJB session* accède directement à la base de données, sans passer par une entité. On peut également utiliser cette API dans le *tier* Web, depuis une *servlet* ou une *page JSP* afin d'accéder à la base de données directement, *sans passer par un EJB*.

Parmi les API d'accès aux *services de communication*, on peut citer :

- *JAAS* (*Java Authentication and Authorization Service*), API d'authentification et de gestion des droits d'accès pour les utilisateurs et groupes d'utilisateurs.
- *JMS* (*Java Message Service*), qui fournit des fonctionnalités de communication asynchrone entre les applications. Ces communications sont basées sur un *intergiciel orienté messages*, ou MOM, lequel fournit des communications fiables et

asynchrones entre composants faiblement couplés. L'API permet donc à un composant de créer, envoyer, recevoir, et lire des messages.

- *JavaMail*, qui est une API permettant l'envoi de courriers électroniques depuis un programme Java.
- *RMI-IIOP*, qui est l'API d'accès au protocole de communication entre objets supportant les appels de méthode à distance.

Enfin, en matière d'API, citons également *Java Servlet*, qui permet à un développeur la mise en œuvre de *servlets*, ainsi que *JAXP (Java API for XML),* qui offre des fonctionnalités de manipulation de fichiers XML sur la base de standards tels que le *DOM* (*Document Objet Model*) ou *SAX* (*Simple API for XML*).

3.4.5. Quelques implémentations de Java EE

L'implémentation *open source* de référence est la projet *GlassFish.* Pour des environnements de production, il existe plusieurs implémentations, libres ou commerciales de JEE.

En ce qui concerne l'offre commerciale, on peut citer des produits comme *BEA WebLogic IBM Websphere*, ou encore *Oracle Application Server.* L'offre *open source* comprend pour sa part de nombreux projets. On peut citer en particulier *Spring*, *GlassFish* ou *JBoss*.

3.5. Java EE et les EJB3

Nous présentons ici les EJB3[1], en nous concentrant plus particulièrement sur les *EJB session*, qui correspondent à la mise en œuvre par JEE d'une approche à base de *composants métier.*

Les EJB sont des composants applicatifs standardisés placés côté serveur. A partir de JEE5, une version considérablement revue et simplifiée a été introduite avec les EJB3.0. Les EJB3 se sont ensuite enrichis avec les versions successives 3.1, 3.2, 3.3, etc.

Nous allons ici décrire les principes de base des EJB actuels, dont les grandes lignes étaient déjà tracées dès leur version 3.0. Pour la description des EJB, nous nous baserons donc sur les éléments des EJB3, en y incluant quelques innovations importantes introduites dans les versions ultérieures.

Il convient de bien préciser que nous n'avons pas la prétention de présenter ici un manuel de développement logiciel avec Java EE, le but étant avant tout ici de montrer comment les principes sous-jacents aux architectures à base de composants métier peuvent être mis en œuvre. Le lecteur désireux d'approfondir ce sujet pourra se reporter utilement à de très nombreux ouvrages de librairie et sites Web de qualité décrivant ces aspects avec beaucoup de détails.

3.5.1. Les EJB3

Dans les versions antérieures des EJB, c'est-à-dire les versions EJB2.x, en plus de l'écriture du code applicatif lui-même, le développeur, devait obligatoirement, pour chaque EJB, définir et implémenter *plusieurs interfaces*, correspondant non seulement aux appels (locaux ou distants) des méthodes métier, mais aussi à la gestion du cycle de vie de l'objet. En

[1] Nous utiliserons dans la suite indifféremment le terme d'EJB pour désigner implicitement (sauf mention du contraire) les EJB3 (c'est-à-dire les EJB3.0 et versions ultérieures).

particulier, des interfaces, avec le code d'implémentation associé, devaient être définies comme *étendant* deux interfaces prédéfinies *EJBHome* et *EJBObject*. Ceci rendait le code très lourd à écrire, même avec l'aide d'un atelier de développement, alors qu'une grande partie du code ainsi écrit s'avérait souvent inutilisé en pratique. Enfin, l'écriture d'un fichier descripteur de déploiement était obligatoire.

Les nouvelles versions des EJB, à partir des EJB3.0, proposent au développeur un *modèle d'assemblage déclaratif*, susceptible d'être mis en œuvre de manière simple via des *annotations* insérées dans le code Java. Celles-ci permettent de spécifier les liaisons entre les composants, ou encore entre un composant et d'autres éléments logiciels. En particulier, l'implémentation de l'ancienne interface *EJBHome* n'est plus requise.

Un mécanisme d'*injection de dépendance* permet de localiser les composants, la plateforme injectant alors à partir des déclarations les instances convenables à invoquer. De manière générale, il est possible d'injecter dans le code d'un EJB des objets connus du conteneur. Au niveau du déploiement et de la configuration, la charge de travail du développeur est considérablement réduite, beaucoup d'aspects étant alors « transparents » pour celui-ci.

Dans les EJB3, la fourniture d'un *descripteur de déploiement* devient *optionnelle*, et peut être remplacée pour tout ou partie par des *annotations* placées dans le code lui-même. Par ailleurs, le processus de configuration est simplifié par l'existence de *valeurs par défaut*. Il est donc possible de fournir au conteneur les informations utiles à la mise en œuvre d'un EJB via une combinaison de ces différents moyens. Pour telle ou telle information attendue, le conteneur utilise ainsi, un premier lieu, le descripteur de déploiement, puis, s'il n'y trouve pas l'information utile, recherche l'annotation utile dans le code, puis enfin, si aucune annotation correspondante n'est trouvée, applique la valeur par défaut. On notera que l'utilisation d'annotations est plus simple de mise en œuvre, mais que, dans certains cas, un fichier descripteur de déploiement peut apporter une forme de centralisation des informations qui peut être jugée utile.

3.5.2. Le conteneur d'EJB

De manière générale, le conteneur d'EJB a la charge d'assurer la gestion des EJB, avec, pour chacun s'entre eux, les interfaces et la classe d'implémentation associée. Le conteneur est alors capable d'injecter les références utiles dans un EJB selon les principes étudiés plus haut, et ce à partir des annotations et/ou des déclarations issues du descripteur de déploiement. C'est la fonctionnalité d'*assemblage des composants* de l'application. Le conteneur est également en charge d'injecter dans un EJB les références à d'autres éléments requis par celui-ci, tel un *gestionnaire d'entités* (*entity manager*), permettant l'accès à une source de données, une *transaction*, ou bien encore un *contexte de session*. Cette injection simplifie considérablement la tâche du développeur qui dispose donc directement des objets requis, prêts à l'usage.

La *création des objets* concrétisant les EJB est à la charge du conteneur. Lors d'une telle création, le conteneur doit injecter dans l'objet utilisateur les références à tous les éléments utiles, EJB ou autres objets. La création d'une instance d'EJB nécessite donc une suite d'actions, qui peut ne pas être négligeable en termes de temps d'exécution dans le contexte contraint d'une application orientée Web. Afin de résoudre cette difficulté, le conteneur peut assurer un *pooling* (ou mise en commun) *de ressources*, consistant à préparer par avance, dès l'initialisation, des ressources communes, telles des instances d'EJB, qu'il suffit alors ensuite d'affecter, allégeant ainsi considérablement l'exécution.

Outre la création des EJB, un point essentiel aux performances concerne plus généralement la *gestion du cycle de vie* des EJB. Nous savons que les instances des *EJB session stateful* affectées à un client ont la charge de maintenir toutes les données internes afférant au contexte de l'interaction (c'est-à-dire, en pratique, toutes les variables définies au niveau de la classe). Lors de la montée en charge d'une application Web, c'est-à-dire lorsqu'un nombre de plus en plus grand de clients viendra solliciter le serveur en concurrence, il pourra ne plus être raisonnable de maintenir effectivement en mémoire les états de toutes ces instances. Pour pallier cette difficulté, un conteneur aura la charge de gérer une telle situation en retirant des instances dont l'état aura été préalablement sauvegardé, puis en restaurant une instance seulement lorsque l'accès à celle-ci sera effectivement requis. Il s'agit là de manière générale de la *gestion du cycle de vie des EJB*.

En plus de ces fonctionnalités, le conteneur permet bien sûr l'accès distant à un EJB session par un composant Web, ou par une application (via le protocole RMI), dès lors que cet EJB a bien été spécifié comme tel et les bonnes opérations exposées.

Le tableau ci-dessous synthétise les services d'infrastructure fournis par un conteneur avec leur description.

Service du conteneur	**Description**
Accès distant	Accès à distance aux composants sans écriture de code
Intégration	Assemblage des composants selon un mode de configuration déclaratif simple
Pooling des ressources	Gestion des ressources partagées
Intégrité des threads	Isolation et gestion des accès concurrent aux composants
Gestion d'état	Sauvegarde et restauration automatiques de l'état d'un composant
Interaction par messages	Implémentation de la communication à base de messages
Transactions	Configuration simple des composants pour le support des transactions
Sécurité	Centralisation de la politique de sécurité et contrôle des accès
Intercepteurs	Introduction de la programmation orientée aspect
Persistance	Correspondance des objets avec la base de données (ORM)

Tableau 2. Synthèse des services fournis par un conteneur.

Le conteneur d'EJB fournit donc un ensemble de services d'infrastructure permettant en particulier la *localisation* des EJB, la *localisation* des autres ressources, ainsi que la *gestion des transactions*.

Il permet en outre le *pooling* de ressources, qui consiste dans la gestion de « *pools* » de ressources partagées, dont la création individuelle à la volée par un composant serait coûteuse en temps d'exécution. Ceci s'applique par exemple aux *connexions à un SGBD* ou encore à l'*équilibrage de charge* (*load balancing*).

On notera que la gestion de la *persistance* fonctionne dans la version actuelle de Java EE *en dehors d'un conteneur*, et ce par utilisation de l'API JPA. C'est d'ailleurs cette dernière solution qui est de loin la plus utilisée, parce que plus simple, et parce qu'elle permet de bien séparer la gestion des composants applicatifs de la persistance. Le conteneur se cantonne alors à assurer l'*injection du gestionnaire d'entités*.

3.5.3. Définition d'un EJB

Pour définir un *EJB*, il convient de fournir *une ou plusieurs interfaces d'invocation*[1] de cet EJB, ainsi que sa *classe d'implémentation*.

Ceci est symbolisé sur la figure ci-dessous :

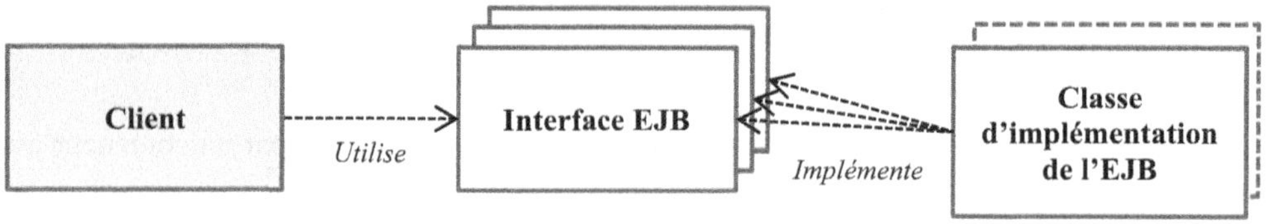

Figure 56. Interface et classe d'un EJB.

Pour un EJB donné, on pourra donc avoir soit *une seule interface*, soit *plusieurs* (afin, par exemple, de bien distinguer différents contextes d'appel). Une interface pourra être déclarée *distante* (*remote*) ou *locale* (*local*). Une interface *locale* permet l'invocation d'un EJB au sein de la même machine virtuelle. Elle ne sera donc accessible que *localement*. Une interface *distante* permet l'invocation d'un EJB *à distance*, en particulier depuis un logiciel tournant sur une autre machine physique.

Il est à noter que, dans le cas d'une interface distante, l'accès passe par RMI, lequel procède alors à la sérialisation des paramètres et si besoin à leur transfert à travers le réseau. L'accès en est donc beaucoup plus coûteux, et il convient donc de réserver l'invocation via une interface *remote* aux cas où elle est requise.

De manière générale, une entité logicielle locale ou distante n'accède pas directement à l'objet qui correspond à l'implémentation de l'EJB, mais à un objet *proxy*. Cet objet *proxy* va alors interagir de manière transparente avec la plateforme JEE et, en particulier, avec le conteneur, lequel invoquera alors l'EJB mais aussi les services techniques et opérations utiles, non perçues par l'appelant. Bien sûr, l'objet *proxy* est manipulé par l'application ou bien le composant Web utilisateur à travers le type convenable correspondant à l'interface.

3.5.4. Les EJB session

Dans les EJB 3, un EJB est défini à partir d'une simple classe *POJO*, avec des *annotations* ajoutées dans le code source, ce que l'on pourrait résumer de manière simple par :

POJO[1] + annotations = EJB

---

[1] Dans les versions récentes de JEE, la fourniture d'une interface n'est en fait même plus obligatoire. Comme nous le verrons plus loin, en l'absence d'interface explicitement fournie, une interface est automatiquement générée à partir du code de la classe.

Nous nous limitons ici pour les raisons déjà indiqués aux *EJB session*[2]. Un EJB session s'exécute dans un *conteneur*. L'invocation d'un EJB s'effectue en direct localement, ou de manière distante via RMI.

On définit une interface de l'EJB en précisant à l'aide d'une *annotation* si cette interface est *distante* (annotation *@Remote*) ou *locale* (*@Local*). Une telle interface n'a à étendre aucune autre interface. Une définition sera par exemple :

```
@Remote
public interface GuichetRemote {
        public void ouvrirCompte(Client client, Compte compte);
        public List<Compte> comptesPourUnClient(Client client);
        public Compte trouverUnCompte (ComptePK cle);
}
```

On définit ensuite l'*implémentation de l'EJB* à l'aide d'une classe *POJO*, laquelle doit implémenter *au moins une interface*. Il doit s'agir d'une classe ou d'une sous-classe *concrète* et *non finale*, possédant un constructeur public sans argument.

Une annotation *@Stateless, @Stateful* ou *@Singleton* permet de spécifier le *type d'EJB* créé. Nous rappelons ici les comportements associés à chaque type d'EJB :

- *@Stateless* : l'état de l'EJB disparaît à la fin de la session (ce serait le cas par exemple d'un *EJB* contrôlant un numéro de carte de crédit).
- *@Stateful* : l'état de l'EJB est sauvé en fin d'invocation et restauré automatiquement ensuite lors d'une nouvelle invocation par le client (par exemple, un *EJB* « panier d'achats » dans une application de commerce électronique).
- *@Singleton* : il n'existera qu'une seule instance de cet EJB pour l'ensemble de l'application. Elle ne sera liée à aucun client particulier.

Il existe d'autres annotations, non considérées ici, telles *@Entity*, déjà étudiée dans le chapitre consacré à la *persistance objet*, et *@MessageDriven*, que nous verrons plus tard à l'occasion des *intergiciels orientés messages*.

Dans notre exemple, nous définirons une classe, que nous appellerons *GuichetImpl*, implémentant l'interface *GuichetRemote*. Nous définirons ici un *EJB stateless*, aucune des méthodes ne nécessitant la mémorisation de données utilisateur :

```
@Stateless(name="BankService", mappedName="beans/guichet")
public class GuichetImpl implements GuichetRemote {
        public void ouvrirCompte(Client client, Compte compte) {
                ...
        }
        public List<Compte> comptesPourUnClient(Client client) {
```

---

[1] Le terme de « POJO » (*Plain Old Java Objet*) désigne simplement un objet Java défini comme une classe ordinaire, qui, en particulier, n'hérite pas de classes système ou encore n'implémente pas d'interfaces spécifiques. Un objet POJO est ainsi toujours « sérialisable ».

[2] L'exposition d'un EJB session en tant que Service Web (donc accessible depuis une application distante non JEE) est possible. Nous détaillerons cet aspect dans un chapitre ultérieur.

```
                ...
            }
            public Compte trouverUnCompte (ComptePK cle) {
                ...
            }
    }
```

Dans notre exemple, nous constatons que toutes les méthodes (publiques) de la classe sont exposées dans l'interface. Nous pourrions bien sûr faire le choix de n'*exposer que certaines méthodes dans cette interface*, ou bien encore de définir *plusieurs interfaces*, exposant chacune seulement certaines méthodes, relatives à un certain usage.

On remarque que l'annotation *@Stateless* porte ici deux attributs, à savoir le nom donné à l'EJB, et le nom sous lequel l'EJB sera enregistré dans l'annuaire, et identifié de l'extérieur. Ces attributs sont *optionnels*, les noms omis étant alors déterminés par défaut à partir de celui de la classe. Enfin, par souci de simplification, dans les versions récentes de JEE, la définition d'une interface par le développeur est devenue maintenant *optionnelle*. Ainsi, si aucune interface n'est fournie par le développeur, une interface est *automatiquement créée à partir du code de la classe*. Toutes les méthodes publiques de cette classe sont alors implicitement exposées comme opérations de l'EJB, et un nom d'interface est défini par défaut à partir du nom de la classe. Par défaut, sauf précision du contraire dans la classe, une telle interface sera *locale*.

Par exemple, pour définir dans le même temps la classe et son interface, on écrirait :

```
@Remote
@Stateless(name="BankService", mappedName="beans/guichet")
public class GuichetBean {
        public void ouvrirCompte(Client client, Compte compte) {
                ....
        }
        ....
}
```

On notera cependant que cette facilité n'est pas conseillée, et qu'elle se doit d'être réservée aux cas d'une extrême simplicité. De manière générale, il n'est en effet pas bon de lier le nom de l'interface, identifiant le service offert, à celui de la classe particulière d'implémentation. Il convient donc en général de définir explicitement la ou les interfaces utiles avec, pour chacune, les opérations exposées.

Précisons encore que dans une interface distante, il est inutile que les méthodes spécifient qu'elles peuvent lever une exception de type *RemoteException*. Il convient cependant, bien sûr, de déclarer les exceptions spécifiquement liées au domaine.

3.5.5. L'injection de dépendance

De manière générale, un *EJB* doit déclarer les éléments extérieurs dont il a besoin, et ce à l'aide d'*annotations* placées dans le code de l'implémentation. De tels éléments pourront être *injectés* ensuite dans le code de l'EJB par le conteneur dès l'initialisation, et pourront alors être directement utilisés par l'EJB. Ces éléments sont essentiellement de deux types, comprenant, en premier lieu, *d'autres EJB*, et, en second lieu, des *éléments autres que des EJB*, comme ceci sera précisé dans la suite

Injection d'EJB

Nous aurons donc tout d'abord les *références vers d'autres EJB*, injectées par le biais d'une annotation *@EJB.* Cette annotation permet de préciser les *EJB session* que le conteneur doit instancier, et initialiser de manière automatique. L'annotation porte classiquement sur une variable dans laquelle la référence doit être injectée. L'annotation précède alors la déclaration de celle-ci.

Considérons par exemple la portion de code suivante placée dans le code d'un EJB :

```
...
@EJB(beanName = "BankService")
GuichetRemote monGuichet;
...
Compte monCompte;
ComptePK maCle;
...
monCompte = monGuichet.trouverUnCompte(maClé);
...
```

L'annotation @EJB précédant la déclaration de la variable *monGuichet* indique au conteneur qu'il doit injecter dans *BankService* une référence à l'EJB *monGuichet*, dont le type est une interface *GuichetRemote*. Il sera alors possible d'invoquer les services de cet EJB, et en particulier d'appeler la méthode *trouverUnCompte*, au travers de l'objet *monGuichet* dont nous possédons la référence. Nous avons ainsi permis à l'EJB dont nous écrivons le code d'invoquer les services d'un *EJB* distant, sans introduire de liaison en dur dans le code source. Notons que l''injection des instances des *EJB session* est faite *avant que les méthodes métiers ne soient invoquées*.

On notera également que l'annotation *@EJB*, placée ici au *niveau d'une variable*, peut être également utilisée *au niveau d'une méthode* ou encore *d'une classe*.

Injection d'autres éléments

Plus généralement, le conteneur peut également injecter des éléments d'autres natures que les EJB. Il pourra s'agir d'un élément logiciel connu du conteneur, tel qu'un *contexte de persistance*, un *gestionnaire d'entités*, un *contexte de transaction*, ou encore un *contexte de sécurité*. Ceci permet de laisser le conteneur effectuer toutes les opérations de création ou de récupération utiles, et de permettre au code applicatif d'en *disposer directement sous la forme d'une variable prête à l'emploi*, à partir de laquelle on pourra invoquer des services. On parle de *ressource* lorsqu'il s'agit d'une référence obtenue via JDNI. L'injection remplace alors l'obtention de cette référence par appel de JNDI, ce qui est beaucoup plus simple à exprimer.

Pour injecter les références dans le code Java, on utilise les annotations suivantes, permettant de référencer un objet directement pas son nom :

- *@PersistenceContext*, pour l'injection d'une instance d'un *EntityManager*, aux fins de manipuler des entités.

- *@Resource*, qui permet l'acquisition à l'initialisation d'une ressource préconfigurée.

L'annotation *@Resource* permet par exemple d'injecter des *sources de données* accessibles à travers JDBC, ou encore des *destinations de messages JMS*. Cette annotation est utilisable sur *une classe*, *une méthode* ou *un attribut*. Si l'annotation est posée sur une méthode ou un attribut, le conteneur injecte la référence au moment de l'initialisation de l'EJB.

Nous pourrons par exemple déclarer :

```
@Resource
private DataSource dataSource;
```

L'annotation *@Ressource* peut être précisée par plusieurs attributs, dont le nom de la ressource (*name*), son *type* (*type*), et enfin le *type d'authentification* associé à la ressource. Ce type peut être CONTAINER ou APPLICATION.

Nous pourrons également injecter directement un *contexte de persistance* de la manière suivante :

```
@PersistenceContext(unitName ="MaBanque")
private EntityManager entityManager;
```

Prenons l'exemple du code ci-dessous :

```
@Stateless(name="BankService", mappedName="beans/guichet")
public class GuichetBean implements GuichetRemote {
        ....
        @PersistenceContext(unitName ="MaBanque")
        private EntityManager entityManager;
        ...
        @Override
        public void ouvrirCompte(Client client, Compte compte) {
                entityManager.persist(client);
                entityManager.persist(compte);
                entityManager.merge(client);
                entityManager.refresh(client);
        }
        ....
}
```

Nous voyons que l'injection d'un *contexte de persistance* est spécifiée à l'aide de l'annotation *@PersistenceContext*. L'attribut *unitName* (optionnel) permet ici de préciser le contexte dont il est question, ce qui est utile dans le cas de contextes multiples. Nous voyons que la méthode *ouvrirCompte* est alors en mesure de manipuler des entités persistantes *client* et *compte* par le biais du *gestionnaire d'entités* ainsi injecté.

3.5.6. Invocation d'un EJB depuis un client « stand alone »

Une application cliente distante peut utiliser les EJB possédant une interface de type *Remote*. Pour cela, le client doit mener la séquence d'opérations suivantes :

- Connection au serveur JNDI, afin de pouvoir accéder à l'annuaire.
- Recherche dans l'annuaire JNDI de l'interface *Remote* de l'EJB identifiée.
- Récupération du *proxy* grâce à JNDI.

Le client peut alors utiliser l'EJB au travers du proxy ainsi récupéré. Nous aurons ainsi, par exemple :

```
InitialContext context = new InitialContext();
GuichetRemote guichet = (GuichetRemote)context.lookup("beans/guichet");
guichet.ouvrirCompte(client, compte);
```

On notera que les informations nécessaires à la connexion à l'annuaire JNDI, fournies par le serveur d'application, sont en général spécifiques de l'implémentation, et dépendent donc du *framework* utilisé.

3.5.7. La gestion du cycle de vie des EJB

Pour créer un *EJB*, le conteneur doit d'abord créer un objet de la classe correspondante, puis *injecter les références utiles dans cette instance*. L'EJB peut alors être invoqué par un client. Un *EJB session stateless* reste dans un état actif jusqu'à sa destruction. Son cycle de vie est donc très simple.

Par contre, nous savons qu'un *EJB session stateful* doit conserver un état. En fonction de la charge du serveur, et en particulier dans le cas où la mémoire disponible descend sous un certain seuil, le conteneur a la possibilité de retirer un *EJB* non utilisé, en sauvegardant son état sur disque, en ayant donc *sérialisé* l'objet. L'EJB passe ainsi dans l'état « passif ». Cet EJB sera restauré en mémoire et réactivé à partir de son état ainsi sauvegardé, lorsqu'il sera de nouveau invoqué par le client. Ce cycle de vie est symbolisé sur la figure ci-dessous :

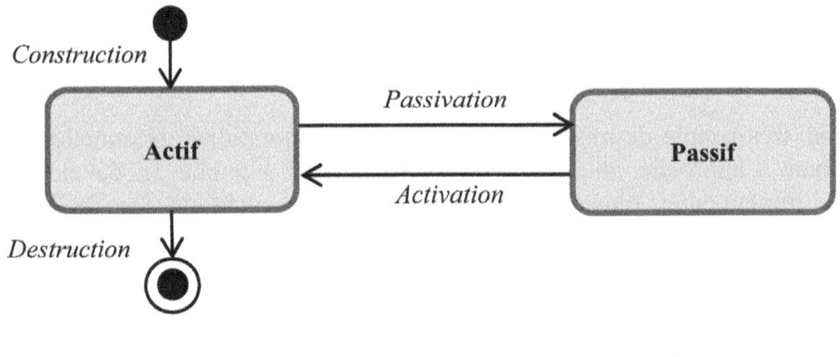

Figure 57. Cycle de vie d'un EJB *stateful*.

A chaque transition, correspond ainsi un *évènement*. Il est possible au développeur de définir pour un *EJB* donné des *callbacks* à exécuter automatiquement lors de la survenue de chaque type d'évènement. Dans le cas d'un *EJB session stateful*, il s'agira des évènements correspondant à la *construction*, à la *destruction*, à la *passivation* et à la *réactivation* de l'EJB. On y ajoutera les évènements correspondant à un *timeout*, relevant d'une durée maximum prédéfinie (un *EJB* ne pouvant demeurer indéfiniment sur disque), ainsi qu'à l'invocation d'une méthode de destruction de l'instance. Par contre, dans le cas d'un *EJB stateless*, il ne pourra s'agir que des évènements de *construction* et de *destruction* (qui, pour information, s'appliqueront aussi aux *EJB* orientés messages).

Par ce moyen, le développeur à la possibilité de définir des actions applicatives particulières requises dans chaque cas. Pour cela, il suffit que celui-ci fournisse une méthode *ad hoc* représentant les actions à exécuter, et annote celle-ci via une annotation correspondant à l'évènement. Les méthodes doivent être de la forme public *void nomMéthode().*

Le tableau ci-dessous synthétise les annotations susceptibles d'être employées dans les différents types d'*EJB session*, avec leur effet.

Annotation	**EJB**	**Commentaire**
@PostConstruct	*Stateless, Stateful, Message*	Applicable à une méthode, et invoqué par le conteneur à la fin de la création de l'injection de dépendance
@PreDestroy	*Stateless, Stateful, Message*	Méthode invoquée juste avant la destruction de l'EJB (par exemple_libération des ressources)
@PrePassivate	*Stateful*	Invocation de la méthode juste avant que l'instance de l'EJB ne soit inactive. Tous les attributs qui sont sérialisables sont sauvés
@PostActivate	*Stateful*	Invocation à la réactivation de l'instance sauvegardée, et restauration du contexte précédent
@Remove et *@StatefullTimeout*	*Stateful*	Suppression définitive de l'EJB à la fin du délai, ou à l'invocation d'une méthode de fin

Tableau 3. Annotations des méthodes liées au cycle de vie d'un EJB.

Ce mécanisme, très simple de mise en œuvre (via des annotations optionnelles), remplace avantageusement l'approche antérieure aux EJB3, dans laquelle le développeur avait l'obligation d'implémenter plusieurs méthodes liées au cycle de vie de l'EJB, telles qu'*ejbActivate*, *ejbLoad*, *ejbPassivate*, *ejbRemove*, etc., que des actions applicatives particulières soient ou non requises dans le cas en question.

3.5.8. Les intercepteurs

Les *intercepteurs* permettent une gestion fine du processus d'invocation de méthodes. Ils sont applicables aux *EJB session stateless* et *stateful* ainsi qu'aux *EJB orientés messages*. Ils sont pris en charge et exécutés dans le conteneur.

Les intercepteurs apportent une fonctionnalité avancée tout à fait similaire à celle proposée par la *programmation orientée aspect*. Ils permettent ainsi d'*intercepter l'invocation d'une méthode métier*, ce afin d'exécuter des traitements particuliers, destinés à apporter une propriété spécifique dont on souhaite doter l'application, de manière « transversale » aux fonctionnalités existantes, telle la mémorisation de traces, l'enregistrement de logs, ou encore la gestion de la sécurité.

Un intercepteur permet de définir des traitements additionnels, fournis sous la forme de méthodes exécutées implicitement à l'invocation d'une méthode métier. Un intercepteur peut être défini spécifiquement dans un *EJB*, auquel cas il ne concernera que cet EJB particulier. Un intercepteur pourra également être défini dans une classe « intercepteur ». Dans ce second cas, il pourra être utilisé par tout *EJB* via une annotation. Les intercepteurs sont définis grâce à des annotations dédiées, dont les principales sont *@Interceptors* et *@AroundInvoque* (une autre annotation étant *@ExcludeInterceptors*). Une classe intercepteur sera une simple classe POJO, pour laquelle on devra avoir un constructeur sans paramètre, et dont certaines méthodes seront annotées avec *@AroundInvoque*, ou encore avec une annotation liée au cycle de vie de l'EJB.

Leur utilisation permet par exemple le contrôle des accès, les traces et le monitoring, les redéfinitions de paramètres et de valeurs, la consommation d'exceptions, etc.

Nous donnons ci-dessous l'exemple d'un journal. L'annotation *@Interceptors* posée sur la méthode *onMessage* signifie que des actions additionnelles devront être systématiquement exécutées à l'invocation de la méthode :

```
@Interceptors (JournalTransaction.class)
public void onMessage(Message message) {
        try {
                ...
        }
}
```

Un code d'interception pourrait par exemple être défini par :

```
@AroundInvoque
public Object logMethodEntry(InvocationContext invocationContext)
                                                throws Exception {
        System.out.println("Method entree : "
                        + invocationContext.getMethod().getName());
        Object object = invocationContext.proceed();
        System.out.println("Methode retour : "
                        + invocationContext.getMethod().getName());
        return object;
}
```

3.5.9. Les transactions

On sait qu'une transaction est une séquence d'actions à laquelle on impose de respecter globalement les propriétés ACID. En particulier, toutes les actions doivent être intégralement exécutées, ou, si un problème survient, intégralement défaites afin de revenir à l'état initial, comme si rien n'avait été exécuté. Les transactions sont le plus souvent utilisées pour des actions liées aux accès aux bases de données.

Les *EJB* sont en général amenés à accéder aux entités métier, en effectuant des actions de lecture et/ou d'écriture sur celles-ci, et sont donc, bien sûr, concernés par les transactions. Une transaction pourra par exemple inclure la consultation d'un objet, suivie d'une mise à jour éventuelle de celui-ci en fonction des valeurs lues, avec la garantie qu'aucun autre client n'a modifié entre temps le contenu de l'objet.

En Java EE, un moyen pour cela est d'utiliser explicitement des transactions dans le code. Tout se passe alors exactement comme dans une application classique Java SE, à ceci près qu'un objet *transaction* est alors obtenu, non par instanciation directe, mais en s'adressant au conteneur pour injection de celui-ci, ou encore en utilisant l'annuaire. L'objet *transaction* ainsi récupéré doit être de type *UserTransaction*.

Transaction gérée par l'EJB

Dans ce cas, le développeur de l'EJB fait le choix de *gérer manuellement ses transactions*. Nous sommes dans le mode de gestion des transactions dit « *bean managed* », où les transactions sont directement gérées par l'EJB. Il convient alors d'indiquer ce choix au conteneur par l'annotation :

@TransactionManagement(TransactionManagementType.BEAN)

Tout se passe alors exactement comme dans du code Java SE à ceci près que l'on utilise maintenant un objet de type *UserTransaction*, obtenu du serveur d'application.

Par exemple, le code suivant définit un EJB qui va gérer lui-même ses transactions. Une transaction de type *UserTransaction* est alors injectée via l'annotation *@Resource*.

```
@Stateless(name="BankService", mappedName="beans/guichet")
@Remote(guichet.class)
@TransactionManagement(TransactionManagementType.BEAN)
public class GuichetBean implements GuichetRemote {
        @Resource
        private UserTransaction transaction;
        ....
}
```

Le code pourra alors accéder à un objet *compte*, puis augmenter par exemple le solde de celui-ci dans le seul cas où ce solde est supérieur à 1000 :

```
transaction().begin();
Compte compte = em.find(Compte.class, 15224);
if (compte.solde > 1000) {
        compte.solde = compte.solde + 10;
}
transaction().commit();
```

Le code a alors à sa disposition les méthodes de l'API *UserTransaction*, qui comprennent les opérations classiques *begin*, *commit* et *rollback*. A celles-ci, s'ajoutent trois nouvelles opérations, constituées par les méthodes :

- *setRollbackOnly()*, dont l'appel impose que la transaction en cours soit annulée en fin d'exécution.

- *getStatus(),* qui retourne le statut courant de la transaction, lequel peut être « actif », « validé », « en cours de validation », « marqué en rollback », « n'existe plus », « prête à être validée », « en préparation », « annulée » et enfin « inconnu » (état transitoire).
- *setTransactionTimeOut(int),* qui permet de fixer un temps au-delà duquel la transaction devra s'annuler automatiquement.

Par défaut, une transaction inclura dans son *contexte* tous les traitements entre le *begin* et le *commit*, y compris les appels à des méthodes d'autres EJB. Dans le cas d'un EJB *avec état*, une transaction peut être démarrée lors d'un premier appel de méthode, puis maintenue ouverte à la sortie de cette méthode.

Lors des invocations suivantes de cette même méthode, où bien d'une autre méthode de ce même EJB, les actions correspondantes seront toujours alors *dans la portée de cette transaction.*

Enfin, un appel ultérieur pourra fermer la transaction, validant alors, ou au contraire invalidant, les mises à jour opérées. Dans ce contexte, l'appel à la méthode *getStatus()* de la transaction peut permettre à l'EJB d'être renseigné sur l'état effectif de celle-ci.

Transaction gérée par le conteneur

A côté du mode précédent, où le développeur doit programmer *explicitement* ses transactions, il existe une possibilité de confier au conteneur le soin de gérer *implicitement* les aspects transactionnels. On dit que l'on est dans le mode « *container managed* », c'est-à-dire *géré par le conteneur.*

Il s'agit d'une mise en œuvre *déclarative* des transactions, où il n'y a donc plus d'invocations explicites de l'API de gestion de transactions dans le code. Dans ce cas, *une transaction correspond implicitement à une méthode de l'EJB.* Elle inclut tous les traitements effectués dans cette méthode, y compris les appels à d'autres EJB. La transaction est donc *propagée au contexte de persistance* géré par le gestionnaire d'entités.

Un EJB faisant le choix de ce mode doit être créé en utilisant l'annotation :

```
@TransactionManagement(TransactionManagementType.CONTAINER)
```

On écrira alors, par exemple :

```
@Stateless(name="BankService", mappedName="beans/guichet")
@Remote(guichet.class)
@TransactionManagement(TransactionManagementType.CONTAINER)
public class GuichetBean implements GuichetRemote {
        ...
}
```

Le fait d'entrer dans une méthode *démarre alors automatiquement une transaction.* Dans le cas d'une transaction gérée par le conteneur, la décision d'une terminaison positive avec *commit*, ou bien d'*abandon*, est du ressort du conteneur. Une transaction est ainsi automatiquement abandonnée dans le cas où une exception est levée, dans la méthode, ou encore par l'une des méthodes des autres EJB invoqués. Notons qu'il n'est alors plus permis d'injecter des objets *transaction* dans le code de l'EJB, comme présenté dans le paragraphe précédent.

Dans ce qui vient d'être décrit, les transactions concernent donc implicitement une méthode, et la déclaration *TransactionManagementType.CONTAINER* s'applique par défaut à chaque méthode définie dans l'EJB. Il est toutefois possible de moduler ce comportement par défaut, en utilisant pour cela l'annotation *@TransactionAttribute*, qui utilise un attribut unique *TransactionAttributeType*. On pourra par ce biais *annoter individuellement chaque méthode*, ou bien *annoter globalement la classe* afin de spécifier un comportement particulier. Dans ce second cas, toutes les méthodes partageront alors le même comportement.

Annoter une méthode indique au conteneur ce qu'il doit faire à l'invocation de celle-ci, sachant que ceci doit *tenir compte d'une éventuelle transaction déjà en cours*, dans le cas où l'appelant est une autre méthode d'EJB. Le comportement à adopter pourra alors être, par exemple, de créer une nouvelle transaction imbriquée, ou bien de se placer sous le couvert de la transaction déjà en cours, ou bien encore de suspendre cette dernière. Notons que la valeur attachée à l'annotation permettra également de déterminer la transaction que le gestionnaire de ressources devra garder en référence.

L'attribut *TransactionAttributeType* peut prendre au total *6 valeurs*, avec les effets respectifs que nous allons indiquer.

La valeur NOT_SUPPORTED a ainsi pour effet de *suspendre la propagation de la transaction éventuelle* dans lequel s'exécutait l'appelant. Une éventuelle transaction démarrée avant l'appel de la méthode sera ainsi suspendue jusqu'à sortie de cette méthode.

La valeur SUPPORTS indique que la méthode appelée doit être *incluse dans une éventuelle transaction* démarrée avant l'appel.

La valeur REQUIRES indique que la méthode doit *obligatoirement être incluse dans une transaction*. Ainsi, si aucune transaction n'était en cours avant l'appel, le conteneur doit en créer une. Cette transaction prendra fin à la sortie de la méthode.

La valeur REQUIRES_NEW indique qu'*une nouvelle transaction doit systématiquement être démarrée* même si une transaction était en cours. Dans ce dernier cas, cette transaction est cours est suspendue jusqu'à la fin d'exécution de la méthode.

La valeur MANDATORY indique que la méthode doit *obligatoirement être incluse dans la portée d'une transaction* en cours avant son appel. L'appel de la méthode lèvera donc une exception si aucune transaction n'était en cours dans l'appelant.

Enfin, la valeur NEVER indique que la méthode ne doit *jamais être exécutée dans le contexte d'une transaction*. Ainsi, un appel de la méthode depuis une autre méthode exécutée dans le contexte d'une transaction lèvera une exception.

Le tableau ci-après synthétise ces différents cas, en indiquant pour chaque valeur de l'attribut et pour chaque cas de *transaction éventuelle en cours* (pas de transaction, ou transaction en cours T_1) le comportement conséquent adopté (pas de transaction, exécution dans le contexte de T_1, ou démarrage d'une nouvelle transaction T_2).

Valeur de l'attribut *TransactionAttributeType*	**Transaction éventuelle en cours dans l'appelant**	**Transaction conséquente dans la méthode appelée**	**Transaction enregistrée auprès de gestionnaire de ressources**
NOT_SUPPORTED	*Pas de transaction*	*Pas de transaction*	*null*
NOT_SUPPORTED	T_1	*Pas de transaction*	*null*
SUPPORTS	*Pas de transaction*	*Pas de transaction*	*null*
SUPPORTS	T_1	T_1	T_1
REQUIRED	*Pas de transaction*	T_2	T_2
REQUIRED	T_1	T_1	T_1
SUPPORTS	*Pas de transaction*	*Pas de transaction*	*null*
SUPPORTS	T_1	T_1	T_1
REQUIRES_NEW	*Pas de transaction*	T_2	T_2
REQUIRES_NEW	T_1	T_2	T_2
MANDATORY	Pas de *transaction*	*Erreur*	-
MANDATORY	T_1	T_1	T_1
NEVER	*Pas de transaction*	*Pas de transaction*	*null*
NEVER	T_1	*Erreur*	-

Tableau 4. Comportement transactionnel adopté en fonction de la valeur de l'attribut *TransactionAttributeType*.

CHAPITRE 4. Les intergiciels orientés messages

Objectifs de ce chapitre

Ce chapitre quitte le cadre strict des applications *N-tiers* pour entrer maintenant, de manière plus large, dans la structuration d'un Système d'Information d'entreprise, souvent composé d'applications en grand nombre, réparties sur plusieurs sites géographiques et de natures très diverses.

Dans ce cadre, nous étudions ici la notion d'*intergiciel orienté messages*, ou plus brièvement *MOM*, introduite pour répondre à un besoin d'intégration de telles applications, sur la base d'échanges de messages menés de manière *asynchrone*.

Nous présenterons le besoin d'où sont nés les *MOM*, les caractéristiques de ces logiciels, et les principes de base de leur fonctionnement.

Nous aborderons alors l'interface de programmation *JMS* (*Java Message Service*), proposée en tant que standard d'interface pour les applications Java. Nous étudierons ensuite des caractéristiques plus précises des MOM, avec des propriétés utiles à de nombreuses applications, et dresserons enfin un bref panorama d'offres logicielles majeures de ce domaine.

4.1. Le concept d'intergiciel orientés messages

4.1.1. La notion d'intergiciel

De manière générale, un *intergiciel*, ou *middleware*, est un logiciel permettant à des applications distantes d'inter opérer via un réseau de communication, à travers des mécanismes de haut niveau. Un *intergiciel* autorisera ainsi des composants logiciels déployés sur différents serveurs et différents sites à interagir, à communiquer, ou à se rendre des services, de manière simple, en s'abstrayant de la diversité des matériels et des systèmes d'exploitation. Typiquement, un *intergiciel* constitue un socle de base sur lequel on pourra intégrer de multiples applications au sein du Système d'Information d'une organisation.

La figure ci-après symbolise ainsi plusieurs applications réparties sur différents serveurs matériels et différents sites géographiques, et connectées via un *intergiciel.*

Outre le fait d'assurer les *échanges* proprement dits, un *intergiciel* pourra typiquement offrir un certain nombre de *services additionnels*, et aussi satisfaire à un certain nombre de *propriétés*.

Parmi ces services, nous aurons en général l'*identification* et la *localisation* des composants applicatifs sur le réseau, permettant d'offrir à ceux-ci une transparence vis-à-vis des adresses réseau et de tous autres éléments techniques liés aux communications. A partir d'un simple identifiant, l'*intergiciel* assurera alors l'acheminement convenable des échanges vers la bonne destination.

Un *intergiciel* pourra également être en charge de *conversions* éventuelles *de formats,* permettant à des applications déployées sur différents environnements et développées en différents langages d'échanger de manière transparente.

Enfin, un *intergiciel* offrira souvent des caractéristiques additionnelles, en rapport avec la satisfaction d'une certaine *qualité de service*, et concernant par exemple la *fiabilité* des échanges, la gestion de la *sécurité*, l'*équilibrage de charge*, voire l'assurance d'une *haute disponibilité*.

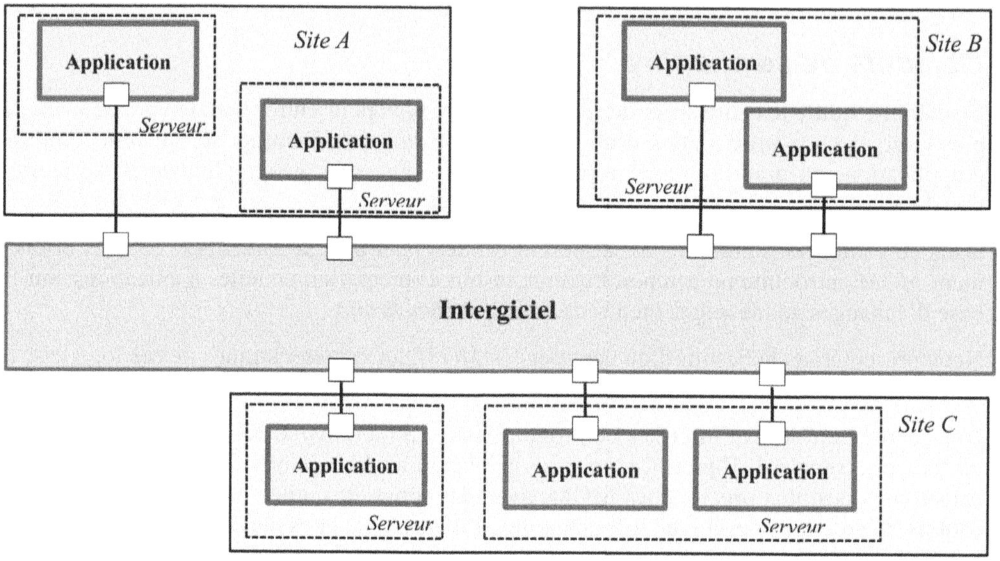

Figure 58. Applications connectées via un *intergiciel*.

Nous voyons que les fonctionnalités offertes par un *intergiciel* vont ainsi très largement au-delà de la simple mise en œuvre d'un protocole de communication applicatif.

4.1.2. Les intergiciels orientés messages, ou MOM

Nous avons indiqué qu'un *intergiciel*, ou *middleware*, offrait à des applications distantes des mécanismes de haut niveau leur permettant d'interagir simplement entre elles. CORBA, que nous avons déjà évoqué, constitue ainsi la spécification d'un *middleware* basé sur la notion d'*objet distribué*. Le mode d'interaction de base y est l'*invocation de méthode distante*, par essence *synchrone*. Dans l'appel de méthode distante, l'appelé doit être disponible pour répondre, et l'appelant reste bloqué dans l'attente du résultat, d'où le qualificatif de *synchrone*. Il s'agit sur le principe d'une interaction entre un *client* et un *fournisseur de service*

Mais, à côté de ce mode très classique, il est possible de considérer un autre mode d'interaction, basé, lui, sur des *interactions asynchrones* entre applications. Un tel mode prendra pour modèle l'*échange de messages*. Dans ce cas, après envoi d'un message, l'application émettrice reprend son exécution dès l'envoi effectué. Une application consommatrice pourra lire ce message dans un second temps, lorsqu'elle sera disponible. Ce fonctionnement pourrait être comparé à un *échange de courrier* entre applications. L'interaction est ici *unidirectionnelle* et *asynchrone*. Il s'agit d'une interaction entre un *producteur* et un *consommateur*.

Ainsi, une application A confiera-t-elle un message à l'*intergiciel*, lequel se chargera de l'acheminer et de le remettre, à un instant ultérieur, à une application B. *A n'attend pas ici de résultat immédiat de la part de B, et c'est au seul B qu'il appartient de décider des actions à prendre en réponse à la réception de tel ou tel message.*

En adoptant la transmission de messages comme mode d'interaction entre applications, nous aurons alors une autre famille d'intergiciels, appelés *intergiciels orientés messages* (*Message Orientes Middleware*). On les désigne couramment, ce que nous ferons ici, par le terme de MOM. Les *intergiciels orientés messages*, ou MOM, sont donc des plateformes d'échange, qui vont permettre à des applications d'interagir en échangeant simplement des informations.

L'élément véhiculé par un MOM est donc un *message*. A l'opposé des paramètres d'appel d'une opération, qui doivent être conformes à une certaine signature, rien n'est en général imposé quant au contenu d'un *message*, en particulier en ce qui concerne le *format* des données véhiculées ou ce qu'elles représentent. Un tel échange sous-entend donc que les applications amenées à interagir se soient préalablement mises d'accord, via des conventions convenables, sur les messages échangés, le format des données, ainsi que leur sens. L'*intergiciel orienté messages ne s'intéresse pas au contenu échangé, et se limite à le transmettre à travers le réseau, puis à le remettre à un destinataire, sans l'avoir interprété ni lui avoir apporté de modification.*

4.1.3. Interactions synchrones et asynchrones

La notion d'*intergiciel orienté messages* répond à un besoin de couplage plus faible que celui fourni par l'invocation procédurale distante. Ce besoin est souvent rencontré dans les grands Systèmes d'Information d'organisations. Dans le cas classique d'une invocation procédurale, lorsqu'une application A requiert le rendu d'un certain service, matérialisé par une opération, il est impératif que l'application implémentant celui-ci soit en cours d'exécution et disponible pour traiter l'appel. Il faut *a fortiori* que le serveur hébergeant l'application invoquée soit, à l'instant donné, en fonctionnement et accessible à travers le réseau, quelle que soit sa localisation géographique. Bien sûr, ces conditions ne peuvent pas toujours être assurées.

L'invocation synchrone classique présente donc des limites dans certains contextes, et en particulier dans le cadre des Systèmes d'Information comportant de nombreuses applications réparties. En particulier, une telle invocation exclut qu'une action puisse être exécutée de manière différée, lorsqu'un serveur arrêté redevient accessible, et une application de nouveau disponible. Ceci exclut également qu'une application puisse se substituer à une autre pour rendre ce même service. Enfin, de manière générale, le principe d'invocation synchrone d'un service distant crée une *dépendance forte* de l'application *cliente* vis-à-vis de l'application *fournisseur*.

Mais, d'autres considérations entrent également en ligne de compte. Ainsi, dans le cas d'une invocation synchrone, il peut être légitime de s'interroger sur l'impact des temps de réponse sur les fonctionnalités globales, offertes au niveau du Système d'Information dans son ensemble. Ces temps de réponse peuvent être longs, ou encore très variables. Une application qui rend un service peut par ailleurs s'avérer inactive, provoquant ainsi des cas d'erreur. Dans les cas ici considérés, il n'est pas toujours judicieux qu'une application se bloque en attente d'une réponse d'une autre application. Il peut donc être opportun d'y substituer une invocation *sans attente de résultat*, l'application appelante continuant alors le fil d'exécution sans attendre de réponse, et faisant alors autre chose. Si des résultats ou des comptes rendus de traitement sont nécessaires, cette même application utilisatrice peut alors, dans un second temps, récupérer et exploiter ces résultats lorsqu'ils sont prêts, et ce via un second échange de message dans l'autre sens.

En dernier lieu, il convient de remarquer que, lorsque l'on intègre des applications à grande échelle, toute interaction ne correspond pas nécessairement à une demande de service. Ce peut être ainsi, par exemple, la transmission d'une information, liée à la notification de survenue de tel ou tel événement métier, ou encore la spécification d'une action non immédiate à exécuter. L'application destinatrice sait alors parfaitement ce qu'elle doit faire de la donnée reçue et n'a pas de résultat particulier à retourner à l'émetteur. *Le modèle d'interaction n'est donc pas alors basé sur le rendu d'un service.*

Pour toutes les raisons évoquées, lorsqu'il nous faudra intégrer des applications distantes au sein d'un système réparti à grande échelle, nous pourrons avoir besoin d'un mode d'interaction alternatif à celui de l'invocation procédurale. Une réponse à un tel besoin peut être apportée par les *intergiciels orientés messages,* ou MOM. Ces derniers mettent en œuvre l'envoi de messages, d'où résultent une *dépendance faible* et un *couplage lâche entre les applications*. Ils apportent donc une plus grande flexibilité dans les architectures.

Les *intergiciels* de type MOM constituent ainsi l'implémentation du principe très général *d'interaction asynchrone par messages* dans le cadre d'applications réparties sur un réseau.

On notera que, dans le monde Java, il existe un standard en la matière, constitué par la spécification *JMS* (*Java Message Service*), laquelle est à la base d'un grand nombre d'implémentations de qualité. Nous étudierons les principes de base de cette spécification plus loin dans ce chapitre.

4.1.4. Les caractéristiques de base d'un MOM

La fonctionnalité de base offerte par un MOM réside donc dans l'acheminement de messages entre des applications distantes déployées sur un réseau de machines, éventuellement très étendu. Outre cette fonctionnalité de base, de manière plus précise, un MOM présente de façon générale des caractéristiques bien spécifiques que nous allons examiner. Celles-ci sont essentiellement l'*interaction asynchrone*, le caractère *indirect* des échanges, la *neutralité vis-à-vis des contenus*, et enfin la *fiabilité* des échanges. Nous allons détailler ici ces différents aspects.

Interaction asynchrone

Dans un MOM, toutes les interactions entre applications reposent sur l'envoi de *messages*. Une fois un *message* convenablement confié au MOM, ce dernier rend aussitôt la main à l'application émettrice. Comme déjà indiqué, l'interaction via un MOM présente donc un *caractère* fondamentalement *asynchrone*, dissociant temporellement l'envoi d'un message par un *producteur* de sa lecture par un *consommateur*. Il pourra bien sûr arriver qu'une application consommatrice soit saturée, ou encore arrêtée. De même, le serveur qui l'héberge pourra être indisponible, pour raison de panne ou de maintenance, ou bien encore être temporairement injoignable du fait du réseau. Le principe de base de fonctionnement d'un MOM est alors de conserver le message le temps nécessaire, en attente de sa prise en compte. Nous reviendrons ci-après sur cet aspect, lié à la fiabilité des échanges.

Par nature, les échanges effectués via un MOM ne sont pas basés sur un modèle *requête-réponse*, comme peut l'être une interaction via CORBA. Suite à la lecture d'un message, il est bien sûr possible que l'application consommatrice émette à son tour un message, qui pourra constituer, peut-être, une réponse faisant suite à la prise en compte du premier message. Mais il s'agit alors simplement d'une *utilisation particulière faite du MOM*, les deux messages étant émis et reçus *de manière indépendante*.

Indirection des échanges

Dans un MOM, une application n'envoie pas un message *à telle ou telle application* destinataire en particulier, nommément désignée. Elle s'adresse à une *entité intermédiaire*, qui pourra être, par exemple une *file d'attente*, que nous appellerons aussi une *queue de messages*, jouant le rôle de boîte à lettre. Ainsi, dans ce cas, une application n'enverra-t-elle pas un message à une autre application, mais *le déposera dans une queue de messages*. Une autre application pourra alors lire dans cette *queue* le message ainsi déposé et le traiter. Une fois pris en compte, le message sera alors retiré de la boîte.

De manière générale, une application émettrice n'a donc pas à connaitre la ou les applications potentiellement consommatrices de ses envois, la réciproque étant également vraie. Cette manière de faire, basé sur des *échanges indirects*, garantit l'*absence de dépendances* entre applications, conférant ainsi une plus grande évolutivité au système. Nous verrons plus en détail le fonctionnement des modes d'interaction classiquement offerts par les MOM, dont l'utilisation de *queues de messages* ici évoquée fait partie.

Neutralité vis-à-vis des contenus

Sur le principe, et à la différence d'un *intergiciel* basé sur l'invocation procédurale, un MOM n'est pas concerné par le contenu des messages. Ainsi, les contenus sont-ils transmis tels quels, sans traitement (hormis bien sûr des conversions de base éventuelles liées à l'hétérogénéité des matériels et des systèmes d'exploitation), ni influence des contenus sur le processus d'envoi lui-même. Ainsi, les MOM ne prennent-ils en charge, en général, aucune transformation des données. Les applications échangeant par le biais du MOM doivent donc s'exprimer dans une même « langue », c'est-à-dire représenter leurs objets applicatifs échangés de la même manière, et avec les mêmes conventions quant à leur sens.

Fiabilité des échanges

L'une des qualités attendues d'un MOM est qu'il garantisse la *fiabilité du service,* c'est-à-dire l'acheminement convenable de tout message, quels que soient les circonstances et les aléas éventuels. Ces aléas comprennent en particulier, comme déjà indiqué, l'indisponibilité temporaire d'une application, l'arrêt d'un serveur, ou encore l'interruption de la connectivité réseau. Dans tous ces cas, le MOM se doit de conserver les *messages* qui lui sont confiés le temps suffisant, jusqu'à ce qu'ils aient été remis et correctement pris en compte par une application consommatrice. L'application émettrice n'a aucunement à se soucier de cette gestion et des mécanismes ainsi mis en place, toute cette complexité étant intégralement prise en compte par le MOM. On verra que cette fiabilité de l'acheminement pourra être rendue plus ou moins forte, selon un certain paramétrage, et en fonction de la configuration du MOM.

Le MOM garantit à une application émettrice que le message qui lui est confié ne sera pas perdu, même en présence d'incidents logiciels, matériels, ou réseau. L'application émettrice peut donc « se reposer » sur le MOM, ce qui permet de simplifier la conception de celle-ci.

On pourrait noter ici une certaine analogie avec une base de données relationnelle : lorsqu'une application a adressé une requête de mise à jour à un Système de Gestion de Base de Données, et que cette requête a été convenablement prise en compte, cette application a la garantie que la donnée envoyée ne sera pas perdue. Les mécanismes qui permettent d'assurer cette propriété sont certes complexes, mais ils restent cachés à l'application, laquelle n'a pas à s'en préoccuper. De même, dans le cas d'un MOM, celui-ci peut être utilisé pour transmettre des données critiques, telles des transactions financières, avec la garantie que ces données ne seront pas perdues. Nous verrons que, dans certains contextes d'utilisation, on pourra cependant faire le choix de relaxer en partie cette exigence de fiabilité.

Autres caractéristiques

Outre l'acheminement de messages dans les conditions qui viennent d'être indiquées, de nombreuses fonctions complémentaires pourront être proposées par un MOM. Ainsi un MOM pourra-t-il, par exemple, offrir des fonctionnalités de *répartition de charge* applicative, en utilisant plusieurs serveurs, ou bien encore assurer la gestion du secours, visant à couvrir les cas de défaillance de certains éléments du système. Un MOM pourra ainsi faciliter la mise en place de *groupes d'applications* destinées à lire et traiter les messages déposés sur une même *queue de messages*, permettant d'assurer de manière simple et efficace une telle répartition de charge. Ceci ne constitue qu'un exemple, et nous serons amenés à revenir sur de telles caractéristiques additionnelles dans la suite de ce chapitre.

4.1.5. Architecture E.D.A., outils d'E.A.I. et MOM

Un *intergiciel* de type MOM a donc vocation à fournir une fonctionnalité de *transmission fiable de messages entre applications distantes, en mode asynchrone*. La notion de MOM est à mettre en relation avec les outils d'intégration communément appelés *E.A.I.* (*Enterprise Application Integration*), dont un MOM constitue le plus souvent la brique de base. De tels outils sont destinés à faciliter l'intégration d'applications, sur la base d'un style d'architecture particulier dit *Event Driven Architecture*, ou *E.D.A.*

Nous allons examiner ces différents aspects afin de préciser les relations existant entre ces concepts d'architecture *E.D.A.*, d'outils *E.A.I.* et de *MOM.*

Approche d'intégration dite E.D.A.

Dans les Systèmes d'Information des organisations, dans la pratique, on doit bien souvent intégrer et faire coopérer de nombreuses applications déjà développées. Ceci n'est pas sans poser de nombreux problèmes, tant techniques que méthodologiques[1]. Dans ce cadre, une approche, créée dans le courant des années 90 et toujours utilisée à ce jour, consiste à intégrer ces applications sur le modèle d'architecture appelé E.D.A. (*Event Driven Architecture*), ou *architecture pilotée par les évènements*.

L'approche E.D.A. repose sur l'idée que, dans un Système d'Information, tout traitement est exécuté en réaction à un certain *événement*, et que tout traitement est par ailleurs lui-même potentiellement générateur d'*événements*. Ainsi, par exemple, la vente d'un produit est-elle un *événement*, lequel doit induire un ensemble de traitements à effectuer concernant, par exemple, la gestion des stocks, la prise en compte en comptabilité, et la relation client. Dans cette optique, plutôt que de coder « en dur » les appels à ces différentes applications, l'approche E.D.A. considère une manière plus souple de faire coopérer les applications

[1] Nous aurons l'occasion de revenir sur ces difficultés à l'occasion de l'architecture orientée service, dite S.O.A.

concernées. Celle-ci consiste à faire en sorte que les applications soient à même d'*émettre* des *événements*, et de *réagir* à des évènements auxquels elles ont été rendues sensibles. C'est la démarche d'*intégration* d'un Système d'Information *par les évènements*.

Un tel mode d'intégration a pour effet de minimiser les dépendances entre applications (elles n'ont en effet plus ici à « se connaitre ») et, ainsi, de faciliter l'évolution du système, rendant possible l'intégration progressive de différentes applications. On notera qu'il devient en effet facile d'ajouter de nouvelles applications, ou encore de substituer une application à une autre, dans la mesure où *il n'y a plus d'invocations explicites*. Par exemple, dans une organisation, l'embauche d'un nouvel employé, prise en compte dans l'application de gestion des Relations Humaines, aura pour effet d'émettre un *évènement* particulier, porteur de l'information nécessaire, *événement* auquel sera sensible l'application en charge de l'établissement des bulletins de salaires. L'émission de cet *évènement* en question devra avoir pour effet de déclencher, dans la seconde application, le traitement requis, lequel consistera à enregistrer l'existence du nouvel employé et en mémorisant ses données propres. Si l'on souhaite *a posteriori* introduire dans le système une nouvelle application, en charge de la fabrication des badges par exemple, il sera bien sûr nécessaire que cette nouvelle application soit informée de toute embauche. Pour ce faire, il nous suffira de rendre la nouvelle application *sensible à l'événement* que nous avons déjà considéré, et faire en sorte qu'elle exécute le processus convenable en réponse à la survenue de cet évènement. Ce que l'on appelle ici *événement*, avec ses données associées, est en fait bien sûr un *message*.

Nous voyons donc qu'une fonctionnalité de base requise pour la mise en place d'une architecture d'intégration du type E.D.A. est un *bus de messages*, la réaction à un événement étant ici par essence un traitement *asynchrone*. C'est exactement la fonctionnalité apportée par un MOM, qui est en fait, tout simplement, un *bus de messages*.

Les outils d'E.A.I.

Pour mettre en place une architecture E.D.A., où devront coexister de nombreuses applications, le plus souvent très hétérogènes, et en tout cas non prévues à la base pour être ainsi connectées, il sera nécessaire d'avoir le support d'un outil adapté, conçu pour cet usage propre. Les outils de cette nature sont les outils d'*intégration des applications d'entreprise*, communément appelés E.A.I. (*Enterprise Application Integration*). Un tel outil devra nous permettre de transmettre des événements avec des données associées, c'est-à-dire des *messages*, de manière fiable entre les applications. Nous voyons ainsi qu'un outil d'E.A.I. comprendra le plus souvent un *bus d'événements*, lequel sera en fait un MOM.

Mais cette fonctionnalité de transmission, si elle est indispensable, n'est en fait pas toujours suffisante dans la pratique. En effet, vu l'hétérogénéité des applications, et dans l'optique de les modifier de manière minimale et le plus simplement possible, nous pourrons aussi avoir besoin d'outils pour nous aider dans le développement des connexions. Il s'agira alors d'opérer les *transformations nécessaires des données* d'une forme vers une autre, *de sorte qu'elles puissent être comprises par l'une et l'autre des applications* et *transmises sous la forme de messages standards*. A cet effet, un outil d'E.A.I. intégrera un *outillage spécifique* très diversifié, aux fins de fournir un ensemble de *connecteurs*, destinés à préparer ce travail. Il s'agira ici de couvrir, si possible, un grand nombre de technologies et de langages de programmation, mais aussi les progiciels d'usage courant tels que, par exemple, les différents Systèmes de Gestion de Base de Données.

Un outil d'E.A.I. englobe donc les fonctionnalités du MOM, en *y* ajoutant un outillage destiné à faciliter l'intégration des applications, et à opérer les transformations nécessaires des données échangées. Ainsi, à la différence d'un MOM, un outil d'EAI sera le plus souvent en charge de réaliser ou de faciliter les transformations des données transportées par les messages, ceci afin d'adapter les données de l'émetteur aux formats gérés par le destinataire. Comme nous l'avons vu, en pratique, un outil d'E.A.I. *contient* un MOM.

Dans un MOM, comme nous l'avons vu également, les applications doivent *parler la même langue,* tandis qu'un E.A.I., au contraire, vise à la prise en charge des traductions entre les différentes représentations applicatives d'une même information. Un E.A.I. est donc un *intergiciel* qui a comme principales fonctions celle d'un MOM, mais aussi celle de transformer les messages, aux fins d'interconnecter des systèmes hétérogènes.

On notera qu'avec l'évolution des approches d'intégration des Systèmes d'Information vers l'architecture S.O.A. (qui fera ici l'objet d'un chapitre suivant), le concept d'outil d'E.A.I. a évolué vers un autre concept d'outil : les outils dit E.S.B. (*Enterprise Service Bus*). Un E.S.B. est fonctionnellement plus riche qu'un outil d'E.A.I., dans la mesure où il est destiné à supporter une grande diversité de modes d'échanges et de protocoles, qui ne se limitent pas au transfert de messages. Nous verrons qu'un outil E.S.B. sera ainsi le socle uniforme sur lequel pourra être construite une architecture S.O.A. globale. Un E.A.I. prend alors en charge les transformations de formats, permettant à une application A d'inter opérer avec une application B. Un E.S.B. généralise ce concept en permettant l'interaction entre des applications hétérogènes, mais au travers de différents modes d'échanges possibles, synchrone ou asynchrone.

4.1.6. Comparaison avec le modèle classique client-serveur

La principale différence de nature entre les MOM et les *intergiciels* basés sur le paradigme classique de l'*appel de procédures ou de méthodes à distance*, tels CORBA, ou encore, comme nous le verrons, les plateformes basées sur les *Services Web*, est le *caractère par principe asynchrone* des MOM, lequel s'avère plus adapté à la gestion des événements.

Par ailleurs, les *intergiciels* basés sur l'appel procédural, c'est-à-dire sur un mode requête-réponse, sont beaucoup plus stricts quant à la représentation des données échangées, laquelle doit se référer aux règles d'échanges imposées par cet *intergiciel*. Ainsi dans CORBA, qui est basé comme nous l'avons vu sur la notion d'objets répartis sur plusieurs machines, les invocations de méthodes se font par l'intermédiaire de l'*ORB* (*Object Request Broker*), ou encore d'un réseau d'ORB échangeant via le protocole *IIOP* (*Internet Inter Orb Protocol*).

L'utilisation d'un MOM permet pour sa part une représentation des données beaucoup plus libre puisque nous ne sommes plus dans un modèle requête-réponse mais dans un modèle plus général d'échange de messages, dont les conventions de contenus ne sont plus imposées que par les applications elles-mêmes. Ces contenus restent totalement transparents et sans signification particulière pour les *brokers*, qui servent uniquement de « tuyau » assurant le transport et l'adressage des messages.

Il n'y a donc pas de transformation au niveau du format des données lorsque des messages sont transportés pas un MOM, mais uniquement une assurance que le message a bien été déposé dans une file d'attente, et qu'il sera accessible à ses destinataires naturels, sans préjuger des conventions (représentations des données, format des contenus, syntaxe des messages) qui seront, elles, mises en place au niveau applicatif.

Par ailleurs, les mécanismes des MOM n'imposent pas que tous les applicatifs susceptibles d'échanger, et en particulier de consommer des messages, soient effectivement présents et connectés pour pouvoir leur adresser des messages. Ceci constitue également une différence essentielle avec l'approche requête/réponse synchrone classique.

4.2. Les principes de base d'un MOM

4.2.1. Architecture interne d'un MOM

Les propriétés exigées d'un MOM, en particulier la nécessité d'un *acheminement fiable*, imposent à celui-ci de *gérer* les messages, c'est-à-dire de les mémoriser dans l'attente de leur distribution, en étant conscient de leur *état*, et tout ceci dans un *contexte distribué*. Nous voyons qu'un MOM ne pourra donc en aucune façon se réduire à la simple mise en œuvre d'un protocole applicatif, mais devra aussi implémenter des mécanismes de gestion sophistiqués.

Un MOM mettra ainsi typiquement en œuvre un certain nombre d'*entités logicielles serveurs* au niveau des différents sites géographiques impliqués. Ces entités logicielles, en charge de la transmission et de la gestion des messages seront les *courtiers*, aussi appelés *brokers*. Les *brokers* seront typiquement hébergés sur les machines serveurs de chaque site, et constitueront les points d'entrée du MOM. Nous pouvons noter dès à présent que, pour se prémunir contre les pannes matérielles ou les plantages logiciels, et éviter toute perte de message, un MOM pourra mettre en œuvre au niveau des *brokers* une *persistance* des messages gérés. Nous reviendrons sur ce point.

Un MOM est donc un véritable système, doté d'une *architecture logicielle*. La figure ci-après illustre les principes de base d'une telle architecture. Nous y trouvons :

- Les *brokers*, déployés sur les différents sites géographiques, sur des machines serveur. Les *brokers* interagissent entre eux à travers *Internet*, selon un protocole d'échange *ad hoc*.
- Les API (*Application Programming Interface*) clientes. Plus exactement, il s'agit de la couche logicielle placée sur chaque client, implémentant l'API du MOM offerte aux applications, et servant d'intermédiaire entre celles-ci et un *broker*.

Un MOM peut intégrer également des entités logicielles complémentaires appelées *passerelles*, non représentées ici, et dont le but est de permettre une interopérabilité avec d'autres MOM.

Les brokers

Les *brokers* sont les entités logicielles qui gèrent les flux de messages. Un MOM comportera ainsi *un ou plusieurs brokers*. Comme le montre la figure ci-après, c'est via les *brokers* que les applications clientes communiquent entre elles, au travers de l'API.

Un *broker* est un *serveur* au sens logiciel du terme, c'est-à-dire un *processus* à l'écoute des requêtes qui lui sont adressées par d'autres processus, ici les applications clientes et les autres *brokers*. Une *plateforme MOM* est donc constituée à la base d'un ensemble de *brokers* et éventuellement de *passerelles*.

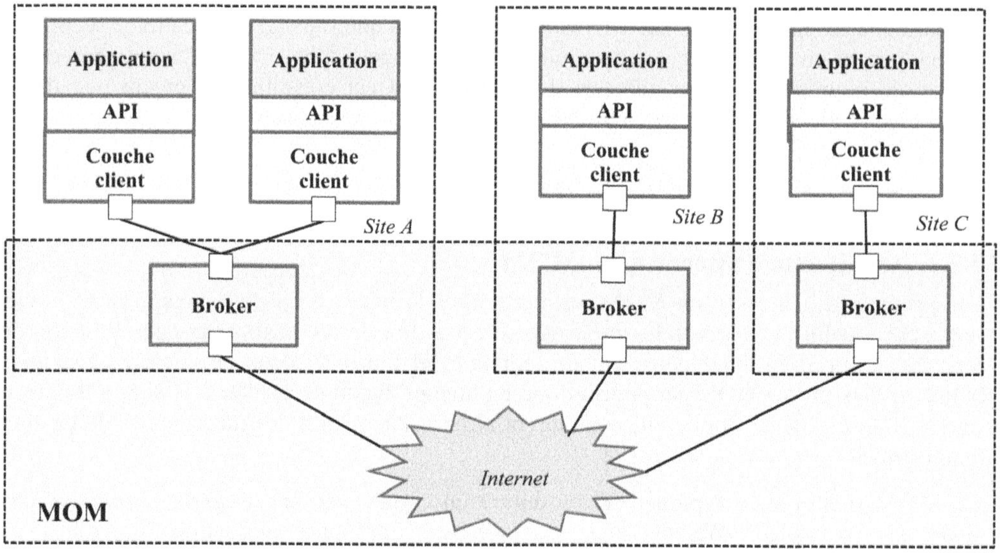

Figure 59. Architecture logicielle d'un MOM.

Protocoles et API

Lorsqu'une application interagit avec un *broker*, par exemple pour lui remettre un message, et, de même, lorsqu'un *broker* interagit avec un autre *broker*, les échanges mettent en œuvre certains *protocoles.* Ces protocoles définissent les commandes susceptibles d'être invoquées, leurs paramètres, ainsi que la représentation des données, entêtes et corps, constituant les messages. A priori, nous aurons ici deux *protocoles*, qui pourront être distincts : un protocole dit *externe*, qui permettra la communication entre une application et un broker, et un protocole dit *interne*, pour la communication entre *brokers*.

Le protocole externe est, du moins en principe, caché aux applications, qui ne voient que des appels aux méthodes offertes par l'API[1]. Pour ce qui est des échanges entre deux *brokers* d'un même MOM, le protocole *interne* reste lui totalement masqué, ne relevant que de l'implémentation du MOM.

4.2.2. Les modes de communication

Dans un MOM, il existe classiquement *deux modes de communication*, qui sont, d'une part, le mode dit *point à point*, qui correspond à l'utilisation de *queues de messages*, où un message n'est reçu et traité que par *un seul destinataire* et, d'autre part, le mode dit *publication et abonnement* (*Publish and Subscribe*), qui correspond à une information diffusée à travers une notion *de sujet,* ou *topic*, comme ceci va être précisé.

On retrouve en particulier ces deux modes dans le *standard JMS* (*Java Messaging Service*). En JMS, un *mode*, c'est-à-dire le mode *queue de messages*, ou le mode *publication et abonnement*, sera appelé un *domaine JMS.*

---

[1] Nous verrons que cette exigence peut être partiellement relâchée aux fins d'autoriser le développement d'applications dans des langages pour lesquels le MOM ne fournit pas d'API.

Le mode point à point, ou « queue de messages »

Dans le mode *point à point*, un *producteur* dépose un message dans une *queue de messages*, et ce message ne sera lu que par *un seul consommateur*. Il peut *y* avoir plusieurs applications concurrentes en lecture sur la même *queue de messages*, mais seule l'une d'entre elles recevra ce message. Rien n'empêche par ailleurs que plusieurs producteurs écrivent dans la même *queue de messages*. On pourrait faire ici une analogie avec un courrier papier envoyé à une entreprise. Un courrier y est pris en charge par l'employé qui se trouve disponible pour le traiter (l'identité de ce dernier restant inconnu de l'émetteur), et ne parvient donc *in fine* qu'à une seule personne.

Un *message* n'est effectivement retiré de la *queue de messages* que lorsqu'il a été *acquitté* par le consommateur, après que ce dernier en ait pris connaissance. Lorsqu'un message n'est pas acquitté alors qu'il le devrait, c'est-à-dire au-delà d'un certain délai convenu et fixé en paramètre, le message est automatiquement *recyclé*, c'est-à-dire réputé non lu et replacé dans la *queue de messages*.

Ce mode point à point est aussi appelé mode « *queue de messages* ». La figure ci-dessous symbolise un tel mode de communication.

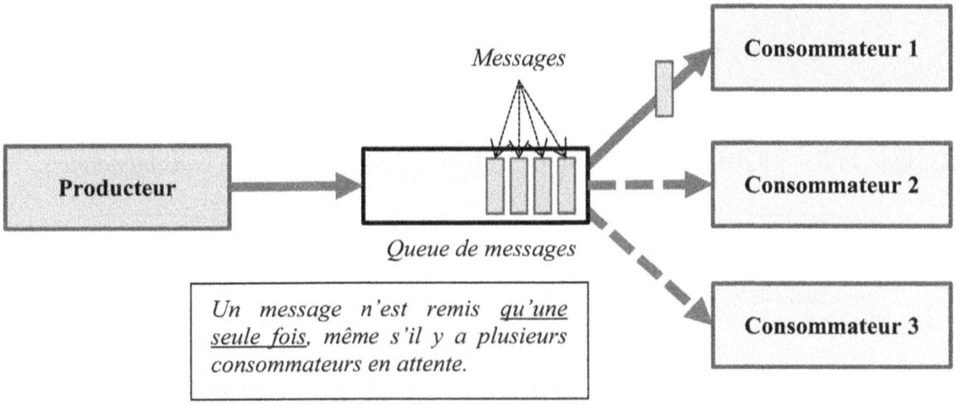

Figure 60. Le mode « point à point », ou « queue de messages ».

Rien n'empêche, pour des raisons de performances par exemple, que plusieurs applications soient en attente sur la même *queue de messages*. Mais, bien sûr, dans ce cas, et comme déjà indiqué, seule *l'une* d'entre elles prendra connaissance du message, c'est-à-dire le *consommera* effectivement.

La figure ci-après illustre le scénario de fonctionnement associé à des dépôts de messages et à leur lecture, avec le rôle des différents acteurs impliqués, à savoir un *producteur* (il pourrait y en avoir plusieurs), la *queue de messages,* et des *consommateurs*. Nous voyons que les messages sont déposés dans la queue de messages, qui est une file d'attente, et qu'ils y sont stockés en attente de leur prise en compte par un consommateur. Une fonction essentielle d'un MOM est donc la *gestion de queues de messages*.

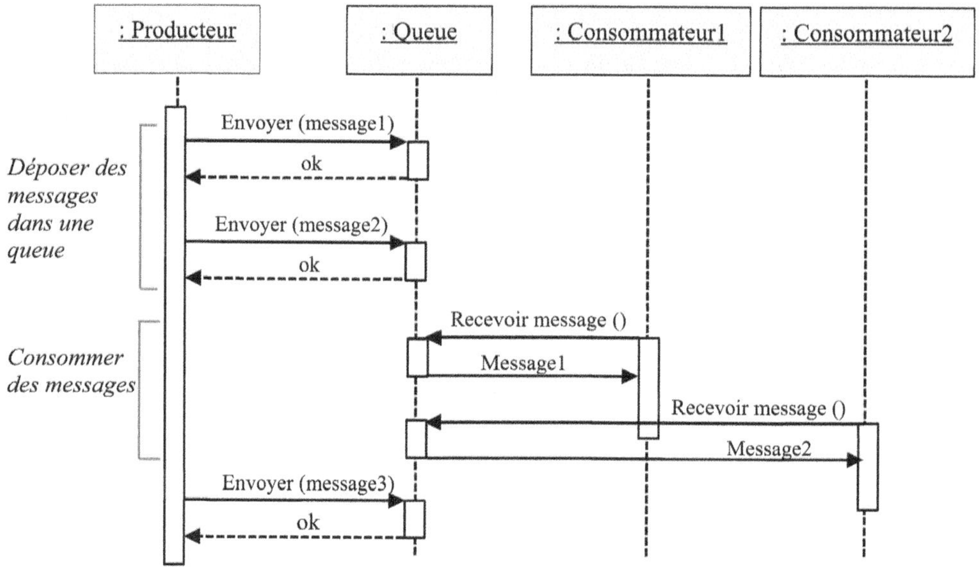

Figure 61. Scénario de fonctionnement d'une *queue de messages*.

Comme l'illustre la figure ci-dessous, une *queue de messages* est donc un réceptacle de messages, et il n'y a pas de relation directe entre les *producteurs* et les *consommateurs*.

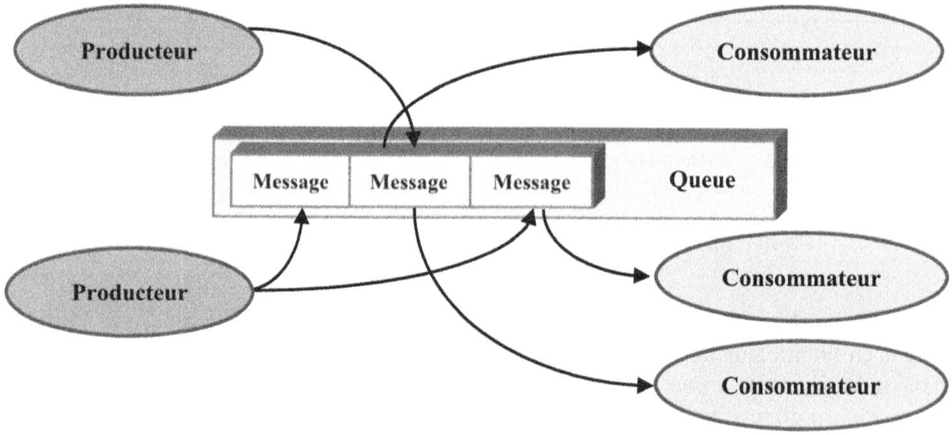

Figure 62. Symbolisation d'une queue de messages.

Bien sûr, une même application peut-être *à la fois producteur et consommateur de messages*, ce cas n'étant pas explicité sur la figure ci-dessus.

Le mode « publication et abonnement »

Dans ce mode de communication, aussi appelé « *Publish and Subscribe* », ou encore « *communication par topic* », une application envoie des messages sur un *topic*, c'est-à-dire sur un *sujet*.

Les applications peuvent *s'abonner (subscribe)* à un *topic*. Elles reçoivent alors les copies de *tous* les messages émis sur ce *topic*. Plusieurs applications peuvent être abonnées à un même *topic,* et chacune d'entre elles reçoit alors une *copie du même message*. Par ailleurs, une application peut être abonnée à *plusieurs topics*. Enfin, plusieurs *producteurs* peuvent publier des *messages* dans le même *topic*. Si le mode « point à point » peut être comparé au dépôt d'un message dans la boîte à lettre d'une entreprise, dont plusieurs personnes auraient la clé, le présent mode pourrait plutôt pour sa part être comparé à la diffusion d'un magazine auprès d'abonnés.

L'émetteur *publie* un message et les différents destinataires abonnés reçoivent chacun une copie de celui-ci. C'est donc typiquement une communication « *multicast* », c'est-à-dire de 1 vers N. La figure ci-dessous illustre ce mode de communication.

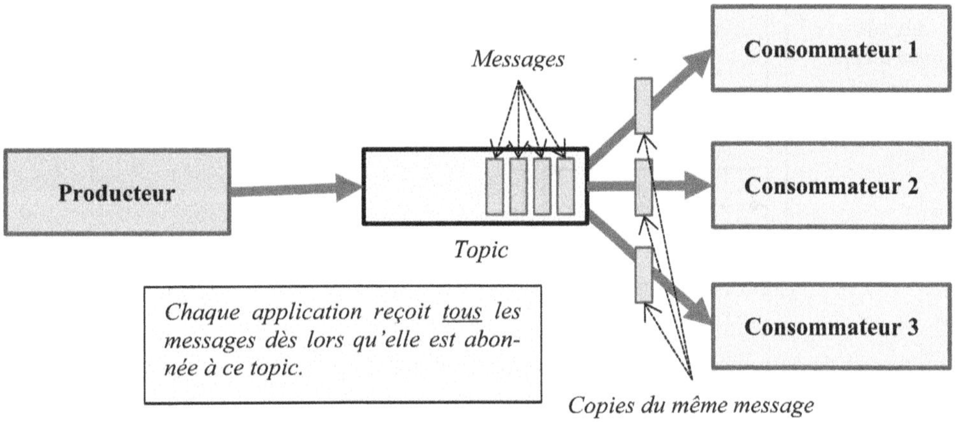

Figure 63. Le mode « *publication et abonnement* » ou « *communication par topic* ».

La figure ci-après illustre un scenario de fonctionnement associé à un *topic*, avec un *producteur*, le *topic* et deux *consommateurs* abonnés à celui-ci.

Contrairement au mode précédent, un même message peut être envoyé à différents abonnés. Les abonnés peuvent être soit des *abonnés permanents* (dits « durables »), toujours destinataires des messages, soit des *abonnés temporaires*, cas dans lequel ils ne sont destinataires des messages que s'ils sont connectés au moment de la publication.

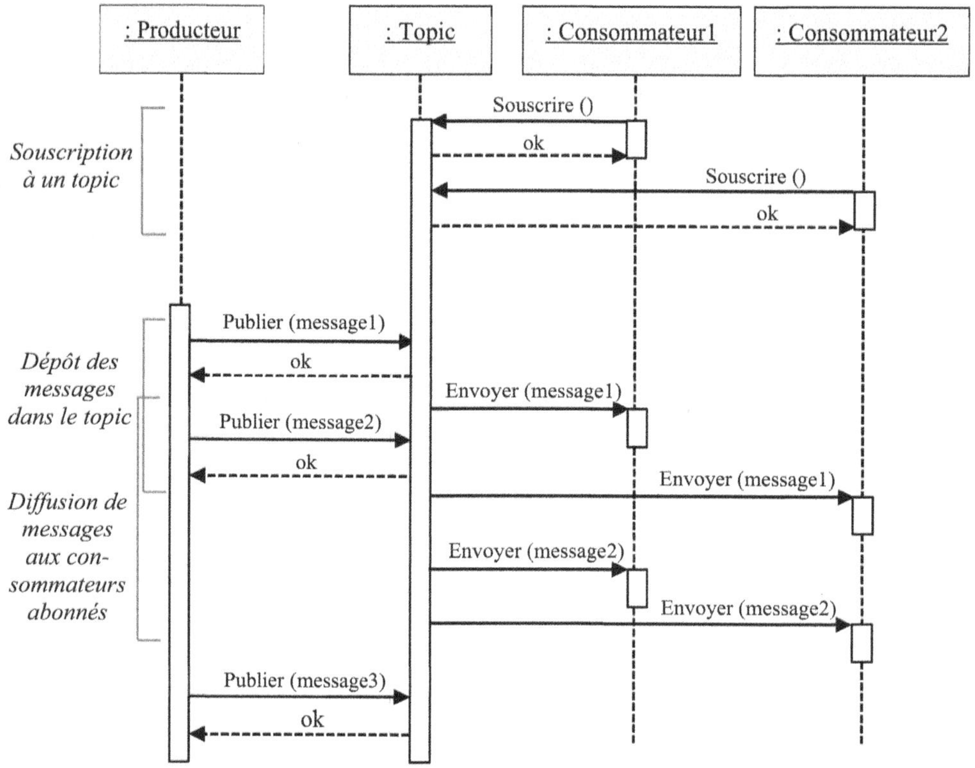

Figure 64. Illustration du fonctionnement avec « *topic* ».

La figure ci-dessous symbolise cette relation entre *producteurs* et *consommateurs* :

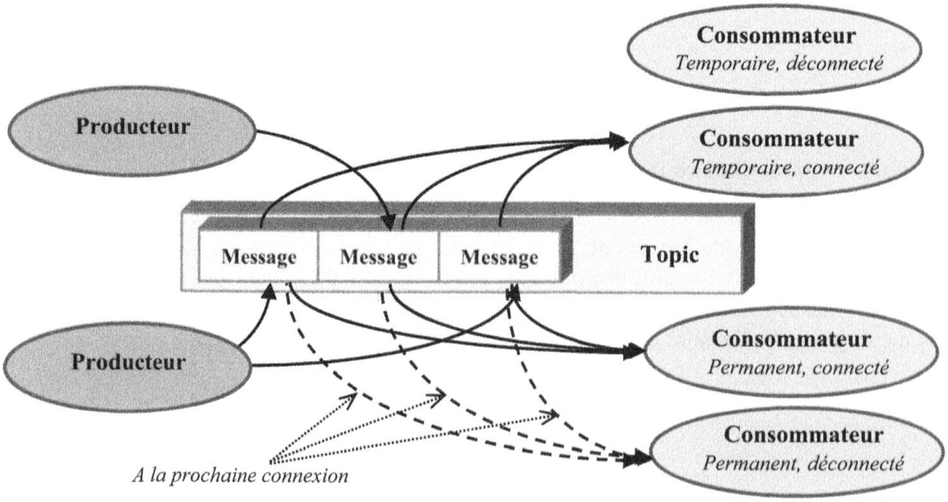

Figure 65. Symbolisation d'un « topic ».

Comparaison des deux modes

Nous avons vu apparaître ici les différences d'usage afférant aux deux modes de communication classiquement offerts par un MOM. Dans le mode *« point à point »,* un message pourra représenter une *unité de travail*, laquelle devra être prise en compte par une application apte à l'exécuter. L'application destinatrice reçoit le message et effectue le *traitement* à effectuer en réaction au message, c'est-à-dire un certain travail spécifié par celui-ci. Dans un tel cas, il convient bien sûr que le travail ne soit exécuté qu'*une seule fois*. Par contre, dans le mode *topic*, un message représentera plutôt une *unité d'information,* susceptible d'intéresser *plusieurs acteurs*, c'est-à-dire différentes applications. Par exemple, un ordre de bourse sera une *unité de traitement* (qu'un courtier en bourse devra traiter, mais toutefois *un seul* courtier), alors qu'un cours de bourse sera lui une *information* (laquelle pourra intéresser *a priori* plusieurs acteurs).

Comme déjà indiqué, dans le standard JMS, les notions de *queue de messages* et de *topic* sont regroupées sous le vocable générique de *domaine*. En JMS, une application enverra un message à une *destination*, qui sera soit une *queue de messages*, soit un *topic*. On dira que cette destination appartient à un certain *domaine*. Selon le cas, cela signifiera *déposer le message dans une queue de messages* ou bien le *diffuser sur un topic*.

4.2.3. La gestion des messages

Un MOM opère dans un environnement distribué, souvent à grand échelle. Dans ce cadre de machines physiques réparties sur différents sites, un MOM se doit de *gérer les messages*, en s'assurant de leur bon acheminement, de leur bonne prise en compte par une application consommatrice, en évitant toute perte de message. Cela implique bien sûr que le MOM mette en œuvre un certain nombre de mécanismes permettant d'assurer ces propriétés. Tous les produits MOM doivent en fait résoudre ici les mêmes difficultés. Malgré la diversité pratique de ces produits, on observe donc que ceux-ci mettent tous en œuvre des principes communs de solutions aux fins d'opérer cette gestion.

Nous allons examiner maintenant les différentes problématiques associées et les principes de solution les plus souvent mis en œuvre. Nous examinerons plus particulièrement la *gestion des acquittements*, le problème de la *chronologie des messages*, et enfin les aspects liés à la *durée de vie* des messages ainsi qu'aux *priorités.*

La gestion des acquittements

Une application *consommant* un message effectue en principe un certain *traitement* en réponse à celui-ci, qui peut être simplement, *a minima*, de le mémoriser sous la forme convenable d'objets utiles à l'application. Le message ne doit donc pas seulement être *lu*, il doit en plus être *traité*. Ceci constitue un point délicat dans la mesure où une application peut s'arrêter brusquement, que ceci soit consécutif à un plantage logiciel ou à une panne matérielle. Cet arrêt peut survenir après que l'application ait reçu le message, mais avant toutefois qu'elle ait pu mener à bien le traitement requis. Le risque est ici un défaut de fonctionnement du système, le message en question n'étant *in fine* traité par personne.

Pour cette raison, on considère que le fonctionnement normal d'une application *consommatrice* doit relever en fait de trois étapes :

- La première étape est la *réception du message*.
- Suit ensuite le *traitement de ce message.*

- Enfin, la séquence de fonctionnement est close par l'*acquittement du message*, qui consiste à rendre compte au MOM (et indirectement au reste du système) de la bonne exécution du traitement requis.

Tant qu'un message n'a pas été acquitté par l'application, il reste dans la mémoire interne d'un *broker*. Si un message n'est pas acquitté par l'application à laquelle il a été délivré, ou, plus exactement, s'il n'a pas été acquitté *dans un certain délai* jugé raisonnable, fixé par convention, il est alors *recyclé*, c'est-à-dire qu'il est considéré comme *non consommé*, et donc conservé dans le *broker*. Il pourra alors être remis à une autre application cliente, également en attente sur la même *queue de messages*, voire plus tard à la même application.

Chronologie des messages

Un MOM ne peut par lui-même garantir qu'un message déposé sur une *queue* sera bien remis, dans la mesure où cela dépend bien sûr des applications consommatrices présentes. Toutefois, une exigence essentielle pour un MOM, à laquelle celui-ci se doit de satisfaire, est qu'un message déposé dans une *queue* ne soit remis qu'*au plus une fois*. En effet, dans le cas général, pour la cohérence d'ensemble, il ne peut être envisageable qu'un même message déposé sur une *queue*, représentant par exemple une commande à exécuter, soit pris en compte de manière multiple par plusieurs applications.

Cette exigence est dans la pratique incompatible avec une autre exigence que nous pourrions avoir, à savoir celle du respect de la *chronologie des messages*. Nous avons vu que, dans le cas où un message n'était pas acquitté par une application, ce message était *recyclé*. Toutefois, un second message, émis après ce premier message, peut entretemps avoir été délivré puis acquitté par une autre application. Cette autre application pourra être celle qui prendra en compte ultérieurement le premier message recyclé. Elle recevra et traitera donc les deux messages *dans l'ordre inverse de leur émission*. Nous voyons ici que, par principe, la chronologie des messages ne peut ici être respectée. Si nous voulions que le MOM respecte cette chronologie, c'est-à-dire nous assure de toujours délivrer les messages dans leur ordre d'émission, il conviendrait que le MOM refuse tout nouveau dépôt dans une queue tant que le message qui y est contenu n'est pas traité et acquitté, ce qui constitue donc un traitement message par message. Ceci conduirait bien sûr à de très mauvaises performances, en touchant les applications productrices.

C'est pourquoi les MOM ne garantissent pas le respect de la chronologie des messages. Ceci constitue un aspect dont le concepteur doit être conscient, et qui doit donc, si nécessaire, être pris en compte au niveau applicatif.

Durée de vie d'un message

En pratique, il peut arriver qu'un message ne soit jamais délivré, du seul fait de l'absence d'application consommatrice active sur la *queue* considérée sur une certaine période de temps. Outre l'impact direct de cette absence de traitement en termes fonctionnels (ce dont il faut bien sûr se soucier, mais qui relève de la conception du système, et non du MOM), un autre problème est celui de l'accumulation de messages dans une *queue*, pouvant compromettre à terme le bon fonctionnement de l'ensemble du système.

Afin de pallier ce problème, une application émettrice peut spécifier la *durée de vie* d'un message envoyé. Le message est donc « valable » jusqu'à l'expiration de cette durée, au-delà de laquelle le MOM pourra le détruire sans l'avoir remis. La plupart des MOM font plutôt le choix d'aiguiller un tel message vers une *queue* particulière fournie par le système, qui constitue la « corbeille » des messages détruits, et que l'on appelle la *Dead Message Queue*, ou en abrégé *DMQ*. Celle-ci permet de garder la trace des messages détruits, quelle qu'en soit la raison, ce qui autorise par exemple un usager administrateur à en prendre connaissance, et à déterminer les mesures conséquentes à entreprendre. Il est donc important que cette *queue* survive à une session de travail, et donc qu'elle soit *persistante* (nous examinerons dans la suite la notion de *persistance des messages* dans un MOM).

On notera que la présence d'une *Dead Message Queue* n'est pas requise dans le standard JMS déjà évoqué. Cet aspect relève donc en fait du choix de l'éditeur du produit MOM.

En général, la *Dead Message Queue* reçoit les messages qui n'ont pas reçu de destination valide, ainsi que ceux dont la durée de vie a expiré. Un autre cas est celui d'un message que sa destination, bien que valide, n'est pas en mesure de traiter. Enfin, il convient ici d'ajouter, dans certains MOM, le cas de messages qui ont été déclarés « polluants », c'est-à-dire, par exemple, de messages ayant fait planter des applications, ou bien encore rejetés un certain nombre de fois par les applications qui les ont lues.

Priorités

Une propriété à considérer enfin est celle liée à la *gestion des priorités*. Sa présence dans un MOM signifie simplement que la délivrance des messages s'effectue *selon des priorités attachées à ceux-ci*. Un message de plus haute priorité peut donc « doubler » un message de moindre priorité, pour autant bien sûr que celui-ci n'ait pas encore été lu.

JMS spécifie parfaitement cette exigence sans obliger les fournisseurs à l'implémenter. Elle reste donc *optionnelle*, certains MOM y répondant, et d'autres non.

4.2.4. La persistance des messages

Comme nous l'avons vu en introduction, *la fiabilité des échanges* est une propriété essentielle constitutive des MOM. Ainsi, un MOM doit-il acheminer tout message qui lui a été confié, sans jamais le perdre, même lors de survenue d'un événement inattendu comme l'arrêt d'une machine serveur ou encore un plantage logiciel

Si aucune application destinatrice n'est en mesure de prendre en compte un message, le MOM est alors amené à le conserver, sur une durée que l'on ne peut déterminer à l'avance. Or, à la limite, le MOM ou l'un de ses composants peut lui-même s'arrêter pour les raisons déjà considérées. Si l'on veut garantir que les messages en attente ne seront pas perdus, le MOM doit les stocker de manière *persistante*, de sorte qu'ils puissent être pris en compte lors du retour au fonctionnement nominal.

Lorsqu'un MOM offre une telle capacité de *persistance*, il est en général possible de le faire fonctionner soit dans un *mode persistant*, où tous les messages sont stockés, soit dans un *mode sans persistance*. Dans le second cas, les messages sont alors conservés seulement dans les mémoires vives des serveurs et non sur un disque. On peut choisir ce mode *sans persistance* dans le but d'atteindre des performances plus élevées, la persistance ayant en effet un coût au niveau des temps de traitement. Un tel choix s'effectue alors bien sûr au détriment de la fiabilité.

On notera que l'utilisation de cette caractéristique de persistance est toutefois essentielle dans un certain nombre de cas. Un premier cas à considérer est celui d'applications où les messages sont *critiques*. On peut citer par exemple le cas d'applications bancaires où les messages représentent des transactions financières.

Un autre cas important est celui où peut survenir un *déséquilibre important de charge* entre producteurs et consommateurs. Les applications productrices sont alors susceptibles d'émettre sur une période de temps donnée beaucoup plus de messages que les applications destinatrices ne sont en capacité de traiter. Dans ce cas, sans persistance, les capacités mémoires des serveurs risqueraient d'être dépassées et le MOM dans l'incapacité de fonctionner. Une situation limite est celle d'applications où les messages produits ne sont traités qu'en fin de journée, dans un mode de fonctionnement de type « *batch* », par nature *fortement asynchrone*.

Nous verrons dans la suite la possibilité de gérer des *transactions* dans un MOM. Cette telle gestion nécessitera un stockage plus long des messages, et donc une utilisation plus importante de mémoire, les messages inclus dans les transactions n'étant en effet supprimés que lorsque les transactions sont validées. Dans le cas d'utilisation de transactions, la capacité de persistance est alors absolument essentielle.

La persistance pourra être mise en œuvre par un MOM de différentes façons, en particulier via un stockage des messages dans de simples *fichiers*. Une possibilité d'implémentation plus sophistiquée peut reposer sur l'utilisation d'une *base de données relationnelle*, ou encore sur une combinaison optimisée de plusieurs supports de persistance, par exemple la mémoire vive, des fichiers et une base de données, dans le but d'assurer en même temps un certain niveau de *fiabilité* et un certain niveau de *performance*.

On notera ici que JMS spécifie une fonctionnalité avancée de gestion des envois, effectués en *mode persistant* ou en *mode non persistant*.

4.2.5. Aiguillage et sélection de messages

Lorsque nous utiliserons une *queue de messages*, nous aurons une ou plusieurs applications *productrices* qui déposeront des messages dans celle-ci, et une ou plusieurs applications *consommatrices* qui liront et traiteront les messages ainsi produits. Dans le cas le plus simple, toutes les applications consommatrices ainsi considérées jouent un rôle identique. Leur multiplicité éventuelle peut servir, par exemple, à absorber en parallèle sur plusieurs machines physiques un plus grand flux de messages.

Mais un autre cas à considérer est celui est les applications consommatrices sont cette fois *spécialisées* dans le traitement de certains types de messages spécifiques. On pourra penser ici à une même *queue de messages* qui recevra des ordres de bourse, achats ou ventes, avec des consommateurs capables de mener une opération d'achat et d'autres capables de mener une opération de vente. De manière plus spécifique, nous pourrions aussi, par exemple, introduire des consommateurs dédiés à certains marchés. Le « type » du message pourra être dans ce cas matérialisé par une valeur attachée à un champ placé dans l'entête du message. Il convient alors bien sûr d'aiguiller chaque message vers une application apte à le traiter. Sur le principe, un message lu par une application qui ne peut le traiter ne sera pas acquitté par cette application, et sera de ce fait automatiquement redistribué ultérieurement à une autre application. Toutefois, cette manière de faire s'avèrerait particulièrement inefficace et conceptuellement bien peu satisfaisante. C'est pourquoi d'autres solutions doivent être proposées au concepteur.

Une solution simple consiste pour les applications productrices à déposer un message dans une *queue spécialisée pour le type de message en question* (par exemple, dans notre exemple, une pour les achats, une pour les ventes), comme symbolisé sur la figure ci-après :

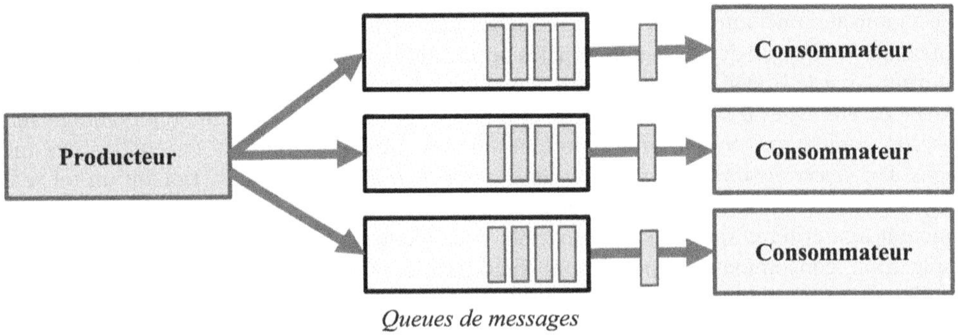

Figure 66. Utilisation de plusieurs queues de messages.

Cette solution oblige donc chaque application productrice à être « consciente » des applications consommatrices aptes à traiter chaque message. Elle créée donc une certaine *dépendance* entre les applications productrices et les applications consommatrices, ce que l'on peut ne pas souhaiter, par exemple si une certaine évolutivité des applications consommatrices est requise.

Pour pallier cette possible difficulté, une autre solution, parfois considérée, consiste à introduire, pour la *queue de messages* en question, une *indirection* sous la forme d'un *traitement d'aiguillage* entre les producteurs et les consommateurs, traitement dont la seule fonction est de lire un message produit sur la *queue*, puis de le redéposer *dans une autre queue* choisie en fonction de son type. Un tel principe est illustré sur la figure ci-dessous :

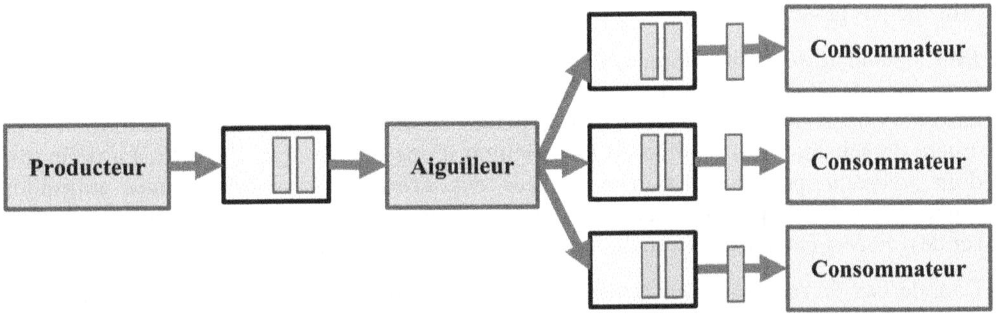

Figure 67. Indirection avec traitement d'aiguillage.

Cette solution oblige à introduire de manière artificielle une application n'ayant aucun rôle en terme applicatif, l'indirection introduite étant par ailleurs synonyme de perte de performance. On notera que certains produits MOM offrent de base une facilité pour mettre en place une telle configuration, le concepteur n'ayant plus alors à coder le traitement d'aiguillage, mais simplement à le *spécifier*. Cette solution n'est pas idéale sur le plan conceptuel, car elle conduit à placer dans le MOM des règles d'aiguillage, *portant par nature sur des aspects applicatifs*, que, par principe, le MOM n'a pas à connaître.

C'est pourquoi une autre solution est proposée par la plupart des MOM, basée sur une fonctionnalité de *filtrage* des messages par les applications consommatrices. Si une telle facilité est offerte par le MOM, une application consommatrice a alors la possibilité de *sélectionner le type de messages à lire* lors d'une réception. Cette sélection s'effectue typiquement sur la base de *couples propriété-valeur*, portant sur des propriétés placées en entêtes des messages. Un *sélecteur* définit ainsi un *critère de sélection* de messages. Lorsqu'un tel *sélecteur* est attaché à une opération de lecture, seuls les messages dont les propriétés en entête satisfont aux critères spécifiés sont extraits pour lecture de la *queue de messages*. Chaque application consommatrice peut alors spécifier le critère correspondant aux messages qu'elle est apte à traiter. Un tel principe est illustré sur la figure ci-après :

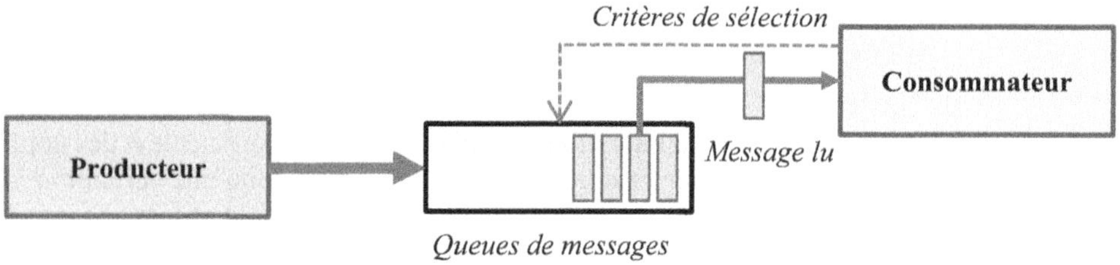

Figure 68. Lecture de message avec sélection.

On remarquera que, dans le cas des *lectures sélectives*, les messages seront le plus souvent délivrés dans un ordre différent de celui de leur entrée dans la *queue*. Mais nous savions déjà que, pour les MOM, de manière générale, la chronologie des messages n'était par principe pas garantie.

JMS a standardisé la fonctionnalité ici évoquée de *lecture sélective*, laquelle est donc offerte dans un MOM se conformant à ce standard. Une sélection peut alors être opérée sur la base de valeurs imposées à des champs placés en entête. La syntaxe de définition d'un critère de sélection est inspirée de la définition d'une *clause SQL WHERE*. La définition d'un *sélecteur* peut ainsi faire intervenir des *critères élémentaires*, avec utilisation d'opérateurs de comparaison, d'expressions logiques, et d'opérations arithmétiques, et utiliser des *critères complexes*, avec des conjonctions ou disjonctions de critères élémentaires.

Dans le cas de messages qui transporteraient des ordres de bourses, nous pourrions par exemple spécifier un critère portant sur la nature de l'ordre, le nom du titre et le cours déclenchant l'opération. Nous pourrions spécifier un *sélecteur* comme, par exemple *ordre = 'Achat' AND nom = 'Action-X' AND cours < 1000.* Ce critère attaché à une opération de lecture permettrait à une application de ne récupérer que les ordres d'achat de l'action *Action-X* pour un cours inférieur à 1000.

Certains MOM acceptent d'autres types de critères et, partant, une formulation syntaxique complémentaire allant au-delà de ce qui est spécifié dans JMS. Ce peut être exemple une formulation de critères sous la forme de *chemins Xpath*, portant sur des propriétés organisées de manière arborescente. Mais, dans tous les cas, la sélection porte sur les propriétés présentes dans l'entête du message, et en aucun cas sur le corps de celui-ci en tant que tel.

4.2.6. Les transactions

Dans une application qui met en œuvre des échanges basés sur un MOM, on pourra souhaiter rendre indissociable une certaine suite d'opérations d'accès à ce MOM, c'est-à-dire rendre indissociable un ensemble d'envois et de réceptions de messages. On souhaite alors avoir la garantie que toutes les opérations spécifiées s'exécuteront et seront menées à terme avec succès, sachant que, dans la négative, on devra avoir un retour automatique à l'état initial, exactement comme si aucune des opérations n'avait été menée.

Dans ce cadre, nous avions déjà considéré le principe de l'*acquittement* de message, qui fait en sorte qu'un message soit réputé ne pas avoir été lu s'il n'a pas été acquitté par l'application qui en a pris connaissance. Ceci signifie que l'opération de lecture du message d'une part, et celle de son traitement d'autre part ont été rendues *indissociables*. La lecture est tout simplement annulée et le message de nouveau disponible en lecture. Ce sera le cas par exemple si l'application consommatrice s'est plantée ou, en tout cas, si elle n'a pas été en mesure d'acquitter le message dans le délai imparti.

De manière beaucoup plus générale, les MOM proposent le plus souvent une fonctionnalité de *gestion des transactions*, tel que spécifiée dans le standard JMS. Dans ce cadre, il est alors possible de réunir différents ordres d'émission et de réception au sein d'une même *transaction*, c'est-à-dire d'en faire une séquence *insécable* d'opérations. Soit toutes ces opérations sont exécutées avec succès, soit tout se passera comme si aucune d'entre elles n'avait été exécutée. Dans le cas d'émission d'un message, on notera que l'opération ici considérée est bien sûr *le dépôt du message dans le MOM*, et non sa lecture par un destinataire, le MOM n'ayant aucun contrôle sur ce dernier aspect.

De manière analogue aux transactions des bases de données relationnelles, une application pourra ouvrir une transaction, effectuer différentes opérations, puis enfin *clore* la transaction par une directive *commit*. Si l'application détecte un cas d'erreur, qui interdit à une opération de se terminer avec succès, elle commande un *rollback,* c'est-à-dire un retour arrière de toutes les opérations précédentes. Si l'application se plante, et donc s'interrompt sans avoir explicitement demandé de *rollback*, un tel *rollback* est alors exécuté de manière implicite.

Il existe de nombreux usages possibles des *transactions*. D'une manière générale, celles-ci sont utiles dès lors qu'il s'agit de garantir une cohérence globale quant à l'effet d'un ensemble actions. Le traitement d'un message pourra par exemple requérir une réponse, ou bien encore être suivi d'un envoi consécutif pour, par exemple, répercuter un ordre à d'autres applications. Dans ces deux cas, il faut s'assurer que le second message a bien été déposé dans le MOM avant de déclarer le premier traité. Une transaction nous permet de nous assurer de cela. Nous pourrions aussi souhaiter par exemple déposer N messages différents sur différentes *queues*, en voulant être assurés que ces N messages ont bien *tous* été déposés, sans qu'aucun ne puisse manquer. Là encore, une transaction englobant les émissions en question nous permet de nous assurer de la cohérence requise.

Dans l'exemple symbolisé sur la figure ci-après, un consommateur *Consommateur1* lit un message *message1* sur une *queue Queue1*, puis envoie deux autres messages *message2* et *message3* sur deux autres queues *Queue2* et *Queue3*. Si les trois opérations se déroulent correctement, le consommateur *Consommateur1* exécute alors le *commit* qui clôt la transaction. D'autres consommateurs sont alors (et seulement une fois le *commit* exécuté) en mesure de lire les messages *message2* et *message3* sur les queues *Queue2* et *Queue3*. Si l'une de ces trois opérations avait échoué, un *rollback* aurait été exécuté, ce qui aurait eu pour effet d'annuler l'acquittement de *message1* et de retirer *message2* et *message3* des *queues* correspondantes.

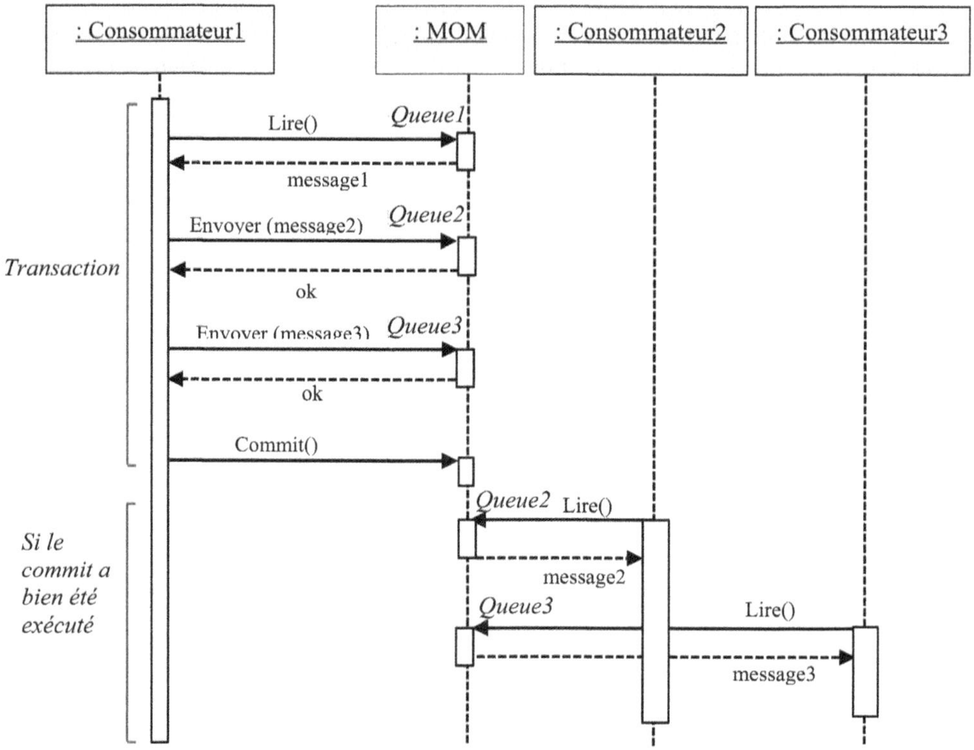

Figure 69. Illustration d'une transaction dans un MOM.

En anticipant quelque peu sur la présentation de JMS qui va suivre, cet exemple pourrait, pour l'application *Consommateur1*, être illustré par le code Java suivant :

```
session = connexion.createSession(true, Session.AUTO_ACKNOWLEDGE);
void onMessage(Message message1) {
    try {
        message2 = ..... ;
        publisher.publish(message2);
        message3 = ..... ;
        publisher.publish(message2);
        session.commit();
    } catch(Exception e) { session.rollback(); }
}
```

Nous créons ici une *session* JMS. La méthode *onMessage*, qui est exécutée automatiquement à l'arrivée d'un message *message1*, envoie un message *message2*, puis un message *message3*, puis enfin effectue un *commit*, lequel a pour effet de valider en même temps la réception du message et l'envoi de *message2* et de *message3*. En cas d'échec, manifesté par la levée d'une exception, c'est le *rollback* qui est exécuté.

Nous avons vu ici les *transactions* telles que proposées dans un MOM, qui permettent d'assurer le respect d'une certaine cohérence dans les opérations exécutées sur ce MOM. Bien sûr, nous pourrions vouloir, plus généralement, exécuter des séquences indissociables d'actions impliquant non seulement le MOM, mais aussi un ou plusieurs autres participants, avec, par exemple, des bases de données relationnelles et/ou des traitements exécutés sous la forme d'invocations d'EJB. A titre d'exemple, nous pourrions vouloir déposer sur une *queue* un ordre de virement, mais valider celui-ci seulement si un compte a pu être provisionné, cette opération étant traduite par une requête d'insertion dans une base de données. Dans un tel cas de transactions impliquant des participants de différentes natures, nous devrons alors utiliser des *transactions XA*. On notera qu'en environnement Java, *XA* est disponible via l'API *JTA*, qui signifie *Java Transaction API*.

4.3. Le standard JMS, ou Java Messaging Service

4.3.1. Introduction

JMS, qui signifie Java Message Service, est l'API de l'environnement Java qui permet à une application d'*invoquer des services de communication asynchrone par messages* avec d'autres applications. C'est donc à travers cette API qu'une application écrite en Java pourra s'interfacer avec un MOM, pour autant bien sûr que ce dernier supporte ce standard.

Historiquement, *JMS* est apparue en 2001 en tant que spécification attachée à l'environnement Java serveur. On notera que les spécifications JEE sont avant tout des spécifications d'*interfaces d'appel* aux services. Il existe différentes implémentations de ces services, mais toutes doivent respecter l'interface définie. *JDBC* (*Java Database Connectivity*) pour l'accès aux bases de données relationnelles ou encore *JNDI* (*Java Naming and Directory Interface*) pour l'accès aux annuaires de ressources, sont d'autres exemples d'API Java.

JMS fait partie de JEE et est donc offert aux applications qui tournent dans des environnements serveurs applicatifs Java. Si la première version de JMS, JMS 1.0.2b est sortie en juin 2001, la seconde version, JMS 1.1, apparue en mars 2007, ne présentait pas d'évolution importante. Ont suivi JMS 2.0, sortie en 2013, puis 2.1, et 2.2.

Nous allons étudier ici de manière synthétique les fonctionnalités de JMS, en nous basant essentiellement, pour simplifier l'exposé, sur la version JMS 1.1. Nous nous intéresserons à la manière dont ces services sont mis à disposition. Nous retrouverons donc les principales fonctionnalités décrites dans les paragraphes précédents avec la manière particulière de les invoquer et les interfaces conséquentes proposées par Java.

JMS supporte le mode *point à point*, qui permet d'utiliser des *queues de messages*, ainsi que le mode *publication et abonnement*, qui utilise des *topics*, tels que décrits précédemment. JMS offre en outre des fonctions avancées, telles que :

- La gestion *transactionnelle,* qui, comme nous l'avons vu, permet de spécifier des séquences d'opérations liées entre elles, devant être exécutées intégralement ou pas du tout.
- La gestion des envois en *mode persistant* ou *non persistant*.

Le respect de JMS doit en principe assurer qu'une application utilisatrice aura le même comportement quelle que soit l'implémentation utilisée. Il devrait donc être possible de substituer un produit MOM à un autre dans une application sans modifier le code. On notera toutefois qu'en pratique ceci n'est pas toujours vrai, et qu'il pourra, dans les faits, exister des différences de comportement entre les différentes implémentations. Par ailleurs, chaque produit MOM peut apporter ses propres extensions, aux fins de différencier le produit des produits concurrents. Enfin, point à noter, JMS lui-même laisse dans certains cas aux éditeurs une certaine latitude pour implémenter ou non certaines fonctionnalités spécifiées.

Terminologie

JMS utilise une terminologie que nous allons ici préciser. Un *client JMS* (*JMS client*) est tout simplement une application écrite en Java utilisant les services du MOM au travers l'API JMS. Un *client JMS* pourra être un *consommateur JMS* (*JMS Consumer*), client consommant des messages, ou un *producteur JMS* (*JMS Producer*), *client JMS* produisant des messages au bénéfice des *consommateurs*. Une même application pourra *être à la fois producteur* et *consommateur*.

On notera qu'en terminologie JMS, un *fournisseur JMS* (*JMS Provider*) est un logiciel implémentant l'API JMS, et assurant la mise en œuvre des mécanismes d'échanges de messages, c'est-à-dire en fait un MOM. On prendra donc bien garde à ne pas confondre *client* avec *consommateur*, ou encore *fournisseur* avec *producteur*. Ainsi, un *consommateur* et un *producteur* sont tous deux « *clients* » d'un *fournisseur*.

Ce que l'on nomme le *message JMS* est l'unité d'échange entre les différents protagonistes, c'est-à-dire ce que nous avons appelé jusqu'alors un *message*.

Enfin, JMS désigne par le terme de *domaine JMS* (*JMS Domain*) le mode de communication utilisé. JMS offre les deux *modes de communication* usuels d'un MOM, à savoir la transmission via une *queue de messages* d'une part, et le mécanisme de *publication et abonnement* d'autre part. Il convient de noter que *l'interface est commune aux deux modes de fonctionnement*. En terminologie JMS, la notion de *destination* correspond de manière générale au « réceptacle » dans lequel seront délivrés et duquel seront lus les messages. Elle regroupe donc les *queues* et les *topics*.

On notera, pour terminer, que JMS définit également une notion de *client non-JMS* (*non-JMS Client*). Un *client non-JMS* est une application qui, comme son nom l'indique, envoie et/ou reçoit des messages en communiquant avec le MOM sans passer par l'API JMS. L'invocation du *fournisseur JMS*, c'est-à-dire du MOM, se fait alors soit directement sur la base du *protocole externe* du MOM, supposé connu, soit par l'intermédiaire d'une API particulière étrangère à JMS. Il s'agit en principe d'une application n'ayant pas été développée en Java.

4.3.2. La structure d'un message JMS

Le *message* représente l'unité atomique d'information échangée entre les applications à travers le MOM. Un message transporte des données applicatives que l'on appelle aussi la *charge* ou encore le *payload*. Ce sont des données entièrement transparentes pour le MOM, lequel ne doit en aucun cas les interpréter ni les altérer, mais simplement les *transporter*, leur analyse relevant des conventions établies entre les applications productrices et consommatrices.

Un *message JMS* est composé de différentes parties :

- Un *entête,* qui relève d'une structure unique pour tous les messages. L'entête contient essentiellement les champs nécessaires à l'identification et au routage du message, avec en particulier un *identifiant de message*, l'identification de la *destination*, la *date d'expiration*, la *date de validité*, etc.
- Des *propriétés,* ou *attributs*, complétant l'entête. Il s'agit ici d'informations caractéristiques supplémentaires attachées au message, mais qui relèvent de conventions applicatives. Les *propriétés* seront essentiellement utilisées pour des besoins spécifiques tels que la *sélection* (filtrage) de messages, déjà considérée.
- Le *corps* du message lui-même, qui constitue la donnée applicative transmise en tant que telle. Cette donnée peut revêtir un format quelconque, et peut être constituée de texte, d'objets Java sérialisés, de données XML, etc. Ce format est libre et relève uniquement de conventions applicatives, la structuration interne d'un message devant rester inconnue du MOM.

Si nous faisions une analogie entre un message JMS et un courrier classique, nous pourrions dire que l'*entête* correspond en quelque sorte à *l'adresse écrite sur l'enveloppe,* alors que le *corps* est ce qui est contenu *dans l'enveloppe.* Le MOM ne prend connaissance et n'utilise que les données de l'entête et, si besoin, les *propriétés.* Ainsi, la *sélection des messages* sera basée sur les *propriétés,* mais en aucun cas sur le corps du message.

Parmi les principaux champs de l'entête, figurent *JMSMessageID*, identifiant unique du message, ainsi que *JMSDestination*, identifiant la destination du message, c'est-à-dire la *queue de messages* ou le *topic* destinataire, et enfin *JMSCorrelationID.* Ce dernier champ permet de relier si besoin le message considéré à un précédent message, permettant ainsi à des applications de *synchroniser leurs échanges*. Ce champ sera par exemple utile dans une interaction basée sur un schéma requête-réponse, le message « réponse » référençant alors le message « requête » via ce champ, qui contiendra alors le *messageID* de ce dernier.

Manipulation du contenu d'un message

Nous avons indiqué qu'un MOM était indifférent au contenu des messages échangés, et que son rôle se limitait à véhiculer ces messages[1]. JMS apporte toutefois une aide aux développeurs aux fins de construire et lire plus facilement le contenu des messages, via des primitives de manipulation. A cet effet, JMS propose différentes formes de contenus de messages, et définit dans chaque cas les primitives de manipulation adaptées. En utilisant ces primitives, des applications pourront remplir des contenus en un minimum d'opérations, et les lire tout aussi simplement.

On notera bien qu'il ne s'agit ici que de faciliter la tâche des développeurs pour construire et décoder de manière simple les contenus des messages, et ainsi simplifier le code applicatif. Les primitives offertes par JMS en la matière sont *sans effet aucun sur le fonctionnement du MOM.*

---

[1] Ceci est vrai en tant que principe général à la base des MOM. On notera toutefois que certains MOM peuvent proposer dans les faits des fonctionnalités avancées additionnelles basées sur le contenu des messages, par exemple pour une lecture avec filtrage. Ceci va à l'encontre principes de base couramment admis pour les MOM, mais de telles fonctionnalités peuvent dans les faits s'avérer utiles dans certaines applications particulières. Le choix d'utiliser ou non ces fonctionnalités relève d'un choix de conception.

Plusieurs formes de base de contenus sont proposées par JMS. Nous allons ici les examiner en montrant dans chaque cas, de manière non exhaustive, les principales opérations de manipulation proposées. A chaque forme de contenu correspondra une *interface* Java particulière, permettant de manipuler les données d'un message. L'instance représentant ce contenu sera créée via une méthode spécifique de la classe *session*. Ce contenu, au départ vide, sera alors rempli (avant envoi), puis lu (après réception), via un ensemble de méthodes proposées par l'interface. Nous allons préciser tout cela pour les différentes formes de messages.

Un *message texte* est un message dont le contenu est une *chaîne de caractères*. Il pourra être créé et rempli simplement de la manière suivante :

```
String contenu;
message = session.createTextMessage();
message.setText(contenu);
```

et lu par :

```
String contenuLu;
contenuLu = message.getText();
```

Un message *BytesMessage* est un message dont le contenu est formé d'une *suite d'octets*. Il pourra être créé et rempli comme suit :

```
byte[] contenu;
message = session.createBytesMessage();
message.writeBytes(contenu);
```

et lu par :

```
byte[] contenuLu;
int longueur = message.readBytes(contenuLu);
```

Un message *MapMessage* dénote une autre forme de contenu, structuré sous la forme d'une *map*, c'est-à-dire d'une séquence de couples (clé, valeur). Il pourra être créé et rempli, en prenant ici l'exemple d'un message formé d'un nom et d'une quantité, de la manière suivante :

```
message = session.createMapMessage();
message.setString("Nom", "Action-X");
message.setInt("Quantite", 10);
```

et lu ensuite par :

```
String nomLu = message.getString("Nom");
int quantiteLue = message.getInt("Quantite");
```

Un message *StreamMessage* contient pour sa part une *séquence de types simples Java*. On pourra, de même, y stocker des structures de données, mais l'application consommatrice devra cette fois impérativement connaitre le nombre et le type des éléments de donnée transmis, les noms des champs n'étant pas véhiculés par le message. Un tel message pourra être créé et rempli via des appels de méthode du type :

message.writeString("Action-X");
message. writeInt(10);

Les éléments composant son contenu pourront être lus, non plus sur la base des noms des champs, mais cette fois *via la position de l'élément* dans la séquence d'enregistrement.

String nomLu = message.readString();
int quantiteLue = message.readInt();

Enfin, un message *ObjectMessage* permet, de manière très générale, de transmettre un contenu constitué d'un *objet Java*, qui sera donc convenablement sérialisé à l'envoi, puis désérialisé à la réception. Pour remplir, puis lire ce contenu, on dispose de méthodes *setObject()* et *getObject()* attachées à l'interface *ObjectMessage.*

4.3.3. Le modèle de programmation de JMS

Nous allons examiner ici comment une application Java peut accéder au MOM aux fins d'envoyer des messages sur des *destinations*, c'est-à-dire des *queues* ou des *topics*, ou bien encore lire des messages sur ces dernières.

La figure ci-dessous schématise le *modèle de programmation de JMS*, c'est-à-dire l'ensemble des classes qui permettront à une application d'interagir avec le MOM via des instanciations d'objets et des appels de méthodes convenables.

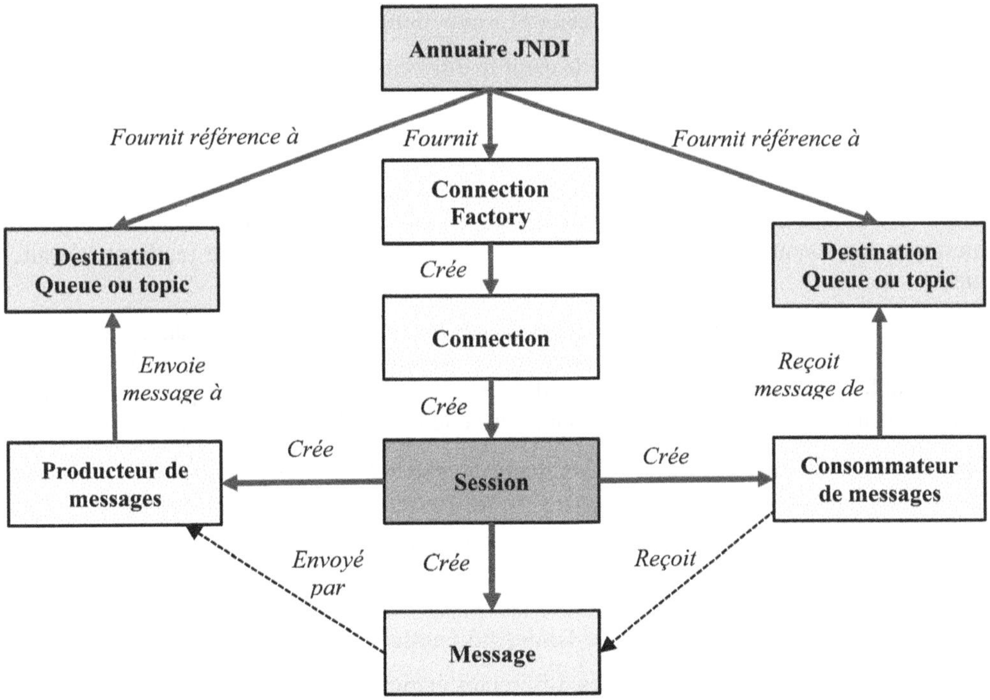

Figure 70. Le modèle de programmation de JMS.

Dans ce schéma nous voyons plusieurs notions apparaître, dont celle de *connexion* et celle de *session*, représentées par des classes de mêmes noms. La création d'une *connexion* permet de relier le client à JMS, de manière analogue à la connexion d'une application à une base de données. Ceci permet de se connecter à un *fournisseur JMS*, c'est-à-dire un MOM, dont l'adresse a été obtenue par l'intermédiaire du service d'annuaire JNDI. Une fois cette connexion établie, chaque participant, qu'il soit consommateur ou producteur, doit alors créer une *session transactionnelle*, représentée par un objet *session*.

Un *producteur* peut alors créer des messages, et un *consommateur* les récupérer, par l'intermédiaire des *queues* ou des *topics* déjà existants, comme illustré par le schéma.

Examinons maintenant le code que tout client devra invoquer pour utiliser le MOM.

Programmation client

La première étape consiste à rechercher le *fournisseur*, c'est-à-dire l'implémentation du service MOM, par le biais de l'annuaire JNDI. On obtient alors une *fabrique de connexions*, laquelle nous permettra ensuite de créer une *connexion* à notre fournisseur.

```
InitialContext jndiContext = new InitialContext();
ConnectionFactory cf = jndiContext.lookup(connectionFactoryName);
```

Ceci fait, on créée ensuite une *connexion* au fournisseur, en utilisant la *fabrique* ainsi obtenue :

```
Connection connection=cf.createConnection();
```

L'objet *connexion* nous permet alors de créer une *session* :

```
Session session
        = connection.createSession(false, Session.AUTO_ACKNOWLEDGE);
```

Dans cet exemple, nous remarquons que la session a été créée avec la valeur *AUTO_ACKNOWLEDGE* passée en paramètre, ce qui signifie que nous souhaitons que les messages lus soient automatiquement acquittés à la fin de la méthode réalisant le traitement.

Pour être en mesure d'envoyer ou de recevoir des messages, il nous faut maintenant instancier dans notre code des objets représentant les *destinations* dont nous avons besoin. Ceci est possible en interrogeant le service d'annuaire JNDI, auquel nous passerons le nom d'une destination, et qui nous donnera en retour une référence à un objet *Destination*.

Ici, nous considérons les deux cas d'une *queue de messages* nommé *myQueue*, et d'un *topic* nommé *myTopic*. Dans le cas d'une *queue de messages*, nous écrirons par exemple :

```
Destination destinationl = (Queue)jndiContext.lookup("jms.myQueue");
```

Et dans le cas d'un topic :

```
Destination destination2 = (Topic)jndiContext.lookup("jms.myTopic");
```

Dans ces exemples, nous avons vu les différentes étapes permettant d'utiliser une *queue de messages* ou un *topic*, selon le mode choisi par l'application cliente. Nous avons vu également que l'interface JNDI était utilisée pour retrouver le fournisseur par le biais de la méthode *lookup* de JNDI, méthode également utilisée pour retrouver les *queues* et les *topics* ciblés. L'application est alors en mesure de travailler, c'est-à-dire d'envoyer et/ou de recevoir des messages.

Examinons maintenant le cas d'une application jouant le rôle de *producteur*.

Programmation d'une application productrice

Après avoir créé une *connexion* et une *session*, l'application productrice va alors pouvoir envoyer des messages sur la destination.

On doit pour cela créer auparavant une *entité productrice de messages*, attachée à la session pour la destination choisie (ici par exemple la *queue de messages destination1*). Cette entité sera représentée par un objet de type *Producer*.

Nous écrirons alors le code suivant :

```
MessageProducer producer = session.createProducer(destination1);
```

Nous pouvons alors procéder à l'envoi d'un message, qui sera ici, par exemple, un simple message texte, de la manière suivante :

```
Message message = session.createTextMessage();
message.setText("Exemple de message");
producer.send(message);
```

Pour terminer, il conviendra de clore la connexion par :

```
connection.close();
```

Programmation d'une application consommatrice en mode synchrone

Après avoir créé une *connexion* et une *session*, une application consommatrice pourra lire des messages sur une destination choisie.

De manière symétrique au cas de l'application productrice, nous devrons au préalable créer une *entité consommatrice* sur cette destination, *queue* ou *topic* :

```
MessageConsumer consumer = session.createConsumer(destination1);
```

Nous pourrons alors lire un message sur la destination en question, à travers l'objet *consumer,* à l'aide du code suivant :

```
connection.start();
Message message = consumer.receive();
```

Nous remarquons que l'application donne ici explicitement un ordre de lecture sur la *destination*, à un endroit précis du code, laquelle lui délivre en retour le message extrait. Il s'agit d'une lecture dite *synchrone*[1]. A côté de cette lecture synchrone, il existe un autre mode de lecture consistant pour une application à être notifiée de la *mise à disposition* d'un message sur une destination. Cette notification provoquera l'exécution automatique d'une méthode de type *callback*, au préalablement fournie par l'application. C'est le mode de lecture que nous appellerons le mode *asynchrone*.

[1] On notera bien que ce mode de lecture *synchrone* doit être parfaitement distingué de celui d'échange des messages, qui, lui, est bien toujours *asynchrone*.

Programmation d'une application consommatrice en mode asynchrone

Dans le *mode asynchrone*, après avoir établi une connexion et une session, et créé une entité consommatrice comme précédemment en mode synchrone, le client met en place et active un système d'écoute appelé *listener*, lui permettant de récupérer les messages en attente. Le consommateur va pouvoir lire des messages sur la destination choisie. Nous créons donc comme précédemment une entité consommatrice sur une destination *queue* ou *topic* :

```
MessageConsumer consumer = session createConsumer(destination1);
```

Puis nous créons et lançons le système d'écoute :

```
MessageListener listener = new MyListener();
consumer.setMessageListener(listener);
```

Ensuite, le client pourra lire un message en attente et le traiter. Il aura au préalable fourni pour cela le code d'une méthode appelée *OnMessage*, dont un exemple figure ci-dessous :

```
public void onMessage(Message message) {
        TextMessage msg = null;
        try {
                if (message instanceof(TextMessage) {
                        msg = (TextMessage) message;
                        ...     // traitement du message
                else {
                        ... // erreur : le message n'a pas la forme attendue
                }
        } catch (JMSException e) {
                ....            // exception JMS à traiter
        } catch (Throwable t) {
                ...             // autre exception à traiter
        }
}
```

4.3.4. JMS et les EJB orientés messages

Nous avons vu dans un chapitre précédent que les EJB, ou *Enterprise Java Beans*, étaient des composants qui permettaient d'encapsuler la logique métier d'une application. Comme nous l'avons vu, les EJB ont essentiellement pour vocation de simplifier les développements d'applications distribuées via l'utilisation de *conteneurs*, lesquels permettent en outre la prise en charge de certaines caractéristiques non fonctionnelles, telles que la sécurité, la disponibilité, ou encore les aspects transactionnels, etc. Les EJB peuvent tourner sur n'importe quel serveur compatible JEE.

JEE introduit une forme particulière d'EJB spécialisé dans la *réception de messages en mode asynchrone.* Ce sont les *EJB orientés messages*, ou *Message Driven Beans*, qui viennent s'ajouter aux types d'EJB déjà considérés. Dans l'architecture JEE, ils ont vocation à consommer des messages provenant de l'extérieur, via une interface JMS.

La figure ci-dessous montre comment une application peut communiquer avec un *Message Driven Bean* au travers d'une *queue de messages*, permettant ainsi une lecture asynchrone, en mode « message », par une application JEE.

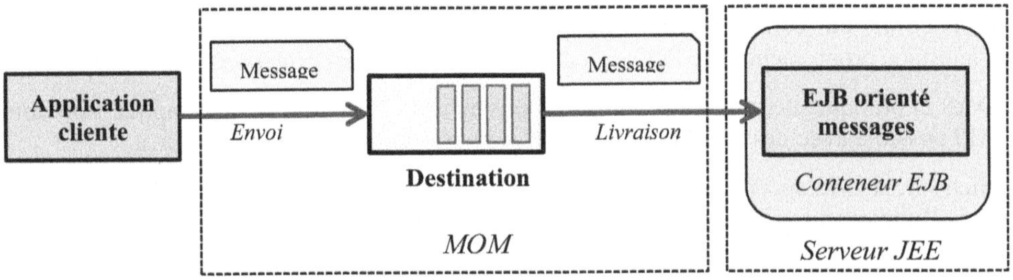

Figure 71. MOM et EJB orienté messages.

Définition d'un EJB orienté messages

La définition d'un *EJB orienté messages* se fait par le biais de *deux annotations* principales et de l'écriture d'un *MessageListener*. Ces deux annotations sont :

- *@MessageDriven,* qui porte sur une classe *POJO* concrète, non finale, ayant un constructeur public sans argument.
- *@ActivationConfigProperty*, qui est l'annotation permettant d'indiquer la *destination*, *topic* ou *queue*, le *mode d'acquittement*, ainsi que la *durée de souscription.*

Pour consommer les messages, il faut redéfinir la méthode *OnMessage()* de *MessageListener*. Le mécanisme d'*injection de dépendance* est alors utilisé pour localiser le contexte. Le développeur a la possibilité d'ajouter des *callbacks*, ainsi que des *intercepteurs*.

Nous illustrons ci-dessous la définition d'un *EJB orienté messages,* connecté, par exemple, à des informations de bourse. On notera que l'annotation *@MessageDriven* permet de configurer *de manière déclarative* l'EJB. La définition du *listener ReceptionCoursBourse* est faite par implémentation de l'interface Java *MessageListener*, comme illustré ci-dessous :

```
@MessageDriven(activationConfig = {
        @ActivationConfigProperty (
                propertyName = ="destinationType",
                propertyValue = ="javax.jms.Queue"),
        @ActivationConfigProperty (
                propertyName = ="destinationName",
                propertyValue = ="queue1"),
        @ActivationConfigProperty (
                propertyName = ="acknowledgeMode",
                propertyValue = ="DUPS_OK_ACKNOWLEDGE")
        ),
       mappedName = "trading/joueurEnBourse")
public class ReceptionCoursBourse implements MessageListener {
    ...
}
```

4.3.5. Synthèse sur JMS

JMS est l'API de JEE permettant d'invoquer des *services d'échanges asynchrones* entre des applications Java productrices et consommatrices de messages, et basée sur les concepts que nous avons présentés. C'est donc l'API Java standard qui permet à une application productrice ou consommatrice de messages d'interagir avec un MOM. Au-delà de l'interface proprement dite, JMS spécifie les *fonctionnalités attendues* d'un MOM.

Dans la pratique, de nombreux MOM proposent JMS, soit comme API unique, soit comme API possible avec des interfaces alternatives pour d'autres langages que Java.

Bien sûr, si JMS spécifie le service, il ne spécifie pas *comment* ce service doit mis en œuvre dans l'implémentation. Chaque éditeur, ou fournisseur, *JMS Provider* dans la terminologie JMS, est ici libre de ses choix d'implémentation.

Si la façon dont une application Java interagit avec le MOM est parfaitement décrite dans JMS, la spécification JMS n'est cependant pas réellement complète, et certaines fonctionnalités souvent importantes dans la mise en œuvre pratique d'un MOM ne sont pas décrites dans la spécification. Elles feront donc l'objet d'implémentations particulières dans chaque produit, avec, *a priori*, autant de manières spécifiques de solliciter ces fonctionnalités. C'est le cas en particulier des fonctionnalités de *configuration* et d'*administration* du service de messagerie visant notamment à paramétrer le MOM. C'est aussi le cas des aspects liés à la *sécurité*, comprenant en particulier la garantie d'intégrité des messages et la confidentialité de ceux-ci. Plus généralement enfin, c'est aussi le cas des aspects liés au contrôle de la *qualité de service* attendue.

Par ailleurs, beaucoup de MOM se revendiquant du respect de JMS proposent par ailleurs des fonctionnalités additionnelles, se situant hors de la spécification JMS. Ces fonctionnalités se positionnent comme des éléments différentiant en faveur d'un produit en comparaison des offres concurrentes. On citera par exemple le cas de *topics* pouvant être organisés en *hiérarchies*, les fonctions de *sécurité*, ou encore les mécanismes de *haute disponibilité*, etc. Ceci ne constitue que quelques exemples d'éléments hors JMS, et il en existe d'autres. Bien sûr, l'utilisation de ces fonctionnalités dans une application se fait au détriment de la *substituabilité* du MOM.

Enfin, au titre des limitations, il faut bien sûr mentionner le fait que JMS en tant que tel est complètement lié au langage Java.

Toutefois, au-delà de ces limitations, l'adoption d'une base commune spécifiant les services d'un MOM s'avère en pratique d'un apport considérable. Même en considérant les différences pratiques que l'on peut constater dans les diverses implémentations, il n'en demeure pas moins qu'un développeur dispose avec JMS d'un savoir qu'il peut directement mettre à profit sur de nombreux produits. Au-delà de la syntaxe d'appel, qui est bien sûr totalement liée à Java, JMS fournit de plus une base commune claire et stable quant aux fonctionnalités attendues d'un MOM, avec une certaine vision de la logique d'utilisation associée.

4.4. Autres caractéristiques des MOM

Nous abordons ici quelques aspects complémentaires des MOM. Nous verrons en particulier les types d'*interfaces de programmation* en général offerts par les MOM, la possibilité de connecter différents MOM entre eux par le biais de *passerelles* de connexion, les aspects liés à la *sécurité*, et enfin les solutions apportées pour répondre aux besoins de *disponibilité* et de *tolérance aux pannes*.

4.4.1. Interfaces de programmation

Nous examinons ici les interfaces de programmation offertes en général par les MOM.

Il existe de nombreux produits MOM, et, beaucoup d'entre eux sont proposés en *open source*, un grand nombre offrant JMS soit comme API unique, soit encore proposant JMS conjointement à des interfaces dédiées à d'autres environnements. D'autres MOM, enfin, n'offrent que des interfaces non basées sur JMS.

Nous avons vu que, de manière générale un MOM était constitué en interne d'un ensemble de *brokers* sur des serveurs, ainsi que de *couches client*, placées quant à elles avec les applications sur les machines clientes. Le rôle des *brokers* est d'implémenter les fonctionnalités d'échanges de messages, le rôle des *couches clients* étant de rendre ces fonctionnalités accessibles aux applications par le biais de l'API du MOM qui, très souvent, est JMS. Dans un tel cadre, les brokers communiquent entre eux par le bais d'un *protocole interne*, les couches client s'adressant aux *brokers* par le biais d'un *protocole externe*.

Même lorsque le MOM est conforme à l'API JMS, il est important qu'il offre des API alternatives pour d'autres langages. L'un des intérêts d'un MOM doit être en effet d'apporter une certaine capacité à l'intégration d'applications hétérogènes, tournant dans différents environnements, et écrites dans différents langages, en ne se limitant pas à l'usage de Java. Pour cette raison, de nombreux MOM offrent, outre JMS, des API pour d'autres environnements que Java. Celles-ci se présentent sous la forme de librairies de fonctions ou de classes pour un langage cible donné, comme, par exemple C, C++, PHP, Ruby, Perl, etc. Ceci revient donc pour l'éditeur du MOM à fournir de nouvelles versions de la couche client, également chargées d'interagir avec les *brokers*, mais accessibles depuis d'autres langages. Bien sûr, plus la liste des langages supportés est grande, meilleures sont les possibilités d'intégration offertes.

Dans le contexte d'un MOM conforme à JMS, on trouvera sur la figure ci-dessous l'illustration des différents cas possibles d'interaction entre une application et le MOM.

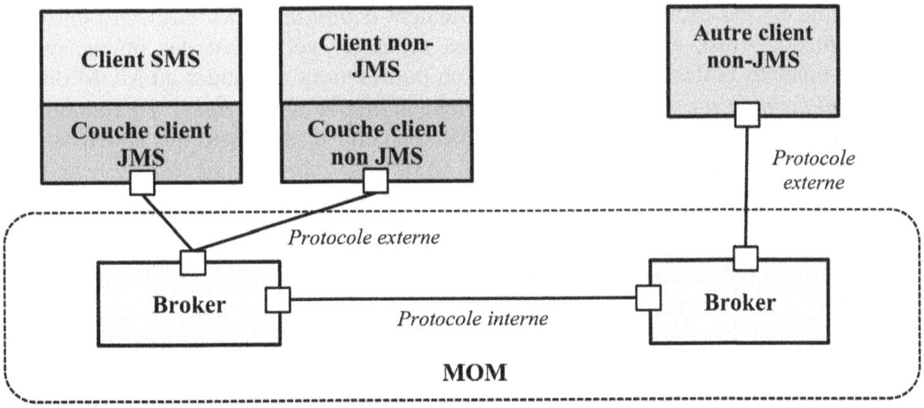

Figure 72. Interfaces applications-MOM.

Nous avons tout d'abord le cas des applications Java interagissant avec le MOM, c'est-à-dire en fait avec un *broker*, via la *couche client JMS*. C'est le cas « nominal ».

Nous pourrons avoir aussi le cas d'applications utilisatrices développées dans un langage autre que Java, interagissant donc avec le *broker*, mais au travers d'une couche client spécifique du langage. Il convient donc dans ce cas que le MOM fournissent ladite couche client pour le bon langage cible de l'application.

Enfin, un troisième cas à considérer est celui d'une *interaction directe* entre une application (développée dans un langage autre que Java), et un *broker*, c'est-à-dire une interaction menée sur la base du *protocole externe* du MOM. En effet, si le protocole d'échange avec le *broker* est documenté, une application quel que soit son langage peut, au moins en principe, échanger directement avec le *broker* sans passer par une librairie de fonctions. Ceci revient donc en fait à *développer une couche client spécifique de l'application considérée*. Toutefois, on notera que mettre en œuvre un tel protocole réseau peut s'avérer à l'usage assez complexe, et qu'il n'est pas, en principe, du rôle d'une application de prendre en charge de tels aspects techniques. Une telle approche doit donc, dans les faits, restée réservée à des cas exceptionnels, où aucune autre solution n'est envisageable.

4.4.2. Fonctionnalités basées sur le contenu des messages

Comme il a déjà été dit, la fonction d'un MOM n'est pas d'effectuer des traitements sur le contenu des messages qui lui sont confiés, mais simplement de les *acheminer* de manière fiable jusqu'à leur destination. Le MOM ne prend donc, en principe, pas connaissance du contenu des messages, qui n'influent donc en rien sur la fonction assurée. Ainsi, lorsqu'il convient de filtrer des messages déposés dans une *queue*, de sorte à les distribuer à telle ou telle application et non à telle autre, nous avons vu qu'il fallait impérativement utiliser des *champs particuliers liés à l'entête*.

Pourtant, certains MOM étendent cette mission initiale en proposant aux applications des fonctionnalités additionnelles *s'appuyant sur le contenu des messages*. Ainsi, par exemple, le produit *ActiveMQ* offre-t-il la possibilité de définir des traitements à exécuter sur les messages qui lui sont confiés. Ces traitements sont définis en référence aux différents patrons de conception nommés *Enterprise intégration Patterns*.

Un cas simple est par exemple celui d'un traitement d'*aiguillage des messages* en fonction de leur contenu. Ainsi, en supposant que les messages véhiculent des objets, avec des champs de données et des valeurs associées, on pourra alors demander au MOM de *reporter automatiquement un message sur une queue 1* ou sur une *queue 2* en fonction de la valeur de tel ou tel champ. Un autre exemple est celui d'une règle qui spécifiera qu'un message doit être automatiquement *recopié dans une autre queue de messages* si tel champs satisfait à tel critère (par exemple un ordre de bourse avec un prix excédant une valeur donnée).

De telles fonctionnalités peuvent être utiles, dans la mesure où elles permettent de déporter dans le MOM des traitements qu'il faudrait autrement mener au sein des applications, ou qui nécessiteraient la mise en œuvre d'applications « relais » spécifiques, avec toute la lourdeur et la complexification associée, alors que le MOM fait le travail de manière simple et efficace. Toutefois, on notera bien que cette dispersion des règles métiers entre des environnements aussi différents que le code des applications d'une part et le MOM lui-même est, sur le principe, source de confusions et d'incohérences possibles. Outre la difficulté à s'assurer de la cohérence d'ensemble des règles introduites et des traitements laissés à la charge des applications, la maintenance d'applications basées sur de tels principes peut devenir très complexe. Cet usage est donc à réserver à des cas où une mise en œuvre via les fonctionnalités standards conduirait à une trop grande complexité.

4.4.3. Interopérabilité entre MOM

Si la mise œuvre d'un MOM permet bien de faire coopérer différentes applications, on peut maintenant s'interroger sur la possibilité d'*interconnecter* entre eux plusieurs MOM, issus de différents éditeurs, de sorte à permettre des échanges entre applications déployées sur ces différents MOM. On retrouve ici un problème déjà posé pour la spécification CORBA, résolu par l'introduction d'un protocole standard dans la spécification CORBA2.

Dans le cas ici considéré d'un MOM, cette interopérabilité exige que des *brokers* de différents MOM puissent dialoguer. Il y a ici une importante difficulté, car, que le MOM respecte JMS ou non, même si des protocoles réseau ont été définis pour les MOM, tels *STOMP* ou *AMQ*P (*Advanced Message Queuing Protocol*), aucun standard n'est imposé aux communications internes à un MOM, c'est-à-dire aux communications entre ses *brokers*. On notera en outre que, dans les faits, les *protocoles internes* des produits MOM ne sont que rarement documentés. Dans le cas général, la communication entre *brokers* de différents MOM n'est donc pas directement possible.

De manière générale, l'interopération entre MOM exige la mise en œuvre de ce que l'on appelle des *passerelles* entre les différents MOM en service. On remarquera que le problème ici posé ne se limite pas à traduire et retransmettre les messages d'un MOM à l'autre. Ainsi, il ne suffit pas d'assurer la transmission des messages d'un MOM à l'autre, mais il faut aussi permettre l'*adressage des destinations entre les espaces des deux MOM*, ce qui exige de gérer la propagation de l'ensemble de l'annuaire des domaines d'un MOM à l'autre.

A des fins d'interopérabilité, certains MOM proposent de telles passerelles, aussi appelées *bridge*. Techniquement, il s'agit d'une application spécifique connectée d'un côté à un MOM et de l'autre à un second MOM. Lorsqu'elle reçoit un message d'un côté, elle le transmet *à un broker particulier* de l'autre, permettant une communication entre brokers des deux MOM. La figure ci-dessous illustre le principe de mise en place d'une *passerelle* entre deux MOM.

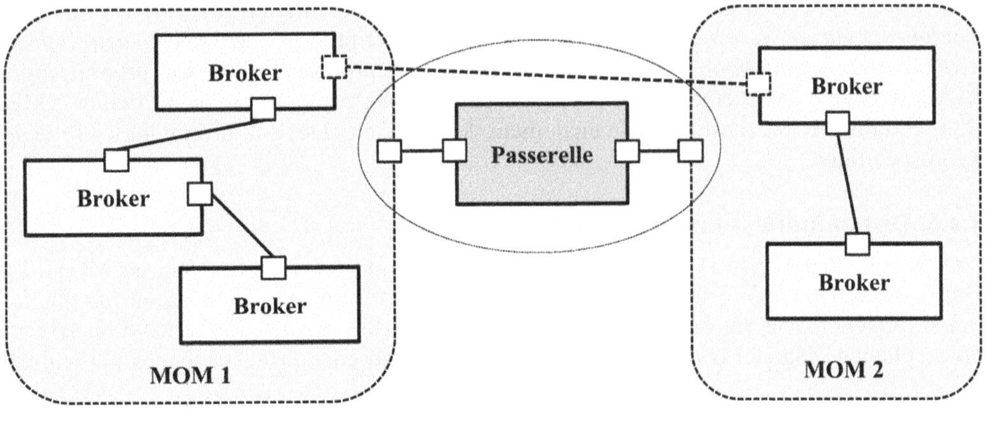

Figure 73. Principe d'une passerelle entre MOM.

Du fait de son principe même, la mise en place d'une solution de type *passerelle* peut conduire rapidement à des limitations en termes de performance, mais aussi en termes d'évolutivité et de sécurité. La passerelle, par laquelle pourra passer beaucoup de messages, devient potentiellement un *goulot d'étranglement*. Elle peut devenir également un *point de fragilité*, dans la mesure où son seul arrêt risque de perturber l'ensemble du système. La mise en œuvre d'une passerelle reste donc le plus souvent une solution à ne mettre en œuvre que de manière transitoire. Toutefois, dans certains cas (par exemple la mise en œuvre d'un nouveau système d'information dans le cas de fusion d'entreprises), cette solution s'avère souvent la seule susceptible d'être mise en œuvre dans des délais acceptables.

Dans la mise en œuvre d'une passerelle, il convient de définir des *règles* qui permettront de connecter respectivement une *queue de messages* ou un *topic* d'un des environnements à une *queue de messages* ou un *topic* correspondant dans l'autre environnement. Avec une telle mise en correspondance, l'ensemble pourra alors se comporter d'une manière proche de celle d'un MOM unique. Il faut toutefois noter que, dans la mesure où chaque MOM possède *a priori* sa propre politique de persistance, de réplication, certaines fonctionnalités pourront ne plus fonctionner.

Dans la pratique, une passerelle est souvent réalisée en langage Java sur la base de JMS. On parle alors de *JMS Bridge* ou de *passerelle JMS*.

4.4.4. Gestion de la sécurité

Etant donné le rôle tout à fait central d'un MOM dans le Système d'Information d'une organisation, les aspects liés à la sécurité sont bien évidemment cruciaux. Si n'importe quelle application était en mesure de se connecter au MOM, puis se mettre en lecture ou bien écrire sur une *queue,* on voit qu'il serait facile à un acteur malveillant de prendre connaissance de données sensibles ou de provoquer des dysfonctionnements dans le système.

Les *brokers* doivent donc en premier lieu authentifier les applications qui s'y connectent. De plus, ils doivent également contrôler les droits spécifiques de chaque application en regard de chaque *opération,* sur chaque *queue* ou *topic.* Enfin, il est essentiel que les *brokers* puissent aussi authentifier les autres *brokers* avec lesquels ils sont amenés à échanger.

Dans tous les cas, il est essentiel de mettre en place une politique de sécurisation du MOM lors de son premier déploiement. Les produits MOM courant offrent le plus souvent la possibilité de spécifier les règles d'authentification et les habilitations au moyen d'un logiciel *fournisseur de sécurité*, utilisant par exemple le cadre proposé par JAAS (*Java Authentication and Authorization Service*). Le produit MOM proposera alors son propre *plugin* JAAS, dont le comportement sera configuré par le biais, par exemple, d'un fichier XML. Dans certains MOM, il est possible également de mettre en place son propre logiciel *plugin JAAS* spécifique.

4.4.5. Disponibilité, tolérance aux pannes

Posons-nous maintenant la question de la *disponibilité* du service offert par un MOM. Le bon fonctionnement de celui-ci repose en effet le plus souvent sur l'*interconnexion de plusieurs brokers* placés sur différents serveurs physiques. Les cas de défaillance d'un serveur ou de plantage logiciel sont alors à considérer[1]. En l'absence de mécanismes particuliers

[1] Bien sûr, il conviendrait aussi d'y ajouter les cas des pertes de connectivité possibles au niveau du réseau. Ce point ne sera pas traité ici.

mis en place, la défaillance d'un nœud aura deux effets. Le premier sera celui lié à la perte temporaire d'un nœud, où devraient normalement transiter des messages, empêchant donc leur bonne distribution. Le second, plus grave, sera celui lié à la perte irrémédiable des messages stockés sur ce nœud et de leurs *états de distribution* associés. Nous pouvons nous demander alors s'il serait possible de doter un MOM de mécanismes logiciels convenables, de sorte à pouvoir poursuivre son opération normale dans de tels cas.

Pour assurer la disponibilité, et se prémunir contre la défaillance d'un nœud *broker*, deux types de techniques peuvent être envisagées, et peuvent être mises en place dans un certain nombre de produits. Toutes reposent sur la mise en œuvre de *redondances*. Ces techniques sont, d'une part, la *réplication de type maître-esclave*, et, d'autre part, le *partage du stockage*.

La réplication maître-esclave

La *réplication de type maître-esclave* consiste, pour un *broker* donné, à introduire dans la configuration un *second broker de secours* susceptible d'assurer la même fonction. Le premier *broker* est le *broker maître*, ou *broker principal*, utilisé en période de fonctionnement nominal. Le second est le *broker esclave*. Chaque *broker* possède son propre stockage afférant à l'état des messages. Le *broker* maître ré adresse chacun des messages reçus à l'esclave, et un message n'est en fait acquitté à l'application émettrice que lorsque celui-ci a été correctement écrit sur le maître *et* sur l'esclave. La réplication est donc *synchrone*. Il s'agit d'un mécanisme tout à fait comparable à celui des réplications mises en place dans les SGBD relationnels.

Une telle configuration est symbolisée sur la figure ci-dessous :

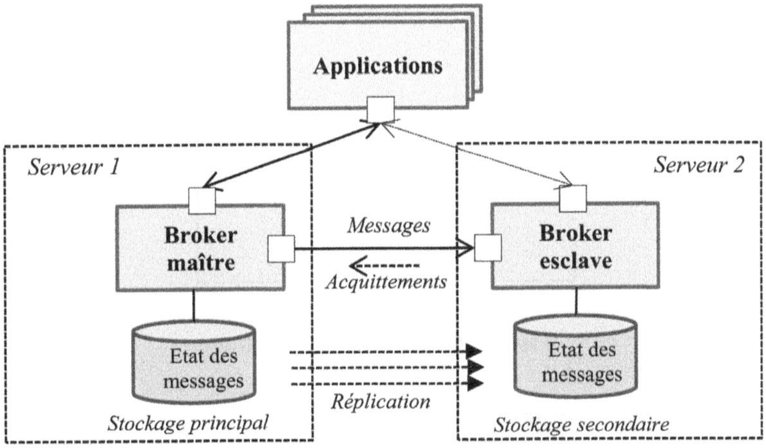

Figure 74. Réplication maître-esclave.

Lorsque le *broker* maître devient indisponible, le *broker* esclave reprend sa fonction, et toutes les applications clientes s'adressent alors à lui, de manière transparente.

Nous avons décrit une configuration avec *un* esclave associé à chaque maître. Bien sûr, ce principe pourrait être étendu à des configurations de haute disponibilité avec plusieurs esclaves associés à chaque maître (par exemple deux esclaves, ce qui, en pratique, est jugé suffisant).

Partage du stockage

Une autre manière de faire consiste à permettre un *partage de la persistance attachée au broker*, de manière tout à fait indépendante de l'implémentation de cette solution de persistance (système de fichiers ou bien base de données).

Dans cette configuration, il n'y a qu'un stockage unique, partagé entre le *broker* maître et le *broker* esclave, ce stockage étant hébergé sur une machine dédiée. Le maître pose un verrou sur la table ou le fichier correspondant au stockage des messages, sur lequel le *broker* esclave se place en attente. Lorsque le maître est arrêté, ceci est détecté, et l'esclave obtient alors le verrou. Il reprend la fonction de *broker* principal, en réceptionnant les messages qui étaient adressés au *broker* maître, et en accédant en lecture et en mise à jour aux informations afférant à l'état des messages, lesquelles se trouvent dans le dispositif de stockage commun.

Cette seconde configuration est symbolisée sur la figure ci-dessous :

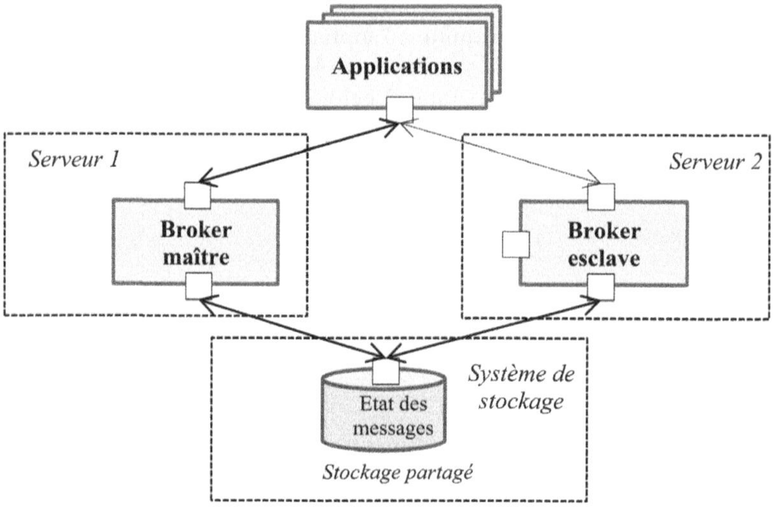

Figure 75. Partage du stockage.

4.5. Les produits MOM

Il existe à ce jour de très nombreuses implémentations du concept de MOM, certaines relevant de produits commerciaux, d'autres, en très grand nombre, relevant du monde du logiciel libre. Il ne peut être question de citer ici tous ces produits, et nous nous bornerons à évoquer quelques produits parmi les plus connus.

Sur le plan historique, le premier de tous les MOM est probablement le produit *MQSeries*, de la société *IBM*, aujourd'hui renommé *IBM Websphere MQ*. Il s'agit d'un produit initialement développé dans les années 90, et qui a bénéficié d'un important succès commercial, en particulier dans les applications du domaine tertiaire. *MQSeries* a posé les concepts de base des MOM, à savoir des échanges asynchrones et fiables, en proposant par ailleurs des connecteurs pour de nombreux environnements.

Beaucoup de solutions *open source* constituent à ce jour des produits très aboutis et d'une grande maturité, offrant par ailleurs des coûts de possession peu élevés. Beaucoup de ces logiciels *open source* se sont tournés vers le monde Java, en adoptant très naturellement JMS comme interface de programmation principale, si ce n'est unique.

En matière de MOM au standard JMS, il existe de nombreux produits, parmi lesquels on peut citer, de manière non exhaustive, *OpenJMS*, *JBoss Messaging* de *JBoss*, *JORAM* de *ObjectWeb*, maintenant *OW2*, et *Open Message Queue* d'*Oracle*.

Parmi d'autres implémentations de MOM, citons notamment *MSMQ*, proposé par la société *Microsoft*, et déployé sur les plateformes *Windows Server*. Ce logiciel s'avère complétement intégré à l'environnement *.NET*, et offre donc les possibilités de communication et d'échanges avec les applications de ce monde. La compatibilité entre *MSMQ* et la spécification JMS reste relativement faible, et requiert l'usage de passerelles spécifiques, ce qui réduit assez considérablement les possibilités d'interopération entre les deux mondes.

On peut enfin citer *Websphere MQ* d'*IBM*, anciennement *MQ Series*. Ce logiciel tourne sur de nombreux systèmes d'exploitation (historiquement *UNIX*, *AIX*, *HP-UX*, *Sun Solaris*, *Linux*, *Windows*, etc.). Les applications utilisent les *queues de messages* à travers une interface de programmation connue sous le nom de *MQI* (*Message Queue Interface*), qui est une API multi plateformes. *Websphere MQ* fournit une implémentation des fonctionnalités *MQI* pour *.NET* et Java, avec un support de JMS, que ce soit en mode *queue de messages*, ou en mode *publication et abonnement*.

4.6. Conclusion

Les intérêts de l'approche MOM

La communication par *messages* proposée par les MOM présente plusieurs avantages par rapport à d'autres approches. D'abord, elle n'impose pas aux applicatifs d'être constamment actifs sur le réseau, ce qui permet une résilience plus importante en cas d'anomalie de fonctionnement ou de défaillance du réseau.

Cette approche est beaucoup plus souple que celle reposant sur le modèle requête/réponse, puisqu'elle n'induit pas systématiquement de réponse suite à un message transmis. De plus, dans la communication par messages, les applications qui échangent à travers un MOM peuvent définir leurs propres conventions, tant sur le contenu que sur l'ordonnancement des messages.

Sur le plan de la fiabilité, un système intégrant des applications communiquant par messages présente l'avantage d'être moins sensible aux pannes d'infrastructures, grâce aux mécanismes de persistance des échanges entre *brokers*, les envois pouvant être différés en fonction des problèmes rencontrés à un instant donné.

Par ailleurs, l'approche MOM permet dans son principe même la mise en place d'un équilibrage de charge entre plusieurs composants applicatifs résidant sur différents serveurs, chaque message consommé induisant un traitement qui peut être pris en charge par un composant parmi plusieurs, selon la charge qu'il peut supporter à un instant donné.

Enfin, les MOM sont particulièrement adaptés à la gestion par évènements. Un événement survenant au niveau d'une entité applicative peut être répercuté à d'autres entités applicatives sous forme de messages, le mécanisme de publication et abonnement se prêtant particulièrement bien à la propagation d'un événement vers un ensemble de plusieurs entités applicatives, susceptibles d'évoluer en nombre. Il en résulte une intégration beaucoup plus aisée, surtout dans le cadre d'un système déployé à grande échelle De manière générale, le MOM constitue le socle de base indispensable à la mise en place des *architectures orientées évènements*.

Les limitations

Bien sûr, l'approche MOM présente aussi des inconvénients, et s'avère loin d'être est adaptée à tous les cadres de Systèmes d'Information.

On pourrait paradoxalement reprocher aux MOM le trop grand degré de liberté laissé aux applications, lequel peut rapidement introduire de trop grandes spécificités, voire des incohérences, et rendre délicate une intégration naturelle par composants comme on peut le faire dans un modèle client-serveur classique.

Par ailleurs, les MOM ne peuvent être adaptés à tous les contextes d'échanges inter-applicatifs, dans la mesure où ils ne reposent pas, en tout cas de manière naturelle, sur une logique d'appel de service, à la base des architectures SOA. Dans ce cadre, l'approche MOM ne peut pas non plus fournir de vision d'ensemble des processus métiers et de leur orchestration dans le cadre de l'urbanisation d'un Système d'Information.

Ils constituent donc plus une *boite à outils pour l'échange* qu'un outil de répartition transparent, comme peuvent l'être les approches à base d'objets distribués.

Cependant leur champ d'application permet, du fait du couplage lâche, des échanges entre applications basées sur des technologies hétérogènes. Ils peuvent de fait être utilisés dans de multiples contextes, comme, par exemple, les échanges entre une application de gestion des commandes, une application de gestion des facturations et une application de gestion de stocks. Les différentes applications communiqueront alors sur un mode égalitaire (*peer to peer*), sans hiérarchie particulière, en se contentant de diffuser des messages concernant une activité en cours, à des fins de traitement par les autres applications.

Synthèse

Comme nous l'avons vu dans ce chapitre, les MOM représentent une approche de communication et d'intégration inter applicative beaucoup plus ouverte et plus large que les approches client-serveur traditionnelles.

Les *intergiciels orientés messages* n'ont bien sûr pas la prétention de répondre à tous les problèmes. Ils doivent être vus avant tout comme des outils et comme un cadre structurant pour les échanges entre applications à un certain niveau d'agréation pour les grands systèmes, et non comme une solution toute faite.

CHAPITRE 5. Les Services Web

Objectifs de ce chapitre

En nous plaçant toujours dans le cadre d'applications distantes entre lesquelles une coopération est requise, nous étudions dans ce chapitre la notion de *Service Web*. Cette notion, dont pourront tirer profit des applications devant échanger des services au sein d'un même Système d'Information, se place en fait dans un cadre plus général et beaucoup plus vaste, permettant à des logiciels distants d'interagir à travers Internet.

Nous présenterons successivement le concept de *Service Web*, la structure des standards actuels à la base des *Services Web* classiques, dits Services SOAP, avec les éléments de base SOAP, WSDL et UDDI, et, enfin, les standards d'une infrastructure étendue venant compléter ces derniers. Nous aborderons ensuite les aspects liés aux implémentations existantes et l'utilisation des Services Web depuis un programme, sur la base d'un exemple simple de mise en œuvre. Ceci nous permettra de conclure sur l'approche des Services Web et sur leur intérêt pour l'intégration des applications réparties.

Enfin, nous présenterons les *Services REST*, autre concrétisation du concept de *Service Web* prenant pour base les protocoles déjà existants directement issus du Web.

5.1. Le concept de Service Web

De manière générale, on peut définir un *Service Web* comme une *unité logicielle* applicative rendue *accessible à des applications clientes distantes via les protocoles standards d'Internet.*

Grâce à ce principe, un logiciel client pourra, par exemple, demander le prix d'un article, ou même le commander, en invoquant simplement à travers Internet un *Service Web* convenable, implanté sur un serveur distant. Un message d'invocation contiendra la référence de l'article. Le *Service Web* recevra ce message, effectuera le traitement demandé, et renverra en retour le prix au logiciel client dans un message de réponse.

Objectifs des Services Web

Les *Services Web*, apparus à la fin des années 90 avec le développement massif d'Internet, répondent au besoin de reproduire un *principe analogue à celui des appels de procédures distantes* (RPC), non plus seulement au sein d'un réseau local de machines, mais maintenant à l'échelle même d'Internet[1].

Dans le cadre d'Internet, le problème d'invocation de code distant se pose en effet de façon toute autre que dans le cadre, plus retreint, du réseau local d'une organisation. Dans ce nouveau cadre, les technologies à base d'objets distribués ne sont plus réellement satisfaisantes. Ainsi, si l'on considère par exemple des *intergiciels (middlewares)* comme CORBA ou COM/DCOM, ces derniers requièrent pour fonctionner convenablement des connexions permanentes entre les machines. Il convient de plus, en pratique, que les applications clientes aient la connaissance *a priori* des services offerts, mais aussi de la manière de les invoquer. Enfin, et surtout, ces *intergiciels* imposent l'adoption par tous les acteurs d'une

---

[1] On rappelle que les *RPC* (*Remote Procédure Call*) permettent l'appel d'une fonction dont le code réside et s'exécute sur une machine distante, en l'invoquant comme s'il s'agissait d'une fonction locale.

même infrastructure logicielle commune. Tout ceci peut être garanti dans un réseau local, au sein d'une même organisation, mais ne peut l'être à l'échelle d'Internet. Dans ce nouveau cadre, ces approches ne peuvent donc plus convenir au contexte des interactions entre applications. Ceci bien sûr sans compter la lourdeur de mise en œuvre des infrastructures logicielles requises, la nécessité de recoder des applications existantes, et enfin la complexité et le coût y afférant. Ce qui a été dit pour CORBA ou COM/DCOM reste également vrai pour les interactions telles que celles basées sur RMI.

Face à ces limitations, des mécanismes plus légers, plus flexibles, plus dynamiques, et surtout n'introduisant qu'une *faible dépendance entre les logiciels communicants* était indispensable, l'idée sous-jacente étant de combiner les principes du client-serveur avec le Web. La solution est venue avec les *Services Web*, qui reposent en premier lieu sur un nouveau protocole, *SOAP* (*Simple Object Access Protocol*), basé sur des *échanges de données en XML*.

Une caractéristique essentielle du protocole *SOAP* est qu'il permet de véhiculer des données de manière indépendante de tout langage de programmation, système d'exploitation ou encore infrastructure matérielle, et qu'il s'appuie lui-même sur des protocoles Internet déjà utilisés à grande échelle. Dans ce cadre, le protocole sous-jacent le plus fréquemment utilisé est tout simplement HTTP (*HyperText Transfert Protocol*), protocole de base du monde du Web, et sur lequel repose le fonctionnement des navigateurs.

Notons dès à présent qu'avec l'utilisation du protocole HTTP, il n'y aura, le plus souvent, nul besoin de configuration particulière des pare-feu (*firewalls)* des différentes organisations pour communiquer, les messages véhiculés étant simplement des trames HTTP classiques, telles que celles résultant classiquement de navigations sur des sites Internet. Dans la pratique, c'est un avantage très important pour la facilité de mise en œuvre.

Outre *SOAP*, les *Services Web* sont également basés sur deux autres standards :

- *WSDL* (*Web Service Description Language*), qui permet de décrire en XML tout service offert, selon un principe analogue à celui de l'IDL (*Interface Definition Language*) de CORBA.
- *UDDI* (*Universal Description Discovery et Integration*), qui permet de référencer des services dans des annuaires susceptibles d'être exposés sur Internet, autorisant ensuite la *découverte* de ces services par d'autres acteurs, de manière dynamique.

Services SOAP et Services REST

Plus généralement, le consortium W3C définit un *Service Web* comme une *application* ou un *composant logiciel* vérifiant les propriétés suivantes :

- Il est identifié par une URI sur le Web.
- Ses interfaces peuvent être décrites en XML.
- Sa définition peut être *découverte dynamiquement* par des applications distantes ou par d'autres *Services Web*.

Dans le même esprit, on définit également les *Services Web* comme *des applications auto descriptives, modulaires et faiblement couplées qui fournissent un modèle de programmation et de déploiement, basé sur des standards, et s'exécutant au travers de l'infrastructure Web.*

Dans l'acception classique du terme de *Service Web*, et comme on l'a déjà indiqué, *XML* fournit la syntaxe commune pour la représentation des données échangées. Le protocole *SOAP* (*Simple Object Access Protocol*) spécifie la structure des messages et la manière de communiquer les informations entre machines. Le langage *WSDL* (*Web Services Description Language*) permet la *description* d'un Service avec la manière de l'invoquer. Et enfin, *UDDI* (*Universal Description, Discovery and Integration*) en permet la publication dans un annuaire puis la découverte dynamique.

Des spécifications complémentaires, en particulier les standards dits *WS-**, proposent pour leur part des *fonctionnalités étendues*, nécessaires pour des aspects tels que la sécurité, la fiabilité, et plus généralement l'assurance d'une qualité de service, voire les aspects transactionnels.

Mais, à l'occasion de travaux de recherche[1], a été mise en évidence une autre manière intéressante d'implémenter ce même concept de *Service Web*. Il s'agit de l'approche des Services dits *« REST »* (*REpresentational State Transfer*). Dans ce cadre, un *Service* est alors une entité logicielle exposant ses fonctionnalités, vu comme une « ressource », et définie simplement par une *URI*[2], directement accessible via la syntaxe du protocole HTTP. Une opération offerte par un *Service* est alors directement invocable via un « verbe » HTTP. Les différents *verbes* HTTP tels que *PUT*, *GET*, *POST* et *DELETE*, rendent alors directement compte des différentes opérations possibles sur une ressource, telles que sa création, sa mise à jour, sa lecture, et sa suppression (opérations CRUD). Ceci constitue une manière à la fois très simple et efficace de voir les choses. On peut alors utiliser des échanges de données de manière libre, et par exemple (mais par exemple seulement) en représentation *XML*. Une telle approche est basée exclusivement sur la réutilisation de standards Web déjà existants, dont HTTP. Un avantage majeur de cette approche réside alors dans sa très grande simplicité technique et son efficacité.

Nous étudierons d'abord ici les *Services Web* dans l'acceptation classique du terme, c'est-à-dire les *Services Web SOAP*, l'autre forme de service étant étudiée dans une partie suivante de ce chapitre dédiée aux *Services REST*. Dans la suite, afin de simplifier l'expression, et en l'absence d'ambiguïté, nous emploierons le terme de *Web Service*, sans autre précision, pour désigner par défaut un *Web Service SOAP*. Nous parlerons explicitement des *Services SOAP*, lorsque nous souhaiterons bien les distinguer des Services REST.

Applications

L'objectif initial des *Services Web* était de permettre la *fourniture de services* à travers Internet, soit *entre organisations* (c'est-à-dire dans le cadre du *Business to Business*, ou *B2B*), soit encore *par une organisation au profit de particuliers* (cadre du *Business to Consumer*, ou *B2C*).

Une organisation *expose alors les services* qu'elle offre, au travers d'*interfaces bien définies et publiées*, masquant toutes les ressources internes et informations nécessaires à leur mise en œuvre, lesquelles se situent *à l'intérieur* du Système d'Information de cette organisation. Si les entrées et sorties d'un service sont alors parfaitement définies, la manière dont ce service est rendu est ainsi, par contre, complètement masquée. L'idée par ailleurs est de référencer les nouveaux services offerts dans des annuaires « universels », et d'effectuer

---

[1] Thèse de *Roy Fielding*. « *Architectural Styles and the Design of Network-based Software Architectures* ». https://www.ics.uci.edu/~fielding/pubs/dissertation/top.htm.

[2] *Uniform Resource Identifier*, c'est-à-dire une chaîne de caractères identifiant une ressource sur le Web.

très simplement l'invocation d'un service ainsi découvert à travers des protocoles standards, quelle que puisse être l'hétérogénéité technique des environnements qui communiquent.

Dans cet esprit, des exemples de services actuellement disponibles peuvent concerner des domaines d'application aussi divers que la réservation de voyage en ligne, les services bancaires, le commerce électronique, ou encore les prévisions météorologiques, etc. Des *Services Web* à caractère métier peuvent, à la limite, solliciter des fonctions complètes d'une entreprise, comme, par exemple, la mise en œuvre d'une chaîne logistique (cas d'un service de transport offert par une entreprise à des partenaires).

Il faut toutefois noter que là n'a pas été pour l'instant l'impact majeur des *Services Web.* Dans un esprit tout autre, le concept est très souvent appliqué *au sein même du Système d'Information d'une organisation*, dans le but de concevoir des architectures plus flexibles et plus évolutives, avec de faibles dépendances entre les applications constituantes. Ceci s'inscrit en particulier dans le paradigme d'architecture, apparu au début des années 2000, et largement mis en œuvre, appelé *S.O.A.* (*Service Oriented Architecture*), qui sera spécifiquement étudié dans un chapitre suivant. Cette approche a largement fait ses preuves dans la mise en œuvre des Systèmes d'Information de grandes organisations, et justifie largement de ce fait l'intérêt porté aux *Services Web.*

5.2. Les principes des Services Web

Le principe de base des *Services Web* repose donc sur les *trois aspects* suivants :

- Un *nouveau protocole de messagerie*: *SOAP* (*Simple Object Access Protocol*) : celui-ci est basé sur le langage XML, garantissant de ce fait une *portabilité* et une *neutralité* vis-à-vis des plateformes communicantes, souvent hétérogènes. Ce protocole pourra être mis en œuvre sur la base de protocoles de communication déjà existants et répandus à très grande échelle, le plus utilisé étant HTTP.
- Le *concept de service*, lequel fait appel à un nouveau standard : *WSDL* (*Web Service Description Language*). Il s'agit d'un langage *déclaratif*, permettant la *description* d'un Service, avec les opérations offertes ainsi que la manière de les invoquer. Ce langage est par ailleurs également basé sur XML.
- Enfin, la *découverte dynamique de services***.** Il est proposé pour se faire un *modèle d'annuaire standard, ou encore registre de Services,* appelé *UDDI* (*Universal Description Discovery and Integration*). UDDI définit une notion de *référentiel de Services Web* permettant de décrire et de référencer des Services Web existants. Il définit la manière de « découvrir » un nouveau service de manière dynamique sur la base d'un tel référentiel.

Voyons maintenant comment peut être opérée *l'invocation d'un Web Service* grâce à ces trois standards.

Dans l'invocation d'un *Service Web,* interviennent des entités logicielles qui se répartissent en *trois rôles* : le *fournisseur de service* (*Service Provider*), le *registre (ou répertoire) de services* (*Service Registry*, ou *Service Broker*), et enfin le *consommateur de service* (*Service Requester*).

Les liens entre ces trois rôles sont symbolisés sur la figure ci-après, qui nous montre un composant consommateur de service, un composant répertoire de services, et plusieurs composants producteurs de service. Tous ces composants sont déployés *a priori* sur des machines physiques distinctes, distantes et connectées à Internet.

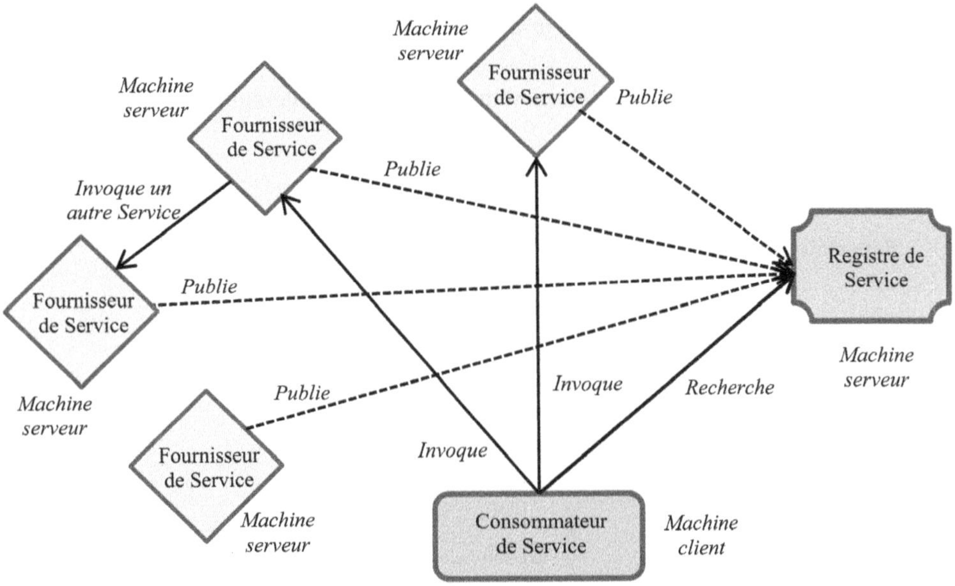

Figure 76. Architecture avec Services Web.

Dans une telle organisation :

- Un *fournisseur de service* a pour fonction de déployer un service sur un serveur, et de générer une *description de ce service*, qui précise les *opérations disponibles* et leur *mode d'invocation*.
- Cette description est publiée dans un *répertoire de services*, aussi appelé *annuaire* ou encore *répertoire*. Ce registre de description offre des facilités de publication de services à l'intention des fournisseurs, et des facilités de recherche de services à l'attention de *consommateurs*.
- Les *consommateurs de service* peuvent découvrir les services disponibles et obtenir leur description en exécutant une recherche dans le registre. Un consommateur peut alors utiliser la description du service obtenue, afin d'établir une connexion avec le *fournisseur* et ainsi invoquer les opérations du service identifié.

Les interactions de base entre ces trois rôles incluent donc des opérations telles que la *publication*, la *recherche*, et l'*exécution* de service. On notera qu'un *Service Web* peut être amené à invoquer lui-même un autre *Service Web* dans le cadre de l'implémentation du service dont il a la charge, et donc prendre ainsi également le rôle de consommateur. Plus précisément, le scénario type d'utilisation de cette architecture, illustré sur la figure ci-après, est le suivant :

- Le *fournisseur de services* définit la *description de son service* exprimée en WSDL, et la publie dans un *annuaire de service UDDI*.

- Le client utilise les facilités de recherche disponibles au niveau de l'annuaire afin de rechercher, puis sélectionner un *Service* donné.
- Le client examine ensuite la description du *Service* sélectionné, de sorte à récupérer les informations afférant à la description de son interface et de la manière de s'y connecter.
- Le client se connecte au fournisseur du *Service*, et interagit avec l'implémentation du *Service* considérée.

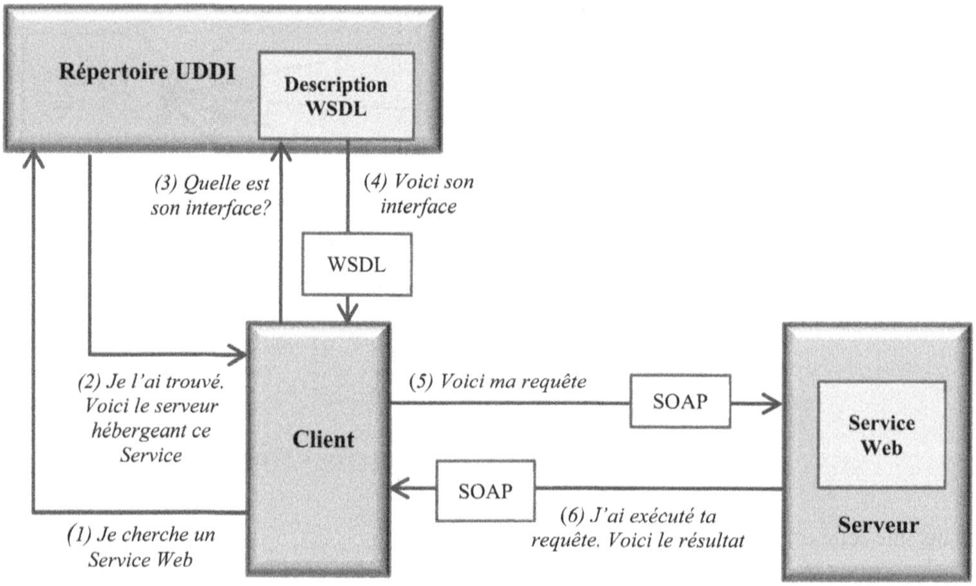

Figure 77. Interactions entre les différents composants logiciels.

5.3. Structure des standards

Les standards constituent l'élément clé des *Services Web*, dans la mesure où leur usage est à la base de l'interopérabilité recherchée.

Nous allons ici les examiner plus en détail.

5.3.1. Structure de base et structure étendue

La *structure* des standards repose sur les éléments qui viennent d'être décrits. Elle répond aux problématiques d'intégration des applications distantes, en supprimant les dépendances avec les environnements d'exécution, langages, systèmes d'exploitation ou encore matériels utilisés. En rupture avec les approches d'intégration antérieures, les *Services Web* proposent donc une *approche flexible et universelle* pour assurer des interactions entre des systèmes hétérogènes. Pour cela, ils s'appuient sur un modèle d'intégration basé sur un *couplage faible*, en exploitant de manière intensive les standards du consortium W3C. La dépendance qui subsiste est ici celle liée aux protocoles du Web, mais ceux-ci constituent de fait des standards partagés *a priori* par toute machine connectée à Internet. Cet ensemble constitue ainsi la *structure de base des standards* des *Services Web*. Nous allons la détailler dans la suite.

Cependant, cette infrastructure n'est pas toujours suffisante pour permettre l'utilisation effective des Services Web. C'est le cas notamment lorsque les exigences vont au-delà de la simple capacité à invoquer des traitements distants. Beaucoup de domaines nécessitent en effet des garanties quant aux aspects sécurité, ou encore quant aux performances ou à la fiabilité des échanges. Nous voyons que tous ces aspects ont trait à la *qualité du service* fourni, et plus généralement aux *aspects non fonctionnels* que l'on souhaite voir pris en compte lors de l'invocation d'un *Services Web*. On parle parfois de réponses aux *aspects techniques*, pour bien distinguer ces besoins des *besoins fonctionnels* auxquels répond le code applicatif implémenté dans le Service Web.

En termes de *besoins techniques*, il convient ici de mentionner également les besoins *transactionnels*, c'est-à-dire les besoins afférant à la réalisation de transactions, impliquant les invocations de plusieurs *Services Web*. Mentionnons enfin le besoin de *coordonner* ou de *composer* des *Services Web* existants, aux fins de proposer des *Services de plus haut niveau*. Ainsi, par exemple, un Service offert par un voyagiste s'appuiera sur d'autres Services, notamment ceux des compagnies aériennes ou hôtelières. Le concepteur du Service devra donc avoir à sa disposition des mécanismes complémentaires pour réaliser simplement ces nouveaux services s'appuyant sur la *composition* de Services plus simples déjà existants.

Tous ces besoins ont rendu nécessaire l'émergence de *protocoles complémentaires*, venant ainsi compléter la structure de base. C'est le domaine de ce que nous appellerons ici l'*infrastructure technique* des *Services Web*, où existent de nombreuses spécifications.

Dans les sections qui suivent, nous présenterons la structure de base des standards, puis nous évoquerons brièvement les standards complémentaires qui spécifient une infrastructure technique étendue. Certains de ces aspects seront développés plus loin dans ce chapitre.

5.3.2. La structure de base des standards

Un *Service Web* est perçu à travers une *interface*, laquelle décrit un *ensemble d'opérations* accessibles à travers le réseau par le biais de messages XML standardisés. De ce point de vue, la description d'un *Service Web* doit inclure tous les détails utiles à son invocation, comme, par exemple, le format des messages, les *signatures* des opérations (listes des paramètres en entrée et en sortie de chaque opération), le protocole de transport à utiliser, ou encore la localisation du Service sur le réseau.

Nous avons déjà indiqué que les *Services Web* s'appuyaient sur des mécanismes et des protocoles standards et que leur utilisation était donc *totalement indépendante du langage de programmation* (Java, C#, etc.), ainsi que des *plateformes d'exécution* (JEE, .NET, etc.), des systèmes d'exploitation et du matériel.

L'infrastructure de base des Services Web s'articule autour des trois standards déjà évoqués.

SOAP est le protocole qui assure les *échanges d'information* supportant l'invocation des opérations offertes par le service. Les messages échangés contiennent ainsi les appels d'opérations, avec leurs paramètres, ainsi que les réponses. Le protocole SOAP peut s'appuyer sur HTTP (ce qui est le cas le plus fréquent), mais il est possible d'utiliser SOAP au-dessus d'autres protocoles.

WSDL permet la *description des services*, en précisant les opérations offertes (analogues à des *méthodes*) ainsi que leurs signatures, selon une logique comparable à celle du langage IDL de CORBA. Une description WSDL doit préciser de plus des éléments liés aux modalités techniques d'appel.

UDDI définit un *standard d'annuaire* permettant de référencer des services accessibles au profit d'un certain public (par exemple au sein d'une entreprise, ou bien au profit d'un ensemble de partenaires, ou bien encore de manière publique sur Internet).

Un *Service Web* doit donc tout d'abord être *décrit à l'aide du langage WSDL*. Ensuite, il pourra être *référencé dans un répertoire UDDI*. Finalement, il pourra être *découvert* et *invoqué par le biais du protocole de messages SOAP*. En synthèse, les standards indiquent comment des applications externes pourront localiser et exécuter d'autres applications résidant sur Internet ou sur un réseau local, en utilisant des messages XML, le tout sur la base de protocoles standards du Web.

Invocation d'un Service Web

L'invocation d'une opération d'un *Service Web* depuis un client (développé par exemple en langage Java) suppose la coopération de plusieurs couches logicielles, destinées en particulier à assurer la *sérialisation* des objets transmis dans les messages, et bien sûr leur *« désérialisation »* à l'arrivée en objets compréhensibles par le programme destinataire. La figure ci-dessous symbolise une telle architecture avec les différents éléments logiciels présents.

Comme déjà indiqué, c'est le protocole HTTP qui est le plus souvent utilisé pour assurer le transport des messages SOAP.

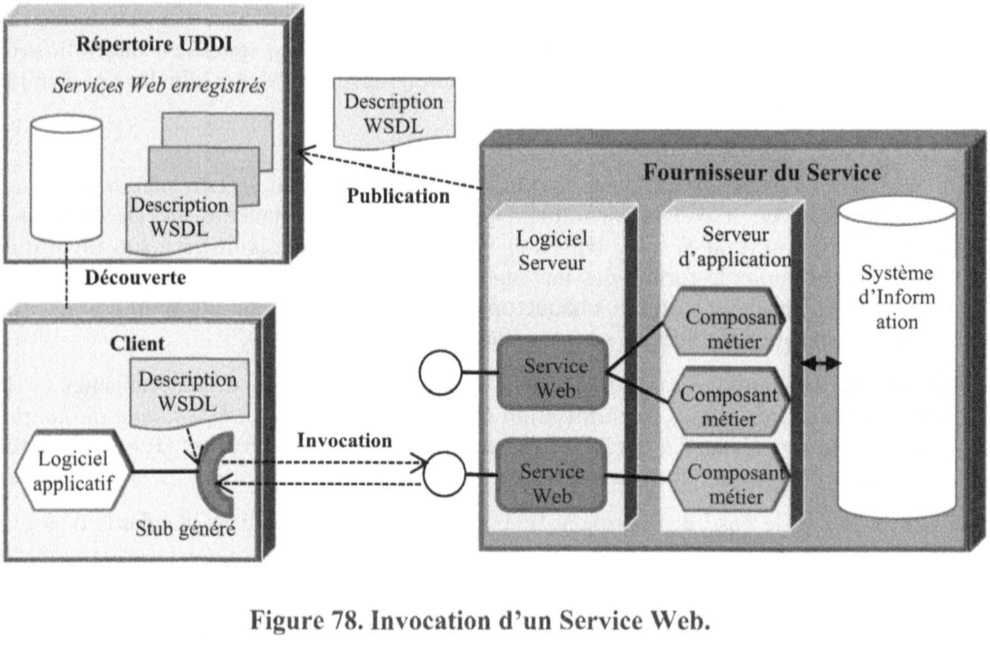

Figure 78. Invocation d'un Service Web.

Sur cette figure, nous voyons que le fournisseur du service publie une *description WSDL* à l'attention des futurs clients utilisateurs, description qui pourra être enregistrée dans un annuaire UDDI avec les références à ce service. Pour invoquer un service choisi, un logiciel client devra utiliser un *stub*, aussi appelé *amorce*, ou encore *souche client,* qui lui permettra d'invoquer les opérations du Service depuis son propre langage de programmation, et qui transformera les valeurs des paramètres d'entrée en messages SOAP, puis enfin les éléments SOAP obtenus en retour en éléments résultats, toujours dans les termes du langage de programmation de l'appelant. Bien sûr, ce *stub* est spécifique du service invoqué et du langage de programmation utilisé par le client. Ce *stub* sera typiquement généré par un outil à partir de la description WSDL du service.

Il faut bien noter que l'invocation du service se fait en *mode message*, c'est-à-dire que les paramètres d'entrée (IN) et de réponse (OUT) sont échangés *par valeur et non par référence*, car, bien sûr, il n'existe aucune notion de référence à un objet dans le contexte distribué où nous sommes.

Nous voyons que, côté serveur, un *Service Web* sera en mesure d'encapsuler des traitements plus ou moins complexes, comportant par exemple des invocations d'un ou plusieurs composants métier (placés côté serveur, et exécutés, par exemple, sur un serveur d'application), et plus généralement des appels à divers éléments logiciels composant le Système d'Information de l'organisation.

De manière générale, un *Service Web* sera développé sous la forme d'un composant logiciel serveur (par exemple en JEE, mais ce n'est qu'un exemple). Du côté de l'organisation fournisseur, des outils logiciels permettront une génération du code nécessaire aux transformations entre valeurs de paramètres et messages SOAP, constituant la *souche serveur*. Par ailleurs, des outils permettront également de faciliter ou d'automatiser la génération de la description WSDL du service. On notera bien ici que, grâce au passage par une représentation neutre sous la forme de messages SOAP, *absolument rien n'impose que le langage de programmation côté utilisateur du service (client) et celui du côté fournisseur de ce service (serveur) soient les mêmes*.

En synthèse, les principes pour la mise en place d'un Web Service sont donc les suivants :

- Des éléments logiciels (comme par exemple une ou plusieurs *classes java*) fournissent les éléments composant le *Service Web*, c'est-à-dire les traitements à effectuer et les types des données utiles.
- Un *outil de génération automatique de code* prend ces éléments en entrée de sorte à produire la *souche serveur* SOAP, ainsi que le fichier WSDL mis à disposition du consommateur.
- Enfin, à partir de cette description WSDL, le client utilise un *outil de génération SOAP* de manière à produire la *souche cliente* (*stub*), lui permettant d'utiliser le service.

Une fois ces étapes réalisées, la phase d'exécution est maintenant possible. Trois tâches seront exécutées par le logiciel fournisseur du Service à l'arrivée d'une requête SOAP :

- La *« désérialisation » du message*, c'est-à-dire la transformation des données depuis XML vers les types du langage de programmation utilisé.
- L'*invocation du code de la méthode* demandée.
- La *sérialisation XML de la réponse*, pour émission de celle-ci dans un message de retour, à destination du client consommateur du service.

Au vu de ce principe, on peut constater que la simplicité de mise en œuvre aura un prix. Ainsi un message doit-il traverser plusieurs couches et utiliser différents standards pour réaliser la simple invocation d'une opération, ce qui implique une consommation de ressources. Par ailleurs, outre le temps machine afférant à toutes les transformations nécessaires, le principe de l'encodage en XML a également un impact sur la consommation de bande passante, le langage XML étant très « verbeux ».

5.3.3. Les standards de l'infrastructure technique

La structure de base des *Services Web* permet l'invocation de composants logiciels distants à travers le Web, dès lors que de tels composants ont été identifiés et convenablement exposés comme des *Services*.

Mais, comme nous l'avons déjà indiqué, cette seule fonctionnalité d'invocation distante n'est souvent pas suffisante dans la pratique. De manière générale, c'est le cas-ci lorsqu'une une certaine *qualité de service*, ou bien encore le respect de certaines *contraintes techniques* sont requis. Ceci peut concerner par exemple les applications de commerce électronique, mais tout autant de nombreuses applications développées au sein du Système d'Information d'une organisation. Outre le fait de pouvoir invoquer les Services Web eux-mêmes, il faut donc aussi considérer des *exigences techniques* telles que, par exemple :

- La *garantie d'acheminement* d'un message (invocation et retour du résultat) vers son destinataire, en dépit des aléas tels que l'arrêt d'une machine ou encore une défaillance matérielle).
- La *sécurité*, en garantissant en particulier que seuls certains utilisateurs ou composants logiciels authentifiés auront effectivement accès à tel ou tel Service.

Par ailleurs, nous aurons également à prendre en compte d'éventuels besoins *transactionnels*. En effet, dans les interactions métiers, il est parfois indispensable que certaines séquences d'actions soient effectuées sous couvert d'une *transaction*, c'est-à-dire dans le respect des propriétés ACID. Or, cette notion de transaction est absente dans le modèle de base des *Services Web*.

Dans le contexte du Système d'Information d'une organisation, il faut ajouter à ces exigences la possibilité de *superviser* des Services Web. Enfin, toujours dans le même contexte, et comme déjà indiqué, on souhaitera souvent disposer d'un moyen pour *composer et coordonner* simplement des services existants, dans le but de *créer de nouveaux services* de plus haut niveau.

Aussi, des spécifications complémentaires au modèle de base sont-elles nécessaires. Différents organismes et groupes de travail ont ainsi œuvré depuis le début des années 2000 à l'élaboration progressive de spécifications contribuant à la définition d'une *infrastructure étendue des standards*. Celle-ci est composée d'un assemblage de différentes spécifications, venant compléter la pile des standards fondamentaux que nous avons vus.

La figure ci-après symbolise une pile de spécifications couvrant de tels aspects, et rendant compte d'une *infrastructure technique pour les Services Web*.

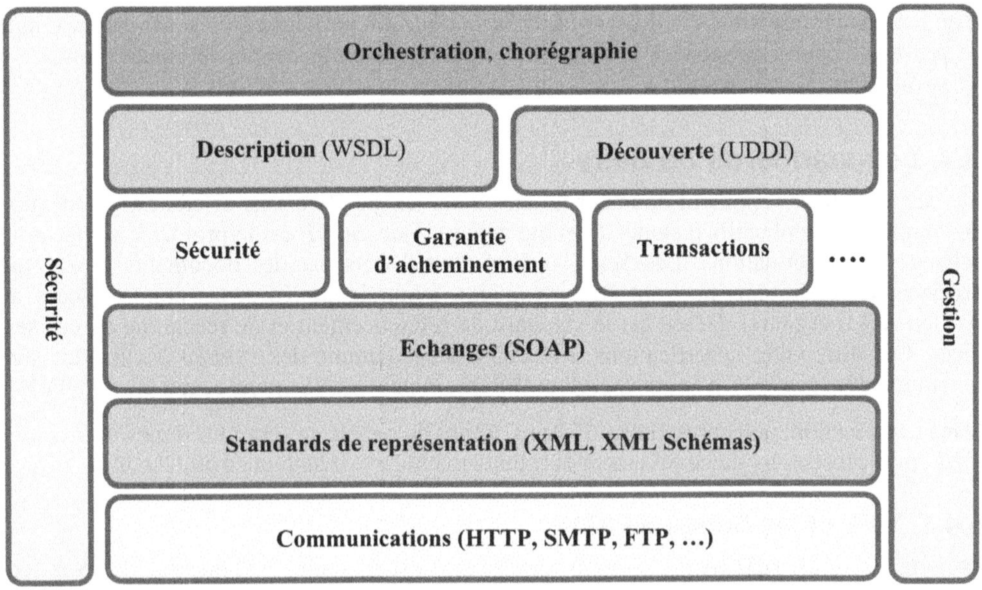

Figure 79. Infrastructure technique des Services Web.

Sur cette figure, à la base, nous trouvons les *protocoles de communication* de l'Internet qui permettent de transporter les messages, avec, en premier lieu, HTTP, mais aussi d'autres protocoles possibles tels que SMTP, FTP, etc. Nous trouvons immédiatement au-dessus les *standards de représentation*, avec XML et les Schémas XML, puis, encore au-dessus, les *échanges de messages*, réalisés avec SOAP.

Sur cette base, nous trouvons alors diverses extensions apportées à SOAP ainsi que des spécifications complémentaires destinées à prendre en charge des aspects tels que la *fiabilisation des échanges* (garantie d'acheminement), l'*exécution de transactions*, etc.

En allant toujours du bas vers le haut, nous trouvons les standards permettant la *description des services* (WSDL) ainsi que leur *découverte* (UDDI).

Sur cette base, nous pourrons envisager des spécifications qui permettront de *composer* des *Services Web*, avec ce que nous appellerons l'*orchestration* de services, ou bien encore de *coordonner* l'exécution de services impliqués dans un même scenario de coopération, avec la *chorégraphie* de Services.

Nous aurons besoin enfin de mécanismes aptes à répondre aux diverses exigences de *sécurité*, mais aussi à *gérer des services*. Pour cela, des spécifications apparaissent alors de manière transverse par rapport à la pile de spécifications déjà évoquées.

Nous reviendrons dans la suite de ce chapitre sur un certain nombre de *standards* ou de *spécifications* ayant pu être *proposées dans ce cadre*. Dès à présent, mentionnons les *standards WS-** (ou *WS-STAR, Secured, Transacted, Asynchronous & Reliable*), conçus pour implémenter des scénarios dits « avancés » entre *Services Web*. Cette pile des spécifications permet de couvrir différents scénarios, des plus basiques (échanges de messages au format SOAP) jusqu'à des scénarios plus complexes, impliquant une garantie de livraison (*WS-ReliableMessaging*), une sécurisation des échanges (*WS-Security*), ou encore le maintien d'un contexte transactionnel (*WS-AtomicTransaction*). En particulier, c'est sur cet ensemble de protocoles que reposent les profils d'interopérabilité proposés par le consortium WS-I (*Web Services Interoperability*).

5.4. Les standards de base

Les *Services Web* s'appuient donc sur un ensemble de spécifications afférant à l'invocation de composants applicatifs distants. Comme déjà indiqué, *SOAP* est le protocole utilisé pour échanger les informations. Les *Services Web* sont décrits par des documents *WSDL* qui précisent les opérations pouvant être invoquées, leurs signatures et les points d'accès au service (URL et ports). *UDDI* est le standard de référencement et de recherche de ces services. Ces différentes spécifications sont considérées comme des *standards* car elles sont recommandées par le W3C pour SOAP et WSDL, et par OASIS[1] pour ce qui est de UDDI.

Dans cette section, nous présentons d'abord, à titre de rappel, les grandes lignes du *langage XML*, puis présentons successivement les standards *SOAP*, *WSDL* et enfin *UDDI*.

5.4.1. XML et les Schémas XML

Le langage XML (*eXtensible Markup Language*) est le socle fondamental des Services Web. C'est en effet le langage utilisé pour décrire les messages échangés entre les applicatifs, avec pour base une représentation des données neutre *sous forme de texte*, et non plus de données binaires. L'utilisation du langage XML permet ainsi l'*échange d'informations* entre des logiciels développés avec *différents langages* et tournant sous *différentes plateformes matérielles et systèmes d'exploitation*.

Le principe de base du langage XML est de permettre la représentation de documents structurés sous la forme d'une structure hiérarchique d'*éléments*, identifiés à l'aide de *balises* (*tags*). Les balises sont définies au gré du concepteur dans le cadre d'un domaine d'application particulier. A ce titre, XML est un *métalangage*, puisqu'il permet de *définir autant de langages de communication applicatifs que l'on souhaite*.

Faisons maintenant un bref rappel des principes à la base d'XML, en utilisant un exemple. Le contenu d'un document livrable dans un projet pourrait être représenté par le biais d'un document XML, sous la forme suivante :

```
<livrable>
    <titre version = « 1.1 »> Spécification du système </titre>
    <auteur> Pierre Martin </auteur>
    <date> 10/06/2018 </date>
    <chapitre>
        <numero> 1 </numero>
        <titre> Introduction </titre>
        <contenu> Ce texte constitue la spécification… </contenu>
    </chapitre>
    <chapitre>
        …
    </chapitre>
</livrable>
```

[1] *Organization for the Advancement of Structured Information Standards*.

Nous voyons voit qu'un document XML est *autodescriptif* (le document lui-même indique à quel champ il faut rattacher chaque valeur présente). Un tel document est à la fois « *human readable* » (c'est-à-dire qu'il peut être présenté à un usager, sachant toutefois que le langage ne précise pas les règles d'affichage des différents éléments) et « *machine readable* » (il est organisé selon des règles parfaitement précises et peut donc être interprété par un programme).

Outre les *éléments* (comme ici, dans l'exemple, *<livrable>*, *<titre>*, *<auteur>*, *<date>*, *<chapitre>*, etc.), XML permet également la définition d'*attributs* attachés à un élément. Par exemple, dans notre cas, nous voyons qu'un attribut *version* est attaché à l'élément *titre*. Les *attributs* ont vocation à contenir de l'information complémentaire, utile lorsque le document est « lu » par un programme.

Si l'on souhaite que ce document XML serve à échanger de l'information entre machines, il est nécessaire que le programme destinataire de l'information sache à l'avance le type de champs qu'il va trouver dans le document et la façon dont ces champs s'organisent. Il faut donc être en mesure de définir des *modèles de structure*, auxquels les documents échangés devront se conformer afin de pouvoir être interprétés par un destinataire. Ainsi, toujours dans notre exemple, il est probable que nous trouverons toujours dans un livrable un titre, un auteur, une date, puis plusieurs chapitres, et éventuellement, dans chaque chapitre, des paragraphes. La définition d'un telle structure type est appelée *grammaire XML*. Un document XML est dit *valide* lorsqu'il est conforme à une grammaire définie par avance.

Une telle grammaire peut se définir de deux façons :

- Par *utilisation d'une DTD* (*Document Type Definiton*). C'est le langage de définition de grammaire présent aux débuts du langage XML (cette pratique provenant de SGML, le langage d'où est tiré directement XML). Les DTD possèdent une expressivité plutôt faible (en particulier, on définit bien la structure d'un document, mais il n'est pas possible de *typer* les éléments identifiés). Les DTD ont par ailleurs l'inconvénient de nécessiter l'utilisation d'un nouveau langage, régi par une syntaxe très différente de celle afférant à la description des documents eux-mêmes.
- Par *utilisation de Schémas XML*. Apparus après les DTD, les *Schémas XML* permettent la description d'une grammaire XML *exprimée elle-même sous la forme d'un document XML*. Les *Schémas XML* possèdent une expressivité puissante. Ainsi, on peut définir via un Schéma XML la structuration type du document en éléments, mais aussi les *types de données* représentés par ceux-ci (par exemple une chaîne de caractères, un entier, une date, etc., ou encore une structure complexe). Ils sont donc très largement utilisés.

Nous verrons que les *Schémas XML* constituent un mécanisme mis en œuvre dans la description d'un *Service Web*.

Les espaces de noms

Un *espace de noms* XML (*namespace*) permet de regrouper sous un identifiant unique *un sous-ensemble de balises*. Le but est ici de spécifier simplement au sein d'un document XML le domaine de définition d'où provient tel ou tel élément ou attribut. Il est alors possible d'utiliser dans un même document XML plusieurs familles de balises sans conflits de nom, la distinction entre des *éléments* de même nom se faisant sur la base de l'espace de nom qui les préfixe.

Le principe des *espaces de noms* consiste donc à regrouper un ensemble de noms d'*éléments* et d'*attributs* (au sens XML) dans une collection identifiée par une URI. Cette technique évite les conflits de noms et favorise la réutilisation de standards définis dans différents domaines d'activités spécifiques. L'utilisation des *espaces de noms* est systématique dans le cadre des *Services Web*.

Les Schémas XML

Comme déjà indiqué, un *Schéma XML* est lui-même un document écrit en XML. On parle alors de XSD (*XML Schema Definition*). Un tel document permet de définir le format et le contenu attendu d'un fichier XML dans le cadre d'une application spécifique. On parle alors de *conformité* à un schéma XML. Ce format suit un modèle hiérarchique et spécifie en particulier les contraintes de *typage* applicables aux données présentes.

Chaque schéma, associé à un *espace de noms*, définit des *éléments* possibles, avec leur *type*, ainsi que les *attributs* éventuels associés. Les *Schémas XML* ont un rôle essentiel dans la création des Services Web. Ils permettent de créer des types propres aux échanges utilisés lors des invocations de Services et des retours. Les types de données seront alors soit des types simples, soit des types complexes définis explicitement.

Analyse de documents XML

On rappelle que l'analyse (*parsing*) d'un document XML permet une transformation du contenu de ce document sous la forme de données utilisables par un programme. Dans le monde Java, ce *parsing* peut se faire essentiellement de deux manières : en utilisant l'API DOM (*Document Object Model*), spécification standardisée par le W3C, ou bien, de manière plus légère avec SAX (*Simple API for XML*), spécification non normalisée, mais devenue un standard de fait. Alors qu'un *analyseur*, ou *parser* DOM « compile » un fichier XML en générant un arbre d'objets en mémoire, SAX déclenche des événements correspondants aux ouvertures ou fermetures de balises du document aux fins d'appliquer un traitement spécifique.

Les *analyseurs* de *Services Web* sont chargés d'effectuer un *mapping* entre les primitives du schéma XML et les primitives spécifiques à la plateforme d'exécution. Ainsi, une chaîne de caractères du schéma XML sera-t-elle mise en correspondance avec le type *System.String* en *.NET* ou avec le type *java.lang.String* en Java, et réciproquement.

La sérialisation des données avec XML

On rappelle que, de manière générale, la *sérialisation* (ou *pliage*, ou encore *marshalling*) est le processus mis en œuvre aux fins de coder des données d'un programme, telles l'état d'un objet ou encore d'un graphe d'objets, sous la forme d'une séquence d'octets, qu'il sera alors aisé de transférer d'une application à une autre à travers le réseau. L'opération inverse, qui reconstitue les objets de départ à partir de ce flot est la « *désérialisation* » (ou *dépliage*, ou encore *unmarshalling*). Les applications impliquées dans ces échanges doivent bien sûr partager un format commun de codage.

De manière générale, les techniques de *sérialisation* vers des données binaires (comme par exemple la sérialisation du langage Java) ne sont pas applicables à des échanges entre deux plateformes de natures différentes (par exemple entre les mondes Java et .NET), chaque plateforme ayant sa propre manière de représenter les données en interne et de les mémoriser. Pour les échanges de données entre le client appelant et le service appelé, SOAP utilise donc une *sérialisation en XML*, qui représente les données sous une forme textuelle, donc *neutre*. Avec SOAP, on échangera donc les données sous la forme de *documents XML*, lesquels pourront donc être compris par le logiciel destinataire, quels que soient le langage et la plateforme.

Dans le monde des programmes, l'appel d'un *Service Web* nécessitera le passage de paramètres sous la forme de *valeurs élémentaires* (entiers, chaînes de caractère, etc.) et/ou d'*objets applicatifs*. Il en sera de même pour la réponse à cet appel, qui renverra les résultats attendus. A chaque classe d'objets devra alors correspondre une représentation convenable sous forme XML, définie par la conformité à un certain *schéma*. Nous aurons ainsi une correspondance directe entre des classes d'une part, dans le monde du programme, et des éléments de schéma d'autre part, dans le monde XML. Nous aurons, de même, une correspondance directe entre les objets échangés eux-mêmes et leur représentation en XML.

La figure ci-dessous synthétise les différents éléments entrant en jeu dans le monde du programme et dans le monde XML, ainsi que leurs relations.

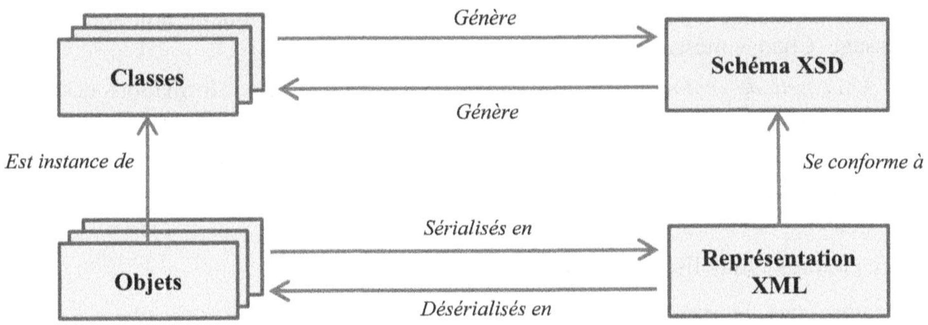

Figure 80. Principe de la sérialisation.

Sur la figure ci-dessus, nous voyons qu'un outil *analyseur* pourra créer un schéma XSD automatiquement à partir du code source des classes. A l'inverse, un second outil pourra être en mesure de créer automatiquement, cette fois à partir d'un schéma XSD, les déclarations des classes convenables dans le langage de programmation choisi. Les instances des objets sont *sérialisés* sous forme de représentations XML, lesquelles sont *désérialisées* à l'arrivée sous la forme d'objets du langage de programmation chez le destinataire.

5.4.2. SOAP

SOAP est un protocole permettant *l'échange d'informations structurées et typées* entre applications dans des environnements répartis sur Internet. SOAP fournit les moyens nécessaires pour définir *différents styles d'échanges*, tels que l'*appel de procédure distante*, ou encore l'*envoi de messages* de manière *asynchrone*, c'est-à-dire n'attendant pas de retour de l'appelant.

Historiquement, SOAP a été conçu en remplacement de XML/RPC (1998), formalisme à base XML permettant de décrire des appels et réponses de procédures distantes. XML/RPC a été totalement revu, en particulier pour être adapté au modèle objet. Ont été ainsi définies une version SOAP 1.0 en novembre 1999, puis une version 1.2 en 2003.

La spécification SOAP recouvre en fait trois aspects :

- *Un cadre de définition des messages*, qui spécifie ce que contient un message et comment l'interpréter.
- *Un ensemble de règles d'encodage*, qui permettent de transformer des données applicatives en XML.
- Des *conventions*, qui permettent de représenter par des échanges XML des *appels de procédures et leurs réponses*.

SOAP peut être utilisé sur la base de nombreux protocoles de *transmission*[1], en particulier HTTP, qui est un choix très fréquent, mais pas le seul possible. On parle usuellement de *liaison*, ou encore de *binding*, pour désigner la mise en œuvre de SOAP sur tel ou tel protocole sous-jacent.

Structure d'un message SOAP

Le standard d'échange SOAP définit une *structure générale* à laquelle doit se conformer tout message. Chaque message comprend ainsi :

- Un *entête de protocole* (*protocol header*), qui contient des informations destinées à la mise en œuvre de SOAP sur le protocole de transmission effectivement utilisé.
- Une *enveloppe*, définie en XML, dans laquelle est placé le contenu du message (partie utile du message, ou *payload*), précédé optionnellement d'un autre entête, appelé l'*entête SOAP*.

La figure ci-après symbolise cette structure.

Nous voyons que le message utile est contenu dans une balise *<Envelope>*, qui est l'*élément* racine du document XML.

Une telle enveloppe peut contenir une *balise <Header>*, qui représente l'*entête SOAP*. Notons qu'un *Header* peut contenir un certain nombre de *balises*, qui devront appartenir à des *espaces de noms* définis. Les entêtes SOAP sont en fait destinés à la mise en œuvre de couches supérieures et transversales de protocoles, déjà évoquées, telles que la gestion des transactions, la sécurité, etc.

Une enveloppe doit contenir une balise *<Body>* correspondant au corps du message. Une balise *<Body>* peut contenir n'importe quel ensemble de balises. Ces balises peuvent appartenir à des *espaces de noms*. Un *Body* pourra contenir en particulier des balises *<Fault>* permettant d'identifier des erreurs.

---

[1] On parle parfois aussi de *transport*. C'est d'ailleurs ce terme qui est utilisé comme mot clé dans SOAP. On notera toutefois bien qu'il ne s'agit bien sûr pas ici d'une couche de « transport » au sens où on l'entend dans le monde des réseaux (HTTP étant pour sa part dans la couche « application »).

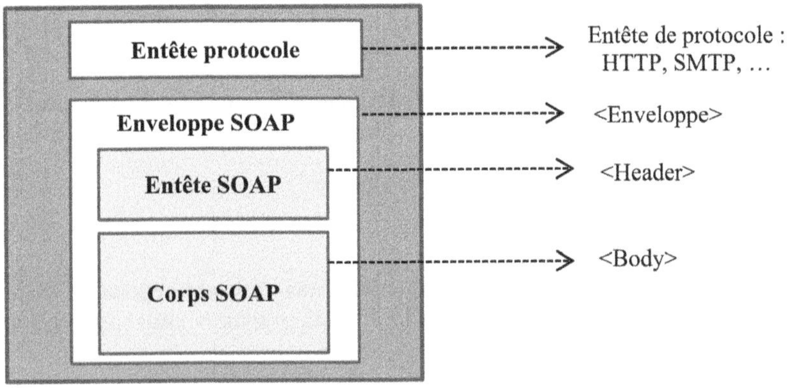

Figure 81. Principe du standard d'échange SOAP.

Par ailleurs, on notera que la spécification nommée *SOAP Messages with Attachments* définit une manière d'échanger, lors d'envois SOAP, des *documents joints*, qui sont alors encodés sous format MIME (*Multipurpose Internet Mail Extensions*). Le schéma ci-dessus est alors à compléter avec cette section supplémentaire, placée dans le message.

Nous donnons ci-dessous un exemple de message SOAP correspondant à l'envoi d'une requête *GetCoursAction* s'enquérant du cours d'une action identifiée par un nom de société.

```
POST /StockQuote HTTP/1.1
Host: www.xxxxx.com
Content-Type: text/xml; charset="utf-8"
Content-Length: nnnn
SOAPAction: "Some-URI"
<SOAP-ENV:Envelope
    xmlns:SOAP-ENV="http://schemas.xmlsoap.org/soap/envelope/"
    SOAP-ENV:encodingStyle="http://schemas.xmlsoap.org/soap/encoding/">
     <SOAP-ENV:Body>
          <m:GetCoursAction xmlns:m="Some-URI">
                <nomSociete>SOCIETE-X</nomSociete>
          </m:GetCoursAction>
     </SOAP-ENV:Body>
</SOAP-ENV:Envelope>
```

Nous remarquons dans cet exemple la présence :

- D'informations spécifiques placées dans l'en-tête, liées au protocole HTTP.
- De *balises standards* SOAP, *<Enveloppe>* et *<Body>*, ainsi que la référence à un *espace de noms* utile aux définitions des balises et du style d'encodage SOAP.
- Des *balises utilisateur* *<GetCoursAction>*, correspondant au nom de l'opération invoquée, et *<nomSociete>*, introduisant la valeur du paramètre en entrée (ici le nom du titre concerné par la demande).

- Enfin l'utilisation d'un *espace de noms* utilisateur, propre au domaine d'application.

Le message renvoyé en réponse à cette requête, délivrant la valeur demandée, sera du type :

```
HTTP/1.1 200 OK
Content-Type: text/xml; charset="utf-8"
Content-Length: nnnn
<SOAP-ENV:Envelope
    xmlns:SOAP-ENV="http://schemas.xmlsoap.org/soap/envelope/"
    SOAP-ENV:encodingStyle="http://schemas.xmlsoap.org/soap/encoding/"/>
      <SOAP-ENV:Body>
            <m:GetCoursActionReponse xmlns:m="Some-URI">
                  <Cours>34.5</Cours>
            </m:GetCoursActionReponse>
      </SOAP-ENV:Body>
</SOAP-ENV:Envelope>
```

On remarque dans la réponse ci-dessus la présence d'une *balise* utilisateur *<Cours>*, qui véhicule la valeur demandée. Tous ces documents XML, requête comme réponse, sont *générés respectivement par le logiciel client* à l'invocation de l'opération *GetCoursAction* du Service, et par le serveur à partir de la valeur retournée en réponse à cet appel.

Les entêtes SOAP

L'entête SOAP est *optionnel*. Il constitue en fait un support prévu pour des extensions apportées aux mécanismes SOAP, permettant en particulier d'intégrer des protocoles d'infrastructure, tels que proposés dans l'architecture étendue des spécifications. Ceci permettra de traiter des aspects techniques particuliers, tels que la gestion des sessions, la sécurité, ou encore le routage des messages (dans le cas où un message doit transiter par plusieurs machines intermédiaires placées entre l'expéditeur et le destinataire). Ces protocoles complémentaires sont évoqués dans la suite de ce document. On notera que SOAP fournit un support permettant de rendre les entêtes optionnels ou obligatoires selon le cas, via l'utilisation d'un attribut nommé *soap:mustUnderstand*..

Considérons ainsi l'exemple suivant :

```
<SOAP-ENV:Header>
      <t:Transaction xmlns:t="some-URI"> 5 </t:Transaction>
</SOAP-ENV:Header>
```

Nous remarquons que l'entête possède une entrée représentée par un élément *<t.Transaction>*. Cet élément véhicule ici une information à destination du protocole de gestion des transactions, exprimée sous la forme d'un *attribut* attaché à l'élément, accompagné d'une valeur.

Le corps SOAP

La partie *corps*, ou *body*, obligatoire, correspond à la *partie utile* du message. L'élément *<Body>* contient un ou plusieurs sous-éléments correspondant aux données placées à l'attention du destinataire, avec, en outre, un élément possible *<Fault>* permettant de signaler une exception éventuelle dans l'invocation du service. La spécification est neutre quant à l'interprétation du corps de message, si ce n'est que le format des données doit être valide au regard d'une certaine spécification définie par la description du Service en WSDL.

Encodage des données en XML

Un message SOAP véhicule des données *typées*. Il nous faut donc un moyen standardisé pour représenter sous forme XML les différents types dont nous aurons besoin ainsi que leurs valeurs. L'*encodage* est la représentation de ces éléments sous forme XML.

SOAP considère les *types simples* (*simple types*) tels que les *integer* (entier), *string* (chaîne de caractères), etc., ainsi que les *types composés* (*compound types*), tels que tableau (*Array*) ou encore structure (*Struct*). Nous allons considérer ces deux cas.

Les types simples

Nous donnons ci-dessous un exemple de définitions de *types simples* à l'aide d'un *Schéma XML* :

```
<element name="age" type="xsd:int"/>
<element name="couleur">
        <simpleType base="xsd:string">
                <enumeration value="Rouge"/>
                <enumeration value="Bleu"/>
        </simpleType>
</element>
```

Cet exemple illustre la définition d'un élément *<age>*, basé sur le type prédéfini *int*, ainsi que la définition d'un élément *<couleur>*, dont le type est une *énumération*, basée pour sa part sur le type *xsd:string*. Une telle valeur énumération sera ici une chaîne de caractères ne pouvant prendre que deux valeurs « Rouge » et « Bleu ».

La définition de valeurs associées à ces types se fera alors par le biais des éléments suivants :

```
<age>45</age>
<couleur>Bleu</couleur>
```

La définition d'un Schéma XML pour chaque type utile serait fastidieuse car très répétitive. Aussi SOAP définit-il des manières raccourcies de préciser le type d'une valeur, sans avoir à définir explicitement des parties de schémas XML correspondantes. Ainsi, une expression telle que *<SOAP-ENC:int>45</SOAP-ENC:int>* permet-elle de définir directement une valeur entière 45.

Les types composés

Les types composés (*compound types*) sont principalement les *structures* (*Struct*) et les *tableaux* (*Array*). De manière classique, une *structure* est un type composé dans lequel les membres sont accessibles grâce à des *noms de champs*. Un *tableau* est pour sa part un type composé dans lequel les membres sont accessibles via leur *indice*, c'est-à-dire leur position dans le tableau. Nous donnons ci-après un exemple de définition d'un type structuré *Personne* par le biais d'un *Schéma XML* :

```
<element name="Personne">
<complexType>
        <element name="nom" type="xsd:string"/>
        <element name="age" type="xsd:int"/>
</complexType>
</element>
```

Ainsi, une personne sera-t-elle ici une *structure composée de deux champs*, un *nom*, de type chaîne de caractères, et un *âge*, de type entier. Bien sûr, pour être plus précis, nous aurions pu également déclarer le champ *age* comme étant de type *Age,* type que nous aurions alors défini, et non de type *int*. Une entité *personne* pourrait par exemple être définie par :

```
<Person>
        <name>Jean</name>
        <age>30</age>
</Person>
```

Il est possible d'adjoindre à tout champ la spécification d'un nombre *minimum et/ou maximum d'occurrences*. Ceci permet par exemple de définir des champs *optionnels* (c'est-à-dire ayant 0 ou 1 valeur) ou encore *multivalués* (c'est-à-dire pouvant prendre *en même temps plusieurs valeurs*, comme par exemple les numéros de téléphone d'une personne, ou encore les langues qu'elle parle). On utilise pour se faire les attributs *minOccurs* et *maxOccurs*. Par défaut, si on ne précise pas de valeur à un tel attribut, celui-ci vaut alors 1. Ainsi, si aucun de ces deux attributs n'est précisé, le champ en question devra donc avoir exactement *une valeur et une seule*, comme c'est le cas ici pour le nom et l'âge.

Styles de messages : RPC et Document

La spécification SOAP définit *plusieurs approches possibles* de communications, aussi appelées *styles de messages*. Les deux principaux styles proposés sont appelés respectivement *style RPC* et *style Document*. Ils correspondent à deux manières différentes d'appréhender l'échange de paramètres dans l'invocation d'un service. Plus précisément :

- Le *style RPC* représente un *appel de procédure*, avec passage d'un ensemble de paramètres d'entrée et de sortie de types, bien définis à l'avance. Le message d'appel contient les valeurs des paramètres d'appel, et le message de résultat contient les valeurs des paramètres de retour. Les types de données sont encodés au format XML selon les schémas spécifiés par SOAP (l'attribut optionnel *encodingStyle* de la balise *SOAP-ENV:Envelope* est alors présent). Le destinataire traduit alors les données XML reçues dans le format de l'application cible.
- Le *style Document* correspond à une communication où le client échange avec le serveur non plus sous la forme d'un ensemble de paramètres, mais sous la forme de *documents XML auto descriptifs*. Les types de données sont alors définis en totalité selon un schéma XML défini directement par l'application (et *a priori* différent de celui spécifié par SOAP). Cette variante est souvent retenue si *les données que l'on souhaite transporter sont déjà au format XML*. Aucune règle d'encodage SOAP ne s'applique alors (l'attribut *encodingStyle* n'apparaît pas dans ce cas). Le protocole SOAP est ainsi réduit au rôle d'*agent d'expédition*.

Il est à noter en outre que le modèle *Document* permet de traiter indirectement des appels de type RPC. Le *nom de l'opération* et les *paramètres* apparaissent alors littéralement dans le message SOAP. On notera que le style *document* est souvent utilisé, dans la mesure où il simplifie considérablement la définition des interfaces.

Styles d'encodage des données

SOAP propose en outre différentes manières de mettre en forme les paramètres dans la représentation XML, que l'on appelle les *styles d'encodage* (*encoding styles*) Il y a ainsi deux styles d'encodage, qui sont *Literal* et *Encoded*. *Literal* implique que les données transmises soient conformes à un Schéma XML défini dans la description WSDL du service (que nous verrons dans la suite de ce chapitre). *Encoded* fait référence par contre à une mise en forme des paramètres à l'aide des règles d'encodage définies par l'attribut *encodingStyle*. Une application SOAP doit inclure l'espace de noms SOAP adéquat. L'attribut *encodingStyle* fixe donc les règles d'encodage utilisées pour *sérialiser* et *désérialiser* les données d'un message SOAP.

Liaison SOAP sur HTTP

Une caractéristique de SOAP est qu'elle fait abstraction de la couche de « transport » sous-jacente. SOAP peut être facilement implanté au-dessus du protocole HTTP (*HyperText Transfert Protocol*). Il s'agit de la pratique la plus répandue. On utilise le mode *Request/Response* de HTTP et l'enveloppe est transférée par la méthode *POST*, avec un *content-type* « text/xml ».

5.4.3. WSDL

WSDL est le langage qui permet de décrire un *Service Web* en XML, avec, en particulier, la définition de son interface, ou encore de différentes interfaces, permettant de l'invoquer. Dans une telle description, on trouvera donc la définition des *opérations* (méthodes) offertes par le service, avec leurs *signatures* (paramètres et types de ceux-ci). Mais WSDL permettra aussi de spécifier les *éléments techniques* qu'il est nécessaire de connaître pour se connecter concrètement au Service Web dont il est question.

Nous allons dans cette section présenter les grands principes présidant à WSDL, en nous basant sur la version 2.0 du langage. Il convient de mentionner ici le fait que le modèle de description proposé par WSDL a sensiblement évolué entre la version 1.1, ayant précédé la version 2.0, et cette dernière. Nous ferons donc, lorsque cela sera utile, un certain nombre de remarques précisant certaines évolutions.

Sur le principe, le langage WSDL distingue la *description abstraite d'un Service Web,* qui consiste à décrire ses *fonctionnalités*, de sa *description concrète*, laquelle fournit les *détails techniques* d'accès à ces fonctionnalités, tels l'URL, le protocole à utiliser, ou encore l'adresse. La description WSDL d'un Service se composera de ces deux aspects.

Un *Service* peut offrir une ou plusieurs *interfaces*. Une *interface*[1] se compose d'un ensemble d'*opérations*, une opération possédant des *entrées* et des *sorties* dont il faut décrire les *types*. Ceci constitue la *description « abstraite » du Service Web*. Elle peut être comparée sur le principe à une description IDL de CORBA.

---

[1] Appelée *portType* dans la version 1.1.

La *description « concrète »* de celui-ci décrit les différents moyens pratiques d'invoquer les fonctionnalités via ces *interfaces*. Un Service est ainsi caractérisé par un ou plusieurs *points d'accès*[1], chaque *point d'accès* étant associé à ce que l'on nomme en WSDL un *binding*. Un *binding permet de relier des opérations abstraites à des adresses et à des protocoles*. Tous ces éléments seront précisés dans la suite.

Une *description WSDL* est un document XML commençant en WSDL 2.0 par une balise *<description>* et terminé par *</description>*. Nous y trouverons les éléments suivants :

- L'élément *<types>*, où seront définis les différents types de données nécessaires pour invoquer le service.
- L'élément *<interface>*, définissant des interfaces offertes, et, pour chacune d'entre elles, les opérations la constituant, avec enfin, pour chaque opération, les informations échangées.
- L'élément *<binding>*, qui définit un lien entre des opérations (abstraites) et un protocole concret d'invocation de celles-ci.
- L'élément *<service>*, spécifiant, pour une interface supportée, une liste de *points d'accès* associés, c'est-à-dire d'adresses sur Internet.

En d'autres termes, l'élément *<types>* indique *la nature de ce que le service va envoyer ou recevoir* ; l'élément *<interface>* décrit *les fonctionnalités offertes* par le Service ; l'élément *<binding>* décrit *comment invoquer techniquement* le Service ; enfin, l'élément *<service>*, indique *où* (c'est-à-dire à quelle adresse) invoquer le Service.

Le standard WSDL 2.0 offre également la possibilité de placer un élément *<documentation> optionnel*, permettant de documenter le Service via du *texte libre*, ainsi que des éléments *<import>* et *<include>*, également *optionnels*, permettant de réutiliser dans la description du Service des éléments déjà définis dans un autre contexte. Ces éléments éventuels sont placés en tout début de la description du Service, l'ordre d'apparition de ces éléments dans la déclaration étant l'ordre qui vient d'être indiqué.

L'élément *<type>* est en fait optionnel. Il peut être omis s'il n'y a pas de déclaration de types spécifiques à faire, ou si ces types sont déjà définis. Il peut y avoir zéro, un ou plusieurs éléments *<interface>*, zéro, un ou plusieurs éléments *<binding>*, et enfin zéro, un ou plusieurs éléments *<service>*. Un *Service Web* pourra donc être accessible à travers plusieurs interfaces possibles (pour distinguer par exemple entre différents types d'usagers), et une même *interface* pourra être invocable via différents protocoles, si cela s'avère utile.

L'organisation des déclarations ainsi placées dans un fichier de description WSDL est symbolisée sur la figure ci-après[2]. Les éléments *<documentation>*, *<import>* et *<include>* ont été omis par souci de simplification.

---

[1] Equivalents aux *ports* de la version 1.1.

[2] Il apparaissait en WSDL1.1 un élément *<message>*, utilisé pour décrire la structure des différents messages échangés lors des invocations des opérations et lors des réponses du service au client, un *message* étant composé de *parties*. Cet élément n'apparait plus en tant que tel dans la 2.0, la structuration d'un message étant maintenant définie via un *type*. On notera également que l'élément *<interface>* correspond à l'ancien élément *<portType>* des versions antérieures. Ce terme d'*interface* est beaucoup plus significatif et naturel, quoique la dénomination *<portType>* avait quant à elle sa logique propre, un *port* (correspondant maintenant à un *point d'accès*) étant finalement une *instanciation concrète* d'un *portType*.

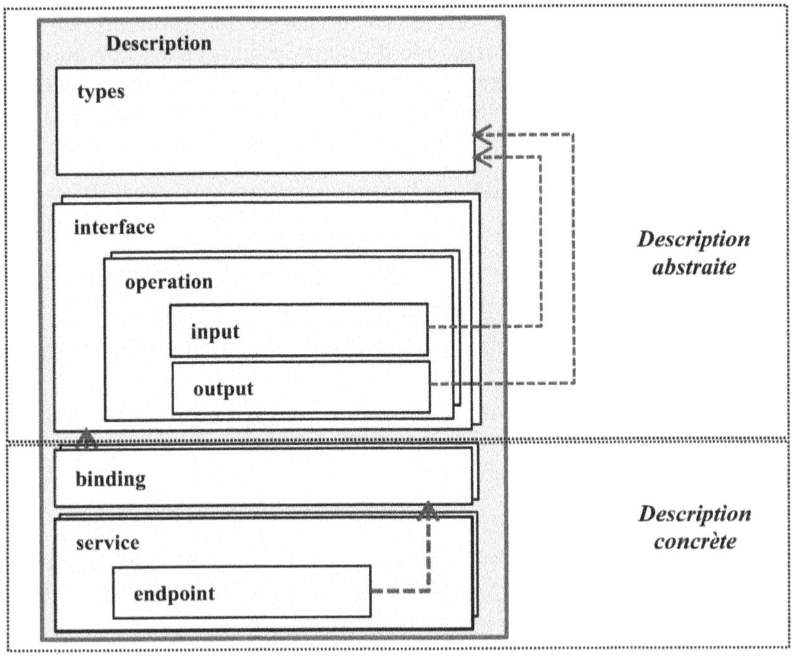

Figure 82. Définitions WSDL 2.0.

Définition des types

Il convient ainsi en premier lieu de définir les *types de données* correspondant aux paramètres des opérations.

Afin d'illustrer cette définition de types, considérons l'exemple d'un *Service Web* de réservation hôtelière. Un tel service nous offrira probablement deux opérations telles que *verifierDisponibilite* et *effectuerReservation*. L'opération *verifierDisponibilite* permettra de s'enquérir d'une disponibilité sur une période donnée, pour un type de chambre donné. L'opération répondra par un prix dans le cas positif, en renvoyant simplement une valeur convenue en l'absence de disponibilité. L'opération pourra par ailleurs renvoyer un message d'erreur dans le cas de paramètres invalides. L'opération *effectuerReservation*, comme son nom l'indique, permettra à un client de réserver. Il faudra pour cela fournir les valeurs des paramètres précédents, mais aussi des informations client comportant un nom, une adresse et un numéro de carte bancaire. L'opération renverra alors un code de confirmation si la réservation a été acceptée, et, par exemple, une valeur nulle si cette dernière est impossible. Bien sûr, dans ce cas également, l'opération pourra renvoyer un message d'erreur.

Prenons l'exemple de la première opération. Au vu des informations à communiquer au Service, nous voyons que nous aurons besoin d'un *type* représentant la structure de données envoyée lors d'une demande, composée de deux dates (d'arrivée et de départ), ainsi que d'un type de chambre, que nous modéliserons ici simplement par une chaîne de caractères. Pour ce dernier champ, afin de minimiser les erreurs d'invocation possibles, nous pourrions bien sûr utiliser un type *énumération* qui contraindrait les valeurs possibles de cette chaîne. Une telle structure constituera le *modèle de message d'invocation* de l'opération considérée. Nous aurons besoin également d'un type de donnée représentant le retour de l'opération, qui sera simplement ici une valeur numérique (*double*). Enfin, nous aurons besoin d'un type représentant un message d'erreur, retourné par l'opération dans le cas de données d'entrée invalides (par exemple une date de départ antérieure à la date d'arrivée ou un type de chambre inexistant). Nous supposons ici qu'un simple message d'erreur constitué d'une chaîne de caractères nous suffit, sans besoin de recenser des codes erreur.

Ceci conduit aux déclarations WSDL de types suivantes :

```
<description xmlns="http://www.w3.org/ns/wsdl"
        targetNamespace="http://hotel.exemple.com/2018/wsdl/resService"
        xmlns:tns="http://hotel.exemple.com/2018/wsdl/resService"
        xmlns:ghns="http://hotel.exemple.com/2018/wsdl/resService"
                                                                  .... >
    <documentation>  Service de réservation hôtelière </documentation>
    <types>
        <xs.schema
          xmlns:xs="http://www.w3.org/2001/XMLSchema"
          targetNamespace="http://hotel.exemple.com/2018/wsdl/resService"
          xmlns="http://hotel.exemple.com/2018/wsdl/resService">
          <xs:element name="demandeVerification"
                                          type="tDemandeVerification">
            <xs:complexType name="tDemandeVerification">
              <xs:sequence>
                <xs:element name="dateCheckIn" type="xs:date"/>
                <xs:element name="dateCheckOut" type="xs:date"/>
                <xs:element name="typeChambre" type="xs:string"/>
              </xs:sequence>
            </xs:complexType>
          </xs:element>
          </xs:element name="reponseVerification" type="xs:double"/>
          </xs:element name="messageDonneesInvalides" type="xs:string"/>
        </xs.schema>
    </types>
    ...
</description>
```

Nous voyons ici que le fichier WSDL commence par une balise *<description>* elle-même assortie d'un certain nombre d'attributs. Le premier attribut *xmlns* correspond simplement à la déclaration de l'espace de noms WSDL, commun à toute description. L'attribut *targetNamespace* définit pour sa part l'espace de noms utilisé spécifiquement dans notre Service. L'attribut suivant *xmlns:tns* définit l'espace de noms dont nous aurons besoin dans notre description WSDL. Nous faisons le choix d'utiliser ici le même URL.

Après l'élément *<documentation>*, nous trouvons la balise *<types>*, laquelle introduit les déclarations des types à travers un schéma XML, comme évoqué plus haut. Nous voyons ici la définition d'un élément *DemandeVerification*, qui est simplement le message que devrons envoyer à l'opération invoquée, son type *tDemandeVerification* étant logiquement défini comme une structure de données composée de deux champs date et d'un champ type de chambre, représenté par une chaîne de caractères. Nous voyons également la définition d'un élément spécifiant la structure d'un message de retour normal de l'opération, constitué par une simple valeur numérique, ainsi que la définition d'un élément correspondant au message d'erreur, qui est pour sa part une chaîne de caractères.

Il conviendrait bien sûr de compléter cette partie avec d'autres déclarations de types utiles à l'opération *effectuerReservation*. Remarquons ici que, pour spécifier la signature d'une opération, laquelle définit les types des paramètres attendus, nous devons passer par la *définition d'une structure ad hoc*, c'est-à-dire d'un *type*. Cette manière de faire a été préférée à celle de la version 1.1 du langage qui introduisait une balise spécifique *<message>*, aux fins de définir les structures des messages échangés.

Les styles d'échange de messages

Comme nous l'avons indiqué, une *interface* est définie comme un ensemble d'opérations, ces dernières étant décrites de manière *abstraite*, c'est-à-dire indépendamment des détails techniques présidant à la manière de les invoquer. La définition d'une opération doit préciser les types de messages entrant, sortant, ainsi que les messages d'erreur.

Avant d'entrer dans la définition d'une interface, précisons en premier lieu une notion, introduite par WSDL, celle de *modèle d'échange de messages*.

En WSDL, une opération se conforme à un certain modèle d'invocation, que l'on appelle un *modèle d'échange de messages*, ou *message exchange pattern*. Le cas le plus souvent rencontré est celui du modèle dit « *in-out* », qui correspond tout simplement à l'invocation d'une opération requérant des valeurs de paramètres d'entrée, suivie d'un retour de cette opération sous la forme de valeurs de sortie. On reconnait le mode classique d'*invocation d'une fonction*. Toutefois, les extensions de WSDL prévoient d'autres modèles d'invocation, comme par exemple, l'*envoi simple d'un message* (*in* sans *out*), correspondant à l'envoi d'une information sans attente d'un quelconque résultat, ou encore la délivrance seule d'un message par le Service (*out* sans *in*), sans entrée fournie. Des *modèles d'échanges* sont ainsi prédéfinis par WSDL, le mode *in-out* n'étant finalement qu'*un mode parmi d'autres* (mais néanmoins le plus courant dans la pratique). Il est par ailleurs possible de définir ses propres modèles d'échanges personnalisés (par exemple avec plusieurs messages d'entrée et/ou plusieurs messages de sortie).

Les *modèles d'échanges* prédéfinis sont au nombre de huit : *In-Only* (délivrance d'un message au Service sans retour possible d'erreur), *Robust In-Only* (identique mais avec retour possible d'un message signalant une erreur), *In-Out*, cas classique déjà considéré, ainsi que *In-Optional-Out*, *Out-Only*, *Robust Out-Only*, *Out-in* (message envoyé par le Service, suivi d'un message reçu par celui-ci), et enfin *Out-Optional-In*.

Définition des interfaces

Reprenons l'exemple déjà évoqué. Nous définirons l'interface de ce service, en nous limitant à l'opération *verifierDisponibilite*, spécifiée de la manière suivante :

```
<description xmlns="http://www.w3.org/ns/wsdl"
             targetNamespace="http://hotel.exemple.com/2018/wsdl/resService"
             xmlns:tns="http://hotel.exemple.com/2018/wsdl/resService"
             xmlns:ghns="http://hotel.exemple.com/2018/wsdl/resService"
```

```
        ...
        xmlns:wsdlx="http://www.w3.org/ns/wsdl-extensions">
  ....
  <types>
     ....
  </types>
  <interface name="interfaceReservation">
     <fault name="donneesInvalides"
                              element="ghns:messageDonneesInvalides"/>
     <operation name="verifierDisponibilite"
              pattern="http://www.w3.org/ns/wsdl/in-out"
              style=http://www.w3.org/ns/wsdl/style/rpc wsdl:safe="true">
        <input messageLabel="In" element="ghns:demandeVerification"/>
        <output messageLabel="Out" element="ghns:reponseVerification"/>
        <outfault ref="tns:donneesInvalides" messageLabel="Out"/>
     </operation>
     ....
  </interface>
  ....
</description>
```

Nous avons fait figurer ici dans l'élément *<interface>* une description partielle de notre interface, que nous avons nommée *interfaceReservation*. Celle-ci comporte la définition de l'opération *verifierDisponibilite*, spécifiée par le *modèle d'échange de messages In-Out*. Ceci appelle donc la définition d'un message d'entrée, et d'un message de sortie, lesquels font simplement ici référence à des éléments définis dans la section *types*. Il convient également de définir un message de sortie d'erreur, qui est défini en deux temps : au début de l'élément <interface>, à travers la définition d'un élément *<fault>* commun, puis dans l'élément lui-même décrivant l'opération, via une référence à cet élément *<fault>*.

Nous remarquons que les définitions des éléments *<input>* et *<output>* portent des attributs *messageLabel*, positionnés respectivement à *In* et à *Out*, ce qui pourrait apparaître comme redondant vis-à-vis de la définition déjà faite de ces éléments en tant qu'entrée et sortie. Ceci l'est en effet ici, dans le cadre d'un modèle d'échange I*n-Out*, mais ne l'est toutefois pas dans le cas général. En effet, comme nous l'avons déjà précisé, il est possible de définir si besoin ses propres modèles d'échange, lesquels peuvent comporter plusieurs messages d'entrée et/ou plusieurs messages de sorties, basés sur des séquences plus complexes. Il est donc nécessaire de prévoir ce champ *messageLabel* afin de définir le rôle particulier joué par tel ou tel élément dans la séquence de messages échangés.

Dans l'élément *<opération>*, nous remarquons également la définition d'un attribut *pattern*, positionné à la valeur *rpc*. Cette définition fait référence à la notion de *style d'opération*. La spécification d'un certain *style* signifie que les flux d'échanges de l'opération se conforment à certaines règles propres imposées par celui-ci. Le style *rpc* correspond à un modèle classique requête-réponse, et est destiné à un *mapping* direct avec des invocations de méthodes des langages à objets, tels Java. L'opération doit dans ce cas être basée sur un modèle d'échange simple *In-Out*. WSDL prévoit en addition, d'une part le style IRI, qui doit rendre possible la sérialisation simple d'un message d'appel sous la forme d'un URL, et d'autre part le style *multiparties* (*multiparts*) non n'abordé ici. On remarquera enfin la définition d'un attribut nommé *safe* positionné à *true*, qui fournit simplement un moyen de documenter le fait que l'invocation de l'opération n'induit aucun engagement d'aucune sorte de la part de l'appelant.

Dans notre exemple, nous avons défini *une seule interface* à notre service. Nous pourrions fort bien définir *plusieurs interfaces* pour ce même Service, et nous aurions par exemple une interface pour les clients distants, et une autre spécifique des membres du personnel (pour les réservations faites par téléphone). Dans ce cas, il est probable que la seconde interface disposerait des mêmes opérations que celle propre au client, ou d'opérations analogues, mais aussi d'autres opérations pour, par exemple, configurer le service, ou encore procéder à des modifications « manuelles ». Pour définir d'autres interfaces, il nous suffirait de placer dans les déclarations WSDL *plusieurs éléments <interface>*. Tous les types utiles doivent alors bien sûr avoir été auparavant définis dans l'élément *<types>*.

Héritage d'interfaces

Le langage WSDL 2.0 prévoit une notion d'*héritage d'interfaces*. Une interface B héritant d'une interface A contiendra toutes les opérations définies dans A, plus celles définies explicitement dans B. Bien sûr, les bouclages qui feraient en sorte qu'une interface hérite d'elle-même de manière indirecte à travers d'autres est interdit.

Toujours dans le cadre de notre exemple, imaginons que nous souhaitions définir une seconde interface dédiée aux membres du personnel, et que nous appellerons *InterfacePersonnel*. Cette interface serait dotée des mêmes opérations, auxquelles nous adjoindrions deux nouvelles opérations *setStatut* permettant de déclarer manuellement une chambre comme étant temporairement indisponible à la clientèle ou bien de nouveau disponible, ainsi que *getStatut* permettant de savoir si une chambre est réservée ou non. Nous aurions alors la déclaration suivante (en nous limitant à la première des deux opérations) :

```
<description ....        >
    <types>
        <xs.schema ....        >
            ....
            <xs:element name="envoiStatut" type="tEnvoiStatut">
                <xs:complexType name="tEnvoiStatut">
                    <xs:sequence>
                        <xs:element name="numero" type="xs:date"/>
                        <xs:element name="statut" type="xs:string"/>
                    </xs:sequence>
                </xs:complexType>
        </xs.schema>
    </types>
    <interface name="interfaceReservation">
        ....
    </interface>
    <interface name="interfacePersonnel" extends="tns:interfaceReservation">
```

```
        ....
        <operation name="setStatut"
                pattern="http://www.w3.org/ns/wsdl/in-only"
                style="http://www.w3.org/ns/wsdl/style/rpc">
            <input messageLabel="In" element="ghns:envoiStatut" />
        </operation>
        ....
    </interface>
    ....
</description>
```

L'invocation d'une telle opération n'appelant pas de résultat, nous l'avons définie comme « *In-only* ». Nous pourrions également la définir comme « *Robust In-only* », ce qui, en pratique, nous permettrait de nous assurer que l'appel a bien été compris du Service.

Définition d'un binding

Jusqu'ici, nous avons pu définir les fonctionnalités offertes par un Service. Mais nous n'avons pas encore spécifié *comment* les messages d'appels et de réponses seraient échangés. Une telle définition fait l'objet de ce que WSDL appelle une *liaison*, ou *binding*. Un *binding* permet de spécifier les formats concrets de messages, ainsi que les détails du protocole de transmission à utiliser. Un *binding* est relatif à *une* interface. En principe, une déclaration de *binding* doit fournir des éléments afférant à la manière de *lier* chaque opération de l'interface à des modalités pratiques de transmission. Il existe toutefois la possibilité de règles s'appliquant *par défaut*, ce qui permet d'alléger, voire de supprimer, les éléments déclaratifs spécifiques de chaque opération.

Imaginons que nous ayons fait le choix d'utiliser SOAP 1.2 pour les formats concrets de message, avec HTTP comme protocole de transmission sous-jacent. Nous aurons alors une déclaration de *binding* comme suit :

```
<description xmlns="http://www.w3.org/ns/wsdl"
            ...
            xmlns:wsoap="http://www.w3.org/ns/wsdl/soap"
            xmlns:soap="http://www.w3.org/2003/05/soap-enveloppe">
    <types>
        ....
    </types>
    <interface name="interfaceReservation">
        ....
    </interface>
    <binding name="reservationBindingSOAP"
            interface="tns.interfaceReservation"
            type="http://www.w3.org/ns/wsdl/soap"
            wsoap:protocol="http://www.w3.org/2003/05/soap/bindings/HTTP/">
        <operation ref="tns:verifierDisponibilite"
            wsoap:mep="http://www.w3.org/2003/05/soap/mep/soap-response">
            <fault ref="tns:donneesInvalides" wsoap:code="soap:sender"/>
```

```
                ....
      </binding>
      ....
   </description>
```

Nous voyons qu'un *binding* est identifié par un nom (ce nom est ici *reservationBindingSOAP*) et qu'il s'applique à une *interface*, référencée par le biais d'un attribut attaché à l'élément *<binding>* (ici, il s'agit de l'interface *interfaceReservation*, déjà définie). Le langage prévoit la possibilité qu'un *binding* puisse ne pas faire explicitement référence à une *interface*, ceci pour une réutilisation plus facile de celui-ci dans d'autres contextes

La définition du présent *binding* indique que le format concret d'encodage des messages est SOAP 1.2, et que le protocole de transmission à utiliser est HTTP. L'élément *<operation>* permet d'apporter des détails supplémentaires afférant à telle ou telle opération, ici l'opération *verifierDisponibilite*. Enfin, l'élément *<fault>* permet de spécifier précisément un lien entre un code erreur SOAP 1.2 et le message d'erreur à envoyer (toutes les balises fermantes n'ont pas été indiquées). On notera qu'il est possible d'*associer plusieurs bindings à une même interface*, ce qui permet de distinguer entre différents modalités offertes permettant d'invoquer les mêmes fonctionnalités, au travers, par exemple, de différents protocoles.

Définition d'un Service

Ayant défini les fonctionnalités offertes, et défini comment les messages sont techniquement transmis, il nous reste maintenant à définir *où*, c'est-à-dire *à quelle adresse* (ou encore à quelles adresses), on peut accéder à ce Service. Ce que l'on nomme en WSDL « *service* » fait référence à un ensemble de un ou plusieurs *points d'accès* (*endpoint*) concrétisant une même *interface*. Un *point d'accès* consiste pour sa part en la donnée d'un *binding* et d'une *adresse*. Dans notre exemple, nous aurions des déclarations comme suit :

```
<description .....        xmlns=http://www.w3.org/ns/wsdl    .... >
    <types>
          ....
    </types>
    <interface name="interfaceReservation">
        ....
    </ interface>
        <binding name="reservationBindingSOAP"
                 interface="tns.interfaceReservation" ...        >
              ....
        </ binding>
        <service name="serviceReservationClient"
                                    interface="tns:interfaceReservation">
            <endpoint name="pointAccesReservation"
                     binding="tns:reservationBindingSOAP"
                     address="http://hotel-x.com/2018/reservation"/>
                ....
        </service>
</description>
```

Nous voyons qu'un *Service*, de même qu'un *point d'accès*, est identifié par un nom. Nous définissons ici un Service nommé *serviceReservationClient* permettant l'accès aux fonctionnalités définies par l'interface *interfaceReservation*. Nous définissons un seul *point d'accès* à ce Service, nommé *pointAccesReservation*, caractérisé par l'association du *binding* précédemment défini et de l'*URL* spécifié. Bien sûr, nous pourrions définir plusieurs *points d'accès*, pour différents modalités d'invocation de mêmes fonctionnalités. Notons que si un *Service Web* offre plusieurs *interfaces*, comme c'est le cas dans notre exemple, il convient alors de définir *plusieurs éléments <service>*, chacun de ces éléments étant alors associé à une *interface*.

Synthèse

La figure ci-après symbolise l'articulation des concepts principaux présidant à la définition d'un *Service Web* en WSDL 2.0.

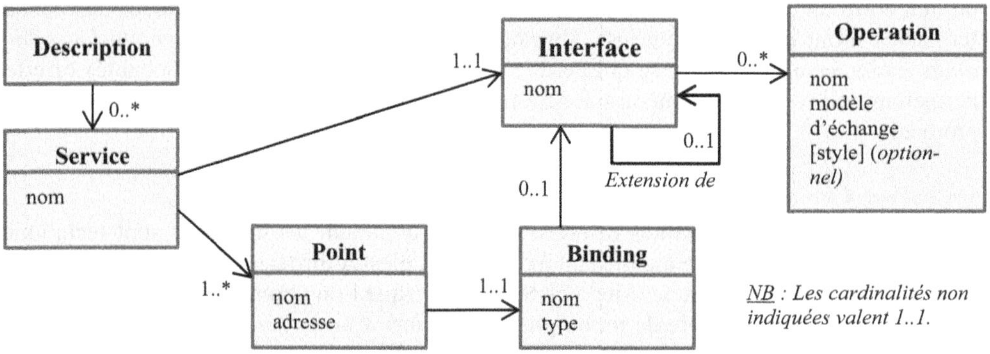

Figure 83. Principe de définition d'un Service Web en WSDL 2.0

Nous avons passé ici en revue les principales fonctionnalités offertes par le langage WSDL. On notera que, de manière générale, le langage WDSL présente des notations à la fois d'apparence complexe et quelque peu verbeuses, rendant l'usage du langage délicat en pratique. Ainsi, sauf cas rares, le langage n'a-t-il pas réellement vocation à être utilisé directement par un humain. Dans les scénarios d'utilisation usuels, c'est d'ailleurs le plus souvent un logiciel qui se trouve en charge de générer ou lire les déclarations WSDL. Par ailleurs, s'il est besoin de créer manuellement des fichiers WSDL, le langage sera, toujours sauf cas rares, utilisé au travers d'outils de conception rendant l'expression beaucoup plus synthétique et simple, l'outil se chargeant *in fine* de la génération des déclarations. Ainsi, le langage WSDL apparait-il finalement surtout comme un langage destiné à la machine.

5.4.4. UDDI

SOAP et WSDL fournissent un moyen d'invoquer les *Services Web* et de les modéliser. UDDI (*Universal Description Discovery and Integration*) permet quant à lui de les référencer, afin d'être en mesure de les retrouver. C'est la notion d'*annuaire de Services Web*.

UDDI est donc une spécification qui définit la manière de publier et de découvrir des *Services Web*. C'est un annuaire thématique, organisé selon une certaine taxonomie, qui offre des mécanismes d'enregistrement et de recherche de *Services Web* développés et publiés par des organisations. UDDI fournit ainsi des informations relatives à l'auteur d'un Service (adresse, contact, etc.), sur le type d'organisation qui le propose (service, industrie, administration, etc.), et sur les moyens techniques permettant de l'invoquer.

Chaque organisation peut avoir son propre annuaire, de sorte à publier ses propres services en interne, au seul bénéfice de ses concepteurs d'applications. Elle peut aussi utiliser des annuaires publics, tels que proposés par différents acteurs, aux fins d'offrir l'usage d'un Service à tout internaute ou à toute organisation au niveau mondial.

Annuaire de service

UDDI offre un modèle uniforme standardisé pour bâtir des annuaires de Services. Dans la pratique, UDDI permet de gérer des *données à caractère technique*, ayant trait à un Service lié à la manière de l'invoquer, mais aussi, de manière beaucoup plus générale, *des informations contextuelles*, comme l'organisation proposant ce Service, une description en texte libre de ses fonctionnalités (et non plus seulement des paramètres), ou encore la mention d'une personne en charge de la gestion du service, etc.

Un annuaire comportera ainsi *trois parties* :

- Les *pages blanches*, qui fournissent des *informations générales sur les organisations* offrant les Services.
- Les *pages jaunes*, qui recensent les *Services offerts par ces organisations* sur la base d'un classement thématique, et qui décrivent leurs interfaces.
- Les *pages vertes*, qui contiennent des *informations techniques* précises sur les Services.

UDDI spécifie donc à la fois un *modèle de données* permettant de décrire des Services Web, des interfaces pour manipuler ce modèle, et enfin le moyen de mise à disposition des informations au profit d'une communauté.

On notera qu'UDDI, bien que constituant un standard issu d'OASIS (la version 3 datant de 2005), est en fait relativement peu utilisé à l'échelle d'Internet. D'une part, sa relative complexité n'a pas été dans le sens du développement d'annuaires à grande échelle. Par ailleurs, la diffusion au niveau mondial d'un Service, que ce soit à titre gratuit ou onéreux, pose un problème de description. Comment en effet décrire de manière extrêmement précise le *sens* d'un service, c'est-à-dire ce qu'on peut en attendre, et, par ailleurs, comment permettre une découverte sur cette base[1] ?

Le modèle de données UDDI

Le *modèle de données* proposé par UDDI est un modèle figé, la spécification UDDI définissant en effet explicitement quelles sont les entités représentées et la manière de les décrire. Ce modèle est défini sous forme d'un *Schéma XML*. Il comprend en fait *quatre types principaux de structures de données*. Ces structures sont les suivantes :

- *Les entités métier* (*BusinessEntities*), qui représentent l'information *pages blanches*. Une *entité métier* décrit une organisation ayant publié des Services dans

---

[1] Le domaine du *Web Sémantique* s'attache à permettre une description du *sens* d'un service de manière formalisée, c'est-à-dire de ce qu'il fait, ce qui va bien au-delà des *opérations* et des *types* des données décrits en WSDL. Dans ce cadre, plusieurs langages d'ontologies complémentaires et ont été proposés, tels WSMO ou OWL-S, mais ces derniers relèvent encore en pratique du domaine de la recherche.

le répertoire, sous la forme d'une information synthétique de haut niveau. Dans une telle structure, on trouve notamment le nom de l'organisation, sa ou ses adresses, un URL référençant un site de présentation de celle-ci, ainsi que des éléments de classification, de nature textuelle, destinés non pas à un logiciel mais à un humain.

- Les *services métier* (*BusinessServices*), principalement associées à l'information *pages jaunes* de l'annuaire UDDI. Une structure *service métier* décrit, en grande partie de manière informelle, des Services proposés, ou encore des *regroupements logiques de Services*. Dans une telle structure, on trouve essentiellement des informations descriptives telles les noms et les descriptions textuelles des Services, une référence à l'organisation le proposant, ainsi que la référence à un ou plusieurs *modèles de liaison*, où *bindingTemplates,* que nous allons maintenant considérer.
- Les *modèles de liaison,* ou *BindingTemplates*, qui représentent la principale composante de l'information *pages vertes*, et qui donnent les détails nécessaires à l'utilisation des Services. On y trouvera en particulier l'adresse permettant l'accès au Service, ou encore la description du comportement de celui-ci en termes de processus métier. Les *BindingTemplates* référencent les *types de modèle* ou *tModels* associés, qui constituent la seconde composante de l'information *pages vertes.*
- Enfin les *types de modèle* (*tModels*), un *type de modèle* référençant un fichier WSDL en charge de décrire l'information technique afférant à l'accès au service.

La figure ci-après symbolise la structure des informations du *modèle de données* UDDI.

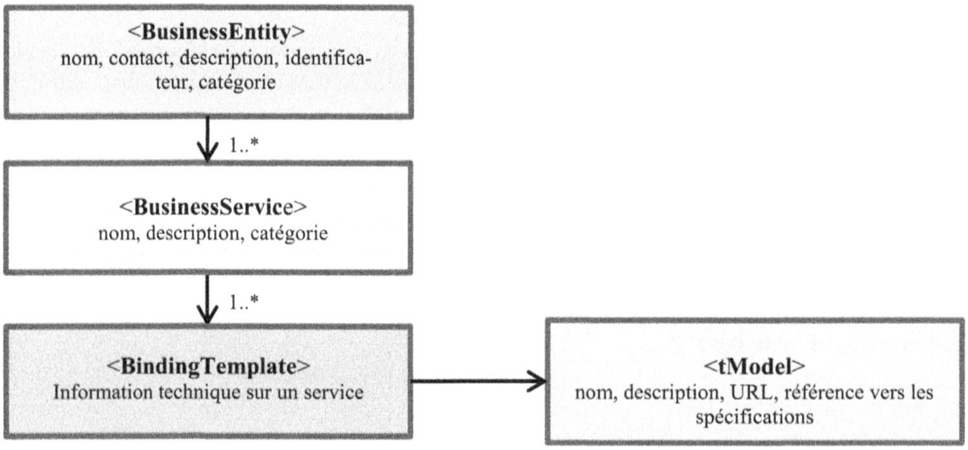

Figure 84. Structuration des informations dans le modèle de données UDDI.

Interface UDDI

La spécification UDDI distingue deux grandes parties dans l'interface d'accès : l'*interface de lecture* (*inquiry*), qui permet la *recherche* et la *découverte* de *Services Web*, et l'*interface de mise à jour* (*publication*), qui permet la mise à jour de l'annuaire, avec l'ajout de nouveaux services, ou encore la modification des descriptions existantes.

Plus précisément, l'interface est composée des modules suivants :

- *Interrogation* (*inquiry*) : cette interface permet de rechercher des informations dans un répertoire UDDI et de lire les différents enregistrements mémorisés selon le modèle de données UDDI.
- *Publication* (*publisher*) : cette interface permet de publier des informations dans un répertoire UDDI, conformément au modèle de données proposé.
- *Sécurité* : cette interface peut être utilisée pour obtenir et révoquer les jetons d'authentification nécessaires pour accéder aux enregistrements protégés dans un annuaire UDDI.
- *Contrôle d'accès* (*custody and ownership transfer*) : cette interface permet de contrôler le transfert de propriété d'informations et de gérer les droits d'accès associés.
- *Abonnement* (*subscription*) : cette interface permet à un client de s'abonner à un ensemble d'informations, et d'être ainsi averti lors des modifications de celles-ci. Le client interroge alors le serveur pour prendre connaissance des modifications ayant eu lieu en rapport avec les données auxquelles il est « abonné ».
- *Réplication* : En complément aux interfaces utilisateurs ci-dessus, UDDI définit cette interface, qui permet de synchroniser les données de différents nœuds physiques sur lesquels un annuaire est géré.

Le service UDDI

Les fournisseurs de *Services Web* proposent différentes options aux fins de déployer les registres UDDI. Ces options se répartissent en trois grandes catégories : le déploiement *public,* le déploiement *inter-entreprises* et enfin le déploiement *intra-entreprise.*

En ce qui concerne le déploiement public, un groupe d'entreprises regroupant notamment Microsoft, IBM et SAP a soutenu UBR (*UDDI Business Registry*), registre UDDI public répliqué au sein de plusieurs organisations. Bien que l'implémentation publique d'UDDI ait reçu beaucoup d'attention, les concepteurs utilisent en fait plus souvent les approches *inter* et *intra-entreprise.*

Relation entre UDDI et WSDL

UDDI et WSDL apparaissent comme complémentaires dans la mise en œuvre des *Services Web.* Nous avons vu qu'un fichier WSDL était organisé en deux parties : d'une part une partie afférant aux *définitions abstraites* des Services (définition des *types* et des *interfaces*) et d'autre part une partie afférant aux *définitions concrètes* (définition des *bindings* et des *services*).

La structuration à mettre en œuvre afin de respecter les règles de correspondance entre WSDL et UDDI recommandées par l'OASIS impose que la partie concrète soit découpée en *deux fichiers WSDL distincts*, l'une *pour le binding*, et l'autre *pour la définition du Service* et des *points d'accès.* Cette recommandation permet d'interroger UDDI aux fins, par exemple, de rechercher tous les Services dotés d'un *binding* particulier.

Cette relation entre les concepts UDDI et WSDL est symbolisée sur la figure ci-dessous :

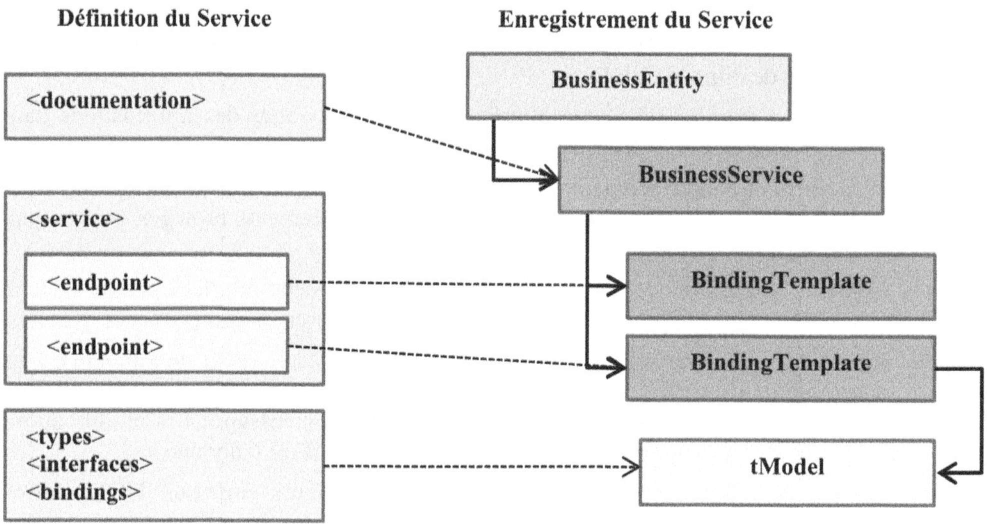

Figure 85. Relation entre WSDL et UDDI.

Relation entre UDDI et SOAP

UDDI se définit comme *universel*, et est lui-même fourni sous la forme d'un *Service Web*. L'interface est donc *décrite en WSDL* et l'accès est mis en œuvre *au travers de SOAP* sur la base de HTTP. Afin de publier ou de rechercher un *Service Web*, UDDI utilise une *API*, structurée en une *API de publication* (*Publisher API*) et une *API de consommation* (*Consumer API*). Avant d'utiliser l'API de consommation, l'utilisateur doit préalablement s'authentifier auprès du propriétaire du registre, la version 3.0 intégrant le support de la signature électronique.

Primitives d'accès à un annuaire

L'API d'accès à un annuaire est essentiellement composée de primitives de *recherche* d'une part, et des primitives de *création* et de *destruction* d'autre part.

Les primitives de *recherche* permettent essentiellement :

- De *retrouver un enregistrement,* à l'aide des opérations *find_business*, *find_service*, *find_binding*, et *find_tModel*.
- D'*obtenir des détails complémentaires* sur tel ou tel élément, avec les opérations *get_businessDetail, get_serviceDetail*, *get_bindingDetail*, et *get_tModelDetail*.

Les primitives de *création* et de *destruction* permettent quant à elles :

- D'*enregistrer des informations*, avec les opérations *save_business*, *save_service*, *save_binding*, et *save_tModel*.
- De *détruire des informations*, avec les opérations *delete_business*, *delete_service*, *delete_binding*, et enfin *delete_tMode*.

5.5. L'orchestration de services avec WS-BPEL

Un *processus* est un ensemble d'activités ordonnées représentant une certaine logique propre à une organisation ou à un domaine d'application. Au sein d'une organisation, nous aurons en particulier les *processus métiers*, qui décriront un ensemble de tâches à effectuer, leurs relations, avec en particulier le rôle des acteurs et leurs responsabilités. Nous reviendrons dans la suite sur cette notion de *processus métier*. Nous abordons la notion de *processus* dans les cas où les tâches à effectuer sont des activités informatisées, accessibles sous la forme de *Services Web*.

Composition de services, orchestration et chorégraphie

De manière générale, la *composition de services* se définit comme le procédé consistant à combiner des services déjà existants afin de former de nouveaux services de plus haut niveau. Une combinaison de services peut s'envisager selon *deux approches*, que l'on désigne d'ordinaire par les termes d'*orchestration* et de *chorégraphie*.

- Une *orchestration* spécifie un *processus*, dans lequel un service central coordonne l'exécution d'un ensemble des services dans le but de réaliser une nouvelle fonctionnalité. Cette dernière s'appuie sur les fonctionnalités de plus bas niveau offertes par des services fournisseurs.
- Une *chorégraphie* spécifie pour sa part une séquence où des participants indépendants et de même niveau s'échangent des messages afin de concourir à un but commun. *Il n'y a pas ici de coordination centrale*, chaque composant impliqué dans une chorégraphie sachant exactement quand et avec qui il doit interagir.

Ainsi, dans une *orchestration*, il y aura un service particulier, en charge d'assurer explicitement la coordination des autres services. On conçoit alors un nouveau service en s'appuyant sur les fonctionnalités d'autres services déjà existants, qui eux demeurent inchangés. Par exemple un service d'agence de voyage s'appuiera sur les services offerts des compagnies aériennes, hôtelières, compagnies d'assurance, etc. Il conviendra ici simplement que chaque entité participante permette l'invocation à distance à de ses services sous une forme standardisée. Les *Services Web* ont bien sûr vocation à jouer ce rôle. La figure ci-dessous présente ainsi l'exemple d'un nouveau Service « Agent de voyage», accédé par des clients, et s'appuyant sur une *orchestration de services* existants, opérés par d'autres organisations.

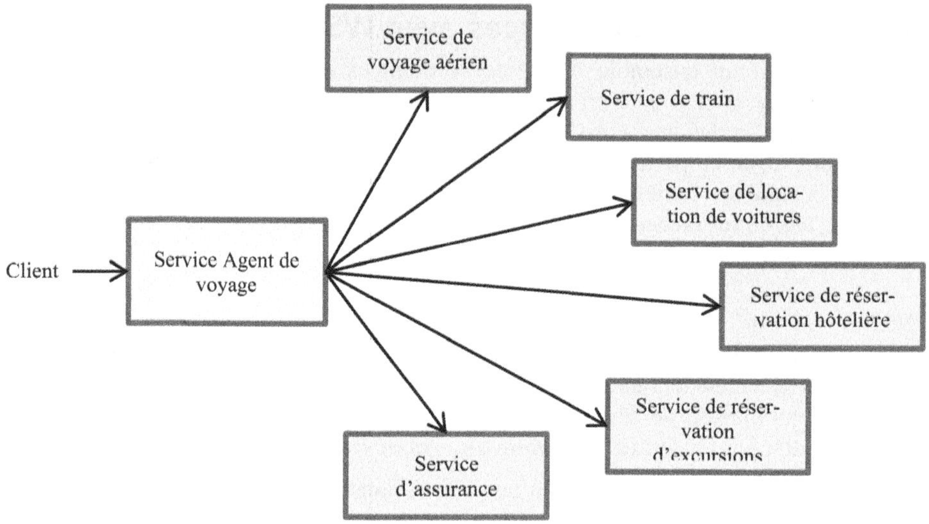

Figure 86. Schéma de principe d'une orchestration de services.

L'*orchestration* est le principe de composition le plus souvent indiqué dans une architecture à base *de Services Web*. Le but est alors de décrire un nouveau Service comme un *processus* composé d'invocations de Services Web déjà existants, et ceci aux fins de l'exécuter. C'est cet aspect que nous développerons ici en présentant le *langage BPEL*, langage standard dédié à la *définition* et l'*exécution* de processus via l'*orchestration de services.*

Les langages d'exécution de processus

De nombreux travaux ont porté dans le passé sur la définition de langages aptes à rendre compte de l'exécution de processus informatisés. Dans ce cadre, plusieurs propositions ont pu être faites, avec, par exemple, la spécification BPML (*Business Process Modeling Language*), proposé conjointement par BPMI (*Business Process* Management Initiative) et la société *Microsoft*, mais des langages comme *XLANG* ou encore *WSFL* (*Web Services Flow Language*). Les résultats des travaux de *XLANG* et *WSFL* ont fusionné pour former une spécification commune appelée *BPEL4WS* (*Business Process Execution Language for Web Services*), renommé ensuite *WS-BPEL* depuis son adoption par l'organisation OASIS.

WS-BPEL adopte la structure WSDL comme modèle de composant invocable par un processus, et utilise le langage XML comme modèle de données. Les traitements sont implémentés via des échanges de messages structurés de type *synchrone* ou *asynchrone*. Ces messages, associés aux activités, vont constituer des *séquences logiques composant un processus*, lequel à son tour, pourra être perçu comme un nouveau composant et invoqué comme un Service. Les processus WS-BPEL, exportent et importent les fonctionnalités en utilisant des interfaces de Services Web uniquement.

Ayant décrit précisément un nouveau Service comme un *processus* composé de Services existant, le principe consiste alors à utiliser un *moteur générique* appelé *moteur d'orchestration*, ou plus brièvement *orchestrateur*, capable d'*exécuter* une telle description, laquelle devient alors la donnée d'entrée de cet *orchestrateur*. Ceci remplace avantageusement une programmation « en dur » de la logique du processus. Les composants d'une telle architecture peuvent être alors en quelque sorte comparés à 1) un *chef d'orchestre* (moteur d'orchestration), 2) *des exécutants* (les *Services Web* impliqués), et enfin 3) la *partition musicale* (le fichier décrivant le processus). Bien sûr, le service ainsi offert pourra être rendu lui-même accessible comme un nouveau *Service Web*, invocable comme un tout, au bénéfice d'autres acteurs.

Mais il faut pour cela disposer d'un *langage d'orchestration* de *Services Web*. BPEL est le langage proposé à cette fin.

Le langage BPEL

BPEL est un *langage XML de description des processus*, basé sur les interfaces WSDL des *Services Web* composés. BPEL spécifie ainsi l'ordre d'invocation des *Services Web* intervenant dans la composition, mais permet également d'introduire des *conditions* (analogues à des « if then else »), des *boucles*, ou encore des *exécutions parallèles*. Ainsi, pour décrire l'enchaînement des invocations de Services composant un processus, des structures de contrôle de base (boucles, blocs conditionnels, sauts, alternatives, etc.) permettront-elles de décrire des assemblages d'actions pilotées par des événements ou dépendant de l'état du processus. Tous ces éléments, actions élémentaires comme structures de contrôle, seront décrits sous la forme de *balises XML*.

La figure ci-après illustre le principe d'un Service très simple implanté sous la forme d'un processus BPEL. A l'intérieur de ce processus, une requête *commande* est adressée à un Service externe. Le processus attend l'accusé de réception, puis, dans un second temps, la réponse, et rend enfin la main à l'appelant avec le résultat. Bien sûr, le processus pourrait être beaucoup plus complexe avec invocations de plusieurs services, des tests, des boucles de ré essais, etc. L'ensemble apparait comme un Service unique, plus simple d'invocation, et dont l'implémentation, de nature déclarative, pourra être facilement changée.

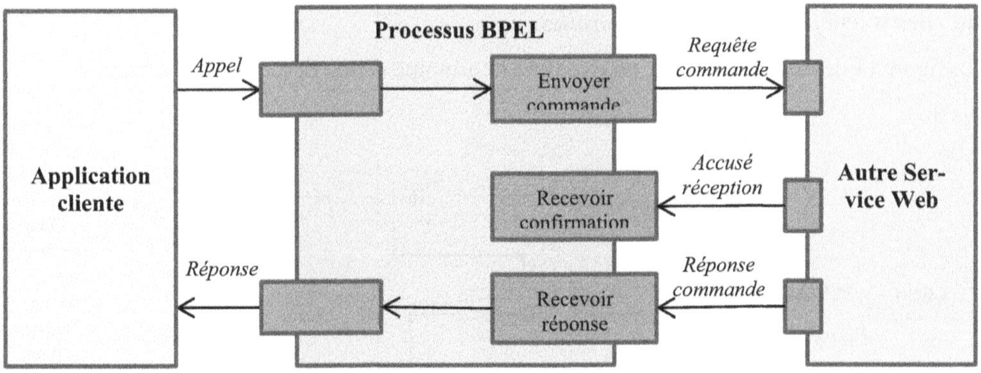

Figure 87. Web Service implémenté en processus BPEL.

Spécification d'un processus en BPEL

Pour un même processus, WS-BPEL définit deux aspects complémentaires : le *processus abstrait*, qui spécifie les échanges de messages entre les parties, et le *processus exécutable*, qui contient pour sa part la logique déterminant l'ordre d'exécution des activités, l'identification des partenaires impliqués, les échanges nécessaires, ainsi que le traitement des erreurs et exceptions.

Une spécification BPEL est un document XML. Elle sera constituée de deux parties :

- Une partie *<definition>*, qui aura trait à l'interface du processus, avec la définition WSDL des opérations utilisées.
- Une partie *<process>*, comprenant différents éléments additionnels (*partnerLink, Activity, Variables*), avec la description du processus et l'enchaînement des actions.

Les éléments du processus BPEL sont les *liens* (*partnerLink*), les *activités* (activities) et enfin les *données* (variables).

Les *liens* (*partnerLink*) définissent les liaisons vers les différentes parties agissantes. Chaque lien est typé par un *partnerLinkType*, permettant de préciser le rôle joué le partenaire dans une interaction.

Les *activités* (*activities*) constituent les éléments de base d'une description. Elles peuvent être de type *primitif* ou de type *structurel*. Les activités *primitives* sont en fait les *instructions* de base dont on décrit l'enchainement. Les principales activités primitives sont *Invoke* (invocation d'un Service), *Receive* (attente du résultat), *Wait* (attente d'un délai), ou encore *Reply*, *Assign*, *Throw*, *Terminate*, *Empty*, etc.

Les *activités structurelles* jouent pour leur part le rôle de *structures de contrôle* régissant les activités précédentes. Dans les activités *structurelles* proposées par le langage, nous aurons ainsi la *séquence*, ainsi que les structures de contrôle classiques, avec le « *switch* » (orientation en fonction d'un critère), les exécutions en boucle *while*, *forEach* et *repeatUntil*, etc. Nous aurons également la possibilité d'introduire des exécutions d'activités parallèles, via l'activité structurelle *flow*, ou encore de traiter des évènements ou des exceptions (activité *pick*).

Un processus sera alors défini comme un *graphe*, dont les nœuds seront des activités, qu'elles soient *primitives* ou *structurelles*.

La figure ci-dessous illustre sur un exemple le principe d'une description d'activités.

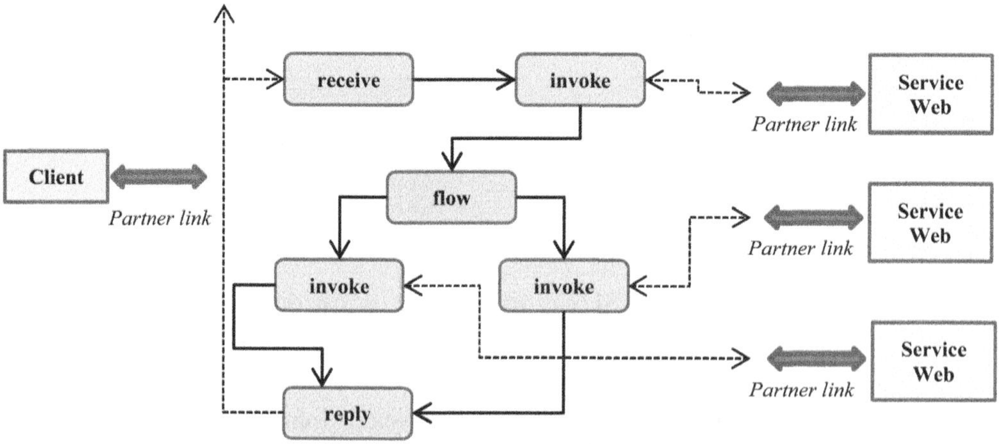

Figure 88. Exemple d'activités BPEL.

Enfin, outre les liens et les activités, nous aurons également les *variables*, représentant les *données échangées* entre processus. Un processus a un état, lequel sera maintenu par le biais de variables.

La figure ci-dessous synthétise ainsi les principaux concepts du langage BPEL et l'articulation entre ceux-ci.

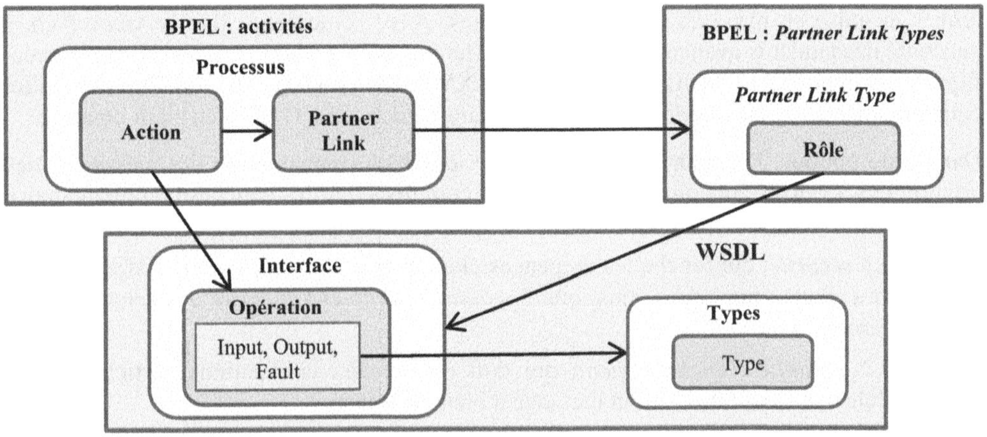

Figure 89. Structure des concepts BPEL.

Toutes ces éléments sont introduits dans la description sous la forme de balises XML. Le document XML qui en résulte sera ainsi interprété par les moteurs d'orchestration. De tels moteurs offrent classiquement la prise en charge de SOAP, UDDI, WSDL, ainsi que, pour certains d'entre eux, des extensions (telles que *WS-Security*, *WS-Trust*, etc.) examinées dans la suite de ce chapitre.

Les moteurs d'orchestration

De nombreuses implémentations du langage BPEL existent. Parmi ces implémentations, on peut trouver *BizTalk* de la société *Microsoft*, complément à la technologie *.NET Framework*, ainsi que *Oracle BPEL Process Manager*, qui est un *framework* permettant de modéliser et d'exécuter les processus métier décrits selon les standards BPEL. On peut citer ici également les solutions *jBPM*, *Apache ODE*, ainsi que *Open ESB*.

5.6. Les spécifications d'une infrastructure technique pour les Services Web

Les technologies sur lesquelles reposent les *Services Web*, essentiellement SOAP, WSDL et UDDI, sont nécessaires, mais ne sont très souvent pas suffisantes. En effet, lorsque l'on souhaitera mettre en place une solution opérationnelle, basée sur une mise en œuvre de *Services Web,* il nous faudra le plus souvent, comme dans tout système opérationnel, satisfaire à un certain nombre d'*exigences non fonctionnelles*, liées par exemple à la *fiabilité des échanges,* ou encore à la *sécurité*, et, plus généralement, à une certaine *qualité de service* attendue. Certaines applications nécessiteront en outre la mise en œuvre de *transactions* dans le contexte de services distants distribués sur plusieurs machines serveurs. De manière générale, les besoins vont donc bien au-delà de la simple capacité à invoquer à distance une méthode d'un objet distant. Tout ceci constitue ce que l'on appelle parfois les *exigences techniques des Services Web.*

Différents travaux ont été menés depuis de nombreuses années dans le but de définir les composants d'une véritable infrastructure distribuée, capable de satisfaire l'ensemble des besoins d'une application, aussi bien en termes de standardisation des échanges qu'en termes de mise en place de services transverses. Avec l'émergence des *Services Web*, la nécessité de standards avancés régissant ces différents aspects dans ce nouveau cadre spécifique s'est imposée. Le W3C, d'où sont issus XML, SOAP et WSDL, est l'un des principaux organismes de standardisation impliqué dans ce domaine, OASIS en étant un autre.

Dans cette optique, la couche de base des *Services Web* (transmission des messages, description des services, annuaires) doit alors être complétée par les couches complémentaires couvrant les aspects techniques, dont les principaux sont donc :

- La *sécurité*. qui touche les exigences classiques d'*authentification* et d'autorisation des acteurs impliqués, ainsi que la *confidentialité* et l'*intégrité* des échanges, et la *non-répudiation.*
- La *garantie d'enchaînement*, qui doit donner aux applications participant à un échange l'assurance qu'un message a bien été transmis.
- Les *services de transactions,* qui doivent faire en sorte que des actions logiquement liées sont bien toutes intégralement exécutées correctement jusqu'au bout, en donnant, en cas de défaillance d'une des applications participantes, la garantie d'un retour dans l'état cohérent de départ.

Dans cette partie, nous examinerons quelques aspects de l'architecture étendue des *Services Web*, en abordant de manière très succincte un certain nombre de spécifications venant compléter l'architecture de base, et couvrant les trois aspects évoqués de *sécurité*, de *garantie d'acheminement*, et des *aspects transactionnels*. Il existe cependant d'autres aspects, qui ne seront pas abordé ici.

Dans l'ensemble de toutes ces spécifications, issues de différents organismes, on notera qu'il existe manifestement des doublons et, par ailleurs, certains recouvrements. On ne peut donc en toute rigueur parler d'une architecture cohérente de standards comme c'est le cas pour les standards de base. Par ailleurs, un grand nombre de spécifications ont été proposées au fil des ans, conduisant à une situation d'ensemble relativement complexe et encore en évolution. Il ne saurait donc être question ici de dresser un panorama exhaustif du domaine étant donné le nombre considérable de standards et spécifications actuellement disponibles.

5.6.1. La gestion de la sécurité

La logique métier conduit souvent à l'intégration de différents *Services* d'une entreprise, voire à l'intégration de ces *Services* avec ceux de partenaires externes. C'est d'ailleurs un aspect important des Services Web que de permettre une telle intégration à travers les réseaux publics. Il apparait alors bien sûr des problématiques liées à la sécurité, telles que l'authentification de l'utilisateur d'un Service, la gestion de ses droits d'accès, la confidentialité et l'intégrité des messages échangés et la non répudiation.

Il convient donc de disposer d'un cadre général pour couvrir ces problématiques, lesquelles constituent en fait une question essentielle dans le Système d'Information d'une organisation. Dans ce contexte, un certain nombre de spécifications ont été proposées par différents organismes. Nous indiquons ci-dessous les principales problématiques de sécurité ainsi traitées avec, en regard, les propositions associées :

- L'identification d'un expéditeur de message *(identification)* : *WS-Security.*
- La vérification de la validité d'une identité déclarée *(authentification)* : *XACML.*
- La définition du niveau d'accès autorisé *(autorisation) : XKMS* et *SAML.*
- La garantie qu'un message demeure inchangé durant la transmission *(intégrité)* : *WS-Security* et *XML Signature.*
- La restriction de la lecture de messages aux seuls services autorisés *(confidentialité)* : *WS-Security*, *XML-Encryption* et *SSL.*

Nous allons examiner succinctement ces différentes spécifications.

XML Signature

XML signature est une spécification du W3C qui permet d'intégrer directement dans un document XML une *signature numérique* et un *certificat.* Ceci garantit que le message transmis n'a pas été changé pendant le transport et qu'il été envoyé par un acteur connu. Il devient alors possible d'authentifier l'expéditeur, d'assurer l'intégrité des données et la *non répudiation.* En outre, le contenu du document est protégé par cryptage. Cependant, on notera que cette spécification ne remplit pas toutes les exigences de sécurité (il manque par exemple la gestion des droits d'accès). La spécification propose trois types de signatures :

- La signature *« enveloppée »* (*enveloped signature*) : cette signature qualifie alors des données qui l'entourent.
- La signature *« enveloppante »* (*enveloping signature*) : c'est au contraire la *signature* qui contient les données signées, qui figurent comme un sous ensemble.
- La signature *« détachée »* (*detached signature*) : la signature et les données à signer sont des éléments séparés. La signature concerne alors des ressources extérieures au document qui la contient

XMLEncryption

XML encryption est une spécification du W3C dont le but est d'assurer la confidentialité des informations, en chiffrant un sous-ensemble d'un message XML. Le mode de fonctionnement proposé est basé sur des mécanismes de chiffrement à *clés publiques* et *privées. XML Encryption* fournit ainsi une grammaire XML standardisée permettant de décrire les méthodes de chiffrement des données. La spécification traite également des informations nécessaires pour décrypter le message.

XKMS (XML Key Management Specifications)

XML Key Management, ou encore XKMS (*XML Key Management Specification*), propose une infrastructure pour gérer les clés publiques et ainsi faciliter l'intégration des mécanismes de protection des messages. Cette spécification se compose de deux parties :

- *XML Kev Information Service Specification* (X-KISS), qui permet à un client de déléguer une partie, ou encore l'ensemble, des tâches nécessaires au traitement des éléments de signature XML à un service de confiance.
- *XML* Key *Registration Service Specification* (X-KRSS), qui décrit un protocole pour l'enregistrement des informations de clé publique. Selon ce protocole, l'entité qui fournit l'implémentation XKMS joue le rôle d'*autorité de certification.*

SAML

Le standard *SAML* (*Security Assertion Markup Language)*, proposé par OASIS, vise à traiter le problème d'échange des données des utilisateurs sur Internet, en offrant en particulier une *fonctionnalité d'authentification unique*.

SAML définit ainsi une *grammaire XML* standardisée qui permet d'exprimer des *assertions de sécurité*, consistant par exemple à attester l'authentification d'un client souhaitant accéder à plusieurs *Services*, et lui évitant ainsi de s'authentifier autant de fois qu'il y a de *Services* à invoquer. L'authentification est assurée par un *Service spécifique dédié*. Une fois l'authentification effectuée, le *Service de sécurité* distribue aux Services à invoquer des *assertions* sous la forme de *jetons de sécurité*, en utilisant pour ce faire des mécanismes de signature numérique et de chiffrement basés sur *XML Encryption* et *XML Signature.*

SAML définit donc des formats de messages XML permettant de fédérer les identités et de fournir une procédure d'authentification de type SSO (*Single Sign On*).

Deux rôles sont définis en ce qui concerne les participants d'un échange :

- *Fournisseur de service (Service provider*). Un fournisseur de service assure l'authentification d'un utilisateur. S'il n'est pas connecté, c'est alors un fournisseur d'identité qui prend le relais.
- *Fournisseur d'identité (Identity provider*). Un fournisseur d'identité prend spécifiquement en charge de procédure d'authentification, et est par ailleurs en mesure de fournir des informations sur un utilisateur authentifié.

WS-Security

WS-Security (*Web Services Security*), issu d'OASIS, est un *framework* de base de sécurisation des *Services Web*, basé sur *XML Encryption*, *XML Signature* et *SAML*. Sa vocation est triple. Elle consiste à *signer* des messages SOAP afin d'en assurer l'*intégrité* et la *non répudiation*, à *chiffrer* ces mêmes messages afin d'en assurer la *confidentialité*, et enfin à leur attacher des jetons de sécurité afin de *garantir l'identité* de l'émetteur.

Cette spécification permet d'assurer l'interopérabilité entre des solutions de sécurité d'entreprise reposant sur des technologies hétérogènes. L'ensemble des méthodes de *WS-Security* a pour vocation de couvrir en premier lieu la protection des messages, leur confidentialité ainsi que leur intégrité. *WS-Security* utilise le protocole SOAP, lequel permet d'appliquer des mesures de sécurité aux *Services Web*. Le protocole inclut des fonctionnalités XML de signature et chiffrement. Il peut s'appuyer sur les tickets *Kerberos* et les formats de certificat tels X509. En outre, cette spécification peut être complétée par d'autres spécifications WS-*, avec lesquelles elle est en relation directe.

La figure ci-dessous synthétise l'articulation de la spécification *WS-Security* avec les autres spécifications *WS-* associées.

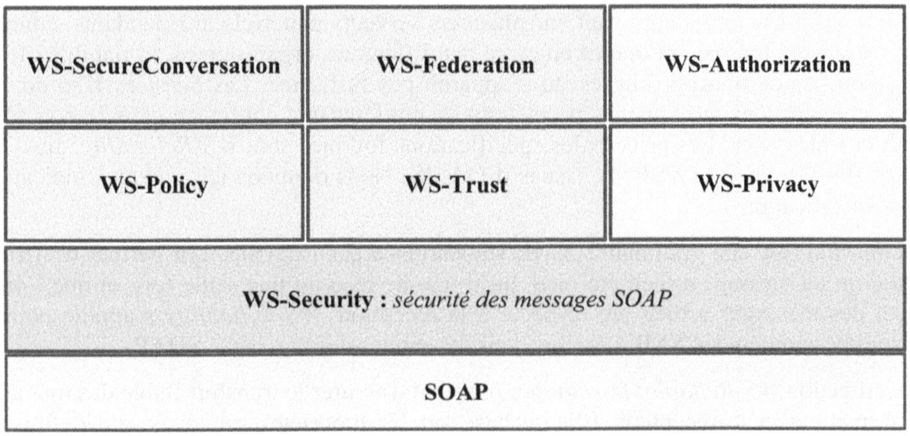

Figure 90. WS-Security et ses spécifications associées

Ainsi, *SOAP* est le standard pour la transmission des messages. *WS-Security* apporte des améliorations au transport SOAP dans la qualité de protection, grâce à l'intégrité et à la confidentialité des messages ainsi qu'à l'authentification.

Par ailleurs :

- *WS-Trust* fournit des extensions basées sur un système d'*attribution de jetons* afin d'établir et gérer ce que l'on nomme des *relations de confiance* entre participants, t ce à l'aide de mécanismes de vérification par une tierce autorité.
- *WS-Privacy* décrit un modèle de *politique de sécurité* d'une organisation. Cette spécification fonctionne en relation avec *WS-Policy et WS-Trust.*
- *WS-Policy* fournit un socle de base concernant les politiques de sécurité. Il s'agit d'un élément clé dans le cadre global de *WS-Security*. La politique définit une stratégie permettant d'exprimer les contraintes et exigences, qui seront ensuite appliquées à des groupes de services.
- *WS-SecureConversation* définit un mécanisme permettant d'établir un échange d'informations entre les services. Il fournit des définitions formalisées pour la création et l'échange de contextes de sécurité ainsi que des clés de session.
- *WS-Federation* fournit un ensemble de mécanismes et de modèles de sécurité visant à établir une fédération d'identités, avec authentification et autorisations au sein d'organisations fédérées. *WS-Federation* définit les domaines de sécurité en utilisant les spécifications *WS-Security,* WS-*Policy,* *WS-Trust,* et *WS-SecureConversation.*
- Enfin, *WS-Authorization* permet de gérer les règles utilisées pour les politiques d'autorisation et d'accès.

5.6.2. La garantie d'acheminement

L'obtention d'une haute fiabilité des échanges dans un environnement distribué est un impératif important pour les applications basées sur des *Services Web.*

Dans une infrastructure s'appuyant sur plusieurs serveurs matériels indépendants, communiquant à travers Internet, et opérés en outre par différentes organisations, la fiabilité offerte par les couches de transport du réseau n'apparaît pas suffisante. Les *Services Web* doivent donc s'adjoindre des mécanismes permettant de conférer une confiance dans le bon acheminent des messages. Les principales spécifications fournies sont *WS-Reliability*, ainsi que *WS-ReliableMessaging* (WSRM), issues d'OASIS. Nous donnons ici quelques indications sur ces spécifications.

WS-Reliability est une grammaire XML standardisée par l'OASIS, qui permet d'offrir la garantie qu'un message a bien été reçu, qu'il n'a été reçu qu'une seule fois, et que l'ordre d'envoi des messages a bien été respecté à la réception. *WS-Reliability* s'appuie pour ce faire sur des commandes XML insérées dans les entêtes des messages SOAP.

La spécification *WS-ReliableMessaging* a pour but d'assurer le transfert fiable des messages entre l'émetteur et le récepteur. Elle se base sur les propriétés suivantes, qui définissent quatre niveaux :

- *AtMostOnce* : la garantie de livraison est assurée par le *transfert unique d'un message* et, en cas d'échec, par l'envoi à l'émetteur d'une notification l'informant de la non livraison.
- *AtLeastOnce* : le message peut dans ce cas être envoyé plusieurs fois, jusqu'à ce qu'il soit livré avec succès. Les doublons sont possibles dans ce niveau de garantie.
- *ExactlyOnce* : chaque message envoyé doit être livré *une fois et une seule, sans duplication*. Un échec sera suivi d'une autre tentative de livraison, jusqu'à ce que le message soit livré avec succès.
- *InOrder :* cette garantie assure le respect de l'*ordre temporel* afférant à un groupe de messages produits par un expéditeur et reçus par le destinataire.

La durée de vie d'une conversation menée par le biais de *WS-ReliableMessaging* peut s'étendre sur des périodes de temps longues (par exemple se comptant en jours, voire en semaines), même en cas de coupure et de redémarrage de l'un des systèmes. Cette longue rétention a l'avantage d'éviter de devoir retransmettre lors d'une reprise la totalité d'une conversation précédemment suspendue du fait d'un incident. Si un problème survient, quelle que soit la cause de la panne, un message d'erreur est envoyé aux fins d'un traitement approprié.

5.6.3. La gestion des transactions distribuées

Nous allons maintenant considérer les spécifications proposées en réponse au besoin d'exécution de *transactions* dans un *contexte distribué*. Il s'agit donc ici de transactions impliquant un client et des acteurs distants dont les fonctionnalités sont invoquées par le biais de *Services Web*.

Une *transaction distribuée* va concerner, par exemple, la validation d'un achat, en débitant d'une part un compte bancaire d'un certain montant, et en réservant d'autre part un article, en étant assuré que les opérations seront bien toutes deux exécutées en totalité ou bien pas du tout. Dans ce dernier cas, le client à l'initiative duquel la transaction a été initiée en est informé, et l'on doit alors être assuré que l'ensemble formé des tous les acteurs impliqués revient dans un *état global cohérent*, qui est l'état de départ.

Transactions ACID et transactions longues

Le modèle de base pour les transactions est le modèle classique des *transactions ACID*. En contexte distribué, il est basé sur le protocole de *commit à deux phases*, avec présence d'une entité coordonnant la transaction. Toutefois, ce modèle ne convient pas toujours dans le contexte de processus d'affaires menés à travers Internet. C'est le cas en particulier lorsque certaines activités impliquent des acteurs humains, dont le temps de réponse apparait alors nécessairement extrêmement long par rapport au temps de réponse d'une activité informatisée (le temps de prendre une décision, par exemple une décision d'achat, se mesure en secondes, voire en minutes, alors que l'exécution d'une action informatique, par exemple des écritures disque se mesureront plutôt en millisecondes ; l'ordre de grandeur n'est ainsi pas du tout le même).

Dans les cas qui viennent d'être évoqués, il n'est pas en général admissible de verrouiller des ressources, et mettre ainsi un usager en attente le temps complet de finalisation d'une autre action utilisateur. Il devient nécessaire d'adopter d'autres mécanismes plus tolérants, en relaxant les exigences ACID, et en n'exigeant plus, par exemple, l'*isolation*. C'est le domaine des *transactions dites « longues » (long-running transactions)*. Sur le principe, les *transactions longues* évitent la pose de verrous sur les ressources distantes, et font usage d'*actions de compensation* en réaction aux possibles problèmes conséquents. De manière générale, une *action de compensation* consiste à exécuter une *action inverse* d'une action déjà faite, afin d'annuler l'effet de celle-ci (plutôt que de passer par un état intermédiaire caché aux clients comme dans les transactions ACID). Ceci pourra consister, par exemple, à re-créditer un compte, de manière à annuler l'effet d'un débit, à la suite de l'annulation d'une vente pour indisponibilité d'un produit. Bien sûr, il n'est pas toujours possible de définir une telle action de *compensation* quelle que soit l'action.

De nombreux protocoles ont été spécifiés aux fins de mettre en œuvre des *transactions longues* sur la base des Services Web. C'est le cas du modèle appelé *Business Transaction Processing*, mais aussi, par exemple, du *framework WS-CAF* (*Web Services Composite Application Framework*), tous deux issus de l'OASIS. Tous ces protocoles introduisent un acteur spécifique, le *coordinateur*, en charge d'assurer le pilotage de la transaction, son exécution correcte, et l'invocation éventuelle des bonnes actions de compensation.

Le cadre OASIS

Trois standards OASIS permettent conjointement d'implémenter les transactions dans les architectures distribuées basées sur les Services Web. Ce sont :

- *WS-Coordination*, qui propose une grammaire XML aux fins de coordonner les transactions distribuées, un *service de coordination* jouant le rôle de moniteur transactionnel.
- *WS-AtomicTransaction*, qui s'appuie sur WS-Coordination, et utilise le protocole de commit à deux phases, avec deux variantes.
- *WS-BusinessActivity*, qui s'appuie également sur WS-Coordination, la spécification précisant cette fois les mécanismes à utiliser pour gérer les *transactions longues* et appliquer les actions de compensation associées.

La gestion des transactions comprend la mise en œuvre des mécanismes convenables et la capacité de résistance aux défaillances et indisponibilités temporaires d'équipements. Il importe en outre d'être à même de supporter l'exécution concurrente de plusieurs clients utilisant les mêmes services.

La spécification *WS-Cordination* assure la gestion du *contexte* des transactions. Elle s'applique tant pour les transactions atomiques que pour les transactions longues, en utilisant des protocoles décrits dans la spécification appelée *WS-Transaction.* Cette dernière spécification se compose du protocole *WS-AtomicTransaction*, qui s'applique aux transactions atomiques, et de la spécification *WS-BusinessActivity*, destinée aux transactions longues.

La figure ci-dessous synthétise l'organisation des différentes spécifications en présence. A la base, nous trouvons la couche dit de « *méta-coordination* » (nous reviendrons sur ce terme), avec la spécification *WS-Coordination*, laquelle se compose, comme nous le verrons, des spécifications *Activation* et *Registration.* Au-dessus, nous trouvons la couche de *coordination* proprement dite avec la spécification *WS-Transaction*, laquelle se compose de *WS-AtomicTransaction* et de *WS-BusinessActivity.* On notera que l'on peut envisager ici d'autres protocoles de coordination utilisés en remplacement, lesquels pourraient s'appuyer de même sur WS-Coordination. Enfin, en haut de la figure, nous trouvons la couche de *coopération*, laquelle permet de représenter la logique utile à un service client ou à une application cliente, ou bien encore à un processus décrit en BPEL ou dans un autre formalisme.

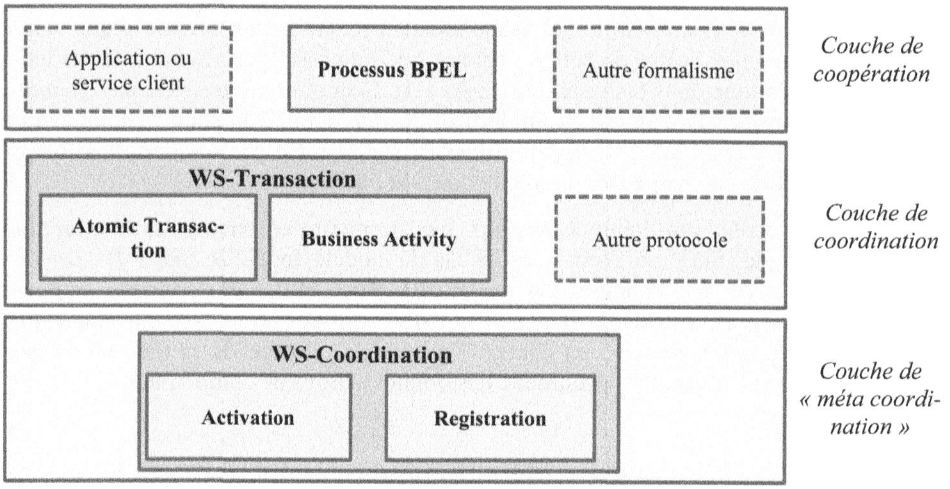

Figure 91. Structure des spécifications pour les transactions.

WS-Coordination et WS-Transaction

Les deux spécifications *WS-Coordination* et *WS-Transaction*, proposées par *BEA*, *Microsoft* et *IBM* et ont été inclues dans le standard OASIS version 1.2.

WS-Coordination est un protocole dit de « *meta-coordination* », qui détermine un cadre générique dans lequel un protocole de coordination *spécifique* peut être mettre en œuvre. Il est composé de deux sous-protocoles distincts : *activation*, qui régit le contexte de coordination, et *registration* (enregistrement), qui permet aux applications intervenantes de s'enregistrer dans le contexte de coordination. Les deux sous-protocoles définissent un ensemble de règles présidant aux conversations entre une entité coordinatrice et une entité participante.

Le contexte décrit la façon dont le message est inclus dans l'entête SOAP. Lors de l'activation, le participant appelle le coordinateur afin qu'il créée un nouveau contexte *(CreateCoordinationContext).* Le contexte est récupéré dans le message *CreateCoordinationContextResponse.* Il est ensuite utilisé par le participant pour échanger des données relatives à la coordination dans les flux des messages. Les nouveaux, contextes sont créés chaque fois qu'un participant crée une nouvelle instance.

Pour l'activation et l'enregistrement, on définit deux types de ports, à savoir le port d'activation et enregistrement du coordinateur pour la demande *(request)*, et le port d'activation et enregistrement du participant pour la réponse.

A travers ces ports, le participant peut demander au coordinateur de créer un nouveau contexte de coordination, et le coordinateur retourne alors au demandeur la référence du contexte nouvellement créé. Lors de l'enregistrement, tous les participants qui souhaitent participer au protocole doivent s'enregistrer auprès de leur coordinateur. Pour s'enregistrer, le service participant envoie un message au coordinateur sur le port approprié, en indiquant le nom du protocole et le lien de l'interface qui sera disponible pour le protocole enregistré. En réponse, le coordinateur renvoie une référence à son interface pour le même protocole. Après l'activation et l'enregistrement, le coordinateur sait qui participera et connaît les ports sur lesquels il conviendra d'envoyer les messages.

Le coordinateur garantit un résultat cohérent pour un client à chaque invocation d'un *Service Web.* La négociation entre le coordinateur et le participant est organisée de telle façon que, si l'une des transactions échoue, toutes les modifications reconduisent à l'état précédent. Il suffit donc qu'un seul des participants n'apporte pas son soutien pour que la transaction dans son ensemble échoue.

La spécification *WS-Transaction* formalise donc deux protocoles de coordination : le protocole de *coordination des transactions* (protocole de coordination des tâches dans le cadre d'une transaction atomique) et le protocole de *coordination des activités* (protocole de coordination de tâches dans le cadre d'une activité métier). Ces deux protocoles peuvent être combinés.

WS-AtomicTransaction

Le protocole permet d'assurer la coordination de transactions ACID classiques. La spécification *WS-Transaction* propose ce protocole afin de travailler avec des transactions *brèves* dans des domaines de confiance, et pour les systèmes étroitement couplés.

Une transaction atomique fait appel à plusieurs protocoles de coordination. Le protocole *Completion* (achèvement) est nécessaire au coordinateur pour initialiser la validation ou l'abandon d'une *transaction atomique.* Le résultat final est signalé au participant du protocole *Completion.* Le protocole *2PC (two-Phase Commit)* coordonne pour sa part les participants inscrits de sorte à valider *(commit)* ou à abandonner *(rollback).* Dans le même temps, le coordinateur doit s'enquérir du succès de l'opération auprès des autres participants.

Le protocole 2PC a deux variantes appelées *2PC volatile* et *2PC durable*, qui se distinguent de la manière suivante :

- *2PC volatile* assure la gestion des ressources de durée de vie courte durée comme par exemple une donnée dans un cache.

- *2PC durable* assure la gestion de ressources durables des participants. par exemple, une donnée issue d'une base de données.

Le coordinateur de transactions atomiques se charge de la gestion du processus de transaction des participants et décide du résultat final. Au cours de la phase de *préparation*, le coordinateur demande aux participants de se préparer, puis les consulte afin de valider ou d'annuler la transaction. Il suffit qu'un des participants annule la transaction pour que le coordinateur annule toutes les opérations.

WS-BusinessActivity

On considère ici qu'un processus métier est caractérise par une certaine décomposition en tâches, exécutées par des applications possiblement réparties sur un réseau de serveurs. Chaque nœud d'exécution est piloté par un *coordinateur* dans un contexte de coordination particulier. *WS-BusinessActivity* définit deux protocoles de coordination possibles entre coordinateur et participants :

- Le protocole d'accord *Business Agreement With Participant Completion*, appliqué lors de l'achèvement d'activité d'un participant.
- Le protocole d'accord *Business Agreement With Coordinator Completion*, employé lorsque le participant doit être lié avec son coordinateur pour l'informer que son activité est terminée.

Le protocole WS-*BusinessActivity* coordonne le couple (coordinateur, participant). Il est défini par un graphe d'états et des règles de transition. Un participant indique son état par l'émission d'une *notification*. Le coordinateur répond avec un message de transition d'état. La différence avec une transaction atomique consiste dans le fait que le coordinateur peut libérer le participant dès que ce dernier a effectué sa contribution.

5.7. Mise en œuvre des Services Web

Nous allons maintenant aborder la mise en œuvre des Services Web dans des programmes, c'est-à-dire la manière de les développer, de les rendre disponibles au profit d'applications distantes, et enfin de les invoquer depuis le code de ces mêmes applications.

De manière générale, il existe deux grandes approches pour envisager le développement d'un *Service Web*, que nous appellerons approches *descendante* et *montante*.

5.7.1. Approches descendante et montante

La première approche, que l'on pourrait qualifier de *descendante*, consiste à produire en premier lieu (manuellement ou via un éditeur spécialisé) la *description WSDL du Service* à fournir. A partir de cette description, un outil est alors être en mesure de générer un *squelette* de code, dans lequel le développeur est alors à même d'insérer les traitements applicatifs à réaliser. Ce code fait bien sûr le lien avec tout le logiciel nécessaire en termes techniques, concernant, par exemple, l'accès au code du Service, le transport en SOAP des données en entrée et en sortie, etc. L'outil sera également en mesure de générer les classes nécessaires à l'invocation du Service depuis un client, grâce au code appelé *souche client*, qui prend en charge la transformation des arguments fournis par le programme client en messages SOAP, et la transformation inverse de messages SOAP obtenus en retour en objets du programme. De manière générale, cette souche client (générée dans un langage donné, par exemple Java) pourra être mise à disposition des clients via un téléchargement.

L'autre manière de concevoir un Service Web, tout à fait inverse, et que l'on pourrait appeler *ascendante*, consiste à partir au contraire de code source. Le concepteur développe alors le code du Service Web comme une classe du langage de programmation choisi. A partir de ce code, un autre outil est alors en mesure de générer les déclarations WSDL correspondantes définissant le Service, en interprétant les méthodes de la classe comme des opérations de celui-ci. Ce code applicatif n'est pas suffisant en lui-même, et il est donc nécessaire de fournir à l'outil des informations complémentaires afférant à des aspects aussi divers que les caractéristiques d'encodage choisies, les modalités techniques de l'appel, ou encore l'identification des méthodes devant être exposées comme des opérations du Service (sachant que toutes les méthodes de la classe ainsi écrite n'ont pas nécessairement vocation être exposées comme des opérations). Enfin, l'outil doit être en mesure, de même, de générer la *souche* côté client, qui, elle, devra être mise à disposition des clients.

Les environnements de développement et d'exécution des Services Web sont représentés par les infrastructures à base de composants Java EE et Microsoft .NET, avec les outils qui leurs sont associés, mais aussi par de nombreux environnements spécialisés, comme, par exemple, *AXIS* de la fondation *Apache*.

Nous nous placerons ici dans le cadre de l'approche *ascendante*, souvent employée, et dans l'exemple d'une approche de programmation en Java EE.

Mais, auparavant, examinons un exemple simple montrant comment il est possible en pratique de mettre en œuvre des Services Web.

5.7.2. Un exemple simple d'implémentation

Aux seules fins d'illustrer une mise en œuvre simple de Services Web dans le cadre du protocole HTTP, nous commencerons ici par examiner l'environnement Axis, dans sa version 1[1].

Axis est une implémentation *open source* de SOAP utilisant le langage Java, issue de la communauté *Apache*. Nous avons fait le choix de présenter très succinctement les principes de la version 1 d'Axis à titre d'exemple, sachant Axis a beaucoup évolué depuis cette première version.

Pour assurer le support des Services Web, Axis utilise une *servlet* spécifique, ayant en charge de recevoir et d'envoyer des messages SOAP/HTTP, ainsi que de communiquer avec les objets des classes Java spécifiquement fournies par le concepteur, et qui implémentent les Services Web offerts. De tels objets sont ici exécutés dans la même machine virtuelle que la *servlet*[2].

Côté client, une API permet d'invoquer *un Service Web*, en envoyant des messages SOAP sur le protocole HTTP.

---

[1] Il est à noter que cette première version d'AXIS supportait aussi également l'invocation de *Services Web* via SMTP.

[2] On rappelle ici qu'une *servlet* est un objet Java tournant sur le *tier* Web, et fonctionnant en mode requête/réponse. Une servlet HTTP est une servlet capable de traiter des requêtes HTTP et de renvoyer des réponses HTTP. Un *conteneur de servlets* adjoint au serveur Web prend en charge certaines requêtes HTTP, en les transmettant à une servlet pour traitement.

Les principes de base

L'environnement Axis fournit une servlet nommée *AxisServlet* ayant la charge de transformer les messages SOAP sur HTTP en appels classiques de méthodes dans le langage Java. Développer un Service Web revient alors à développer une classe Java, et à enregistrer ses méthodes comme des opérations auprès de la servlet *AxisServlet*.

La figure ci-dessous illustre les principes ainsi mis en œuvre dans Axis.

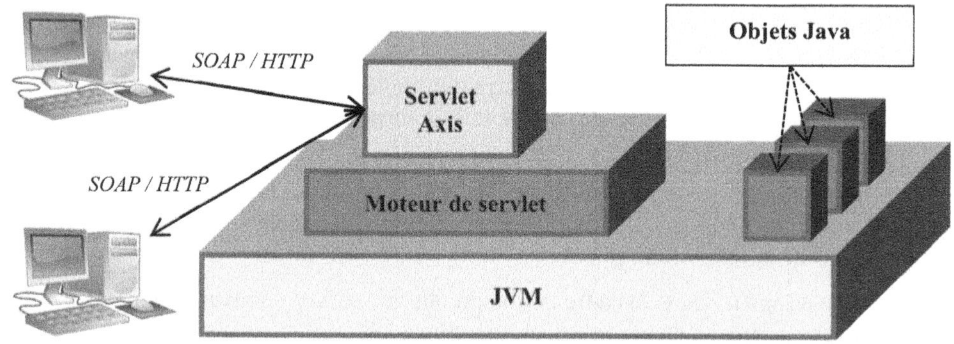

Figure 92. Principe de mise en œuvre dans AXIS.

Selon ces principes, une application cliente envoie donc à travers la *souche client* un message SOAP à la *servlet* Axis. Celle-ci reçoit le message et transmet l'appel à l'objet Java correspondant, c'est-à-dire celui qui implémente le *Service* invoqué. L'objet Java, exécute alors la méthode correspondant à l'opération invoquée.

Développement d'un Service Web

La mise en œuvre d'un Service Web commence par le développement de la classe Java implémentant le *Service* à déployer. Nous considérons ici un Service extrêmement simple, capable de délivrer le prix d'un livre, et renvoyant une valeur convenue, par exemple -1 si le livre donné en entrée ne fait pas partie des deux livres connus.

La classe Java développée est de la forme :

```
public class Boutique {
        public int getPrix(String titre) {
                ....
        }
}
```

Déploiement du Service Web

Sur la base du code de cette classe, une description XML permet alors de préciser le service en spécifiant les méthodes exposées en tant qu'opérations. Pour ce faire, une balise *service* contenant différentes balises *parameter*, permet d'apporter les informations utiles, à l'aide de valeurs données à des attributs. Ces informations comprennent la classe Java ainsi les méthodes de celles-ci à exposer.

Nous aurons ainsi par exemple :

```
<deployment xmlns="http://xml.apache.org/axis/wsdd/"
            xmlns:java="http://xml.apache.org/axis/wsdd/providers/java">
    <service name="Boutique" provider="java:RPC">
        <parameter name="className" value="Boutique"/>
        <parameter name="allowedMethods" value="*"/>
    </service>
</deployment>
```

Dans notre exemple, les opérations exposées se réduisent à l'unique méthode de la classe. *Toutes* les méthodes sont donc exposées, justifiant la valeur « * ». L'environnement génère alors un ensemble de classes Java constituant la *souche*, facilitant l'envoi de messages SOAP depuis un client.

Ainsi, du code Java spécifique doit être généré pour les *types*, les *interfaces* (*portTypes* dans les versions antérieures de WSDL), les *bindings*, les *ports*, et les *services*. Dans l'exemple considéré, nous aurions ainsi génération de classes *Boutique*, *BoutiqueService*, et *BoutiqueServiceLocator*. Pour invoquer le Service Web, le logiciel client devra alors :

- *Instancier un objet Service* à partir de la classe *BoutiqueServiceLocator*.
- *Obtenir un port* à partir du Service ainsi instancié.
- *Utiliser les méthodes du port*.
- *Construire les paramètres* en fonction des types.

Le code Java d'un client serait par exemple :

```
public class Client {
    public static void main(String[] args) {
        try {
            BoutiqueService service = new BoutiqueServiceLocator();
            Boutique port = service.getBoutique ();
            String monTitre = ".......";
             int prix = port.getPrix(monTitre);
            ...
        } catch (Exception ex) { ex.printStackTrace(); }
    }
}
```

5.7.3. Mise en œuvre des Services Web en Java EE

En Java EE, depuis la version 6, il est possible de développer et mettre en œuvre très facilement un *Service Web* en utilisant le modèle de programmation standard offert par JAX-WS qui fait partie de Java EE.

Nous nous placerons ici dans le cadre d'une approche *descendante*. Le développeur écrit alors les traitements effectués par le *Service* sous la forme d'un simple classe Java POJO. Des annotations lui permettent alors de fournir les informations complémentaires permettant de définir convenablement le *Service*.

Définition d'un Service à partir d'une classe

Prenons l'exemple déjà considéré d'un service de réservation hôtelière, comportant deux opérations, permettant respectivement de s'enquérir de la disponibilité d'une chambre (à partir d'une date d'arrivée, d'une date de départ et d'un type de chambre), et, si besoin, de réserver.

Nous développerons alors une classe telle que :

```
@WebService(name="MonServiceReservation")
@SOAPBinding(style="SOAPBinding.Style.RPC")
public class Reservation {
        @WebMethod(operationName="verifierDisponibilite")
        @WebResult(name="Prix")
        public Double verifier(
                @WebParam(name="dateCheckIn") Date dateArrivee,
                @WebParam(name="dateCheckOut") Date dateDepart,
                @WebParam(name="typeChambre") String typeChambre) {
                   // corps de la méthode
                            ....
        }
        @WebMethod(operationName="effectuerReservation")
        @WebResult(name="okNok")
        public boolean reserver (   ... ) {
                   ....
        }
}
```

L'annotation *@WebService* ci-dessus indique que la classe implémente une Service, le nom de celui-ci étant précisé par la valeur de l'attribut *name*, c'est-à-dire ici *MonServiceReservation*. L'annotation *@WebMethod* permet d'indiquer qu'une méthode de la classe doit être exposée comme une opération de ce *Service*. L'attribut *OperationName*, optionnel, permet alors de préciser le nom de l'opération associée, si celui-ci est distinct du nom de la méthode. Nous voyons donc ici que les deux méthodes *verifier* et *reserver* sont les implémentations respectives des opérations *verifierDisponibilite* et *effectuerReservation* du *Service*.

Les annotations *@WebParam* et *@WebResult* permettent de spécifier les associations entre les paramètres d'entrée et de sortie d'une méthode Java d'une part, et ceux de l'opération du *Service* associé d'autre part. L'outil associe alors à chaque type Java utilisé un type XSD convenable, permettant la sérialisation et le transfert des valeurs des attributs dans des messages SOAP. Chacune de ces deux annotations peut être omise. Dans ce cas, les paramètres d'entrée du *Service* auront tout simplement les mêmes noms que les arguments de la méthode en Java, et/ou le paramètre de sortie du *Service* portera le nom de la méthode.

Il faut noter ici une certaine dissymétrie entre le monde Java d'une part et SOAP d'autre part. Ainsi, dans SOAP, on traite de manière symétrique les paramètres d'entrée et les paramètres de sortie d'une opération à travers des messages, à savoir un message « in » et un message « out » de retour. Un message d'entrée comprend ainsi une certaine suite de paramètres avec des noms et types, avec le même principe pour le message de retour. Il n'en va pas de même en Java, où, si l'entrée d'une méthode est bien une liste d'arguments, définis par un nom et un type, la sortie est, pour sa part, le résultat unique de l'opération. Il n'y a donc pas en Java la même symétrie entre les entrées et les sorties. Nous voyons ainsi dans l'exemple ci-avant qu'une annotation *@WebParam* est associée à chaque argument de la méthode, alors qu'il n'y a qu'une seule annotation, notée *@WebResult* associée au retour. Lorsqu'on souhaitera avoir dans un *Service Web* plusieurs paramètres en sortie d'une opération, il faudra utiliser un type Java ad hoc regroupant en attributs les différents paramètres de sortie, convenablement typés.

Enfin, nous voyons dans notre exemple la présence d'une annotation *@SOAPBinding*. Celle-ci permet de spécifier, via des valeurs d'attributs, comment doit être menée la sérialisation, sur la base des différentes possibilités de styles offertes, comme nous l'avons vu, par le langage WSDL.

Cette annotation peut être précisée par trois attributs *Style*, *Use* et *ParameterStyle*. L'attribut *Style* permet de spécifier le mode de passage des arguments, et peut recevoir la valeur *Style.DOCUMENT* (valeur par défaut) ou la valeur *Style.RPC*. L'attribut *Use* permet pour sa part de spécifier le mode d'encodage des paramètres en SOAP. Il peut recevoir les valeurs *Use.LITERAL* (valeur par défaut) ou *Use.ENCODED*. Enfin, l'attribut *ParameterStyle* permet de spécifier comment les paramètres doivent être positionnés dans le corps du message SOAP. Cet attribut peut recevoir les valeurs *ParameterStyle.BARE* ou *ParameterStyle.WRAPPED* (valeur par défaut). Dans le style de paramètre BARE, chaque paramètre est un sous-élément direct de l'élément message, alors que dans le style *WRAPPED*, chacun de ces paramètres est « enveloppé » dans un élément parent défini à cet effet. Si le style adopté est *RPC*, alors le style de paramètre doit nécessairement être *WRAPPED*. Pour enregistrer ce Service, si l'on utilise le serveur Web fourni par la plateforme Java, il suffira d'invoquer la méthode *publish* de la classe *Endpoint*, soit :

```
Endpoint endpoint = Endpoint.publish(http://localhost:8080/services,
                                      new Reservation());
```

On notera que, de manière à simplifier, nous n'avons pas tenu compte dans notre exemple d'éventuelles sorties en erreur.

Invocation du Service depuis un client

Un logiciel client pourra alors invoquer les opérations du Service via la souche client générée sous la forme de classes *ReservationService* et *MonServiceReservationPort*. Une telle invocation sera, par exemple :

```
Date arrivee;
Date depart;
Double prix;
...
MonServiceReservation port
            = new ReservationService().getMonServiceReservationPort();
...     // Affectation de valeurs aux dates de départ et d'arrivée
prix = port.verifier(arrivee, depart, "Confort");
...
```

Utilisation des correspondances Java XML

Dans l'exemple ci-dessus, nous avons considéré que la méthode Java *verifier()* recevait trois paramètres d'entrée, à savoir *dateArrivee*, *dateDepart* et *typeChambre*. Pour des raisons de simplicité, on fait souvent le choix de passer non pas plusieurs paramètres, mais plutôt un seul représentant le message d'entrée, et regroupant donc ces différentes quantités. Bien sûr, pour écrire le code du Service et invoquer celui-ci, il faudra alors créer une classe spécifique « Demande », représentant un tel message.

De même, nous pourrions considérer une sortie qui ne serait pas un résultat unique, mais serait constituée de plusieurs paramètres de sorties. Ainsi, nous pourrions avoir en sortie trois quantités, qui seraient 1) *oKNok,* booléen prenant la valeur vrai si une chambre est disponible et faux sinon, 2) *prix*, qui serait le prix dans le cas où une chambre est disponible, et 0 sinon, et enfin 3) *dateValidite*, qui serait la limite de validité de l'offre de prix (par exemple s'il s'agit d'une promotion), et 0 si une telle limite n'est pas applicable. De même, dans un tel cas, l'opération *verifier()* devrait avoir pour résultat un objet dont le type serait par exemple *Resultat*, classe à définir, et qui contiendrait les trois valeurs attendues.

Considérons seulement ici le premier cas, avec un seul paramètre de type *Demande* en entrée. Nous aurons alors une classe Java modifiée comme suit :

```
@WebService(name="MonServiceReservation")
public class Reservation {
        @WebMethod(operationName="verifierDisponibilite")
        @WebResult(name="Prix")
        public Double verifier(
              @WebParam(name="demande") Demande demande) {
              ....
        }
        ....
}
```

Pour invoquer la méthode *verifier()* depuis un client, il faudra d'abord construire un objet *demande* par le biais de méthodes de type *setDateArrivee(valeur*), *setDateDepart(valeur), setTypeChambre(valeur),* puis ensuite invoquer *verifier(demande).*

Une manière de faire consiste alors à définir une *demande* par le biais d'un schéma XML de la forme suivante (simplifiée pour l'exemple) :

```
<xs:element name="demande">
   <xs:complexType>
     <xs:sequence>
        <xs:element name="dateCheckIn" type="xs:date"/>
        <xs:element name=" dateCheckOut" type="xs:date "/>
        <xs:element name="typeChambre" type="xs:string"/>
     </xs:sequence>
   </xs:complexType>
</xs:element>
```

Il existe plusieurs moyens de définir des associations entre schémas XML et classes Java, parmi lesquels JAXB, ou *Java Architecture for XML Binding* (intégré à Java 6), ou encore JIXB et ADB, ou *Axis DataBinding framework*, issus de la fondation Apache.

Dans notre exemple, JAXB permettra de générer automatiquement une classe Java à partir du schéma XML définissant une demande. Une telle classe contiendra des annotations particulières définissant en particulier le lien de chaque attribut Java avec un élément XML lui correspondant. Nous obtiendrons une classe de la forme :

```
@XmlAccessorType(XmlAccessType.FIELD)
@XmlType(name="Demande",
            propOrder={"dateCheckIn", "dateCheckOut", "typeChambre"})
public class Demande {
        @XmlElement(required=true)
        protected Date dateCheckIn;
        @XmlElement(required=true)
        protected Date dateCheckOut;
        @XmlElement(required=true)
        protected String typeChambre;
        public Date getDateCheckIn() { return dateCheckIn; }
        public void setDateCheckIn(Date value) { this.dateCheckIn = value; }
        public Date getDateCheckOut() { return dateCheckOut; }
        public void setDateCheckOut(Date value) { this.dateCheckOut = value; }
        public Date getTypeChambre() { return typeChambre; }
        public void setTypeChambre(Date value) { this.typeChambre = value; }
}
```

Dans cet exemple, on notera que l'annotation *@XmlType* permet de définir le type XSD associé à la classe, l'attribut *propOrder* permettant pour sa part de définir l'ordre des paramètres dans le message. Enfin, l'annotation *@XmlElement(required=true)* permet de spécifier le caractère obligatoire du paramètre.

Les méthode *setDateCheckIn*, *setDateCheckOut* et *setTypeChambre* permettront de remplir un objet demande dans l'appelant, objet qui sera ensuite passé en argument à l'appel de la méthode reserver(), selon le modèle suivant :

```
...
Demande demande;
Date arrivee;
Date depart;
...
demande.setDateCheckIn(arrivee);
demande.setDateCheckOut(depart);
demande.setTypeChambre("Confort");
...
prix = port.verifier(demande);
...
```

5.8. Conclusion sur les Services Web SOAP

Les *Services Web SOAP* reposent sur un ensemble de *mécanismes simples* sur le principe. Ils sont employés comme base technologique pour la fourniture de services à travers Internet, mais aussi, et surtout, au sein même des Systèmes d'Information des organisations, ceci du fait des propriétés de *flexibilité* et du *couplage faible* entre composants apportés par cette approche.

Alors que les technologies de persistance et de développement par composants sont adaptées au développement des applications locales, les *Services Web* constituent une technologie privilégiée pour l'intégration en cohérence de ces différentes applications dans l'ensemble du Système d'Information global de l'organisation.

On peut cependant noter un certain nombre de limitations. Il convient de remarquer en premier lieu des limitations intrinsèques aux spécifications même. SOAP, WSDL et UDDI ne règlent pas tous les problèmes pour faire dialoguer des applications et composer des services en accord avec des exigences techniques. Il y a de ce fait des besoins d'extension des spécifications.

Des spécifications couvrant ces aspects techniques ont vu le jour, mais elles restent encore en grande partie à être intégrées plus complètement dans la pratique des outils.

Une déclaration WSDL décrit l'interface d'un service, mais ne dit absolument rien quant à la *sémantique* de celui-ci, c'est-à-dire ce qu'il fait vraiment. Il s'agit encore d'un domaine de recherche actuel, étudié dans le cadre du Web Sémantique. De même les déclarations WSDL ne décrivent pas non plus le contrat de service, qui est une notion très importante dans la pratique de l'entreprise, en particulier lorsque l'on cherche à bâtir une nouvelle application par composition de services existants.

Enfin, dans l'usage des Services Web SOAP, il peut exister un problème sur le plan des performances, problème d'ailleurs plus ou moins inévitable du fait même des principes choisis (protocole HTTP, usage du langage XML qui est comme on a pu le constater particulièrement verbeux, etc.). Cette limitation de performances doit être prise en compte lorsque l'on fait appel aux technologies des Services Web SOAP dans le contexte d'un Système d'Information d'entreprise.

5.9. Les Services REST

Nous présentons maintenant les Services dits « REST », qui sont également des *unités logicielles* applicatives accessibles via les protocoles standards d'Internet, et qui constituent donc une autre déclinaison de la notion des *Services Web*. On parle aussi souvent de *Services Web RESTful*[1].

5.9.1. Introduction aux Services REST

L'acronyme *REST*, qui signifie *Representational State Transfer*, a été introduit par Roy Fielding à l'occasion de sa thèse. REST y est défini comme un *patron de conception*, ou plus précisément comme un *style d'architecture*, utilisable pour l'implémentation d'applications réparties sur *Internet*. REST est donc tout à la fois un *principe d'architecture*

[1] Nous remercions Yves Laloum et Erik Boucher de Crèvecœur pour les éléments apportés à la rédaction de la présente section.

et une *manière concrète d'implémenter le concept de Service Web*, alternative à celle des Services Web SOAP, c'est-à-dire des Services Web « classiques ».

REST est basé sur des éléments fondamentaux du Web. Il part du constat que ces fondamentaux peuvent être utilisés pour réaliser directement des services distribués, sans passer par les couches logicielles mises en œuvre dans les *Services Web SOAP*. REST n'est donc pas un standard, mais simplement un *style architectural*, permettant de développer des implémentations de Services Web particulièrement simples, en partant de l'existant, et en utilisant directement les standards de base omniprésents tels que :

- Le protocole *HTTP*.
- La notion d'*URL* (*Uniform Ressource Locator*).
- Et enfin tous langages (XML, HTML) ou formats de données (JSON) ou de stockage (GIF, JPEG, MIME types, etc.) utiles à la représentation de *ressources*.

L'idée de base est ici d'*utiliser le protocole HTTP et ses opérations aux fins de créer un Service Web*, dont la finalité sera de renvoyer des informations structurées à un client, ou, au contraire, d'en enregistrer, en considérant toute information comme la *représentation* particulière d'une *ressource du Web*. Un Service sera alors simplement considéré comme le *moyen d'adresser des requêtes génériques d'accès ou d'écriture s'appliquant à de telles ressources*.

Nous savons que le protocole HTTP fournit un ensemble d'opérations simples, dites « verbes HTTP », permettant de mettre en œuvre des échanges entre un navigateur et un serveur Web. Nous y trouvons en particulier les quatre opérations GET, PUT, POST et DELETE. Le principe de REST est alors d'utiliser directement ces quatre opérations pour réaliser les échanges entre un client et un serveur.

La notion fondamentale à la base de REST est donc la *ressource*. Toute information qui peut être nommée peut être une ressource. Une ressource est ainsi matérialisée par un document, une image, une information à caractère « temporel », c'est-à-dire évolutive (par exemple « la météo du jour à Paris »), etc., ou encore un lien ou une collection de liens vers d'autres ressources, voire un objet du monde réel (par exemple une personne), ou, plus exactement, dans ce cas, *sa description*.

En d'autres termes, tout concept qui peut être la cible d'un lien *hypertexte* trouvé dans une page Web peut correspondre à la définition d'une ressource. Une *ressource* est ainsi *une représentation conceptuelle d'une entité ou d'un ensemble d'entités*.

Les *Services REST* se différencient essentiellement des *Services Web SOAP* par leur très grande simplicité de mise en œuvre et par l'*absence de standards spécifiques* sous-jacents.

5.9.2. Les éléments du Web à la base de REST

Nous présentons ici les éléments fondamentaux du Web qui vont permettre la mise en œuvre de services REST.

Nous savons que le Web utilise le protocole HTTP. Ce protocole permet à un usager client de communiquer avec un serveur à l'aide d'un navigateur, en accédant à des contenus organisés en *pages*.

Rappelons que, de manière générale, une requête HTTP commence par une *ligne de commande*, comportant un nom de commande, un chemin d'accès à un fichier, spécifié sous la forme d'un *URL*, et enfin la version du protocole utilisé. Cette ligne de commande est suivie d'un *entête de requête*, puis du *corps* lui-même de cette requête, séparé de l'entête par une ligne vide.

Nous ne considérons ici que les quatre commandes HTTP utilisées dans REST. Ces quatre « méthodes » principales du protocole http sont, comme déjà indiqué, les opérations *GET* (*accès à une information*), *POST* (*envoi de mise à jour*), *PUT* (*création d'information*), et enfin *DELETE* (*suppression d'information*)[1].

La méthode HTTP/GET

HTTP/GET est l'opération qui permet de récupérer le contenu d'une page spécifiée. Le client se connecte d'abord au serveur en spécifiant un *URL,* laquelle identifie la ressource souhaitée. Un entête HTTP est alors généré, lequel contient l'action souhaitée, définie par :

- La mention de l'opération *GET*, qui signifie que l'on souhaite *obtenir* une ressource.
- La spécification de la ressource elle-même sur le serveur (par exemple /maPage.html).
- l'identification du *serveur cible* (par exemple http://www.monsite.com).

Ainsi, une requête pourra être, par exemple :

GET /monFichier.ext HTTP/1/1
Host : www.monsite.com

Le serveur répond alors à cette requête en retournant le contenu souhaité, permettant l'affichage d'une page dans le navigateur de l'utilisateur.

On notera que la mention de l'URL du site permet de distinguer si besoin plusieurs sites correspondant à la même adresse IP. Le chemin d'accès à la ressource est ici très simple : il s'agit d'un fichier placé directement sous la racine du site.

Le serveur répond à cette requête. Une réponse sera par exemple :

HTTP/1.1 200 OK
Date: Tue, 14 Nov 2017 11:45:09 GMT
Server: Apache/0.8.4
Content-Type: text/html
Content-Length: 56
Expires: Mon, 01 Jan 2018 00:59:59 GMT
Last-modified: Mon, 06 Nov 2017 15:22:45 GMT
<TITLE>Exemple</TITLE>
<P>Texte de la page exemple.</P>

Le champ *Content-Type* indique le type MIME du contenu renvoyé, qui est ici du texte HTML. *Content-Length* indique la taille en octets de ce contenu. Enfin, nous trouvons sous forme HTML le contenu demandé lui-même. Ceci permet l'affichage sur le navigateur de l'utilisateur de la page correspondant au contenu de la ressource demandée.

---

[1] Les principales autres « méthodes » HTTP étant HEAD, OPTIONS, CONNECT, et TRACE. Elles ne sont en principe pas utilisées dans REST.

La figure ci-dessous illustre cet exemple de fonctionnement de la méthode *GET*.

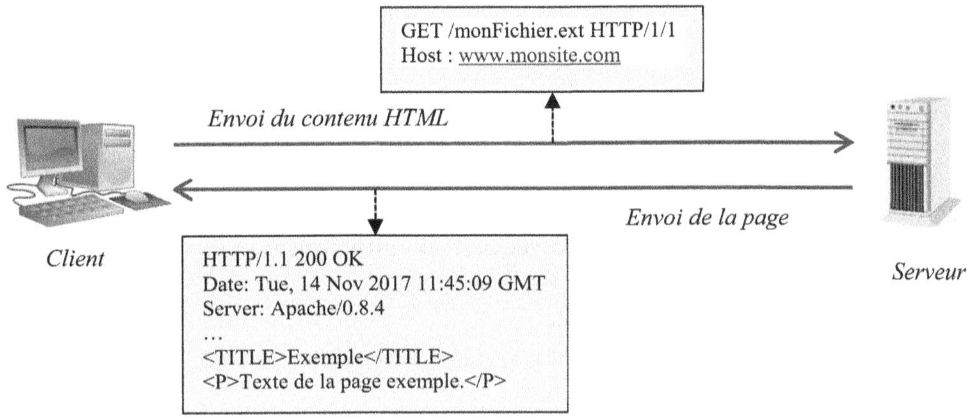

Figure 93. Exemple d'appel de la méthode HTTP/GET.

Il est possible de passer des variables lors de l'invocation d'une méthode *GET*. Pour cela, on ajoute classiquement à la chaîne de caractères spécifiant l'URL de la ressource une séquence de conditions de la forme « variable=valeurs », unies par des «& », et séparées de l'URL d'origine par un séparateur constitué du caractère « ? ».

On aura ainsi des requêtes de la forme :

GET /fichier.ext?variable1=valeur1&variable2=valeur2 HTTP/1.1

Cette requête permettra de passer au service appelé deux valeurs *valeur1* et *valeur2*, prises par variable1 et variable2. On notera que la requête GET est toujours *sans effet sur la ressource*. Il s'agit toujours d'une requête de *consultation*, sans effet côté serveur, même si, par ailleurs, son exécution y déclenche des traitements.

Un des principes de REST est d'*interpréter la requête HTTP/GET comme une opération générique* permettant de renvoyer un *contenu* ou encore des *valeurs*. La mise en œuvre de REST consistera donc ici à *permettre l'appel d'une opération de consultation sous la forme d'une requête HTTP/GET.*

La manière dont sont produites ces valeurs, que ce soit par accès à un contenu enregistré, ou encore par exécution d'un traitement, sera bien sûr totalement transparente pour l'appelant, et cachée dans l'implémentation.

Les méthodes HTTP/PUT et HTTP/DELETE

Ces opérations permettent pour leur part la création ou la suppression d'informations côté serveur.

L'opération *HTTP/PUT* permet ainsi de créer une ressource sur le serveur, en transmettant à ce dernier le contenu de celle-ci, et en indiquant l'URI (*Uniform Ressource Identifier*) qu'on souhaite lui donner.

Un exemple d'une telle requête sera :

PUT /monFichier.ext http/1/1
Host : www.monsite.com
Content-type : multipart/form-data
Content-Length: 33

L'opération HTTP/DELETE permet en ce qui la concerne de supprimer une ressource présente sur le serveur en indiquant son URI.

La méthode HTTP/POST

L'opération HTTP/POST permet d'envoyer de l'information vers le serveur, par exemple pour :

- Annoter une ressource existante.
- Poster un message dans un fil d'actualités, dans *mailing list*, etc., ou encore ajouter des données à une base de données.
- Communiquer un bloc de données (par exemple les valeurs saisies via un formulaire) à un processus de traitement.

C'est le serveur qui détermine l'action à exécuter en fonction de l'URI visée. Le contenu sera spécifié dans le corps de la requête *POST*.

On utilisera ainsi le *POST* (*append*) pour ajouter une ressource fille à une ressource mère existante, désignée par son URI (appelée *parent* ou *factory*), par exemple pour ajouter un message à un blog ou ajouter une ligne à une table d'une base de données. C'est alors le serveur qui détermine l'URI de la ressource fille, et la communique au client dans sa réponse : celle-ci peut en effet dépendre de l'ordre ou de l'heure de réception de la ressource postée[1]. On voit ici une différence fondamentale avec PUT où c'est le client qui décide de l'URI de la ressource à créer.

Une variante est le *POST (process)*, que l'on utilisera pour communiquer des données à un serveur chargé de les traiter, par exemple le contenu d'un formulaire Web.

Nous sommes alors dans ce cas plus proche d'un appel RPC que de la manipulation d'une ressource : le serveur est sollicité via une fonction, désignée par une URI, et en reçoit les paramètres dans le contenu du POST. Le POST est alors dit « surchargé » (de la même façon qu'un opérateur en programmation est détourné de son sens premier pour d'autres fonctions) : la vraie commande n'est pas un POST, elle est spécifiée dans l'URI, et à l'intérieur du POST.

Par exemple, l'utilisateur remplit un formulaire (pour achat d'un ouvrage par exemple). Le navigateur crée ensuite un entête HTTP avec une charge utile contenant l'action souhaitée, à savoir d'une part les informations transmises, et d'autre part l'identification du serveur cible spécifié par un URL.

Les données, quant à elles, représenteront la *charge utile*, c'est-à-dire les données du formulaire qu'il convient d'envoyer.

Le principe de l'opération *POST* est illustré sur la figure ci-après :

---

[1] Dans certains cas, l'information s'ajoutera à la mère sans créer une URI fille (par exemple, lors de l'ajout de lignes à un fichier *log*).

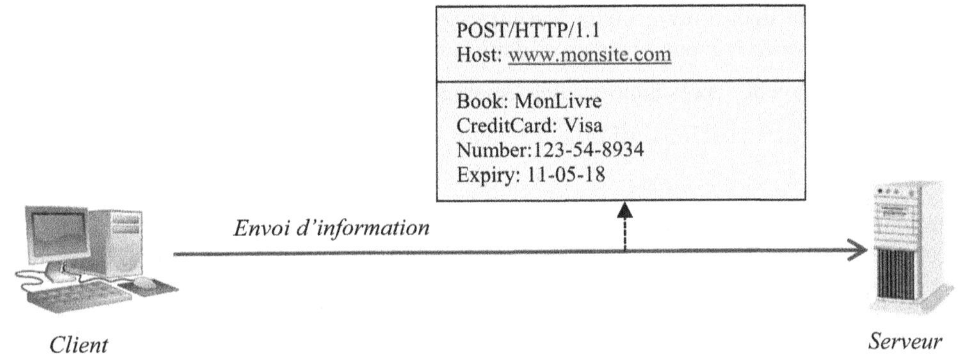

Figure 94. Exemple d'appel de la méthode HTTP/POST (process).

5.9.3. Les principes de REST

Le principe de base

Une opération de type *GET* accepte une enveloppe contenant les données du client, et retourne des informations selon l'URI désigné.

Nous pouvons considérer par exemple un comportement représentant l'exécution d'une requête (analogue à un appel de procédure à distance, c'est-à-dire un *RPC*), qui permettrait d'obtenir une liste d'articles, comme symbolisé sur la figure ci-après :

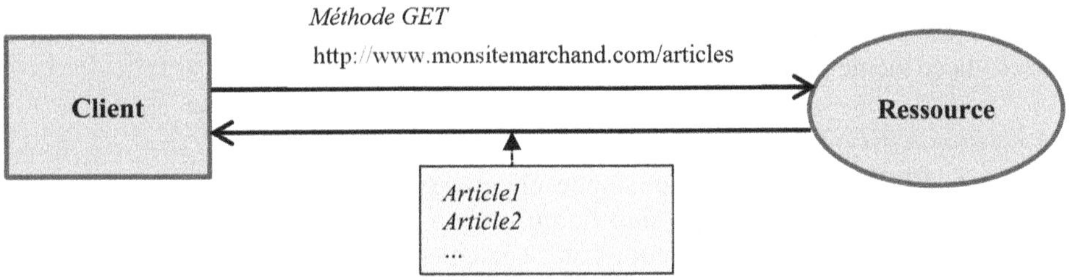

Figure 95. Exemple de GET.

Au sein même d'un contenu renvoyé par le serveur, nous pourrons trouver des *hyperliens* sous la forme de nouveaux *URL*, nous permettant d'accéder à d'autres contenus. Ce pourrait être ici, par exemple, pour chaque article, un lien vers la page spécifique décrivant celui-ci.

On peut décrire ce principe de la manière suivante :

- Le client accède d'abord à une *ressource Web* en utilisant un *URL* connue de lui.
- Une *représentation* de la ressource est alors retournée, par exemple un document HTML.
- Cette représentation met le client dans un nouvel *état*.

- Le client peut alors accéder à d'autres représentations de ressources, par le biais des hyperliens éventuels trouvés dans la représentation accédée.
- Une nouvelle représentation de ressource place le client dans un nouvel état.
- Le serveur transfère ainsi *un nouvel état* avec chaque représentation de ressource.
- etc.

Nous pouvons dire que l'on réalise ainsi une suite d'invocations de services permettant l'accès à des informations, et ce à travers le protocole HTTP, avec l'opération *GET*.

Si nous nous en tenons à la définition de Roy Fielding, REST est supposé désigner *la manière dont une application WEB se comporte : un réseau de pages web*, vu comme une *machine à états finis*, où l'utilisateur *progresse à travers une application en sélectionnant des liens* (transitions d'état), *lui donnant une nouvelle page* (représentant le nouvel état de l'application) transférée à l'utilisateur et affichée pour son usage.

La principale utilisation de REST est donc de créer des *Services Web* en utilisant comme modèle architectural la manière dont fonctionnent les applications Web, sans autre composant intermédiaire. Ainsi nous pouvons dire que REST *n'est pas un nouveau standard*, mais une *utilisation des standards existants pour réaliser de manière simple des Services Web.*

Les concepts clés de REST

Sur le plan conceptuel, un principe de base de REST est que l'on n'accède pas à une fonction, ou encore à un objet, mais à *une ressource*, en utilisant une identification de celle-ci. Cette ressource est accédée sous la forme d'une certaine *représentation*, convenue entre les appelants et l'appelé, et en interagissant avec cette ressource via les quatre opérations de base du protocole HTTP GET, PUT, POST, et DELETE[1].

L'interface est uniforme : elle permet d'émettre des requêtes HTTP, et de recevoir des réponses via ce même protocole.

Particularités de REST

Les *Services REST* implémentent un mode client-serveur simple, sans notion d'objet, et surtout *sans état* (*stateless*), ce qui signifie qu'il n'y a pas sur le serveur de maintien d'un contexte propre au client. Mais il peut exister également une notion de *cache* au niveau du client.

A la limite, nous pouvons considérer que l'accès au Web à travers un simple navigateur est finalement une simple réalisation de REST.

5.9.4. Développement d'un service REST

Un Service REST peut être implémenté à travers de ressources, que l'on aura préalablement identifiées et spécifiées, et pour lesquelles on devra indiquer en premier lieu *les URI*, ainsi que *les interfaces des méthodes, selon des conventions mises en place.*

---

[1] On peut rappeler ici quelques définitions : Un *URI* (*Uniform Resource Identifier*) permet d'identifier une ressource par le biais d'un identifiant. Un *URL* (*Uniform Resource Locator*) permet d'identifier et de localiser une ressource sur un réseau. Enfin, un *URN* (*Uniform Resource Name*) permet d'identifier une ressource au sein d'un *espace de noms*

Il conviendra alors de :

- Lier les ressources dans un même espace de noms.
- Créer une ressource associée à chaque service.
- Identifier et localiser chaque ressource par un URL.

Il est à noter que, pour des raisons d'homogénéité, le *standard XML* a toute sa place dans la conception de Service *RESTFul*. En effet, XML est le langage universel permettant d'échanger des données entre différentes entités. On notera toutefois qu'en pratique, le *format JSON* est de plus en plus utilisé pour le même usage.

Un exemple

Considérons un Service que nous souhaitons définir et mettre en place. L'exemple ici choisi est celui d'un Service proposé par un traiteur sur son site Web[1]. Ce Service doit permettre à un usager :

- D'obtenir la liste des plats disponibles.
- D'obtenir des informations sur un plat précis.
- De passer une commande.

Comment peut-on réaliser un tel service et comment y accédera-t-on à partir d'une application cliente ? Tout d'abord le Service Web doit être hébergé sur un serveur, avec un URL définie comme, par exemple, http://www.monrestaurant.com.

On définira ensuite la ressource qui permettra à un client d'obtenir la liste des plats, et qui sera, par exemple, http://www.monrestaurant.com/plats. C'est cet URL que l'application cliente utilisera pour accéder au serveur, en *HTTP/GET*, sans rien utiliser d'autre. On réalise bien ici *un couplage lâche* et *sans état*.

On crée ensuite les ressources afférant au détail des plats, accessibles par des URL proposées en hyperliens sur la liste des plats. Enfin, les commandes seront envoyées par un *POST* (*process*).

La figure ci-après représente un scénario type de l'utilisation du service, qui comprendra :

1. La demande et la réception de l'ensemble des plats disponibles.
2. Puis la sélection éventuelle d'un plat.
3. Et enfin le passage éventuel de la commande.

---

[1] Nous remercions ici Yves Laloum, auteur de cet exemple, de nous avoir permis de l'utiliser.

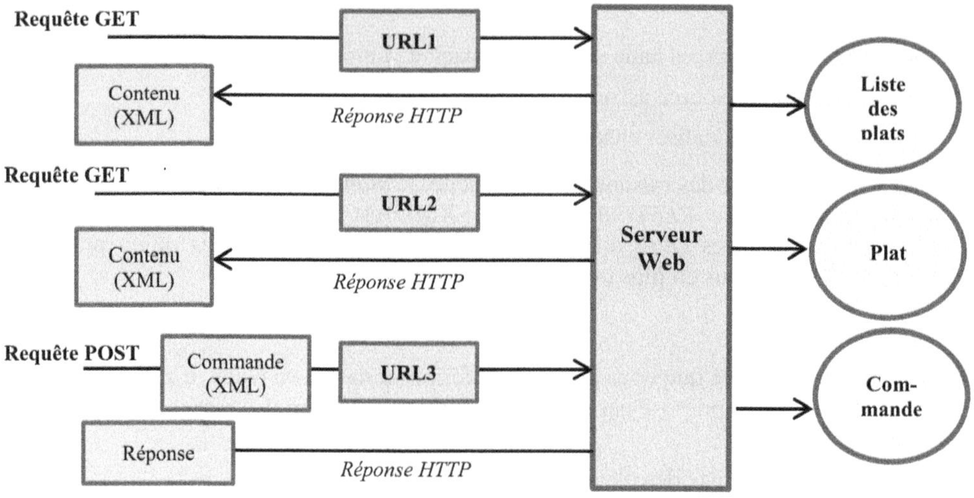

Figure 96. Exemple de scénario d'utilisation.

Nous voyons que, pour chacune de ces opérations, le client accède en fait à une *ressource* qui lui renvoie des données sous un format convenu. Ainsi, pour la première opération, le résultat de la requête sur l'URL http://www.monrestaurant.com/plats serait, par exemple :

```
<p:Plats xmlns:p="http://www.monrestaurant.com/"
                                   xmlns:xlmk="http://www.w3.org/1999/xlink">
    <Plat id="0001" xlink:href="http://www. monrestaurant.com/Plats/0001"/>
    <Plat id="0002" xlrak:href="http://www. monrestaurant.com/Plats/0002"/>
    <Plat id="0003" xlink:href="http://www. monrestaurant.com/Plats/0003"/>
    ...
</p:Plats>
```

Chaque élément de la liste renvoyée contient lui-même un lien permettant d'obtenir plus d'information sur le plat concerné. Ceci est un élément clé du modèle de conception attaché à REST : le client passe d'un état à l'autre, via un choix opéré au sein d'une alternative de plusieurs URL proposées dans un document précédemment renvoyé.

Pour la deuxième opération, le client enverrait par exemple la requête portant sur l'URL http://www.monrestaurant.com/plats/002. Il obtiendrait alors la réponse suivante :

```
<p:Plat xmlns:p="http://www.monrestaurant.com"
                                   xmlns:xlink="http://www.w3.org/1999/xlink">
<Plat-ID>0002</Plat-ID>
        <Nom>Rouleaux de printemps</Nom>
        <Description>Entrée</Description>
        <Details
            xlink:href="http://www.monrestaurant.com/plats/0002/details"/>
        <CoutUnitaire monnaie="EUR">3</CoutUnitaire>
</p:Plat>
```

Pour passer commande, le client « posterait » une instance XML (conforme à un schéma XSD) sur l'URL http://www.monrestaurant.com/plats/commande, comme illustré ci-dessous :

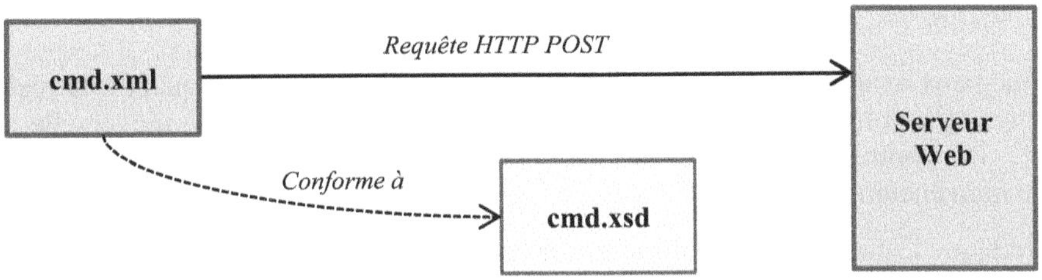

Figure 97. Exemple de requête.

Enfin, le serveur répondrait alors en renvoyant un URL vers la commande effectivement passée, qui constitue donc une *nouvelle ressource créée sur le serveur*, traduisant le résultat du passage de la commande, comme symbolisé par la figure ci-dessous :

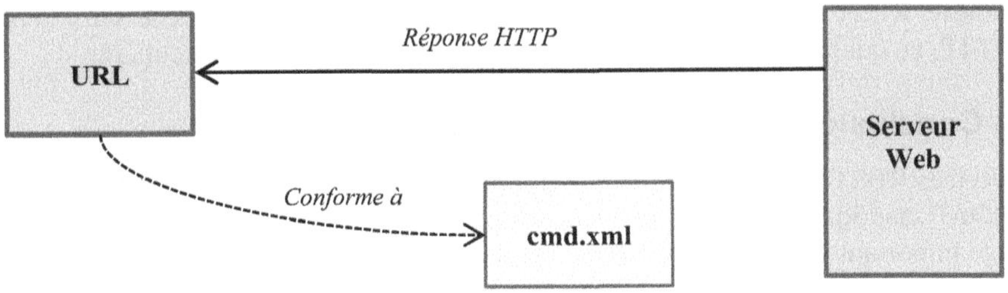

Figure 98. Exemple de réponse.

Nous avons donc ici un moyen très simple de réaliser un *Service Web*, sans utiliser de protocole particulier au-dessus du protocole HTTP.

5.9.5. Différences entre les *Services Web SOAP* et *REST*

Les *Services Web* classiques SOAP nécessitent l'utilisation de protocoles au-dessus de HTTP, tels, d'abord XML-RPC, puis, plus récemment, comme nous l'avons vu, SOAP, qui est un standard W3C, et auxquels doivent se conformer les éditeurs de services. De tels services nécessitent la définition d'une interface, spécifiée par le biais d'un fichier WSDL. Leur mise en œuvre nécessite des outils de développement sophistiqués (par exemple *Visual Studio* dans le contexte de .NET).

Les *Services REST* peuvent être vus comme étant plutôt *orienté ressource*, à la différence des Services Web classiques, qui sont pour leur part *orientés service*. REST est plus adapté au développement rapide. Sa mise en œuvre ne requiert pas d'infrastructure logicielle ou matérielle contraignante, sachant toutefois, qu'en pratique, des outils d'aide à la programmation existent. Enfin, REST est une *architecture*, sans standard contraignant, basé sur l'accès à des *ressources*. Dans la pratique, on peut en effet remarquer que de nombreux Services Web sont conçus essentiellement pour l'accès à des ressources, et non à l'exécution de traitements particuliers. REST prend ainsi tout son sens dans de tels cas. Par exemple, l'accès au cours instantané d'une action de bourse pourra être vu très simplement comme *la consultation de l'état d'une ressource*, et non comme le résultat de l'exécution d'une méthode d'un objet. C'est cette distinction qui fait tout l'intérêt de REST et lui donne toute sa facilité d'usage.

Les principaux avantages de REST sont donc sa *simplicité*, à la fois quant à la réalisation du service et à sa mise en œuvre. Les liens sont structurés de manière universelle et standardisée. Par contre, il est à noter que les ressources peuvent devenir nombreuses, et l'espace de nom encombrant.

On notera que l'unicité des URI permet, sur le principe, une mise en cache des données au niveau du client, ce qui induit donc de meilleures performances.

Le fait de réaliser des interactions *sans état* peut être dans certains cas limitatif. Toutefois, du côté du serveur, ceci induit une consommation de mémoire plus faible du fait de l'absence de contexte client à gérer, ainsi qu'une mise en *cluster* facilitée, en limitant par ailleurs le nombre de cas complexes à traiter par le développeur. Mais on notera que tout ceci n'est pas spécifique des Services REST, dans la mesure où le caractère d'absence d'état s'applique aussi au cas des Web Service SOAP classiques.

En synthèse, REST utilise de manière naturelle, et sans autre artefact nécessaire la philosophie HTTP, ce qui le rend moins dépendant d'une implémentation particulière.

5.9.6. Conclusion sur les Services REST

Les Services REST peuvent dans de nombreux cas servir de choix alternatif aux Services Web SOAP classiques. En effet, ils sont essentiellement *orientés ressources,* ce qui est un avantage important car, chaque opération étant avant tout vue comme la manipulation d'une ressource, l'accès à celle-ci devient très naturel.

Les services REST sont bien adaptés dans les cas où les échanges de données sont nombreux et les arbres d'exécution complexes. Mais ceci n'est vrai que dans une certaine mesure, car le nombre croissant de ressources peut devenir un inconvénient majeur pour le développement et lors de la maintenance d'une application.

Ce qui caractérise les services *REST* est donc avant tout la *simplicité* et l'*interopérabilité*.

Par ailleurs, les adresses de ressources étant placées dans les en-têtes HTTP, cela permet de renforcer facilement la sécurité des échanges, au travers des composants classiques de l'Internet, tels que les pares-feux, les routeurs, etc.

CHAPITRE 6. La modélisation des processus métier avec le langage BPMN

Objectifs de ce chapitre

Nous abordons dans ce chapitre la modélisation des processus métier, préalable indispensable à l'informatisation des activités d'une organisation, ou encore au perfectionnement de son Système d'Information.

Dans ce cadre, après une brève présentation de la notion de processus métier, nous étudierons les bases du langage BPMN (*Business Process Model and Notati*on), langage dédié à la modélisation de ces processus, et qui constitue le langage standard du domaine. Nous verrons plus en détail les différents éléments de notation proposés par le langage, que nous illustrerons par un exemple.

Nous verrons enfin les fonctionnalités des différents types d'outils logiciels proposés en support à la modélisation et à l'exécution des processus métier, et prenant pour base ce langage. Nous pourrons alors conclure sur BPMN et son utilisation.

6.1. Introduction

On sait qu'une bonne approche pour appréhender le Système d'Information d'une organisation est une approche essentiellement descendante, qui part des objectifs stratégiques de celle-ci et de ses processus métier. Il convient alors d'adapter au mieux (on dit parfois « aligner ») le Système d'Information à la stratégie et aux processus métier qui en découlent. Le Système d'Information peut alors être appréhendé selon quatre niveaux de description :

- L'*architecture métier*, qui correspond à la représentation des processus métier de l'organisation.
- L'*architecture fonctionnelle*, où apparaissent les grands blocs fonctionnels et les flux d'information venant en support à la réalisation des processus. Ces éléments doivent être représentés indépendamment des technologies mises en œuvre.
- L'*architecture applicative*, représentée par les blocs applicatifs et les échanges de données, qui concrétisent respectivement les blocs fonctionnels et la circulation des flux d'information. Ces éléments résultent des choix de conception.
- Et enfin l'*architecture technique*, qui décrit l'infrastructure logicielle et matérielle sur laquelle sont exécutés ces blocs applicatifs et réalisés ces échanges[1]. Sa définition doit prendre en compte les exigences *non fonctionnelles* applicables, en relation avec les performances, la sécurité, et, plus généralement, la qualité de service attendues.

On voit ici l'importance que revêt la définition des *processus métier* de l'organisation, celle-ci étant à la base de toute la démarche de structuration du Système d'Information. Afin de bien comprendre le fonctionnement d'une organisation, préalable indispensable à l'informatisation de ses activités, ou encore au perfectionnement du Système d'Information

---

[1] On trouve typiquement à ce niveau les plateformes logicielles utilisées ainsi que les dispositifs matériels, tels que les machines et les réseaux de communication. On sépare parfois ces derniers de l'*architecture technique*, auxquels cas ils apparaissent sous le vocable d'*architecture physique*.

existant, il est donc essentiel d'avoir la vision la plus claire et exacte possible des processus métier de l'organisation.

Pour effectuer cette démarche dans les meilleures conditions, il nous faut disposer d'outils méthodologiques et, en particulier, d'outils de modélisation, qui permettront de décrire fidèlement et précisément les processus métier présents. On pourra ainsi, par ce biais, tout d'abord *partager une vision commune de ces processus* au sein de l'organisation, afin de clarifier les besoins, et s'assurer que l'on met véritablement le Système d'Information au service de ces processus. Au-delà de cet objectif de *partage de l'information*, portant sur une description bien formalisée de ces processus, on pourra alors *simuler* ceux-ci, aux fins de les *évaluer* et de les *optimiser*. Enfin, si les processus sont décrits avec toute la précision requise, on pourra alors envisager d'exploiter directement leurs descriptions dans la *mise en œuvre de la solution informatisée* elle-même, c'est-à-dire de les *exécuter*. Dans ce dernier cas, tout le logiciel qu'il fallait développer à façon aux fins de piloter les enchaînements de tâches, pourra être remplacé avec profit par la mise en œuvre d'un outil générique en charge d'exécuter ces processus à partir de leur définition. Cette dernière approche est d'ailleurs à la base du concept d'architecture S.O.A. (*Service Oriented Architecture*), étudiée dans un autre chapitre.

Nous nous intéressons donc ici à la *modélisation des processus métier*, problème auquel répond le langage BPMN (*Business Process Model and Notation*) que nous considérons ici.

6.2. Les processus métier

La notion de processus métier

Attardons-nous un instant sur la notion de *processus métier*. Au sein d'une organisation, un *processus métier*, ou *processus d'entreprise,* est un *ensemble cohérent d'activités liées les unes aux autres, et qui vise globalement à la fourniture d'un certain produit ou d'un certain service.*

Dans une organisation, on trouve ainsi des processus qui *concourent directement au cœur de l'activité* de celle-ci. Ce sont les processus dits *opérationnels*. Ils ont un impact direct sur les produits et/ou les services délivrés par l'organisation.

On trouve également des processus *non directement liés à la finalité de l'organisation*, mais cependant *indispensables à son fonctionnement*. Ce seront les *processus* dits *de support,* ou encore *de soutien*. Leur finalité est de fournir aux processus opérationnels toutes les ressources dont ils ont besoin pour fonctionner.

On trouve enfin des *processus de pilotage,* dits aussi *processus de management*. Ces derniers visent à détailler la stratégie adoptée par l'organisation pour atteindre ses objectifs, ainsi qu'à contrôler ensuite les actions mises en œuvre à cet effet.

Les processus métier ont ainsi pour fonction d'*orchestrer des activités*. Certaines de ces activités pourront être *complètement automatisées*, et donc exécutées par un logiciel. D'autres seront par contre *réalisées par un, voire plusieurs acteurs humains*, ou, en tout cas, sous le contrôle de ceux-ci. Dans ce second cas, nous aurons alors en général des *applications interactives* en charge d'assister les acteurs humains dans ces tâches, et, en particulier, de mettre à disposition les informations nécessaires à l'exécution d'une tâche, et, réciproquement, d'enregistrer et diffuser les informations afférant aux résultats produits. De manière générale, un processus se révèle donc constitué d'*activités automatisées* et d'*activités humaines*. La définition d'un processus inclut de plus toutes les interactions nécessaires avec les différents acteurs participant à l'accomplissement d'un but de l'entreprise. Bien évidemment, pour une bonne efficacité, toute cette logique de fonctionnement se doit d'être matérialisée d'une manière ou d'une autre dans le Système d'Information.

Processus métier et workflow

A la base de l'informatisation des processus, en informatique, nous trouvons la notion de *workflow*, laquelle constitue une forme de base de processus. Un *workflow* est une procédure où des documents, ou plus généralement des informations, sont échangés entre des participants, selon un ensemble de règles, permettant de mener à bien ou de contribuer à une finalité de gestion. A titre d'illustration de *workflow*, nous pouvons penser par exemple à la validation d'un accord de prêt par une banque, au processus de publication d'un article dans un journal, ou bien au processus de remboursement de notes de frais dans une entreprise, ou bien encore au traitement d'un dossier administratif, etc.

La figure ci-dessous montre un exemple de *workflow* à travers une notation graphique plus ou moins informelle. Dans cet exemple, nous voyons une *suite d'activités* effectuées par des *acteurs*, lesquels échangent des *informations* à travers la fourniture de dossiers. Ce flux d'activité est déclenché par un *événement*, comme, par exemple, une demande client, et aboutit à un *résultat*. Il s'agit là d'une forme de caractérisation d'un processus métier faisant apparaître des *acteurs*, des *traitements*, des *informations échangées* et des *synchronisations* et *dépendances* entre les diverses activités.

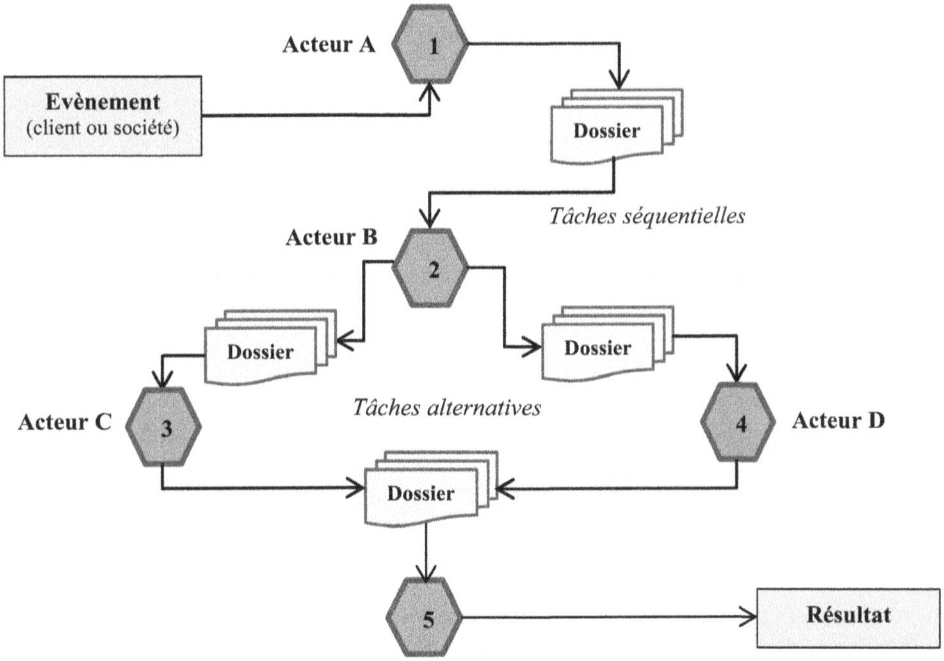

Figure 99. Exemple de workflow (d'après Workflow Management Coalition, 1994).

Le domaine du BPM

Toutes les considérations afférant à la définition des processus métier, à leur formalisation au travers de modèles, à leur optimisation ou à leur gestion, sont l'objet du domaine appelé l'*ingénierie des processus métier*, plus connu sous l'acronyme *BPM*, qui signifie *Business Process Management*. L'approche BPM trouve son origine dans le *workflow*, apparu avec l'industrialisation du secteur tertiaire. Elle a été considérablement développée dans les années 90 avec la généralisation des systèmes informatisés.

Aujourd'hui, le BPM correspond à une ingénierie des processus métier menée à l'aide des technologies de l'information. Il a pour vocation de modéliser, déployer, exécuter et optimiser de manière continue les différents processus d'une organisation, et ainsi améliorer son *agilité*. Le BPM est devenu un élément central dans la spécification des applications d'entreprise. De la même façon qu'il faut définir le modèle des données à manipuler et gérer, il est désormais reconnu qu'il est tout aussi impératif de définir le *modèle des processus de l'organisation*.

L'approche BPM définit le *cycle de vie* d'un processus métier comme une *boucle d'amélioration continue*. La représentation d'un processus incluant des activités humaines s'avère en effet souvent imparfaite en première appréhension. Un tel processus doit alors pouvoir être évalué et amélioré itérativement pour parvenir à une gestion optimale des activités. La figure ci-après illustre cette vision des choses avec le cycle en cinq phases communément considéré. Ce cycle comprend des activités de *conception* du processus lui-même, puis de *modélisation* de celui-ci, permettant enfin son *exécution*. En phase d'exécution, s'ensuit alors le *monotoring* de ce processus, qui vise à son *optimisation*, conduisant à son évolution conséquente avec une nouvelle activité de conception, etc.

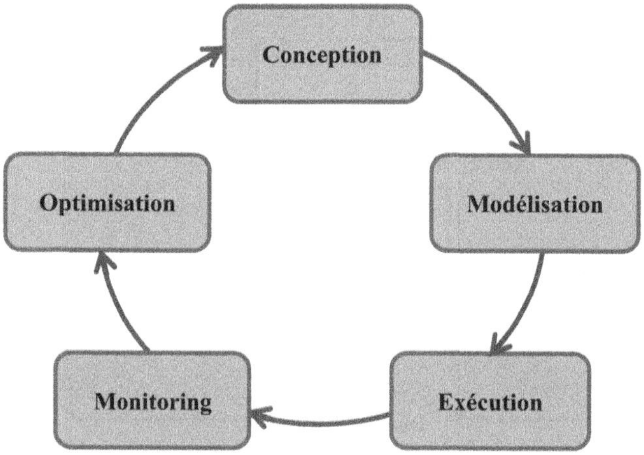

Figure 100. Représentation commune de cycle de vie d'un processus métier.

On notera que d'autres auteurs proposent un modèle de cycle de vie plus détaillé, structuré en trois grandes phases, elles-mêmes décomposables. On considère dans ce cas une *phase d'analyse et de modélisation*, ou BPA (*Business Process Analysis*), une *phase d'implémentation technique*, ou BPI (*Business Process Implementation*), et une *phase de contrôle et évaluation*, ou BAM (*Business Activity Monitoring*). Chacune de ces phases représente un secteur d'activité distinct, en général maîtrisé par des acteurs de spécialités différentes, et possède par ailleurs son propre cycle interne. Ce modèle permet une distinction entre, d'une part, ce qui relève de la maîtrise d'ouvrage (MOA), organisation porteuse du besoin, et, d'autre part, de la maîtrise d'œuvre (MOE), entité chargée de la conception de la solution logicielle et du pilotage du projet de développement.

Cette vision des choses, essentiellement dynamique, implique bien sûr que les acteurs du logiciel soient en mesure de répercuter dans le code, sans trop d'effort, les changements conséquents à opérer, en faisant évoluer le Système d'Information comme attendu. On voit qu'en termes logiciels, il y aura, en pratique, nécessité de disposer de *solutions permettant de traduire simplement les processus ainsi définis ou modifiés sous une forme exécutable*, tout cela en réduisant au minimum le volume de code à écrire (idéalement sans aucun code à écrire).

6.3. La modélisation des processus métier

La modélisation des processus métier permet de représenter sous forme d'un *diagramme* un processus métier avec les activités qui le compose, ceci afin de bien formaliser son fonctionnement. Pour cela, nous avons donc besoin d'un *langage standard*, doté de notations partagées, et aisément compréhensible par tous les acteurs. Il a existé et existe de très nombreux langages permettant d'aborder la modélisation des processus métier. Nous allons nous intéresser ici au *langage BPMN*, qui constitue un standard, massivement adopté depuis plusieurs années, tant par les acteurs opérationnels de l'entreprise que par les éditeurs, parmi lesquels figurent d'ailleurs les acteurs majeurs de l'industrie du logiciel.

Origine et historique du langage

Le langage BPMN (*Business Process Model and Notation*) est né d'un groupe de travail appelé BPMI (*Business Process Model Initiative*), lequel se fixait plusieurs objectifs. Un premier objectif était de permettre une *vision des processus métier réellement compréhensible et partageable par l'ensemble des acteurs* d'une organisation, dont l'*analyste métier*, qui modélise les processus, les *développeurs*, en charge de les rendre exécutables, et enfin les *utilisateurs* finaux, amenés à utiliser ces mêmes processus. Pour ce faire, un deuxième objectif était de *proposer une notation graphique standardisée* permettant la modélisation de ces processus. Enfin, un troisième et dernier objectif était de permettre une description de ces processus *sous une forme directement exploitable par un moteur d'exécution*, ou, à défaut, autorisant un passage simple à une telle forme exécutable. L'élaboration du langage BPMN constitue une réponse à ces objectifs.

Ces objectifs, réellement ambitieux, ont conduit en 2001 à une proposition de notations, puis à la publication d'une spécification en 2004, laquelle posait les bases du langage graphique attendu. Après fusion des activités du *Business Process Management* de BPMI et de l'OMG en 2005, une spécification, BPMN 1.0 a été délivrée par l'OMG (*Object Management Group*) en 2006, suivie de BPMN 1.1 en 2008, puis de BPMN 1.2 en 2009.

Sous cette forme, BPMN permet de définir des *Diagrammes de Processus,* ou *Business Process Diagrams* (BPD), qui s'appuient sur le principe d'une modélisation graphique des flux. BPMN est donc un *ensemble de conventions graphiques permettant de représenter les processus métier sous forme de modèles*. Un BPD est relativement proche dans son principe, si ce n'est dans sa notation, des *diagrammes d'activités* UML, même s'il reste avant tout orienté processus métier plutôt qu'orienté vers la modélisation d'activités logicielles.

L'objectif de BPMN est, selon l'OMG, de fournir une notation *« facilement compréhensible par tous les utilisateurs professionnels, les analystes métier qui créent la version initiale du processus, les développeurs techniques chargés de l'application de la technologie qui va exécuter ces processus, et enfin, les personnes qui auront la charge de gérer et de contrôler ces processus »*. Et il est ajouté : *« Ainsi, BPMN crée un pont standardisé destiné à combler l'écart entre la conception des processus métier et l'implémentation des ceux-ci. »*

Une nouvelle version de cette spécification, BPMN 2.0, a été publiée en mars 2011. Cette dernière a des apports majeurs. Elle précise en particulier la description de *chorégraphies* inter organisations. Aspect très important, elle confère également aux modèles BPMN une *sémantique d'exécution*, autorisant un passage direct à une forme exécutable, ce qui n'était pas le cas pour les versions antérieures. La version actuelle de BPMN, à la date d'écriture de ces lignes, est la 2.0.2, qui date de 2013. Elle est, depuis juillet 2013, une *norme internationale*, ISO/EIC 19510.

Afin de donner un premier aperçu du langage, nous présentons ci-dessous un exemple très simple, consistant en un processus d'expédition de commandes, qui nécessite de mener à bien plusieurs tâches séquentielles, puis, ensuite, deux tâches pouvant pour leur part être menées en parallèle. Nous reviendrons dans la suite sur le sens de chaque symbole graphique.

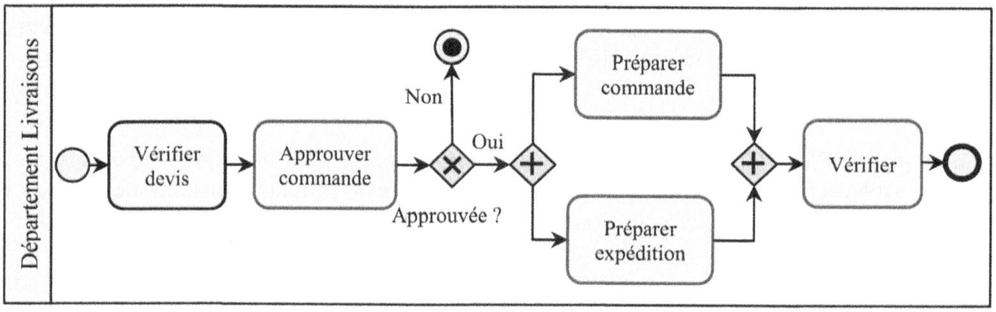

Figure 101. Exemple de processus modélisé en BPMN (d'après OMG, 2013).

Les diagrammes BPMN peuvent être modélisés à l'aide d'outils logiciels d'édition dédiés, appelés *outils de modélisation BPMN*. Pour rendre plus efficace le développement des applications, il existe par ailleurs des outils plus sophistiqués, appelés *BPMS* (*Business Process and Management System*), qui permettent en outre de *simuler le comportement* d'un processus ainsi modélisé, mais aussi de *connecter aux activités décrites des composants informatiques concrets*, autorisant ainsi l'exécution du processus par le biais d'un *moteur* associé à l'outil. Enfin, un BPMS pourra offrir également d'autres fonctionnalités, comme, par exemple, celle de générer des rapports à des fins d'analyse, et contribuer ainsi à l'amélioration d'un processus.

6.4. Les éléments de base de BPMN

Dans cette section, nous entrons dans la présentation du langage BPMN lui-même. On notera que nous ne prétendons aucunement ici à l'exhaustivité d'une telle présentation. Le langage BPMN a en effet acquis au fil des versions une très grande richesse, avec apports de nombreux éléments de notation. Ceci permet de rendre compte d'un grand nombre de situations, le but du langage étant d'être à même de décrire de manière très précise un processus quelconque, sans ambiguïté aucune dans la compréhension de son comportement. Nous nous limiterons donc ici à une présentation des notions essentielles du langage, suffisantes pour comprendre les principes du langage et l'utiliser.

6.4.1. Les classes de conformité

BPMN est constitué d'un ensemble d'*éléments de modélisation* que l'on peut assembler en suivant des règles. A un élément est associé un *symbole*, c'est-à-dire une représentation graphique, ainsi qu'une liste d'*attributs*. Ces attributs ne seront pas systématiquement représentés graphiquement sur un diagramme, mais seront néanmoins bien attachés à l'élément en question, et donc gérés par l'outil d'édition.

Dans la version 2.0 du langage, plusieurs *classes de conformité* ont été introduites, délimitant différentes palettes d'éléments proposés ainsi que la liste de leurs attributs, celles-ci allant en croissant. Plus précisément, la spécification définit *trois classes de conformité* :

- *Le niveau descriptif* : cette classe, la plus simple, propose une vingtaine d'éléments de modélisation. Elle vise à la description de haut niveau d'un processus, en proposant pour ce faire les éléments de base et des attributs nécessaires et suffisants.
- *Le niveau analytique* : cette classe, plus riche, reprend les éléments précédents en y ajoutant de *nouveaux attributs,* et complète par ailleurs la palette des éléments proposés. On aboutit ainsi à une cinquantaine d'éléments.
- *Le niveau exécutable* : cette classe, enfin, contient pour sa part l'intégralité des éléments du langage BPMN 2.0. Un grand nombre d'éléments et d'attributs associés permettent alors de concevoir des modèles détaillés, susceptibles d'être exécutés par un moteur dédié.

Ainsi, les outils de modélisation les plus simples utiliseront la classe *descriptive,* alors que les *logiciels de gestion de processus métier* (BPMS), plus complets fonctionnellement, offriront plutôt la classe *exécutable.*

6.4.2. Eléments généraux du langage

En BPMN, l'élément de base est la *tâche* (*task*), qui représente, de manière générique, une *activité*, qu'elle soit *automatique* ou *humaine*. Sa notation est un rectangle à bords arrondis, tel que représenté sur le tableau ci-après. Au niveau *descriptif,* les attributs associés à une tâche seront l'identifiant de celle-ci ainsi que son nom. Au niveau *exécutable*, cette liste sera enrichie par d'autres attributs, comprenant les éventuelles ressources nécessaires à la tâche, une description des paramètres d'entrée et de sortie du traitement effectué, ainsi que les associations de ces derniers avec d'autres éléments de modèle. On notera que de telles informations deviennent nécessaires dès lors que l'on passe de l'objectif de simplement *décrire* la logique d'un processus à celui de l'*exécuter* (cette dernière option requérant l'invocation effective des composants logiciels applicatifs).

Le tableau ci-après illustre la description d'une tâche avec sa représentation graphique et ses attributs associés dans les *niveaux descriptif* (description minimale) et *exécutable* (description complète).

Nom de l'élément	Représentation	Attributs (niveau descriptif)	Attributs (niveau exécutable)
Tâche (*Task*)	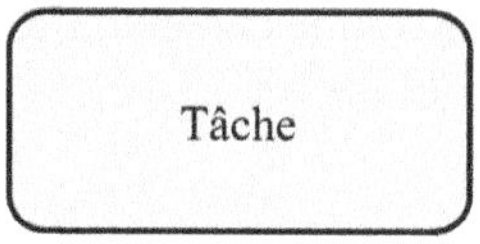	Id, name	Id, name, Renderings, Implementation, resources, iospecification, dataInputAssociations, dataOutputAssociations, loopCharacteristics, boundaryEventRefs

Tableau 5 : Modélisation d'une tâche en BPMN.

Sur le principe, un *diagramme de processus* BPMN est un *graphe*, où les tâches sont des *nœuds*, connectés par des *arcs* exprimant les *flux d'activité*, c'est-à-dire exprimant une relation de *séquentialité* entre les tâches. Viennent s'ajouter à ces éléments des *nœuds* particuliers qui sont les *portes de contrôle*, lesquelles expriment des embranchements avec *bifurcations* ou *duplications* des flux, permettant d'introduire respectivement des chemins alternatifs ou parallèles. Les tâches pourront être positionnées graphiquement dans différents *bassins* et *couloirs*, afin d'exprimer le fait qu'elles sont placées sous la responsabilité d'acteurs humains ou de logiciels particuliers. Différentes autres notations, permettant d'introduire des informations complémentaires, sont par ailleurs proposées.

Le langage BPMN nous fournira donc différents types d'éléments permettant de bien représenter un processus. Les éléments peuvent être classés on *quatre types*. Nous aurons en premier lieu les *éléments de flux*, constituant les nœuds du graphe, et qui comprennent les *tâches*, les *portes* et les *événements*.

Nous aurons par ailleurs les *éléments de connexion*, qui relient les éléments précédents. Ces deux types d'éléments, éléments de flux et éléments de connexion, permettront de rendre compte des tâches présentes et de la logique de leur enchaînement.

Nous aurons en outre les *bassins* et les *couloirs*, permettant de rendre compte des *responsabilités*.

Nous aurons enfin les *artefacts*, terme générique désignant des notions additionnelles, permettant, comme nous le verrons, d'apporter à la description d'un processus un certain nombre d'informations complémentaires utiles.

6.4.3. Les éléments de flux

La notion d'*élément de flux* comprend, comme nous l'avons déjà indiqué, les notions de *tâche* (*task*), de *porte de contrôle* (*gateway*) et d'*événement* (*event*).

On associe à ces trois types d'éléments des notations respectivement constituées d'un rectangle à bords arrondis (tâche), d'un losange (porte) et d'un cercle (événement). Il s'agit ici de notations génériques, que des éléments graphiques complémentaires viendront compléter afin de bien en préciser, si besoin, le sens.

Le tableau ci-après synthétise ces éléments de base et leur notation.

Nom de l'élément	Représentation	Description
Tâche (*task*)	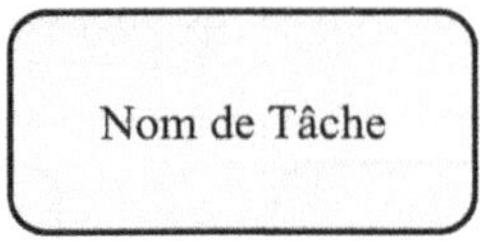	Exécution d'une action par un utilisateur ou par un élément logiciel.
Porte (*gateway*)		Gestion des embranchements du flux d'activité (dissocier, dédoubler ou fusionner les chemins).
Evénement (*event*)	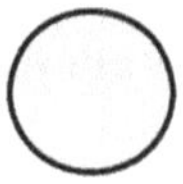	Evénement survenant au cours de l'exécution du processus et ayant un impact sur celle-ci.

Tableau 6 : Eléments de flux BPMN.

Chacun de ces éléments génériques pourra être décliné en un certain nombre de *variantes* dotées d'un sens plus précis, comme nous allons le voir maintenant.

Les tâches

En BPMN, nous pourrons distinguer plusieurs types de tâches par le biais de différents éléments de notation complémentaires. Nous pourrons ainsi distinguer, par exemple, une *tâche humaine* (*user task*) d'une *tâche informatique* (*service task*). Nous pourrons également figurer un *sous-processus*, c'est-à-dire une *tâche* complexe, elle-même décomposable en tâches plus fines, et susceptible d'être décrite elle-même comme un *processus*. La figure ci-dessous précise les notations associées à ces éléments.

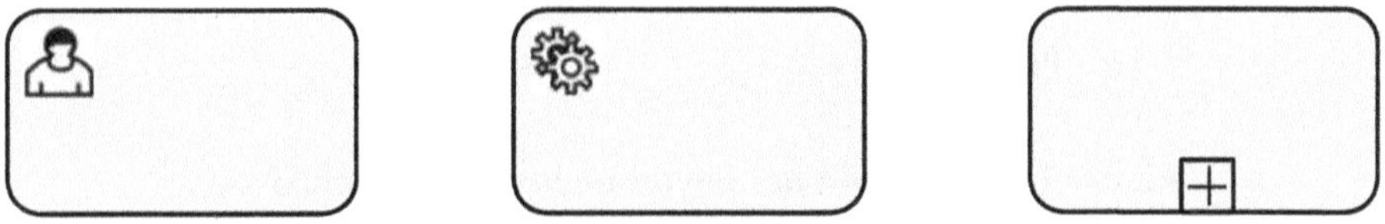

Tâche humaine **Tâche automatique** **Sous-processus**

Figure 102. Exemple de notations de tâches.

Une *tâche humaine* est une tâche confiée à la responsabilité d'un usager, et qui ne peut être aisément décomposée en un ordonnancement de tâches plus fines. En BPMN, on peut la distinguer si nécessaire de la *tâche manuelle*, intégralement à la charge d'un humain, et qui peut être, par exemple, une manipulation purement physique. On notera qu'une *tâche manuelle* peut être effectuée sans l'aide d'une application.

Il s'agit ici d'une illustration non exhaustive, le langage BPMN proposant de nombreux autres éléments dotés de différents sens parfois très précis. Nous indiquons ci-dessous à titre d'exemple les notations pour une *tâche manuelle*, une tâche de *réception de message*, et enfin une tâche d'*envoi de message* (par exemple vers un autre processus). On notera que, par convention, une tâche de réception ou d'envoi de message se termine implicitement lorsque le message est reçu ou envoyé.

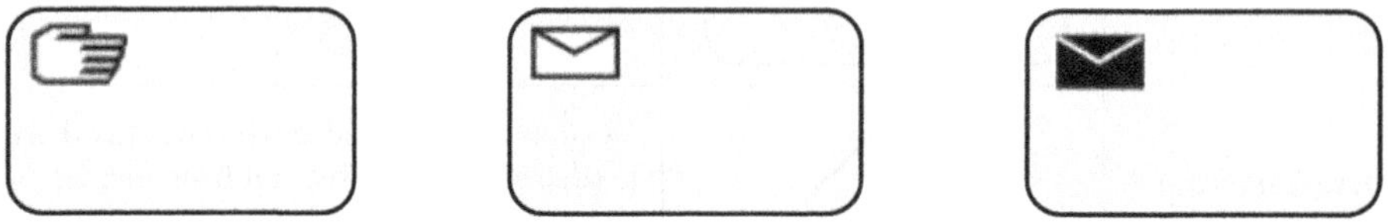

Tâche manuelle **Réception de message** **Envoi de message**

Figure 103. Autres exemples de notations d'une tâche.

Les portes de contrôle

Une *porte de contrôle* indique un *embranchement dans le flux d'activité*, et permet de contrôler la *divergence* ou la *convergence* de branches dans la séquence d'activités. Une porte permet ainsi de spécifier la branche d'activité particulière qui doit être exécutée suite à une décision (*une* branche parmi N), ou bien encore à indiquer que *plusieurs branches doivent être exécutées en parallèle.*

Les types de portes les plus utilisés sont donc la *porte inclusive* « AND » et la *porte exclusive* « XOR ». Une *porte inclusive* poursuit le flux d'activité en parallèle sur *toutes* les branches sortantes, alors qu'une *porte exclusive* ne poursuit le flux que sur *l'une* d'entre elles. Des marqueurs graphiques internes au losange servent à déterminer le type de contrôle dont il s'agit. Les notations correspondantes sont indiquées ci-dessous :

Porte inclusive **Porte exclusive**

Figure 104. Notation des portes inclusives et exclusives.

La figure ci-après donne un exemple d'utilisation de *porte exclusive*, laquelle indique que le flux entrant dans la porte représentée doit être poursuivi *soit* dans la tâche « Envoyer confirmation », *soit* dans la tâche « Annuler la commande ». Une seconde porte figure la réunion des deux branches.

Il convient d'associer à une telle porte *exclusive* une *condition à évaluer*. Il s'agit dans notre exemple d'un test « Commande approuvée ? ». Chaque branche sortante de la porte correspond à l'une des valeurs possibles d'évaluation de cette condition, c'est-à-dire ici « oui » ou « non », valeurs associées aux deux branches sortantes.

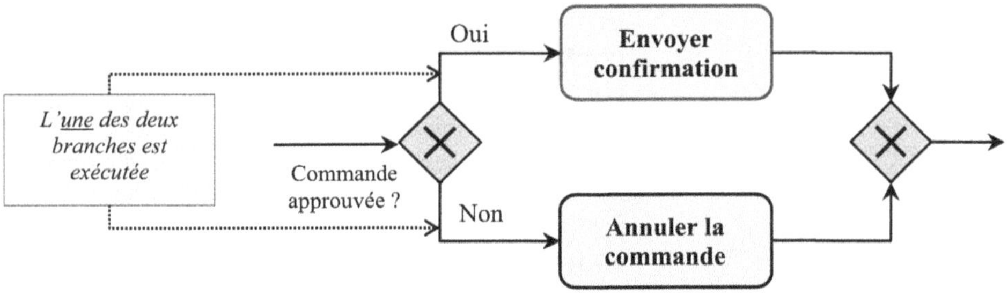

Figure 105. Exemple d'utilisation d'une porte exclusive.

La figure ci-dessous présente un exemple d'utilisation d'une *porte inclusive*. La première porte spécifie une poursuite du flux entrant en parallèle sur les deux branches sortantes, et le flux d'activité est donc scindé en deux flux indépendants. Une deuxième porte indique une réunion de ces deux flux en un seul, une fois les deux tâches terminées (ce qui signifie donc que le flux de la première tâche terminée attend la fin de l'autre tâche).

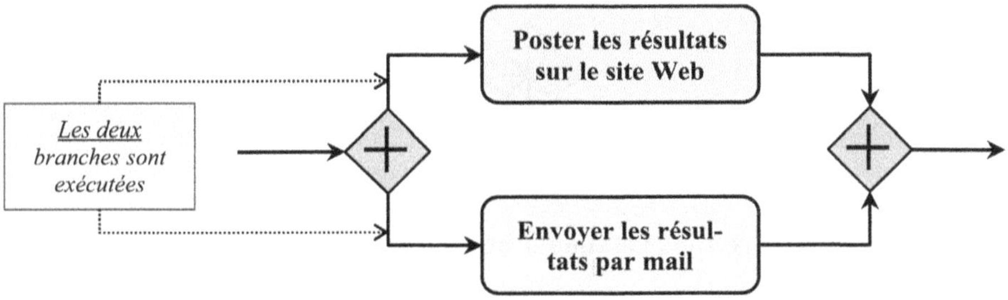

Figure 106. Exemple d'utilisation d'une porte inclusive.

Ces deux types de portes sont les plus fréquemment employés dans la pratique. Le langage BPMN propose cependant, en complément, d'autres types dotés de comportements plus spécifiques. Ceux-ci permettent en particulier de modéliser des situations avec *attente d'un évènement*, comme, par exemple, la *porte exclusive basée événement*. Dans celle-ci, chaque branche commence nécessairement par un événement ou par une tâche de réception. La présence de la porte a alors pour effet de faire passer le flux de séquence sur la branche de l'événement qui se produit le premier.

La figure ci-après donne un exemple d'emploi de *porte exclusive basée évènement* en montrant sa notation. Dans cet exemple, la première branche (située en haut) attend l'arrivée d'un message. Si celui-ci arrive en deçà d'un certain délai spécifié, le flux de séquence passe aussitôt dans cette branche et la tâche « Confirmer offre » est exécutée. L'atteinte de ce délai est symbolisée par l'arrivée d'un événement de *time out*, ayant pour effet d'exécuter l'autre branche, c'est-à-dire la tâche « Annuler offre ». La tâche « Confirmer offre » n'est alors pas exécutée. Nous détaillerons dans la section suivante cette notion d'*évènement* en BPMN.

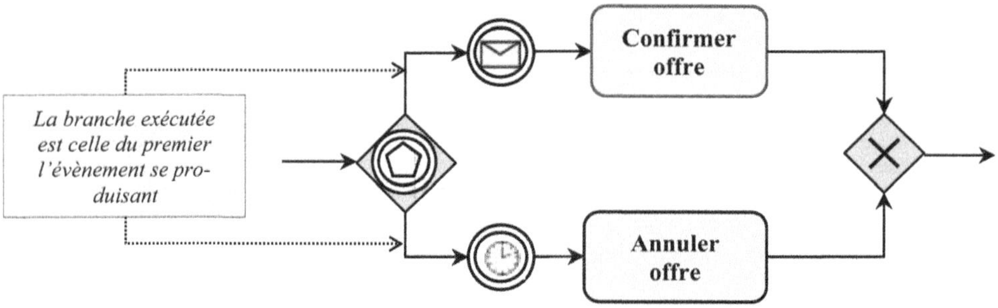

Figure 107. Exemple d'utilisation d'une porte exclusive *basée évènement*.

On notera que les éléments de base ainsi proposés par le langage permettent de capturer une grande diversité de cas. Pour les cas de branchements trop complexes à modéliser avec les types de portes précédemment présentés, BPMN prévoit un type particulier de porte dite *porte complexe* (*complex gateway*), où des règles peuvent alors être simplement exprimées par du texte. Une porte complexe se note de la manière suivante :

Porte complexe

Figure 108. Notation d'une porte complexe.

Les évènements

Les *événements* sont toujours représentés par un cercle, et sont déclinés via des éléments graphiques additionnels à l'intérieur de celui-ci, et qui en précisent le sens. On distingue *trois grandes catégories d'événements* : *les événements de début (start events), les événements intermédiaires (intermediate events)*, et les *événements de fin (end events)*.

Les événements de début sont les *événements déclencheurs* de processus. Un tel événement peut être issu de l'intérieur de l'organisation ou de l'extérieur de celle-ci. Il pourra être porteur d'une information attachée. Par exemple, si l'événement considéré est une commande passée par un client, il pourra s'agir de l'information décrivant cette commande. Les événements de début reçoivent et déclenchent un flux de séquence, mais n'émettent pas. Ils sont symbolisés par un cercle en trait fin.

Les événements intermédiaires permettent pour leur part d'indiquer une *attente d'évènement en cours d'exécution du processus*. Il pourra s'agir, par exemple, d'un événement de réception d'un message. Un tel événement est symbolisé par un cercle, avec un *trait extérieur double*. Les événements *intermédiaires* peuvent être associés à une *réception* ou *à une émission d'information* selon le cas considéré. Une notation complémentaire à l'intérieur du cercle vient si nécessaire préciser le *sens* de l'évènement.

Les événements de fin, enfin, terminent un processus. Ils sont symbolisés par un cercle avec un *trait extérieur épais*. Ils peuvent émettre une information vers l'extérieur mais ne reçoivent rien. Ces différentes notations sont présentées ci-dessous :

Figure 109. Notation des principaux types d'événements.

Il existe des événements particuliers véhiculant de l'information. Ils sont appelés *messages*. En accord avec les règles de présentation, ces événements sont représentés ainsi :

Figure 110. Notation des événements de type message.

Outre placer des évènements en tant que nœuds dans le flux de séquence, BPMN permet également d'attacher certains évènements particuliers directement à des tâches, pour signifier un mode particulier de sortie de celle-ci. On placera graphiquement un tel évènement sur la bordure d'une tâche, d'où la dénomination *évènement de bordure*. Comme évènement de ce type, nous aurons la *sortie en erreur*, le *signal*, qui permettra de signifier l'attente d'un évènement de terminaison de tâche et enfin la *minuterie*, pour signifier une sortie en *time out* liée à une contrainte de temps. Les représentations en sont données ci-dessous :

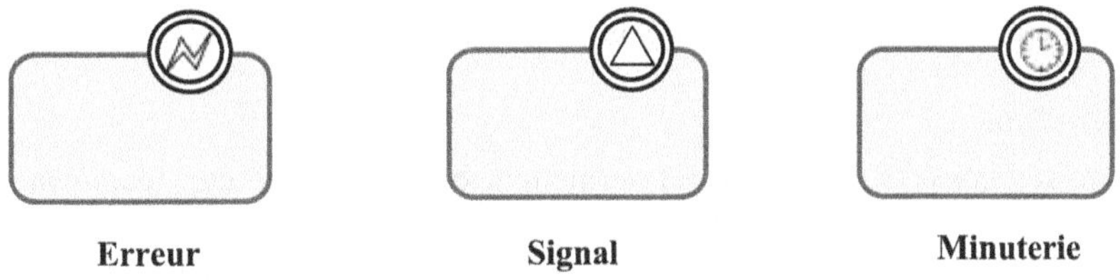

Figure 111. Notation des événements de bordure.

Enfin, sur la base de la logique graphique déjà indiquée, à savoir celle de la combinaison d'un type d'événement, figuré par le type de trait de la circonférence, et d'un symbole central, le langage BPMN propose de nombreux autres types d'événements, dotés chacun d'un sens particulier. La figure ci-après donne un aperçu non exhaustif de la variété des éléments proposés par le langage. On remarquera que, du fait de leur sens, toutes les combinaisons possibles ne définissent pas nécessairement un nouveau type d'événement.

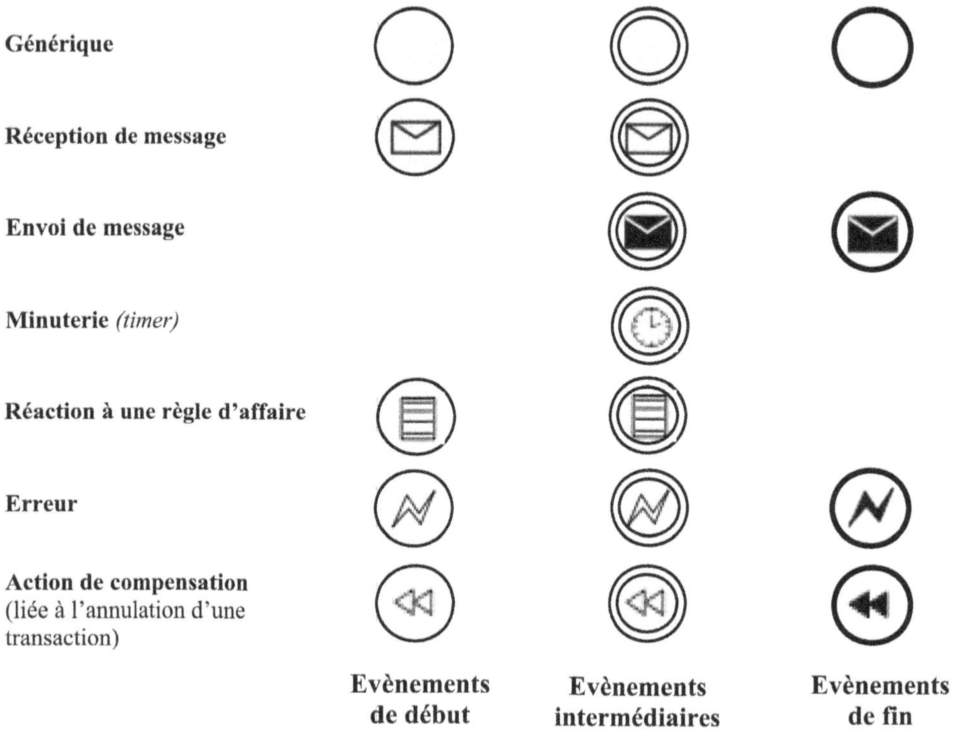

Figure 112. Notations de différents types d'événements.

6.4.4. Les éléments de connexion

Les éléments de modélisation considérés ci-avant peuvent être reliés via des *éléments de connexion*, notés par des flèches. Il en existe *quatre types*, qui sont les *flux de séquence*, les *flux de messages*, l'*association de données,* et enfin *l'association.*

Les flux de séquence

Les *flux de séquence* (*sequence flow*) permettent de relier entre eux les *éléments de flux*, c'est-à-dire des *tâches*, des *portes* et des *événements*. Ils rendent compte des *flux d'activité*, représentant le cours du processus avec l'ordre d'exécution des tâches, de manière tout à fait analogue aux flux de contrôle des *diagrammes d'activités* UML et SysML. Les flux de séquence sont les arcs du graphe d'exécution. Ils rendent compte ainsi de la logique des enchaînements de tâches constituant le processus. Un flux de séquence est noté par une *ligne continue avec une tête de flèche pleine.*

Le *flux de séquence* permet donc d'exprimer une suite ordonnée d'activités, comme illustré sur la figure ci-après par un exemple.

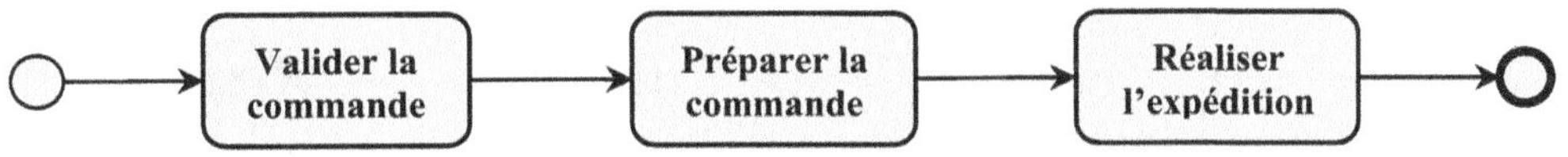

Figure 113. Exemple de flux de séquence.

Nous avons déjà vu de tels *flux de séquence* dans les exemples d'utilisation des tâches et des *portes* considérés ci-avant. La figure ci-dessous illustre de nouveau l'utilisation de tâches et de portes reliées par des *flux de séquence*, à travers un exemple simple.

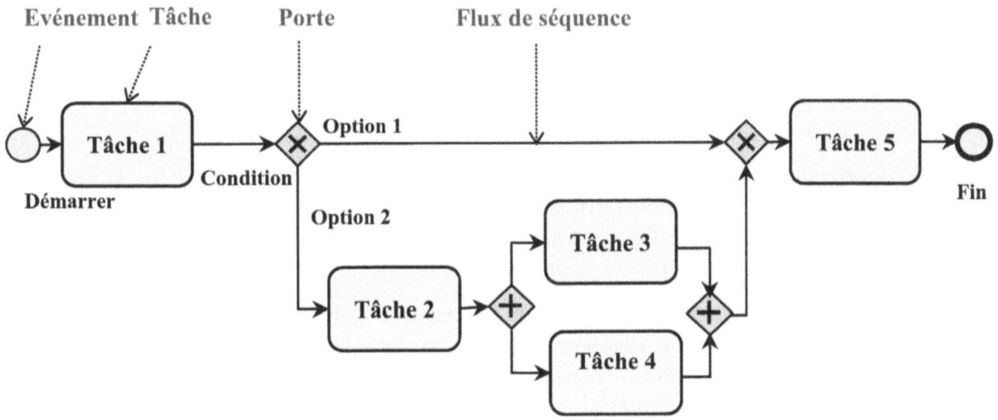

Figure 114. Exemple de modélisation d'un processus BPMN.

Les flux de messages

L'élément *flux de messages* (*message flow*) représente un *flux de communication*. Les *flux de messages* matérialisent donc des *transmissions d'informations*, permettant des *communications asynchrones* entre des activités placées dans différentes parties d'un processus, ou encore dans différents processus. Ils sont représentés par un *trait discontinu, avec une tête de flèche triangulaire non pleine à son extrémité*.

La figure ci-après illustre cette notion. Nous y voyons un *évènement de début*, situé à gauche en partie haute de la figure, recevoir un message issu d'une activité exécutée dans un autre processus (représenté par un second *couloir d'activité*, placé en partie basse de la figure). L'arrivée de ce message a ici pour effet de déclencher le processus. Nous voyons par ailleurs qu'après exécution de la tâche 1, puis de la tâche 2, un *évènement de fin émetteur* procède alors à l'envoi d'un message à destination du second processus, le point d'arrivée dans le flux d'exécution étant figuré par un *évènement intermédiaire de réception*. On exprime ici de cette manière des *échanges asynchrones par le biais de messages* entre des ensembles d'activités distincts, processus ou parties de processus. Ces *flux de messages* ne doivent pas être confondus avec les *flux de séquence*, qui eux ont pour but d'exprimer l'*enchainement* des tâches.

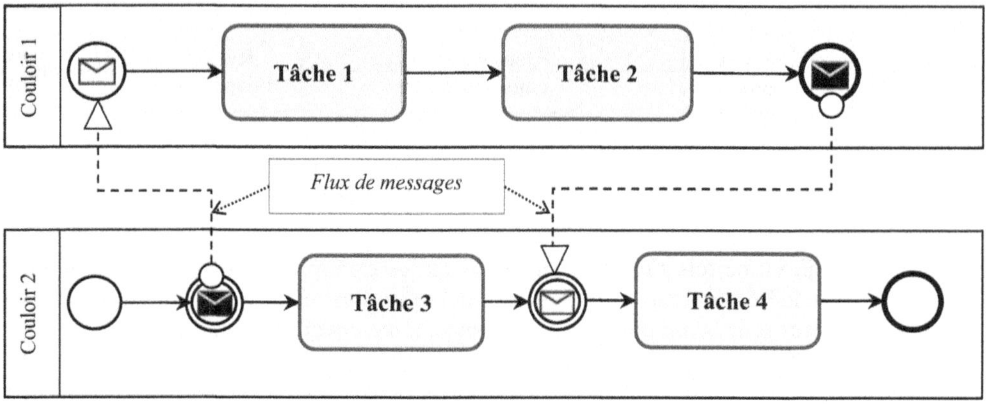

Figure 115. Illustration des flux de message.

L'association de données

L'*association de données* est utilisée pour mettre en évidence un *flux de données* entre des activités à l'intérieur du processus, information que n'apporte pas le flux de séquence, qui, lui, précise juste l'existence d'une relation de séquencement. Elle est notée par un *trait pointillé avec une tête de flèche non pleine et ouverte.*

Par exemple, dans la figure ci-dessous, nous voyons une tâche 2 succéder à une tâche 1. La notation d'une *association de données* indique, en complément du flux de séquence, la relation d'identité existant entre la *sortie de la tache 1* et l'*entrée* de *la tâche 2*, matérialisées par un même *objet de donnée*. Il s'agit d'une connexion dite *association de données directionnelle*.

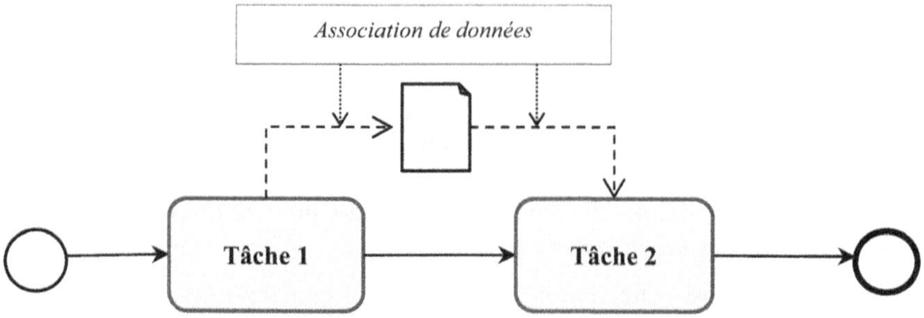

Figure 116. Illustration d'une association de données.

L'association

Enfin, les éléments dits simplement *associations* ne représentent aucun flux, mais servent simplement à *relier des artefacts dans le but de préciser un sens*. On pourra par exemple par ce biais associer du texte à un élément, à titre de *commentaire*. Comme nous le verrons, on pourra également utiliser les *associations* pour documenter les entrées-sorties des tâches. On notera une association par un *trait pointillé sans flèche.* Nous verrons dans la suite des exemples d'associations.

La figure ci-dessous synthétise sur un même exemple les quatre types d'éléments de connexion proposés par BPMN.

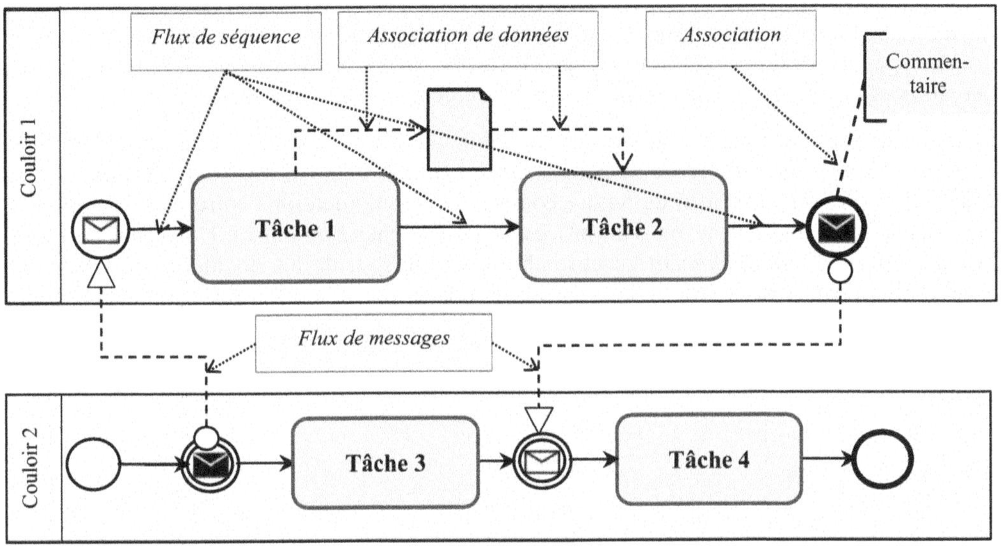

Figure 117. Illustration des éléments de connexion.

Nous voyons ici que cette notion d'élément de *connexion* regroupe en fait des notions disparates, dotées de sens très différents.

Le tableau ci-dessous synthétise des différents types d'*éléments de connexion* avec leur notation et leur description.

Nom de l'élément	Représentation	Description
Flux de séquence (*sequence flow*)	——————→	Représente le cours du processus en reliant des éléments de flux.
Flux de message (*message flow*)	- - - - - - - - - - ▷	Représente un envoi ou une réception de message entre activités de différents processus ou différentes parties du processus.
Association de données	O- - - - - - - - - ->	Représente un flux de données entre activités.
Association	- - - - - - - - - - -	Associe des informations additionnelles facultatives à un élément du processus, sans impact sur le déroulement de celui-ci.

Tableau 7: Eléments de connexion BPMN.

6.4.5. Les couloirs d'activité

Les *couloirs d'activité*, ou *swimlanes*, permettent d'organiser les représentations des processus en fonction des différents acteurs ou entités logicielles intervenant dans le processus, en tenant compte de l'organisation, c'est-à-dire des responsabilités et rôles de chacun. Il existe deux types de couloirs d'activité selon le niveau de description auquel on se place : les *couloirs principaux*, ou *bassins* (*pools*), et les *couloirs secondaires* (*lanes*).

Les *bassins* contiennent les processus dans leur ensemble. Ils permettent d'en définir les limites. Ainsi, le flux d'activité ne peut sortir des limites d'un bassin. Seuls les flux de messages pourront en sortir afin de rendre compte de communications entre différents processus (cas par exemple où la fin d'un processus en déclenche un autre). Un *bassin* permettra de *partitionner graphiquement* un ensemble d'activités, et de les distinguer des autres, en particulier d'activités externes à l'organisation (relations avec un fournisseur par exemple).

Nous illustrons sur la figure ci-dessous la représentation graphique d'un *bassin*.

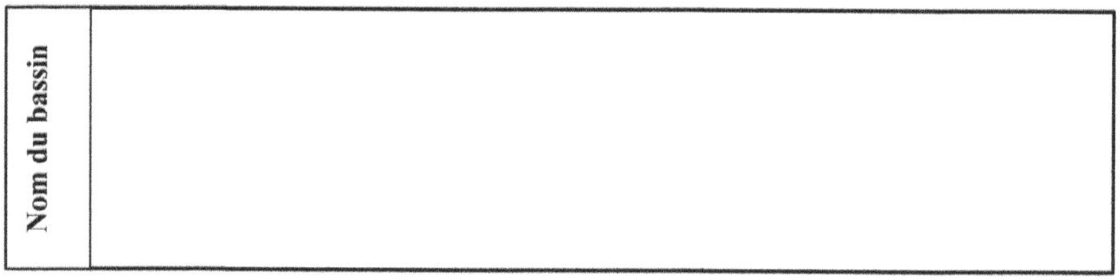

Figure 118. Représentation d'un bassin.

On peut subdiviser un *bassin* en plusieurs *couloirs secondaires* afin de distinguer différents *rôles* d'acteurs à l'intérieur de ce même bassin. La figure ci-dessous montre la représentation utilisée pour introduire des *couloirs secondaires* au sein d'un *bassin*.

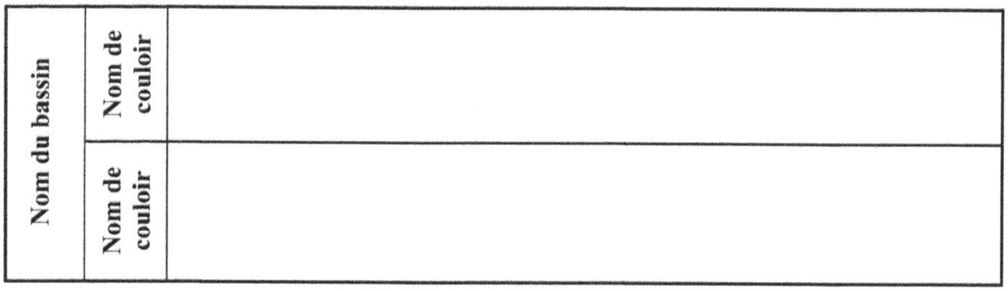

Figure 119. Représentation des couloirs secondaires.

Un *couloir secondaire* représente donc la *responsabilité d'un participant*, ou encore d'une *entité abstraite* telle un composant logiciel agissant à l'intérieur du processus, en assurant la réalisation d'un ensemble de tâches. Au-delà de l'aspect visuel, les *couloirs secondaires* faciliteront l'implémentation en permettant d'attribuer automatiquement les tâches à des utilisateurs ou encore à des composants logiciels, en fonction du rôle identifié.

Nous présentons ci-dessous un exemple comportant un *bassin* correspondant à un processus. Deux acteurs concourent à ce processus, et les tâches dont ils sont responsables sont alors placées dans deux *couloirs secondaires*.

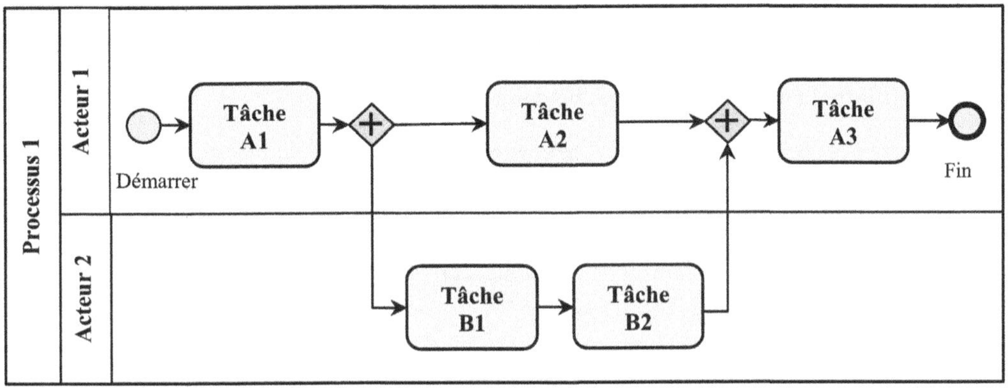

Figure 120. Exemple de diagramme avec couloirs d'activité.

Le tableau ci-dessous synthétise la représentation des deux types de *couloirs d'activité*.

Nom de l'élément	Représentation	Description
Flux de séquence (*sequence flow*)	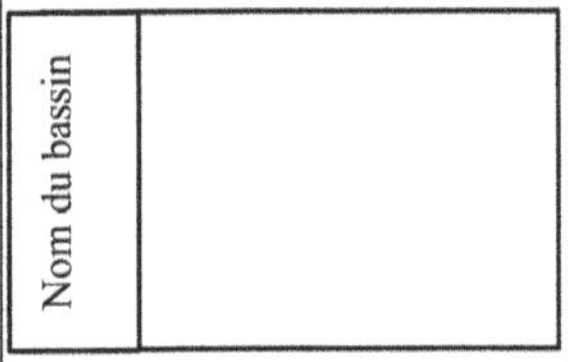	Conteneur représentant les frontières d'un processus. Toutes les tâches se déroulent à l'intérieur du bassin. Seules les communications (flux de messages) peuvent sortir d'un bassin vers un autre bassin.
Flux de message (*message flow*)	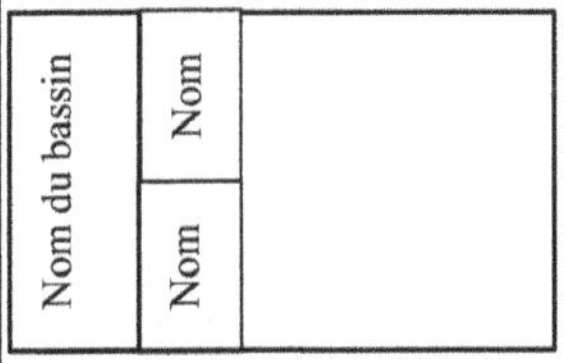	Représente la responsabilité d'un acteur à l'intérieur d'un bassin. Le flux d'activité peut traverser les couloirs pour représenter l'enchaînement des tâches entre les différents acteurs du processus.

Tableau 8. Couloirs d'activité.

6.4.6. Les artefacts

Les *artefacts* sont des éléments permettant d'enrichir la description d'un processus avec des informations complémentaires, concourant ainsi à une meilleure lisibilité. Ceci comprend l'ajout de *texte de commentaires* (les *annotations*), la définition des informations échangées (les *objets de donnée*), et enfin la notion de *groupe*.

De manière générale, les artefacts sont donc des éléments destinés à faciliter la lecture des diagrammes en apportant des informations additionnelles pertinentes pour certains acteurs.

De tels éléments n'ont pas d'impact sur le déroulement du processus, et sont donc superflus du strict point de vue de la logique d'exécution. Un artefact est toujours associé à un élément de flux via un lien de type association.

Considérons en premier lieu les *objets de donnée* (*data objects*). Les *objets de donnée* permettent de mettre en évidence ce qui est requis en entrée et ce qui est produit en sortie d'une tâche. Ces éléments seront connectés aux activités par des *associations*. La figure ci-dessous illustre la notation d'un objet de donnée.

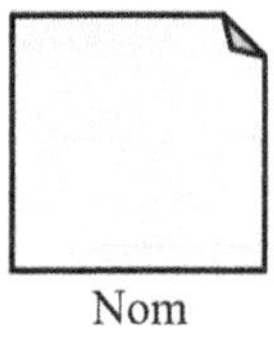

Figure 121. Représentation d'un objet de donnée.

Une *annotation* est un élément qui permet d'apporter un commentaire sous la forme d'un texte placé à destination du lecteur, aux fins de permettre une meilleure compréhension. La notation d'une annotation est précisée ci-dessous :

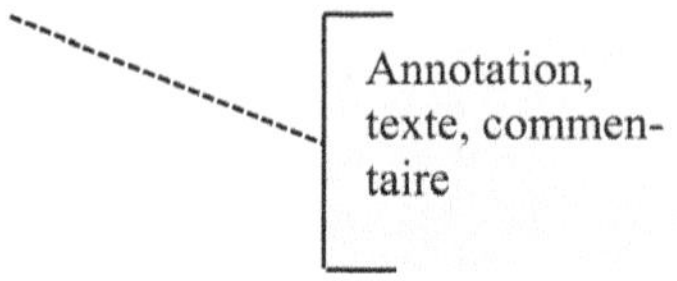

Figure 122. Représentation d'une annotation.

Enfin, un *groupe* est un élément qui permet de regrouper graphiquement (et seulement graphiquement) des éléments, sans impact sur le fonctionnement du processus modélisé. Un tel élément est essentiellement destiné à conférer une meilleure lisibilité, en regroupant certaines parties du diagramme fonctionnellement liées.

Un groupe est noté graphiquement par un rectangle à bords arrondis, en traits pointillées, comme indiqué ci-dessous :

Figure 123. Représentation d'un groupe.

Nous présentons sur la figure ci-dessous un exemple d'utilisation des artefacts. Nous pouvons y trouver en particulier l'indication d'éléments rassemblés logiquement au sein d'un *groupe*, ainsi que la symbolisation graphique de ressources matérielles dont les tâches 1 et 2 du processus 1 ont besoin. On remarquera la présence d'un objet de type particulier, appelé *stockage de données* (*Data store*), symbolisant un stockage de données persistantes, tel qu'une base de données.

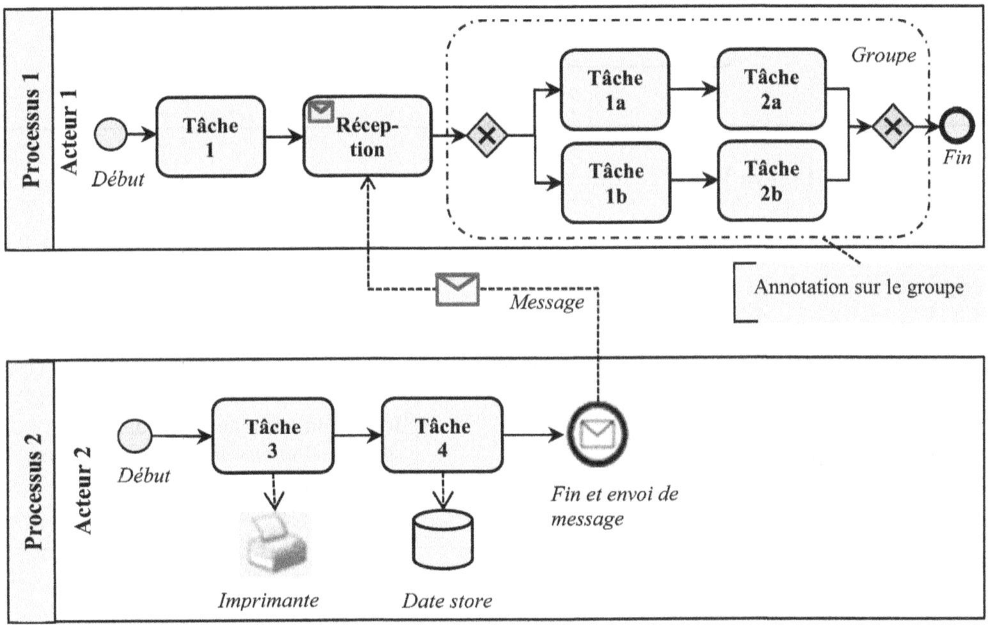

Figure 124. Exemple de processus avec artefacts.

Dans l'exemple présenté sur la figure ci-après, nous avons figuré trois éléments de type *objets de donnée*. Ces éléments figurent respectivement la donnée d'entrée du processus, une donnée intermédiaire produite par la première tâche et consommée par la seconde, et, enfin, la donnée de sortie du processus. Nous voyons que le rôle précis de chaque objet peut être affiné par une notation particulière, laquelle est ici une petite flèche, placée à l'intérieur du symbole de l'objet.

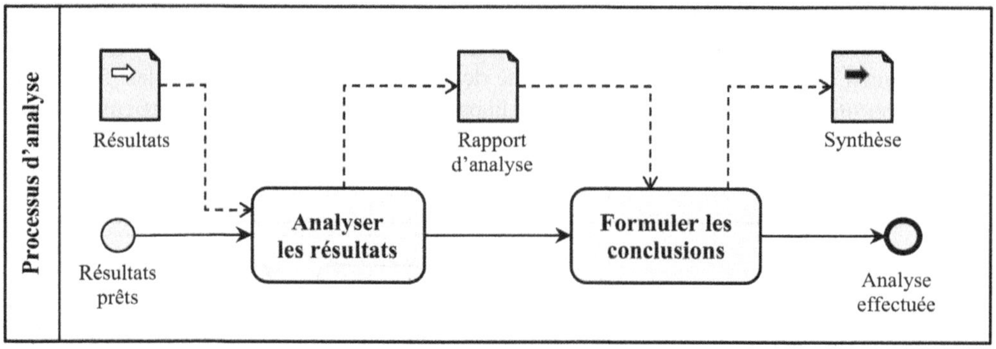

Figure 125. Exemple de processus avec objets de donnée.

Le tableau ci-après synthétise les différents types d'*artefacts* avec leur notation et leur description.

Nom de l'élément	Représentation	Description
Objet de donnée	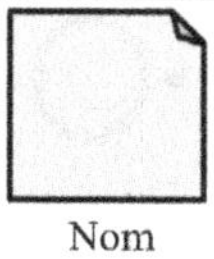	Représente de manière visuelle les données dont une tâche a besoin et les données qu'une tâche produit.
Message		Représente un flux de messages.
Groupe		Permet de regrouper visuellement certains éléments au sein d'un processus.
Annotation	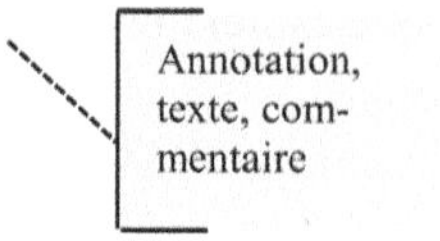	Permet d'annoter les diagrammes de manière standardisée (élément exporté dans le fichier BPMN 2.0 au format XML).
Artefact personnalisé		Le standard BPMN prévoit la possibilité d'ajouter des artefacts personnalisés ayant vocation à fournir des compléments *décoratifs*. De tels artefacts s'intègrent avec les mêmes propriétés et attributs que les autres artefacts.

Tableau 9. Représentation des artefacts.

6.4.7. Les sous-processus

Dès qu'un processus atteint une certaine complexité, avec, en particulier, un nombre important de tâches, il n'est plus envisageable en pratique de le représenter intégralement par un seul diagramme. Il devient alors nécessaire de le *décomposer de manière hiérarchique* en un certain nombre de *sous-processus*. Ceci permet de conserver une vision d'ensemble claire du processus global et, partant, une facilité à le comprendre. Un sous-processus est donc une *tâche complexe* que l'on décrit elle-même comme un processus.

Décomposition hiérarchique en sous-processus

On placera alors dans le processus à décomposer des tâches particulières, indiquées comme des *sous-processus* par le biais d'un caractère « + » placé à la base du symbole de la tâche (voir figure ci-avant précisant les notations des tâches). L'indication d'un sous-processus renvoie à un autre diagramme de processus, en charge de décrire le contenu de ce sous-processus avec sa décomposition en tâches.

Dans ces conditions, un processus apparait comme un ordonnancement de *tâches élémentaires* et/ou *de sous-processus*. L'introduction de sous-processus (et, si besoin, bien que ce soit rare en pratique, de sous-sous-processus, etc.) permet de bâtir des descriptions plus facilement compréhensibles. Mais elle permet également d'identifier des éléments particuliers, les *sous-processus,* qui pourront au besoin être réutilisés dans une autre partie du processus, voire dans un autre processus, apportant ainsi une certaine modularité dans la description.

Pour exploiter au mieux une telle décomposition, les outils d'édition BPMN offrent souvent une fonctionnalité de « navigation », qui permet de faire apparaitre le diagramme associé à un sous-processus à partir de la désignation de celui-ci par le biais d'un « clic » sur la représentation graphique de la tâche dans le processus de niveau supérieur.

La figure ci-dessous montre ainsi (partie haute) la définition d'un processus, où la tâche 1 est un *sous-processus*. Elle montre également (partie basse) la représentation complète du même processus intégrant cette fois le contenu du sous-processus constituant cette tâche 1.

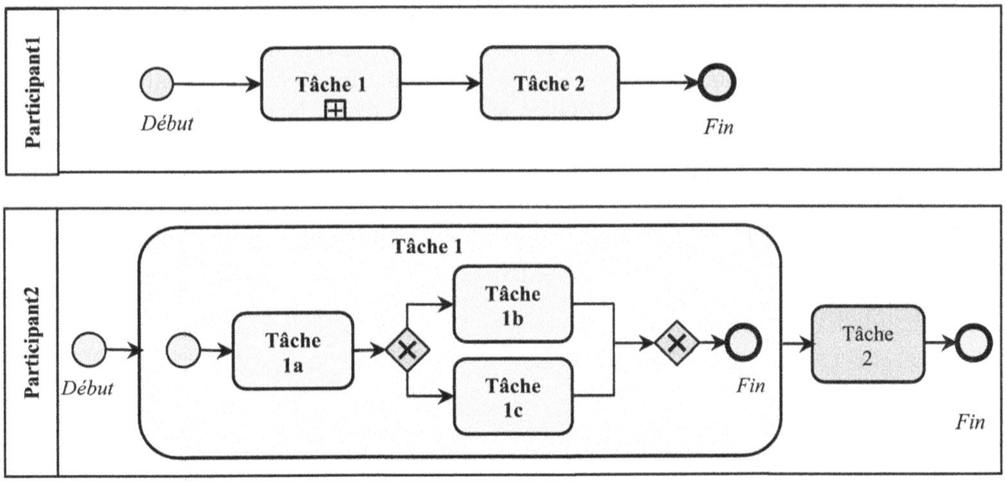

Figure 126. Ouverture graphique d'un sous-processus.

Un *sous-processus* est donc un élément *tâche* particulier. Les éléments présents dans un *sous-processus* n'interagissent pas directement avec les éléments du processus supérieur, un sous-processus se déroulant indépendamment. Il s'agit donc d'un *processus distinct, doté de sa propre séquence d'exécution*, et dont l'effet est de réaliser la tâche associée du processus de niveau supérieur.

Sous-processus « Ad hoc »

Dans certains cas, en particulier dans celui des activités dites « expertes », il est certes possible d'identifier les tâches internes constituant le processus, mais celles-ci ne peuvent pas réellement être organisées selon une séquence d'activités fixe prédéfinie. Si nous considérons par exemple une consultation médicale, ou encore la rédaction d'un ouvrage, nous pourrions certainement définir des tâches élémentaires nécessaires à cette activité, mais il serait bien sûr impossible de définir un séquencement d'activités normatif détaillé, fixé une fois pour toutes et pour tous les acteurs. Il en est de même dans une entreprise pour de nombreuses tâches humaines de granularité fine, où l'ordonnancement des tâches élémentaires reste *in fine* du ressort de l'acteur responsable.

Pour rendre compte de telles situations, le standard BPMN définit un type particulier de sous-processus appelé *sous-processus « ad hoc »*. Une telle notion permet de définir un sous processus dont les tâches internes ne sont pas organisées selon un *workflow* prédéfini. Cet élément sera noté en plaçant un *tilde* à sa base, c'est-à-dire un caractère « ~ », comme représenté ci-dessous :

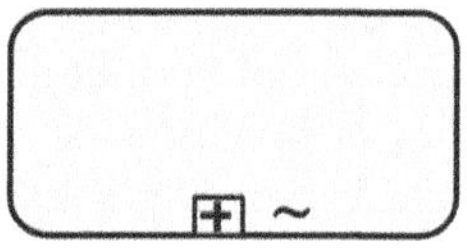

Figure 127. Notation d'un processus *Ad hoc*.

Les tâches sont alors effectuées de manière séquentielle, ou encore parallèle, ou bien encore selon une combinaison des deux, sans ordre ni modèle de flux d'activité prédéfini. Nous présentons ci-après un sous-processus *ad hoc* définissant les tâches nécessaires à l'écriture d'un chapitre d'ouvrage, sans en spécifier le flux d'activité. Nous trouvons sur la partie gauche les tâches seules, non connectées, et sur la partie droite les mêmes tâches, mais avec l'ajout d'artefacts spécifiant les intrants et extrants de ces différentes tâches. Nous voyons que sont définies ainsi les *tâches élémentaires à exécuter*, ainsi que les *données nécessaires* et les *données produites* par chacune, *mais pas le séquencement*.

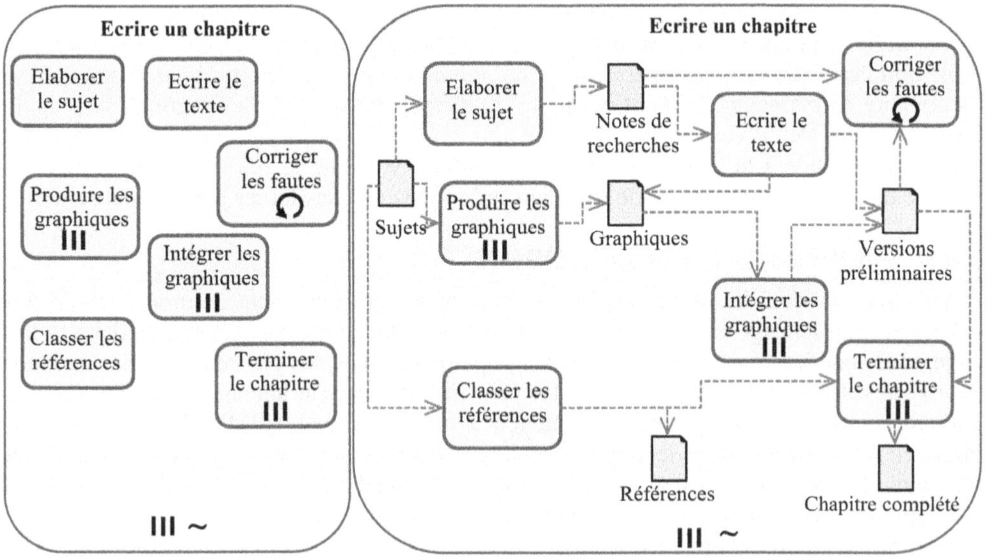

Figure 128. Processus *ad hoc* (d'après OMG, 2013).

Boucles et multi instanciation

Sur les éléments graphiques représentant les tâches de la figure ci-dessus, nous remarquons, pour certaines tâches, la présence de petits symboles placés en partie basse, dont l'un présentant trois traits verticaux, et, un autre, une flèche de forme circulaire. Ces symboles représentent en fait graphiquement la valeur d'un attribut appelé *loopCharacteristics* associé à chaque élément de type *tâche*. Cet attribut permet de spécifier *un certain facteur de répétitivité* associé à la tâche.

Ainsi, une flèche circulaire indique-t-elle une *activité réitérée*, c'est-à-dire une *boucle*, la tâche se réalisant *tant qu'une condition définie est vérifiée*. Un symbole avec trois traits indique quant à lui une *tâche d'instances multiples*, correspondant à la structure algorithmique « pour chaque » (*For each*), itérant sur une liste d'éléments à traiter. Lorsque les lignes sont horizontales, les tâches sont effectuées *en parallèle*, et, lorsqu'elles sont verticales, les activités sont menées *de manière séquentielle*. Il est possible d'associer de tels symboles à toute tâche, élémentaire ou sous-processus. La figure ci-dessous précise les représentations graphiques associées à ces trois cas, dans le cadre d'un sous-processus.

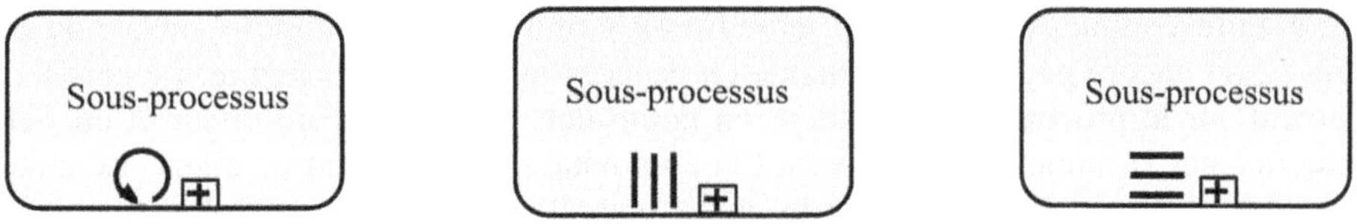

Sous-processus réitéré **Sous-processus d'instances multiples séquentielles** **Sous-processus d'instances multiples parallèles**

Figure 129. Sous-processus avec boucles et multi instanciation.

Dans notre exemple, le symbole de trois traits verticaux et donc ce caractère de *répétitivité séquentielle*, est attaché au sous-processus lui-même, exprimant le fait que l'acteur responsable doit écrire *plusieurs* chapitres, mais en traitant ceux-ci *l'un après l'autre* (nous avons en effet un même acteur humain unique). De même, certaines tâches internes sont également affectées de ce caractère, exprimant une liste d'éléments à traiter. Enfin, la flèche circulaire attachée à la tâche « Corriger les fautes » exprime le fait que cette activité est réitérée un nombre indéterminé de fois, tant qu'on juge que des fautes peuvent subsister.

6.4.8. Synthèse de la notation BPMN

Nous avons présenté les quatre catégories d'éléments qui permettent de modéliser un processus avec le langage BPMN 2.0. Bien qu'il existe des centaines d'éléments dans le langage, tous sont dérivés des représentations graphiques issues des quatre catégories que nous avons vues. Il suffit donc de connaître les principes de base du langage ainsi que quelques dérivations usuelles pour pouvoir commencer à modéliser avec BPMN. En effet, de nombreux éléments décrits dans le standard sont relativement spécifiques, et ne servent en fait que dans des cas bien particuliers. Beaucoup de logiciels de modélisation ne fournissent d'ailleurs pas de manière exhaustive toute la palette des éléments BPMN 2.0. On considère qu'en pratique, une trentaine d'éléments courants suffisent à représenter un modèle, même exécutable.

On notera que les éléments décrits par le standard se différencient graphiquement par leur forme, leur épaisseur, et le type de traits. Aucun attribut de couleur n'est défini par le standard. Cependant, pour des raisons ergonomiques, les logiciels de modélisation présentent le plus souvent des versions colorées de ces symboles, ou bien encore, proposent une palette de couleur aux fins de les colorer de manière personnelle. Ainsi, on notera que représenter les éléments de début en vert et les éléments de fin en rouge est une simple règle informelle, mais assez fréquemment adoptée par les outils de modélisation.

6.5. Les diagrammes de processus par l'exemple

Nous nous proposons ici d'illustrer l'utilisation pratique des notions proposées par le langage BPMN sur un exemple simple de processus métier.

Considérons un processus afférant au service de clientèle dans la restauration rapide. Le *point de départ du processus*, ou événement de début, est l'*arrivée du client*. Ensuite différentes activités vont s'enchaîner aux fins de traiter la commande de ce client, et plusieurs acteurs vont y participer.

Lorsque le client se présente au guichet et passe sa commande, le caissier l'enregistre et le cuisinier peut la lire à l'écran pour pouvoir la préparer. Le client a également plusieurs choix à faire comme, par exemple, prendre sa commande au comptoir ou à une borne « *drive* », ou encore payer sa commande en espèces ou par carte bancaire. Le caissier agit également sur le processus, notamment en contrôlant le paiement du client et en rendant éventuellement la monnaie, en préparant la commande et en servant ce client. Le cuisinier prépare les éléments de la commande et les emballe individuellement. Lorsque la commande du client est délivrée, celui-ci peut alors s'en aller et le caissier traiter un autre client.

Le schéma de la page suivante montre comment il est possible de modéliser ce processus, au demeurant relativement simple, avec le langage BPMN.

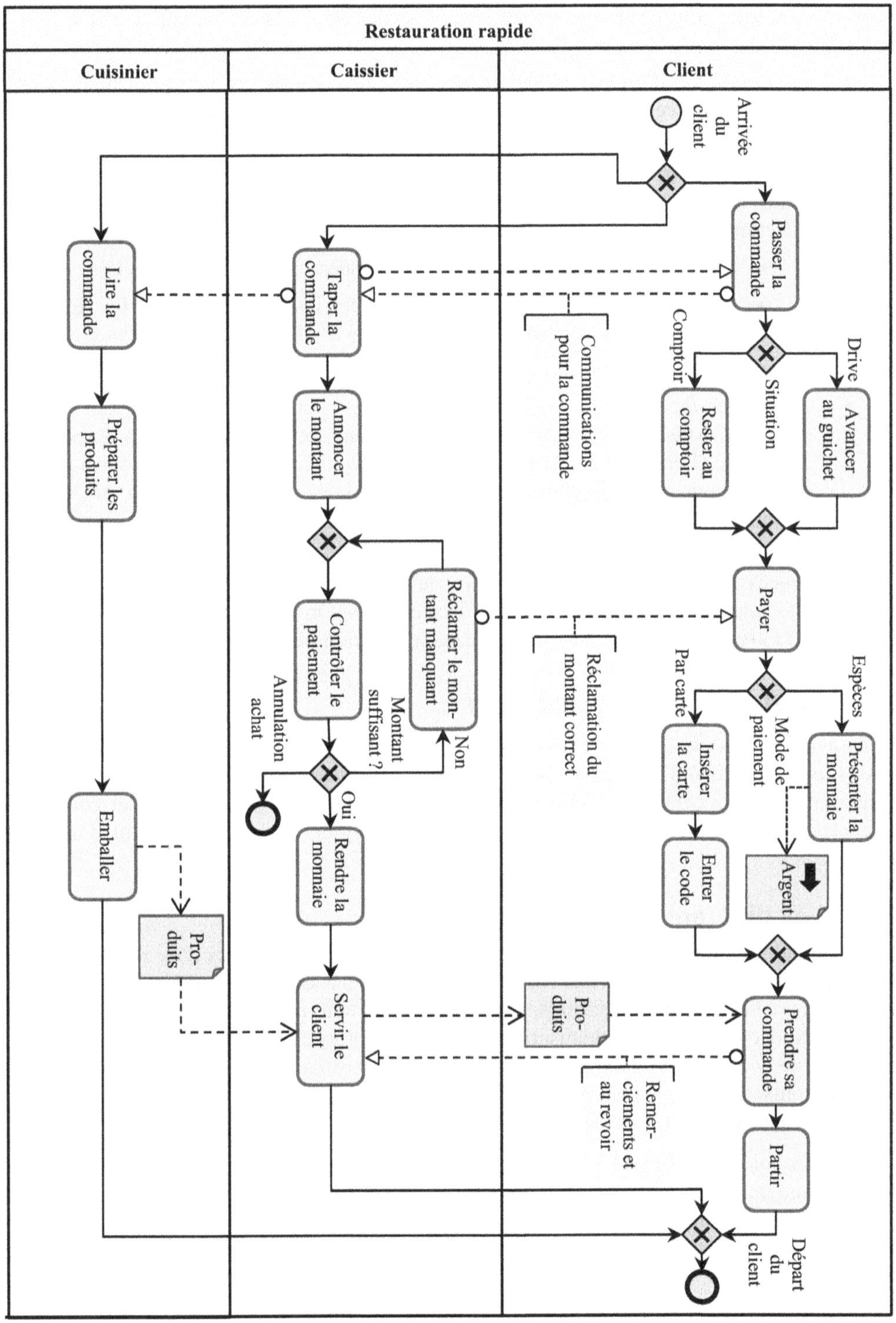

Figure 130. Exemple de modélisation BPMN (d'après Yves Laloum).

Nous voyons que, pour décrire ce processus, plusieurs éléments du langage BPMN entrent en jeu :

- *Les couloirs d'activités*. Nous utilisons ici un *bassin* (le restaurant lui-même), et, à l'intérieur de celui-ci, trois couloirs secondaires, représentant respectivement les responsabilités du client, du caissier et du cuisinier.
- *Les éléments de flux et les éléments de connectivité*. L'ordonnancement des différentes activités est décrit par le biais des *flux de séquence*. Nous voyons ainsi que différents objets de connectivité sont utilisés :
  - Les *flux de séquence*, pour l'ordonnancement des différentes tâches.
  - Les *flux de messages*, pour représenter les échanges entre les différents couloirs secondaires.
  - Les *associations*, pour lier un élément (ici l'argent) à une activité.
- *Les portes logiques*. Celles-ci permettent d'agir sur le flux de séquence et de le contrôler. Ainsi, par exemple, le *flux de séquence* ne sera-t-il ainsi pas le même selon que le client paie en espèce ou par carte. De même, le client ne pourra prendre la commande que si le choix d'un des deux modes de paiement, à savoir « comptant » ou par « carte », est fait.
- *Les artefacts*. Les annotations permettent de préciser le sens de certaines étapes du processus comme ici, par exemple, les échanges entre le client et le caissier, échanges représentés par des flux de messages. On notera qu'un *objet de donnée*, ici l'argent, est également présent dans le diagramme.

6.6. Les diagrammes BPMN 2.0

Nous avons vu que le langage BPMN nous permettait de définir des *diagrammes de processus*, qui constituent l'*outil conceptuel de base pour modéliser un processus*. A ce titre, le diagramme de processus a été historiquement à la base du langage BPMN, et constituait l'apport essentiel des versions 1.x du langage. C'est toujours le diagramme le plus utilisé et le plus connu.

6.6.1. Les différents types de diagrammes

Toutefois, les diagrammes de processus ne sont pas toujours suffisants pour bien formaliser le comportement métier à décrire. Nous penserons ici, par exemple, aux échanges liés à la coopération entre deux organisations. Ceux-ci donnent lieu, non à un processus global qu'il suffirait de décrire (chaque organisation possède ses propres processus spécifiques), mais plutôt à une *coopération entre les processus* des différentes organisations, où ces derniers se synchronisent par échanges de messages. On parle alors, non plus d'orchestration de processus, mais de *chorégraphie*.

C'est pourquoi le langage BPMN propose maintenant, à partir de sa version 2.0, d'autres types de diagrammes, venant compléter les diagrammes de processus. Ces nouveaux diagrammes réutiliseront exactement les mêmes éléments que ceux que vous venons de voir, mais permettront de construire d'autres types de modèles, apportant d'autres éclairages, et se concentrant sur d'autres aspects que la description logique d'un unique processus.

Nous allons présenter dans cette section les différents types de diagrammes définis par le standard BPMN 2.0.

La spécification du langage définit en effet *quatre types de diagrammes* distincts, qui sont :

- Les *diagrammes de processus*, *privés* ou *publics*.
- Les *diagrammes de collaboration*.
- Les *diagrammes de chorégraphie*.
- Les *diagrammes de conversation*.

Nous allons évoquer ici brièvement les principes de base de ces différents diagrammes.

6.6.2. Les diagrammes de processus privés ou publics

Ces diagrammes sont les représentations classiques qui permettent de modéliser un processus spécifique à une organisation, en précisant notamment les *tâches*, les *portes*, les *événements* ou encore les *objets échangés*, ainsi que les *sous-processus* éventuels. De tels diagrammes sont dit *privés* lorsqu'ils ne contiennent qu'*un seul bassin*. Le flux séquentiel des tâches du processus est alors contenu dans les limites du bassin et ne peut pas les traverser.

Un diagramme de processus *public* est quant à lui une représentation particulière d'un processus privé possédant des interactions avec un ou plusieurs participants. Celles-ci y seront figurées par des flux de messages, avec leur séquencement, leur ordre, etc. Seules les activités de communication avec le ou les autres participants sont présentées dans le processus *public*. Toutes les autres tâches internes du processus cible lié ne sont pas représentées.

La figure ci-dessous donne une illustration de cette représentation. Nous y trouvons un processus privé, non représenté et figuré par un simple couloir vide, et dont l'acteur responsable est le patient. Nous voyons que le diagramme met en évidence les flux de messages échangés avec des activités hors de ce processus (dont les responsables sont d'autres acteurs, ici, par exemple, le secrétariat médical, le praticien et le pharmacien).

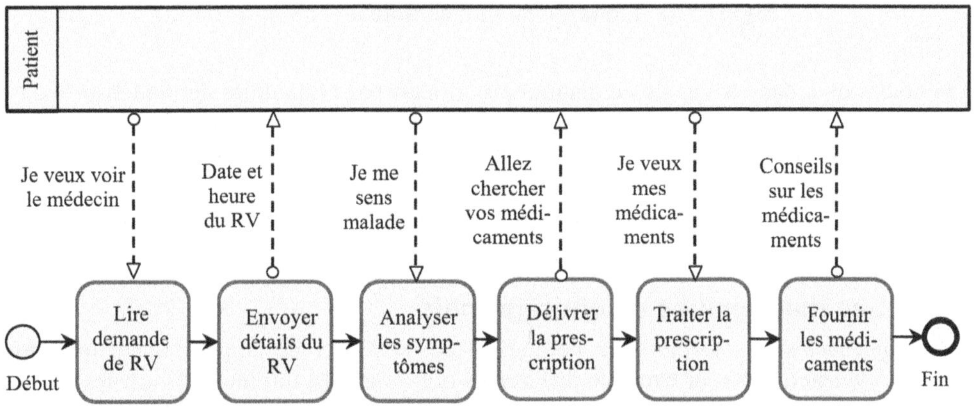

Figure 131. Exemple d'un diagramme de processus public (d'après OMG, 2013).

6.6.3. Les diagrammes de collaboration

Les *diagrammes de collaboration* permettent de représenter au moins deux processus privés comportant des interactions. Les *bassins* sont définis comme étant les aires de responsabilités des différents participants de cette collaboration. Les messages échangés entre les participants du diagramme de collaboration sont présentés à l'aide du symbole *flux de messages*. Un flux de message permet de *connecter les bassins entre eux*, ou bien encore les *éléments eux-mêmes présents à l'intérieur de ces bassins.*

Nous présentons ci-dessous un exemple comportant deux bassins, qui symbolisent deux processus différents communiquant par flux de messages. Un tel diagramme est appelé *diagramme de collaboration*. On rend compte ici non pas de la logique d'un processus, mais bien de la *logique présidant aux interactions entre différents processus*.

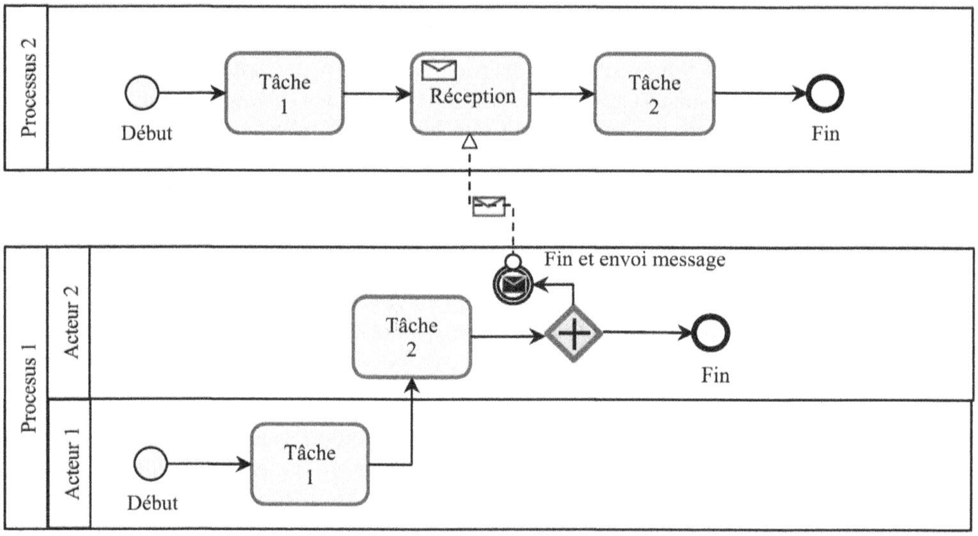

Figure 132. Exemple de diagramme de collaboration.

On notera que, dans le cas de ce diagramme, il n'est pas obligatoire de modéliser tous les processus. Ainsi, par exemple, si nous avions décidé de nous concentrer sur le processus 1, le processus 2 de la figure ci-dessus aurait alors pu être vide. Le flux de message aurait alors été simplement connecté aux limites du *bassin* supérieur. Dans un tel cas, un bassin sert alors à représenter une *entité nommée* avec laquelle un processus modélisé communique.

6.6.4. Les diagrammes de chorégraphie

Les *diagrammes de chorégraphie* permettent de modéliser un comportement impliquant *plusieurs participants*, par exemple différentes organisations, qui interagissent les uns avec les autres en coordonnant leurs activités via des messages. Dans ce type de modélisation, on ne se focalise donc pas sur la description d'un processus public ou privé (c'est-à-dire sur la manière dont est accompli le travail selon le point de vue des participants), mais sur les *échanges de messages entre les participants*, matérialisant la coopération de ces derniers.

Alors qu'un processus public ou privé est représenté à l'intérieur d'un bassin, une *chorégraphie* est représentée *entre les bassins*. Une *chorégraphie* est analogue à un processus privé dans la mesure où elle se présente sous la forme d'un graphe de *tâches*, d'*événements* et de *portes logiques*. Toutefois, une *chorégraphie* s'en différencie en ce sens que les activités en interaction représentent des *échanges de messages*, impliquant maintenant deux ou plusieurs participants.

Une activité de *chorégraphie* n'est jamais positionnée dans un bassin ou un couloir, et les participants sont alors représentés d'une manière propre à ce modèle. Les *diagrammes de chorégraphie* utilisent ainsi un élément spécifique, appelé « *tâche de chorégraphie* » (*choreography task*), où sont spécifiés deux participants, l'un en haut et l'autre en bas de sa représentation graphique. Celui présenté sur fond clair est l'*émetteur du message*, alors celui présenté sur fond sombre en est le *récepteur*.

La figure ci-dessous présente un exemple de *diagramme de chorégraphie* :

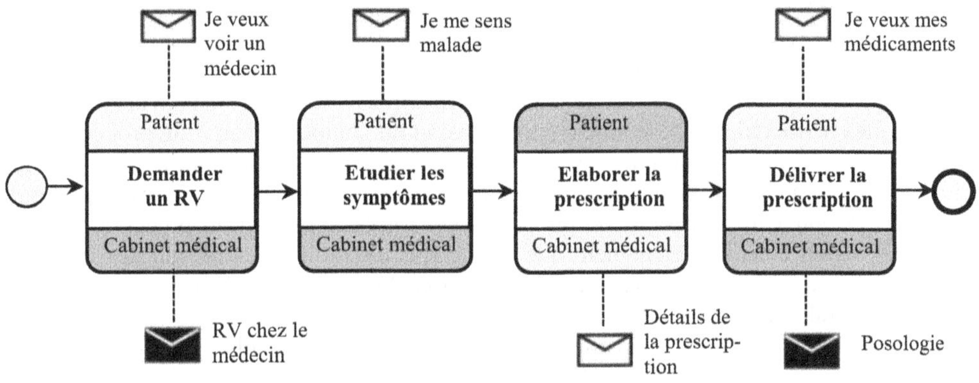

Figure 133. Exemple de diagramme de chorégraphie (d'après OMG, 2013).

6.6.5. Les diagrammes de conversation

Le *diagramme de conversation* permet une description de haut niveau d'une collaboration entre acteurs. Il permet de représenter globalement des échanges de messages sous la forme d'un *regroupement de flux* appelé *conversation*. Un élément *conversation* relie logiquement différents participants. Il apporte une description centrée sur un objet métier particulier d'intérêt (par exemple un ordre, un envoi, une livraison, une facture, etc.). Un élément *conversation* représente donc un *ensemble de flux de messages, regroupés de manière logique*, et dont le détail n'est pas utile au niveau de description où l'on se place. Une *conversation* peut impliquer deux ou plusieurs participants.

Un *diagramme de conversation* représente les éléments *conversation* sous la forme d'un symbole de forme hexagonale placé entre les participants (bassins), tel que représenté ci-après. Dans la pratique des outils de modélisation, il est fréquent de permettre l'accès sur demande au détail des flux de messages échangés entre les participants à partir de l'objet conversation (par exemple en cliquant sur cet élément).

Les *bassins* utilisés dans la représentation d'un *diagramme de conversation* ne contiennent en général pas de processus, et sont donc présentés vides. Aucun *diagramme de chorégraphie* ne peut être placé entre les bassins du diagramme de conversation.

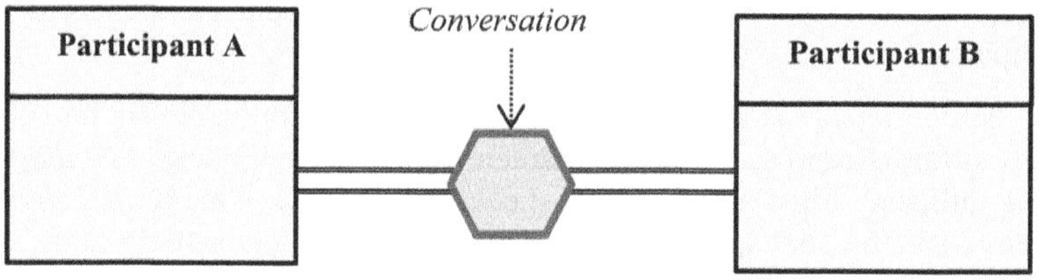

Figure 134. Principe d'un diagramme de conversation.

6.7. L'exécution des processus

Comme nous l'avons vu, BPMN est un langage de modélisation permettant de représenter des processus métiers dans une notation graphique standard, par ailleurs très largement adoptée par les professionnels. Dans tous les exemples considérés, nous avons vu que les diagrammes permettaient une bonne compréhension du comportement d'un processus, à un haut niveau conceptuel. Une telle vision permet une inter compréhension entre professionnels métier, auxquels elle donne une base de travail adéquate pour formaliser des pratiques, spécifier un nouveau processus, ou encore mener l'optimisation d'un processus existant. Une telle vision constitue également une bonne spécification à destination des informaticiens en charge de la mise en œuvre de la solution. Mais il est évident qu'un gros travail reste en général à faire pour détailler cette vision de haut niveau de sorte à passer de celle-ci à un niveau implémentable, c'est-à-dire passer du niveau conceptuel au niveau technique, à la base de l'implémentation informatique.

La vision classique

C'est pourquoi, dans la vision classique des choses, avant BPMN 2.0, deux modélisations et deux langages distincts étaient requis : d'une part, une *notation graphique descriptive*, non exécutable, visant à définir les processus, et centrée sur le dialogue entre professionnels métier, et, d'autre part, une description dérivée, beaucoup plus précise, visant à un *passage automatisé ou quasi automatisé vers une forme exécutable*. Le langage BPMN était destiné au premier usage. Pour le second, un langage tel que BPEL (*Business Process Execution Language*) permettait alors une description bien formalisée, via une grammaire XML dédiée, de l'exécution, c'est-à-dire de l'*orchestration* du processus.

BPMN étant une *notation graphique non exécutable* jusqu'à sa version 1.2 (comprise), des solutions ont donc été développées pour implémenter les modèles BPMN en utilisant des systèmes de conversion vers des langages exécutables. La plupart des solutions consistaient donc à transposer la description graphique BPMN en langage BPEL. Pour l'exécution des processus, la vision purement graphique nécessite le passage à une description susceptible d'être analysée et traitée par un interpréteur, permettant une mise en œuvre concrète. Il est également nécessaire que les outils informatiques permettent à l'utilisateur d'ajouter tous les détails indispensables manquants (par exemple les types de données, les API des composants orchestrés, les paramètres, etc.), de sorte à disposer d'une forme apte à l'implémentation.

De nombreux outils ont ainsi été développés pour, d'abord, aider l'usager en charge de la modélisation à concevoir ses *diagrammes de définition de processus*. Ceci permet ensuite de les exporter sous la forme de fichiers BPEL communicables en entrée à un moteur d'exécution de processus. Le langage BPEL n'est alors pas utilisé directement dans la phase de modélisation. Un document BPEL se présente sous la forme d'un fichier XML interprétable par des moteurs d'exécution de processus, appelés *orchestrateurs*, ces derniers se chargeant d'exécuter les directives lues dans le fichier en question. Le fichier BPEL, interprété par le moteur d'orchestration, effectue les appels des services nécessaires, les envois de messages, les transformations de données, et toutes les opérations nécessaires au bon déroulement du processus.

Aujourd'hui encore, plusieurs outils du marché proposent de compiler des diagrammes BPMN vers un BPEL exécutable. Cependant cette solution n'est pas pleinement opérationnelle, car non standardisée. De plus, certaines parties de modèles BPMN ne peuvent être converties, la définition des tâches humaines pouvant poser un certain nombre de problèmes. Il faut ainsi souvent passer par un *mapping*, en partie manuel, de BPMN vers BPEL.

Apport de la version 2.0 de BPMN

En 2011, l'OMG présentait BPMN 2.0, successeur de BPMN 1.2. Cette nouvelle version intégrait maintenant un *schéma d'échange standard en XML*. Elle permettait la définition de *modèles exécutables*, évitant ainsi le recours à un autre langage, à savoir BPEL, tout en étendant les capacités de BPMN 1.2. Ainsi, BPMN 2.0 fixe maintenant une *sémantique* claire pour tous les éléments du langage, tout en proposant un *mécanisme d'extensibilité*. Par ailleurs, il permet d'intégrer, via des *attributs*, l'injection de toutes les informations indispensables à l'exécution, qu'il ne serait pas envisageable de faire figurer sur un modèle purement graphique, Enfin, BPMN 2.0 affine les possibilités de composition et de corrélation d'événements, en résolvant certaines incohérences et ambiguïtés de BPMN 1.2.

La majeure partie des éditeurs d'outils de BPM, *open source* ou non, offre à ce jour un support étendu du standard BPMN 2.0. De nombreux outils permettent donc la génération directe de fichiers XML exécutables par un moteur d'orchestration.

6.8. Les outils

Le standard BPMN est soutenu par un nombre important d'acteurs de l'industrie du logiciel, et il existe de nombreuses solutions supportant ce langage. Ces outils se distinguent en premier lieu par leur *type de conformité* au standard.

6.8.1. Les types de conformité

Le standard BPMN, dans sa version 2.0, définit *quatre types de conformité* d'un outil. Ces types sont :

1. La conformité de *modélisation de processus* (*Process modeling conformance*).
2. La conformité d'*exécution de processus* (*Process execution conformance*).
3. La conformité d'*exécution BPEL* (BPEL *Process execution conformance*).
4. La conformité de modélisation de chorégraphies (*Choreography modeling conformance*).

Pour chacun de ces quatre types de conformité, le standard définit un certain nombre de spécifications que tout logiciel doit impérativement supporter pour pouvoir se réclamer de la conformité à ce type.

Le *premier niveau* concerne essentiellement les *fonctionnalités de modélisation simples*, avec l'édition de diagrammes de processus BPMN, considérés à un niveau d'abstraction assez élevé.

Les outils de modélisation plus avancés respectent le *second niveau* de conformité, lequel permet d'utiliser beaucoup plus d'éléments et d'attributs, mais aussi d'*éditer des diagrammes suffisamment détaillés pour le passage à une implémentation.*

Le *niveau 3* ajoute au niveau 2 des compléments. Ce niveau est surtout destiné aux anciens outils qui nécessitent une *conversion vers le langage BPEL* à des fins l'exécution.

Enfin, le niveau 4 concerne en particulier la possibilité d'éditer des *diagrammes de chorégraphie* en supplément aux classiques *diagrammes de processus.*

En pratique, à l'heure où nous écrivons ces lignes, il est parfois difficile de savoir à quel niveau de conformité se situe tel ou tel outil, les documentations logicielles s'avérant souvent imprécises sur cet aspect, voire ne l'abordant pas. Toutefois, on peut noter une certaine amélioration sur ce plan, la concurrence ainsi que la demande des utilisateurs œuvrant certainement dans le sens d'une plus grande information.

Outre le *type de conformité*, les outils se distinguent par leur *finalité*. Certains outils en effet ne visent que la *modélisation*, d'autres se positionnant comme des *environnements de développement applicatif* complets. Ces derniers outils sont connus sous l'acronyme de BPMS (*Business Process Management Systems*). Les BPMS sont en général des suites logicielles qui permettent de modéliser, exécuter et gérer des applications interactives basées sur l'orchestration de composants logiciels. Une telle suite se compose le plus souvent des composants suivants :

- Un *outil de modélisation*, qui permet d'éditer des processus en langage BPMN. La modélisation nécessite de renseigner des *attributs*, permettant notamment de définir les données associées aux tâches, ainsi que des règles conditionnelles.
- Une *interface de développement*, permettant de relier des composants logiciels aux tâches des diagrammes, par le biais de leurs API.
- Un *moteur d'exécution*, permettant de mettre en œuvre un processus, permettant donc de passer à une mise en œuvre concrète de celui-ci.
- Un *moteur de règles*, en charge d'évaluer l'état de tous les objets impliqués dans le déroulement des processus, et de déterminer si les conditions pour lancer, poursuivre ou arrêter une exécution du processus sont remplies.
- Un *référentiel* en charge de la gestion de l'ensemble des entités manipulées, avec, en particulier, les définitions de processus et les règles de déclenchement d'exécution

Ces éléments sont le plus souvent complétés par un *environnement d'administration*, permettant à un usager de fixer des éléments liés au paramétrage du système, avec, en particulier, la gestion des utilisateurs. Des outils d'administration plus évolués proposent en outre de générer des indicateurs de performance, ou encore des statistiques sur la base de données collectées pendant l'exécution des processus. On notera qu'une telle fonctionnalité est au cœur de l'approche BPM (*Business Process Management*) et du processus d'évolution du Système d'Information d'une entreprise. Nous y reviendrons à l'occasion de l'étude de l'*architecture orientée Service*, dite S.O.A.

Nous allons considérer dans la suite les principes généraux à la base des outils de modélisation, puis ceux des outils de développement de type BPMS, pour enfin passer brièvement en revue quelques-uns de ces outils parmi les plus utilisés.

6.8.2. Les outils de modélisation

De manière tout à fait classique, un *outil de modélisation* BPMN propose un certain nombre de *fonctionnalités d'édition* visant à la construction de diagrammes de processus. L'interface interactive d'un tel outil se compose alors d'un espace de dessin central, où un usager peut construire des diagrammes, ainsi que d'une palette d'éléments graphiques facilement déplaçables dans l'espace de dessin par *drag & drop*. A cela s'ajoutent des interfaces permettant de remplir les valeurs des attributs accompagnant les éléments graphiques.

A une telle fonctionnalité d'édition, s'ajoutent le plus souvent des fonctions de validation de conformité du diagramme au standard BPMN. Les validations s'effectuent alors soit en direct (validation dite « live »), soit *a posteriori*, sur demande (ce qui a pour effet de lancer une analyse), soit enfin au moment de l'export d'un diagramme. En complément à ces fonctionnalités, on trouve des possibilités d'export et import de diagrammes, mais avec toutefois de très grandes différences à noter entre les outils.

S'ajoutant à la fonction d'*édition*, des outils avancés proposent en complément des fonctionnalités de *simulation* d'un processus, permettant de vérifier son fonctionnement avec des utilisateurs dans un environnement simulés. On y trouve également des fonctions complémentaires telles que le partage communautaire, le support à de nombreux formats d'exports, ou encore l'édition d'attributs au format XML, la génération automatique d'une documentation, la conversion vers d'autres langages, etc.

Au jour où nous écrivons ces lignes, il existe plusieurs dizaines d'outils de modélisation BPMN. Ceux-ci peuvent être évalués selon de nombreux de critères, dont les suivants :

- Le *respect du standard* et le *type de conformité avec BPMN 2.0*. Sur ce plan, on attend en général le respect *a minima* des types de conformité de niveau 1 et 2.
- Les qualités d'*ergonomie*, de simplicité d'utilisation de l'outil d'édition.
- Le *mode d'utilisation de l'outil*, qui peut être une *utilisation directe en ligne* sur un site de l'éditeur (c'est-à-dire en mode *cloud SaaS, ou Software as a Service*), et/ou un usage *stand alone*. Dans ce second cas, un critère complémentaire a alors trait aux *plateformes supportées*.
- Son *statut commercial*, avec la gratuité ou l'aspect payant du service, le caractère éventuel *open source*, et, dans le cas payant, le prix du produit ou du service.
- Le *périmètre de ses fonctionnalités* avec, par exemple, la présence ou non de fonctions de validation de diagramme, de simulation, etc.
- Et enfin son *interopérabilité*, laquelle comprend en particulier la présence éventuelle de fonctionnalités d'import et d'export des diagrammes à différents formats.

Concernant le dernier critère, on notera que certains produits fournissent des extensions logicielles permettant de modéliser des diagrammes BPMN réutilisables dans d'autres environnements. On peut citer ici par exemple le cas de *BPMN Visio Modeler*. Dans ce produit, des extensions permettent ainsi de produire des diagrammes conformes à BPMN 2.0 à destination du logiciel Visio de la suite bureautique Microsoft, de modéliser des diagrammes exploitables par l'IDE Eclipse, etc.

6.8.3. Les outils de développement, ou Systèmes de Gestion de Processus Métier

Les BPMS sont des suites logicielles complètes qui visent au développement et à la gestion d'applications orientées processus. Elles intègrent généralement des *outils de modélisation*, couplés à des *API de développement*, à un *moteur de workflow* et à une *plateforme d'administration*, laquelle permet de tracer et d'analyser le déroulement des processus. Ces solutions sont connues sous le nom de *Systèmes de Gestion de Processus Métier*, ou *Business Process Management System* (BPMS).

Les outils BPMS sont impliqués dans un grand nombre de développements tout à fait significatifs au sein des grandes organisations. A l'heure où nous rédigeons ces lignes, beaucoup de ces outils sont commerciaux et se placent sur un marché très concurrentiel. Les offres BPMS sont généralement accompagnées d'un support doté d'équipes importantes, permettant d'accompagner les clients utilisant la solution dans un projet d'ampleur.

De manière générale, deux grandes approches se distinguent dans l'offre des outils de BPMS : l'approche dite « *zéro codage* » (*zero coding*), et l'approche dite « *codage réduit* » (*less coding*), que nous allons toutes deux examiner ici.

L'approche zéro codage

Dans l'approche *zéro codage*, on considère qu'un modèle graphique de processus peut être rendu exécutable via un apport suffisant d'informations complémentaires. L'outil fait alors un usage intensif de *blocs de construction prédéfinis*, et propose des boîtes de dialogue permettant à un concepteur de fixer tout un ensemble de paramètres de configuration. Les blocs de construction de base proposés (par exemple les services, les adaptateurs, les composants de transformation, etc.) couvrent de nombreux scénarios types, et peuvent être orchestrés via des *modèles de processus*. Cela nécessite la définition de *correspondances* entre les données, afin de relier les entrées et sorties des tâches à des composants logiciels. Cette approche est relativement efficace lorsque les éléments constitutifs qui sont proposés couvrent un spectre de besoins suffisamment large, ce qui n'a rien d'immédiat *a priori*. Les outils de cette nature sont encore peu nombreux, et un véritable *zéro codage* est à ce jour rarement atteint en pratique, du moins dès que l'on s'écarte de cas assez simples.

Toutefois, en limitant au strict minimum le temps de programmation, cette approche accélère considérablement les cycles de production d'applications métier. La demande pour ce type de logiciel est donc bien sûr très forte. Idéalement, de tels logiciels devraient permettre à des analystes métiers de tous domaines, non informaticiens, de participer activement aux processus de conception. La norme BPMN 2.0 est encore relativement récente, et il est permis de penser que des solutions réellement utilisables par des usagers ne possédant pas de compétences techniques particulières verront prochainement le jour. *Bonita BPM*, *Sydle Seed*, *Intalio BMPS*, et *ProcessMaker* sont des suites logicielles se déclarant comme relevant de cette approche. Elles permettent à un usager de mettre en œuvre des applications orientées processus sans programmation, et leur usage s'avère tout à fait satisfaisant tant que l'on reste dans le cadre de scénarios classiques.

L'approche codage réduit

L'approche *codage réduit* (*less coding*) repose quant à elle sur l'idée qu'un ensemble *a priori* d'éléments logiciels prédéfinis ne peut prétendre couvrir à lui seul tous les besoins. Dans la mesure où le nombre de scénarios d'usage envisageable est extrêmement vaste, voire potentiellement infini, l'approche *zéro codage* doit donc nécessairement trouver ses limites. Dans la pratique des cas réel, le développeur doit souvent reprendre manuellement la solution code pour la modifier, sachant que le code de celle-ci n'a pas été conçu pour cet usage. Le risque est alors grand d'un effort important à fournir, remettant finalement en cause pour les détracteurs du zéro codage l'intérêt même de l'approche

C'est pourquoi l''approche *codage réduit* propose un compromis. Celui-ci consiste à mettre en œuvre un outil qui génère une partie du code, avec production de fichiers que l'on doit ensuite compléter manuellement. A l'heure actuelle, c'est l'approche qui semble recueillir le plus d'intérêt de la part des développeurs. Elle demande bien sûr des compétences en développement, la plupart du temps en langage Java. L'approche *codage réduit* est donc plus complexe de mise en œuvre pour un usager non formé, mais elle est aussi plus souple et plus puissante. Les suites logicielles relevant de cette approche proposent en général une interopérabilité forte avec les ateliers de développement, en particulier avec les environnements de développement intégrés, dits IDE (*Integrated Development Environments*), très utilisés dans la pratique, comme, par exemple, *Eclipse*. Les produits *jBPM*, *Activiti*, *Signavio* ou encore *Agility* sont des exemples de BPMS se réclamant plutôt de cette approche.

6.8.4. Quelques exemples d'outils BPMS

Il existe de très nombreux outils logiciels supportant le langage BPMN. Il ne pourrait bien sûr être ici question de tous les énumérer, d'autant que cette liste est évolutive, et que la plupart de ces logiciels sont eux-mêmes en constante amélioration. Nous nous bornerons ici à citer quelques outils parmi les plus utilisés, en excluant par ailleurs les outils ne supportant pas au moins l'un des niveaux de conformité du standard BPMN 2.0.

On prendra garde au fait que les logiciels cités n'ont valeur que d'exemples, et que les caractéristiques indiquées sont basées sur les informations en notre possession à la date d'écriture de ces lignes, ces caractéristiques étant bien sûr sujettes à évolution. Nous avons retenu ici comme exemples les outils *Bonita BPM*, *Activiti BPM Platform*, *BizagiBPM Suite*, *Intalio BPMS designer*, *SydleSeed* et enfin *JBPM*.

Bonita BPM

Le progiciel *Bonita BPM*, version 7 et plus, est édité par la société *BonitaSoft*. Il a été initié en 2001. Il s'agit en fait d'une suite logicielle *open source* proposant une version dite *Community* gratuite. Cette suite se compose de trois éléments principaux :

- Un *outil d'édition, Bonita BPM Studio*. Cet outil permet d'éditer de manière graphique des processus BPMN, puis de connecter à ceux-ci des composants du Système d'Information (par exemple un logiciel de messagerie, une base de données, à un service , etc.), afin de générer une application métier autonome, codée en Java, et accessible depuis une interface Web. L'éditeur permet également de personnaliser des formulaires, y compris sur le plan de leur aspect graphique.
- Un *moteur BPM*, ou *Bonita BPM* Engine. Cet outil est utilisable dans des applications autonomes, et est apte à gérer des processus complexes dans le contexte d'un fort volume de transactions. Il s'intègre dans tous les environnements courants, et est distribué sous licence LGPL.
- Un *portail Web*, ou *Bonita BPM Portal*, qui s'exécute via les serveurs d'application *Jboss* ou *Tomcat*. Ce portail permet d'exécuter les processus, gérer les utilisateurs

et leurs droits, mais aussi d'opérer un suivi du bon déroulement des processus, par le biais d'une production d'indicateurs statistiques.

On notera que la *BonitaSoft* a créé un véritable « écosystème » autour de la suite BPM. Il est ainsi possible d'accéder à une documentation du produit, de suivre des formations spécialisées, et enfin de bénéficier de contenus issus d'une communauté de partage.

Activiti

Le projet *Activiti* a été lancé en 2010 sous la responsabilité de deux anciens développeurs de *jBPM* (produit que nous évoquerons ci-après) ayant rejoint la société *Alfesco*, principal *sponsor* du projet. L'outil s'exécute sur les plateformes *Windows*, *Linux*, et *Mac*. Il est disponible en *open source* sous licence *Apache*. Cette solution ne s'inscrit pas *a priori* dans une optique de *zéro codage*. *Activiti* est une *suite applicative* légère, conçue à la base pour s'interfacer avec d'autres outils déjà utilisés par les développeurs en entreprise. Cette suite comprend différents éléments, dont un *éditeur*, accessible via une interface Web, un *plugin* de développement basé sur *Eclipse*, un *moteur d'exécution*, un module permettant de déployer un processus, et enfin divers outils de collaboration en ligne, permettant, par exemple, d'intégrer dans le processus des éléments déjà existants.

Bizagi BPM Suite

L'éditeur de cette solution est *Bizagi*, société spécialisée dans le développement de logiciels d'entreprise pour la gestion des processus métier. Selon les versions, cette solution tourne sur les plateformes Windows, Linux, ou Mac. Il s'agit d'un logiciel propriétaire. Il existe deux déclinaisons de celui-ci : d'une part, une édition pour Windows uniquement, gratuite, mais un nombre limité d'utilisateurs et un seul serveur, et, d'autre part, une édition « entreprise » payante, dotée d'une capacité multiplateforme et supportant plusieurs serveurs. Cet outil s'inscrit dans une volonté de *zéro codage*. Parmi les fonctionnalités, on citera, de manière non exhaustive, l'édition de diagrammes, la connexion aux outils existants (logiciels de messagerie, Systèmes de Gestion de Bases de Données, etc.), l'exécution d'une l'application Web autonome, la configuration du rendu de l'interface utilisateur finale, et enfin le suivi et la génération de rapport sur l'exécution du processus.

Intalio BPMS designer

L'éditeur de cette solution est *Intalio*. Les plateformes supportées sont Windows, Linux et Mac. Le produit est décliné en deux éditions : l'édition « communautaire » (*Community Edition*), gratuite, en majorité *open source*, et l'édition « entreprise » (*Enterprise Edition)*, payante. Cet outil s'inscrit dans une recherche de *zéro codage*. Elle fournit un serveur BPMS prêt à l'emploi.

Sydle Seed

L'éditeur de cette solution est *Sydle*. Cet outil est ici fourni en mode en *cloud SaaS*, c'est-à-dire sous forme de *service* accessible à distance depuis un navigateur. Il existe une version gratuite, déjà très complète, ainsi qu'une version payante, laquelle comporte un certain nombre de capacités additionnelles, comme, par exemple des options d'intégration supplémentaires, la possibilité d'un nombre d'utilisateurs illimité, la personnalisation de l'apparence, etc. Cet outil ne s'inscrit pas dans une volonté de *zéro codage*. Parmi les fonctionnalités proposées, on citera, de manière non exhaustive, la *modélisation* et l'*exécution* via un navigateur, l'intégration de Services Web, le suivi des processus au moyen d'indicateurs générés, et la présence d'un tableau de bord personnalisable.

JBPM

L'éditeur de cette solution est la communauté *JBoss*. Les plateformes supportées sont Windows, Linux et Mac. L'outil est gratuit et *open source*. Ce logiciel ne s'inscrit pas dans une volonté de *zéro codage*. Un ensemble d'outils permet de modéliser, d'exécuter, de gérer et contrôler des processus métier en utilisant le format BPMN 2.0 pour spécifier les processus opérationnels exécutables. Deux éditeurs sont proposés, l'un s'intégrant dans l'environnement de développement *Eclipse*, sous la forme d'un *plugin*, l'autre étant un outil *cloud*, utilisable depuis un navigateur.

6.9. Synthèse

Nous nous proposons ici de faire une synthèse des principales notions exposées dans ce chapitre.

Nous avons commencé par examiner ce qu'était la modélisation des processus métier, et pourquoi celle-ci était importante, en particulier en vue d'une bonne définition des processus et de leur amélioration. Cette démarche permet de les optimiser et de les piloter de manière efficace, et déjà, tout simplement, de mieux connaître son organisation afin de se doter d'une capacité de réaction rapide face au changement. Cette modélisation est donc la base obligée dans la recherche d'un « alignement » du Système d'Information de l'organisation sur les besoins stratégiques de celle-ci, et, de manière générale, dans l'amélioration de l'efficacité.

Puis, nous avons vu en détail les spécificités du langage BPMN, afin de comprendre les principales possibilités de modélisation offertes par celui-ci. Il convient ici de faire les remarques suivantes :

- BPMN est un *standard*. Il n'est pas la propriété d'une entreprise particulière, en particulier d'un fournisseur d'outils ou d'un groupe d'utilisateurs, mais résulte d'une définition opérée et maintenue par un consortium, l'OMG, lequel est influant et reconnu pour sa capacité à diffuser et faire évoluer la spécification d'un langage. Bien sûr, la pérennité d'un langage est essentielle pour justifier les efforts entrepris par une organisation pour son adoption.
- BPMN est *soutenu et utilisé*. BPMN est activement soutenu, et se base sur une industrie puissante, apte à développer des outils qui permettent son utilisation effective. Des formations sont disponibles et une communauté importante de professionnels peut se réclamer de son utilisation.
- BPMN 2.0 définit une réelle *sémantique d'exécution*. Ceci offre des perspectives intéressantes, non seulement pour documenter les processus, mais aussi et surtout pour les mettre en œuvre au travers d'outils d'orchestration, rationalisant ainsi l'effort de modélisation consenti. De plus, une approche de conception, impliquant peu, voire pas, de programmation, semble se diffuser progressivement, laissant entrevoir la possibilité future de développements très simplifiés, au moins dans certains cas, au bénéfice d'un public doté de compétences métier, et non nécessairement techniques.

- Enfin, BPMN concerne tout à la fois *différents corps de métier*. L'utilisation d'un langage trop spécialisé n'est en effet en général pas réellement viable dans l'optique d'une collaboration multi acteurs efficace. BPMN répond à cette exigence d'*utilisabilité*, tant par les informaticiens que par les spécialistes des métiers et les utilisateurs finaux

Enfin, nous avons passé en revue les principes des outils permettant le développement d'applications basées sur BPMN. Cela nous a permis de comprendre les différentes approches afin d'en avoir une vue d'ensemble. BPMN s'accompagne d'outils puissants, permettant le développement d'applications exécutables en contexte opérationnel sur différentes plateformes, et connectables à des applications externes. S'il n'existe pas encore réellement, à l'heure actuelle, d'outils BPMS pleinement adaptés à un public non technique, certains de ces outils représentent néanmoins une base très intéressante allant dans cette direction.

Quelques réflexions sur BPMN

Ceci nous amène à quelques réflexions d'ordre général sur le langage BPMN. Comme nous l'avons vu, BPMN se positionne comme un langage général dédié à la modélisation de processus métier et, comme tout langage, malgré la richesse des éléments de modélisation offerts, il possède bien sûr ses limites.

La principale difficulté dans l'utilisation du langage de modélisation et des outils associés tient dans la nécessité d'appréhender tous les événements susceptibles de survenir au cours de l'exécution d'un processus, et la difficulté conséquente de couvrir dans les modèles tous les cas possibles et tous les imprévus pouvant survenir. On pensera ici par exemple à l'indisponibilité d'une ressource, aux erreurs humaines, à la fiabilité nécessairement imparfaite des traitements automatisés, etc. Toutefois, cette limite n'est pas propre à BPMN, mais réside plutôt dans le principe même d'une modélisation de processus métier, qui, par nature, intègre à la fois des tâches humaines et des tâches automatisées, et reste dans la pratique complexe à bien appréhender.

Un outil de modélisation des processus métier reposant sur des bases standard représente cependant une réelle avancée dans la vision même que l'on peut avoir du Système d'Information. En effet, la modélisation des processus métiers constitue une étape essentielle dans la démarche d'urbanisation. Elle permet de *recenser l'ensemble des processus métiers d'une organisation* et d'en avoir une *représentation d'ensemble claire et partageable*. Elle permet ainsi d'identifier les différentes activités, les flux d'échanges entre les différents acteurs et les services informatiques nécessaires à l'optimisation de ces processus.

De manière indirecte, la modélisation des processus métier va permettre d'identifier les blocs fonctionnels nécessaires à la bonne mise en œuvre de ceux-ci. De fait, il deviendra ainsi possible d'augmenter le niveau d'automatisation et l'optimisation des infrastructures techniques. Enfin, on pourra en décliner les architectures applicative et technique nécessaires à la mise en place des applications et des services.

Un mérite essentiel d'une telle approche est de faire abstraction de toute plateforme technologique particulière, et de permettre de se concentrer d'abord sur les objectifs à atteindre et les services conséquents à rendre.

CHAPITRE 7. Architecture orientée services

Objectifs de ce chapitre

Ce chapitre présente l'*architecture orientée services*, connue sous l'acronyme S.O.A. (*Service Oriented Architecture*), cadre structurant proposé aux fins d'architecturer le Système d'Information d'une organisation, et faciliter sa constitution progressive et son évolution.

Nous ferons d'abord un point sur les besoins actuels afférant à l'intégration des Systèmes d'Information, puis nous présenterons en détail les principes de base de l'architecture S.O.A. et les concepts qu'elle sous-tend, apportés en réponse à ces besoins.

Nous aborderons ensuite les aspects technologiques, en voyant comment pourra être constituée une plateforme d'intégration permettant la mise en œuvre de S.O.A.

Nous examinerons enfin les aspects méthodologiques de cette mise en œuvre, que nous illustrerons par le biais d'un exemple.

7.1. L'intégration des Systèmes d'Information d'entreprise

Nous allons évoquer ici en premier lieu les problèmes pratiques posés par l'intégration des Systèmes d'Information des organisations, les défis adressés, puis les différentes solutions architecturales historiquement adoptées en réponse à ces problèmes avec analyse de leurs limites. Nous introduirons alors l'*architecture orientée services*, dite *architecture S.O.A.* comme une nouvelle solution susceptible de mieux répondre aux défis indiqués, et manifestant une rupture par rapport aux approches plus classiques.

7.1.1. Les difficultés

Les Systèmes d'Information des organisations sont le plus souvent le résultat de nombreux développements informatiques successifs, menés au coup par coup, et de manière plus ou moins indépendante. En effet, il serait difficilement concevable de développer de tels systèmes totalement *ex nihilo*. Par ailleurs, dans une grande majorité de cas, l'activité d'une organisation est évolutive. Celle-ci devant répondre à l'évolution constante des marchés, et conséquemment de son offre, le système doit être *de facto* en constante adaptation. Les Systèmes d'Information évoluent donc par modifications ou ajouts successifs, en réponse à des besoins résultant de l'évolution de l'activité, de changements d'organisation, des fusions d'entreprises, mais aussi tout simplement à des fins de modernisation technologique.

Dans un très grand nombre de cas, ces systèmes apparaissent donc comme un *assemblage plus ou moins cohérent de nombreuses applications hétérogènes*, qu'il faut néanmoins faire communiquer. Pour ce faire, on met en œuvre des mécanismes de communication *ad hoc* entre ces applications, mécanismes qui, de fait, *ne reposent le plus souvent sur aucune logique d'ensemble préétablie*.

Une situation que l'on observe encore très fréquemment à l'heure actuelle en ce qui concerne la structure interne de grands Systèmes d'Information, est celle de structures dites en *« silos applicatifs »* : l'architecture est alors constituée d'un assemblage d'éléments applicatifs séparés et hétérogènes, avec un enchevêtrement de liens ajoutés assurant les interactions nécessaires entre les divers éléments. Une telle situation est symbolisée sur la figure ci-après, où l'on peut voir un Système d'Information constitué de différents ensembles d'applications et de bases de données, intégrés *a posteriori*. Pour qualifier cette complexité (que l'on devrait plutôt qualifier de « complication »), on parle, de manière familière, d'architecture « spaghetti » ou encore « accidentelle ». Pour qualifier le désordre apparent et son augmentation plus ou moins inexorable, on parle aussi parfois, de manière imagée, d'un *accroissement d'entropie*, en référence à l'évolution des systèmes en thermodynamique.

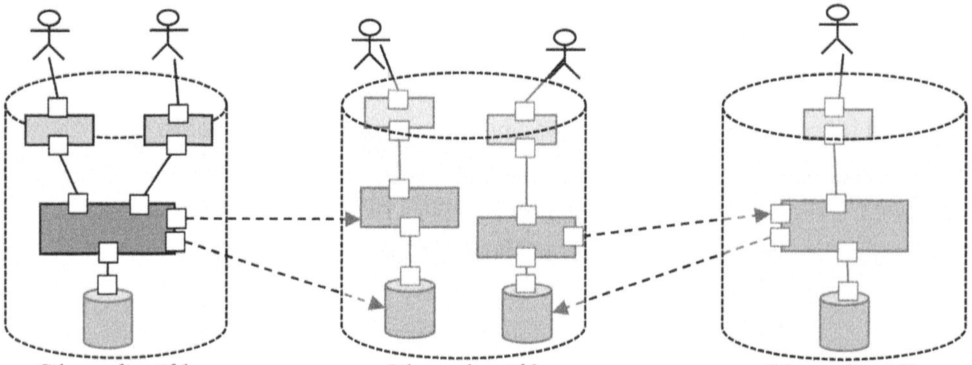

Figure 135. Architecture en « silos applicatifs ».

Une telle situation fait apparaître un certain nombre de *problèmes majeurs*.

D'abord, elle se traduit par une *difficulté d'évolution* dans les adaptations successives devant faire suite aux nouveaux besoins. Elle conduit de ce fait à des *coûts de maintenance et d'évolution de plus en plus élevés au fil du temps*. Chaque prise en compte d'un nouveau besoin se traduit par un développement applicatif consistant à créer une nouvelle application ou à modifier une application déjà présente, et à créer de nouveaux liens, ce qui conduit à un accroissement du « désordre ».

Par ailleurs, *il n'y a pas, ou très peu, d'explicitation des processus métier* de l'organisation. La formalisation des processus métier est, on le sait, une pratique indispensable à leur bonne mise en œuvre et à leur optimisation progressive. Les processus métiers de l'organisation étant, par nature, transverses aux différents domaines applicatifs, les règles métier et les données sont alors *dispersées* (et parfois partiellement dupliquées) entre les applications. Dans les cas que nous évoquons ici, il n'y a *pas ou peu de vision globale des processus métier*. Ce manque de vision globale rend en particulier très difficile la *visibilité sur l'état d'un processus* à un instant donné, alors que cette *auditabilité* est pourtant importante. En effet, dans tout processus, il faut être capable de répondre à tout instant à des questions, telles que, par exemple, celle de savoir à quelle étape d'avancement en est le traitement de tel ou tel évènement métier particulier. Elle rend également très difficile la *reprise correcte d'un processus après incident*.

Enfin, cette démarche ne conduit aucunement à promouvoir la *réutilisation de l'existant*, ni la *mutualisation* de parties logicielles communes. La *réutilisation* consiste à reprendre des artefacts logiciels aux fins de contribuer à une nouvelle solution, et bénéficier ainsi d'un effort de développement déjà consenti. La *mutualisation* va plus loin : elle consiste, pour une nouvelle application, à accéder aux services d'un composant *déjà déployé et déjà en opération* (composant qu'il faut donc pouvoir invoquer en concurrence). Il s'agit dans les deux cas de mise en commun de code, mais pas à la même étape du cycle de vie des applications.

7.1.2. Les défis actuels

Il y a donc de nombreux défis liés au développement et à la gestion de l'évolution des grands Systèmes d'Information. Nous allons ici considérer ces défis.

Un premier défi à relever est celui de l'*intégration d'applications hétérogènes*, en faisant en sorte que ces dernières puissent communiquer et interagir.

Par ailleurs, il faut doter le système d'une certaine *capacité à évoluer*, pour obtenir ce qu'il est convenu d'appeler son « alignement » continu avec le métier et ses processus : il s'agit ici de faire en sorte que la structure interne du Système d'Information permette une adaptation aisée aux besoins, et puisse ainsi facilement évoluer avec ceux-ci. On parle d'*agilité* du système.

Pour cela, il est indispensable d'opérer une certaine *rationalisation* du Système d'Information, avec, plus précisément, la conception d'une *architecture de référence* servant de cadre fédérateur aux évolutions futures. De la solution apportée à ce défi découlera naturellement une plus grande facilité à surmonter les difficultés évoquées plus haut.

Bien sûr, on devra en outre s'efforcer d'assurer au mieux la *réutilisation* et/ou la *mutualisation* des composants logiciels développés au cours de ces évolutions.

Il est clair que nous avons ainsi besoin d'un *modèle d'architecture*, servant de cadre structurant à l'intégration des nouveaux développements, et, plus généralement, à l'évolution du Système d'Information en réponse aux nouveaux besoins. Un tel modèle sera utilisé comme guide dans la refonte progressive du système.

Une voie proposée en réponse à ces défis est l'*architecture orientée services* (*Service Oriented Architecture*, ou plus brièvement « *S.O.A.* »), développée essentiellement au début des années 2000. C'est cette approche que nous allons développer dans la suite de ce chapitre. Il s'agit d'un *style architectural*, qui guidera donc la définition des composants ainsi que leur manière d'interagir. On notera qu'on parle parfois d'*architecture orientée ressources*, ou style *R.O.A.* (*Resources Oriented Architecture*), pour désigner les mêmes principes architecturaux mis en œuvre dans le cadre particulier des *Services REST*.

7.1.3. Les approches

Nous avons vu qu'une difficulté majeure était d'assurer l'interopération d'applications *hétérogènes* déjà développées de manière simple. Le qualificatif « hétérogène » est à prendre ici dans tous les sens du terme, dont ceux de l'hétérogénéité *technologique* (les langages de programmation et les plateformes d'exécution ne sont pas forcément les mêmes), *syntaxique* (les données structurées sont représentées selon des formats propres à chaque application) et bien sûr *sémantique* (des entités de données comparables n'ont pas nécessairement exactement le même sens dans une application et dans une autre). Historiquement, différentes approches ont été utilisées au cours du temps pour mener l'intégration des applications dans ce contexte d'hétérogénéité. Avant d'examiner S.O.A., nous allons donc passer en revue ces approches et les principes les gouvernant, afin de mettre en évidence leurs limitations et les besoins auxquels se propose de mieux répondre, au moins en partie, l'architecture S.O.A.

Intégration par les données

La première approche pour l'intégration est l'*intégration basée sur les données* (*Data Driven Architecture*). Dans ce cas, ce sont les *bases de données* qui servent de moyen de communication entre les applications. On autorise alors une application à lire, voire à mettre à jour, dans certaines limites, la base de données de telle ou telle autre application, comme ceci est symbolisé sur la figure ci-dessous :

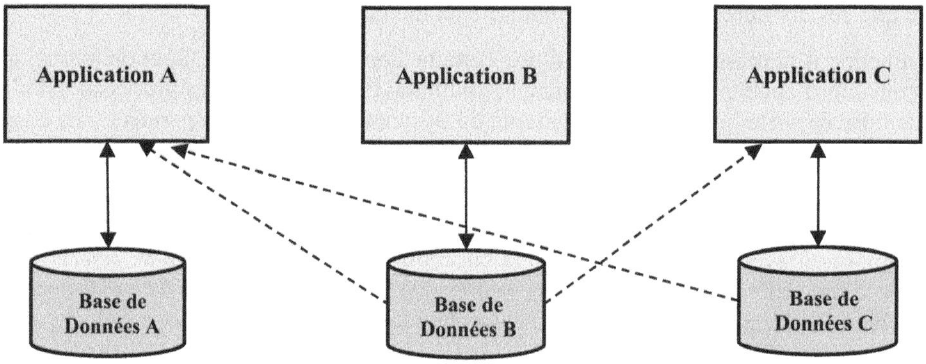

Figure 136. Architecture avec intégration par les données.

Chaque application doit bien sûr alors traduire les données lues dans les termes de ses propres structures applicatives. L'outil d'intégration entre applications est alors tout simplement la base de données. Pour faciliter cette mise en œuvre, il peut être utile de s'appuyer des techniques attachées aux Systèmes de Gestion de Bases de Données Relationnelles comme celles permettant la *réplication automatique* (bases de données dites *répliquées*). Nous voyons que l'approche d'*intégration par les données*, qui met au centre de l'architecture les schémas de bases de données, conduit à de nombreuses difficultés. En particulier, rien n'est explicitement prévu pour la synchronisation des différents applicatifs. Par ailleurs, les processus métiers ne sont absolument pas explicitement apparents, et les difficultés mentionnées ci-avant restent entières.

Cette approche d'*intégration par les données* n'est plus réellement choisie dans la pratique, hormis des cas spécifiques, où les aspects liés à une synchronisation parfaite des bases de données n'est pas indispensable. C'est le cas par exemple des *bases de données décisionnelles*, mettant en œuvre des *entrepôts de données*. On utilise alors une ou plusieurs bases de données particulières, créées à des fins *décisionnelles*, et alimentées de manière régulière à partir des bases de données des applications opérationnelles. Du fait de la nature de l'information produite à partir de ces bases, essentiellement statistique, il n'est pas utile en général de propager de manière immédiate les modifications des données.

Dans le cadre de ce que l'on nomme les *entrepôts de données* (domaine du *Data warehouse*), les développements logiciels liés à la transformation des données peuvent être facilités par l'utilisation d'*outils* dits d'*ETL* (*Extract*, *Transform*, *Load*), qui permettent de développer facilement les adaptateurs de donnée nécessaires.

Intégration par les événements

Cette deuxième approche, souvent désignée par l'acronyme *E.D.A.* (*Event Driven Architecture*) correspond à une interopération des différents applicatifs par *envoi de messages* entre ceux-ci, c'est-à-dire avec un *couplage faible*.

On utilise le plus souvent pour ce faire des outils d'intégration appelés *E.A.I.* (*Entreprise Application Integration*), basés sur l'utilisation d'*intergiciels* de type M.O.M. (*Message Oriented Middleware*). Un applicatif peut alors envoyer une information à un autre applicatif via une *queue de messages*, pour ainsi l'informer qu'une étape dans l'exécution d'un processus a été franchie, et qu'il peut prendre la suite en traitant l'information ainsi envoyée. Il peut aussi émettre une information sans destinataire identifié en mentionnant juste un *sujet*, selon le principe déjà vu de *publication et abonnement*. Ce dernier mode d'utilisation est un moyen puissant d'intégration. Il permet par exemple de propager immédiatement la mise à jour d'une donnée (par exemple, la création d'un nouveau client) vers *tous les applicatifs* devant en être informés. Lorsqu'une nouvelle application nécessitant cette information est créée, elle s'abonne à un sujet, et il n'y a alors nul besoin de mettre à jour le code de l'application productrice, l'information étant automatiquement transmise

Le principe général de l'*intégration par les événements* est représenté sur la figure ci-dessous.

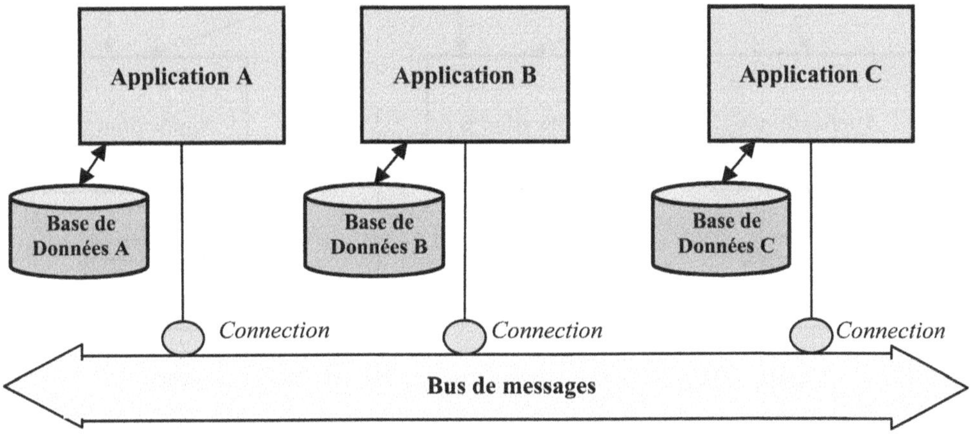

Figure 137. Architecture avec intégration par les événements.

Malgré les avantages liés à cette approche, il convient de noter que l'usage d'un *intergiciel* de type MOM est impérativement requis dans la pratique de sa mise en œuvre. De tels outils sont parfois onéreux, et ont souvent une certaine lourdeur de mise en œuvre. De plus, ils peuvent reposer sur des mécanismes spécifiques propres à l'éditeur du logiciel.

Par ailleurs, dans l'approche d'*intégration par les événements*, beaucoup de difficultés parmi celles mentionnées plus haut subsistent. En particulier, *les processus métiers sont toujours « dilués » comme un ensemble épars de règles métier* au sein des différentes applications. Les reprises sur incidents peuvent toujours poser beaucoup de problèmes. Enfin démarche ne fournit pas réellement de cadre structurant pour architecturer le système global.

Intégration par les processus métier

L'*intégration par les processus métier*, ou *P.O.A.* (*Process Oriented Architecture*) consiste à *expliciter et décrire les processus métiers dans un langage adapté*, puis à *piloter les traitements* par l'intermédiaire d'un *orchestrateur générique* prenant en entrée les descriptions de ces processus.

Dans cette approche, chaque processus est donc décrit comme une *donnée*, que l'*orchestrateur* va *lire et traduire en actions*, c'est-à-dire *interpréter*. Ceci permet de faire évoluer très facilement les processus existants, ou encore d'en mettre en place de nouveaux. Une telle organisation est symbolisée sur la figure ci-dessous. On notera bien sûr que le langage BPMN et les outils associés sont alors de très bons candidats pour formaliser et exécuter les processus.

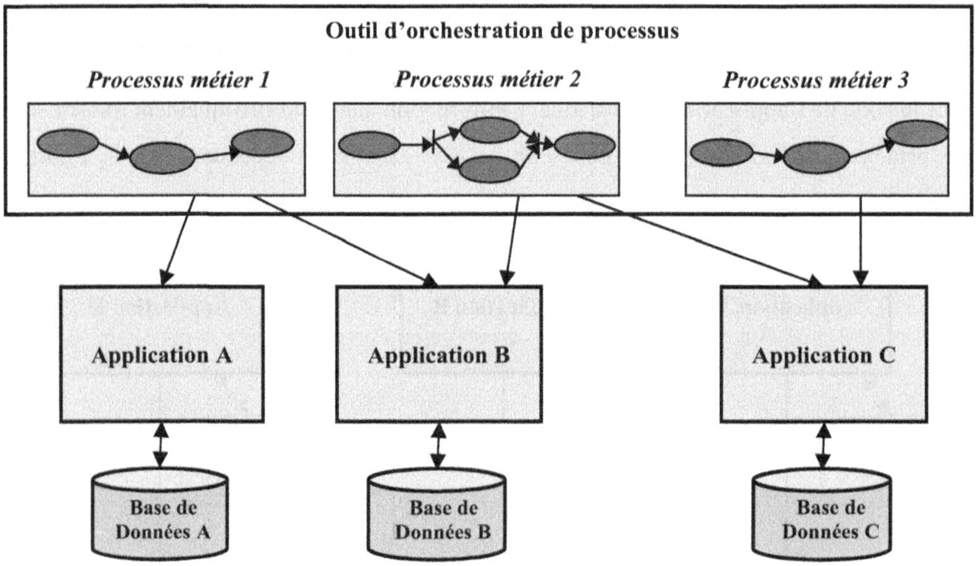

Figure 138. Architecture avec intégration par les processus.

Un processus est constitué d'un ensemble coordonné d'activités, qui sont, de manière générale, soit des *traitements informatisés*, invoqués automatiquement, soit des *activités humaines*, ces dernières donnant lieu en général à l'exécution d'*applications interactives* venant en support à l'usager.

Par exemple, dans le Système d'Information d'une entreprise, le traitement d'une commande client donne lieu classiquement à une certain ensemble d'activités, dont certaines sont *complètement informatisées* (par exemple vérifier un code produit, déterminer une disponibilité en stock, débiter un compte, etc.) alors que d'autres restent *humaines* (par exemple mettre le produit en expédition, traiter les cas d'erreur, répondre aux réclamations, etc.). Ces dernières correspondent à l'exécution d'*applications interactives*, permettant de délivrer à l'acteur humain les informations nécessaires à l'exécution de sa tâche, mais aussi d'informer le système du résultat de l'action humaine menée.

Une organisation avec un pilotage par les processus métier, décrite ci-dessus, est garante d'une grande souplesse. Les processus métier et leur état à tout instant sont parfaitement définis. Toutefois, une difficulté subsiste : il convient en effet dans cette approche d'intégrer dans les processus orchestrés l'exécution des applications, représentant les traitements à mener, alors qu'il n'y a aucune raison particulière pour que ces dernières aient été conçues dans l'optique d'être appelées par un orchestrateur et d'interagir avec lui.

Nous verrons que, dans son principe, S.O.A. est un *modèle de structuration du Système d'Information* d'une organisation, qui suit le principe des *processus orchestrés, en posant de plus la notion de Service comme unité de base pour la structuration des traitements*. A ce titre, S.O.A. reprend donc le principe d'explicitation des processus métiers du BPM, et utilise les modèles de ces processus pour piloter les traitements applicatifs. Nous reviendrons en détail sur ces principes dans la suite.

Autres approches d'intégration

Parmi les autres mécanismes d'intégration utilisés, mentionnons les *outils de workflow*. Ces outils restent destinés à des classes bien particulières de processus que sont les chaînes de validation par des acteurs humains (processus dits « *human driven* »). Ils ne sont pas destinés en principe à l'orchestration d'activités automatiques, et sont plutôt dédiés au périmètre de certains domaines fonctionnels. Les outils existants sont plutôt des outils propriétaires, et leur capacité d'intégration reste limitée.

Enfin, les *portails Web* fournissent une certaine forme d'intégration, concrétisée par la mise à disposition centralisée à un utilisateur d'un ensemble d'applications dispersées au sein du Système d'Information. L'intégration est ici opérée au niveau de l'interface interactive, ce qui peut être intéressant dans certains cas, mais ne constitue pas un mécanisme générique pour l'intégration d'un système.

7.1.4. Les besoins afférant à une architecture d'intégration

Avant d'aborder les principes de l'*architecture orientée services*, faisons d'abord un point sur les caractéristiques que l'on peut attendre d'une infrastructure d'intégration dans le cadre d'un Système d'Information à construire ou à faire évoluer.

Nous aurons d'une part des *exigences liées aux métiers*. Ceci concernera :

- Le besoin de déploiement rapide de nouveaux processus métier.
- La capacité à faire cohabiter plusieurs générations technologiques, sous la forme de différentes applications hétérogènes, développées avec différentes technologies logicielles.
- La capacité à délivrer à un usager une vision « temps réel » de l'activité en cours, permettant une réaction en temps opportun à un incident, mais également, si besoin, de générer des indicateurs représentatifs par exemple des performances et de la qualité du service.

A cela s'ajouteront des *exigences dites techniques*. Nous attendrons essentiellement ici la *facilité d'intégration* de nouvelles applications, c'est-à-dire une *capacité d'ouverture*. Nous attendrons aussi une capacité à valoriser les développements existants via une possibilité de *mutualiser ces développements* et de les *composer* pour créer très simplement de nouvelles applications.

Pour satisfaire à ces exigences, et mettre en place une telle infrastructure, nous aurons besoin de *principes architecturaux*, ainsi que d'une *infrastructure d'intégration* associée, permettant :

- Un mode d'*interaction* simple entre les composants.
- Une *gestion des processus et des applications*, avec une présence de *métadonnées* les décrivant.
- La fourniture de *services de base*, permettant de satisfaire à des besoins non fonctionnels, tels que la sécurité des échanges, la garantie l'acheminement des informations échangées, etc.

7.2. Les principes de l'architecture orientée services

Comme nous l'avons déjà évoqué, l'*architecture orientée services,* ou encore *Service Oriented Architecture*, plus brièvement *S.O.A.*, est sur le principe un modèle, dit aussi *style*, d'architecture prenant pour base l'intégration des composants applicatifs par le biais des processus métier de l'organisation. Mais, de plus, et c'est là sa spécificité, S.O.A. prend en outre la notion de *Service* comme unité de base de structuration des traitements.

Après une rapide évocation de la notion de *processus métier*, que nous avons déjà vue, nous définirons plus précisément la notion de *Service* telle qu'elle est comprise dans S.O.A., pour introduire ensuite plus précisément les *principes fondateurs de l'architecture S.O.A.*

7.2.1. Les processus métier

Nous savons qu'un *processus métier* est, de manière générale, un enchaînement *d'activités métier*, automatiques ou réalisées sous le contrôle d'*acteurs* de l'organisation, produisant une certaine valeur ajoutée pour celle-ci.

La figure ci-dessous donne une illustration informelle de cette notion de *processus métier,* où figurent différentes tâches et acteurs responsables de celles-ci. Nous y avons fait figurer des *couloirs d'activités* permettent de regrouper les activités relevant de la responsabilité du même acteur.

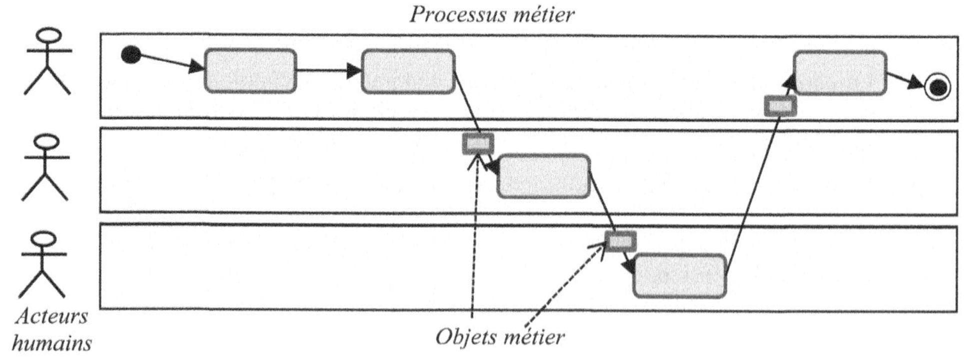

Figure 139. Exemple de processus métier.

Chaque activité d'un processus consomme et/ou produit des *objets métier*. Chaque *objet métier* représente un élément d'information manipulé et/ou échangé par des acteurs de l'entreprise, indépendamment de sa concrétisation dans la solution informatique mise en place. Un processus est déclenché par un *événement*. Un événement provient soit d'un acteur humain, soit d'un changement d'état d'un objet métier. Par exemple, un processus de facturation va manipuler des objets métier « Contrat » et « Facture » et sera déclenché sur validation d'un objet métier « Commande ».

Comme nous l'avons vu, un processus métier peut être modélisé en utilisant par exemple le *langage graphique BPMN*. Un tel processus comprendra, de manière générale, des *activités automatisées*, et des *activités réalisées par un acteur humain ou placées sous son contrôle.*

7.2.2. La notion de Service

Revenons sur la notion de *Service*. Dans S.O.A., un *Service* représente un certain comportement *régi par un « contrat »*, qui précise en particulier l'interface permettant de l'invoquer. Ce Service est concrétisé par un composant logiciel, et peut être alors utilisé par tout autre composant, *sur la base unique de ce contrat*. C'est donc en fait un composant logiciel déployé, exposant des fonctionnalités à valeur ajoutée dans un domaine métier donné, au profit de logiciels clients, et avec une notion de *couplage faible*.

On attend en outre d'un *Service* des caractéristiques particulières. Ainsi, un *Service* est-il :

- *Référencé* : il est identifié, et ses caractéristiques propres, telles que ses modalités d'appel, sont enregistrées dans un *annuaire*.
- *Mutualisé* : il est invocable par toute autre entité logicielle, en particulier par une application ou un autre Service.
- Accédé par le biais d'une *interface standardisée, décrite dans un langage neutre*, c'est-à-dire sous une forme indépendante de tout langage de programmation ou plateforme d'exécution particulière.

Un *Service* est donc une *vue logique* de traitements et/ou d'accès à des données, et qui encapsule complètement l'hétérogénéité des technologies logicielles sous-jacentes. Un *Service* représente donc une couche d'abstraction entre les processus et les implémentations technologiques dans le Système d'Information. Un *Service* est concrétisé par son implémentation sous la forme d'un composant logiciel, comme le symbolise la figure ci-dessous :

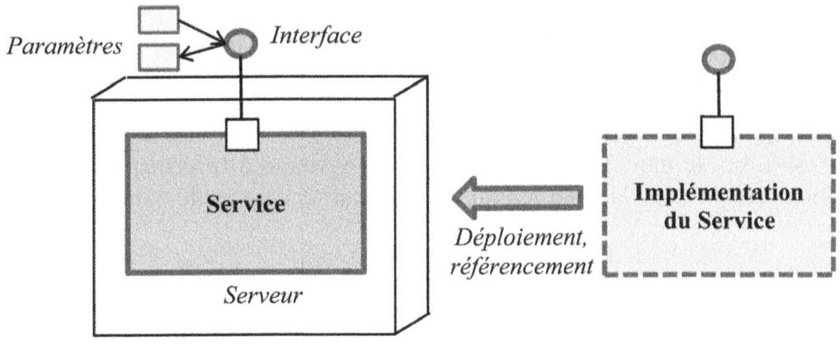

Figure 140. Illustration de la notion de Service.

Ceci rejoint bien sûr la notion de *Service* déjà abordée en préambule à la présentation des *Services Web*. Cette notion de *Service* est abstraite, exempte de tout présupposé quant à la technologie employée. Dans S.O.A., comme nous le verrons dans la suite de ce chapitre, c'est le *Service* qui sera utilisé comme *élément de base dans la construction du Système d'Information*. Cette utilisation se placera *dans le périmètre d'une organisation particulière*, éventuellement étendue aux organisations clientes ou partenaires.

L'*interface* d'invocation d'un *Service* est constituée d'*une ou plusieurs opérations* qui représentent les traitements offerts par celui-ci. Pour décrire l'interface d'appel dans un langage neutre, le standard de fait utilisé est le langage *WSDL*. Mais le fait de définir l'interface d'un Service en WSDL ne signifie pas que les *Services* doivent être nécessairement implémentés par des *Services Web SOAP* (c'est-à-dire avec SOAP comme protocole de communication), ni qu'ils le soient au-dessus du protocole HTTP.

Le référencement des *Services* au sein d'une organisation sera réalisé à travers la mise en place d'*annuaires de Services*, lesquels indiqueront notamment où sont déployés les Services et comment y accéder. Comme on peut s'en douter, de tels annuaires pourront être mis en place en utilisant le standard *UDDI* (*Universal Description, Discovery and Integration*).

7.2.3. Les principes de base de l'architecture S.O.A.

Après cette notion de Service, examinons maintenant les principes à la base de l'*architecture orientée services,* dite S.O.A.

On pourrait définir S.O.A. de manière plus précise comme un *style d'architecture logicielle dans lequel les processus métier de l'entreprise sont des entités logicielles paramétrables, orchestrant des appels à des Services et des interactions avec les acteurs humains de l'organisation.*

Le *Service* est ainsi l'*élément* de base *de structuration* de l'architecture. Les différentes fonctions métiers devront ainsi apparaître sous la forme de *Services*. Elles seront donc *de facto mutualisables*.

De *nouveaux Services* pourront être créés en s'appuyant sur les *Services* déjà déployés. Un *Service* pourra ainsi être appelé :

- Par un *processus métier.*
- Par un autre *Service.*
- Par un acteur humain, à travers une *application interactive.*
- Par un composant applicatif classique.

La figure ci-après symbolise le *modèle de base d'une architecture orientée services* ainsi évoqué, c'est-à-dire le modèle d'architecture d'un Système d'Information basé sur le style S.O.A. Nous verrons dans la suite les rôles de chacun des types de composants ainsi représentés.

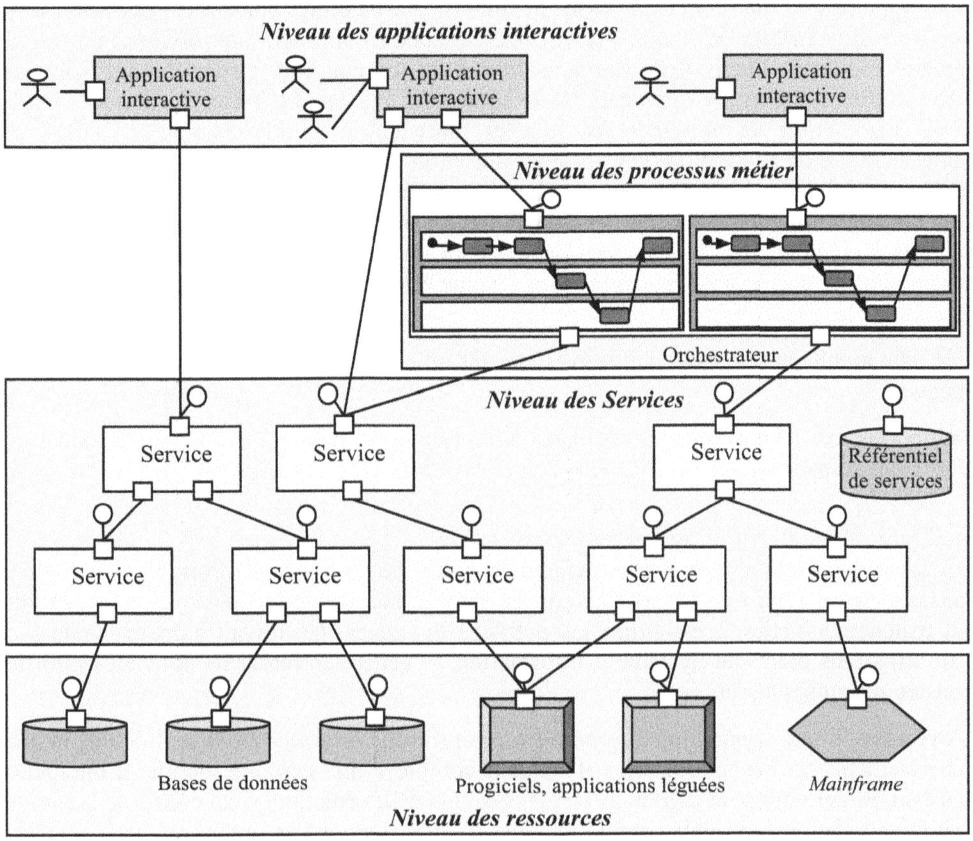

Figure 141. Le modèle de base de l'architecture S.O.A.

Nous voyons qu'une telle architecture fait apparaître quatre niveaux :

- Le niveau des *applications interactives*, composants venant en support aux tâches humaines, et en charge des interactions avec les usagers. Ces applications s'exécutent en invoquant des *Services*.
- Le niveau des *processus métiers*. Un processus s'y exécute en s'appuyant sur des *appels de Services*. Il peut par ailleurs interagir avec des *applications interactives*. Un processus est défini *de manière déclarative*, sous la forme d'une *donnée* interprétable par un moteur d'exécution générique, l'*orchestrateur*. Sur le principe, un *processus métier* pourra apparaître lui-même comme un *Service* de plus haut niveau, et être invoqué comme tel.
- Le niveau des *Services* proprement dits, où sont présents les différents *Services*, organisés sous la forme d'une hiérarchie de décomposition fonctionnelle. De manière générale, un *Service* peut donc être invoqué par une *application interactive*, un *processus métier*, ou encore un autre *Service*.
- Le niveau des *ressources applicatives*, où sont regroupées les différentes bases de données utilisées, mais aussi d'éventuelles applications *léguées*.

Nous appelons ici *référentiels* les bases de données particulières constituées des *données de l'organisation stables ou peu évolutives*. Ces données s'opposent aux *données évolutives*, caractéristiques de l'activité de l'organisation et de son état à un instant donné. Nous verrons que, dans S.O.A., les invocations de toutes ces *ressources*, bases de données évolutives, *référentiels* et *applications léguées*, doivent impérativement être faites par l'intermédiaire de *Services dédiés*, lesquels auront la charge d'encapsuler celles-ci, et de les rendre accessibles à distance. On notera que l'on place dans le concept d'*application léguée* tous éléments logiciels issus de développements passés, dont l'opération doit perdurer, y compris d'éléments logiciels anciens présents sur un *mainframe*. On suppose bien sûr que des passerelles convenables peuvent, dans chaque cas, être développées de sorte à encapsuler de tels éléments.

Une telle architecture est par nature *répartie* sur un certain nombre de serveurs et de postes clients.

Examinons maintenant plus en détail les composants présents à chaque niveau, ainsi que leurs rôles respectifs.

Le niveau des applications interactives

Les *applications interactives* représentent la partie du Système d'Information « visible » par les usagers. Leur rôle consiste à venir en support aux acteurs humains dans les activités qui restent manuelles, c'est-à-dire les *activités humaines*. Ce travail s'opère sur la base d'informations issues du Système d'Information, et génère en retour de nouvelles informations ou des mises à jour.

L'exécution d'une *application interactive* repose sur une *Interface Homme Machine* et, plus généralement, sur du code applicatif rendant compte d'une certaine logique d'interaction entre un usager doté d'un certain rôle et le Système d'Information. Ceci constitue la *logique applicative*. Selon le principe prôné par S.O.A., les *composants applicatifs* ici considérés sont circonscrits à ce rôle. Ils ne sauraient être en charge des traitements purement métiers, ces derniers étant confiés à des *Services*, qui rendent donc compte pour leur part de la *logique métier*. On distingue donc bien ici la *logique applicative* d'une part, laquelle rend compte des interactions avec la machine nécessaires la réalisation d'une activité humaine, et prise en charge par le code des applications dont il est question ici, et la *logique métier* d'autre part, qui pour sa part rend compte des actions prenant sens au niveau global du domaine métier, nécessairement implantées dans des *Services*.

On utilise parfois le terme d'*application composite* pour désigner de telles applications, afin de manifester l'idée que la fonctionnalité offerte par une application repose non seulement sur le code de celle-ci, mais aussi, le plus souvent, sur une composition de différents *Services*.

En termes techniques, nous pourrons avoir des *applications stand alone*, tournant sur un poste de travail, ou bien encore des *applications Web*, issues de serveurs et exécutées sur le poste client, via un navigateur. Dans tous les cas, le code de l'application appelle des *Services*, placés sur différents serveurs matériels distants.

Le niveau des processus métier

Les *processus métier* représentent la façon dont l'organisation réagit à un événement métier. Ils sont le plus souvent exécutés par le biais d'un *orchestrateur*, lequel prend en entrée leurs descriptions sous forme de *données* et concrétise les actions décrites par une exécution logicielle. L'orchestrateur exécute ainsi les *activités automatisées* en invoquant des *Services*. On parle de *composition orchestrée de Services*.

La figure ci-dessous illustre l'exécution d'un *processus métier* matérialisée par des appels de *Services*.

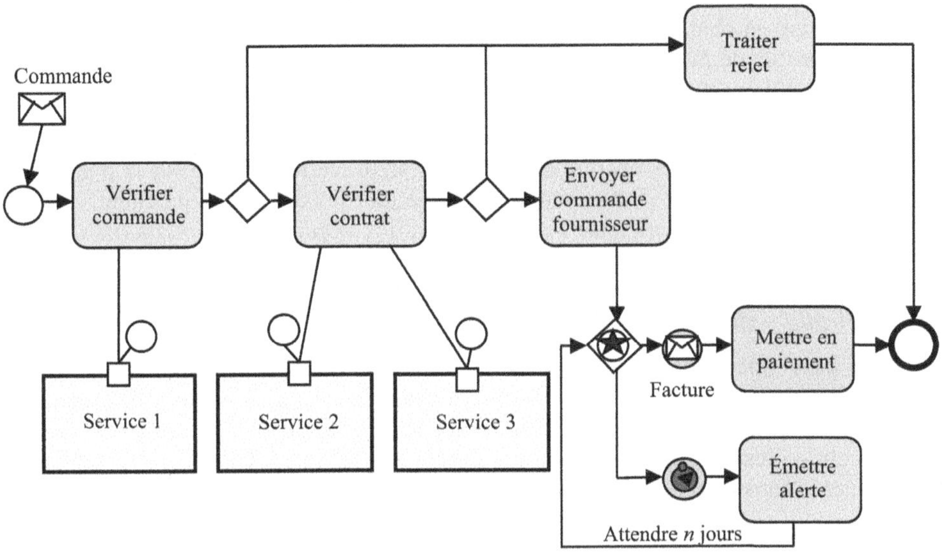

Figure 142. Exemple de composition orchestrée de Services.

Le niveau des Services

Le niveau des *Services* est constitué des composants implémentant les *Services* dont il a été question ci-avant, exposés et invoqués exclusivement par le biais de leurs *interfaces publiées*. Ces dernières constituent donc des *façades* homogènes. Les *Services* ainsi déployés sont susceptibles d'être *mutualisés* au niveau de l'organisation, c'est-à-dire de servir de briques de construction pour le développement de nouvelles applications, le déploiement de nouveaux processus, ou encore la construction de *Services* de plus haut niveau.

Un *Service* peut donc être développé en prenant appui sur des fonctionnalités plus simples fournies par des *Services* déjà déployés. Le niveau des *Services* apparait donc essentiellement comme une *hiérarchie*. Cette hiérarchie n'impose nullement une décomposition purement arborescente. L'idée est au contraire qu'un même *Service* puisse systématiquement servir de brique de construction *à tout nouveau service à développer*. Ceci conduit donc, non à une arborescence, mais plutôt à un *graphe hiérarchisé de Services*.

L'implantation technique la plus classique des *Services* est celle des *Services Web SOAP*, où, comme nous l'avons vu, le protocole d'invocation de Services est SOAP, *WSDL* le *langage de description des Services*, et enfin *UDDI* le standard pour la *structuration et l'interrogation des annuaires*. Toutefois, le concept d'architecture S.O.A. peut être mis en œuvre tout à fait indépendamment de cette implantation particulière et ne lui est pas lié.

Dans un déploiement de S.O.A. à grande échelle, il est courant de s'appuyer sur un outil dédié, appelé souvent E.S.B. (acronyme de « *Entreprise service Bus* »). Un tel *intergiciel*, fournit alors *a minima* une implantation des connecteurs supportant les communications entre composants, en faisant abstraction de la diversité des protocoles et des mécanismes logiciels sous-jacents. De manière générale, il existe différents périmètres de fonctionnalités possibles pour les outils dénommés « E.S.B. », fonction du produit considéré. Ceci va de la simple prise en charge des mécanismes d'invocation, avec éventuellement la fourniture d'un référentiel de *Services*, jusqu'à la mise à disposition d'une plateforme complète d'hébergement et d'exécution des *Services*.

Les *Services* peuvent avoir différentes granularités. Comme nous l'avons indiqué, les *Services* dits *métier* réalisent des opérations ayant une signification directe sur le plan du métier (par exemple enregistrer un commande, mettre à jour les données d'un client, etc.). Les *Services métier* sont *invoqués par les processus*, les *applications interactives*, ou par d'autres *Services*. Par ailleurs, on parle parfois de *Services applicatifs* pour désigner l'encapsulation d'un certain aspect de la logique applicative dans un *Service*. A ce titre, un *Service applicatif* s'appuiera donc logiquement sur un ou plusieurs *Services métiers*[1].

De manière à invoquer facilement ces *Services* et à les mutualiser, leur invocation doit *faire usage en paramètres d'objets standardisés* au niveau global du Système d'Information. Il est donc nécessaire de disposer à ce niveau d'un certain *modèle des objets métier*. On trouvera dans celui-ci les descriptions de classes d'objets telles que « Client », « Commande », « Article », etc. Nous reviendrons sur ce point.

Les *Services métier* peuvent s'appuyer sur des *Services de plus bas niveau*, de faible granularité, que l'on appelle les *Services techniques*, par essence *mutualisables*. Un *Service technique* n'a pas de sens particulier en termes de métier, son rôle se bornant à abstraire une ressource d'usage général (comme par exemple une imprimante) ou un traitement générique (comme par exemple une fonction d'authentification) aux fins de la mutualiser de manière plus efficace.

Enfin, il existe un autre type de Service, constitué des *Services CRUD*, en rapport avec l'accès aux *ressources de données*, et dont nous allons parler dans suite.

Le niveau des ressources

Le niveau des *ressources* est constitué des *bases de données*, qui préexistent souvent à la démarche de mise en œuvre de l'approche S.O.A. dans une organisation.

On place également dans ce niveau des ressources certaines *applications déjà en service*, des progiciels (par exemple un ERP[2], un logiciel métier spécifique, etc.), et toutes les applications dites *léguées*. On sait qu'une application *léguée* (ou *legacy*) est une application métier de génération antérieure, mais qui reste (au moins pour un temps) en opération, maintenue ou non. Il s'agit alors, en particulier, d'accéder aux données gérées dans celle-ci au bénéfice des applications plus récentes. De manière générale, on place à ce *niveau des ressources* les applications que l'on souhaite continuer à opérer telles quelles, sans modifications, ce qui peut inclure, comme déjà évoqué plus haut, des applications anciennes tournant sur un *mainframe*.

---

[1] On prêtera attention au fait que ces termes de *Services applicatif* et de *Services métier* sont parfois employés avec d'autres sens, différant quelque peu de ceux adoptés ici.

[2] *Enterprise Ressource Planning*, ou *Progiciel de Gestion Intégré*.

Les Services CRUD

Dans l'approche S.O.A., les ressources ne sont pas accédées directement, mais le sont *via des Services dédiés,* que l'on appelle les *services CRUD* (*Create*, *Retrieve*, *Update*, *Delete*)[1], acronyme reflétant les quatre primitives génériques de manipulation de toute donnée. C'est par l'intermédiaire de tels *Services* que l'on devra passer pour créer une donnée, la retrouver par sélection à partir d'un identifiant ou selon des critères spécifiés, la modifier, ou encore la détruire, et non par manipulation directe de cette donnée. Ainsi, un tel Service encapsule donc des *ressources de données*, et permet d'y accéder par le biais de primitives de base simples et homogènes.

La finalité d'un *service CRUD* est de permettre l'accès aux données relatives à une certaine classe d'objets métier (par exemple un « Client », une « Commande », un « Article », etc.). Tout composant de l'architecture S.O.A. doit alors passer par un tel service pour créer, mettre à jour, détruire, ou rechercher un objet de ce type. On développera ainsi un *Service* appelé par exemple *Clients*, ou *GestionClients*, comme interface obligée pour créer, modifier, détruire ou recherche un objet « Client ». Les *Services* CRUD sont appelés par les *Services métier*, les *Services applicatifs*, ou encore directement par les *processus* (via l'orchestrateur) ou les *applications interactives*, mais pas par d'autres *Services CRUD*.

Cette encapsulation est rendue nécessaire par le fait que les données d'un même *objet métier*, en général de granularité forte, peuvent, dans la pratique, être distribuées sur plusieurs bases de données physiques et/ou gérées par plusieurs logiciels. Par exemple, certaines propriétés attachées à un client seront gérées dans la base commerciale, alors que d'autres propriétés le seront dans la base d'une application de gestion clients (par exemple une application classique de CRM, ou *Customer Relationship Management*). Un *service CRUD* réalise donc la *centralisation logique des accès à un certain type de donnée*. Il réalise également le *masquage des requêtes* effectivement adressées aux bases de données et aux progiciels invoqués, ainsi que toutes les opérations nécessaires au regroupement des données éparses en *objets métier complets et cohérents* lors des accès.

Les *services CRUD* ont également vocation à encapsuler, si besoin, certains aspects de la *logique métier propre au cycle de vie d'une classe d'objets*. Par exemple, lorsque l'on détruit un objet métier, ceci peut implicitement nécessiter la destruction d'autres éléments de données directement attachés à celui-ci. La destruction, ou simplement la mise à jour d'un objet, peuvent également nécessiter de sauvegarder les données de celui-ci dans une base « historique » dédiée à cet effet, préalablement à cet effacement ou à cette mise à jour. C'est un cas d'*historisation*, à des fins d'audit ultérieur par exemple, ou tout simplement pour satisfaire à des impératifs légaux. Le service CRUD a vocation à prendre en charge de lui-même de telles actions, en les encapsulant dans les primitives de mise à jour et de destruction.

Les Services techniques

Nous avons déjà évoqué une forme particulière de Service, les *Services dit techniques*. On introduit si nécessaire de tels *Services* dans le but d'encapsuler de manière standard des accès à des *fonctions communes*, non rattachées à des éléments métier particuliers, par exemple une fonction d'authentification, transversale aux métiers, ou encore l'accès à un périphérique commun. Une telle encapsulation permet alors le masquage des détails tech-

---

[1] On dit parfois « *Read* » pour ce qui est du R. « *Retrieve* » nous semble plus exact car il faut bien sûr retrouver une donnée, par une recherche selon certains critères avant toute opération de *lecture* proprement dite de celle-ci.

niques afférant à un appel, en permettant en particulier la *substituabilité* de la ressource. De tels *Services* n'entrent pas réellement la hiérarchie d'appel des *Services*, dans la mesure où ils sont susceptibles d'être appelés par tout autre composant dont des Services de tous niveaux.

Le référentiel de Services

Un composant particulier, non encore examiné, joue un rôle central : il s'agit de l'*annuaire*, ou *référentiel des Services*. Celui-ci est en charge de référencer l'ensemble des *Services* déployés dans l'organisation, en mémorisant un certain nombre d'informations associées, dont l'interface, avec les *opérations offertes* par le Service, l'adresse de ce Service, ainsi que toute information utile afférant aux modalités d'appel. Il doit être alors possible à un usager, mais aussi à une application ou à un autre *Service* de « découvrir » ce *Service* par le biais d'une *requête de sélection sur ce référentiel*. Dans le cas d'une entité logicielle ayant ainsi découvert ce *Service*, il doit être alors possible à celle-ci d'invoquer conséquemment ce dernier *de manière dynamique*.

Il est souvent utile de répliquer ce référentiel, tant pour les aspects liés aux performances que pour ceux liés à la disponibilité. Afin de ne pas compliquer la figure présentée plus haut, nous n'avons pas représenté sur celle-ci les liens d'invocation de ce référentiel, dans la mesure où tous les composants des niveaux *applications interactives*, *processus* et *services* sont susceptibles d'y accéder.

Dans les mises en œuvre de S.O.A., comme déjà évoqué, on utilise souvent les *annuaires UDDI* comme base d'implémentation de tels référentiels.

7.3. Les composants d'une architecture S.O.A.

Le modèle exposé ci-dessus constitue la base de l'architecture S.O.A. Nous allons maintenant entrer plus avant dans le détail du fonctionnement de cette architecture.

Nous aborderons en premier lieu les propriétés d'un Service et la notion de contrat, et verrons la manière dont une application existante peut *exposer un Service*, permettant une transition progressive vers une architecture S.O.A. Nous verrons ensuite comment des Services peuvent être assemblés pour faciliter la création de nouveaux éléments, avec la *composition de Services*. Nous examinerons ensuite la notion d'*objet métier*, qui constitue un autre aspect important de l'approche S.O.A., et que nous examinerons à l'occasion d'une comparaison entre l'approche *orientée services* et l'approche *orientée objet*.

Nous verrons alors plus en détail les *Services CRUD*, et en particulier la relation qu'ils entretiennent avec les objets métier, puis la façon dont l'architecture S.O.A. rend compte des *activités humaines*. Nous examinerons comment la notion d'*évènement* peut être intégrée à l'approche S.O.A., ajoutant aux *interactions synchrones* de possibles *interactions asynchrones* entre éléments de l'architecture, puis nous terminerons par une *synthèse des concepts proposés*.

7.3.1. Les propriétés d'un Service

Comme nous l'avons indiqué, un *Service* doit être considéré comme un composant logiciel déployé sur une infrastructure adaptée permettant son invocation à distance. Les propriétés classiquement attachées à un Service sont les suivantes :

- La *notion de « contrat »* : le Service expose une *interface* définissant des opérations offertes, et cette interface est l'*unique point d'accès au Service.*
- L'*abstraction* : il y a séparation complète entre le *contrat*, qui spécifie l'invocation du service rendu, et sa *réalisation*, c'est-à-dire comment le service est rendu.
- Le *couplage faible* : l'implémentation du *Service* doit pouvoir changer sans aucun impact sur les composants appelants.
- L'*autonomie* : un *Service* est créé et déployé indépendamment des autres composants logiciels qui l'utilisent.
- L'*absence d'état interne* : un *Service* ne possède *aucune mémoire de ses invocations antérieures,* et en particulier des clients appelants et des contextes d'appel correspondants. On dit qu'il est *sans état* (*stateless*). Autrement dit, dans les opérations offertes par un *Service*, il convient de toujours spécifier en paramètres l'intégralité des données d'entrée utiles, le Service n'en conservant aucune d'un appel à l'autre. *Par principe, aucune notion de session n'est attachée à un Service.*
- La *« découvrabilité »* : tout *Service* peut être *découvert* en passant par l'intermédiaire de requêtes adressées à un *référentiel, ou annuaire de services*, après quoi il pourra être invoqué *dynamiquement.*
- La *liaison retardée* (*late binding*) : il n'y a pas de lien gravé en dur dans le code du client appelant vers celui du *Service* appelé. Il y a par conséquent complète *substituabilité* d'un *Service* à un autre, dès lors que cet autre *Service* possède la même interface (les opérations offertes étant supposées bien sûr avoir le même sens). Il y a donc possibilité de mettre en œuvre une *reconfiguration dynamique* en cas d'indisponibilité d'un Service.

La propriété d'*absence d'état interne* mérite une attention particulière. Il s'agit là d'une exigence spécifique liée au type particulier de composant qu'est un *Service*. Elle n'est pas sans incidence sur l'architecture globale du système. Selon ce principe, nous avons bien indiqué qu'un composant *Service* ne devait maintenir aucune donnée du *contexte d'interaction* propre à un client. Plusieurs autres composants pourront donc invoquer en concurrence ce même *Service* sans aucune précaution particulière. La contrepartie de cette simplicité est que l'appelant doit, lorsque cela s'avère nécessaire, maintenir lui-même ce *contexte* et passer en paramètre les données correspondant à celui-ci lors des invocations du *Service*. Le développeur doit donc porter une attention particulière à cet aspect.

7.3.2. Les Services et la notion de contrat

Outre une *interface offerte*, qui correspond à un *ensemble d'opérations* avec spécification des *signatures* de celles-ci, on considère qu'un *Service* doit par ailleurs fournir un engagement sur une certaine *qualité de service*, appelée plus brièvement *QoS*, pour « *Quality of Service* ». Celle-ci inclut des engagements sur des caractéristiques telles que le délai de réponse, la disponibilité du Service, les aspects liés à la sécurité, etc. Cet engagement fait partie de ce que l'on appelle un *contrat de service*.

Le contrat attaché à un Service

Le *contrat* attaché à un *Service* formalise classiquement le *lien entre le fournisseur et un consommateur*. Le fournisseur s'engage à respecter des conditions spécifiées (résultat délivré, QoS annoncée) dès lors que le client respecte les siennes (format et validité des données d'entrée).

Une *qualité de service* est définie d'ordinaire par le biais de différentes *dimensions*, telles que, par exemple, le temps de réponse garanti, le taux de disponibilité du service, le temps de reprise après incident, etc. Une *QoS* est donc un *vecteur*. La définition de chaque dimension de la *qualité de service* doit être basée sur une *quantité objective et mesurable* et exprimer un *critère* à respecter attaché à celle-ci, faisant appel à des valeurs quantitatives. Ainsi, un critère pourrait-il être défini par une contrainte (quantité, opérateur de comparaison, valeur), soit par exemple (*Temps de réponse ≤3 secondes*). Il est à noter que deux *Services* peuvent fort bien offrir des mêmes fonctionnalités, avec la même interface, mais avec deux *qualités de service* différentes.

Il faut toutefois insister sur le fait que le *contrat* attaché à un *Service*, et en particulier son *interface*, ne définit absolument pas la *sémantique du Service*, c'est-à-dire *ce qu'il fait*. On peut en effet songer ici à quantité de fonctions ayant exactement les mêmes types de paramètres d'entrée et de sortie, mais faisant des choses tout à fait différentes ! Malgré l'existence de plusieurs langages proposés aux fins de décrire le *sens* d'un *Service*[1], une véritable formalisation des fonctionnalités d'un Service sous forme de données réellement exploitables par une machine en contexte opérationnel relève, pour l'instant encore, du ressort de la recherche, et plus précisément du domaine appelé le *Web Sémantique*.

La notion de S.LA.

Dans le cas où le pourvoyeur et le consommateur d'un *Service* sont des organisations différentes (ou encore des entités distinctes d'un même groupe), interviennent les aspects financiers éventuels, liés à la mise à disposition du *Service*. Le *contrat* doit alors intégrer plus d'éléments.

Ceci conduit à la notion de *S.L.A.* (*Service Level Agreement*). Le S.L.A. correspond à la formalisation d'un accord sur un certain *niveau de service*, assorti de clauses de rétribution associées. Il est négocié entre les parties, et porte sur :

- L'*aspect métier*. Ceci inclut en particulier la durée de validité du *S.L.A.* ainsi que le *niveau de QoS* sur lequel le fournisseur s'engage.
- Le *support technique*. Ceci inclut des aspects tels que la définition du mode de surveillance et de mesure de la prestation de mise à disposition du *Service*, du mode d'alerte en cas de problème, ou encore la manière de quantifier des écarts constatés par rapport à l'engagement. Ceci inclut également la définition du mode de résolution des problèmes rencontrés (avec par exemple un engagement sur un temps de prise en compte, sur un temps de résolution, etc.).
- Les *aspects financiers*. Ces aspects concernent le mode de facturation de la prestation de fourniture d'un *Service*. Ils doivent inclure en particulier le coût d'un appel au *Service*, ou, plus généralement, le mode de facturation, ainsi que la pénalité venant en compensation d'un défaut de qualité constaté et mesuré par rapport à l'engagement.

---

[1] On peut citer ici WSMO (*Web Service Modeling Ontology*) et OWL-S (*Web Ontology Language for Web Services*), sachant que de nombreuses autres propositions ont été faites au fil des ans dans le domaine du Web Sémantique.

7.3.3. La composition de Services

Nous avons indiqué qu'un *Service* faisait en général appel à d'autres *Services*, qui pouvaient être des *Services métier* de niveau conceptuel inférieur ou bien encore des *Services CRUD,* permettant d'accéder à des données ou mettre à jour celles-ci. Ceci revient à envisager un nouveau *Service* à créer comme une *composition* possible *d'autres Services* déjà déployés. Cette notion de *composition* permet de simplifier considérablement le développement d'un nouveau *Service*, le principe d'*absence d'état* réduisant dans une très large mesure les dépendances introduites entre Services et facilitant donc cette valorisation de l'existant.

Avant d'aborder la composition de Services, nous allons auparavant considérer un exemple simple de *création d'un Service CRUD* à partir de composants déjà déployés.

Un exemple de création d'un Service CRUD

Considérons l'exemple d'un *Service* « Gestion des clients » à créer, qui devra être en mesure de créer, récupérer et mettre à jour des objets « clients ». Dans notre exemple, nous supposons que, pour des raisons historiques, les données composant un tel objet se trouvent dispersées dans plusieurs gestionnaires de données différents. Ainsi, les principales informations afférant à un client, avec son identification précise, seront-elles trouvées par exemple dans une base de données relationnelle déjà en service. Mais des informations complémentaires, utiles à la description de ce même client, pourront être trouvées dans une autre base de données, également déjà en service. Enfin, d'autres informations utiles, toujours concernant ce même client, résideront d'une part dans le logiciel de suivi de la relation client (CRM), avec les données d'une « fiche client », et d'autre part dans le progiciel de gestion intégré (ERP), toujours en opération, car toujours utile pour assurer certaines fonctionnalités de natures comptable et financière. Lors d'une requête adressée à notre Service CRUD, ce dernier devra restituer à l'appelant un objet « client » complet et cohérent, constitué sur la base des informations partielles issues des diverses sources. En tant que Service CRUD, il devra également être en mesure de créer un client, de le modifier, ou encore de le détruire, c'est-à-dire de le faire disparaître des données évolutives (en sauvegardant bien sûr très certainement son contenu dans une base historique prévue à cet effet).

Ainsi, dans cet exemple, notre *Service* doit-il encapsuler un ensemble d'appels à des bases de données relationnelles et à divers logiciels de gestion, afin de récupérer puis intégrer l'ensemble des informations afférant à un même client. Cette manière de faire est illustrée par la figure ci-après.

L'ensemble des opérations offertes par ce *Service* permet ainsi de manipuler un *objet métier* « client » de haut niveau, représentant un client avec toutes ses propriétés, de le mettre à jour (auquel cas le *Service* répercute les mises à jour sur les bases de données, ainsi que sur les deux progiciels à travers leurs API), de le détruire, et enfin de rechercher des clients selon des critères spécifiés en paramètre. Dans cet exemple, le code implémentant le *Service* « Gestion des clients » assure donc la traduction de ces appels en requêtes SQL et en invocations convenables de l'API des progiciels, avec, si nécessaire, fusion des informations recueillies. Bien sûr, il est possible que le Service se doive d'implémenter des règles permettant de savoir, entre plusieurs valeurs éventuelles de la même information, laquelle doit être choisie, sur la base de la source ou de la date par exemple.

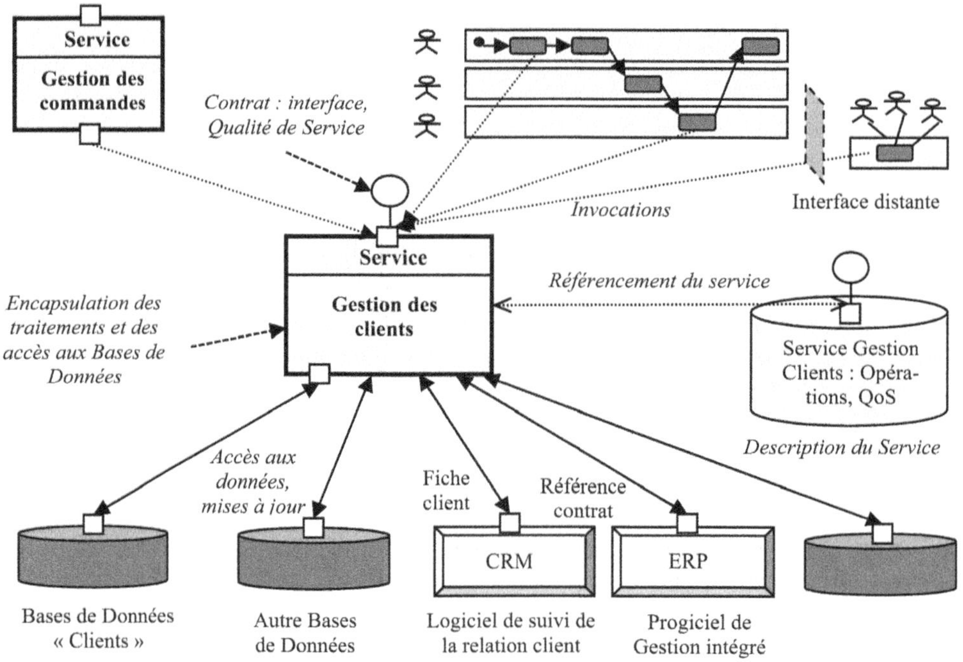

Figure 143. Création d'une Service CRUD.

A ce Service ainsi créé, sera bien entendu attaché un *contrat*, définissant une *interface* et une *Qualité de Service*. Une fois déployé, ce Service devra être référencé dans l'*annuaire des Services* mis en place au niveau de l'organisation, où le *Service* sera décrit avec son contrat. Ainsi, il pourra être connu et réutilisé par toute *nouvelle application*, tout *processus* ou *Service* métier ayant besoin de cette notion de client. L'appelant disposera lors d'une vision de haut niveau d'un objet métier « client ».

Notre Service « Gestion des clients » ainsi créé pourra alors être lui-même invoqué par d'autres Services, par exemple par un Service « Gestion des commandes » ayant besoin d'accéder aux informations d'un client, tel que représenté sur la figure ci-dessus.

Enfin, dans le cadre d'une entreprise étendue, on peut imaginer que ce *Service* soit également mis à disposition de partenaires ou de clients réguliers, afin de faciliter l'intégration des activités métier des deux organisations. La figure présentée ci-avant illustre un tel accès, avec une application *située hors du périmètre du Système d'Information* de l'entreprise. Il est entendu que les contraintes afférentes à la sécurité entrent alors ici en jeu et qu'elles doivent être prises en compte dans l'implémentation, avec notamment la prise en compte de droits d'accès.

Il est clair ici que l'évolution de notre Système d'Information se trouve facilitée par ce principe de mise en place de *Services CRUD*. Ainsi, si par exemple les progiciels utilisés changent, ou bien si l'on décide de répartir d'une autre manière les responsabilités respectives des composants de gestion de données, il nous suffira de modifier l'implémentation de ce Service CRUD, la fonctionnalité de manipulation d'un objet client et son interface d'appel restant inchangées.

La composition de Services

Comme nous l'avons indiqué, la *composition de Service* consiste à réaliser un nouveau *Service* sur la base de *Services* déjà déployés dans l'organisation, voire en dehors de celle-ci[1].

La figure ci-dessous montre par exemple des *Services* « Gestion des clients », « Catalogue », et « Stock » déjà déployés dans le Système d'Information de l'entreprise. Un nouveau *Service* « Gestion des commandes » peut être alors mis en place sur la base d'appels à ces trois *Services*. Dans cet exemple, réceptionner une commande correspond 1) en premier lieu à un accès au référentiel des clients, afin de retrouver le client s'il est déjà référencé, et le créer dans le cas contraire, puis 2) à un accès au catalogue, afin de vérifier la référence d'article mentionnée, et, enfin, 3) à une vérification de la présence de l'article en stock. Pour réaliser cette séquence d'opérations, le nouveau Service va s'appuyer sur les Services déjà développés, qui, eux-mêmes, prennent en charge l'ensemble des requêtes SQL et les opérations d'accès aux progiciels nécessaires. Un tel Service « Gestion des commandes », *composé* à partir de *Services* déjà déployés, est qualifié de *Service composite*.

De plus, si notre société a, par exemple, un partenariat avec un transporteur agréé, des accords peuvent prévoir la possibilité de passer un ordre de transport par simple invocation d'un Service convenable, exposé par ce transporteur. Il s'agit dans notre exemple du Service « Livraison » que nous avons également fait figurer.

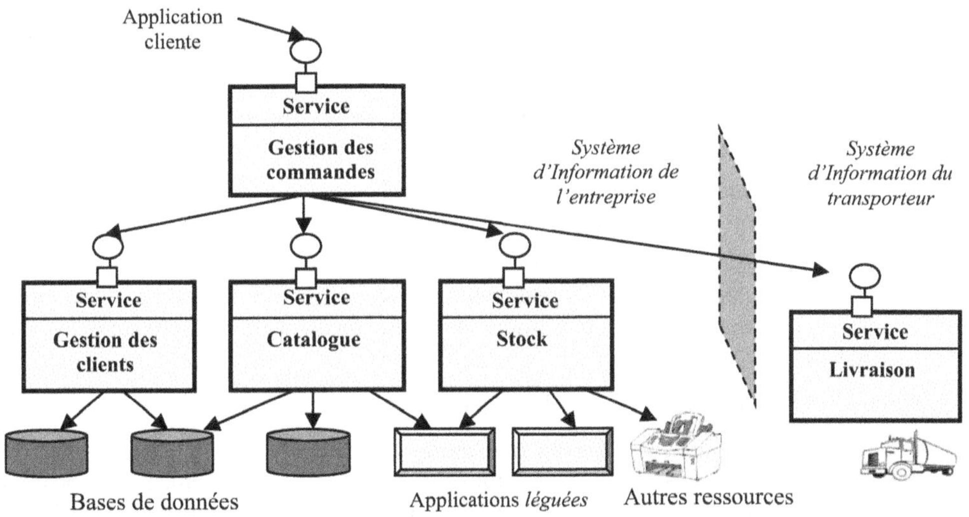

Figure 144. Construction d'un nouveau Service par composition.

---

[1] Notons à ce propos qu'il existe de nombreux Services d'intérêt général proposés par les grands acteurs d'Internet, les Services de géolocalisation en étant un exemple. Par ailleurs, de nombreux logiciels métier sont maintenant offerts en mode *SaaS* (*Software as a Service*), c'est-à-dire déployés sur les seuls sites du fournisseur et invoqués à distance par le client. Certains de ces logiciels peuvent être accessibles, de même, comme des ensembles de Services.

Comme représenté sur la figure, le nouveau Service « Gestion des commandes » va alors pouvoir intégrer l'ensemble des opérations liées à la commande d'un client depuis la réception de cette commande jusqu'à son ordre de livraison.

Notons que s'il y avait plusieurs transporteurs possibles, exposant chacun leur Service propre, le Service « Gestion des commandes » serait alors en mesure d'interroger, via ces Services, les Systèmes d'Information des différents transporteurs, concernant par exemple les prix et délais afférents à l'opération de transport spécifiée, puis à choisir l'un d'entre eux, en fonction des réponses de chacun, et sur la base de critères prédéfinis, tout cela de manière automatisée, par de simples appels de Services.

La hiérarchie d'appel des Services

Un *Service* peut donc *réaliser lui-même une opération* et/ou *réaliser des aiguillages vers d'autres Services*, ou bien, lorsqu'il s'agit d'un *Service* CRUD, vers des ressources de données.

De manière générale, et comme déjà indiqué, il existe *différentes granularités de Services*, avec une hiérarchie de niveaux, depuis les *Services applicatifs et les Services métier,* de plus gros grain et de plus haut niveau, jusqu'aux *Services CRUD* de grain plus fin, et placés au contact même des ressources de données. Entre les *Services métiers* et les *Services CRUD*, peuvent être intercalés des Services de niveaux intermédiaires.

Les *Services métiers* et les *Services applicatifs* réalisés sur la base d'appels d'autres *Services* seront des *Services* dits *composites*.

En synthèse :

- Les *Services applicatifs* seront appelés par les *processus métier* et/ou les *applications interactives*.
- Les *Services métier* seront appelés par les *processus métier* et/ou les *applications interactives*, ou encore par d'autres *Services métier*.
- Les *Services CRUD* seront appelés par des processus métiers ou par des *Services applicatifs ou métier*. Mais ils pourront aussi au besoin être appelés par des *applications interactives*. Sauf exception, ils n'ont pas vocation à être appelés par d'autres *Services CRUD*.

Ce principe d'organisation est illustré sur la figure ci-après.

On notera que, pour simplifier, les liens d'invocation aux *Services techniques* n'ont pas été représentés sur la figure. Représentant des moyens d'accès à des traitements, dispositifs techniques communs ou fonctionnalités de support, ils sont en effet, comme déjà indiqué, susceptibles d'être invoqués par toute autre entité logicielle.

Rappelons enfin qu'un *Service* fait appel à des *Services internes* à l'organisation, mais peut également faire appel à des *Services externes*, déployés par une autre organisation, ou encore proposés (à titre gratuit ou payant) sur Internet.

Tout ce que nous venons de voir montre que l'approche orientée Services permet de *faire plus facilement évoluer le Système d'Information de l'organisation par étapes*.

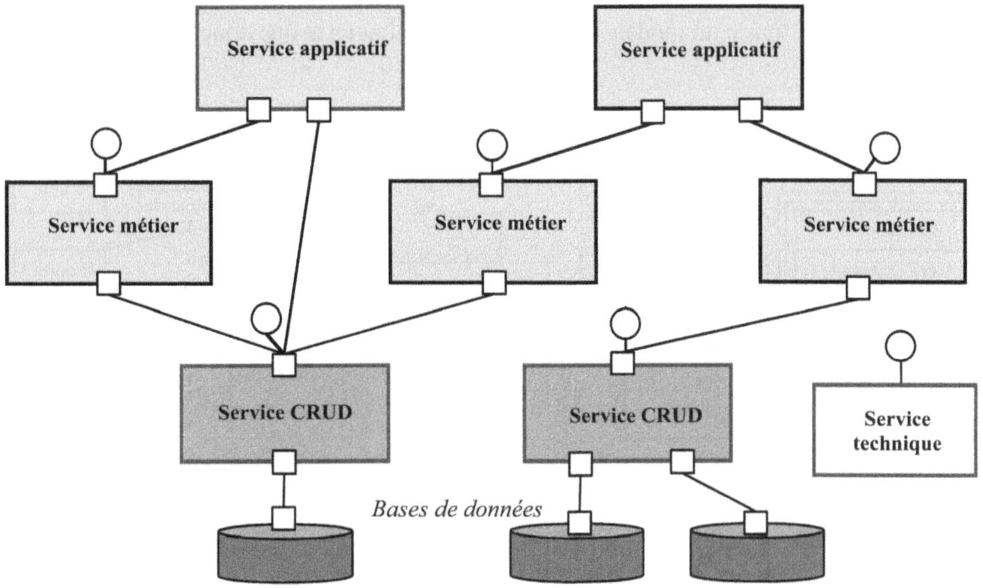

Figure 145. Hiérarchie d'appels de Services.

7.3.4. Les objets métiers

La recherche d'une structuration en *Services* suit une logique très différente d'une décomposition classique en objets. Précisons ce point.

Comparaison des approches « Objet » et « Service »

Le *Service* suit, comme un objet, un *principe d'encapsulation*, exposant des opérations spécifiées par une interface et masquant son implémentation. Il y a bien *encapsulation*. Mais on notera qu'il n'y a cependant ni instances, ni attributs, ni possibilité d'héritage, comme dans une *classe* offerte par l'approche objet. Un *Service* ne possède rien qui ressemble à une variable d'instance, le *Service* n'ayant *pas d'état interne*, les données locales et les références vers des instances particulières n'étant pas maintenues comme elles le seraient dans un objet classique. Enfin, dans les *Services*, seul le passage de paramètres par *valeur*, c'est-à-dire par copie, a un sens. La notion de *Service* s'applique en fait à des fonctions d'une certaine granularité, auxquelles on peut conférer en principe un certain *sens* au niveau du métier. A l'inverse, dans l'approche objet, la granularité d'un objet est très variable. Pour toutes ces raisons, les opérations d'un *Service* ne sont donc pas, de ce point de vue, réellement comparables à des méthodes définies au niveau d'une classe.

La figure ci-après présente une comparaison de la modélisation par objets d'un environnement applicatif, comportant des commandes, des clients et des produits (une commande concerne un client et un produit) et d'une approche basée sur la définition de *Services*.

Nous voyons que, dans le second cas, les objets de type *Commande*, *Client* et *Produit* sont maintenant les *paramètres* des Services *Gestion commandes*, *Gestion clients*, et *Gestion produits*. Il apparaît en effet ici nécessaire que ces trois Services *partagent une même vision* des commandes, clients et produits, évitant toutes les transformations d'un format à l'autre, transformations qui seraient sans cela indispensables. Nous voyons donc apparaître sur la partie droite de la figure un modèle de Services, auquel nous avons donc adjoint un modèle des *entités métiers*.

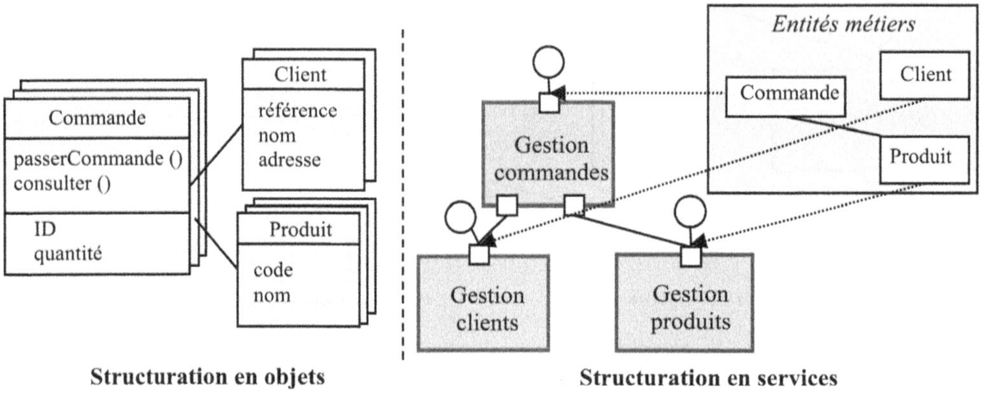

Figure 146. Services et objets métier.

Le modèle des objets métier

Dans tout Système d'Information, il nous faudra donc disposer, au niveau des *Services*, d'un *modèle d'objets* jouant le rôle de *langage commun*, susceptible de *modéliser les flux d'informations* entre les différents composants *processus*, *applications* et *Services*, ainsi que, bien entendu, entre les *Services* métier eux-mêmes. Les classes ainsi définies permettront de *typer* les paramètres d'entrée et de sortie des Services. Ce seront les *objets métiers*. Ils seront en principe le reflet direct des entités métier mises en évidence dans les flux d'information, lors de l'analyse des processus.

Ces *objets métiers* prenant sens au niveau global du Système d'Information, ils seront usuellement de très haut niveau d'abstraction, de sorte que, très souvent, ils ne seront pas directement en mesure de modéliser de manière assez fine les paramètres d'entrée et de sortie d'un Service. C'est pourquoi on devra en général *raffiner* ces objets métier, en les précisant par ajout d'attributs complémentaires, ou encore de détails techniques rendus nécessaires par la mise en œuvre concrète en termes logiciels. Nous appellerons ce modèle des objets ainsi complété le *modèle des objets pivots*. Nous en verrons un exemple dans la suite de ce chapitre à l'occasion de l'examen plus approfondi des Services CRUD.

Concrètement, nous aurons le plus souvent dans notre Système d'Information de multiples applications, probablement développées avec différents langages et tournant dans différents environnements. De sorte à disposer d'une définition des objets partageable et surtout réellement commune aux différentes applications, le choix fait en général est celui de *décrire ces objets métier de manière neutre*, c'est-à-dire indépendante de tout langage de programmation. On définira ainsi des noms de type, et pour chaque type des noms et types d'attributs de manière *déclarative* et dans un format neutre. Le langage XML joint aux schémas XSD sera alors un candidat possible à cet usage. Concrètement, les types utilisés dans chaque application pour typer les objets métiers manipulés seront les traductions de telles déclarations dans les structures offertes par le langage de programmation de l'application.

En pratique, dans un Système d'Information, doté le plus souvent de nombreux domaines fonctionnels et de nombreuses applications, couvrant l'ensemble des fonctions de l'entreprise, un modèle complet et exhaustif de tous les objets métier serait très complexe, et peu utilisable en pratique, puisque faisant nécessairement apparaître de très nombreuses classes. C'est pourquoi il est en général utile de structurer un tel modèle sous la forme d'un *ensemble de modèles* organisés en couches de spécificité croissante. Nous aurons alors, au sommet, une couche comprenant un modèle d'*objets racines*, ou encore *objets principaux,* entités générales et transverses aux différents domaines fonctionnels (par exemple les *clients*), et, dans les couches plus basses, des modèles complémentaires détaillant le premier modèle par le biais d'*objets secondaires*, liés aux premiers et spécifiques de contextes particuliers. Il peut être utile ici d'introduire un nombre quelconque de niveaux de spécificité croissante non limité à deux, conduisant à une organisation hiérarchique de modèles.

Une telle organisation est symbolisée sur la figure ci-dessous :

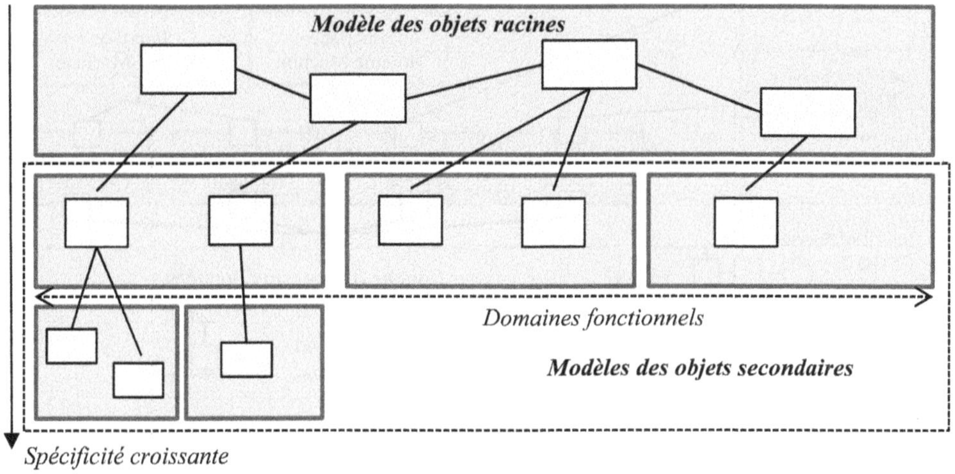

Figure 147. Organisation des objets métiers.

7.3.5. Services et composants applicatifs

Nous avons vu que, dans S.O.A., tout accès à un traitement ou à une donnée utile aux *processus métier* devait se traduire par une invocation de *Service*.

Ceci s'applique aux nouveaux développements comme aux progiciels et aux applications *léguées* dont on souhaite continuer l'exploitation. Il importe de bien voir ici que la démarche S.O.A. a vocation à s'appliquer *de manière progressive*. On cherche donc au maximum à réutiliser toute application qui satisfait aux besoins des utilisateurs, et dont on peut, avec un effort de développement raisonnable, faire apparaître les données ou les fonctionnalités comme des résultats d'appels de *Services*. Ceci est en particulier le cas lorsqu'il s'agit d'une application ou d'un progiciel en opération possédant une API documentée.

Lors du déploiement d'une application dans le Système d'Information, il doit donc être envisagé *d'exposer comme Services les accès à toutes les fonctionnalités du composant ou encore aux données susceptibles d'être mutualisées*. Celles-ci deviennent alors invocables via de nouveaux *Services* créés à cet usage, intégrés soit dès la conception, soit par ajout ultérieur. Cette exposition de Service doit être également envisagée *a posteriori* pour les applications déjà en service. Cette manière de faire est symbolisée sur la figure ci-dessous.

Nous voyons sur cette figure une application d'entreprise possédant ces propres bases de données, composants applicatifs et Interfaces Homme-Machine, et dont on souhaite mutualiser certaines fonctionnalités et certaines données. Afin de fixer les idées, nous pourrions imaginer que l'implémentation de cette application repose par exemple sur l'emploi de JEE.

Trois cas d'*exposition en tant que Service* d'un développement interne à l'application ont été ici représentés. En pratique, chacun d'entre eux pourra être employé seul ou avec les autres dans une même application.

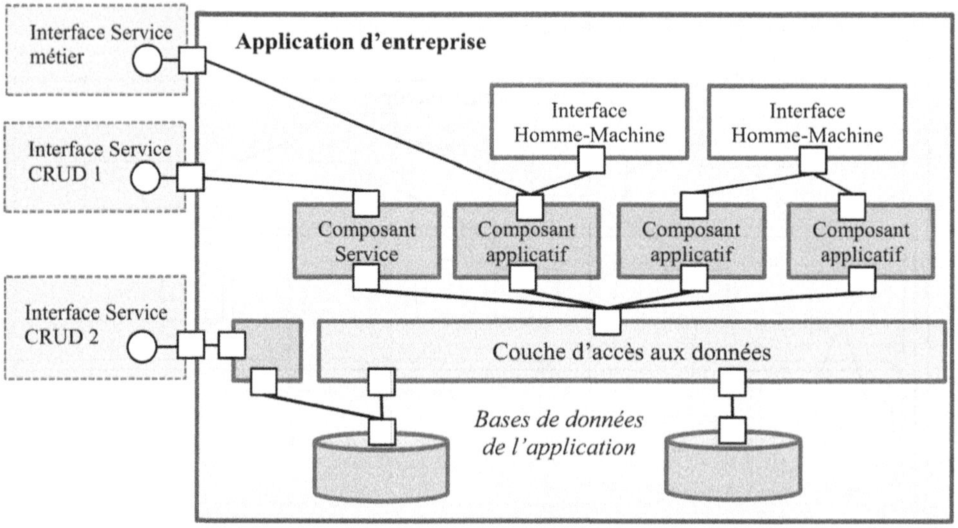

Figure 148. Services d'accès à une application d'entreprise.

Le premier cas est celui où l'on va exposer directement les fonctionnalités d'un composant interne à travers une interface de Service reproduisant pour tout ou partie l'interface de programmation de ce composant. Dans le cas d'un environnement JEE par exemple, cela peut être fait simplement, sans développement logiciel additionnel, par le biais de simples annotations, en exposant l'interface d'un *EJB session stateless* comme une interface de Service. Sur la figure, nous voyons que ceci conduit l'application à exposer un nouveau Service métier. Nous noterons qu'il peut être utile ici d'adapter les formats des données, ce qui implique dans ce cas une partie additionnelle de code à développer.

Le deuxième et le troisième cas ici considérés sont ceux où l'on souhaite mutualiser certaines données internes gérées par l'application, conduisant à exposer des Services CRUD associés à ces données. Nous considérons ici deux manières de faire. Dans les deux cas, il faudra ajouter dans l'application un nouveau composant en charge d'accéder spécifiquement à ces données particulières, et d'exposer des primitives de manipulation associées. Dans la première option considérée, ce composant fait appel à la couche d'accès aux données éventuellement présente dans l'application. Dans la seconde option, le composant considéré attaque directement le Système de Gestion de Bases de Données, via le langage SQL s'il s'agit d'un SGBD relationnel.

Dans les deux options considérées, et dans l'hypothèse où l'application repose sur JEE, nous pourrions développer, par exemple, un *EJB session stateless* spécifique, le travail d'exposition en Service étant alors assuré par l'environnement JEE. On notera aussi que ce travail peut être facilité, voire automatisé, par utilisation d'outils d'aide qui visent la génération de Services CRUD à partir de la donnée de requêtes SQL. Dans les deux cas, le résultat consiste en l'exposition d'un nouveau Service CRUD associé aux données à mutualiser. Ce Service correspond, selon le cas, à l'interface notée *Service CRUD 1* ou *Service CRUD 2* sur la figure.

Tous les composants internes à une application n'ont bien sûr pas vocation à être exposés comme des Services. Tout dépend en fait du sens des traitements réalisés par un tel composant, et de la possibilité conséquente de les considérer ou non comme porteurs de fonctionnalités susceptibles de mutualisation, mais aussi invocables de manière logiquement indépendante des autres fonctionnalités de la même application. Il en va de même pour ce qui concerne l'accès aux *données* internes. Il faut par ailleurs garder à l'esprit le fait que l'invocation d'un Service, sur la base par exemple des Services Web SOAP, est un mécanisme en général plus coûteux qu'une invocation de méthode à distance, comme proposé par Java RMI par exemple.

Un certain nombre d'éditeurs de progiciels, en particulier d'ERP, c'est-à-dire de *Progiciels de Gestion Intégrés*, ont adaptés leurs offres à l'approche S.O.A., en faisant en sorte que le progiciel expose certaines de ses fonctions, en particulier les accès à certaines données applicatives internes, comme des *Services*. Ceci permet donc, ou en tout cas simplifie considérablement, l'intégration de ces progiciels dans une démarche S.O.A.

7.3.6. Services CRUD et objets métier

Nous savons que, de manière générale, un *Service* CRUD réalise la *centralisation des accès à un certain ensemble cohérent de données représentant un objet métier*. Il réalise donc le masquage des requêtes adressées pour ce faire aux différentes bases de données et progiciels, ainsi que toutes les opérations éventuellement nécessaires de reconstitution, depuis les données éparses, d'*objets métier cohérents*. A ce titre, le *Service* CRUD peut être également responsable de la mise en œuvre de règles de gestion propre à un type d'*objet métier*.

L'invocation d'un tel Service se fera par le biais des primitives CRUD exposées, dont les arguments devront être, en principe, des types simples, ou bien encore des types d'*objets pivots*, qui sont les formes détaillées des objets métier et que nous avons déjà considérés plus haut.

Nous allons examiner ceci à travers un exemple.

Objets métier et objets pivots

Comme déjà indiqué, un *objet métier* mis en évidence au cours de l'analyse des processus est une entité de haut niveau d'abstraction, essentiellement synthétisée par des éléments saillants prenant directement sens au niveau du métier. Au niveau de l'objet de nature informatique qui lui correspondra, nous aurons besoin le plus souvent d'autres caractéristiques venant préciser cet objet, et utiles à la bonne gestion ou la bonne manipulation de celui-ci.

Considérons par exemple un objet métier *Produit*, pour lequel les caractéristiques métier mises en évidence *a priori* sont l'identifiant du produit, son nom, son prix, et la catégorie à laquelle il appartient. A cet objet métier, correspondra une classe dite *principale*, que nous appellerons aussi « Produit », possédant les propriétés indiquées. Nous introduirons également par ailleurs un objet métier *Catégorie* rendant compte de la notion correspondante.

Mais, en poussant plus avant l'analyse, nous pourrons voir apparaître des besoins plus précis. Nous pourrons conséquemment faire le choix de gérer dans une classe complémentaire une information telle que la description détaillée du produit, sous forme textuelle. Nous verrons ainsi apparaître une nouvelle classe associée à un *produit*, que nous appellerons *InfoProduit*. Il s'agit là d'une classe d'*objet secondaire* rattaché à un *objet principal Produit* lui correspondant. Il est probable par ailleurs que l'analyse plus approfondie des processus et des applications mette en évidence des caractéristiques additionnelles à adjoindre à un *Produit*, avec, par exemple, des données à caractère technique dont la date de création, ou encore la date de dernière modification du produit dans le catalogue. Tous ces éléments pourront être adjoints via une autre classe secondaire *InfoEnregistrementProduit*, etc. Ces différentes classes constitueront les classes d'*objets pivots* qui permettront *de typer les paramètres* afférant aux opérations du Service CRUD *Gestion Produit*.

Enfin, s'il apparait que nous avons en fait besoin de rechercher des produits dans le catalogue selon certains critères de sélection, il nous faudra un moyen de définir des *filtres de sélection*, permettant de formuler dans chaque cas les critères convenables, avant de les transmettre à une opération de recherche proposée par le Service.

De manière générale, dans les opérations de tout Service CRUD, nous trouverons typiquement *une opération « créer »,* permettant de créer un nouvel objet métier, et bien sûr de faire persister son état dans les différentes bases de données ou progiciels utiles, *une opération « mettre à jour », ou « modifier »*, prenant en entrée le nouvel état à conférer à l'objet, ainsi qu'une *opération « détruire ».* Nous trouverons en outre un certain nombre d'opérations permettant l'accès à un objet du type concerné, avec, le plus souvent, une *opération de type « sélectionner »*, permettant d'extraire des objets satisfaisant à des critères spécifiés en entrée, ainsi que, bien souvent, une opération permettant l'*accès direct à un objet à partir de son identifiant*.

En pratique, il est conseillé de standardiser les interfaces des Services CRUD à travers un *modèle*, ou *patron d'invocation*, qui sera alors garant d'une certaine homogénéité au niveau global du Système d'Information. La figure ci-après illustre par le biais d'un exemple la forme que peut revêtir un tel patron de Service CRUD.

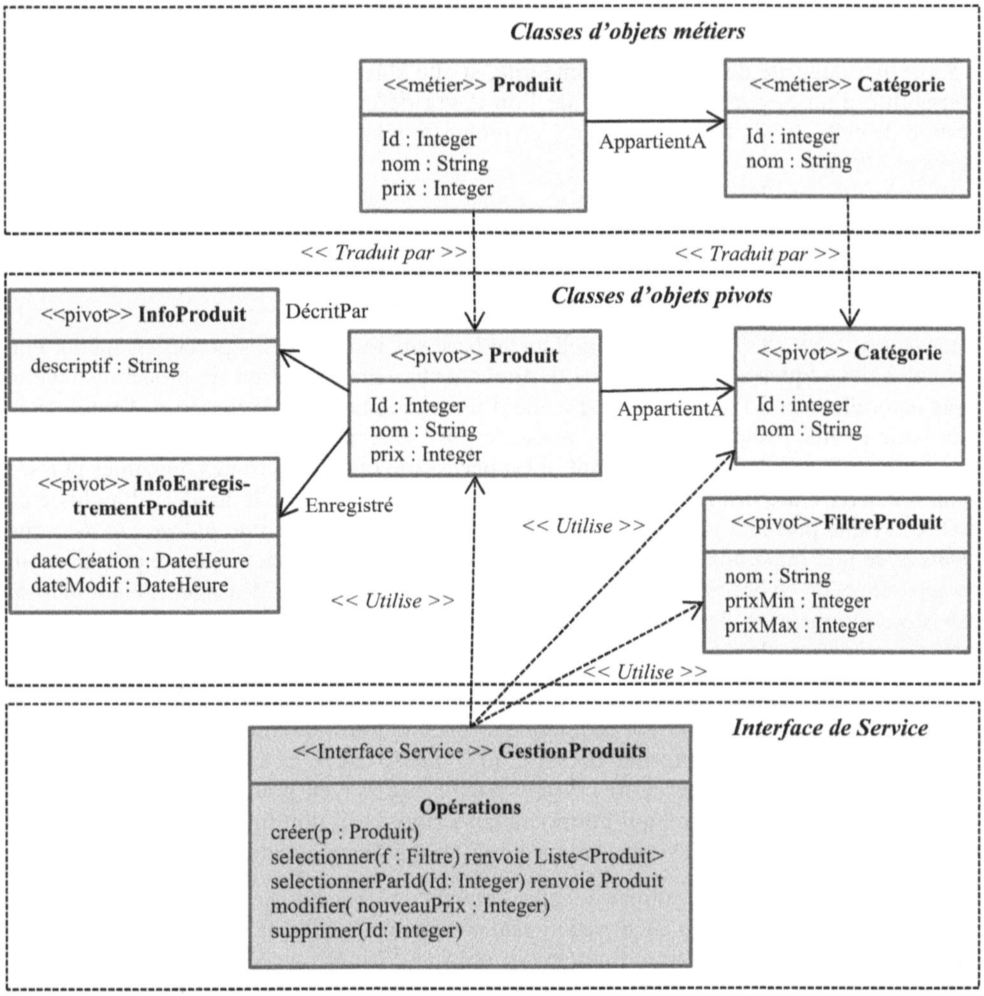

Figure 149. Modèle d'invocation d'un Service CRUD.

Sur cette figure, nous pouvons ainsi voir :

- Au niveau supérieur, le modèle des *classes métier Produit* et *Catégorie*, identifiées dans les processus métier.
- A un niveau inférieur, le *modèle des classes pivots*, où apparaissent les classes *Produit*, *Catégorie*, *InfoProduit* et *InfoEnregistrementProduit*, classes qui traduisent les objets métiers en apportant les détails nécessaires à l'implémentation, et auxquelles il faudra adjoindre la classe *FiltreProduit*.
- Enfin, au niveau le plus bas, l'*interface du Service CRUD GestionProduits*, lequel a vocation à accéder aux objets *Produit* et à les manipuler. Nous voyons que les opérations définies dans cette interface utilisent en paramètres des objets des classes pivots précédentes.

Notons que lorsqu'un objet métier porte des *références vers d'autres objets* métier du système, comme ici où un *produit* référence une *catégorie*, *un Service CRUD n'a pas vocation à garantir l'intégrité* de ces liens. L'intégrité, si elle s'avère nécessaire, peut être de la responsabilité d'un *Service composite* que l'on devra définir, et qui sera alors en charge la gestion de celle-ci. Un tel type de Service composite s'intercalera entre les processus et les *Services CRUD.*

7.3.7. Les activités humaines

Nous précisons ici certains aspects relatifs à la manière dont S.O.A. rend compte de l'exécution des activités humaines au sein d'un processus métier.

Dans son principe, S.O.A. est essentiellement basé sur l'idée que les processus métier conduisent à des séquences automatisées de traitements. Une exécution de processus conduit alors naturellement à l'invocation logicielle d'un certain nombre de Services. Toutefois, un processus métier comprend bien sûr aussi, le plus souvent, des étapes manuelles, faisant intervenir un acteur humain. De ce fait, il est nécessaire que des activités humaines puissent venir s'insérer entre des activités automatisées. Nous voyons que le modèle d'architecture S.O.A. tel que présenté jusqu'à présent, essentiellement basé sur une *hiérarchie de traitements* avec une *exécution purement synchrone*, ne rend pas directement compte, au moins en apparence, de ce besoin d'interactivité avec un usager. De plus, l'usager n'étant bien sûr pas nécessairement en continu à disposition du processus, il en ressort le besoin d'une interaction *asynchrone* dont S.O.A. ne rend pas non plus directement compte.

Les activités humaines interviennent à des *étapes particulières des processus*. Lorsqu'un processus arrive à une étape qui requiert une intervention humaine, il est nécessaire que l'usager concerné en soit informé, de sorte qu'il puisse exécuter le travail nécessaire, puis faire connaître le résultat de ce travail au système. Le moyen pour cela est l'introduction d'une *application interactive*, qui informera cet usager qu'il doit intervenir, et qui lui fournira pour ce faire les données correspondantes ainsi que le moyen de saisir les résultats.

Une application interactive utilise le plus souvent le concept de « *corbeille* », qui rend compte de l'idée d'une *liste de travaux restant à mener* à un instant donné, d'où le terme parfois employé de « *Worklist* ». En début de session, l'usager accède ainsi à une *liste*, dans laquelle il trouve l'identification des activités en suspens qu'il est de sa responsabilité de mener, et qui correspondent donc à des *processus métier en attente*. En sélectionnant l'une de ces activités, l'usager peut alors accéder au contexte de travail de l'activité en question (données venant du processus) ainsi qu'aux écrans convenables pour opérer la saisie des résultats de son travail. Une *corbeille* peut être propre à *un usager bien identifié*, ou bien encore simplement dédiée *à un certain type d'usagers*. Dans le second cas, chaque acteur de ce type se connectant à l'application accède alors à la même liste des travaux en suspens, et peut faire le choix d'un élément non encore pris en compte à l'instant considéré.

Pour ce faire, sur le plan technique, on met en œuvre le plus souvent un *Service particulier,* que l'on pourrait appeler le *Service de gestion des processus,* dédié à la *gestion des instances de processus en fonctionnement*. Les processus informent alors ce Service de leur état, et ce Service met conséquemment à jour les données associées à ceux-ci. Lorsqu'un usager ouvre une *corbeille*, celle-ci invoque ce Service *Gestion des Processus*, en l'informant de l'identité de l'acteur concerné. Le Service retourne alors à titre de réponse la liste des processus en attente de cet acteur, ou de ce type d'acteur, assortis des données représentatives de leurs états.

Ce passage par l'invocation d'un *Service de gestion des processus* permet de réaliser la communication des informations nécessaires entre les processus et les applications interactives, tout en restant dans le paradigme de l'orientation Service, conservant donc les bénéfices que l'on peut en attendre.

7.3.8. S.O.A. et événements

Nous avons vu que les principes de base de S.O.A. proposent l'*invocation synchrone de Service* comme mécanisme de base structurant l'interaction entre les différents composants du Système d'Information. Toutefois, certains échanges peuvent nécessiter, comme on va le voir, la propagation d'informations de manière *asynchrone* par le biais d'*événements*.

La notion d'événement métier

Un événement peut émaner d'un processus interne au Système d'Information. Il sera alors émis en particulier lorsqu'un objet métier change d'état (par exemple lorsqu'un client est enregistré, une commande expédiée, etc.). Un événement peut être également issu de l'environnement, c'est-à-dire de l'extérieur du Système d'Information, émanant par exemple d'un acteur humain appartenant à l'organisation, ou encore d'un client ou partenaire de celle-ci. Nous appellerons *évènements métier* de tels événements *prenant sens au niveau des processus métier* et de leurs activités.

Imaginons un processus P de prise de commande d'un produit, susceptible de conduire, si nécessaire, à la création d'un nouveau client, dans le cas où ce dernier n'est pas déjà enregistré. Il faut logiquement en avertir le logiciel de gestion de la relation client (CRM), en charge de gérer sa propre base de clients sous la forme adaptée. Comme il a été vu en introduction, dans une architecture orientée événements, il suffisait à ce processus d'émettre un *message* spécifique en mode *publication et abonnement*, sur un *sujet* auquel le composant CRM devait s'abonner. Dans l'approche S.O.A., il est possible d'utiliser un autre mécanisme, à savoir celui de l'invocation explicite par le processus P d'un Service exposé par le logiciel de CRM, ayant pour rôle de mettre à jour la base interne de ce dernier, avec le nouveau client.

Toutefois, cette approche souffre de l'inconvénient suivant : chaque fois que l'on voudra mettre en service une nouvelle application ayant besoin d'être « mise au courant » des nouveaux clients, il sera nécessaire de modifier le processus P pour lui ajouter un appel à cette application, via un nouveau Service. Une meilleure solution est donc celle préconisée par l'approche d'intégration par les événements, où le service responsable de la création d'un client émet un *événement* auquel est *abonné* tout composant ayant le besoin d'être informé de la création d'un nouveau client. L'effet de la réception d'un tel évènement peut être, par exemple, la mise à jour d'une base de donnée locale sous la responsabilité du composant abonné, ou encore l'exécution d'une action spécifique, etc., toujours via un Service.

Dans l'*évolution de S.O.A.* que nous considérons ici, on utilisera donc conjointement le mécanisme d'*invocation synchrone de Service*, déjà présenté, mais également, et si nécessaire, un mécanisme d'*envoi d'événements par queues de messages ou par publication et abonnement*. Les événements sont alors propagés par l'intermédiaire d'un *composant médiateur*, en charge de la transmission des événements, comme représenté sur la figure ci-après.

L'approche S.O.A. ainsi étendue combine donc *S.O.A. en tant que modèle de base* déjà décrit, *avec l'approche E.D.A.* Le premier mécanisme reste bien sûr le mécanisme de base pour la structuration des Services. On utilise le second, si nécessaire, pour synchroniser des processus entre différents domaines fonctionnels, ou encore pour propager des notifications de changement d'état d'un objet métier (une création d'objet, le changement de valeur d'une propriété, etc.), au-delà du domaine où ce changement s'est produit. Les outils actuels appelés E.S.B. (Enterprise Service Bus), héritiers des outils classiques d'E.A.I. prennent en général cette charge d'*intergiciel* doté d'une double fonction de support des appels de Services d'une part et de bus d'événements MOM d'autre part.

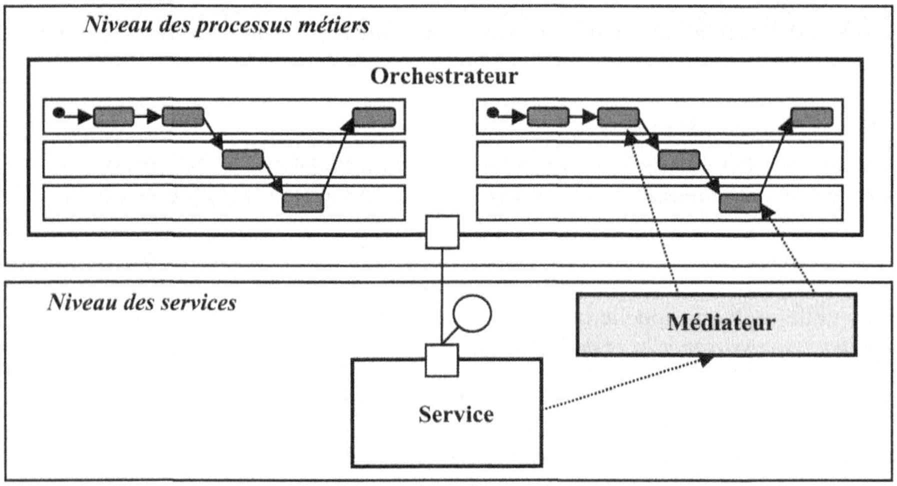

Figure 150. Services et transmission d'événements.

Les évènements complexes

Le terme « *Event driven S.O.A.* », c'est-à-dire « S.O.A. orienté événement », est parfois utilisé pour désigner, non ce qui vient d'être vu, mais une approche S.O.A. enrichie par une notion plus générale d'*événement complexe*, notion que nous allons succinctement aborder ici, et par la technique associée dite du *Complex Event Processing*, ou *CEP*.

Cette approche est basée sur le constat que beaucoup de faits qui s'avèrent signifiants au niveau du métier, et qu'il pourrait donc être intéressant de faire connaître au Système d'Information, ne peuvent être pris en compte par celui-ci, du fait qu'ils ne correspondent en fait à aucun événement simple explicitement émis par un acteur, mais plutôt à une *combinaison*, ou plus précisément à une *séquence particulière de tels événements*. De tels faits seront désignés par le terme d'*événements complexes*, les évènements au sens strict étant alors qualifiés d'*évènements élémentaires*.

Par exemple, le cas du panier d'achat abandonné sans achat effectué par un internaute sur un site de commerce électronique est un cas qu'il peut être intéressant de détecter et de traiter. Ceci doit permettre de réagir au mieux, et, à terme, mieux comprendre la situation, et, si possible, améliorer la présentation de l'offre ou encore les modalités d'achat. Chaque situation pourra être en fait caractérisée par une *succession bien particulière d'événements élémentaires*, ne se réduisant pas au seul évènement ponctuel d'abandon. La détection de telles situations par le biais de *règles*, et la génération d'*évènements synthétiques* conséquents pourra permettre par exemple de cibler des offres promotionnelles, ou bien encore d'alimenter un logiciel de traitement statistique, destiné à mettre en évidence des corrélations significatives éventuelles des faits avec des profils d'acheteurs particuliers, etc.

Le Système d'Information intègre alors un nouveau composant, dit *composant de CEP*, acronyme de « *Complex Event Processing* ». Ce composant a alors la charge d'enregistrer au fil de l'eau les événements transitant dans le système, et de détecter la survenue de certaines *séquences particulières* représentant des *faits signifiant*s, séquences dont les modèles types, c'est-à-dire les *patrons*, auront été au préalable spécifiés. Le composant de CEP pourra alors générer par lui-même des *évènements complexes* correspondants, susceptibles d'intéresser certaines applications, puis de les diffuser sous forme de messages de sorte que ces applications soient en mesure de les traiter de manière pertinente.

7.3.9. Synthèse sur l'approche S.O.A.

S.O.A. est donc un *style d'architecture* proposant un ensemble de principes destinés à architecturer un Système d'Information, et supportant un déploiement progressif et l'intégration d'applications déjà en service. La figure ci-dessous synthétise les principaux concepts utilisés dans S.O.A.[1].

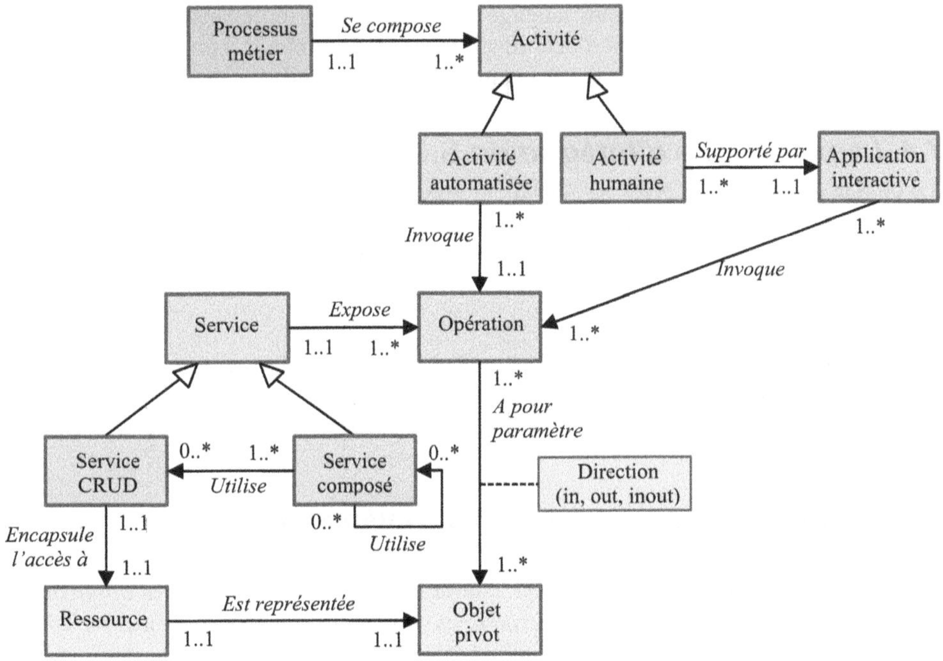

Figure 151. Synthèse des concepts S.O.A.

S.O.A. utilise souvent les *Services Web SOAP* pour implémenter la notion de Service, mais on notera bien que l'approche ne dépend pas d'une technologie particulière. Par ailleurs, il faut noter que l'architecture S.O.A. ne se réduit aucunement à exposer des Services Web.

[1] On notera que les *Services techniques* n'ont pas été représentés ici par mesure de simplification.

S.O.A. n'oblige pas non plus aux échanges synchrones : nous avons vu en effet que la communication par événements était également utilisée dans S.O.A.

Les approches orientée services et orientée objet sont différentes mais complémentaires : S.O.A. peut être utilisé comme modèle pour l'architecture globale du Système d'information, l'approche orientée objet gardant bien sûr tout son sens et toute son utilité pour la conception des composants.

L'approche S.O.A. n'est bien sûr pas une solution universelle. Elle ne donne en effet pas de solution immédiate à tous les problèmes qui peuvent se poser dans la mise en œuvre du Système d'Information d'une organisation. En particulier, on notera que S.O.A n'apporte pas de solution directe aux problèmes afférant aux performances, en remarquant par ailleurs que la notion de Service mutualisé accédé en mode synchrone n'est pas un facteur favorable pour ce qui est de la montée en charge d'un Système d'Information.

Un apport considérable de S.O.A., qui fait tout son intérêt, est toutefois le fait que les problèmes peuvent être traités progressivement, et que, de ce fait, il devient possible de mieux maîtriser le développement ou la modernisation progressive du Système d'Information par étapes.

La démarche S.O.A. nécessite un langage métier commun. L'échange nécessite donc que les acteurs concernés se mettent d'accord sur un modèle commun « pivot », ou plutôt sur un ensemble de modèles communs représentant les entités du métier.

7.4. La plateforme d'intégration S.O.A.

Au vu des principes à la base de S.O.A., il apparaît que la mise en œuvre d'une telle approche nécessite de fait le support d'une infrastructure d'intégration et d'exécution adaptée. Des outils d'aide seront indispensables pour mener à bien une réelle démarche S.O.A. à l'échelle du Système d'Information, puis ensuite, pour exécuter, administrer et superviser la configuration ainsi construite.

Nous appelons ici *plateforme d'intégration S.O.A.*, une plateforme logicielle permettant de *construire, déployer, héberger, exécuter, administrer et superviser une solution métier S.O.A.* Nous allons examiner ici les composants de base attendus d'une telle *plateforme d'intégration.*

7.4.1. Architecture d'une plateforme d'intégration S.O.A.

La figure ci-après présente le modèle d'une *plateforme technologique S.O.A.* Nous y trouvons en place centrale le *bus de Service*, autour duquel vont s'articuler les *applications*, en interactions avec les usagers, l'*orchestrateur de processus*, en charge d'interpréter les processus définis sous forme de données, ainsi que les *Services* eux-mêmes, dont, en particulier, les Services CRUD, tous référencés dans un *annuaire de Services*, également présent au sein de la plateforme.

Il convient d'ajouter ici à la liste des composants d'une plateforme S.O.A. les nécessaires *outils d'administration*, ainsi que les *outils de supervision*, sur lesquels nous reviendrons. Enfin, nous avons logiquement fait figurer sur ce schéma l'ensemble des *outils de fabrication du logiciel*, qui permettront d'outiller la démarche, et en particulier de supporter le *développement*, la *validation* et le *déploiement* des différents éléments logiciels sur la plateforme d'exécution

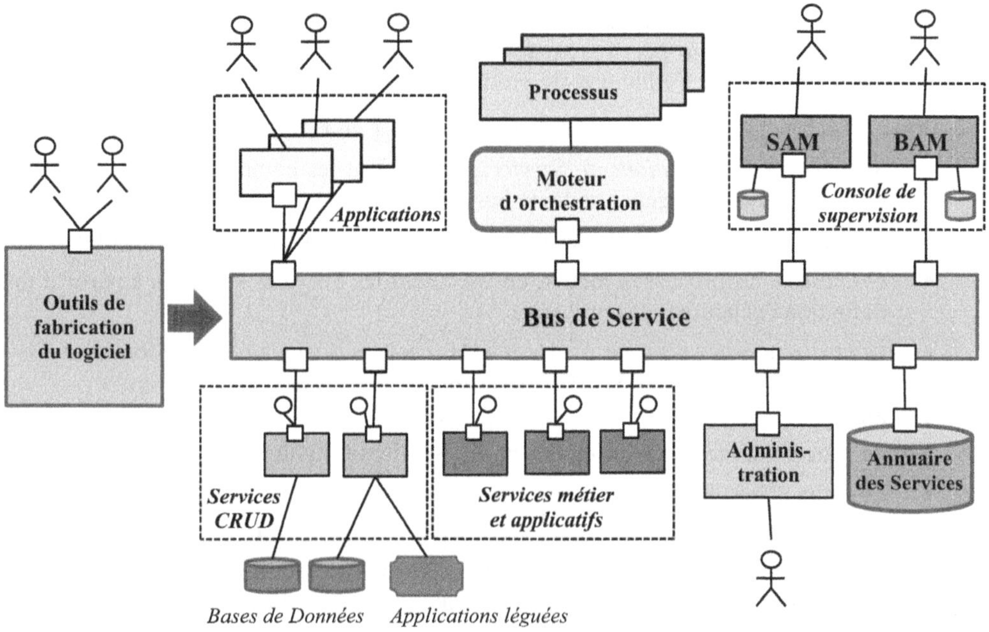

Figure 152. Modèle de plateforme d'intégration S.O.A.

On notera que notre description correspond en fait à une plateforme « idéale », complète et cohérente en termes de fonctionnalités, telle qu'elle est requise pour la mise en œuvre de S.O.A. Les offres du marché ne la couvriront parfois que partiellement. Un tel modèle est donc destiné avant tout à servir de référentiel lorsqu'il s'agira d'évaluer une offre en matière d'outils de support à S.O.A., et juger de sa complétude et de son adéquation à la mise en œuvre envisagée.

Dans la pratique, pour l'outillage d'une démarche S.O.A., une plateforme pourra être constituée d'un assemblage d'outils logiciels que l'on aura pris soin de choisir pour leur cohérence et leur capacité à inter opérer à travers différents standards de fait du domaine tels, par exemple, SOAP, WSDL, UDDI, BPEL ainsi que le langage BPMN.

7.4.2. Les composants de la plateforme d'intégration

Nous allons maintenant examiner plus en détail le rôle des principaux composants présents dans le modèle de plateforme évoqué plus haut.

Le bus de Services

Comme déjà indiqué, la figure fait apparaître un *bus de Service* comme élément central de l'intégration. Le bus de Service est alors l'*intergiciel* qui permet l'invocation des Services à distance à travers le réseau, en supportant la traversée éventuelle de protocoles hétérogènes, et en assurant en outre, si besoin, la fiabilisation des échanges.

La terminologie « E.S.B. » (sigle signifiant *Entreprise Service Bus*) fait, quant à elle, le plus souvent référence à des produits recouvrant les fonctionnalités de *bus de services*, d'*annuaire* (ou registre) *de Services*, parfois d'*orchestrateur*, avec d'éventuels éléments additionnels, dépendant de l'éditeur et du produit concerné.

Les principales fonctions susceptibles d'être assurées par un E.S.B. sont ainsi les suivantes :

- *Supporter les invocations de Services,* en unifiant les communications sur la base de protocoles hétérogènes (rôle de *bus de Service*).
- *Enregistrer les Services*, en les référençant et en permettant leur localisation.
- *Orchestrer* les processus métier, en exécutant les Services spécifiés à partir d'une définition déclarative des processus.
- *Contrôler et superviser les Services et les processus* (il s'agit ici de fonctions assurées par les composants SAM et BAM que nous verrons dans la suite).
- *Opérer des requêtes sur les bases de données*, en unifiant les accès aux données, de sorte à faciliter le développement des Services CRUD.
- Et enfin, si besoin, assurer la *sécurisation des messages*, et *tracer les échanges*.

Les produits E.S.B. supportent le plus souvent les *invocations de Services* ainsi que les *échanges de messages*. Ils masquent la variété des protocoles utilisés en pratique (HTTP, FTP, JMS, RMI, .NET, etc.), et donnent aux clients la garantie d'acheminement de bout en bout. Les produits existants supportent en général différents modes d'appel parmi les suivants :

- L'*invocation synchrone* de type RPC (appel de fonction à distance, en principe toujours implémenté).
- L'*invocation synchrone unidirectionnelle* (ou *one way*).
- L'*invocation asynchrone* avec *callback*.
- La *communication asynchrone* selon le mode *publication et abonnement*.
- Et enfin le mode « conversationnel », combinant de façon *ad hoc* des mécanismes élémentaires précédents.

L'annuaire ou registre des Services

L'*annuaire* des Services permet typiquement :

- La *publication* et la *gestion de la description des Services*, sous forme déclarative (le plus souvent en langage WSDL).
- La gestion de *catégories de Services*, en fournissant des facilités pour la *recherche de Services*, sur la base de mots clés par exemple.

Un appelant pourra ainsi vérifier l'existence d'un Service, ou encore vérifier sa version, consulter son interface, etc. Les registres de Services sont implémentés en général par le biais d'un *annuaire unique centralisé*, ou bien via *plusieurs référentiels physiques synchronisés* les uns avec les autres, ou bien encore à travers une *fédération d'annuaires*.

Les outils de SAM et de BAM

De tels outils sont destinés au *contrôle* et à la *supervision des Services et des processus*.

Le niveau du *SAM* (*Service Activity Manager*) correspond à celui d'une *supervision de niveau technique*, alors que le niveau du *BAM* (*Business Process Activity Manager*) correspond au niveau global de la fonction métier, incluant donc l'exécution possible d'activités humaines. Ces deux types d'outils assurent donc la supervision et le contrôle de l'exécution des Services, mais en se plaçant à deux niveaux différents. En particulier le *SAM* permet d'évaluer la *performance de la solution technique* mise en œuvre, alors que le *BAM* vise à évaluer et contrôler l'*efficacité de l'organisation ainsi dotée de cette solution.*

Les fonctionnalités fournies par ces outils sont essentiellement, pour le *SAM* (*Service Activity Manager*) :

- Le *suivi des erreurs*, de la *performance*, de la *qualité*, et de la *sécurité.*
- La génération d'*indicateurs synthétiques.*

Les fonctionnalités fournies par le *BAM* (*Business Process Activity Manager*) sont, quant à elles :

- L'accès à l'*état des processus.*
- La génération de *statistiques*, constituées à la volée.
- La *gestion des alertes.*

Les outils de *BAM* sont en général basés sur un outil de *SAM* existant.

L'accès aux données

Le but des *outils d'accès aux données* est de faciliter, voire d'automatiser, la création des services CRUD. Cet aspect n'est pas trivial, car le problème ne se limite pas à exécuter une requête : il convient en effet ici de prendre en compte les *règles métiers*, mais aussi *la transformation des résultats* des requêtes sous la forme d'*objets pivots*, etc. Il convient ici de fournir une aide au développeur pour mettre en œuvre :

- L'*agrégation des différentes données* issues des bases de données, aux fins de reconstituer à la volée les objets métier.
- Si besoin, les *synchronisations en temps réel des contenus répliqués*, pour répondre à des besoins de performance et/ou de disponibilité.

L'offre correspondant à ce type de produit peut être trouvée sous le nom d'outils d'*EII* (*Enterprise Information Integration*), ou bien encore outils de *MDM* (*Master Data Management*) pour ce qui concerne la gestion spécifique des *référentiels de données*, c'est-à-dire des bases contenant des données de référence par nature peu évolutives.

7.4.3. Les plateformes de développement et d'intégration

Une grande majorité des plateformes de développement actuelles fournit le *support au Services Web* SOAP, en particulier dans l'environnement Java EE, sur la plateforme .NET, mais aussi sur des plateformes telles que *PHP, C++*, *Python*, etc.

Les outils offerts permettent alors, le plus souvent, de manipuler des messages SOAP ainsi que des données au format XML. Ils permettent aussi l'opérer le *mapping* entre les données XML et les classes du langage, et d'accéder directement si nécessaire à la couche HTTP.

Il ne peut être question de faire figurer ici un panorama exhaustif de tous les outils existant qui s'inscrivent dans ce cadre de l'aide à la mise en place d'une architecture S.O.A. et/ou de son exécution, l'offre comportant de très nombreux produits avec, par ailleurs, des périmètres très variables quant aux fonctionnalités offertes. Nous nous bornerons à citer quelques produits parmi ceux qui ont été ou sont encore les plus utilisés.

De manière générale, l'offre S.O.A. est portée par *différents types d'acteurs*. Parmi ces types d'acteurs, nous trouvons en premier lieu des *acteurs généralistes*, avec des offres à caractère commercial, au sein de gammes souvent très larges. Dans cette offre, on peut citer, par exemple, la gamme *WebSphere* d'*IBM*, les outils *Rational*, la gamme *Tivoli*, etc., ainsi que les outils de la société *Microsoft*, avec en particulier *Biztalk*.

Citons également ici l'initiative *JBI* (*Java Business Integration*) de standardisation d'un ESB, qui a donné lieu à une implémentation *open source*.

A côté de ce type d'acteurs, nous trouvons aussi des *acteurs spécialistes*, avec des sociétés spécialisées dans le domaine, ainsi que des vendeurs d'infrastructures, issus en général du monde de l'E.A.I. et du MOM. De très nombreux produits ont été proposés au fil des ans, parmi lesquels on peut citer les offres *BEA*, *Tibco*, *WebMethods*, *Progress/Sonic*, *Software AG*, *Iona*, etc.

En matière d'offre S.O.A., nous trouvons également des *éditeurs de progiciels*, avec par exemple, *SAP*, *Oracle*, ou encore des éditeurs issus du domaine appelé *ECM* (*Enterprise Content Management*).

Enfin, il convient de citer ici les *communautés open source* à l'origine de nombreux développements. On peut citer ici par exemple, de manière non exhaustive, *Apache* (*Axis*, *Apache Synapse*), *ObjectWeb*, *RedHat*, et la fondation *Eclipse*.

7.4.4. S.O.A. et architecture orientée ressource

Nous savons que *deux familles technologiques* de Services coexistent sur le Web, à savoir les *Services Web SOAP,* qui reposent sur les standards SOAP, WSDL et UDDI, ainsi que les *Services REST* qui, comme nous le savons, utilisent exclusivement le protocole HTTP comme support des messages (et non SOAP au-dessus de HTTP).

La mise en œuvre de l'approche S.O.A. sur la base des Services Web SOAP a été très utilisée, et l'est encore à la date d'écriture de ces lignes. Toutefois une approche concurrente et de plus en plus utilisée est celle consistant à utiliser les Services REST pour concrétiser la notion de Service structurant la démarche S.O.A.

Plutôt que de parler de « S.O.A. avec des Services REST », on parle parfois de *R.O.A.*, ou *Ressource Oriented Architecture*, pour mettre l'accent sur le fait que, dans REST, les Services sont systématiquement vus comme des *ressources*, sur lesquelles on peut donc appliquer les quatre verbes HTTP déjà cités. Il s'agit toutefois d'une approche tout à fait semblable dans ses principes à S.O.A. Dans R.O.A., un URI est alors utilisé pour identifier n'importe quelle ressource présente dans le Système d'Information. Les méthodes *POST*, *GET*, *PUT* et *DELETE* du protocole HTTP sont bien sûr utilisées pour représenter les opérations de base des Services CRUD.

L'intérêt est ici le caractère de légèreté et de souplesse apporté par l'emploi des Services REST.

7.5. Les aspects méthodologiques

La démarche de mise en œuvre d'une architecture S.O.A. opère la plupart du temps sur la base d'un existant. Cette démarche doit donc être à la fois :

- *Descendante* (*top down*), de sorte à déterminer l'état souhaitable, « idéal », du Système après évolution, sur la base des objectifs stratégiques et des besoins métier.
- *Montante (bottom up*), de sorte à prendre en compte l'existant, en termes d'applications déployées et de bases de données déjà en service, et à évaluer comment cet existant pourra « se projeter » sur l'architecture de référence que l'on a auparavant bâtie, aux fins de réutiliser au mieux l'existant.

Le résultat de cette analyse pourra être la définition d'une évolution du Système d'Information, à mener à court terme, ou bien encore une *feuille de route* avec définition d'une suite d'évolutions successives. *La démarche de mise en place d'une architecture S.O.A. s'inscrit ainsi totalement dans la démarche d'urbanisation*. Plus précisément, elle peut se positionner comme une aide dans la mise en œuvre de cette démarche.

Il convient de voir S.O.A. comme un modèle type d'architecture, ou, plus exactement, comme un *style*, c'est-à-dire comme un ensemble de principes présidant à la définition d'architectures adaptées à chaque cas concret. Toutefois, S.O.A. ne fournit pas de *méthode* pour arriver à cette fin. S.O.A. en tant que telle ne prescrit donc rien en termes d'activités, de phases ou de livrables à produire. S'il n'y a pas de « méthode S.O.A.», plusieurs propositions ont toutefois vu le jour pour guider conceptuellement l'architecte du Système d'Information dans sa tâche de définition d'une architecture s'inscrivant dans les principes de S.O.A. Il est ressort de *bonnes pratiques*, et une démarche de principe sur laquelle il y a globalement consensus. Cette démarche n'est d'ailleurs autre que celle présidant à l'ingénierie rationnelle de tout grand système, avec les mêmes invariants méthodologiques[1], mais adaptée au contexte d'un Système d'Information, et dans le cadre d'un existant à prendre en compte.

Cette démarche commence par une *phase descendante*, dont on peut synthétiser les étapes de la manière suivante :

1. *Définir les processus métier*, en considérant le sous-ensemble des processus métier de l'entreprise en rapport avec la *cible* de la démarche. On figure ces processus par des diagrammes BPMN, et on identifie les *activités automatisées*, les *activités humaines*, les *acteurs* impliqués, et les *objets métier* principaux. On parle parfois ici d'*architecture métier*.
2. *Construire un modèle des objets métier* (ou objets principaux) avec leurs relations, objets parmi lesquels on distinguera 1) les *objets métier opérationnels*, qui correspondent aux données fortement évolutives avec les processus (par exemple les commandes et les livraisons), et 2) les *objets métier des référentiels*, qui sont au contraire des entités stables, ou peu variables avec la vie de l'organisation (par exemple les types de produits, les collaborateurs, ou encore les compétences).
3. *Mener une analyse fonctionnelle* sur la base des tâches ainsi mises en évidence, en les détaillant, puis en les décomposant, d'où l'on tirera une définition logique des *applications interactives* et des *Services* à mettre à œuvre, dont les *Services métier*

[1] Décrits dans *Systèmes, architectures, intégration*, du même auteur que le présent ouvrage.

(traitements à mettre en œuvre) et les *Services CRUD* (manipulations des entités métier), sans oublier les Services techniques utiles.

4. *Etablir sur cette base une architecture fonctionnelle du système.* Dans une démarche d'urbanisation, celle-ci devra faire apparaître ce que l'on appelle les *blocs fonctionnels*, regroupements cohérents de cas d'utilisation, d'objets métiers, de Services, et d'événements, organisés autour des différents types d'objets métier.
5. *Détailler le modèle d'objets métier* et en tirer les *spécifications des Services*, en particulier des *Services CRUD* à mettre en œuvre.
6. Enfin, en utilisant les éléments ainsi déterminés et leurs liens, produire la *cartographie d'ensemble du système*, faisant apparaître les composants et leurs relations, mettant ainsi en évidence l'*architecture logicielle* de l'ensemble ciblé par l'étude.

Cette approche permet de *définir l'architecture du Système d'Information* (ou de la partie de celui-ci étudiée, appelée ici la *cible*) *vers laquelle on doit tendre.*

Ensuite, il convient de mener une *phase montante*, partant cette fois de l'existant, et consistant à :

1. *Analyser les applicatifs existants et, autant qu'il se peut les « projeter » pour tout ou partie sur l'architecture fonctionnelle* précédemment définie. On analysera alors la possibilité de réutilisation dans la nouvelle architecture de tel ou tel applicatif, avec ou sans évolution (voir paragraphe *Services et composants*).
2. *Identifier les ressources applicatives*, telles que les bases de données, progiciels, applications, entrant dans la réalisation des nouveaux Services CRUD, ainsi que les connecteurs exploitables ou à créer pour s'interfacer avec ces ressources.
3. Définir alors *la nouvelle architecture applicative* du Système d'Information, et spécifier les nouveaux composants nécessaires, Services et applications interactives.

On notera que cette démarche peut être menée en plusieurs étapes successives, sur un cycle plus ou moins long. On pourra ainsi, dans un premier temps, réutiliser des applications ou des bases de données existantes, en développant si besoin des connecteurs nécessaires, de sorte à aboutir à une solution, non idéale, mais susceptible d'être mise en œuvre dans un temps raisonnable. L'architecture S.O.A. mise en place nous permettra d'envisager, dans un second temps et ultérieurement, une modernisation de notre solution en développant telle ou telle nouvelle application ou base de données parfaitement adaptée au problème, sans remise en cause ni de l'architecture globale ni des autres composants, par simple substitution d'un nouveau composant à un composant ancien.

Nous allons illustrer cette démarche sur un exemple simple de mise en œuvre.

Exemple de mise en œuvre.

Nous considérons une société dont l'objet est la mise à disposition des consultants au profit de sociétés clientes.

Une société cliente désireuse de sous-traiter une prestation adressera d'abord une demande à notre société, demande qui sera alors enregistrée par un *commercial.* Ce dernier examinera la demande et confirmera au client que sa demande va bien être prise en compte (ou éventuellement qu'elle ne peut l'être, s'il estime que la société n'est pas en mesure de répondre à la demande).

Dans le cas de prise en compte, la demande passe ensuite dans les mains du *responsable technique*, qui sélectionne un consultant, proposé au vu des compétences requises ainsi que des compétences propres et des disponibilités de chacun. Ceci permet de bâtir une proposition en réponse à la demande. Cette proposition est validée par le *commercial*, affectée d'un prix, puis transmise au client.

Lorsque la réponse du client arrive, après évaluation de la proposition, soit celle-ci est annulée (dans le cas de réponse négative), soit l'activité identifiée est planifiée et le consultant choisi noté comme affecté à l'activité en question (dans le cas de réponse positive). Bien sûr, il faut définir ici un *time out*, de sorte qu'en l'absence de réponse dans un certain délai, la proposition soit automatiquement déclarée comme annulée. Une fois la planification faite, le client en est informé par le biais d'une confirmation.

Bien sûr, tout ceci est très simplifié, et nous ne tenons pas compte de multiples aspects, dont les aspects contractuels. Le processus lui-même est schématique, et, dans la réalité, il y aurait d'autres étapes à considérer. Le but, on l'a compris, est simplement ici d'illustrer la démarche sur un cas simple. On notera également que la cible, ici bien circonscrite, est l'activité de réponse aux demandes de prestation, en relation avec l'activité principale de l'entreprise. Il y aurait bien sûr nombre de fonctions support dont nous pourrions tenir compte, de même que des domaines comme la gestion des personnels, la comptabilité, la paie, etc., qui restent ici hors du champ de l'analyse.

Dans le Système d'Information existant, nous supposons qu'il y a actuellement une application de gestion des clients et de leurs demandes, ainsi qu'une application de gestion des personnels consultants, avec codification de leurs compétences, ainsi que des activités planifiées. Ces deux applications, très simples, sont supposées ici constituées de formulaires de consultation, joints à deux bases de données relationnelles, la base des clients et la base des personnels consultants. Dans cet existant, il n'est pas possible de mettre en relation de manière automatisée un besoin client avec un consultant. Il est donc coûteux en temps, à l'heure actuelle, de sélectionner les consultants aptes à satisfaire la demande d'un client.

Pour accroître l'efficacité du Système d'Information et en conséquence la compétitivité, on décide de lancer un projet de remise à niveau de ce système, de manière à l'aligner sur les besoins métiers. C'est l'objet de ce travail d'application de la démarche dont nous allons ici détailler les principales étapes.

Définition des processus métier

Tout commence par la formalisation des processus métier et en particulier celle du processus de réponse à une demande de prestation par constitution d'une offre, qui est le principal processus métier ici considéré. Nous l'appellerons le *processus de réponse*.

La figure ci-après illustre la définition de ce processus métier, sur la base d'une notation BPMN.

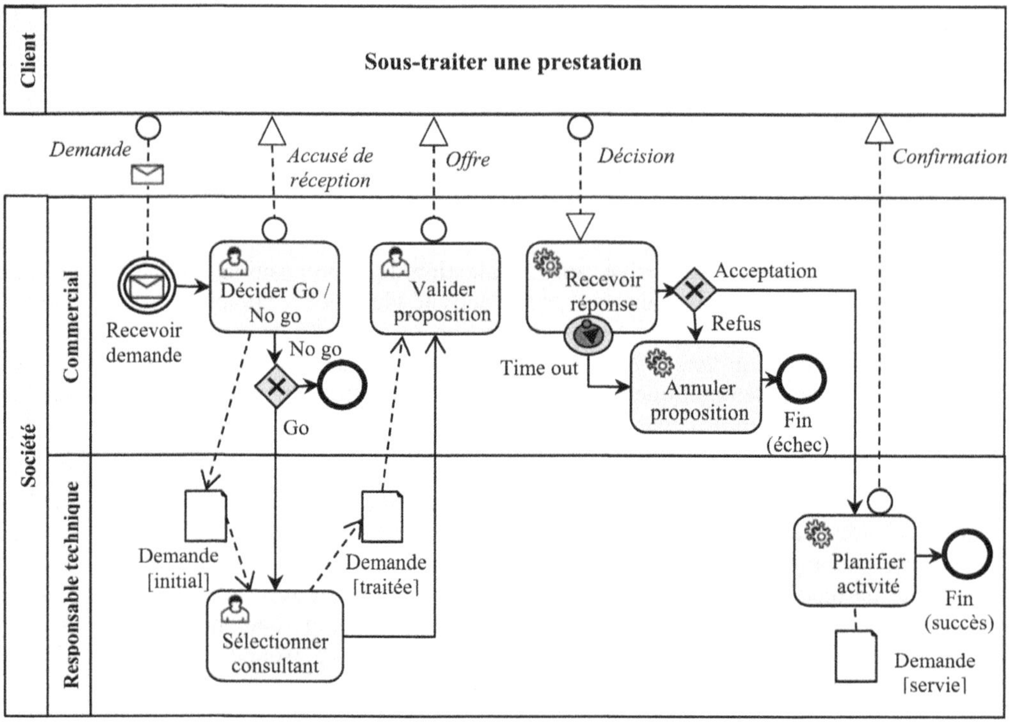

Figure 153. Définition du processus de réponse.

Deux couloirs d'activités principaux correspondent respectivement aux responsabilités d'un client et à celui de la société. Le processus client, non connu, ne peut être explicité, et n'apparait que via les messages qu'il émet vers la société et qu'il reçoit d'elle. Le couloir correspondant à la société est lui-même divisé en un couloir secondaire, correspondant aux responsabilités du commercial, et en un autre couloir secondaire, correspondant à celles du responsable technique. Les tâches sont annotées comme *tâches humaines* ou comme *tâches automatiques* selon leur nature. Les premières donneront lieu à des interactions homme-machine à travers l'usage d'applications interactives à définir, ayant besoin elles-mêmes de s'appuyer sur des Services, alors les secondes pourront être directement traduites comme des appels de Services.

Il nous faudrait en outre détailler ici d'autres processus indispensables à considérer, tels que les processus d'ajout d'un personnel dans la base des consultants, son retrait, ou encore la mise à jour de ses compétences. Ceci ne sera pas détaillé ici, le précédent diagramme, bien illustratif de la logique du domaine, étant ici le plus intéressant.

Définition des objets métiers.

Il est alors possible de mettre en évidences les *objets métier* principaux, dits aussi objets métier *racines*. Il s'agit ici de recenser les entités métier qui apparaissent de manière naturelles comme manipulées, créées ou modifiées par les tâches des processus. Cette description ne peut être faite ici qu'en se plaçant à un niveau d'abstraction élevé, et seuls les attributs jouant un rôle important dans les processus y figureront. Nous y trouverons bien sûr les clients, les demandes formulées par ces derniers, avec leur état. Nous y retrouverons aussi les réponses faites par la société, celles-ci se composant en première analyse d'un prix et de la description d'une activité, laquelle possèdera des dates de début et de fin, ainsi qu'une ressource humaine nominativement attachée (cette dernière figurant explicitement dans une proposition faite à un client). Enfin, nous ferons figurer le référentiel des compétences sous la forme d'un ensemble d'entités de même nom, attachées aux consultants (un consultant portant une ou plusieurs compétences, et une compétence étant portée par zéro, un ou plusieurs consultants).

La figure ci-dessous donne une illustration du modèle des objets métiers. Nous pouvons y distinguer des *entités opérationnelles,* données évolutives (les demandes, les propositions et les activités), et des *entités référentielles*, supposées plus stables, tels les clients (nous supposons ici que tous les clients susceptibles de faire appel à la société sont référencés, et que leur ajout est de la responsabilité d'un processus spécifique) ou les consultants, ou bien encore les compétences. Bien sûr, ce ne sont que des hypothèses qu'il conviendrait de confirmer dans un cas réel.

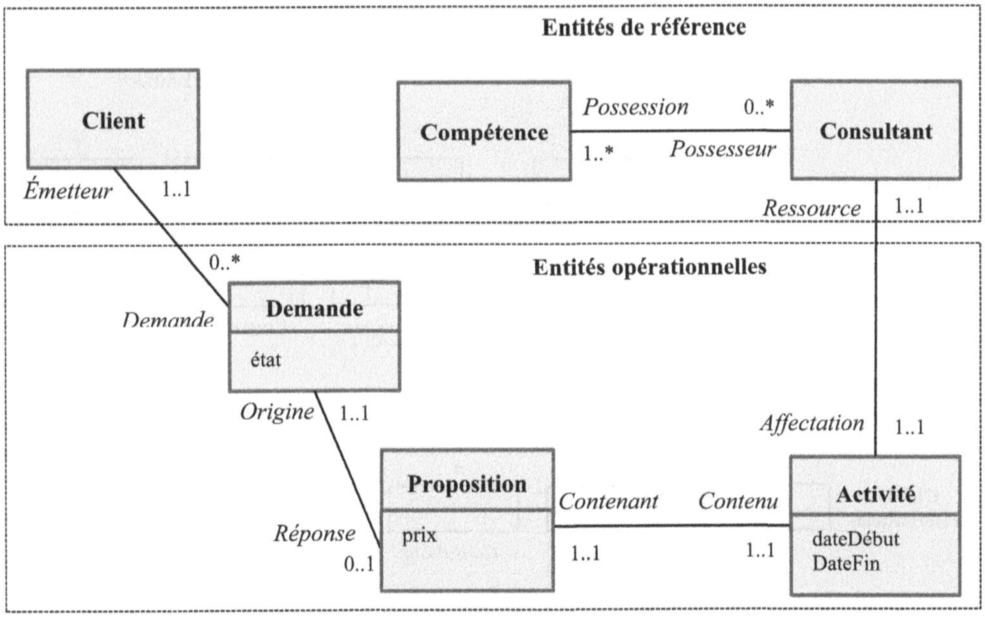

Figure 154. Modélisation des objets métier.

Cette modélisation, opérée au niveau d'abstraction du métier, ne couvre pas de manière exhaustive les données qu'il faudra gérer dans le Système d'Information. Il en constitue plutôt le socle. Ainsi, les entités mises en évidence seront-elles les principales entités du futur modèle, et d'autres entités secondaires seront mises en évidence à partir de celles-ci. Par exemple, une analyse détaillée pourra montrer qu'il faut organiser les compétences en familles de compétences ou avec des « sous-compétences ». L'entité *compétence* ici mise en évidence restera la racine de ces nouveaux objets.

Analyse fonctionnelle

Nous réalisons maintenant la *décomposition fonctionnelle* de l'ensemble des tâches trouvées dans la modélisation des processus.

La figure ci-dessous illustre la décomposition du *processus de réponse.*

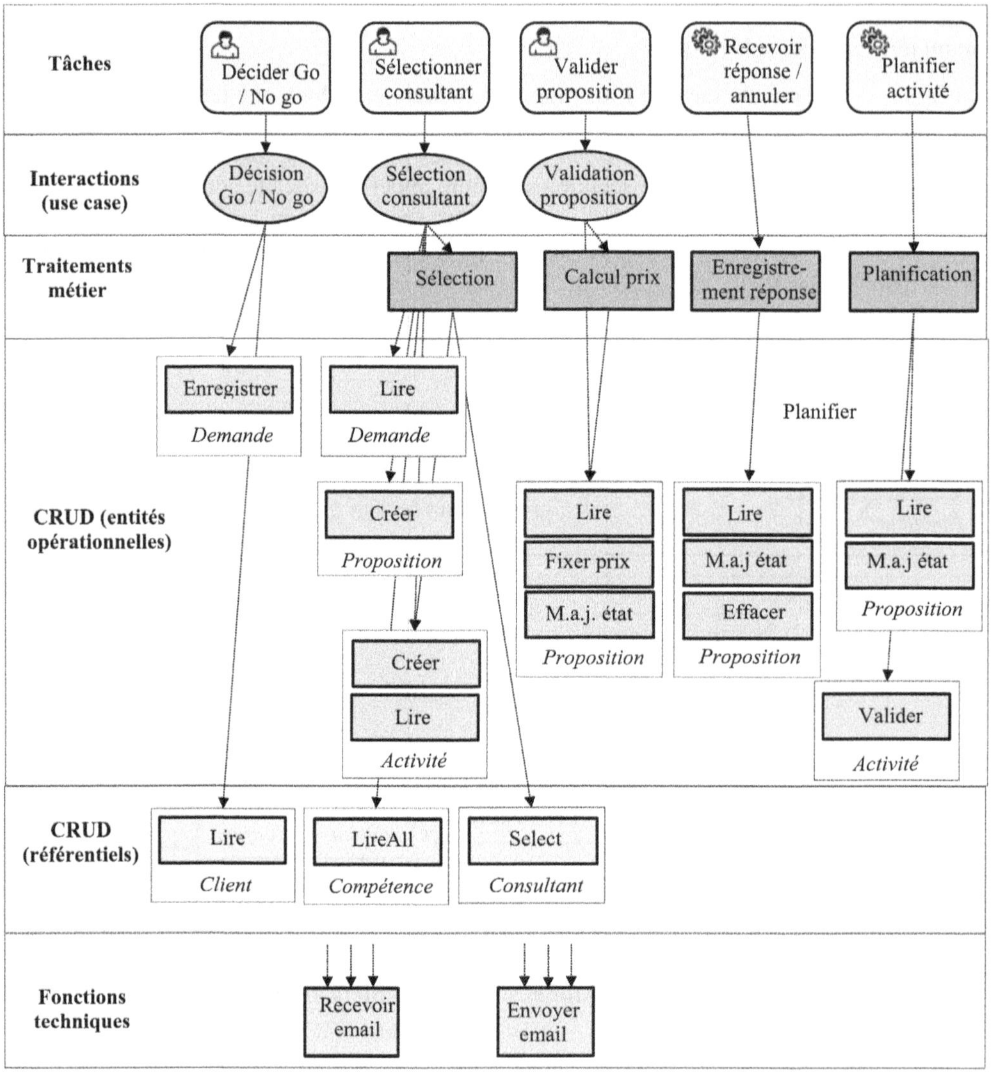

Figure 155. Décomposition fonctionnelles du processus de réponse.

Une *tâche humaine* est ici décomposée en plusieurs éléments, dont une *interaction homme-machine*, en relation directe avec un *cas d'utilisation*, ainsi qu'en traitements métier nécessaires, en opérations de manipulation d'entités métier, et, si besoin, en fonctions techniques. Ainsi la tâche « Décider Go/No go », menée par le commercial, qui s'avère être une tâche humaine, sera-t-elle matérialisée par une *interaction* avec l'utilisateur, que nous avons appelée « Décision Go / No go ». Cette tâche aura besoin d'une opération *Lire* portant sur une entité métier *client*, afin que le commercial puisse prendre connaissance des données client, ainsi que d'une opération *Enregistrer*, portant une entité métier *Demande*, afin de créer un objet persistant de cette nature mémorisant la demande en cours d'analyse.

Une *tâche automatique* aura pour sa part une décomposition analogue, mais sans *interaction*, puisque l'exécution de la tâche ne requiert aucune intervention humaine. Elle sera d'abord matérialisée par un *Service métier*. Considérons la tâche « Planifier Activité », correspondant à l'inscription persistante dans le planning de l'activité (avec sa ressource consultant et ses dates de début et de fin, en conformité avec la proposition acceptée). Cette tâche sera représentée par l'invocation d'un traitement métier appelé ici *Planification*, lequel aura besoin d'opérations *Lire* et *Mettre à jour état* portant sur une entité *Proposition*, mais aussi d'une opération *Effacer* (qui aurait pour effet de retirer l'activité des objets opérationnels, et, si besoin, la faire passer dans un espace d'historisation, non considéré ici).

La décomposition de la tâche « Sélectionner consultant » est un peu plus complexe. Cette tâche a besoin en premier lieu d'une *interaction* avec le responsable technique. Cet usager prendra ainsi connaissance de la demande et en déduira les compétences nécessaires en s'aidant au besoin du référentiel des compétences. A partir des compétences nécessaires, il devra y avoir interrogation de la base des consultants et du planning des activités, afin de déterminer le ou les consultants susceptibles de prendre en charge la demande client. Nous confierons cet algorithme à un traitement métier *Sélection*. La tâche initiale se décompose donc en une interaction *Sélection consultant* (cas d'utilisation), un traitement métier *Sélection*, des accès (via des opérations *Créer* et *Lire*) aux entités métier optionnelles *Demande*, *Proposition*, *Activité*, et des accès *LireAll* et *Select* aux entités de référentiel *Compétence* et *Consultant*.

En supposons que les informations sont échangées entre le client et notre société par le biais de courriers électroniques, nous aurons donc besoin, en outre, de fonctions techniques associées permettant d'automatiser ces envois et réceptions avec attachement et détachement des pièces jointes requises. De sorte à ne pas complexifier le schéma plus que nécessaire, le choix fait ici a été de placer les *fonctions techniques* résultant de la décomposition tout en bas du schéma, sans les relier explicitement aux éléments parents de la décomposition

Nous voyons apparaître ici très clairement les *cas d'utilisation* qui vont permettre d'identifier et spécifier les applications interactives, 2) les *Services métier* en charge de traitements métiers spécifiques, 3) les *Services CRUD*, en charge de l'encapsulation des données métier, et enfin des *Services techniques* d'intérêt général. Dans les Services CRUD, nous pouvons de plus distinguer entre les Services liés à des objets opérationnels et ceux liés aux référentiels.

Il conviendrait de procéder à la même opération de décomposition pour les autres processus de la zone cible étudiée, tel les processus d'ajout et de retrait d'un consultant, ou encore celui de mise à jour de ses compétences. Ceci viendrait enrichir notre analyse avec de nouvelles opérations qu'il sera faudra alors ajouter dans notre cartographie fonctionnelle.

Enfin, d'autres parties du Système d'Information, c'est-à-dire d'autres zones fonctionnelles, auront très probablement besoin d'accéder à certaines des données détenues par la zone que nous étudions ici. Ce sera, par exemple, le cas de la gestion du personnel ou encore de la comptabilité ou de la facturation. Il nous faut donc encore enrichir notre analyse avec de nouvelles opérations d'accès aux données déjà identifiées. Ce point ne sera pas développé ici.

Architecture fonctionnelle

Tout ceci nous permet d'aboutir à une *cartographie fonctionnelle* complète où figurent les processus, interactions, Services métier, Services CRUD, et Services techniques identifiés dans l'analyse.

La figure ci-dessous illustre l'architecture fonctionnelle ainsi obtenue. Nous voyons que l'on y a fait figurer les *processus*, les *applications interactives*, regroupant des ensembles cohérents d'interactions, c'est-à-dire de *cas d'utilisation,* les *Services métier,* les *Services CRUD* et enfin les *Services techniques.* On notera qu'à des fins de simplification de la présentation, les opérations des Services CRUD n'ont pas été ici explicitées.

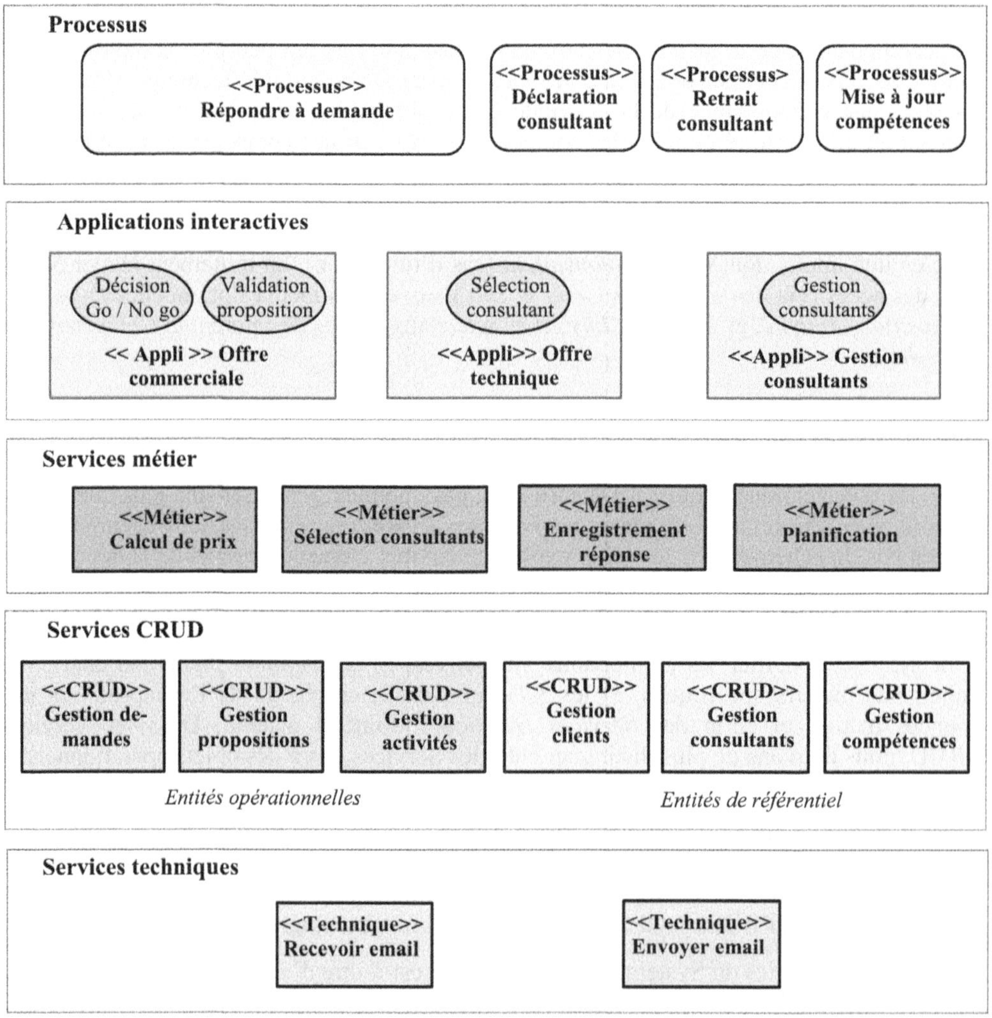

Figure 156. Architecture fonctionnelle.

Dans le cadre d'une démarche d'urbanisation du Système d'Information, on produirait alors une description fonctionnelle sous la forme d'une structuration en *blocs fonctionnels*. Ceci consisterait en premier lieu à mettre en évidence des *blocs métiers* sous la forme d'assemblages cohérents :

- D'interactions, avec cas d'utilisation et scénarios associés.
- De *Services métiers* offerts.
- De *données métiers*, offertes ici à travers des Services CRUD.
- D'*événements* signifiants susceptibles d'être propagés.

Ici, nous pourrons définir trois *blocs de fonctions métiers*, comme indiqué sur la figure ci-dessous, ainsi que trois *blocs associés à la gestion des référentiels de données*. Outre le *bloc « Gestion des processus »*, contenant les processus métiers, c'est-à-dire, dans notre cas, le processus principal de réponse et les trois autres processus associés, la démarche d'urbanisation préconise de placer un *bloc « échange »* comprenant les moyens de communication avec les autres zones du Système d'Information. Enfin, toujours en accord avec cette démarche, nous adjoignons un *« bloc pilotage »*, où l'on pourra placer lors d'évolutions ultérieures les moyens d'élaboration des indicateurs utiles et leurs interfaces homme-machine de consultation, ainsi que, classiquement, un *bloc « support »*, afférant à des fonctions générales non spécifiquement liées au métier. L'organisation ainsi obtenue est symbolisée sur la figure ci-dessous :

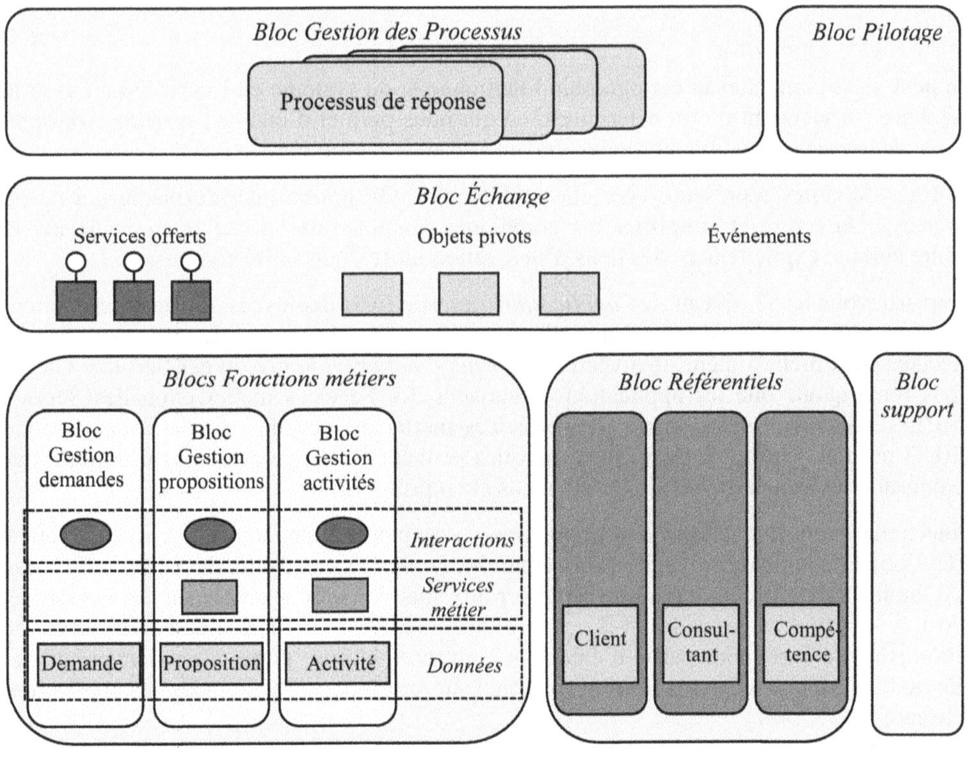

Figure 157. Structuration en blocs fonctionnels.

Détail du modèle d'objets métier et spécification des Services CRUD

Il nous faut ensuite détailler le modèle des objets métier et en tirer les spécifications des Services à mettre en œuvre, dont les Services CRUD.

Chaque activité automatique placée dans le processus permet d'identifier une opération nécessaire de Service. Les entrées sorties de l'activité sont alors les paramètres d'entrée et de sortie de cette opération. Ces paramètres doivent avoir pour types des objets pivots issus du modèle des objets métier. Une fois les opérations identifiées, on établit des définitions en WSDL aux fins de décrire le Service. Il convient de noter ici que beaucoup d'outils permettent de générer automatiquement les descriptions WSDL à partir de définitions de classes en UML.

Chaque activité humaine élémentaire est décrite de manière analogue à une opération de Service, avec des entrées et des sorties, mais elle ne sera pas matérialisée par un Service. Chacune de ces activités est décrite par un cas d'utilisation accompagné d'un scénario associé, ce qui permet de déterminer les écrans des présentations nécessaires à l'interaction homme machine. Lorsque l'on aura regroupé les interactions en ensembles cohérents (dans notre cas, par exemple, les deux interactions en liaison avec le commercial), ceci donnera lieu à la spécification d'une *application interactive*.

Nous pourrons détailler ensuite alors le modèle des objets métiers. Ceci permet alors de définir les interfaces des Services CRUD attachés aux données opérationnelles ainsi qu'aux données des référentiels. Ces interfaces ne sont pas détaillées ici.

Architecture applicative

On peut alors compléter la cartographie fonctionnelle du système en l'enrichissant avec les éléments qui viennent d'être déterminés, ce qui nous permet d'établir l'*architecture applicative de référence*, que l'analyse descendante visait à déterminer.

La figure ci-après représente une telle architecture. On notera que, de manière à ne pas surcharger la figure et simplifier les graphiques, nous avons fait ici le choix de ne pas rendre compte explicitement des liens d'invocation individuels entre composants.

Nous trouvons ici le niveau des *applications interactives,* déployées sur les postes clients ou mises à disposition sous la forme d'applications Web, le niveau des *processus métier*, exécutés par l'orchestrateur, le niveau des *Services métier*, et le niveau des Services CRUD. Nous remarquons que les applications invoquent des Services métier et/ou des Services CRUD directement, selon le cas. Les Services métier peuvent faire appel à des Services CRUD ou non. Enfin, les Services techniques peuvent être appelés depuis n'importe quel composant, les liens d'invocation n'étant pas été représentés ici.

Nous remarquons que le niveau des *ressources* n'est pas explicité sur ce schéma. Ce sera en effet l'objet de la phase suivante de la démarche, la phase ascendante, de partir de l'existant et d'étudier ce qu'il conviendra de réutiliser aux fins de peupler ce niveau des ressources. Ainsi, le niveau *ressources* sera-t-il *a priori* constitué, dans l'évolution de l'architecture qui sera mise en œuvre, pour partie d'éléments nouveaux, et pour partie d'éléments réutilisés. Les candidats à une telle réutilisation sont bien sûr ici les bases de données des applications existantes.

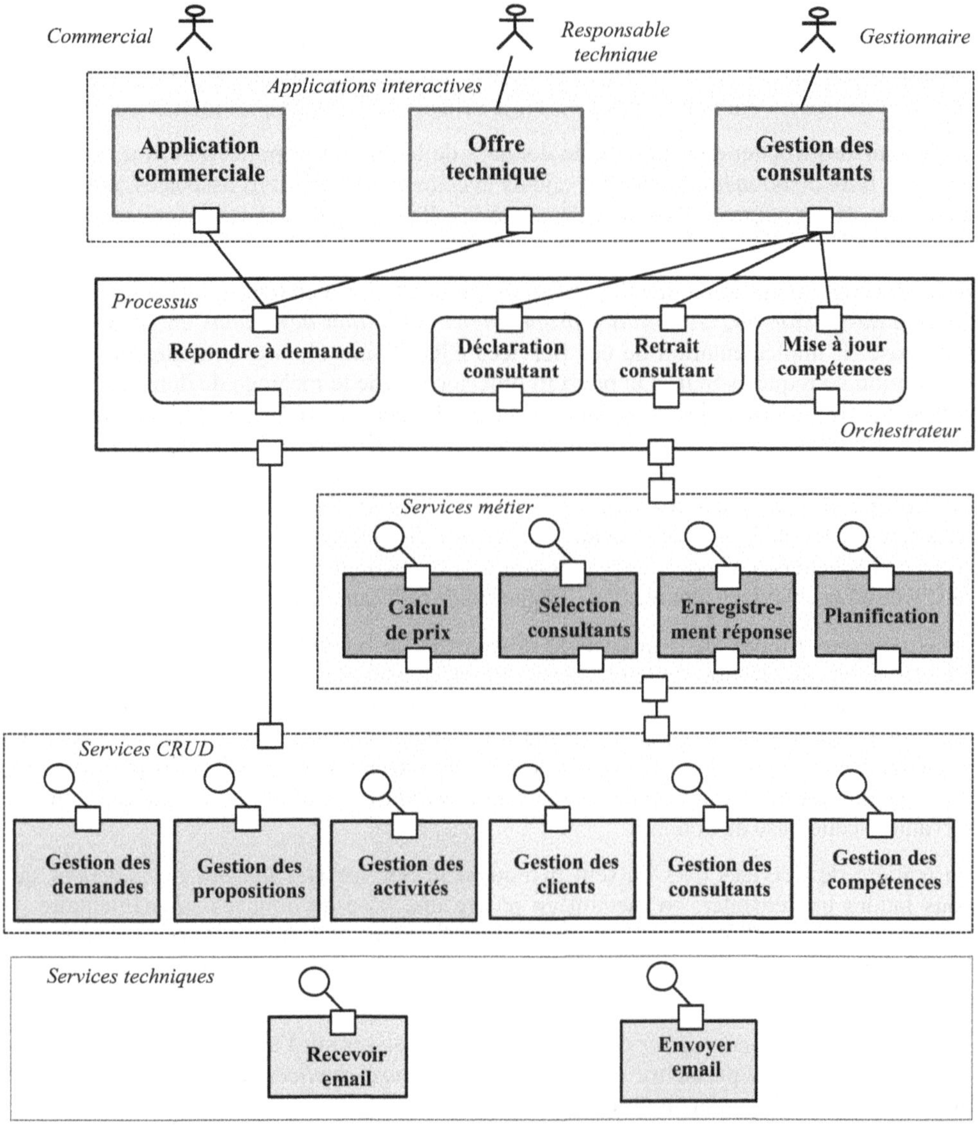

Figure 158. Architecture applicative de référence.

Prise en compte de l'existant

Vient maintenant la *phase ascendante de la démarche*, où il s'agit d'étudier l'existant, et de voir comment les éléments déjà en service pourront se projeter dans l'architecture de référence qui vient d'être définie.

De manière générale, il faut réaliser ici la cartographie de l'existant applicatif, ce qui doit permettre de déterminer les ressources applicatives (applications interactives, bases de données, progiciels en service) qui pourront être exploitées.

Dans le cas considéré ici, très simple, il y a deux applications en service : l'application de *Gestion des clients*, et l'application de *Gestion des consultants*. Chacune d'entre elles se compose d'interfaces Web de consultation et de mise à jour, ainsi que d'une base de données relationnelle, dont nous supposons ici le schéma de données parfaitement documenté.

Nous pourrons trouver dans la base de données de la première application (que nous appellerons la *base de données clients*) les clients avec leurs informations associées, ainsi que les demandes. Nous pourrons exploiter dans la nouvelle configuration ces informations clients, et continuer à stocker les demandes associées dans cette même base.

Nous pourrons donc implémenter, au moins dans un premier temps, les Services CRUD *Gestion des demandes*, *Gestion des propositions* et *Gestion des clients* en nous servant de cette base. L'implémentation de ces Services CRUD sera alors essentiellement basée sur l'exécution de requêtes SQL. On pourrait objecter ici que le mélange de données opérationnelles (les demandes et les propositions) et de données de référence (les clients) dans la même base physique n'est pas nécessairement une très bonne solution du point de vue de l'administration. Il s'agit toutefois ici d'une première version de notre futur système. Notre architecture, qui encapsule les accès aux données dans des Services CRUD, nous permettra, dans une phase ultérieure des travaux, de définir de nouvelles bases de données, avec de nouveaux schémas. Les données opérationnelles et les données de référence pourront, cette fois, y être parfaitement séparées, et l'évolution se fera sans impact sur le reste du système.

Nous pourrons trouver dans la base de données de la seconde application les consultants assortis de la codification de leurs compétences, mais aussi leurs activités. Nous pourrons de même nous servir des informations des consultants dans notre nouvelle version du système, et les sélections de consultants selon un critère de compétences pourront alors être implémentées sous la forme de requêtes SQL adressées à cette base. Nous pourrons donc implémenter les Services CRUD *Gestion des activités, Gestion des consultants* en nous servant de cette base de données.

En matière de Services CRUD, seul manquera le Service *Gestion des compétences* qu'il nous faudra implémenter, en mettant en œuvre une base de données supplémentaire. On notera que cette solution est préférable à l'ajout de tables dans la base existante, en particulier pour des données de référence ayant vocation à être gérées de manière séparées des autres données.

Nous pouvons dès lors *projeter* ces ressources applicatives sur l'architecture précédemment définie, ce qui nous permettra d'obtenir l'*architecture applicative* du système pour une première version de son évolution.

La figure ci-après complète notre nouvelle architecture, en montant l'articulation des éléments réutilisés avec les Services CRUD définis, le reste de l'architecture reste absolument inchangé, et tout à fait conforme à ce qui a déjà été défini.

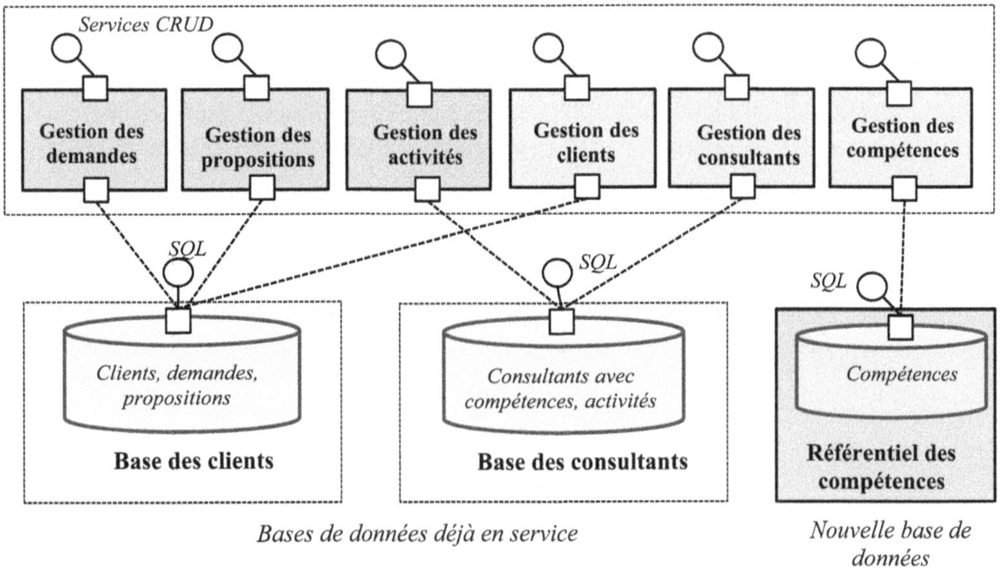

Figure 159. Architecture avec réutilisation de ressources.

Nous remarquons que nous avons ici trois bases de données indépendantes. Les relations entre les entités de l'une et de l'autre seront donc matérialisées, non par des clés étrangères, mais par des *valeurs d'identifiants*. Par exemple, la base des consultants contient des activités qui référencent des propositions gérées dans la base des clients. De même, cette base des consultants contient des codes de compétences identifiant des compétences, lesquelles seront gérées dans le nouveau *Référentiel des compétences*.

Dans la mesure où les systèmes de gestion de bases de données ne peuvent assurer dans ce cas le respect de l'intégralité référentielle, il appartiendra ici aux Services CRUD eux-mêmes de prendre en charge le respect de ces contraintes, en menant les opérations nécessaires lors des invocations des opérations CRUD de modification ou de suppression.

CHAPITRE 8. Les bases de données NoSQL

Objectifs de ce chapitre

Nous abordons dans ce chapitre l'étude des systèmes de gestion de bases de données dits « NoSQL », qui constituent des exemples de systèmes distribués à grande échelle, potentiellement déployés sur un grand nombre de serveurs physiques et sites géographiques. Nous présentons dans un premier temps le contexte et les besoins d'où sont nés cette approche, et examinons en quoi la réponse classique des SGBD relationnels peut s'avérer limitée face aux besoins de certaines applications nouvelles.

Nous décrivons ici les *principes de base* qui sous-tendent l'approche des solutions NoSQL, les différentes *familles de produits*, puis *quelques logiciels phares*, en montrant comment les principes généraux de l'approche y sont mis en œuvre.

Le but de cette présentation est de comprendre l'apport réel de cette nouvelle technologie, et délivrer des éléments utiles aux fins d'évaluer dans quels contextes elle peut être valorisée pour la construction d'applications, en se substituant alors à la technologie classique des bases de données relationnelles.

8.1. Introduction : Pourquoi le NoSQL ?

8.1.1. Etat actuel de la gestion de bases de données

Les Systèmes de Gestion de Bases de Données Relationnelles (SGBDR), basés sur le langage SQL, constituent à ce jour la solution technologique très largement prédominante pour assurer la persistance des données.

Diverses solutions alternatives ont été proposées au fil des ans, tels les *SGBD orientés objets*, qui proposaient une modélisation de données beaucoup plus riche, avec un méta modèle basé sur la définition de classes d'objets, et non plus de tables. Les « *SGBD XML* » permettaient pour leur part une gestion de données dites « *semi structurées* », c'est-à-dire potentiellement irrégulières, et non nécessairement conformes à un schéma prédéfini, tels des fichiers XML. Mais aucune de ces technologies ne s'est imposée, et les innovations proposées par ces approches ont été plutôt, dans l'ensemble, intégrées aux produits relationnels sous la forme d'évolutions ou de compléments[1].

Mais, vers la fin des années 2000, avec l'émergence de nouveaux besoins, la pertinence du principe d'une seule technologie pour couvrir tous les besoins en gestion de données, ou principe du « *One size fits all* »[2], a été remise en question, aboutissant à un ensemble de systèmes de gestion de bases de données, nouveaux dans leurs principes, et constituant par ailleurs de véritables produits tout à fait matures. On désigne ces logiciels par le terme générique de *Systèmes de Gestion de Bases de Données « NoSQL »*, ou, plus brièvement, *Bases de données NoSQL*. Au-delà de leur très grande diversité, tous ces produits ont en commun le fait *de ne plus prendre le modèle relationnel*, et donc le langage SQL, *comme base pour la modélisation des données*[3].

---

[1] Ainsi, par exemple l'évolution SQL3 du langage SQL2 permet-elle une modélisation des données proche de la définition d'objets, et vient-elle étendre la notion de base de données relationnelle.

[2] Formule manifestant l'idée que c'est le même produit qui est supposé convenir à tous, quelle que soit le problème posé et en particulier la *taille* de ce problème.

[3] Le qualificatif de « non relationnel » serait donc plus exact.

On notera bien qu'il ne s'agit pas, comme pour les SGBD orientés objet dans le passé, de proposer une technologie de remplacement des SGBD relationnels, mais plutôt d'apporter des solutions alternatives, susceptibles de se substituer au SGBD relationnels *dans des contextes de besoins particuliers*. On préfère donc souvent interpréter le terme « NoSQL » comme « *Not only SQL* »[1]. Pour la plupart nés de besoins spécifiques, chez les grands acteurs d'Internet comme *Amazon* ou *Google*, la plupart de ces logiciels sont à ce jour des logiciels *open source*.

Le terme « NoSQL », historiquement utilisé pour la première fois en 1998 pour désigner un prototype de SGBD qui n'était pas basé sur le langage SQL, a été repris en 2009 à l'occasion de conférences (notamment le « *NoSQL meetup* » à San Francisco), réunissant des universitaires et des sociétés commerciales qui cherchaient à proposer des alternatives à la technologie relationnelle.

Dans la suite de ce chapitre, nous utiliserons de manière abusive, et suivant l'usage, l'expression « *Base de données NoSQL* » *pour désigner en fait un logiciel de gestion de bases de données s'apparentant à cette mouvance NoSQL*, basé sur des principes que nous allons étudier.

8.1.2. Les motivations à la base du NoSQL

Les SGBD relationnels sont des produits logiciels très matures et très aboutis. L'état actuel de la technologie résulte en effet de plusieurs décennies d'études et recherches, avec améliorations continuelles des produits. Ce sont de ce fait des produits sophistiqués, et donc complexes. Il faut ainsi avoir à l'esprit le fait qu'ils couvrent une palette très riche de fonctionnalités, telles que l'exécution optimisée de requêtes complexes, la gestion de la concurrence d'accès, le maintien de l'intégrité des données, la gestion des transactions, les reprises après incidents, etc. Les produits commerciaux, en considérant l'acquisition et le support, sont donc relativement coûteux.

On se trouve donc parfois dans la situation d'utilisation d'un produit d'une complexité qui s'avère inutile en regard du problème posé, alors que, par ailleurs, apparaissent de nouveaux besoins auxquels la technologie relationnelle ne répond pas toujours parfaitement, ou en tout cas pas directement. Ce sont, par exemple, les cas de très gros volumes de données, rencontrés dans les réseaux sociaux, ou encore ceux de débits très élevés à supporter dans les applications d'*exploitation de données massives* (« *Big Data* »). C'est aussi le cas des besoins de répartition des données à grande échelle avec résistance aux pannes, ou encore ceux de très forte extensibilité.

On peut synthétiser les principales motivations à l'origine de la mouvance NoSQL par les éléments suivants, que nous examinerons ensuite plus en détail. Elles résultent essentiellement du constat d'inadaptation de la technologie relationnelle à certains cas d'usage.

- *Eviter la complexité inutile*.
- Supporter des *débits très élevés*.
- Assurer une *extensibilité* horizontale.
- Fournir une *haute disponibilité* par répartition des données.
- Permettre une *flexibilité* des schémas de données.

[1] A la limite, il ne peut être ainsi exclu *a priori* de faire cohabiter le relationnel et le *NoSQL* au sein d'un même système, si le besoin le justifie.

- Simplifier les *correspondances objet-relationnel*.

Eviter la complexité inutile

Les SGBD relationnels reposent sur le principe d'une cohérence stricte des données, basée sur les propriétés dites ACID[1]. Le respect de ces propriétés nécessite, en environnement distribué, la mise en œuvre de mécanismes complexes[2]. Mais une cohérence stricte des données à tout instant n'est pas toujours indispensable, et certaines applications (par exemple les réseaux sociaux) peuvent se contenter de certains délais de mises à jour, et supporter des défauts de cohérence transitoires.

Pour certaines applications marchandes même, des erreurs éventuelles, de probabilité faible, résultant de mises à jour non encore répercutées d'un site géographique à l'autre (concernant par exemple la disponibilité d'un produit) peuvent être rattrapées de différentes manières, et, en particulier, au niveau même des processus métier. On citera par exemple la re vérification de la disponibilité d'un produit avant paiement, le remboursement du client en cas d'indisponibilité, l'automatisation des actions de réapprovisionnement avec l'annonce au client d'un délai supplémentaire, les offres de substitution, etc.

Dans de tels cas, une approche *consistant à ne plus respecter les propriétés ACID* peut être alors justifiée si le domaine d'application le permet et la solution classique, assurant une cohérence parfaite des données, conduit à des performances insuffisantes.

Supporter des débits très élevés :

Certaines applications, notamment les applications s'inscrivant dans le domaine du *Big Data*, sont parfois déployées à très grande échelle, voire à l'échelle mondiale sur différents *centres de données*. Connectées par exemple à des capteurs ou encore en liaison avec le traçage de connexions, elles doivent parfois supporter des flux très importants en termes de données incidentes. Elles nécessitent de ce fait des débits de requêtes-réponses extrêmement élevés.

Dans certaines de ces applications, on constate que la technologie relationnelle atteint alors ses limites, appelant de nouvelles solutions privilégiant la rapidité d'enregistrement, préférée aux fonctionnalités de contrôle des données insérées.

Assurer une extensibilité horizontale

A la base, les SGBD relationnels ont été conçus pour s'exécuter sur des machines serveur uniques. Lorsque le volume des données à gérer croit, la réponse la plus simple est l'*extension verticale* (*vertical scaling*) qui consiste à remplacer le serveur par une machine plus puissante, avec en particulier un dispositif de stockage de plus grosse capacité. Des solutions matérielles à base de *clusters*, ajoutées à la technologie relationnelle, permettent une certaine *extensibilité horizontale* (*horizontal scalability*), c'est-à-dire une extensibilité par ajout de machines. Mais ces solutions conduisent souvent à des coûts élevés.

Dans certaines applications, il serait donc meilleur de disposer de solutions assurant de manière native et simple l'extensibilité, si possible *de manière dynamique*, c'est dire *à chaud*, sans que l'ajout ou le retrait d'un serveur ne nécessite l'arrêt du service.

---

[1] L'acronyme ACID (*Atomicité, Consistance, Isolation, Durabilité*) résume les quatre propriétés de base attendues lors de l'exécution d'une transaction, déjà décrites dans le chapitre introductif.

[2] En particulier de l'algorithme du *commit à deux phases*.

Fournir une haute disponibilité par répartition des données

Pour permettre cette *extensibilité horizontale*, tout en assurant une *haute disponibilité*, un besoin conséquent est de pouvoir facilement répartir le stockage des données sur un réseau de machines en grand nombre, avec, alors, comme principe de base, l'utilisation généralisée de serveurs « banalisés », de coût réduit, plutôt que des machines serveurs sophistiquées et coûteuses. Dans un tel réseau à grande échelle, la fiabilité des machines prises individuellement, nécessairement imparfaite, ainsi que celle des réseaux, également imparfaite, conduit à considérer alors les pannes matérielles comme des événements « normaux » à gérer, et non plus comme des cas d'erreurs marginaux.

Pour assurer un tel fonctionnement, de nouvelles approches sont requises.

Permettre une flexibilité des schémas de données

Le principe des SGBDR est celui d'un fonctionnement basé sur des schémas de données rigides, prédéfinis par le biais du langage SQL. Dans ce cadre, l'évolution des schémas pendant la vie du système est possible, mais doit rester relativement exceptionnelle. Ce principe de schémas prédéfinis permet, en particulier, le contrôle des données transmises au SGBD. Il permet des vérifications de l'intégrité des données, mais aussi, par exemple, les optimisations de requêtes.

Toutefois, on peut objecter que, s'il existe des attributs de tables à partir desquels une donnée n'est jamais recherchée, il n'est pas nécessairement utile de confier au SGBD la gestion des structures correspondantes. Dans certains domaines, comme par exemple la gestion de documents, le caractère rigide des schémas peut apparaître au contraire comme une contrainte, conduisant à des schémas trop complexes ou à des bases remplies de nombreuses valeurs vides (valeur *Null*). Avec la croissante actuelle des données à stocker, absolument énormes dans certaines applications (pensons par exemple aux données produites par des dispositifs physiques au cours de leur fonctionnement, ou encore aux traces de connexion des usagers à un système), la flexibilité des structures de données apparaît au contraire comme un facteur de simplification.

Simplifier les correspondances objet-relationnel

On sait que la difficulté d'intégration entre le monde de la programmation (avec une logique *procédurale*, le programme exprimant précisément ce qu'il faut faire) et le monde des bases de données (où la logique est *déclarative* et où les manipulations portent sur des *ensembles*, à l'exemple du langage SQL) a conduit à la mise en œuvre de solutions *de correspondance objet-relationnel*, ou ORM, examinées au chapitre 2. Cette approche est destinée à faire apparaître les données des tables relationnelles comme des *objets*, directement manipulables par une application. Mais cette correspondance (*mapping*) est coûteuse en termes d'occupation mémoire et de temps d'exécution. Par ailleurs, dans un tel cadre, le langage SQL lui-même perd beaucoup de son intérêt, lié à la possibilité d'expression de requêtes complexes, car la plupart des ordres SQL, automatiquement générés, se réduisent alors essentiellement à des requêtes sur les clés primaires pour accéder à un *tupple* unique

On peut alors penser que, lorsque les structures des objets sont simples, et que la plupart des attributs n'entrent pas dans l'expression de requêtes de sélection, d'autres solutions moins complexes pourraient être envisagées.

Principes adoptés dans les solutions de gestion NoSQL

Les principes à la base des solutions NoSQL sont donc essentiellement les suivants :

- Le support de *volumes* et de *flux de données très élevés* par le biais d'un stockage réparti.
- L'*abandon des propriétés ACID* au profit d'une augmentation des performances et de la disponibilité de données.
- La *répartition* des données sur différents serveurs distants, potentiellement très nombreux, avec dynamité possible des *configurations matérielles.*
- L'*abandon des schémas de données rigides* des SGBD relationnels.

Nous verrons qu'il existe différentes approches, et donc différentes familles de produits, déclinant chacun à sa manière propre les principes directeurs énoncés ci-dessus.

8.2. Concepts de base

8.2.1. Introduction

Alors que les Systèmes de Gestion de Bases de Données Relationnelles sont essentiellement conçus pour fonctionner sur des serveurs uniques[1], les Systèmes de Gestion de Bases de Données NoSQL sont au contraire conçus à la base pour fonctionner *de manière répartie*, sur plusieurs, voire sur un très grand nombre de serveurs physiques, possiblement distribués sur un ensemble de sites distants. Une telle répartition des données conduit ainsi à la possibilité de stocker des volumes très importants de données, sans commune mesure avec les technologies reposant sur un serveur unique.

Bien sûr, cette répartition doit rester transparente pour une application, laquelle se contente d'adresser des requêtes de lecture ou d'écriture à l'un des nœuds du système de gestion, ce dernier sachant déterminer de lui-même le serveur physique où réside la donnée à lire, ou celui sur lequel il convient d'écrire la nouvelle donnée. Ceci requiert des mécanismes de *gestion de la répartition*, avec la mise en œuvre de règles présidant au *partitionnement des données*, ce que nous examinerons dans la suite.

Avec un tel principe de répartition systématique, on peut remarquer qu'il devient dès lors très difficile, ou tout cas très inefficace, de remplir certaines fonctionnalités classiques des SGBD relationnels, telles que les vérifications de contraintes d'intégrité référentielle, ou encore l'exécution de requêtes impliquant des tables multiples. Les solutions NoSQL se démarquent ici complètement des principes classiques des bases de données en optant pour le stockage d'un grand nombre d'*éléments de données* considérés comme *indépendants les uns des autres*, ne requérant plus la vérification de contraintes d'intégrité référentielles, et ni le recours à des requêtes complexes. La base de données devient une *grande collection d'éléments de données indépendants* entre lesquels le SGBD ne maintient, par principe, pas de liens.

Bien sûr, les serveurs physiques à la base des solutions mises en œuvre ne peuvent avoir une fiabilité parfaite. Dans un réseau constitué d'un grand nombre de serveurs, l'occurrence

[1] Il existe de nombreuses solutions de répartition ou de réplication des données en relationnel, mais, sur le principe, ces solutions sont conçues pour fonctionner sur la base des serveurs relationnels déjà construits, dont le principe de fonctionnement n'est pas remis en cause.

d'une défaillance matérielle devient absolument non négligeable, ce qui pose donc un problème potentiel de *disponibilité des données*. Les produits NoSQL ont pour principe d'être conçus pour fonctionner, non sur des matériels de haute fiabilité, mais, au contraire, sur un grand nombre de matériels standards, de fiabilité et de coût réduit. Dans une telle configuration, connue sous l'appellation de RAIS (*Redundant Array of Inexpensive Servers*[1]), la disponibilité des données sera assurée, non par le matériel, mais par une redondance systémique des données, et grâce à des mécanismes spécifiques visant à s'abstraire des défaillances de serveurs. La mouvance NoSQL prend ici le parti de considérer une telle défaillance non comme un cas d'erreur à traiter, mais comme une situation « normale », laquelle a vocation à se produire régulièrement en fonctionnement nominal. Ceci a donc pour effet de changer la manière dont le système de gestion est conçu.

Le principe de redondance nous obligera ici à propager toute écriture sur plusieurs serveurs. Le monde relationnel base la cohérence des différentes copies d'une même donnée sur la notion de *transaction*. A l'opposé, en NoSQL où cette notion de transaction n'existe plus, ces propagations s'effectueront, en général, non plus sous couvert d'une transaction, mais de manière *asynchrone* et *différée*. Ceci conduit donc à abandonner l'exigence de cohérence parfaite entre les différents réplicas d'une même donnée. Le principe à la base des solutions NoSQL est d'accepter des incohérences temporaires, en faisant en sorte que le système puisse atteindre de lui-même autant que faire se peut, et à terme, la situation de cohérence attendue. Dans une solution NoSQL, il sera donc possible que différents applicatifs répartis sur le réseau, accédant en concurrence à la base de données, ne « voient » pas tous la même version de la donnée accédée. Il devra cependant être mis en œuvre des mécanismes aptes à permettre la convergence vers un même état des données, et donc à résoudre les conflits dans les cas où une telle cohérence ne pourrait être atteinte.

Sur la base des idées qui viennent d'être évoquées, nous présenterons dans cette section quelques problèmes parmi les plus importants posés par l'approche NoSQL, ainsi que les principales techniques typiquement adoptées en solution par les produits de cette mouvance.

Au préalable, nous étudierons la notion de *cohérence des données*, au centre des approches NoSQL, et nous présenterons à cette occasion les *propriétés dites « CAP »*, qui nous permettront de positionner la voie choisie par les solutions NoSQL en comparaison de celle adoptée par les SGBD relationnels classiques.

Nous entrerons ensuite plus dans le détail avec les approches pour le *partitionnement des données*, évoqué plus haut, permettant une gestion de données dispersées sur de multiples serveurs physiques, ainsi que la *gestion des réplications*, avec les grands principes de solutions utilisées.

Nous verrons enfin les techniques permettant de faire face à la présence de *versions multiples d'une même donnée* au sein d'une telle base distribuée, et donc de *gérer la cohérence*.

8.2.2. Les propriétés CAP

Les bases de données relationnelles sont *transactionnelles*, c'est-à-dire que les mises à jour sont basées sur l'exécution de transactions, séquences d'opérations inséparables sur le plan logique, et respectant les propriétés ACID. Nous ne reviendrons pas sur ces propriétés déjà présentées.

---

[1] C'est-à-dire un ensemble redondant de serveurs bon marché.

Dans un contexte centralisé, c'est-à-dire avec une base de données reposant sur une machine serveur unique, les moteurs des SGDB relationnels sont conçus pour assurer les propriétés ACID, en posant en particulier tous les verrous utiles sur les données lors des consultations et des mises à jour. Dans le cas de *bases de données réparties* sur plusieurs serveurs physiques, l'algorithme de *commit à deux phases* permet d'assurer globalement les propriétés ACID par le biais d'une coopération convenable des différents serveurs[1].

Nous avons déjà indiqué que les bases de données NoSQL adoptaient une autre approche, considérant que les propriétés ACID pouvaient être relâchées au profit d'autres propriétés, telle l'obtention de *meilleures performances*, ou encore une *meilleure disponibilité*, assurée en dépit des défaillances matérielles. Il faudra donc, dans l'utilisation des bases de données NoSQL, admettre certains défauts de cohérence temporaires, et, en même temps, mettre en œuvre des mécanismes permettant de limiter leurs effets.

Propriétés CAP

Dans le contexte d'une base de données répartie sur plusieurs serveurs physiques, *trois propriétés* de base permettent de caractériser une solution de gestion. Ces propriétés sont synthétisées par l'acronyme CAP, qui signifie « *Consistency* » (cohérence), « *Availability* » (disponibilité), et « *Partition tolerance* » (tolérance au partitionnement). Examinons ces trois propriétés :

- *La cohérence* (*consistency*) signifie qu'à l'issue de toute opération, le système présente bien à l'ensemble des usagers un *état global cohérent*, c'est-à-dire que tous les usagers voient bien tous au même instant la *même* valeur d'une donnée[2].
- *La disponibilité* (*availability*) signifie que le système est conçu de telle manière que les opérations de lectures et d'écritures demandées par les applications puissent toujours continuer, même dans le cas où un nœud physique tombe, ou qu'il est arrêté pour toute raison que ce soit (maintenance, mise à jour logicielle, etc.). Ceci s'inscrit dans ce qu'on appelle souvent la *haute disponibilité.*
- *La tolérance au partitionnement* (*partition tolerance*) signifie que la solution est conçue de telle sorte que le système continue à fonctionner, et donc à rendre un service, même en cas de coupure réseau, séparant le système en deux parties distinctes les unes des autres. On inclut parfois dans cette propriété le fait que le système supporte le retrait dynamique d'un nœud, puis sa réintégration en cours de fonctionnement, sans arrêt du service.

Un exemple : cas de la réplication d'une base de données

Afin d'illustrer ces propriétés, prenons l'exemple suivant : nous considérons un système de gestion de données comprenant deux bases de stockage B et B', situées sur deux nœuds physiques distants, et communiquant via un réseau. Nous souhaitons que ces deux bases contiennent en redondance les mêmes données, dans le but de conférer au système une plus grande disponibilité. Bien sûr, il faut nous définir ici comment les contenus respectifs de deux bases évolueront lors des opérations d'écriture pour maintenir cette redondance et

---

[1] Ceci nécessite, comme nous l'avons déjà vu, que chaque SGBD participant à la transaction sache assurer certaines opérations, dont les mises à jour en deux temps via des opérations *prepare* et *commit*.

[2] On prêtera attention au fait que le terme de « cohérence » est à prendre ici dans le sens particulier d'une *cohérence entre les différents états d'une même donnée* sur différents serveurs.

quels seront les types d'opérations, lecture et écriture, autorisées sur chaque base de stockage. Nous allons considérer plusieurs manières de faire et les comparer.

Considérons d'abord une solution où toutes les opérations d'écriture (désignées par la lettre W) sont adressées à B (qui joue alors le rôle de base « maître »), laquelle les répercute ensuite à B' (base « esclave »), et ce *de manière transactionnelle*. Cette manière de faire dite « transactionnelle » signifie que le logiciel T présent sur le nœud de B effectue les mises à jour des bases B et B' *dans une même transaction*. Les requêtes de lecture (désignées par la lettre R) peuvent alors être adressées indifféremment à B ou à B'.

Une telle solution est symbolisée sur la figure ci-dessous :

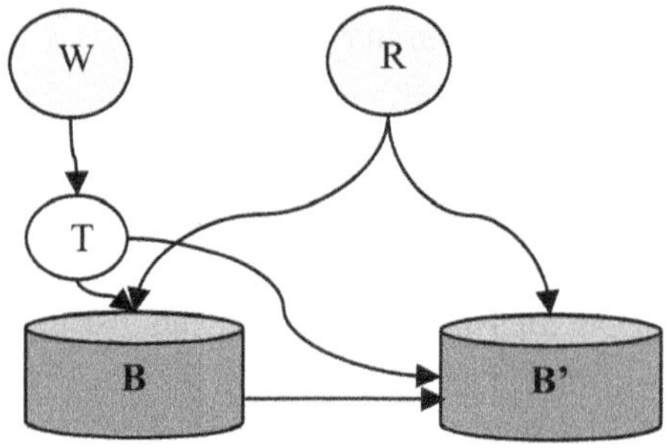

Figure 160. Bases de données répliquées : Exemple 1.

Clairement, cette solution assure la *cohérence*. En effet, toutes les applications clientes voient à tout instant *exactement le même état des données*, puisque les mises à jour sont transactionnelles, et les lectures sur un nœud différées le temps d'atteinte de la propagation convenable de l'écriture sur la base esclave.

Cette solution peut également assurer la *disponibilité*. En effet, si B' tombe, B peut continuer à assurer le service (tout en gardant trace des mises à jour à répercuter sur B', lorsque celle-ci reprendra). Par ailleurs, à l'aide d'une signalisation régulière entre B et B', il est possible de réagir à une panne de B en transférant automatiquement le rôle de maître à B'.

Toutefois, on remarque que cette solution n'assure pas réellement la *résistance au partitionnement* : en effet, une coupure du réseau entre B et B' (B et B' étant alors isolés l'un de l'autre et ne pouvant plus communiquer) ne permet plus de fonctionner correctement, et doit conduire à l'arrêt du service.

Considérons maintenant une autre solution, dans laquelle les écritures sont adressées indifféremment à B ou à B', ces écritures étant répercutées par un logiciel U vers l'autre nœud de *manière non transactionnelle* et *asynchrone*. Ce caractère *asynchrone* signifie ici que l'on rend la main à l'applicatif à l'origine de l'opération *sans attendre la confirmation d'exécution convenable de l'opération d'écriture sur l'autre nœud.*

Une telle solution est représentée sur la figure ci-après :

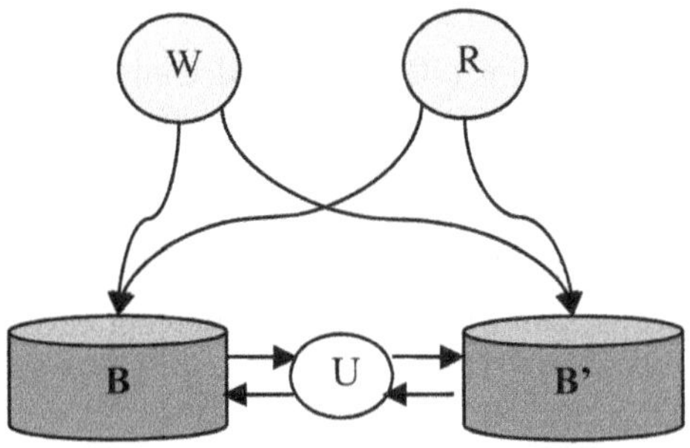

Figure 161. Bases de données répliquées : Exemple 2.

Clairement, cette solution n'assure plus du tout la *cohérence*. En effet, les applications clientes ne voient plus nécessairement le même état des données, selon qu'elles interrogent B ou B', et il peut se produire des conflits lors de mises à jour concurrentes d'une même donnée. Ceci exige la mise en place de *règles de réconciliation* afin de les résoudre[1]. Ces règles doivent être fournies par l'application.

Cette solution assure la *disponibilité* (au moins tant que l'un de deux nœuds continue de fonctionner). Lors d'une panne d'un nœud, il suffit alors de constater celle-ci et d'adresser les requêtes à l'autre nœud.

Enfin, la solution est, cette fois, *résistante au partitionnement*. Chaque nœud est capable d'assurer tout l'ensemble du service seul de manière autonome (chaque nœud pouvant conserver par exemple une trace des mises à jour non encore répercutées dans l'attente de retour du réseau).

La deuxième solution est donc la situation à l'extrême opposé de la première. Nous pourrions considérer des variantes de la seconde solution, constituant des situations intermédiaires. Par exemple, celle où, en fonctionnement nominal, le nœud B jouerait le rôle de maître et serait seul habilité à recevoir les ordres d'écriture, la répercussion des écritures continuant à se faire selon un mode asynchrone. Remarquons que, dans un tel cas, nous n'aurions pas non plus la propriété de *cohérence*, mais nous aurions néanmoins une *forme affaiblie de celle-ci*, dite *cohérence à terme*. En effet, si une application ne peut jamais être assurée d'accéder à la *dernière* valeur d'une donnée, nous avons toutefois la garantie d'un retour à la cohérence à l'issue d'un certain délai. Ceci est l'une des idées importantes à la base du NoSQL.

On notera bien que ces exemples, extrêmement schématiques, ne sont destinés qu'à illustrer les propriétés évoquées. Dans la réalité, les véritables solutions seraient bien sûr beaucoup plus sophistiquées.

Ce qu'il est important de noter ici, c'est que chacune des solutions de notre exemple fournit *deux des propriétés CAP mais pas les trois*. De manière intuitive, on perçoit que, dans un système de gestion de données réparties, une meilleure satisfaction d'une des trois propriétés sera souvent menée au détriment d'une des autres.

---

[1] A condition bien sûr qu'il soit possible de formuler de telles règles dans le contexte applicatif considéré.

Le théorème CAP

Le théorème dit « théorème CAP » (2000, d'abord conjecture énoncée par *Brewer*, puis démontrée rigoureusement) confirme cette intuition en assurant que, dans un *système en charge de gérer des données physiquement distribuées, il est impossible d'obtenir les trois propriétés CAP réunies*. Quelle que soit la sophistication technique de la solution mise en place, il faudra donc choisir deux propriétés parmi les trois !

Les bases de données *relationnelles* réparties implémentent classiquement les propriétés de *cohérence* et de *disponibilité* (propriétés « AC »). Ce sont les *systèmes ACID,* respectant les propriétés de même nom.

Les bases de données *NoSQL* implémentent plutôt les propriétés de *disponibilité* et de *tolérance au partitionnement* (propriétés « AP »), au détriment de la propriété « C », mais en assurant toutefois une *forme affaiblie de cohérence*. Il s'agit, comme on le verra plus loin, des systèmes dit « *BASE* ».

Enfin, certaines solutions particulières de la mouvance NoSQL[1] s'orientent vers la troisième possibilité, à savoir le choix des propriétés de type « CP ».

La figure ci-dessous synthétise ces trois possibilités :

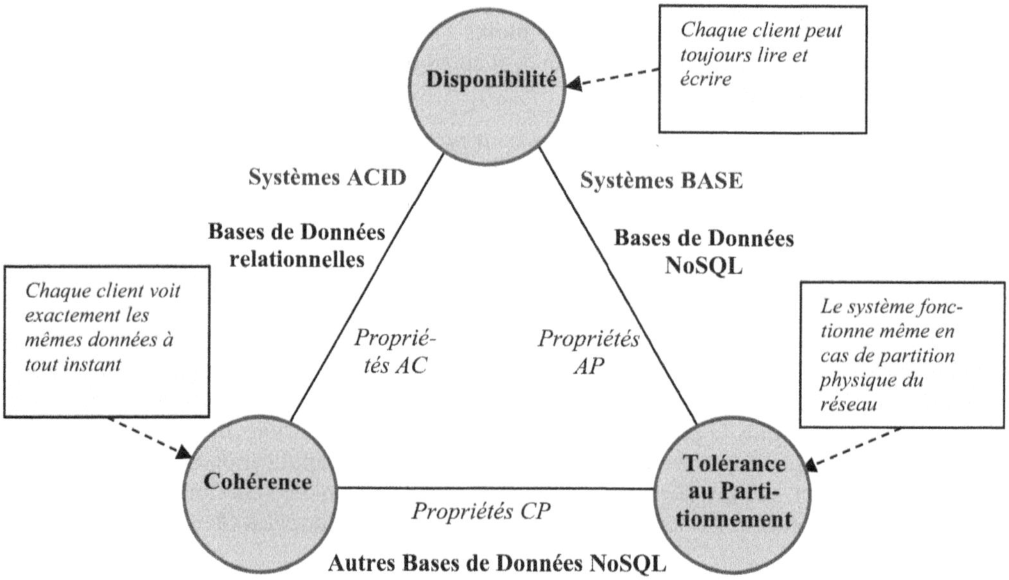

Figure 162. Propriétés CAP et types de systèmes de gestion de données.

Systèmes ACID et BASE

Dans les bases de données NoSQL du type « AP », on recherche le plus souvent, comme déjà indiqué, une *forme affaiblie de cohérence*, imparfaite, donc moins contraignante que la

[1] En particulier, et d'une certaine façon, la base de données *Bigtable* de *Google*.

cohérence stricte, mais néanmoins susceptible de fournir des *garanties minimales* sur le comportement du système.

On cherche ainsi à ce qu'une base de données répartie puisse être ce que l'on appelle « *cohérente à terme* » (*eventually consistent*). On aura cette propriété si on peut assurer que le système, sans être nécessairement cohérent à tout instant, *converge de lui-même vers un état global cohérent*, en détectant en particulier les conflits afférant à différentes versions d'une même donnée s'il s'en produit.

Si les solutions correspondant aux *propriétés « AC »* sont les *systèmes ACID,* on considère que les solutions correspondant aux *propriétés « AP »* sont les systèmes qualifiés de *« BASE »,* acronyme rendant compte de trois caractéristiques, à savoir « *Basically Available* », « *Soft-state* » et « *Eventually consistant* ». Dans la pratique, dans un système BASE, la mise à jour d'une donnée sera répercutée en arrière-plan et de manière *asynchrone*, après que le nœud serveur ait rendu la main à l'application à l'origine de la mise à jour. Il en résultera des incohérences potentielles (deux applications pouvant alors voir, au même instant, deux valeurs différentes de la même donnée), mais de telles incohérences resteront temporaires, les mécanismes mis en place dans le système garantissant l'atteinte d'un état cohérent, où tous les applicatifs verront la même valeur.

Les systèmes étudiés dans la suite de ce chapitre sont les *systèmes BASE.*

8.2.3. Le partitionnement des données et la gestion de la redondance

Pour pouvoir gérer de *très gros volumes de données*, dépassant largement la capacité d'une machine unique, mais aussi pour *assurer la fiabilité par réplication des données*, et enfin, pour *distribuer équitablement la charge des requêtes* sur différentes machines, il faut *répartir les données* dans différentes *partitions*[1], que l'on placera sur différents *nœuds physiques*.

Dans les approches NoSQL, on considère de plus que cette répartition doit prendre en compte la *dynamicité de la configuration*, c'est-à-dire le fait que de nouveaux nœuds puissent à tout instant disparaître (pour raison de panne ou de maintenance, ou par simple décision de retrait), ou bien de nouveaux nœuds apparaître. A tout instant on doit ainsi pouvoir *ajouter ou retirer dynamiquement des nœuds à la configuration*.

Un problème est ici de déterminer de quelle manière on va *partitionner les données*. Une telle structuration déterminée, il faudra alors, lors d'un accès client, à l'inverse, être en mesure de déterminer la partition associée à la donnée recherchée. Il faudra en outre que les mécanismes mis en œuvre puissent s'adapter de manière dynamique aux *changements de configuration*, qui impliqueront nécessairement un changement dans la répartition. Bien sûr, tout ceci devra être fait par le système de gestion, de manière transparente aux applications, qui ne devront pas avoir conscience de ce *partitionnement*.

Il existe plusieurs manières de gérer ces problèmes. La solution à adopter dépend en particulier du *degré de dynamicité* attendu de la configuration, c'est-à-dire de la fréquence à laquelle les nœuds sont supposés quitter ou rejoindre le réseau (aux extrêmes, de manière

[1] Selon un usage assez courant, nous employons ici le mot *partition* pour désigner *l'un des sous-ensembles* de la base de données ainsi partitionnée, ce qui ne correspond donc pas au sens mathématique de ce terme. Il serait plus exact de parler de partition pour désigner la *structuration* ainsi opérée de la base en différents sous-ensembles, et de parler de *fragment* pour désigner individuellement chaque sous-ensemble, mais que nous appelons ici *partition*.

très fréquente, ou bien, à l'inverse, seulement de manière exceptionnelle). Différents mécanismes possibles sont alors susceptibles d'être mis en œuvre dans une solution.

Nous allons étudier ici le *partitionnement des données*, appelé *sharding*, permettant de répartir les données sur différents nœuds de stockage. Puis nous présenterons sa mise en œuvre selon le principe du *hachage cohérent* (*consistent hashing*), technique adoptée beaucoup de solutions NoSQL. Mais auparavant, aux fins d'introduire le *sharding*, et en nous écartant brièvement du strict contexte des solutions NoSQL, nous présenterons le principe des *caches mémoire distribués*.

Les caches mémoires distribués

Un *cache mémoire distribué*, est une solution de gestion distribuée, où le stockage utilise les *mémoires vives* de différentes machines connectées en réseau. Ce mécanisme n'est pas réellement employé dans les bases de données NoSQL, et s'avère plutôt l'apanage de produits tels que *Memcached*, que l'on cite parfois dans la mouvance NoSQL, mais qui ne constitue pas un système de gestion de bases de données en tant que tel. Nous examinerons ici cette approche pour illustrer le principe de *partitionnement des données sur la base d'une clé de hachage*, qui est la base du *sharding*.

La solution mise en œuvre dans les *caches mémoire distribués* consiste à tirer parti des mémoires vives d'un certain nombre de machines aux fins de maintenir une base de données, ou plutôt une partie de celle-ci, *en mémoire vive*, avec les performances associées. Cette « base de données en mémoire » repose elle-même sur des accès à une véritable base de données classique sur disque. Elle est donc gérée selon un principe de *cache mémoire*. Dans une telle approche, les applicatifs adressent leurs *requêtes non à la base de données, mais au cache*.

Commençons en premier lieu par examiner le fonctionnement d'un *cache mémoire classique*, placé en frontal d'une base de données classique.

Comme on le sait, le principe consiste à interposer entre les applications clientes et une base de données un *cache*, lequel a alors la charge de maintenir en mémoire vive les données déjà accédées. Les données en cache sont présentes sous la forme de *couple (Clé, Valeur),* où la *Clé* est l'identifiant d'une entité dans la base et *Valeur* son contenu. Ainsi, si une autre application effectue une lecture d'une donnée déjà accédée, il ne sera pas nécessaire d'effectuer de nouveau la même requête sur la base. Pour que cela fonctionne, il faut bien sûr que *les mises à jour des données passent également par le cache*. L'usage dans le cache d'une stratégie de type LRU (*Last Recently Used*) permet de « nettoyer » celui-ci en le vidant des données non accédées depuis un certain temps, et de libérer ainsi l'espace mémoire au profit de données plus récemment demandées.

Cette technique de cache est souvent employée *au-dessus d'une base de données relationnelle* dans le but d'accélérer les accès à celle-ci. Un objet accédé est alors un *tupple* relationnel, et l'identifiant sa *clé primaire*. L'API fournie par le cache est en général très simple, et présente l'équivalent des opérations CRUD de base, avec, en particulier, deux opérations *valeur = getValue (clé)* et *setValue (Clé, valeur).* Les requêtes SELECT complexes sur l'ensemble d'une table (avec sélection sur des attributs autres que la clé et/ou jointures) ne peuvent être supportées par un tel mécanisme.

Un *cache distribué* consiste à reproduire ce même mécanisme mais *en répartissant le cache sur les mémoires vives de N serveurs*, comme symbolisé par la figure ci-après.

Les clients ne sont donc plus en relation avec un cache unique, mais avec *N caches physiques distincts*. Considérant un objet donné, un problème est alors de déterminer quel cache doit être en charge de le mémoriser, et, ultérieurement, lors d'une demande d'accès client au contenu de l'objet, d'identifier le cache où trouver la donnée. C'est le problème de définition d'une *correspondance entre clés et caches*. Si une telle loi est définie, elle pourra alors être implantée dans la librairie client matérialisant l'API, et, ainsi *rendre la répartition physique cachée aux applications clientes*.

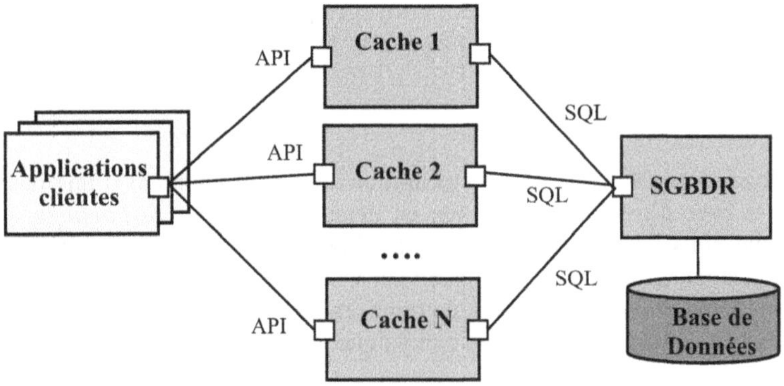

Figure 163. Principe d'un cache distribué.

Dans les caches distribués, la *loi de répartition* des objets sur les caches est basée sur l'application d'une *fonction de hachage*[1] partagée par tous les clients. Une telle fonction consiste à faire correspondre à toute valeur d'une clé en entrée un entier entre 0 et N-1 (où N est le nombre de serveurs physiques), déterminant ainsi le *numéro de cache physique* associé à la clé de la donnée à stocker. On utilise classiquement pour ce faire une fonction dont le résultat sera transposé modulo N, soit :

Numéro de cache = Fonction (Clé) mod N

L'adoption d'une fonction de hachage fait qu'il n'y a *pas besoin de métadonnées* pour maintenir les correspondances entre la clé et les données du cache (l'identification du cache physique recherché s'obtient en effet par un simple *calcul* sur la clé). Il n'y a donc *pas besoin de métadonnées ni de site central* en charge de gérer celles-ci, ce qui est un avantage considérable pour la simplicité et la performance.

Pour prendre en compte le fait que tous les serveurs ne disposent pas nécessairement de la même quantité de mémoire, on subdivise chaque cache physique en un ou plusieurs *caches logiques*, tous de même taille. On est alors simplement amené à considérer des caches logiques en lieu et place de caches physiques.

Toutefois, on doit considérer que la configuration peut être *dynamique*, c'est-à-dire que des nœuds peuvent disparaître ou au contraire apparaître. Les solutions de caches distribués prévoient la détection d'une telle circonstance à partir d'échanges de signalisation entre les nœuds. Lors de la disparition ou de l'apparition d'un nœud, le nouveau nombre de nœuds

[1] On attend d'une bonne fonction de hachage qu'elle distribue les valeurs de la clé de façon quasi aléatoire, et de la manière la plus équilibrée possible, sur les N partitions.

étant connu, ceci conduit simplement à l'adoption automatique d'une *nouvelle fonction de hachage* à valeur dans {0, …, N'-1}, où N' est le *nouveau nombre de nœuds* (par exemple N-1 ou N +1). La force de cette approche est qu'elle conduit implicitement à une *repopulation automatique* du cache. En effet, après un « *cash-miss* » (constat d'absence de la donnée demandée dans le cache local lors d'une requête), comme ceci se produira invariablement puisque la loi de répartition a changé, la donnée, chargée à partir de la base, sera maintenant placée dans le « bon » cache, c'est-à-dire celui dans lequel elle doit maintenant être rangée. Par ailleurs, les données présentes dans ce cache et qui n'ont plus lieu d'y figurer, s'élimineront progressivement lors des nettoyages par application de la stratégie LRU. On voit que le système *converge de lui-même* vers la nouvelle répartition souhaitée des données dans le cache.

Le partitionnement, ou sharding

Le terme de *sharding* se réfère à une technique de partitionnement d'une base de données opérée sur la base d'une *clé*, constituée en général d'une *clé de hachage*. C'est donc la technique que nous venons de voir, mais appliquée cette fois au contexte d'une base de données avec stockage classique persistant sur les disques de plusieurs serveurs. Plus précisément, dans le *sharding*, toute entité de données sera attachée à une partition particulière, laquelle sera placée sur un certain nœud physique, selon une loi à déterminer.

Il nous faut ici un *partitionnement de l'ensemble des données* tel que 1) les données susceptibles d'être accédées en même temps figurent autant que se peut dans la même *partition*, et que 2) la répartition des données sur les différentes partitions s'effectue de manière *la plus équilibrée possible*. Il est en effet important pour l'efficacité de la technique que chaque partition contienne statiquement une population équivalente d'entités. De telles partitions sont usuellement désignées par le terme de *shards*. Les partitions déterminées, celles-ci doivent être réparties entre les nœuds physiques de stockage mis à disposition.

A la différence des bases de données relationnelles réparties, qui ajoutent après coup la fonctionnalité de répartition à un SGBD existant, les bases de données NoSQL adoptent le *sharding* comme une fonctionnalité de base. On notera que, dans une telle approche de partitionnement, les requêtes de jointures impliquant des données situées sur différents *shards* deviendront en général très couteuses en temps. Le plus souvent, elles ne seront donc pas supportées par les systèmes de gestion.

Pour assurer un partitionnement, il faut donc d'abord disposer d'une fonction de hachage permettant de *déterminer pour chaque donnée la partition à laquelle cette donnée sera affectée*. Cette fonction opérera sur la base de la *clé* de l'entité de données, et rendra un *numéro de partition*. Il nous faudra disposer par ailleurs d'une *loi de placement des partitions* sur les *nœuds physiques*. On notera dès à présent que cette dernière devra être *dynamique*, c'est-à-dire qu'elle devra pouvoir être adaptée de manière automatique et à chaud à la configuration matérielle, tout au long de la vie du système, de sorte à permettre la réaffectation des partitions dans le cas de disparition d'un nœud physique ou encore de mise à disposition d'un nouveau nœud.

Comme nous l'avons déjà vu à l'occasion de l'étude des caches distribués, la détermination de la partition où une entité doit être rangée s'effectuera par le biais d'un simple calcul, prenant en entrée la clé de celle-ci. Ce calcul pourra être mené côté client de manière masquée à l'application. Un avantage important de ce choix est d'éviter le recours à la mémorisation de métadonnées, qui impliqueraient, d'une part de devoir confier à un ou plusieurs nœuds particuliers la charge de leur gestion[1], et, d'autre part, de devoir interroger de manière systématique ces métadonnées lors des accès. Une telle loi est fournie par le système de gestion de données, mais beaucoup de logiciels NoSQL prévoient des solutions flexibles avec des lois paramétrables par un administrateur de la solution.

Dans une base NoSQL, la configuration des nœuds devenant *dynamique*, une différence fondamentale avec les caches distribués apparaît : dans un cache distribué, la redistribution peut s'effectuer implicitement, par simple observation des *cash miss*, ré application du hachage avec la fonction tenant compte du nouveau nombre de nœuds, puis re exécution de la requête nécessaire.

Dans le cas d'un stockage *persistant*, la situation est plus complexe. Il nous faut en effet ici disposer de fonctions de correspondance associant à une donnée *plusieurs emplacements redondants* sur le réseau. Ensuite, les partitions absentes du fait de la défaillance matérielle d'un nœud devront être implicitement remplacées par des redondances de ces partitions dont on dispose sur d'autres nœuds. Une situation de défaillance devra donc être détectée et le processus nécessaire de reconfiguration mené de manière automatique. Mais ceci sous-entend que l'on dispose des fonctions de correspondance ayant les propriétés requises.

La technique dite du hachage *cohérent* permet de construire de telles fonctions. Nous allons ici en exposer les principes.

Le hachage cohérent

Le principe du *hachage cohérent* (ou *consistent hashing*) date de 1997. Des protocoles basés sur ce principe ont été intégrés dans plusieurs solutions NoSQL, parmi lesquels on peut citer en particulier (de manière non exhaustive) *Dynamo* (Amazon) et *Voldemort*.

Le problème ici posé est celui de définir une *fonction de hachage* susceptible de s'adapter à une nouvelle configuration physique (à savoir un retrait ou un ajout de nœud), avec un *minimum de remises en cause des couples (partition, nœud)* déjà associés. Il est important, pour les raisons déjà indiquées, que ceci puisse se faire par application d'une simple fonction de calcul, sans usage de métadonnées.

L'idée de départ du *hachage cohérent* consiste à hacher *avec la même fonction*, et dans le même temps, les identifiants des *nœuds physiques* et ceux des *objets à répartir* sur ces nœuds, ces derniers pouvant être des *partitions* ou des *entités de données* directement (l'approche fonctionnant également dans ce cas).

La figure ci-après symbolise ce principe. L'*abscisse curviligne* d'un point sur le cercle y représente la *valeur de la fonction de hachage attachée à l'élément en question*. Nous voyons ainsi placés sur le cercle quatre points 1, 2, 3 et 4, identifiants des objets à répartir, et 3 points A, B et C, identifiant les nœuds sur lesquels nous voulons répartir nos 4 objets. Les abscisses curvilignes des points notés 1, 2, 3, 4, A, B et C représentent le résultat de l'application de la même fonction de hachage aux identifiants respectifs des 4 objets 1, 2, 3 et 4 et des trois nœuds A, B et C.

---

[1] Comme c'est le cas par exemple dans le système de fichier distribué *HDFS* (*Hadoop Distributed File System*) de *Hadoop*.

Pour déterminer le nœud sur lequel un objet doit être placé, il suffit de prendre le premier nœud rencontré en suivant le cercle dans le sens indiqué. Ainsi l'objet partition 1 doit-elle aller sur le nœud A, la partition 2 sur le nœud B, la partition 3 sur le nœud C, et enfin la partition 4 sur le nœud A.

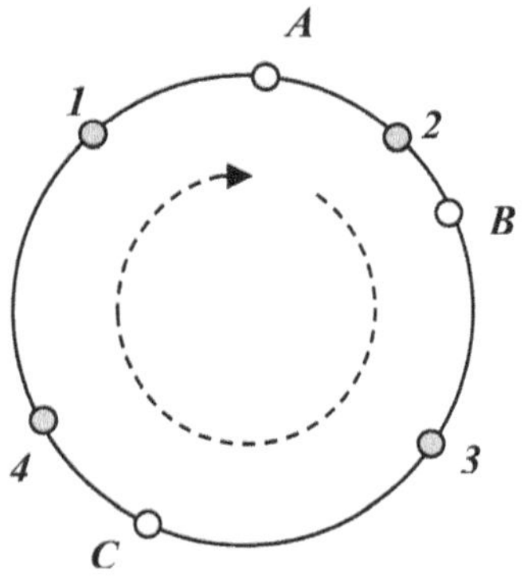

Table d'association

Objets	*1*	*2*	*3*	*4*
Nœuds	*A*	*B*	*C*	*A*

Figure 164. Principe du hachage cohérent.

Si maintenant le nœud C disparaît, et que, par ailleurs, un nœud D apparaît, alors la nouvelle *correspondance* est immédiatement déterminée en hachant l'identifiant de D *par la même fonction*, comme schématisé sur la figure ci-dessous.

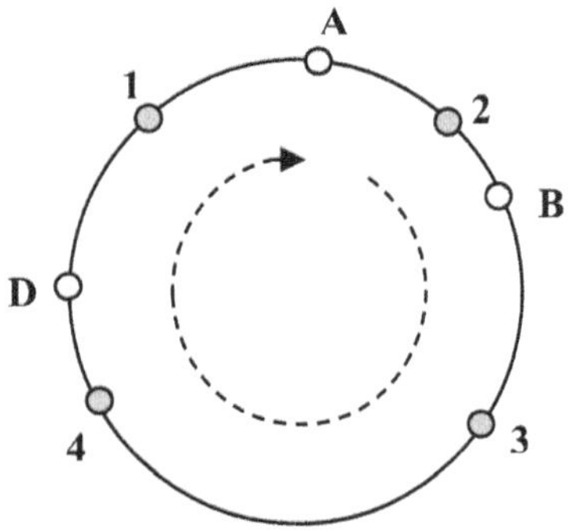

Retrait du nœud C

Ajout du nœud D

Table d'association

Objets	**1**	**2**	**3**	**4**
Nœuds	**A**	**B**	**D**	**D**

Figure 165. Principe du hachage cohérent (évolution de la configuration).

Nous voyons ici que, d'une part, l'affectation de 1 et 2 n'a pas changé, et que, d'autre part, l'objet qui ne pouvait pas être affecté (l'objet 3, le nœud C disparaissant) a été ré affecté au nœud D le plus proche. Il est important également de noter qu'il n'est nul besoin de mémoriser ces *correspondances*, la fonction de hachage, qui reste la même, recalculant les données nécessaires.

Dans notre exemple, les répartitions apparaissent déséquilibrées, un même nœud, à savoir A d'abord, puis D ensuite, recevant à eux seuls deux objets, ce qui est bien sûr inévitable. Mais, dans la réalité, nous aurions probablement beaucoup plus de nœuds, mais surtout aussi beaucoup plus d'objets à placer. Il faut donc noter que, statistiquement, nous tendrions vers une *équipartition approximative sur le cercle des nœuds et des objets à placer.*

Il nous faut en outre tenir compte des capacités de stockage des différents nœuds, qui, dans un cas réel, ne seraient très probablement pas les mêmes pour tous les nœuds. Il est possible de résoudre ce problème très simplement en considérant non plus des nœuds physiques, mais des *nœuds virtuels*, *tous de même capacité*, et attachés aux différents nœuds physiques. Un même nœud physique est alors décomposé en un ou plusieurs nœuds virtuels. La fonction de hachage, figurée par le cercle, indique alors *sur quel nœud virtuel* (et donc conséquemment sur quel nœud physique) il faut « mapper » un objet donné.

Partitionnement avec redondances

Nous venons d'exposer ici le principe à la base du hachage cohérent. Toutefois, avec la fonction indiquée, nous n'associons qu'un nœud unique à un objet. Or, pour mettre en place des redondances, et opérer la nécessaire réplication des données sur différents nœuds, il nous faut associer à une donnée non pas un, mais plusieurs nœuds physiques, selon le choix fait du nombre de copies à gérer.

Nous avons à fixer ici la valeur du *facteur de réplication*, souvent noté *r*, qui spécifie combien de réplicas physiques d'une même donnée nous imposons au système de gérer[1]. Ceci exige d'étendre en ce sens notre correspondance.

Une solution simple consiste ici à associer à un objet non plus seulement le nœud qui le suit immédiatement le long de la circonférence, mais *les r nœuds qui le suivent.* Toutefois, comme il s'agit de nœuds virtuels, dont certains peuvent correspondre au même nœud physique, il nous faut alors, si c'est le cas, éliminer un nœud déjà trouvé et passer à celui qui le suit sur la circonférence, jusqu'à obtention de r nœuds distincts.

La figure ci-après illustre un exemple d'un tel hachage dans le cas d'un facteur de réplication de 2.

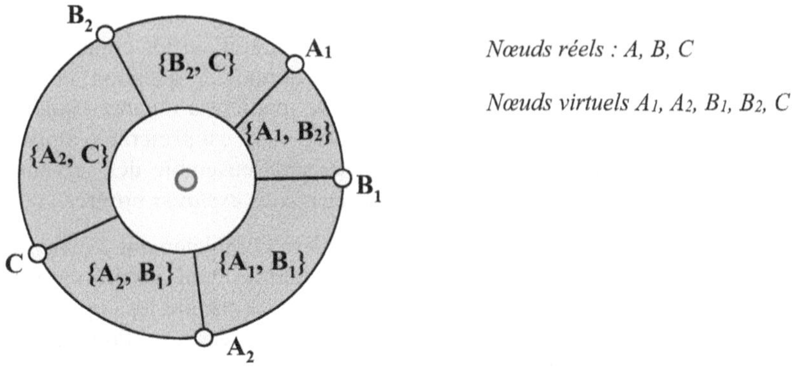

Figure 166. Hachage dans le cas d'un facteur de réplication de 2.

---

[1] En pratique il est fréquent que l'on choisisse une valeur r = 2 (une seule copie d'une donnée, en plus de la donnée d'origine) ou bien r = 3 (deux copies d'une même donnée). Les bases de données NoSQL sont toutefois dans l'ensemble conçues pour fonctionner avec des facteurs de réplications plus élevés.

Dans le cas ici considéré, nous avons 3 nœuds réels, dont le premier est divisé en deux nœuds virtuels A_1 et A_2, le deuxième divisé de même en deux nœuds virtuels B_1 et B_2, le troisième nœud n'étant pas divisé (A_1, A_2, B_1, B_2 et C sont alors supposés de même capacité). La figure indique alors le sous-ensemble de deux nœuds virtuels associés à chaque zone de la circonférence. Nous constatons que, pour chaque sous-ensemble, nous avons ici deux nœuds virtuels correspondants bien à deux nœuds physiques distincts.

8.2.4. La réplication des données

Dans une base de données NoSQL, une même donnée sera en général dupliquée sur plusieurs nœuds physiques. Lors d'une écriture sur l'un des nœuds, il faudra donc que cette écriture soit répercutée sur l'ensemble les nœuds devant accueillir une réplique de la donnée en question.

Stratégies de réplication

A ce stade, nous avons vu comment il était possible de partitionner les données de sorte à les répartir sur différents nœuds du système, et répartir de même les copies redondantes de celles-ci. Il convient maintenant de voir quand et comment s'effectueront les nécessaires copies de la donnée écrite. Il s'agit ici de déterminer une *stratégie de réplication.*

On sait qu'en NoSQL, le choix est de ne pas baser les synchronisations des écritures (liée à la création ou à la mise à jour d'une donnée) sur des mécanismes transactionnels. On opte, donc *a priori* pour une *cohérence des données plus faible* que la stricte cohérence. Il s'agit néanmoins d'assurer malgré tout certaines garanties de *cohérence* et, si possible, une *cohérence à terme*. Il nous faut donc trouver des *stratégies de réplication* adaptées à cette exigence. Nous allons considérer d'abord un premier ensemble de stratégies basées sur un modèle *maître-esclaves*.

Le modèle maître-esclaves

Il est possible d'opter pour un mécanisme reposant sur l'utilisation d'un *nœud maître* fixé pour une donnée. C'est alors ce nœud qui recevra tous les ordres d'écriture correspondant à cette donnée, et les répercutera vers les nœuds accueillant les copies redondantes, appelés alors les *nœuds esclaves*. Par principe, pour la donnée en question, *ces nœuds esclaves ne supporteront que les opérations de lecture*. De manière à répartir équitablement la charge des opérations d'écriture sur les différents serveurs, il est préférable alors de répartir le rôle de nœud maître pour les différentes données sur l'ensemble des serveurs. Autrement dit, chaque donnée possède *un nœud maître* et *des nœuds esclaves* propres.

Les réplications peuvent être menées de manière complétement *asynchrone*. Dans ce cas, une fois l'écriture faite sur le nœud maître, ce dernier rend aussitôt la main au programme client avec un compte-rendu de succès, puis effectue ensuite les copies nécessaires dans un second temps, de manière *asynchrone* par rapport à l'écriture. Pour le client, l'écriture apparaît comme immédiate. On notera que, si le nœud maître tombe avant d'avoir propagé l'écriture à *au moins un nœud* esclave, alors le résultat de l'écriture est perdu.

La figure ci-après symbolise la stratégie de réplication asynchrone maître-esclave.

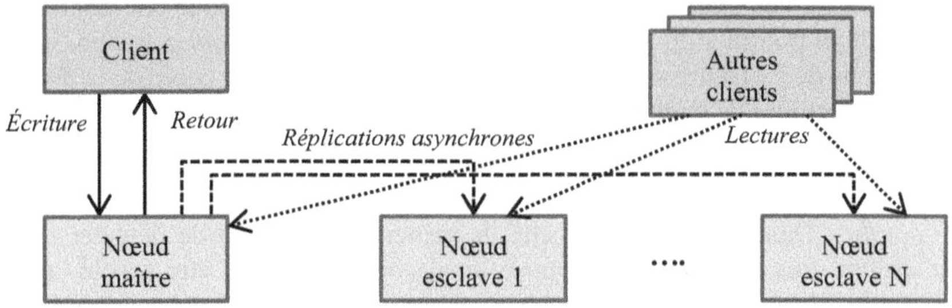

Figure 167. Modèle de réplication maître-esclave asynchrone.

Il est possible de considérer d'autres stratégies conférant une plus grande sûreté aux opérations d'écriture. Ainsi, le maître peut répercuter l'écriture de manière cette fois *synchrone* à un nœud esclave, en attendant donc le retour de ce dernier et le succès de l'écriture sur celui-ci avant de rendre la main au client. La probabilité de perte de l'écriture devient alors beaucoup plus faible. Elle n'est toutefois pas totalement nulle, car, si le nœud maître tombe, il existe une possibilité que le nœud esclave (qui devient alors maître pour la donnée en question) tombe lui-même avant d'avoir répliqué l'écriture. Il faut noter par ailleurs que les opérations d'écriture seront alors plus longues, et la pérennité de l'écriture, si elle est meilleure, ne sera pas pour autant pas assurée dans l'absolu.

Plus généralement, on peut utiliser non plus un mais p (p>1) nœuds esclaves pour opérer des écritures synchrones, de sorte à augmenter encore la sûreté des écritures. A la limite, le procédé le plus fiable possible est celui de *réplications totalement synchrones*, où le nœud maître ne rend la main au client qu'*à l'issue de l'écriture de la donnée sur tous les nœuds esclaves*. Le comportement du système de gestion devient alors *très proche d'un fonctionnement transactionnel*, mais au prix d'une dégradation des performances en écriture.

Le modèle maître esclave fonctionne bien pour les situations où *le ratio nombre de lectures rapporté au nombre d'écritures est élevé*. Il permet d'assurer la *cohérence à terme* du fait que toutes les mises à jour d'une donnée passent toujours par le même nœud. Ainsi, dans une stratégie avec nœud maître, on constatera inévitablement des défauts de cohérence entre les réplicas, mais ceux-ci resteront temporaires, durant le seul délai correspondant aux temps de propagation des écritures, avant retour à un état de cohérence stricte.

Stratégie sans nœud maître

Ces stratégies, qui centralisent toutes les opérations d'écriture d'une donnée sur un même nœud maître, peuvent être toutefois très négatives en termes de performances. En particulier, des clients pourront être très éloignés de ce nœud maître, et connectés à travers des liens inter centres à faible débit. C'est pourquoi beaucoup de systèmes préfèrent des solutions avec plusieurs nœuds maîtres pour une même donnée, voire des solutions *où tous les nœuds accueillant une donnée jouent exactement le même rôle*.

Dans ce dernier cas, on n'impose plus alors de nœud maître pour une donnée, et une écriture de celle-ci pourra alors être effectuée *sur tout nœud recevant une copie de celle-ci*. Les répercussions de l'écriture sur les autres nœuds accueillant une copie de la donnée, pourront alors être effectuées de manière asynchrone, après retour de la fonction d'écriture.

Bien sûr, on ne pourra pas alors empêcher que différentes applications effectuent en concurrence sur différents nœuds des mises à jour de la même donnée. Il y a donc ici *possibilité de conflits*. Dans une telle approche, le principe adopté est de détecter les conflits, sachant qu'une fois détectés, on suppose qu'ils pourront alors être résolus par le biais de règles applicatives. Nous reviendrons sur cet aspect afférant à la gestion de la cohérence en présence de conflits potentiels, qui fera l'objet de la section suivante.

Bien sûr, comme dans les stratégies précédentes, le nœud d'écriture peut tomber avant que la valeur à écrire ait été propagée aux autres nœuds. Tout en conservant le même principe d'absence de nœud maître, on peut donc souhaiter réduire la probabilité de perte de la donnée, en ne déclarant le succès de l'écriture qu'à l'issue d'écritures réussies, non plus sur un seul, mais sur W nœuds, où $W > 1$ et $W \leq N$, où N est le nombre de nœuds accueillant une copie de la donnée.

Ceci signifie qu'au retour de la fonction d'écriture, l'application aura l'assurance que la donnée a bien été *écrite avec succès sur au moins W nœuds parmi les N*. Plus W est élevé, plus le temps de l'opération d'écriture, vu du client, est long, mais plus la probabilité de pérennité de la valeur écrite est élevée. A la limite, si $W = N$, cette probabilité est maximale.

Nous voyons ici qu'il y a différents *degrés* possibles quant à l'assurance de bonne prise en compte d'une opération d'écriture, en rapport avec différents *niveaux de probabilité* de pérennité de l'écriture. On peut parler ici de *degrés de cohérence en écriture*. Un tel degré est en rapport direct avec le nombre de réplications effectuées avant de déclarer le succès de l'écriture. Un degré élevé se traduit naturellement par une performance moindre en écriture.

Dans une telle solution, comme dans une stratégie maître-esclaves, la lecture d'une donnée pourra être faite, de manière indifférente, sur l'un ou l'autre des nœuds accueillant un réplica de celle-ci. Il faut être toutefois conscient que rien ne garantit alors qu'une application lise bien ainsi la *dernière* valeur de la donnée, c'est-à-dire la donnée *à jour*, mais ceci peut être acceptable pour certaines données et dans certaines applications. Pour avoir une meilleure probabilité de lire la dernière valeur, il est possible de faire en sorte qu'un client n'interroge non plus un, mais *plusieurs* nœuds avant de retourner une valeur à l'application. La valeur retournée sera alors la valeur la plus récente parmi les valeurs lues, ce qui impose alors que le système gère des estampilles temporelles associées à toutes les valeurs stockées. Plus le nombre R ($R \leq N$) de nœuds interrogés est élevé, plus le temps d'accès est long, mais plus la probabilité d'obtention de la bonne valeur à jour est élevée. Nous voyons donc qu'il existe également une notion de *degré de cohérence en lecture*.

W, qui est le nombre de copies d'une donnée qui doivent être écrites avec succès pour que l'opération soit considérée comme complète, est appelé le *quorum en écriture*.

De manière symétrique, R, qui est le nombre de copies de la donnée qui doivent être consultées lorsqu'une donnée est accédée en lecture, est le *quorum en lecture*.

En appelant toujours N le nombre de nœuds devant accueillir un réplica d'une donnée, nous aurons les propriétés suivantes :

- Si W+R > N, nous aurons alors une *cohérence* dite *forte*. Il y aura toujours un chevauchement entre le sous-ensemble de nœuds sur lesquels on a écrit une valeur, et celui sur lequel on la lira. Ainsi, lors d'une opération de lecture, au moins un des nœuds interrogés aura bien, en principe, la dernière version à jour de la donnée.
- Si au contraire W+R ≤ N, on a alors seulement possibilité d'une *cohérence à terme*. Une application ne peut être assurée que l'opération de lecture lui délivre bien la dernière valeur, à jour, de la donnée.

Le choix du mode de réplication mis en œuvre est propre à chaque solution NoSQL. Notons que des produits, tels Cassandra, font le choix de laisser au développeur d'application la possibilité d'invoquer l'opération de lecture ou celle d'écriture en passant un paramètre représentatif du *degré de cohérence* requis en lecture et en écriture.

Nous pouvons noter ici quelques cas particuliers remarquables :

- *Si R = N et W = N*, le système garantit alors une *cohérence forte*, tous les nœuds disposant à terme de la même version de la donnée. Le comportement du système est alors proche d'un comportement ACID.
- *Si R = 1 et W = N*, la cohérence est également *forte*. On peut mettre en place une telle stratégie dans le cas où l'on a un ratio élevé du nombre de lectures par rapport au nombre d'écritures. La charge liée à la lecture ne sollicite qu'un nœud, alors que l'écriture nécessite le concours de tous les nœuds. Mais, si l'un des nœuds devient indisponible ou injoignable, alors la fonction d'écriture ne peut plus être assurée par le système.
- Si *R = N et W = 1*, cas inverse du précédent, la cohérence est également *forte*. R = N permet d'assurer une lecture sur le nœud possédant la dernière version. Cependant, si un nœud est indisponible ou injoignable, c'est cette fois la lecture qui ne pourra plus être assurée par le système.
- Enfin, si *R = W = (N+1)/2*, on a alors un quorum suffisant pour permettre une *cohérence à terme*.

8.2.5. La gestion de la cohérence des versions

Nous avons vu dans la section précédente que l'on pourrait avoir au cours du fonctionnement du système, et à un même instant, plusieurs valeurs différentes pour une même donnée, placées sur différents nœuds.

La question que nous allons nous poser ici est de savoir comment gérer les versions concurrentes d'une même donnée sur ces différents réplicas et de savoir si l'on pourra assurer une convergence vers un état cohérent des données ou, à défaut, comment on pourra détecter les conflits potentiels afin qu'ils puissent être résolus.

Les versions concurrentes d'une même donnée

De manière générale, il existe plusieurs approches pour aborder ce problème de *gestion des versions concurrentes* d'une même donnée. Les différentes techniques pourront être utilisées de diverses façons et, au besoin, être combinées au sein d'une même solution NoSQL. Nous verrons ici trois approches.

Nous examinerons d'abord la méthode de base qui consiste à employer des *estampilles temporelles* attachées à chaque donnée. Ce sera pour nous l'occasion de présenter la notion de *causalité des mises à jour*, dont le respect ne sera pas assuré dans une telle solution. Nous verrons ensuite une méthode plus élaborée, dite *stratégie optimiste* (ou encore aussi *verrouillage optimiste*, traduction du terme *optimistic locking*), ainsi qu'une solution très souvent utilisée dans les solutions NoSQL, basée sur ce que l'on appelle les *horloges vectorielles* (*vectors clocks*). Notons qu'il existe des notions d'horloges plus complexes, telles les *horloges matricielles*, mais que nous n'examinerons pas ici, la solution exposée donnant déjà une bonne idée du type de mécanisme mis en œuvre.

Il convient de citer également ici l'existence de techniques de *maintien de versions multiples* d'une même donnée, que nous n'aborderons pas non plus ici. On notera qu'*aucune de ces techniques n'est en fait véritablement spécifique du NoSQL*. Il s'agit pour l'essentiel de l'utilisation de principes déjà connus, appliqués à la conception de ces nouvelles bases de données. Nous allons aborder ci-après leurs principes.

Les estampilles temporelles

Le principe des *estampilles temporelles* consiste tout simplement à accompagner chaque valeur stockée d'une *estampille* correspondant à l'instant d'écriture de celle-ci. Chaque valeur d'une donnée est ainsi *datée*. Ceci permet, en présence de deux versions d'une même donnée, de déterminer laquelle est la plus récente.

Cette solution, très simple, se heurte cependant à deux difficultés.

La première difficulté a trait à la nécessité de disposer d'une *horloge commune*. En présence de nombreuses machines sur un réseau, ne partageant pas la même horloge physique, la détermination d'une estampille se heurte à l'impératif de synchronisation parfaite des différentes horloges. La difficulté est ici d'ordre pratique, dans la mesure où nous faut disposer d'une procédure permettant d'assurer la synchronisation sur une même base de temps d'un grand nombre de machines réparties. Au-delà de cette difficulté pratique, on notera ici que la synchronisation parfaite d'horloges dans un système réparti est de toute façon une impossibilité *théorique*, dans la mesure où celle-ci nécessiterait des communications instantanées, ce qui est impossible. Ainsi, lorsque deux horloges cherchent à se synchroniser, les délais de transmission, aussi faibles soient-ils, rendent impossibles une réelle comparaison des temps *au même instant précis*.

En admettant que l'on puisse obtenir en pratique une synchronisation jugée satisfaisante des horloges des différents nœuds, un problème majeur, non résolu par la technique des estampilles, est celui lié à l'impossibilité de capturer par ce moyen les *causalités ayant présidé aux mises à jour*. C'est la seconde limite de la technique des estampilles. Nous allons l'illustrer ci-après sur un exemple, en nous expliquant sur cette notion de *causalité*.

La notion de causalité

Considérons par exemple le cas illustré par la figure ci-après. Nous y voyons une application A_1 lire la valeur 2 de la donnée D à l'instant t_0. Cette application, après avoir ajouté 2 à cette valeur, écrit donc la valeur 4 à l'instant t_2. Mais, entretemps, une autre application A_2 a lu cette même donnée et l'a mise à jour avec la valeur 5, en ayant pour sa part ajouté 3. Nous voyons ici que la valeur 5 qui vient écraser la valeur 4, antérieurement écrite, n'est pas la bonne valeur, celle-ci devant logiquement être 7 (cumulant l'ajout de 2 et de 3 à la valeur initiale 2), et non 5.

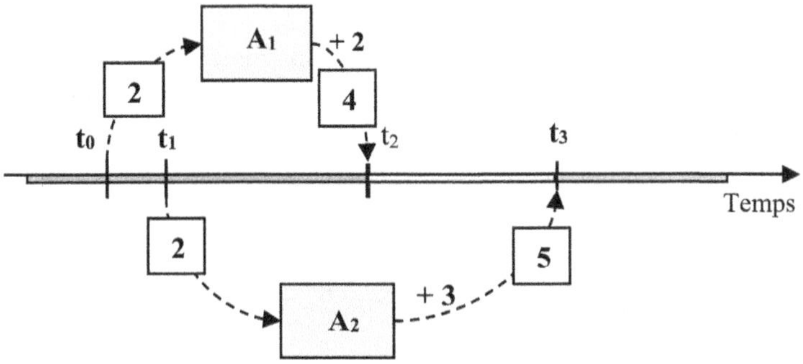

Figure 168. Illustration du problème de causalité des mises à jour.

Le terme de *causalité* reflète ici la relation qui existe entre la valeur 2 de D lue par A_1 et la valeur 4 écrite *en conséquence*. Il y a une relation de *causalité* entre la valeur 2 lue à t_0 et la valeur 4 écrite à t_2, comme il y a une relation de causalité entre cette même valeur 2 lue à t_1 et la valeur 5 écrite à t_3. Dans notre exemple, juste avant la mise à jour de D par A_2, celle-ci valait en fait 4 (et non 2). La *relation de causalité* n'est pas respectée.

Les solutions classiquement adoptées pour assurer le respect de la causalité sont basées sur la pose de verrous. Lorsqu'un client lit une valeur *en vue de sa modification*, un verrou en écriture est posé sur la donnée par le système de gestion, de sorte à interdire aux autres applications l'accès à celle-ci tant que la donnée n'a pas été mise à jour. Toutefois, cette approche est adaptée à un fonctionnent dans le contexte d'un serveur centralisé, une solution à base de verrous ne pouvant sérieusement être envisagée dans un contexte distribué d'où les transactions sont exclues.

Nous voyons ici que, si nous optons pour la possibilité de mises à jour concurrentes des copies d'une même donnée par différentes applications, il nous faut un moyen de *détecter les conflits* ce qui nécessite avant toute chose de savoir *capturer les relations de causalité*.

Dans l'exemple considéré ci-avant, nous voyons qu'une détection du conflit au moment de de l'ordre d'écriture de la valeur 5 pourrait nous permettre d'en informer l'application A_2, qui serait alors en mesure de confirmer l'ordre donné, ou bien de l'annuler pour réitérer le traitement à opérer (c'est-à-dire ajouter 3), mais cette fois sur la base de la valeur actuelle de la donnée. Un autre moyen à envisager peut être de confier au système de gestion une référence à la règle applicative à appliquer dans un tel cas, liée au *sens* de la donnée. Ainsi, si la donnée est, par exemple, une mesure fournie par un capteur de température, il est clair que la bonne valeur serait la plus récente au sens des estampilles, c'est-à-dire ici la valeur 5. Par contre, s'il s'agit d'un stock de produit ou d'un ajout d'argent sur un compte, la bonne valeur n'est ni 4 ni 5, mais celle cumulant les actions de A_1 et de A_2, c'est-à-dire 7.

C'est donc l'application d'une *règle applicative* qui permettra de résoudre le conflit. Mais pour qu'une telle règle puisse être appliquée, il faut que le système puisse être à même d'appréhender les *relations de causalité*, ce que ne capturent pas les estampilles.

La stratégie optimiste

La *stratégie optimiste*, ou *verrouillage optimiste*, consiste à maintenir pour chaque donnée un *compteur de version*. A la différence d'une estampille, un compteur de version est une valeur *logique*, qui ne correspond pas de manière directe à un temps physique.

Toute mise à jour fait évoluer le compteur de version associé à la valeur stockée. Chaque fois qu'un client veut mettre à jour une donnée sur un serveur, il doit, *en même temps que l'ordre d'écriture, fournir au serveur la dernière valeur du compteur en sa possession*. Si cette valeur a changé, c'est qu'il y a eu entre temps une autre mise à jour de cette même donnée, et il y a donc *conflit potentiel*.

La figure ci-dessous symbolise cette manière de faire. Nous y voyons une application A_1 procéder à la mise à jour d'une donnée D avec la valeur *Val'* sur la base de la valeur *Val* qu'il a auparavant lue. Si l'application A_2 met à jour entre temps cette même donnée, la valeur t_1 du compteur aura été modifiée, et le conflit d'écriture sera détecté par le système de gestion au moment où A_1 écrira la nouvelle valeur *Val'*.

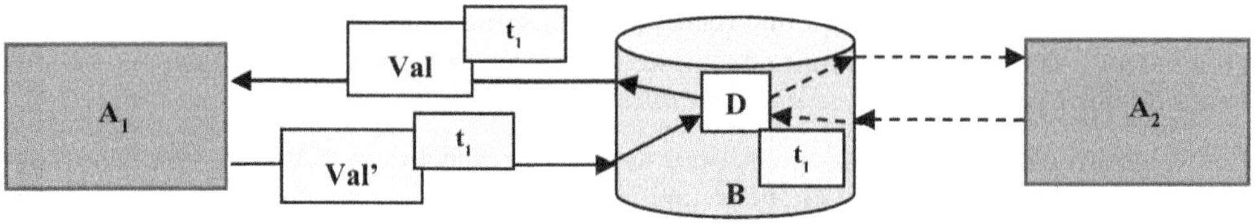

Figure 169. Illustration de la stratégie optimiste.

Cette approche, qui s'affranchit d'une horloge physique commune, permet bien de *capturer la causalité*. Si une opération vient compromettre celle-ci, ceci sera immédiatement détecté, et l'application à la base de l'opération pourra décider en connaissance de cause de la conduite à tenir. L'approche permet donc de reporter la décision au niveau applicatif. Le terme « optimiste » vient du fait que l'on considère ici que *la situation la plus probable est celle où la donnée ne sera pas modifiée par un autre client entre sa lecture et sa mise à jour*. L'efficacité de la méthode repose donc sur le bien-fondé de l'hypothèse d'une fréquence relative faible des écritures par rapport à celle des lectures. Cette approche fonctionnera donc bien avec peu de clients, et/ou avec des données beaucoup plus souvent lues qu'elles ne sont mises à jour.

Cette approche permet de bien traiter le problème de cohérence entre une valeur écrite sur un serveur et les valeurs de la même donnée manipulées concurremment par les applications clientes.

Les horloges vectorielles

Les *horloges vectorielles* (*vectors clocks*) constituent une technique beaucoup plus aboutie et applicable dans un contexte *multi serveurs*. C'est une technique utilisée dans beaucoup de solutions NoSQL. Elle fournit une solution efficace et élégante au problème de la *gestion de copies multiples d'une même donnée sur plusieurs nœuds*, avec *synchronisation*, lorsque c'est possible, ou *détection* du conflit sinon.

Les horloges vectorielles constituent en fait, de manière plus générale, un mécanisme classiquement proposé pour le *maintien de la causalité* au sein d'un *système distribué*. Un tel mécanisme consiste à propager des *événements* entre les nœuds, et mettre à jour en conséquence des *vecteurs*, dont les composantes sont des *compteurs*. Dans notre cas, une telle notion d'évènement correspond à la mise à jour d'une donnée, information qui sera propagée à destination des nœuds qui maintiennent des copies de cette même donnée.

Supposons qu'une donnée D soit répliquée sur plusieurs nœuds $N_1, N_2, ..., N_p$. Une *horloge vectorielle* associée à D est un vecteur $V = (T_1, T_2, \ldots T_p)$, où T_i est un entier, appelé *temps logique*, attaché à la version de D présente sur le nœud i. Ce vecteur a autant de dimensions que de nœuds gérant une copie de D.

La figure ci-dessous illustre ainsi le cas de deux nœuds de stockage possédant chacun sa propre copie de la même donnée D. Nous voyons que les deux valeurs de D sur N_1 et sur N_2 possèdent chacune leur propre *vecteur d'horloge*, constitué ici de deux *valeurs*, puisqu'il y a deux nœuds.

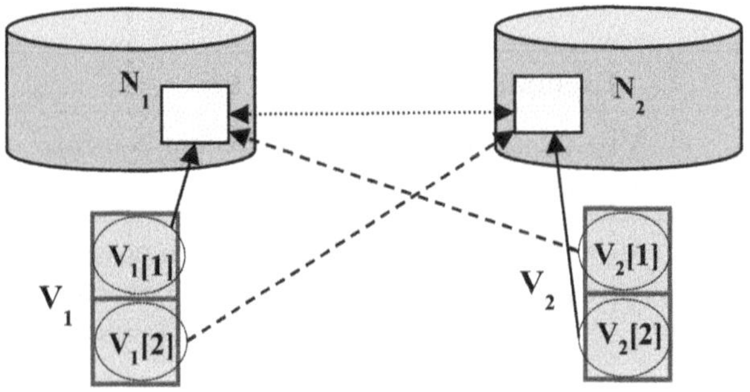

Figure 170. Illustration d'une horloge vectorielle.

Chaque nœud j maintient sa propre horloge vectorielle V_j associée à la donnée D. $V_j[i]$ représente le *temps logique* associé à la version de D présente *sur le nœud i*, et *dont le noeud j a connaissance*.

Les horloges vectorielles contiennent des *valeurs nulles au départ*. Elles évoluent ensuite de la manière suivante :

- Lorsque le nœud i met à jour D, il incrémente $V_i[i]$.
- Un nœud i peut émettre à l'attention d'un autre nœud un message contenant l'état de son horloge. Avant envoi il incrémente préalablement $V_i[i]$.
- Lorsqu'un nœud j reçoit ce message, il incrémente sa propre valeur d'horloge $V_j[j]$ puis la fusionne avec celle reçue selon le principe du *maximum des valeurs* attachées à chaque dimension, soit $V_j[k] = \max(V_j[k], V_{message}[k])$.

Les valeurs du vecteur maintenues sur chaque nœud évoluent donc au fil des mises à jour locales et des propagations de celles-ci vers les autres nœuds. Un vecteur V caractérise un *état*, c'est-à-dire une certaine *version v de la donnée*.

La propriété essentielle des horloges vectorielles est qu'une *version V_1* de la donnée *précède* (au sens de la causalité) *une autre version V_2 si* et seulement si *tous les temps logiques présents dans V_1 sont inférieurs ou égaux aux temps logiques correspondants dans V_2, l'un d'entre eux étant par ailleurs strictement inférieur.* On note alors $V_1 < V_2$. La situation où tous les temps logiques sont égaux, notée $V_1 = V_2$, caractérise quant à elle *deux versions* *identiques* de la donnée. Lorsque nous ne sommes dans aucun de ces cas, c'est-à-dire que ni V_1 ne précède V_2, ni V_2 ne précède V_1, alors, il y a *conflit*.

Autrement dit, la condition $V_1 < V_2$ signifie que V_1 et V_2 ont des valeurs telles que :

1) Pour tout i, $V_1[i] \leq V_2[i]$, et 2) Il existe un i_0 tel que $V_1[i_0] < V_2[i_0]$

Il peut y avoir *synchronisation de deux versions* si et seulement si les deux vecteurs correspondants V_1 et V_2 sont *comparables*, c'est-à-dire vérifient soit $V_1 < V_2$, soit $V_2 < V_1$, c'est-à-dire si et seulement s'il y a une *filiation entre les deux valeurs au sens de la causalité*.

Ainsi, lorsqu'un nœud reçoit un message de propagation, il compare le vecteur d'horloge reçu avec celui de sa présente version. La comparaison des deux vecteurs permet de *décider si les versions peuvent être synchronisées* et si oui *dans quel sens*, ou bien encore s'il y a *conflit*. Le tableau suivant illustre à travers des exemples les différents cas possibles avec leur interprétation.

Cas	Exemple	Etat	Action à prendre
$V_1 = V_2$	$V_1 = (5, 7, 8)$ $V_2 = (5, 7, 8)$	N_1 et N_2 possèdent la même version de D	Aucune (cohérence)
$V_1 < V_2$	$V_1 = (5, 7, 8)$ $V_2 = (5, 8, 8)$	La version de D en possession de N_1 est un « ancêtre » de celle qui est en possession de N_2	Remplacer la valeur de D dans N_1 par celle de N_2 (plus récente)
$V_1 > V_2$	$V_1 = (6, 7, 9)$ $V_2 = (5, 7, 8)$	La version de D en possession de N_2 est un « ancêtre » de celle qui est en possession de N_1	Remplacer la valeur de D dans N_2 par celle de N_1 (plus récente)
V_1 et V_2 non comparables	$V_1 = (6, 7, 9)$ $V_2 = (5, 8, 8)$	N_1 et N_2 n'ont pas d'ancêtre commun direct	Cas de conflit. Il faut disposer d'une règle applicative pour le résoudre

Tableau 10. Exemples de comparaisons d'horloges vectorielles.

A titre d'illustration, nous allons considérer la situation représentée sur les deux figures ci-après, où nous pouvons voir deux nœuds N_1 et N_2 en charge de la gestion d'une même donnée D, les deux figures représentant deux cas possibles.

Considérons le premier cas. Dans l'état initial du système, au lancement, les deux nœuds portent la valeur a_0 de D. La donnée est mise à jour sur le nœud N_1 avec la valeur a_1, qui est répercutée sur N_2. Puis, cette même donnée est mise à jour sur N_2 avec la valeur a_2, ensuite répercutée sur N_1, venant remplacer la valeur a_1 auparavant présente. En final, les deux nœuds portent la même valeur a_2. Nous voyons que la causalité est bien respectée, comme en témoigne le calcul des vecteurs d'horloge. Il n'y a pas de conflit.

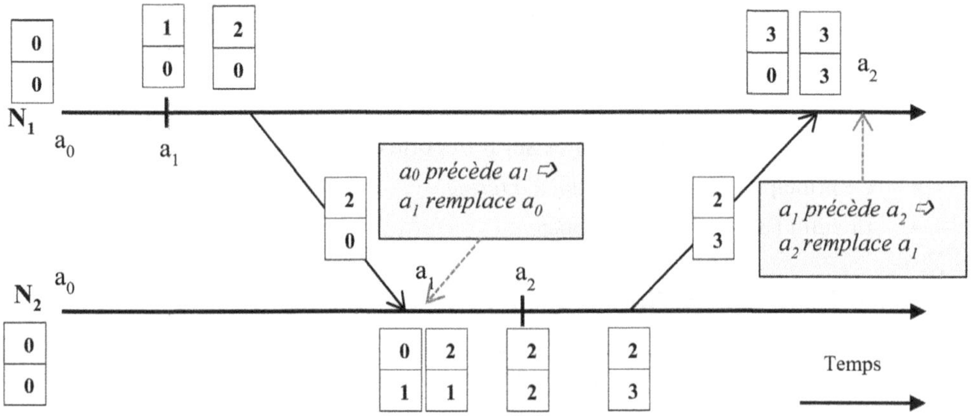

Figure 171. Exemple d'horloge vectorielle (premier cas).

Considérons maintenant le second cas (figure ci-dessous). Les choses se passent exactement de la même manière jusqu'à la mise à jour par N_2 avec la valeur a_2. Mais ici, nous constatons que D est mise à jour avec la valeur a_3 sur N_1 en partant de a_1 *avant que la mise à jour ait pu être répercutée sur N_1 avec la valeur a_2.*

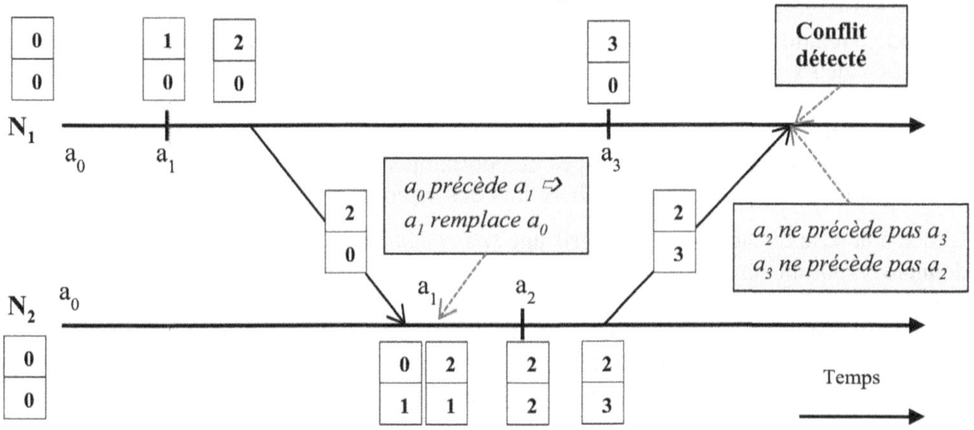

Figure 172. Exemple d'horloge vectorielle (second cas).

A la réception par N_1 du message venant de N_2, la *comparaison des vecteurs d'horloges* permet de *détecter le conflit*. En effet, aucune de deux valeurs a_2 et a_3 ne précède l'autre ni n'y succède. La situation de conflit sera reportée à l'applicatif à l'origine de l'écriture de a_3 sur N_1 et résolue par le biais d'une règle applicative, qui devra décider de la bonne valeur à conserver.

Ce principe de *synchronisation par horloges vectorielles* a des propriétés intéressantes :

- C'est un algorithme distribué. Chaque nœud gère toutes les informations qui lui sont utiles. Deux nœuds peuvent se synchroniser sans avoir à contacter les autres nœuds, et il n'y a donc pas besoin d'un nœud particulier jouant un rôle central.
- Il n'y a pas de contrainte sur la topologie des connexions entre nœuds, et la synchronisation peut être exécutée sur n'importe quel couple de nœuds.
- Ce principe assure la *cohérence à terme*.
- Et enfin l'algorithme est robuste.

8.3. Les familles de Bases de Données NoSQL

Ce qui vient d'être vu montre qu'il n'y a de nombreux choix possibles concernant les principes de fonctionnement d'une solution, d'où résulteront bien sûr des propriétés différentes en fonctionnement.

Mais un autre aspect important concerne ce que la solution propose au concepteur d'une nouvelle application en termes de *modélisation des données*, c'est-à-dire le *méta modèle de données* offert par la solution. C'est d'ailleurs essentiellement cet aspect qui sera perçu par le développeur, lequel aura la charge de l'écriture du code manipulant les données.

Ce sont ces principes de modélisation que nous allons ici aborder au travers des différentes *familles de solution* existantes.

8.3.1. La modélisation des données en NoSQL

Le modèle relationnel est basé sur la notion de *table*, structure caractérisée par des *attributs*, dont les valeurs doivent appartenir à un certain *domaine* fixé pour chaque attribut. Une table recevra des *n-uplets*, ou *tupples*, strictement conformes à la structure définie pour la table, les attributs ne pouvant contenir que des valeurs atomiques (on dit qu'une table est en *première forme normale*). Divers types de contraintes d'intégrité peuvent être spécifiées de sorte à garantir une cohérence de la base lors des insertions, mises à jour et destructions.

L'idée à la base du NoSQL est d'offrir une *structuration beaucoup plus libre et flexible* des données, reposant sur d'autres concepts que les tables relationnelles. En préalable, on notera qu'en NoSQL, il n'y a aucun *méta modèle* standard comme ceci est le cas dans le relationnel avec SQL2. Chaque produit NoSQL offre ainsi *son propre méta modèle*. Il est toutefois possible de regrouper les différentes solutions NoSQL en *familles* de produits, proposant des facilités de modélisation relativement similaires. C'est donc le type de structures de données susceptibles d'être construites qui est ainsi proposé comme critère pour classer les bases de données NoSQL.

Nous retiendrons ici cette classification classique, les facilités offertes pour la modélisation des données constituant en effet l'une des premières choses à considérer dans le choix d'une solution de gestion de données. D'autres classifications des bases de données NoSQL selon d'autres critères que les modèles des données seraient bien sûr possibles.

On notera que, de manière générale, en NoSQL, il n'y a pas d'équivalent à la notion de *schéma de données*, telle qu'on peut la comprendre en relationnel. Les systèmes de gestion NoSQL tolèrent en effet, en règle générale, des structures de données beaucoup plus flexibles et variables comparées aux tables relationnelles. De plus, les systèmes de gestion n'effectuent le plus souvent pas de contrôle des valeurs introduites en base, à la différence du relationnel où plusieurs niveaux de contrôle d'intégrité peuvent être définis.

Nous allons considérer ici les différentes catégories de bases de données NoSQL, sur la base de la classification usuelle, laquelle comprend les bases de données *clé-valeur, orientée documents*, *orientées colonnes* et enfin *orientées graphes*.

8.3.2. Les bases de données « Clé-Valeur »

Toutes les bases de données désignées par le terme de « *clé-valeur* » ont en commun le fait de reposer sur un méta modèle de données extrêmement simple, où tout objet est un couple formé d'une *clé* unique, identifiant cet objet (et permettant donc de le retrouver), et d'une *valeur*, constituant le contenu de l'objet (c'est-à-dire la donnée elle-même).

La base de données peut donc être vue comme un *dictionnaire* dans lequel les applications clientes effectuent des *put* pour insérer de nouvelles entités (clé, valeur), ou les mettre à jour, ou encore des *get*, afin de rechercher la valeur associée à une clé donnée en entrée.

Le contenu d'une telle base de données peut donc être symbolisé sur la figure ci-dessous :

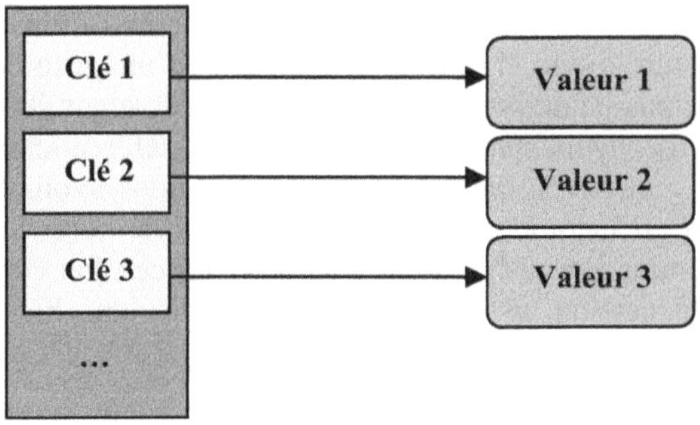

Figure 173. Illustration d'une Base de Données Clé-Valeur.

La structuration de la valeur d'un objet est *libre*, ainsi que son format de représentation. Elle pourra donc bien sûr être *variable* d'un objet à l'autre, la base de la donnée n'ayant d'ailleurs pas connaissance de cette structure. La construction d'une *valeur* est ainsi laissée à la charge du développeur de l'application, celui-ci pouvant utiliser par exemple XML ou encore le format JSON pour exprimer le contenu d'un objet à stocker, la base elle-même ne connaissant et ne mémorisant les valeurs que comme de simples chaînes d'octets, sans structure particulière. Il ne peut donc y avoir de requête de sélection *sur le contenu des objets* dans une telle solution.

De fait, aucune requête complexe comparable à ce qu'il est possible de formuler en SQL (sélections sur valeurs d'attributs, jointures, agrégats, etc.) n'est possible, la seule requête d'interrogation ayant un sens étant ici *la sélection d'un objet à partir de la valeur de sa clé*, c'est-à-dire une requête du type *Select from ID*.

Dans le modèle de base, il n'y a pas d'équivalent aux tables, la base de données constituant un *tableau unique*. Certaines solutions autorisent toutefois *plusieurs tableaux*, avec donc, un équivalent à la notion de *table*. La taille d'une *valeur* a une limite, dépendant du produit, mais qui reste en général peu contraignante.

Les bases de données de cette nature offrent en général les quatre *opérations CRUD*, à savoir :

- *Create*, pour créer un nouvel objet : **create (key, value)**.
- *Retrieve,* pour lire la valeur d'un objet à partir de sa clé : **value = retrieve (key)**.
- *Update*, pour mettre à jour la valeur d'un objet : **update (key, newValue)**.
- *Delete*, pour supprimer un objet : **delete (key)**.

Ces opérations sont le plus souvent disponibles via une *API* et une *interface REST*, cette dernière ayant l'avantage d'être accessible à distance depuis n'importe quel langage de programmation.

Ce qui précède décrit les *principes de base d'un modèle clé-valeur*, mais chaque produit est susceptible d'y ajouter ses propres spécificités. Le principe du stockage clé-valeur existe en fait depuis longtemps, mais les récents développements en la matière sont essentiellement influencés par la solution *Dynamo d'Amazon*. Il y a, à ce jour, une grande variété de logiciels *libres* et *open source* basés sur ce paradigme clé-valeur, parmi lesquels, par exemple, le projet *Voldemort*, développé et utilisé à *LinkedIn*.

L'approche volontairement très basique de cette approche permet l'obtention d'excellentes performances, tant en lecture qu'en écriture. Le respect de l'intégrité de données lors des accès concurrents ne pose pas ici de problème particulier, une valeur étant *écrite* et *accédée comme un tout*. Enfin, nous voyons que la notion d'intégrité référentielle n'a plus ici aucun sens pour le système de gestion. Si dans une application, nous avons besoin qu'un objet fasse référence à un autre, il incombe alors au développeur de gérer lui-même ce lien en faisant figurer dans le premier objet la clé de l'objet à référencer. Par contre, ce lien ne sera pas connu du système de gestion, et ce dernier ne prendra donc bien évidemment à sa charge aucune garantie d'intégrité de ce lien.

On notera que la *répartition des données* sur plusieurs machines serveurs, de même que leur *réplication*, est ici très facile à réaliser : il suffit de fixer une *loi de hachage* des clés sur les numéros des sites dont on dispose. Une *extensibilité horizontale* importante est donc facile à obtenir, et il est possible, dans ces conditions, de stocker un très grand nombre d'objets et de les retrouver de manière efficace. On notera que le produit *memcached* déjà cité (et qui, comme nous l'avions signalé, n'est pas véritablement une base de données, mais un cache distribué sur une base de données), suit des principes tout à fait similaires. Cette solution entre d'ailleurs parfois, selon certaines classifications des solutions NoSQL dans une catégorie additionnelle parfois considérée, celle des *caches clé-valeur*.

Malgré le caractère très basique d'une telle modélisation, elle convient très bien dès lors que l'application ne requiert que le stockage d'entités indépendantes, sans besoin de retrouver, à travers des requêtes, des entités sur la base de leur contenu.

Parmi les bases de données de type clé-valeur, on peut citer *Redis*[1] (distribué sous licence BSD), *Riak* (licence Apache 2.0, implémentation open source d'*Amazon Dynamo*) ainsi que *Voldemort* (licence Apache 2.0, développé initialement par *LinkedIn* pour son usage interne, puis diffusé en *open source*).

---

[1] Nom qui signifie *REmote DIctionary Server.*

8.3.3. Les bases de données orientées documents

Les bases de données *orientées documents* constituent une évolution relativement naturelle des bases clé-valeur, correspondant à l'introduction de *structures de données plus complexes que de simples couples (clé, valeur)*.

Une base de données orientée documents est ainsi constituée d'une ou plusieurs *collections* d'entités appelées *documents*, identifiés chacun par une *clé unique*. Le contenu d'un document est lui-même composé de *champs* ayant chacun un *nom* (unique dans le document) et une *valeur* associée à ce champ.

Une évolution notable par rapport au modèle clé-valeur, mais également par rapport au modèle relationnel, est qu'une valeur de champ peut être soit d'un *type simple* (entier, chaîne de caractère, date, etc.), soit elle-même *composée de champs*. Ceci se prête bien à la représentation de documents possédant une *structure hiérarchique*, composée de chapitres, paragraphes, etc., d'où le nom de *document* donné aux entités. On prêtera attention toutefois au fait que, malgré ce nom, la gestion de documents n'est qu'*une* application possible de telles bases de données.

Tout document est placé dans une *collection*, et possède une *structure interne non contrainte par un schéma*. Bien que les *documents* possèdent une structure, conformément aux principes à la base du NoSQL, une base orientée documents n'a *pas de schéma de données* (on dira qu'elle est *schemaless*), dans la mesure où la structure d'un document n'a à respecter aucun modèle de structure prédéfini. Cependant, le stockage structuré des documents permet d'effectuer certaines *requêtes sur le contenu des documents*, fonctionnalité dont ne disposaient pas les bases de données clé-valeur.

Les langages d'interrogations offerts s'inspirent alors de SQL. Toutefois, ils le restreignent selon certains aspects. Il y aura ainsi impossibilité de formuler des jointures impliquant les valeurs de champs de différents documents. A l'inverse, ces langages étendent souvent SQL selon d'autres aspects, les collections, qui tiennent lieu de tables n'étant plus en première forme normale. Ainsi, dans une requête, nous pourrons contraindre par exemple les valeurs de *champs inclus dans d'autres champs*, sans d'ailleurs nécessairement connaître leur position précise dans la hiérarchie des champs, ni même être assurés de l'existence d'un champ, choses qui n'auraient aucun sens sur des tables « plates » à structure fixe. On voit que ce modèle présente une certaine analogie avec les bases de données XML dites « semi-structurées ». On notera que, si des langages ont pu être proposés dans le passé, il n'existe à l'heure actuelle *aucun langage standard* unanimement reconnu et adopté pour les bases de données orientées documents.

Le contenu d'une base de données orientée documents est symbolisé sur la figure ci-après, dans l'exemple d'une collection unique. Nous remarquons ici que chaque document de la collection possède sa propre structure, et que, par ailleurs, l'un des champs du « Document 3 » s'avère lui-même *composé d'autres champs*.

Un document peut faire référence à un autre document via un champ particulier, mais aucune intégrité référentielle n'est alors vérifiée par le moteur de la base de données. Enfin un document peut, dans certaines bases de données, comporter des *attachements*, c'est-à-dire stocker des fichiers associés.

Une solution fournira en général une *API* spécifique et/ou des accès via des services *REST* pour effectuer des requêtes sur la base de données. Ces interfaces reprennent essentiellement les *opérations de base CRUD*, éventuellement *adaptées à une structure arborescente*.

Le format JSON, ou bien le langage XML, sont en général utilisés pour transférer les contenus des champs entre l'application et la base de données.

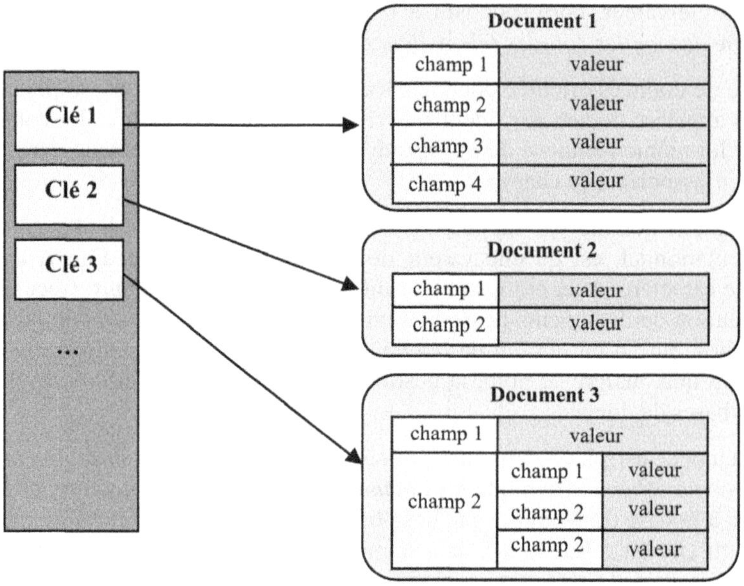

Figure 174. Illustration d'une Base de Données orientée documents.

Beaucoup plus simples que les bases de données relationnelles, les bases de données orientées documents ont des performances élevées. Elles offrent de bonnes caractéristiques de *flexibilité* du fait de l'*absence de schéma*. De manière générale, ces bases de données sont très bien adaptées comme support de stockage au sein des outils de type CMS (*Content Management System*).

Des représentants notables de ce type de base de données sont les produits *CouchBD*, projet de base de données orientée documents officiel de la fondation Apache, et *MongoDB*, qui est l'une des bases de données NoSQL les plus populaires, distribuée sous licence GNU AGPL v3.0, et qui constitue un produit très stable, doté d'une couverture fonctionnelle riche. On notera que *CouchDB* est essentiellement inspiré par le produit *Lotus Notes* dont il reprend les principaux concepts. On pourra également citer ici à titre d'exemple le produit *Terrastore*, distribué sous licence Apache 2.0

8.3.4. Les bases de données orientées colonnes

Le *modèle orienté colonnes* est une autre évolution du modèle clé-valeur. Partant également du constat de limitation de ce dernier, les bases de données orientées colonnes proposent des structures des données assez comparables à celles des bases de données relationnelles, mais toujours avec l'idée d'*absence de schéma*.

Le nom de ce type de base de données et la terminologie de « *colonne* », employée pour désigner en fait un *attribut*, tire son origine d'anciens systèmes de gestion de bases de données comme *Sybase IQ* et *Vertica*, qui stockaient les données *non par lignes* (*tuples*) *mais par colonnes*, privilégiant ainsi l'efficacité des accès par colonne, avec un ajout facile de nouvelles colonnes à un modèle, ou encore la possibilité d'en gérer si besoin un très grand nombre. La source d'inspiration principale à la base de ces solutions est la base de données *Bigtable* de *Google*, deux produits analogues étant *Hypertable* et *HBase*.

Dans une base de données orientée colonnes, la *colonne* est l'entité de base du modèle. Elle constitue l'équivalent d'un attribut, et possède un *nom*, qui constitue une clé, et une *valeur*, elle-même étiquetée par une *estampille temporelle*. Elle représente un champ de donnée, que l'on placera dans l'équivalent d'une ligne.

Une *super colonne* est une colonne dont la *valeur* est une *liste de colonnes*. Elle permet de représenter l'équivalent d'une *ligne*, c'est-à-dire d'un *tuple* dans une table relationnelle. Son nom constitue la *clé* de cette ligne, et sa valeur est donc une *liste de couples (attributs, valeurs)*, ou plus exactement de *triplets (attributs, valeurs, estampille temporelle)*. La différence fondamentale par rapport à un *tuple* relationnel est, qu'ici, les colonnes présentes ne suivent aucun schéma prédéfini : les colonnes placées dans une super colonne sont libres, il y en a autant que l'on souhaite, et il est possible d'en rajouter une fois la super colonne créée.

Enfin, une *famille de colonnes*, est un *regroupement logique de colonnes et/ou de super colonnes*. C'est donc l'équivalent d'un ensemble de *tuples*, donc d'une table relationnelle.

La figure ci-dessous illustre l'organisation d'un modèle orienté colonnes à travers un exemple :

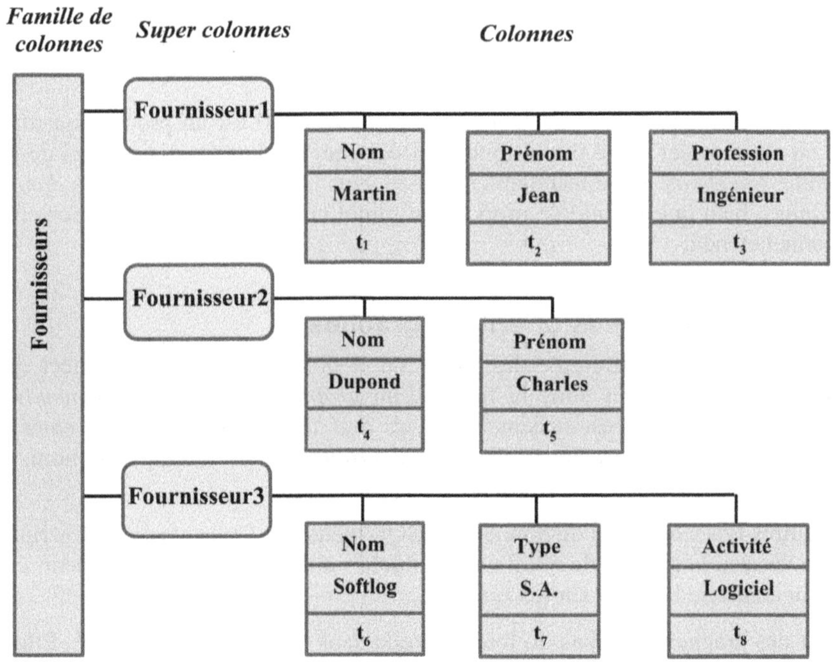

Figure 175. Illustration d'une Base de Données orientée colonnes.

Nous voyons ici que rien n'impose que la structure des colonnes présentes dans chaque super colonne soit régulière. Il apparait ainsi des champs spécifiques d'une ligne.

On parle parfois de *super famille de colonnes* pour désigner un *ensemble de familles de colonnes*, c'est-à-dire en fait une *base de données*.

En synthèse, une *famille de colonnes* permet de représenter une structure analogue à une *table relationnelle*, mais avec des différences majeures, qui, en reprenant la terminologie classique du relationnel, pourraient s'exprimer de manière suivante :

- La liste des attributs d'un *tuple* peut dépendre de ce *tuple*.
- Cette liste d'attributs n'est pas fixée à l'avance dans un schéma
- On peut ajouter autant d'attributs que l'on souhaite, de manière dynamique, c'est à dire pendant le fonctionnement de la base.
- Le nombre d'attributs peut être très élevé.

De manière générale, ce modèle peut sembler assez complexe, mais ceci est essentiellement dû au caractère quelque peu déroutant de la terminologie employée. Les structures obtenues sont comparables à celles du relationnel, mais elles sont possiblement irrégulières et dynamiques. Malgré l'absence de structuration prédéfinie, l'organisation des données permet une grande efficacité dans les traitements massifs et parallèles.

Parmi les principales bases de données orientées colonnes, on peut citer *SimpleDB*, composant de l'offre de *cloud AWS* d'*Amazon*, et donc accessible à distance comme un service. On peut citer également *BigTable* de *Google*, composant de l'offre de *cloud Google App Engine*, et accessible, de même, comme un service, via les API de *Google App Engine*. Nous citerons aussi *HBase*, implémentation *open source* de *Google BigTable*, projet mené par la fondation Apache et distribué sous licence Apache 2.0.

Enfin, la solution *Cassandra*, distribuée sous licence Apache 2.0 est un produit majeur, et qui constitue un autre projet mené par la fondation Apache, impliquant des acteurs de premier plan comme *Facebook*. Il est usuellement classé dans la famille des *bases de données orientées colonnes*, bien que le modèle proposé ait plutôt en fait évolué dans le sens d'un modèle relationnel étendu.

8.3.5. Les bases de données orientées graphes

Cette dernière approche, très différente des autres sur le plan du modèle de données, propose de représenter des données sous la forme d'un *graphe*, dans lequel les *nœuds* du graphe sont les *entités* de données, et dans lequel les *arcs* figurent des *relations entre ces entités*. Les arcs sont *orientés*, et peuvent disposer de *propriétés* (par exemple un nom, une date de mise à jour, etc.).

Alors que les autres types de bases de données NoSQL mettaient l'accent sur la description des données en laissant la gestion de relations éventuelles à la charge du développeur, cette approche met au contraire l'accent sur les *relations*.

L'idée de gérer des graphes n'est pas du tout nouvelle dans les bases de données[1]. Elle est en fait antérieure au relationnel, et a été remise en avant avec les bases de données NoSQL

---

[1] En particulier les bases de données avec modèle « réseau », qui ont précédé les bases de données relationnelles étaient basées sur un paradigme comparable, de même que, plus tard, les bases de données orientées objet.

et les applications telles que les réseaux sociaux, qui peuvent largement tirer parti d'une gestion directe des données sous forme de *graphes*. On sait en effet que la gestion d'un graphe avec une base de données relationnelle est peu efficace : elle requiert l'usage de clés étrangères pour simuler les relations, absentes en relationnel, et un parcours de graphe fait alors appel à de nombreuses jointures, dont l'exécution est nécessairement coûteuse, même avec présence d'index convenables.

Le contenu d'une base de données orientée graphe est symbolisé sur la figure ci-dessous :

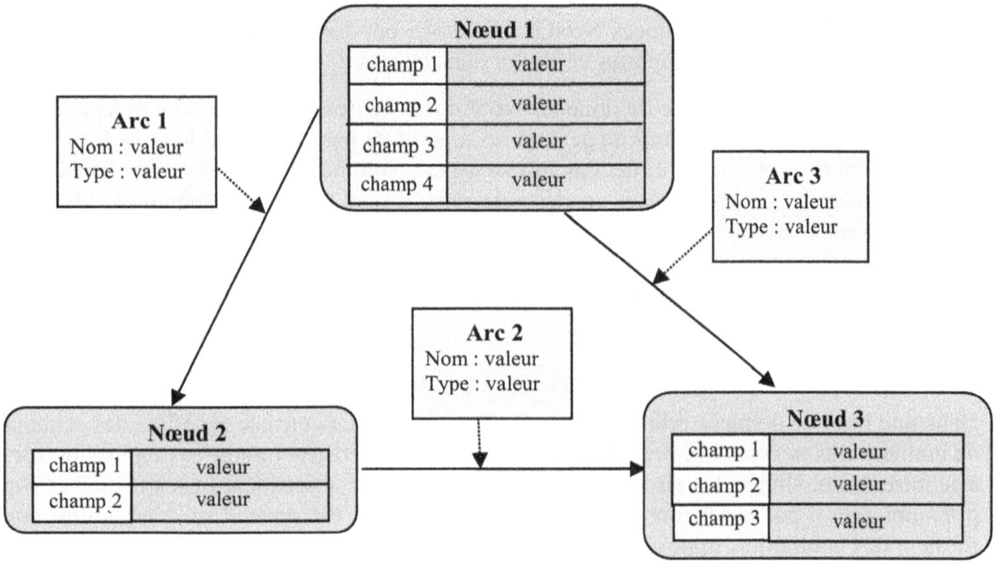

Figure 176. Illustration d'une Base de Données orientée graphe.

Dans certaines applications, comme les applications géographiques par exemple, ce type d'approche peut également reposer sur l'usage de *deux moteurs de gestion associés* : d'une part un moteur de stockage dédié au *contenu des objets*, qui peut se présenter comme une base de données orientée documents, voire une base de données relationnelle, chaque entité de cette base décrivant un nœud du graphe, et, d'autre part, un moteur *orienté graphes*, dédié à la gestion des arcs, c'est-à-dire des relations entre les objets précédents. Comme indiqué, le premier moteur peut être lui-même un *SGBD relationnel* (appelé alors *companion database*). La clé identifiant une entité permet alors d'associer la description structurée d'une entité sous la forme d'un *tuple* avec le nœud qui le représente dans la *base de données orientée graphe*, porteur des relations avec les autres nœuds.

On remarquera que le principe d'une approche associant deux moteurs de stockage, l'un relationnel pour gérer le contenu de données, l'autre dédié à la gestion des graphes, de sorte à gérer les relations entre celles-ci et parcourir très rapidement les liens, est très ancien. Il a ainsi déjà été employé avec succès dans le passé dans certains *Systèmes d'Information Géographiques*, ou S.I.G.[1].

---

[1] Dans les SIG, il s'agit de relations topologiques. On peut ainsi gérer par exemple la description de villes dans le SGBD relationnel, et les voies de communications entre ces villes dans un moteur de données orienté graphes.

Parmi les principales bases de données orientées graphes, on peut citer *Neo4j*, base de données distribuée sous licence GNU GPL v3.0 et en version commerciale, ainsi que le produit *OrientDB*, lui-même distribué sous licence Apache 2.0.

8.4. La modélisation de données en NoSQL

Tout en proposant des nouvelles technologies pour gérer les données, les bases de données NoSQL sont également liées à de nouvelles manières de *modéliser* ces données et de les *exploiter*. Ceci est lié aux besoins propres aux contextes applicatifs ayant présidé à l'émergence des bases de données NoSQL. Celles-ci ont donc été, à la base, naturellement conçues dans l'optique de supporter et d'aller dans le sens de ces nouvelles pratiques.

Sur le principe, dans une base de données NoSQL les entités sont supposées *indépendantes les unes des autres*, les systèmes de gestion ne supportant pas en général les requêtes basées sur des jointures entre les entités. Par ailleurs, nous sommes dans un environnement non transactionnel où, par hypothèse, un délai de mise à jour ou une incohérence temporaire entre versions d'une même donnée peut être tolérée. Ceci conduit à un principe de modélisation très différent de celui du relationnel, où l'on sera amené à placer volontairement de nombreuses redondances entre les données. Les modèles de données seront par essence *non normalisés*.

La modélisation des données

Dans une base de données relationnelle, une bonne pratique consiste à définir des schémas de données dits *normalisés*, proscrivant les redondances, et structurant les données de sorte à réduire au maximum les risques d'incohérence lors des insertions, mises à jour et suppressions. Un « bon » schéma de données en relationnel est *normalisé*, c'est-à-dire conforme à des contraintes imposées par un certain nombre de *formes normales*, ou du moins, en pratique, au moins jusqu'à un certain ordre[1].

Toute donnée doit ainsi être liée à l'entité dont elle dépend fonctionnellement, et ne figurer qu'à ce seul endroit. Ainsi, par exemple, pour des personnes possédant un véhicule, une modélisation classique fera apparaître deux tables *Personne* et *Véhicule*, contenant chacune les attributs décrivant la personne d'une part et l'objet physique « véhicule » d'autre part. Le lien de possession entre une personne et un véhicule sera représenté par un nouvel attribut placé dans l'une des tables et faisant référence à la clé primaire de l'autre (attribut de jointure, déclaré comme clé étrangère). Il serait ici totalement absurde de définir un attribut *couleur du véhicule* attaché à la table *Personne*. Si on suppose maintenant qu'une personne est en mesure de posséder plusieurs véhicules, la solution consistera alors à faire figurer dans la table *Véhicule* un attribut *OwnerID*, identifiant la personne propriétaire dans la table *Personne*. Il s'agit de bonnes pratiques, très classiques, destinées à n'induire aucune incohérence potentielle lors de l'évolution des données.

Nous avons vu que l'approche NoSQL envisageait des applications dans lesquelles la contrainte absolue de cohérence des données à tout instant pouvait être relâchée au profit de meilleures performances et d'une meilleure disponibilité. Par exemple, dans un réseau social, la propagation d'une information avec un certain retard peut être tolérée, au bénéfice

---

[1] En pratique, souvent jusqu'à la forme dit NF3 BCNF. Nous ne détaillerons pas cet aspect ici qui sort du cadre de cet ouvrage. Ces formes normales sont basées sur la notion de *dépendance fonctionnelle* entre attributs ou groupes d'attributs.

d'une meilleure disponibilité et de la possibilité de stocker de très grands volumes de données. Les propriétés ACID sont abandonnées, ce qui permet une gestion multi sites et une réplication des données plus facile.

Données embarquées et références embarquées.

Dans ces conditions, une autre approche de modélisation, opposée à l'approche classique, consiste à « embarquer » dans un objet les copies d'un certain nombre d'autres objets liés à celui-ci. Par exemple, avec une telle modélisation, si l'on accède à une entité *Personne*, il pourra ne plus être nécessaire d'accéder aux entités *Véhicules* pour accéder aux données des véhicules possédés par la personne, des copies des dites données étant déjà présentes dans l'objet *Personne*. On parle de *modélisation avec données embarquées*. Un accès unique suffit dans ce cas à renvoyer toutes les données utiles, pour les requêtes les plus fréquentes. Un tel accès ne nécessite plus de requêtes de jointures, lesquelles auraient été indispensables dans une modélisation classique. La démarche est ici en phase avec l'approche NoSQL qui, par principe, gère des objets supposés *indépendants les unes des autres*. Bien sûr, il faut préalablement modéliser les données en ce sens, avec de nombreuses redondances, que l'on se serait au contraire efforcé d'éviter dans une modélisation classique.

Nous voyons que les mises à jour seront plus complexes, car, ici, la mise à jour d'un véhicule nécessitera la mise à jour des différentes copies éventuelles de celui-ci embarquées dans d'autres objets, comme ici dans une personne. Ceci pourra induire des incohérences temporaires, le temps nécessaire à la répercussion des mises à jour, ce qu'ici, par hypothèse, nous pourrons admettre. Nous privilégions bien ici les temps d'accès aux données en admettant des défauts temporaires.

On peut également suivre une approche de modélisation plus classique en faisant figurer dans un objet *Personne*, non la donnée utile elle-même, mais simplement son *identifiant*, équivalent d'une *clé étrangère*. On remarquera que l'on a ici plus de latitude qu'avec le relationnel, puisque le NoSQL supporte des attributs de type *listes de valeurs,* et non plus seulement des valeurs atomiques. Il est donc possible de mettre ici des attributs de lien *dans l'un ou l'autre des deux sens, voire dans les deux* selon ce qui est utile aux accès. On aura une modélisation avec *références embarquées*. A la différence du cas précédent, une telle modélisation nécessitera en général l'exécution de *plusieurs requêtes* lors d'un accès.

La figure ci-après illustre les deux types de modélisation avec *données* et *références embarquées*, dans l'exemple de données exprimées au format JSON. La modélisation relationnelle correspondante figure également, à titre de comparaison. Nous pouvons voir en haut et à gauche la *modélisation avec références embarquées*. Nous avons alors trois objets, une personne ainsi que deux véhicules possédés par cette personne, mais nous constatons que les données de ces deux véhicules sont copiées de manière redondante dans l'objet *Personne*. Dans la modélisation avec *références embarquées*, placée en haut et à droite de la même figure, nous avons toujours les trois mêmes objets, mais nous voyons cette fois que seules les références des deux objets véhicules figurent dans l'objet *Personne*, à travers une *liste de valeurs* affectées à un attribut *Véhicules*. Enfin, nous trouvons en bas de la figure la modélisation relationnelle correspondante, où nous voyons qu'il ne figure cette fois nulle redondance, dans l'optique d'un schéma de données bien normalisé.

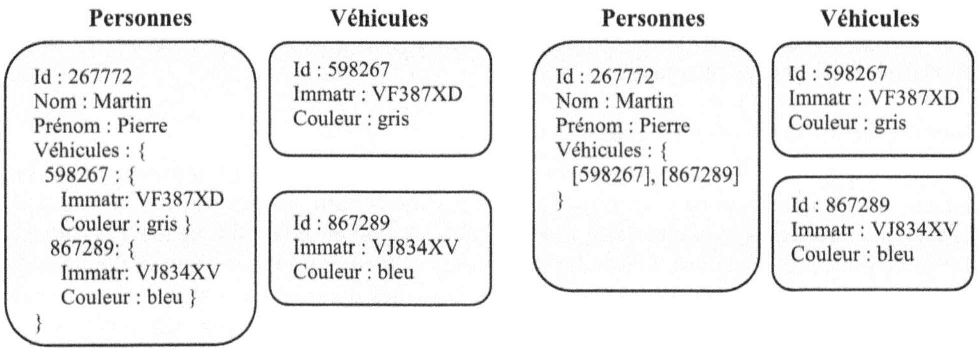

Données embarquées ***Références embarquées***

Personnes

IDP	Nom	Prénom
267772	Martin	Pierre

Véhicules

IDV	Immatr	Couleur	Réf-IdP
598267	VF387XD	gris	267772
867289	VJ834XV	bleu	267772

Modélisation relationnelle

Figure 177. Modélisations avec références embarquées et données embarquées.

8.5. Quelques bases de données NoSQL

Parmi les très nombreuses solutions NoSQL existantes (dépassant la centaine), nous présentons ici quelques produits particulièrement représentatifs et connus, à savoir *CouchDB*, *MongoDB*, et *Cassandra*. Ces produits présentent une très bonne maturité technologique, et sont par ailleurs disponibles en *open source*. Enfin, ils ont déjà été adoptés dans des projets de taille substantielle, hors des environnements pour lesquels ils ont été créés, ce qui est un facteur essentiel dans l'intérêt que l'on peut porter à une solution.

Le choix de présenter ces produits relève nécessairement un caractère plus ou moins arbitraire, et d'autres bases données auraient bien sûr pu figurer également dans cette liste. Il convient de voir ici ces trois produits comme des exemples, destinés à concrétiser les notions NoSQL, et ne reflétant aucune espèce de préférence donnée en termes de couverture fonctionnelle, d'utilité ou encore d'excellence technologique.

Les descriptions qui suivent portent sur les caractéristiques les plus importantes de ces produits. Elles sont basées sur les informations en notre possession au jour d'écriture de ces lignes, étant entendu que beaucoup de solutions NoSQL sont en constante évolution.

Le lecteur pourra se reporter aux sites Web décrivant ces différents produits pour plus de détails et pour accéder à tous les éléments afférant à leur mise en œuvre pratique, une importante documentation technique étant offerte à l'internaute.

8.5.1. CouchDB

CouchDB est un projet de base de données *orientée documents* issu de la fondation Apache. Sa première version, qui date de 2010, a été délivrée après une période de développement d'environ 5ans. On considère *CouchDB* comme le descendant du produit *Lotus Notes* et, de fait, tout un ensemble de concepts de *Lotus Notes*, tels que *documents*, *vues*, *serveurs de réplication,* etc. se retrouvent en effet dans *CouchDB*.

De manière très synthétique, *CouchBD* peut être défini comme une base de données *orientée documents*, accessible via une interface *REST*, gérant des documents *sans schéma de données prédéfinis*, et utilisant *JSON* (*Javascript Object Notation*) comme format d'échange. Le logiciel lui-même est développé en *Erlang*. Le *versionnement* est offert de manière native. Enfin, les requêtes sont basées sur une notion de « *vue* », qui sera exposée plus loin.

Le méta modèle de données

L'élément central proposé par *CouchDB* est le *document*. Un document consiste en une suite de champs se composant d'un nom et d'une valeur. Un nom de champ doit être unique dans le document, et la valeur peut être une *valeur numérique*, une *date*, un *booléen*, une *chaîne de caractères* de longueur quelconque, une *liste*, ou encore un *tableau*. Notons que, s'il n'y a pas de notion de schéma de données venant contraindre les champs présents, *les structures internes des documents sont cependant connues de la base*. Un document ne se réduit donc pas pour le système de gestion à une simple suite d'octets.

Les documents peuvent contenir des *références à d'autres documents*, mais l'intégrité référentielle n'est cependant pas vérifiée par le système. Enfin, un document ne peut pas contenir d'autres documents.

Un exemple de définition d'un document est lui suivant :

"Title": "Specification du systeme ",
"Last editor": "172.5.123.91",
"Last modified": "9/23/2017",
"Categories": ["Projet", "Livrable", "Document MOE"],
"Le present document constitue la specification du systeme ....",
"Reviewed": false

Un *document* tel que défini ci-dessus contient donc à la fois des informations techniques afférant au *document lui-même* et un *contenu*. En plus des données applicatives, *CouchDB* maintient en effet un certain nombre de données additionnelles, telles un *identifiant unique* de document ainsi qu'un *numéro de révision* du document, lui permettant de gérer ses *versions*. Dans un document, outre les champs eux-mêmes, il est aussi possible d'inclure des *attachements*.

Les requêtes et les vues

Dans *CouchDB*, le mécanisme permettant d'effectuer des requêtes sur la base de données est la *vue*. Un usage possible peut être par exemple pour l'utilisateur de séparer par le biais de vues *différents types de documents* (par exemple les spécifications, les documents de conception, les cahiers de tests, etc.) lesquels *ne sont pas distingués* dans le modèle de données, car placés dans *une même collection*.

Plus généralement, une vue permet de définir une *requête*. Une telle requête pourra retourner un *ensemble de documents satisfaisant à des critères spécifiés*, mais aussi, si besoin, *effectuer des calculs* ou encore *mettre en forme une présentation des résultats*. Les vues sont définies par le biais de *fonctions JavaScript*, sachant qu'il existe des *plugins* permettant de développer des vues dans d'autres langages interprétés tels que *PHP*, *Ruby*, ou encore *Python*. Une vue pourra lire les données depuis la base, et les prendre en entrée de traitements, mais elle ne pourra pas les modifier. Les *vues* sont ainsi des *requêtes d'interrogation évaluées à l'instant de demande*.

Dans *CouchDB*, la définition d'une vue est basée sur le paradigme *MapReduce*[1]. Le développeur d'une vue doit donc fournir le code de deux fonctions, *map* et *reduce*. La fonction *map* prendra en entrée un document et pourra par exemple sélectionner le document ou des parties de celui-ci selon un certain critère, en appliquant au besoin certains traitements. La fonction *reduce* permettra ensuite d'opérer diverses agrégations sur la base des sorties du *map* et des *clés* associées à celles-ci. Nous voyons qu'il est ainsi possible d'écrire ainsi l'équivalent de requêtes de sélection de documents selon un certain critère, avec choix et mise en forme des champs à retourner, ou encore avec calculs d'agrégats statistiques. Il s'agit ici d'un mode de construction de requête non plus déclaratif, mais nécessitant *l'écriture de code*.

Les vues peuvent être *prédéfinies* par l'application, et *stockées* dans des documents particuliers appelés *design documents*. Ce sont les équivalents de *requêtes stockées* du monde relationnel. Elles peuvent être également *interprétées à la volée*, les performances étant alors dans ce cas très largement inférieures (ce second mode étant donc plutôt réservé à des phases de mise au point).

Le versionnement des données

Dans *CouchDB*, plusieurs clients peuvent travailler en concurrence sur *différents réplicas d'une même base*. La solution retenue par la solution consiste à mettre à jour les documents selon une *stratégie optimiste*, qui n'implique de fait aucun verrouillage. Une opération de lecture d'une donnée doit donc avoir lieu avant une mise à jour, le *numéro de révision* lu devant alors être *fourni en entrée de l'opération d'écriture*, de sorte à s'assurer de l'absence de conflit (voir la « stratégie optimiste » déjà décrite). Lorsqu'une mise à jour est demandée par une application cliente, le serveur contacté crée une nouvelle révision de ce document. Un historique des révisions les plus récentes est maintenu et conservé jusqu'à une prochaine action de « *compactage* » de la base de données, laquelle sera lancée par l'utilisateur.

CouchBD considère les conflits, non comme une exception, mais plutôt comme un phénomène « normal », lequel est donc pris en compte comme un événement devant se produisant régulièrement. Grâce au mécanisme de comparaison des numéros des versions, le système détecte les conflits de versions au moment d'une opération et le signale au client responsable de la résolution des conflits.

---

[1] *MapReduce* est un modèle de programmation pour la mise en œuvre de calculs distribués sur un grand nombre de machines, permettant de traiter en parallèle des gros volumes de données. Le développeur doit fournir le code de deux fonctions appelées *map* et *reduce*, dont la plateforme prend en charge l'exécution. *Hadoop* est une plateforme d'exécution *libre* et *open source* basée sur ce principe. L'étude de *MapReduce* se situe hors du cadre du présent ouvrage.

Les interfaces d'accès

Les applicatifs accèdent à une base de données via une interface *HTTP REST*, la solution fournissant également des API correspondant à divers langages de programmation. Cette interface repose sur les *opérations de base CRUD*, appliquées aux documents, identifiés par leurs *URL*, sur la base des verbes HTTP (HTTP GET pour lire un document, HTTP PUT pour créer et mettre à jour un document, HTTP DELETE pour le détruire). Cette interface est très simple en termes de fonctionnalités, *une opération de lecture rendant en bloc tout le contenu du document* référencé par l'URL indiquée. Les contenus des documents sont échangés au *format JSON*.

Pour connaître l'URL d'un document, il faut effectuer une requête sur la base, et ceci donc à travers une *vue*. Pour ce faire, les *vues sont invoquées en utilisant l'opération HTTP GET*.

Architecture de la solution

CouchDB permet la mise en œuvre de différents types de *configurations architecturales*. Dans le type le plus simple, la configuration comprend un *serveur unique*. Le moteur de stockage possède son propre serveur HTTP, auquel les applications clientes s'adressent pour effectuer des requêtes. Du point de vue du développeur d'application, on aura bien présence de toutes les fonctionnalités offertes par *CouchBD*, mais il est à noter que l'on ne sera pas du tout ici dans une configuration conforme à la philosophie de l'approche NoSQL.

Une telle configuration architecturale est symbolisée sur la figure ci-dessous :

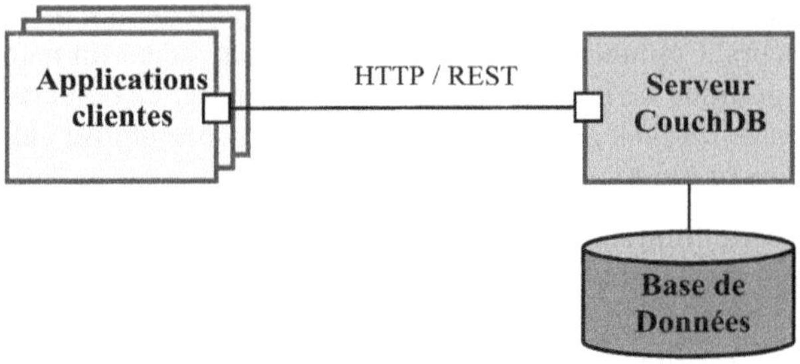

Figure 178. Configuration de CouchDB avec serveur unique.

De sorte à augmenter la disponibilité, il est possible de *déployer plusieurs instances* du moteur de stockage sur *plusieurs serveurs physiques*, eux-mêmes pouvant être placés sur différents *centres de données* (typiquement, on utilise deux *centres de données* géographiquement éloignés). Il sera alors mis en œuvre un mécanisme de *réplication bidirectionnelle*, lequel synchronisera tous les changements des données d'une base vers une autre.

Ce nouveau type de déploiement est symbolisé par la figure ci-après dans le cas de deux serveurs :

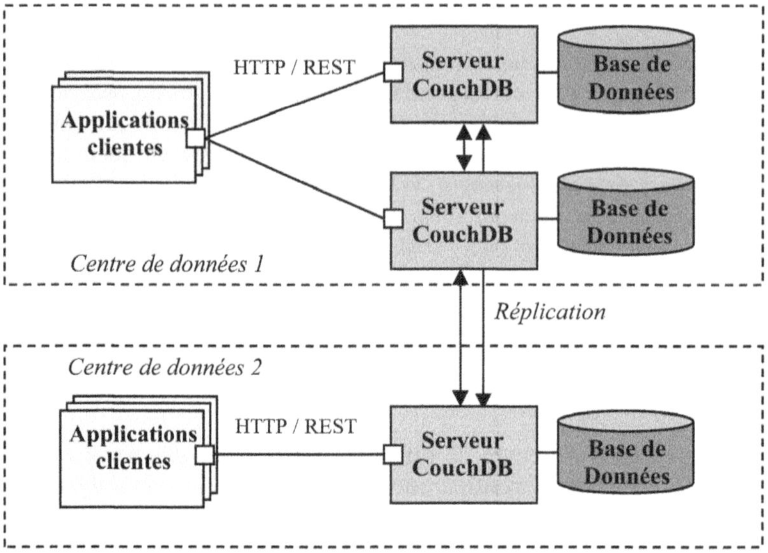

Figure 179. Configuration de CouchDB avec deux serveurs répartis.

Du fait du mécanisme de réplication mis en œuvre, chaque serveur dispose alors en permanence de l'*ensemble des données*, moyennant bien sûr un certain délai de latence. Ceci permet de distribuer les opérations de lecture, mises à jour, ou encore d'invocation de vues sur les plusieurs serveurs. Ce mode de fonctionnement a cependant un inconvénient, lequel a trait à la limitation pratique de la taille de la base de données. Celle-ci est en effet limitée à la capacité de stockage *du plus petit* des serveurs, dans la mesure où chaque serveur doit avoir une copie de *toute la base.*

Pour remédier à une cette limitation, *CouchDB* permet d'introduire un composant complémentaire, appelé *BigCouch*, lequel opère un *partitionnement* des données avec la *répartition* conséquente de celles-ci sur les différents serveurs. *BigCouch* se place alors entre les clients et les serveurs *CouchDB*, *exposant la même interface* que ces derniers. Il se comporte alors comme un *proxy*, en répartissant de manière transparente les requêtes sur différents nœuds *CouchDB* dont il assure la gestion.

La configuration ainsi mise en œuvre est représentée sur la figure ci-dessous :

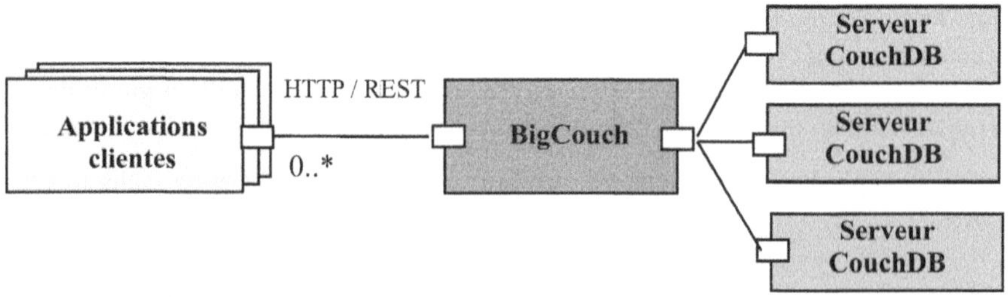

Figure 180. Configuration utilisant BigCouch.

Plus généralement, on peut utiliser non plus un, mais plusieurs instances de *BigCouch*, installées sur différents serveurs physiques, eux-mêmes placés par exemple dans différents centres de données, de sorte à répartir la charge de traitement des requêtes.

Un exemple de configuration ainsi obtenue est représenté sur la figure ci-dessous :

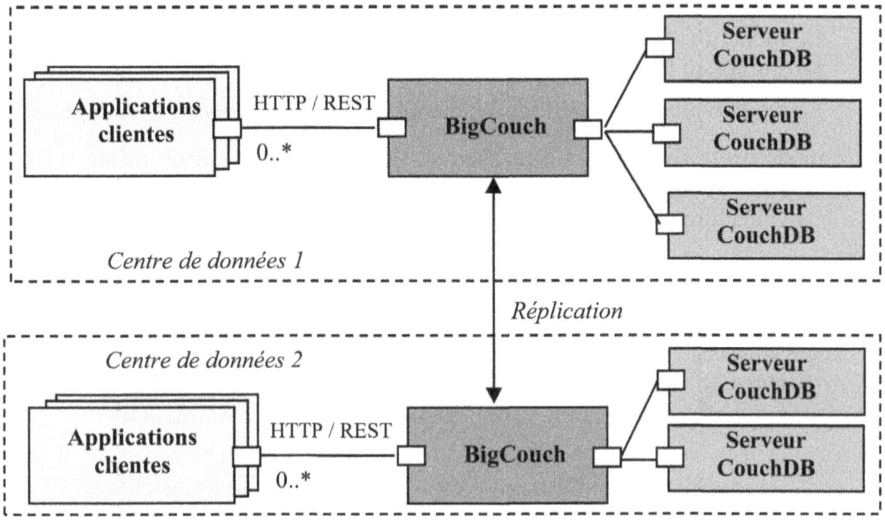

Figure 181. Configurations utilisant BigCouch avec serveurs répartis.

8.5.2. MongoBD

MongoDB est une *base de données orientée documents*, développée en C++ au sein d'un projet *open source* dont l'acteur principal est la société *10gen*. Cette solution possède une forte popularité, et a été adoptée par des utilisateurs de renom tels *MTV*, *Disney*, ou encore *Sourceforge*. Par ailleurs, il est à noter que la société *10gen* assure un support à titre commercial, ainsi que la formation associée au produit, ce qui est un point important à noter.

Le méta modèle de données

L'élément de base stocké dans *MongoDB* est le *document*. Les documents sont regroupés en *collections*, équivalents des tables relationnelles, chaque document disposant d'une clé unique permettant de l'identifier.

Les documents sont définis et échangés au format JSON, sachant que *MongoDB* utilise pour le stockage en interne une variante binaire *JSON*, plus compacte, et appelée *BSON*.

Les interfaces d'accès

Deux moyens sont offerts aux applicatifs pour accéder aux données. Le premier est une *API*, basée sur un pilote spécifique du langage de programmation utilisé, et permettant une communication directe avec leur serveur en BSON. Les langages supportés sont, en particulier, *Java*, *C++*, *C#*, *Python*, *PHP*, *JavaScript*, *Ruby* et *Perl*. La seconde est une *interface REST*, permettant l'adressage de requêtes à un serveur HTTP optionnel, fourni dans l'offre *MongoDB*.

Architecture de la solution

Une base de données *MongoDB* peut fonctionner selon *différents modes* auxquels correspondent différentes *configurations architecturales.* Ces modes sont :

- Le mode *centralisé*, avec *serveur unique*.
- Le mode avec *réplication maître esclave*.
- Le mode dit *Replica Set*, où la *réplication* mise en œuvre utilise un ensemble de nœuds gérant les mêmes données.
- Le mode *répartition* des données, basée sur un *partitionnement* de type *sharding*.

Dans le mode *centralisé*, c'est-à-dire avec *serveur unique*, une seule instance du moteur, appelé *Mongod*, est utilisée. Cette dernière traite directement toutes les requêtes issues des clients. L'architecture du système est alors très simple, comme représenté sur la figure ci-dessous :

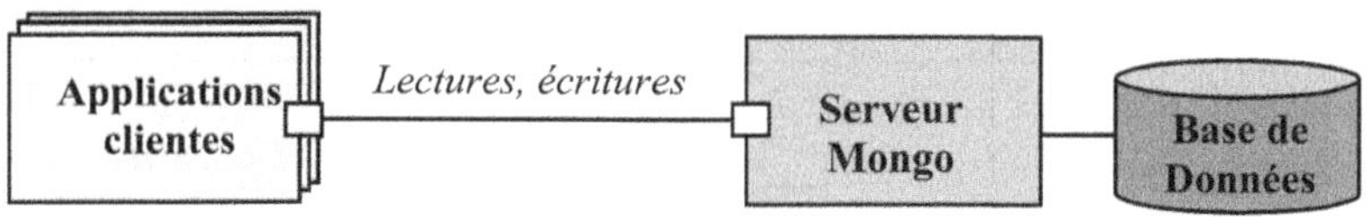

Figure 182. Configuration de MongoDB en mode centralisé.

Dans le *mode maître esclave*, deux instances du serveur *Mongod* sont exécutées sur deux nœuds distants, et fonctionnent sur la base d'une *réplication asynchrone maître esclave*. Classiquement, le serveur maître peut servir à tout instant des opérations de lecture et d'écriture, alors que le serveur esclave ne peut assurer que des lectures. En cas de panne du serveur maître, une application ne peut plus écrire dans la base, et la reprise nécessite alors un redémarrage manuel du serveur esclave avec le rôle de maître. Il y a donc, dans ce mode de fonctionnement, présence d'un *point de défaillance unique*, à savoir le serveur maître. La solution n'assure donc qu'une tolérance réduite aux pannes.

Une telle configuration est illustrée sur la figure ci-dessous :

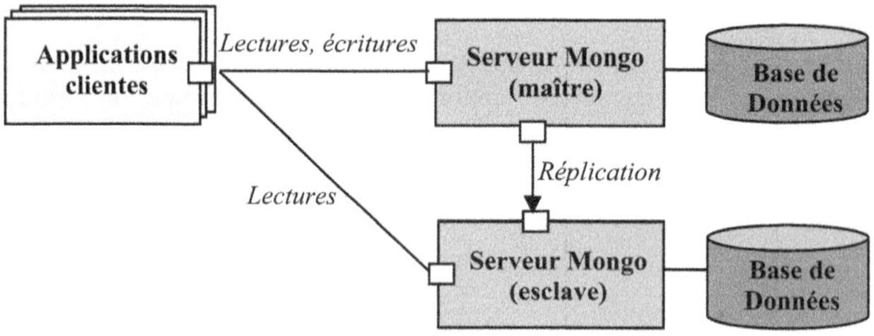

Figure 183. Configuration de MongoDB avec réplication maître-esclave.

Le mode *Replica Set* est un mode plus avancé permettant d'éviter la présence de ce point de défaillance unique. Ce mode nécessite la présence d'*au moins trois machines physiques* serveur. Le mécanisme mis en œuvre fonctionne alors de la manière suivante :

- Un *Replica Set* est constitué de N instances *Mongod* tournant sur N serveurs physiques. Chaque serveur dispose d'une certaine priorité.
- L'un de ces serveurs, appelé *nœud primaire*, joue le rôle de nœud maître. C'est le seul nœud supportant les opérations d'écriture dans la base. Il *réplique les mises à jour* de manière *asynchrone* sur les autres serveurs, ces derniers n'acceptant que les ordres de lecture.
- En cas de défaillance de ce nœud primaire, un processus est mis en œuvre sur les autres nœuds aux fins d'*élire un nouveau nœud* comme nœud primaire. Cette élection est basée sur une *priorité*. Cette notion de priorité permet, par exemple, de tenir compte des puissances respectives des serveurs physiques.

La configuration mise en place dans ce mode de fonctionnement est symbolisée sur la figure ci-dessous :

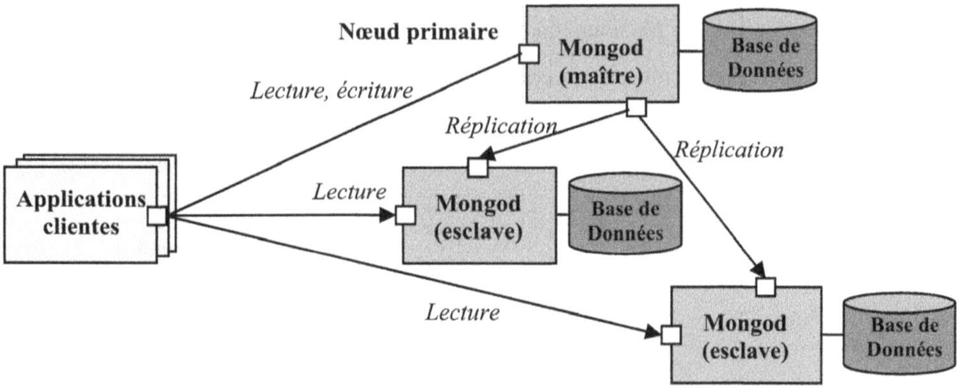

Figure 184. Configuration de MongoDB avec Replica Set.

Nous savons qu'un tel mécanisme de réplications favorise la performance en lecture dans le contexte de clients répartis, mais pas la performance en écriture, le nœud primaire restant en effet le point de passage obligé de toute requête d'écriture. C'est pourquoi il peut être utile de *répartir les données sur plusieurs nœuds physiques* de manière à *accroître la performance en écriture*. Par ailleurs, la répartition physique des données apportera également une *extensibilité* de la solution, c'est-à-dire la possibilité d'un passage aisé à de plus grandes capacités de stockage, par simple ajout de serveurs.

La solution de répartition alors proposée par *MongoDB* est basée sur la notion, déjà vue, de *sharding*. C'est le quatrième mode de fonctionnement possible. Le principe en est le suivant :

- Une *partition* regroupe un ou plusieurs serveurs, avec la possibilité d'un serveur seul, d'un couple maître esclave ou encore d'un *Replica Set*, ce dernier choix étant conseillé pour une meilleure fiabilité.

- De manière à partitionner une collection et la répartir sur plusieurs *partitions*, on définit une *clé de hachage*. Une telle clé est basée sur un sous-ensemble de champs, sur lequel le système s'appuie comme entrée pour calculer sa clé.
- Les données sont alors *réparties automatiquement* sur les différentes *partitions*, l'usage de la clé de hachage assurant une répartition globalement équilibrée.

Deux composants sont ici ajoutés dans la configuration, à savoir les *serveurs Mongos*, ou *Mongo Shards* d'une part, et les *serveurs de configuration,* appelés *configurations Mongod* d'autre part.

Un *serveur Mongos* est un serveur placé en frontal du système, dont le rôle est de router les requêtes vers la *partition* appropriée. Il a par ailleurs la charge d'agréger les résultats lors de requêtes faisant intervenir plusieurs *partitions*. Un seul serveur *Mongos* est fonctionnellement suffisant, mais il est en général intéressant d'en placer plusieurs, de sorte à mieux absorber la charge, et éviter la présence d'un point de défaillance unique.

Les *serveurs de configuration,* sont des serveurs qui ont la charge de mémoriser la configuration de *partitionnement* via l'usage de *metadonnées*. Ils sont utilisés par les autres serveurs afin de déterminer sur quelle *partition* une opération doit être effectuée. Il peut être utile, de même, d'en placer plusieurs en redondance dans la configuration.

Un exemple de configuration architecturale ainsi obtenue est représenté sur la figure ci-dessous :

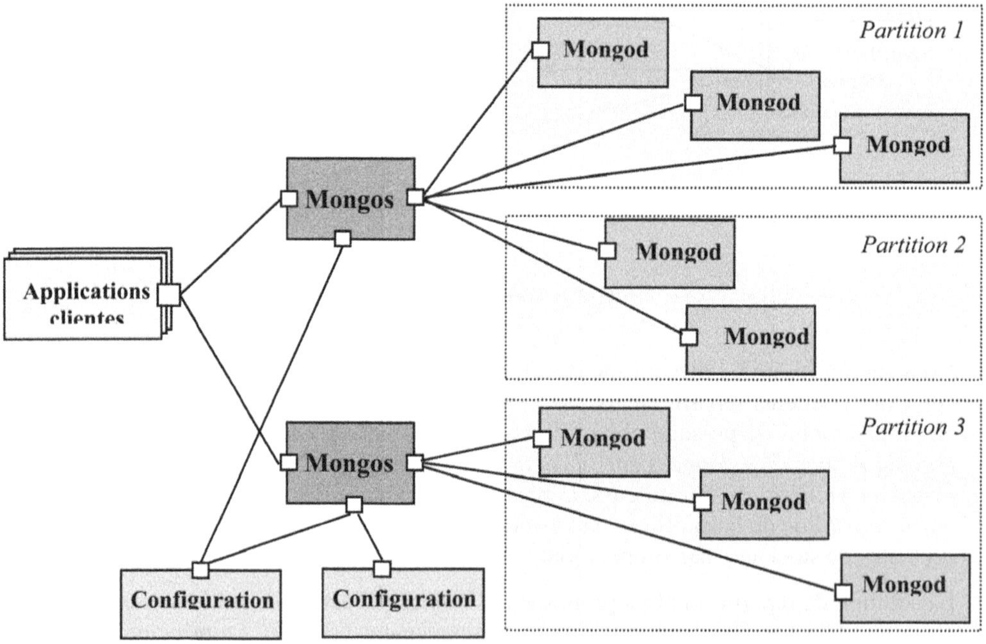

Figure 185. Configuration de MongoDB avec partitionnement.

8.5.3. Cassandra

Cassandra est une base de données *orientée colonnes*, initialement développée chez *Facebook* pour prendre en charge les très gros volumes de données générés par la boite de réception du réseau social de même nom. Le projet a été placé en 2008 sous l'égide de la fondation *Apache*, laquelle a alors assuré la conduite des développements. C'est à ce jour un logiciel *open source*.

Cassandra reprend les concepts principaux de la base de données *Dynamo* d'*Amazon* d'une part (avec la *réplication* et la gestion de *cluster*) et de *Bigtable* de *Google* d'autre part (avec la *gestion des colonnes*). Du projet initial d'une *base de données purement orientée colonnes*, la solution a progressivement évolué en termes de modèle de données vers un *système de gestion de bases de données relationnelle étendu*.

Le besoin ayant guidé au départ du projet les principaux choix technologiques était ici essentiellement le support à de *très gros volumes de données*, avec des *taux de croissance* eux-mêmes très importants, tant en termes de termes de volume que de nombre d'utilisateurs.

D'autres besoins pris en compte étaient par ailleurs la *déployabilité* possible sur une *infrastructure de centaines de nœuds*, possiblement répartis sur plusieurs *centres de données*, l'*extensibilité*, la prise en compte d'un taux élevé d'*écritures* par rapport aux lectures, l'*exécution sur du matériel de coût peu élevé*, et enfin une *résistance aux défaillances matérielles*.

Le méta modèle de données

Le méta modèle de données offert par *Cassandra* s'inscrit dans le type *orienté colonnes*. Il présente en outre, comme déjà indiqué, des extensions ultérieurement ajoutées le rendant proche d'un système de gestion relationnel étendu. Il propose ainsi les notions de *tables*, *lignes*, *colonnes*, *super colonnes* et *familles de colonnes*. Nous ne détaillerons pas ici la modélisation de données avec Cassandra.

Les interfaces d'accès

L'API exposée aux applications clientes consiste essentiellement en trois opérations :

- **Get (table, key, ColumnName);**
- **Insert (table, key, rowMutation);**
- **Delete (table, key, columnName);**

L'argument *key* identifie une ligne. L'argument *columnName* présent dans les opérations *get* et *delete* identifie soit une *colonne*, soit une *super colonne* à l'intérieur d'une *famille de colonnes*. Enfin le paramètre *rowmutation* est utilisé pour indiquer, si besoin, que les écritures sont plus fréquentes que les lectures, et sont donc à privilégier.

Outre ces opérations de base, un nouveau mode d'accès de type requête a été ajouté à Cassandra de manière à adresser des requêtes à la base de données avec une *syntaxe proche de celle de SQL*. L'utilisateur dispose ainsi d'un langage d'interrogation appelé CQL.

Les langages supportés comprennent en particulier *Java*, *C++*, *C#*, *Javascript*, *PHP* et *Python*.

Architecture de la solution

L'architecture de Cassandra a été conçue de sorte à être complètement *distribuée*, tout en ne présentant *aucun point de défaillance unique*. Pour cela, tous les *nœuds* d'un système de stockage sont *équivalents* avec une organisation de ceux-ci sous la forme d'un *anneau*. Chaque nœud connait donc deux nœuds voisins.

Dans une telle topologie, l'ajout d'un nouveau nœud est simple. On choisit pour cela à l'avance un nœud, voire plusieurs, supposés stables, appelé *graines*. Le nouveau nœud est alors intercalé juste après l'une des graines, le nœud qui suivait immédiatement la graine dans l'anneau substituant alors un lien vers nouveau nœud au lien antérieur vers la graine, comme illustré sur la figure ci-dessous.

En cas de défaillance d'un nœud, celle-ci est détectée par absence de réponse de ce nœud, et ce dernier est alors retiré automatiquement de l'anneau par réaffectation des liens.

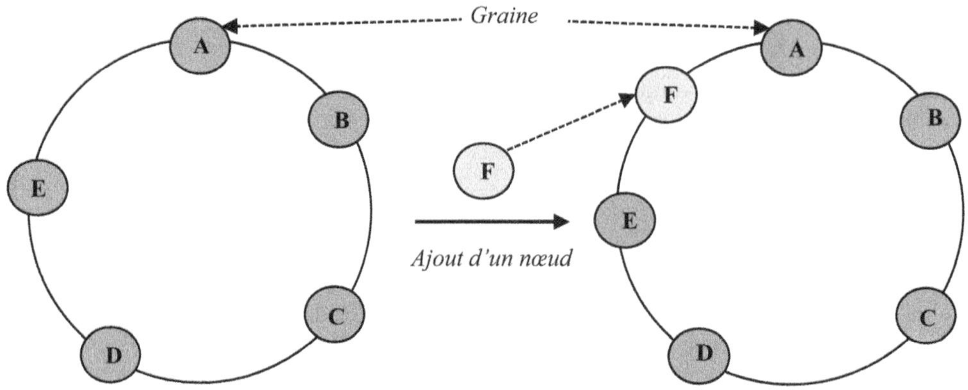

Figure 186. Ajout d'un nœud à un anneau de serveurs.

Les données sont partitionnées et répliquées sur différents nœuds du système de stockage. En particulier, chaque famille de colonnes est partitionnée sur un ensemble de nœuds par le biais d'une *table de hachage*. La stratégie de partitionnement peut être configurée par le concepteur, de manière indépendante pour chaque famille de colonnes.

Afin de faciliter l'exploitation avec plusieurs *centres de données* distants, Cassandra introduit le concept de *rack*. Un *rack* est un *groupe de serveurs* liés entre eux, *contenant globalement et de manière autonome l'intégralité des données*. On peut alors placer deux *racks* dans le même *centre de données*, les données étant automatiquement répliquées entre ces deux *racks*. A chaque *rack*, on pourra associer de plus un *rack correspondant*, situé dans un *autre centre de données*, et destiné à assurer la réplication des données *sur un site géographiquement distant*, ceci aux fins d'une plus grande sécurité du stockage. La mise en place d'une telle topologie repose sur la définition de *fichiers de configuration*, lesquels doivent être distribués sur l'ensemble des nœuds.

Une telle organisation est symbolisée sur la figure ci-après.

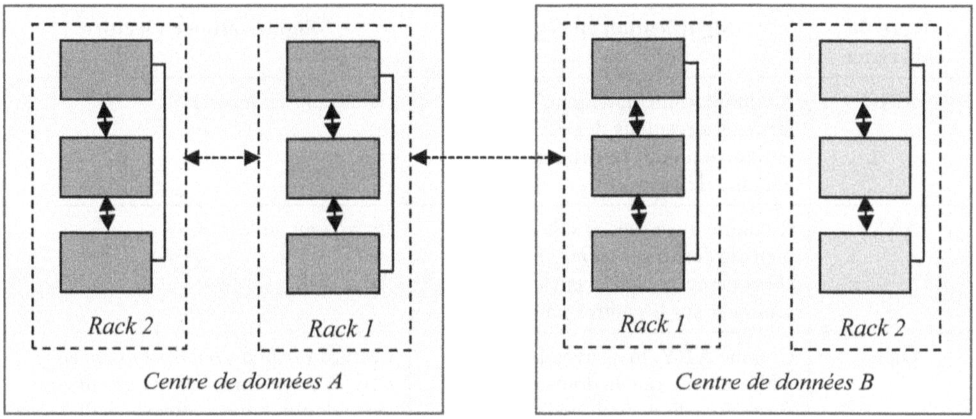

Figure 187. Organisation des serveurs en racks et en centres de données.

Dans cet exemple, le *rack 1* du *centre de données A* contient l'intégralité des données de la base, partitionnées sur les différents serveurs qui l composent. Ces mêmes données sont répliquées sur le *rack 2* du même centre de données, mais aussi sur le *rack 1* du *centre de données B*. Nous avons donc ici un facteur de réplication de 3.

Toutes les requêtes émanant des applications clients sont adressées à un serveur qui *détermine les réplicas pouvant servir la donnée* demandée, correspondant à la clé donnée en entrée. Pour les opérations d'écriture de type *insert* et *update*, l'appelant doit attendre qu'un certain *quorum de nœuds* valide l'écriture pour que l'opération se termine. Le développeur peut ici spécifier quel degré de cohérence en écriture il souhaite, et doit passer pour cela un paramètre à l'invocation de l'opération d'écriture. Ce paramètre, qui prend une valeur parmi un certain nombre de valeurs possibles, spécifie le degré souhaité (en l'absence de valeur spécifiée, le système applique un degré par défaut). L'exigence de cohérence minimale est celle d'une écriture sur un seul nœud, qui *retourne immédiatement sans attendre les résultats des réplications sur les autres nœuds*. Elle est donc sans garantie de succès. L'exigence de cohérence maximale est celle d'une écriture réussie *sur tous les nœuds* pour que l'opération puisse retourner avec succès.

Pour les opérations de lecture, le client doit de même spécifier quel *degré* garanti de *cohérence* il désire. En fonction de ce degré, soit c'est le nœud le plus proche du client sert la donnée, soit on attend un *quorum* de réponses de différents nœuds avant que l'opération de lecture ne retourne. L'exigence minimale afférant à la lecture correspond à un retour de l'opération *dès qu'un nœud a répondu*. L'exigence maximale correspond pour sa part à une réponse *de tous les nœuds* pour que l'opération de lecture puisse répondre.

Les principaux degrés de cohérence disponibles en écriture et en lecture, précisés en paramètre par l'appelant, figurent sur le tableau ci-après. Nous avons fait ici figurer les degrés appelés, dans la solution Cassandra, *ZERO*, *ANY*, *ONE*, *QUORUM* et *ALL*. Le tableau indique alors le sens donné à ces différents degrés dans une opération d'écriture d'une part et une opération de lecture d'autre part.

On notera que, par souci de simplification, nous n'a pas fait figurer ici tous les degrés proposés. Ces degrés sont indiqués par degré d'exigence croissante. Il est à noter que plus le degré de cohérence demandé est élevé, plus la requête sera longue à exécuter.

Degré de cohérence	**Signification en écriture**	**Signification en lecture**
ZERO	Retourne immédiatement, *sans attendre* les résultats des écritures sur les autres nœuds (n'offre aucune garantie de succès)	*(inexistant en lecture)*
ANY	Retourne avec succès si la donnée a bien été écrite sur *au moins un* nœud (le système se charge ensuite de la répliquer sur les autres nœuds)	*(inexistant en lecture)*
ONE	Comme ANY, mais avec la garantie additionnelle que la donnée a bien été écrite dans le *commitlog* (*mode d'écriture par défaut*)	Lecture *sur le premier nœud qui répond.* Le système s'assure ensuite en tâche de fond que la donnée était à jour afin de répondre correctement à la prochaine requête (le système est dit *ReadRepair*) (*mode de lecture par défaut*)
QUORUM	Retourne avec succès une fois que la donnée a été écrite sur la *majorité* des nœuds (r/2+1) sur lesquels elle doit être répliquée	Interroge l'ensemble de nœuds utilisés en réplication et retourne la dernière valeur lorsque la *majorité* des nœuds a répondu. Les autres nœuds sont ensuite contrôlés en tâche de fond selon le principe de *ReadRepair*
ALL	Retourne avec succès une fois que la donnée a été écrite sur *tous les nœuds* sur lesquels elle doit être répliquée	Interroge l'ensemble de nœuds utilisés en réplication, et retourne la dernière valeur lorsque tous les nœuds ont répondu

Tableau 11. Degrés de cohérence en lecture et en écriture.

8.6. Conclusion

Nous avons décrit ici l'ensemble des principes à la base des systèmes de gestion de données regroupés sous le terme de *NoSQL*, ainsi que quelques-uns des produits phares de cette mouvance.

Nous avons pu voir que ces principes de base étaient adoptés et combinés de diverses manières dans chaque produit, essentiellement du fait des besoins particuliers ayant présidé à la création de chaque solution. Il résulte de ceci également une *grande diversité de fonctionnalités* selon les produits. Par ailleurs, il n'existe ni méta modèle, ni langage de requête standard comparable à SQL. Si des réflexions ont eu cours dans le passé sur des langages de requêtes[1], il semble difficile de voir émerger à court terme un langage commun vraiment convainquant à partir de fonctionnalités somme toute très différentes d'un système à l'autre.

Ceci étant, on peut constater que plusieurs produits NoSQL ont atteint une grande maturité technologique, avec, de ce fait, une réelle utilisabilité dans des applications opérationnelles. Ces produits sont donc susceptibles de constituer, dans certains contextes, une alternative

[1] Citons à ce propos le langage *UnQL* proposé à cette fin.

sérieuse à la technologie relationnelle. De fait, issus de très grands acteurs, et conçus le plus souvent pour des besoins extrêmes en termes de volumes, de flux de données ou de répartition, ces produits ont largement fait leur preuve dans les contextes où ils ont été conçus et mise en œuvre.

Mais NoSQL ne se présente pas comme la future technologie destinée au remplacement du relationnel. Les fonctionnalités transactionnelles des SGBD relationnels restent irremplaçables dans une très grande majorité de cas. Il faut à ce titre bien considérer les solutions NoSQL comme une *offre alternative* ou *complémentaire* à la technologie relationnelle, susceptible d'être valorisée dans certains segments applicatifs particuliers, où se fait jour le besoin de supporter des flux très importants et/ou celui de déploiement à grande échelle. Le domaine des *données massives* en est un exemple. Le terme NoSQL doit donc bien être interprété comme « *Not Only SQL* », la cohabitation des différentes technologies de gestion ayant tout son sens dans l'avenir.

Toutefois, il faut noter que l'adoption des technologies NoSQL dans des projets, hors du champ applicatif initial de chaque produit, n'en est encore finalement qu'à ces débuts et reste assez marginale dans le champ des applications classiques. Cette adoption n'est pas sans risque, comme en témoigne différentes expériences très mitigées. Il est clair que nous avons toujours à ce jour un manque de recul pour porter un jugement global sur le réel domaine d'applicabilité de ces technologies, du moins dans les applications classiques d'entreprise.

On constate parfois une confiance excessive dans ces nouveaux produits, largement due à un effet de mode, et conduisant parfois à affirmer que le NoSQL serait le bon choix dès qu'il y a beaucoup de données à gérer. Ceci n'est pas exact, le relationnel sachant très bien gérer de grands volumes, au prix, certes, d'une certaine complexité. Mais le volume des données n'est de toute façon pas l'unique facteur à considérer dans une décision d'adoption d'une technologie NoSQL.

A l'opposé, certains auteurs sont relativement critiques, voire très critiques à l'égard de ces nouvelles offres, arguant que, outre le fait que le NoSQL n'est pas vraiment nouveau (reprise de concepts anciens, déjà largement connus), tous les besoins invoqués peuvent par ailleurs être satisfaits avec les SGBDR, ce qui nous semble un jugement trop brutal. Un scepticisme certain existe par ailleurs au niveau des métiers sur l'opportunité d'adopter la technologie NoSQL, et la prudence doit être de mise pour le décideur dans des projets dont l'enjeu métier est considérable, et le coût à payer en cas d'erreur de choix très important.

Malgré sa maturité technologique, l'offre NoSQL est finalement assez jeune. Les produits sont amenés à évoluer, certain vont constituer une offre pérenne avec un support associé, et d'autres non. Un réel standard de langage de requête, qui serait adopté par quelques produits phares pourrait probablement être un facteur décisif.

A ce jour, il ne faut donc pas du tout voir le NoSQL comme la technologie de base pour les applications généralistes, celle-ci restant celle des SGBD relationnels, avec le langage SQL, la modélisation des données à travers un schéma, l'utilisation d'un langage de requête standard, la gestion de l'intégrité et le respect des propriétés ACID. Encore une fois, il faut voir la technologie NoSQL, ou plutôt *les* technologies NoSQL, pour ce qu'elles sont, à savoir des choix alternatifs dans le cadre de certains besoins, notamment dans les applications déployées à grande échelle et travaillant sur de très gros volumes de données.

CHAPITRE 9. Le cloud computing

Objectifs de ce chapitre

Ce chapitre présente la notion de *cloud computing*, approche qui repose sur la virtualisation d'un très grand ensemble de ressources informatiques aux fins de les mettre à disposition d'usagers distants, à la demande et sous forme de services.

Le but est ici de délivrer une vision de synthèse ce qu'est le *cloud computing* aujourd'hui, des différents types de solutions, des difficultés liées à leur mise en œuvre, et, plus généralement, de tous les éléments utiles à l'évaluation et à la comparaison des solutions.

Nous présenterons tout d'abord le *cloud computing* sur le plan de ses principes et de sa raison d'être. Nous présenterons ensuite les différentes déclinaisons de ce concept avec les modèles de service usuellement considérés, ainsi que le positionnement des offres par rapport à ceux-ci, pour enfin aborder de manière synthétique les facteurs permettant d'évaluer de manière générale une offre.

Afin d'illustrer ces notions, nous présenterons le modèle de ressources à la base de l'offre *AWS* d'*Amazon*, comme un exemple d'*infrastructure en tant que service.*

Nous conclurons enfin sur cette approche en donnant en particulier quelques indications sur les obstacles restant encore à surmonter pour une adoption à plus grande échelle du *cloud* dans les organisations.

9.1. Qu'est-ce que le cloud computing ?

9.1.1. Introduction

Définition, motivations

Le mouvement actuel appelé « *cloud computing* », est une approche consistant à déporter sur une infrastructure distante centralisée des traitements et des ressources informatiques traditionnellement localisés sur les plateformes matérielles de l'organisation utilisatrice.

Plus précisément, selon la définition du *NIST*[1], le *cloud computing* est l'*accès via un réseau, à la demande et en libre-service à des ressources informatiques virtualisées et mutualisées.* On définit aussi, et de manière plus générale[2], le *cloud computing* comme étant l'*ensemble des disciplines, technologies et modèles commerciaux utilisés pour délivrer des capacités informatiques comme un service à la demande.*

Cette approche vise donc à décharger une organisation utilisatrice des problèmes liés à l'acquisition de machines serveurs, à leur administration, mais aussi et surtout aux problèmes liés à la gestion du parc informatique nécessitée par l'évolution des besoins et des technologies. L'entreprise voit alors des *ressources virtualisées*, *extensibles* pratiquement à l'infini *sur simple demande*, et ne paie que pour ce qu'elle utilise. Cette dernière se concentre alors sur son métier propre, en se déchargeant des aspects techniques sans rapport direct avec ce métier. A la limite, l'informatique de l'entreprise peut se réduire à de simples

---

[1] *National Institute of Standards and Technology.*

[2] Selon le *CLUSIF, Club de la Sécurité de l'Information Français.*

postes clients, toutes les applications et données étant déportées sur une infrastructure matérielle répartie distante, de grande puissance, et partagée entre de nombreux utilisateurs.

La figure ci-après illustre la configuration mise en œuvre dans une approche de *cloud computing*. Nous y voyons le *fournisseur de cloud* (*cloud provider*), détenteur et opérateur de nombreuses machines serveurs, souvent organisées en *centres de données* géographiquement répartis. Nous y voyons également différentes organisations utilisatrices, dont les ordinateurs et les dispositifs mobiles accèdent aux ressources virtualisées ainsi mises à disposition à travers Internet.

On notera qu'Internet fait ici office de réseau de communication entre le client et les machines serveurs du fournisseur, mais aussi, si nécessaire, entre des serveurs du fournisseur déployés sur différents sites géographiques.

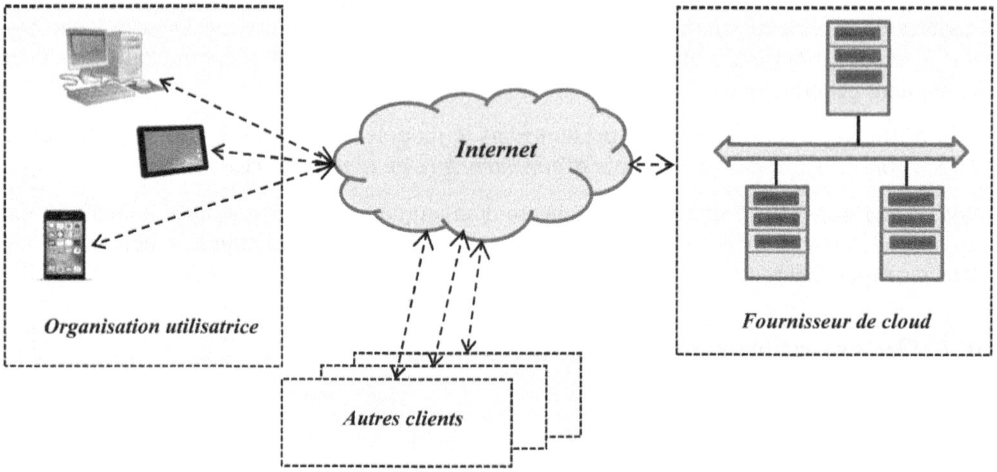

Figure 188. Le principe du *cloud computing*.

Ce modèle, très général, est susceptible d'être mis en œuvre dans différents contextes. Ainsi, le plus souvent, le *fournisseur de cloud* ici représenté est une société prestataire spécialisée. Le service apporté sera alors une offre à caractère commercial, ouverte à toute organisation cliente. Mais le fournisseur pourra être aussi la société utilisatrice elle-même, opérant ainsi au bénéfice de ses usagers internes. D'autres schémas sont également possibles, comme nous allons le voir. Un tel contexte de mise en œuvre du concept de *cloud* est parfois appelé *modèle de déploiement*.

9.1.2. Les modèles de déploiement

Nous avons vu qu'une solution de *cloud*[1] pouvait reposer sur les services d'un fournisseur dédié, avec une offre s'adressant potentiellement à tout client, personne physique ou morale : c'est le *cloud public*[2]. Mais nous avons vu qu'il pouvait être envisageable également,

[1] Dans la suite, dans le but de simplifier l'expression et en accord avec un usage fréquent, nous emploieront simplement et de manière abusive le mot *cloud* pour désigner la mise en œuvre d'une solution de *cloud computing*.

[2] Le terme « public » ne fait bien sûr ici référence qu'au caractère d'*ouverture* de l'offre. De telle offres n'ont ici rien de public dans le sens où elles sont mises en œuvre et proposées par des prestataires du monde privé.

si le contexte le justifiait, de monter pour son propre besoin sa solution particulière de *cloud*, appelée alors *cloud privé*.

Plus généralement, le *NIST*, organisme déjà cité, distingue *quatre situations de déploiement*, nommées respectivement *cloud public*, *cloud privé*, *cloud communautaire*, et *cloud hybride*. Ces quatre modèles déclinent le principe de *cloud computing* évoqué ci-dessus selon quatre modalités différentes.

Le *cloud public* est un cloud extérieur à l'entreprise, accessible aux acteurs de toute nature, personne physique ou organisation, à travers une offre commerciale[1]. Un cloud public permet donc à différents clients de partager des ressources du même parc de serveurs, propriété du prestataire, et géré par ce dernier. Un *cloud public* repose sur un très grand réseau de machines, le nombre de serveurs ainsi mis à disposition pouvant être de l'ordre du millier, voire de la centaine de milliers dans le cas des grands acteurs de monde Internet. Ce parc de machines peut être réparti à l'échelle mondiale dans différents *centres de données*, composés chacun d'un grand nombre de *racks*, regroupant eux-mêmes plusieurs serveurs. Les communications entre clients utilisateurs et ressources d'exécution et de stockage mises à disposition s'effectuent *à travers Internet*, sous la forme d'*invocations de services*. Une entreprise qui fait appel à un fournisseur de *cloud* public est alors dans une logique d'externalisation. Le *cloud public* est le cas le plus fréquemment considéré lorsque l'on évoque le *cloud*.

Le *cloud privé* est un *cloud* utilisé de manière exclusive par une entreprise, qui choisit d'exploiter des ressources matérielles de manière virtualisée, et selon le modèle d'une mutualisation automatisée, aux fins d'une meilleure utilisation de celles-ci. Les ressources sont alors dédiées à cette seule entreprise. Entrent dans ce cas la situation d'une infrastructure interne à l'entreprise, mais aussi celle d'une infrastructure accueillie et gérée par un prestataire extérieur. On parle aussi dans ce dernier cas de *cloud hébergé*. Les membres de l'organisation en sont toujours les uniques utilisateurs. Une situation quelque peu similaire, mais différente toutefois, est celle d'un *cloud privé virtuel*, proposé par certains fournisseurs de *cloud* public, qui met en œuvre des mécanismes particuliers tels que les sous-réseaux IP, afin d'assurer à un client l'usage exclusif, en isolation, de certaines ressources.

Le *cloud communautaire* correspond au cas d'un *cloud* dont, plus généralement, l'infrastructure est partagée entre plusieurs organisations, ou encore entre les membres d'une communauté de professionnels ayant un besoin commun. Il pourra être géré par une entité émanant de ce groupe ou par un prestataire. On parle aussi de *cloud mutualisé*.

Enfin, le *cloud hybride* est une forme de *cloud* mixte, où une partie des ressources est constituée de matériels propres à l'entreprise, l'autre partie étant fournie par un, voire plusieurs *clouds publics*. C'est donc l'association d'un *cloud privé* et d'un ou plusieurs *clouds publics*. Nous voyons ici que ces différents *clouds* devront nécessairement respecter un certain nombre de caractéristiques communes en ce qui concerne leur pilotage et leur utilisation, une application pouvant en effet être amenée à fonctionner, selon l'instant, sur des ressources informatiques issues de sources différentes. Il s'agit ici très probablement d'un type de configuration aujourd'hui parfois complexe à gérer, mais qui devrait être amené à se développer dans l'avenir, vu les facilités d'optimisation dynamique qu'elle procure.

---

[1] Nous employons ici le terme d'*offre commerciale* dans un sens général, dans la mesure où elle ne sous-entend pas nécessairement une rémunération. Une offre pour comporter en particulier un volet de gratuité, pour un service de base, et/ou pour certaines catégories d'usagers.

Le degré de contrôle d'une l'entreprise utilisant le *cloud public* est minime. L'entreprise a par contre une maîtrise maximale avec l'utilisation un *cloud privé*. En ce qui concerne le *cloud communautaire* et le *cloud hybride*, le degré de contrôle est alors variable selon la situation considérée.

Quel que soit le modèle de déploiement, l'idée portée par le *cloud computing* est de considérer à terme la ressource informatique comme une simple « commodité », au même titre que, par exemple, l'énergie électrique ou l'eau courante, d'où le terme d'« *utility computing* » pour désigner une telle vision. La puissance de calcul et le volume de stockage sont alors proposés à la consommation par des entreprises spécialisées, et facturés à partir de leur utilisation effective, sans que le « consommateur » n'ait à se soucier de savoir comment ceux-ci sont matérialisés. Dans cette optique, et, à l'extrême, les entreprises n'auraient donc plus besoin de ressources propres en matière de serveurs informatiques, confiant le soin de les apporter, sous la forme de *service*, à une entreprise spécialisée, laquelle garantit une offre taillée « à la demande ». Il s'agit bien sûr d'une *situation idéale* visée par l'approche *cloud computing* et vers laquelle cette dernière permet de tendre. Nous verrons dans la suite l'intérêt, mais aussi les difficultés et les limites actuelles d'une telle vision.

Lorsque la mise en œuvre du *cloud computing* provient de l'offre d'un prestataire extérieur, dans le cas d'un *cloud public*, nous savons que ce fournisseur *mutualisera* les besoins d'un ensemble de clients sur le même parc de machines, de très grande taille, bénéficiant d'une administration automatisée. De ce fait, le nombre de machines, très élevé, permettra des *économies d'échelle* au niveau des coûts de fonctionnement, justifiant une telle approche sur le plan économique. Nous reviendrons sur ce point.

9.1.3. Les différentes dimensions du cloud

En synthèse, on peut donc dire que le *cloud computing* est en même temps :

1) Un *ensemble de technologies*, mises en œuvre chez un fournisseur, voire au niveau de l'entreprise elle-même.
2) Une nouvelle *approche de déploiement* des logiciels, associée *à nouvelle orientation architecturale*.
3) Un nouveau *modèle économique*.

Ce triple aspect est important afin bien cerner la nature du *cloud computing*, qui n'est pas, ou, en tout cas, pas seulement, une offre technologique.

Faisons à ce stade quelques remarques. Tout d'abord, nous pouvons noter que le concept de *cloud computing* n'est *pas totalement nouveau* dans son principe, comme nous aurons l'occasion de l'illustrer dans la suite. Par ailleurs, les technologies ne sont pas non plus vraiment nouvelles. C'est donc plutôt la conjonction d'un certain nombre de *facteurs liés aux usages* d'une part et de *l'association de technologies* d'autre part qui ont suscité l'émergence de l'offre *cloud* et son utilisation.

Enfin, il convient de noter dès à présent que beaucoup d'offres de *cloud public* ont atteint à ce jour un niveau de maturité tout à fait suffisant pour qu'il soit maintenant envisageable, pour une entreprise, de déporter tout ou partie de son système d'information chez un fournisseur. Il en est de même des plateformes logicielles permettant de mettre en œuvre sa propre solution de *cloud privé*.

Si la diffusion de l'approche *cloud computing* reste encore finalement relativement limitée, on peut penser que le recours au *cloud* par les entreprises, grands groupes comme petites entreprises, devrait monter en puissance dans l'avenir, dans la mesure où il y a un réel intérêt sur le plan économique. Toutefois, de nombreux facteurs, associés, entre autres, aux risques encourus par le client existent. Ce sont autant de freins à l'adoption du modèle *cloud*.

9.1.4. Les origines du *cloud computing*

Le concept de *cloud computing* tel que nous le connaissons aujourd'hui a été mis en œuvre initialement par l'entreprise bien connue de vente en ligne, *Amazon*. Cette société avait en effet constitué pour ses besoins propres, liés à son offre, un très grand réseau de machines réparties à l'échelle mondiale, associé à un *savoir-faire* tout à fait substantiel dans *l'administration automatisée* de cet immense parc de machines. De manière naturelle, tous les ingrédients étaient là pour ouvrir à la location, via Internet, ces infrastructures à des sociétés clientes désireuses de se décharger des aspects techniques liés à l'acquisition, à l'administration et à l'évolution de leurs infrastructures informatiques. C'est en août 2006 qu'Amazon a dévoilé sa version d'essai d'*Elastic Compute Cloud* (EC2), cette offre proposant l'accès *sous la forme de services* à des *ressources informatiques flexibles*.

L'expression « *cloud computing* » est devenue populaire en 2007[1], la définition faisant alors référence à une notion d'*informatique à la demande*. L'usage du mot « *cloud* », c'est-à-dire *nuage*, faisait pour sa part référence à la *représentation symbolique fréquente d'Internet par un nuage* dans l'usage des schémas. De manière imagée, les ressources de calcul et les données de l'utilisateur sont ainsi quelque part « dans le nuage ».

Depuis 2008, un très grand nombre de contributions est venu enrichir le domaine de plus en plus populaire du *cloud computing*. Sa portée est passée de simples services d'infrastructure, tels que la mise à disposition de ressources de stockage et de calcul externalisées, à celle d'applications complètes prêtes à l'emploi. Ainsi, les offres de prestataires de services d'applications, de type « logiciels-services », qui existaient avant le *cloud computing*, sont-elles dorénavant intégrées dans ce concept générique.

9.1.5. Le contexte lié à l'émergence du concept de cloud

Nous avons indiqué que le concept de *cloud computing* n'était pas totalement nouveau. Ainsi, autrefois, à l'ère des *mainframes*, il était très courant de baser son informatique d'entreprise sur de grands centres de calculs, qui hébergeaient alors les applications et prenaient en charge toutes les opérations liées à la continuité du service, à la maintenance, etc., les seuls matériels informatiques étant de simples terminaux. La puissance de calcul était alors *louée*, et utilisée à distance dans ses propres locaux, depuis ses postes de travail.

Vu de l'usager, le *cloud computing* est, d'une certaine façon, un retour à un usage relativement analogue dans son principe, mis à part bien sûr la technologie concrétisant la ressource informatique, qui est ici la *virtualisation*, et l'utilisation d'une informatique, non pas centralisée, mais au contraire *extrêmement distribuée*. Dans le *cloud*, il y a centralisation de la gestion de la configuration logicielle et matérielle, source de grande simplification pour l'utilisateur, mais l'infrastructure matérielle du fournisseur, en général un ensemble de très gros *centres de données*, est cependant, tout au contraire, hautement distribuée. Une telle

---

[1] Avec entrée dans l'édition anglaise de *Wikipédia* en mars 2007.

infrastructure tire évidemment parti au maximum de tous les acquis de l'informatique répartie.

Des précurseurs : les ASP

La fin des années 90 a vu l'émergence du concept d'*ASP* (*Application Service Provider*). Avec la popularisation d'Internet, il devenait possible de proposer à des entreprises clientes l'usage d'applications distantes hébergées et maintenues chez un fournisseur. Pour le client, il s'agissait donc de *louer un droit d'accès* à une application en lieu et place d'acquérir une licence et d'installer un logiciel, avec, donc, un *nouveau modèle économique*. Toutefois, les ASP ne se sont guère développées, du fait de l'ergonomie trop limitée des interfaces Web de l'époque et des débits Internet souvent insuffisants.

Les facteurs technologiques

La généralisation d'*Internet* constitue bien sûr le premier facteur qui rend possible le *cloud computing*. Internet permet d'interconnecter de très grands réseaux de machines réparties à l'échelle mondiale, les technologies du Web permettant d'accéder de manière simple à un contenu distant. Sur le plan technologique, on peut voir le *cloud computing* avant tout comme une *évolution des technologies de virtualisation*. Par rapport à celles-ci, les solutions de *cloud computing* ajoutent essentiellement :

- L'*automatisation des opérations de gestion des unités virtuelles d'exécution* sur le réseau de machines physiques hôtes. Dans une solution de virtualisation classique, c'est un administrateur qui décide du serveur physique d'accueil d'une nouvelle machine virtuelle et mène manuellement les opérations nécessaires. Dans une solution de *cloud computing*, ceci est automatisé. Un usager extérieur exprime simplement un besoin en ressource de calcul ou de stockage, via une interface interactive, et en « libre-service ». Une ressource virtuelle est alors immédiatement créée.
- La *gestion de la continuité d'exploitation*. Dans un très grand parc de machines (nous avons indiqué le nombre possible de plusieurs centaines de milliers dans le cas de grands acteurs Internet), la défaillance matérielle d'un serveur ne peut plus être considérée comme un événement marginal. Une défaillance doit être détectée immédiatement, ce qui exige un processus de surveillance continu (*monitoring*), et une nouvelle ressource matérielle doit être immédiatement allouée en substitution. Les volumes de stockages doivent par ailleurs faire l'objet de redondances, avec propagation automatique des modifications des données d'un nœud à l'autre.
- La *sécurisation*. Dans une solution de *cloud public*, les interfaces utilisateur et une partie des applications résident sur des postes internes à l'organisation, alors que des données, ainsi que d'autres applications, sont hébergées sur un parc de serveurs partagé entre de nombreux clients inconnus les uns des autres. La solution *cloud* doit donc impérativement permettre non seulement la *confidentialité des échanges*, mais aussi la *protection des données hébergées*, avec une garantie d'*isolation* entre les contextes des différents clients, en dépit de la mutualisation.
- Et enfin la *mesure des consommations de ressources* de chaque utilisateur, aux fins de facturation.

Précisons enfin que, dans une moindre mesure, les technologies de RIA (*Rich Internet Application*) qui permettent de disposer d'interfaces homme machine dotés de niveaux d'ergonomie comparables à ceux des applications *stand alone* classiques a également a été un facteur ayant contribué à l'émergence du *cloud computing*.

9.1.6. Avantages, bénéfices potentiels

Le problème du provisionnement

Dans une organisation utilisatrice, la charge des machines serveurs n'est en général pas du tout uniforme dans le temps. Il y a d'abord les pics de charge, liés par exemple à des activités cycliques au cours de l'année[1], ou encore des heures de la journée. Ces charges peuvent, dans une certaine mesure en tout cas, être prévues. Mais il peut y avoir également des évolutions de la charge qu'il n'est pas réellement possible de prévoir. Nous pouvons penser ici aux besoins très évolutifs pouvant résulter du succès plus ou moins important d'une nouvelle offre, au développement d'une audience plus ou moins conforme à l'attendu, etc.

L'approche classique consiste à faire l'acquisition d'un parc de machines, et, plus généralement, de ressources informatiques, en fonction de la charge anticipée sur un certain horizon de temps. C'est le *provisionnement* (*provisioning*). On doit alors fixer le nombre de serveurs dont il faut faire l'acquisition, ainsi que les caractéristiques matérielles de ceux-ci.

Ceci n'est bien sûr pas du tout optimum. Les pics de charge occasionnels, même manifestés sur une faible durée, obligent à dimensionner le parc en fonction des valeurs maximales de la charge, d'où des coûts d'acquisition croissant en proportion. La considération des risques liés aux évolutions non prévisibles conduisent souvent à suivre un scénario « maximum », de sorte à diminuer l'exposition à ceux-ci, ce qui vient encore augmenter les coûts d'investissement. La pratique montre en effet qu'en cas d'évolution de la charge, due, par exemple, au succès d'un produit, les dysfonctionnements occasionnés par un sous-dimensionnement du parc de machines ont un impact très négatif sur le plan commercial.

La figure ci-après[2] illustre différents scénarios de *provisionnement* dans le cas d'une charge grossièrement cyclique. Dans le cas (1), nous voyons que les ressources ont été dimensionnées à un niveau qui correspond effectivement bien au maximum de charge constaté. La charge requise est bien supportée, mais, cependant, toute la surface de la figure comprise entre la sinusoïde et la droite horizontale correspond à des ressources inutilisées, et donc une immobilisation financière non justifiée. Le cas (2) illustre pour sa part une situation de *sur-provisionnement*. La capacité des ressources est manifestement trop élevée par rapport au besoin réel, avec, de même, un investissement inutile, mais en pire. Le cas (3) est au contraire une situation de *sous-dimensionnement* : la capacité des ressources présentes ne suffit pas à absorber les pics de charge, et il en résultera des performances ou un fonctionnement inadapté. Enfin, nous voyons que le cas (4) est une situation combinant des périodes de sous-dimensionnement et de surdimensionnement, et où aucun choix de provisionnement n'est vraiment pleinement adapté à la situation.

Le concept d'élasticité

L'utilisation d'un *cloud* constitue une réponse aux difficultés évoquées ci-dessus. Un aspect important du *cloud computing* réside en effet dans le fait que celui-ci utilise des *ressources virtuelles*, lesquelles peuvent être augmentées ou diminuées à volonté par l'utilisateur,

---

[1] Dans le domaine de la vente de certains produits par exemple.

[2] Ces exemples et ceux des deux figures qui suivent sont inspirés d'exemples présentés dans l'article « *Above the Clouds : A Berkeley View of Cloud Computing* » (2010). *https://www2.eecs.berkeley.edu/Pubs/TechRpts/*.

d'une façon qui apparaît, au moins dans la pratique, comme sans limites. Dans ces conditions, il devient possible de réserver en début d'activité juste ce qui est nécessaire, puis d'augmenter ou diminuer ces ressources en fonction de l'évolution constatée du besoin.

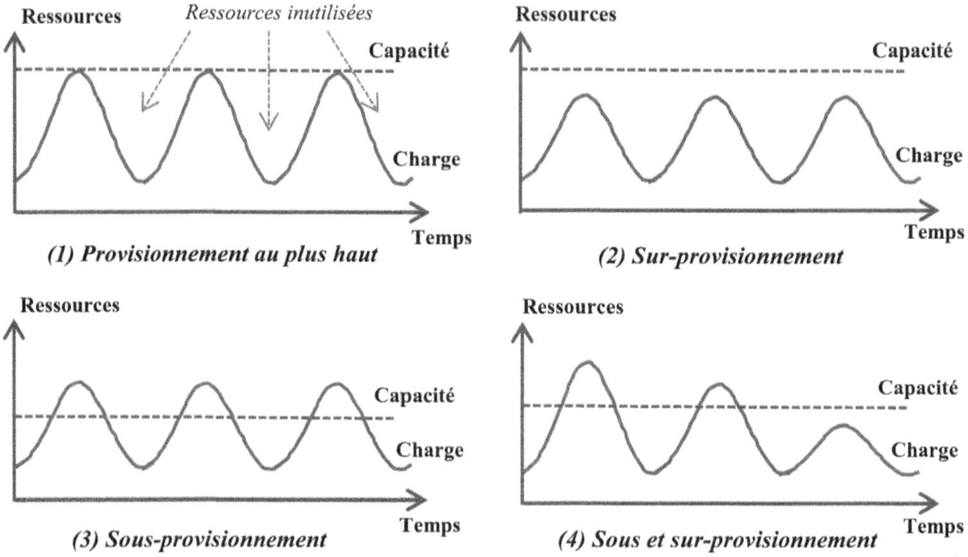

Figure 189. Différents cas de provisionnement.

La figure ci-dessous illustre maintenant les situations correspondant à deux autres cas : le premier est celui d'un parc de serveurs physiques dimensionné en fonction du maximum de charge, et donc de manière *statique*, et le second est celui d'un *parc de serveurs virtualisé* chez un fournisseur de *cloud*.

Dans le premier cas, nous pouvons voir qu'une grande partie de la ressource disponible est inutilisée, et ceci de manière variable selon la période. Dans le second cas, nous voyons maintenant que la ressource réservée, donc payée, peut être ajustée de sorte suivre au plus près le besoin réel en ressources de traitement et/ou de stockage.

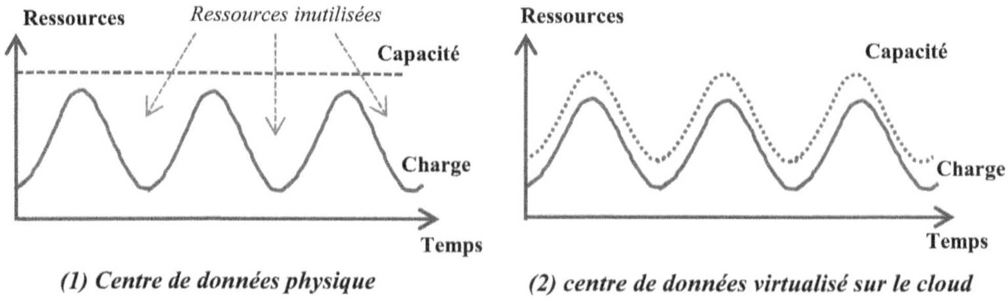

Figure 190. Comparaison de centres de données physiques et virtualisés via le cloud.

Enfin, dans le contexte de parcs de machines importants, si on considère les diverses évolutions possibles (ajout de nouvelles machines, *upgrade* divers, ou remplacement), les capacités globales apportées par des machines physiques ne peuvent évoluer que *par paliers discrets*. Dans le cas d'une solution basée sur un *cloud*, la réactivité aux besoins peut être, par contre, beaucoup plus fine, pour autant qu'une surveillance adaptée de la configuration soit mise en œuvre. Certaines solutions de *cloud* proposent ainsi des facilités d'*extensions automatiques* permettant d'augmenter implicitement, ou au contraire de diminuer, le nombre de machines réservées, en fonction de la charge constatée à tout instant. Nous y reviendrons plus précisément dans la suite dans l'exemple d'*AWS*, ou *Amazon Web Services*, avec le service de mise à l'échelle automatisée (*autoscaling*).

Deux situations sont ainsi symbolisées sur la figure ci-dessous. La partie gauche de la figure illustre le cas de couverture d'un besoin évolutif par ajouts successifs de machines physiques. Il en résulte des décalages et des écarts importants entre le besoin et la capacité apportée, avec des situations de sur capacité, ou, au contraire, de sous-capacité sur certaines périodes de temps. La partie droite de la figure illustre le même besoin évolutif avec *optimisation dynamique* de la couverture par utilisation de serveurs virtualisés, dans une solution avec *cloud*.

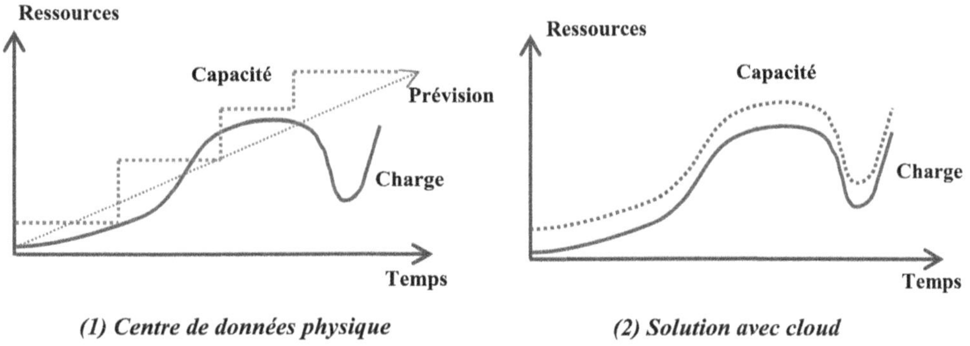

Figure 191. Optimisation des configurations sans cloud et avec cloud.

Les coûts côté client

Nous voyons que le concept d'*élasticité*, que nous venons d'illustrer, est la capacité à *dimensionner de manière dynamique les ressources informatiques* nécessaires en puissance et en nombre de machines. L'idée est ici que ce dimensionnement peut être opéré sur simple demande, par un humain, ou encore de manière automatisée par un logiciel, sur la base d'une simple invocation de service.

Le premier souci auquel peut répondre le *cloud computing* grâce à ce concept d'*élasticité* est d'abord celui de *réduction des coûts*. Plus précisément, les coûts d'acquisition de matériels (investissements) sont fortement réduits. Ceci induit certes des coûts de fonctionnement, lié au prix du service facturé par le fournisseur de *cloud*, mais ces coûts de fonctionnement sont en principe, à tout instant, limités au besoin réel.

On remarque que, pour l'entreprise utilisatrice d'un *cloud public*, les *coûts d'investissement* (correspondant aux achats de matériels) sont maintenant remplacés par des *coûts d'exploitation* (correspondant à la rémunération du fournisseur), qui s'avèrent moindres.

Les coûts côté fournisseur

Coté fournisseur, la puissance de calcul et les capacités de stockage disponibles sont *mutualisées*, c'est-à-dire globalement mises en commun entre de nombreux clients utilisateurs[1].

Cette mutualisation a un impact important sur les coûts. En effet, l'administration et l'exploitation automatisées de très grands parcs de machines permettent des *économies d'échelle* tout à fait substantiels, le coût ne variant plus de manière linéaire avec le nombre de machines, comme c'est *a priori* le cas pour une exploitation manuelle. Par ailleurs, tous les utilisateurs n'ont pas nécessairement tous les mêmes besoins en puissance sur les mêmes plages horaires, et les ressources disponibles peuvent être alors mieux valorisées.

Il convient de mentionner en outre le fait que, dans le cas des grands acteurs d'Internet, nous sommes ici à l'échelle mondiale. Ainsi, par exemple, un client en Europe pourrait-il à la limite être servi par un centre de calcul situé aux Etats-Unis, avec une redondance des données en Asie. Dans un tel déploiement mondial, le fournisseur est en mesure de positionner ses centres de données de façon à optimiser ses coûts, en positionnant des centres dans les régions bien choisies (par exemple près d'une unité de production électrique, où le prix de l'énergie électrique est réduit, ou bien encore dans un lieu où le refroidissement des serveurs est plus facile, etc.).

Pour toutes ces raisons, le coût d'exploitation de ressources mutualisées est largement inférieur au coût d'exploitation correspondant à celui des mêmes capacités dans une utilisation privée, par un client unique. Il s'agit donc ici pour le client et le fournisseur d'une *situation gagnant-gagnant*.

Notons que, si le fournisseur de *cloud* est l'entreprise elle-même (cas d'un *cloud privé*), ce qui a été dit demeure vrai, mais en général dans une moindre mesure. La mise en commun sur la seule entreprise n'aboutit pas nécessairement aux mêmes effets d'échelle, et les solutions mises en œuvre peuvent donc être plus éloignées de l'optimum.

Les apports du cloud computing

Les principaux apports du concept de *cloud computing*, du point de vue de l'organisation utilisatrice, peuvent donc être résumés par la *réduction des coûts*, le *recentrage sur le métier*, et une meilleure *adaptation au besoin*.

Voyons d'abord la *réduction des coûts*. Nous savons que le *cloud computing* permet de réduire les dépenses d'investissement. Les ressources sont alors seulement payées lorsqu'elles sont nécessaires, et facturées à l'usage (alors qu'un serveur physique acquis a été payé une fois pour toute, qu'il soit utilisé à capacité nominale ou sous-utilisé). Les *coûts d'investissement* sont transformés en *coûts d'exploitation*, ceux-ci étant limités aux coûts

---

[1] Nous pouvons remarquer que cette mutualisation exigera, comme déjà indiqué, le *cloisonnement* strict des contextes de travail des différents clients. Ainsi, dans le cas où une même instance de composant logiciel est exécutée en concurrence par plusieurs clients (par exemple une application métier ou un Système de Gestion de Bases de Données), il convient que l'architecture de celui-ci soit *multi locataires* (*multi tenant*), c'est-à-dire que le composant sache *gérer en stricte isolation différents contextes utilisateurs*.

afférant aux ressources effectivement utilisées. Par ailleurs, du fait des *économies d'échelle* et de l'*optimisation géographique*, un fournisseur de *cloud* est en mesure de minimiser ses coûts. Il y a donc logiquement réduction globale des dépenses.

Le deuxième aspect mentionné concerne le *recentrage sur le métier*. Le fait d'utiliser le *cloud* libère l'organisation utilisatrice d'activités techniques telles que l'administration, l'exploitation, l'optimisation du parc de machines, ou encore la mise en œuvre de solutions spécifiques visant à assurer la disponibilité et la sûreté de fonctionnement requises. Or, on sait qu'il s'agit d'un coût important, avec des activités nécessitant la présence d'équipes permanentes dotées des compétentes adéquates. L'adoption d'une solution basée sur un *cloud* permet à l'entreprise de se focaliser sur son métier de base, et ainsi faire ainsi probablement meilleur usage de ses ressources humaines.

Le troisième et dernier aspect est celui relatif à l'*adaptation au besoin*. Dans une organisation utilisatrice, nous savons que la charge des machines n'est pas uniforme dans le temps. L'usage du *cloud* permet une *mise à l'échelle*, c'est-à-dire un *scaling* quasi immédiat, dans le sens de plus de ressources ou de moins de ressources, et ce sans engagement sur la durée.

On peut ajouter ici l'idée que faire reposer son informatique, ou une partie de celle-ci, sur un fournisseur *cloud* revient à effectuer un *transfert des risques*. L'entreprise utilisatrice n'a plus à anticiper ses besoins et mener ses investissements en fonction de cette anticipation, c'est-à-dire n'a plus à assumer le risque correspondant. Il en va de même pour ce qui est des solutions techniques visant à assurer la sûreté de fonctionnement. La dépense effective est faite au plus juste, au moment où le besoin apparaît.

9.1.7. Inconvénients et risques

L'adoption d'une solution de *cloud* par une organisation pose toutefois un certain nombre de problèmes, qui apparaissent de manière assez évidente. Ces problèmes concernent essentiellement :

- La *sécurisation des échanges* entre le client et le serveur distant. Dans une solution classique, une entreprise peut mettre en place les solutions de sécurisation qui correspondent aux risques qu'elle a identifiés. Si elle adopte une solution *cloud*, elle doit systématiquement connecter ses machines à Internet et, surtout, faire transiter toutes ses données privées au travers de celui-ci. Il faut alors, bien sûr, que soit impérativement assurée la *confidentialité* afférant aux échanges de données.
- La *sécurisation des données* stockées chez le fournisseur. Le fait de stocker ses données propres chez un tiers suscite une interrogation légitime quant aux aspects liés à la confidentialité d'une part, et à la sureté du stockage d'autre part. Les risques potentiels sont ici immenses.
- Les risques liés à la *réversibilité*. Chaque solution de *cloud* est spécifique et, à ce jour, aucune réelle standardisation ne vient contraindre une telle solution. Reposer sur un *cloud* exige donc invariablement des *développements logiciels spécifiques*, basés sur les facilités et les API offertes par le fournisseur choisi. Si pour une raison quelconque, une société décide de revenir à une solution de déploiement classique, ou si elle souhaite changer de fournisseur de *cloud*, tous ces développements sont perdus. On peut par ailleurs s'interroger sur les difficultés éventuelles liées au *retour de ses données* (hébergées chez le fournisseur) vers ses propres serveurs. Il y a ici, de manière générale, perte de maîtrise de l'implantation de données et du cycle de vie des applications.

En outre, des questions juridiques se posent, notamment celles en rapport avec l'*abstraction de la localisation*, c'est-à-dire la méconnaissance de l'emplacement de stockage physique des données et des programmes. On peut ici s'interroger sur le corpus de lois applicable (les lois de quel pays ?) en cas de problème, ainsi que sur la teneur de ces lois. Certains états peuvent par exemple, dans certains contextes bien particuliers, se réserver le droit d'accéder à une donnée stockée sur leur sol. Comment dans ce cas garantir que ces données n'iront jamais à la concurrence ?

Ces inconvénients ont été à l'origine de critiques. Pour certains auteurs[1] même, le *cloud* est ainsi un piège, ses utilisateurs perdant le contrôle de leurs applications et de leurs données. Des auteurs y voient un concept publicitaire sans intérêt, rejoignant les critiques exprimées auparavant par d'autres acteurs[2], selon lequel le *cloud computing* ne pourrait être qu'un phénomène de mode.

9.2. Les concepts du cloud computing

9.2.1. Caractéristiques de base

Sur le plan technique, le *cloud computing* prend avant tout pour base sur les *technologies de virtualisation*[3], auxquelles s'ajoutent de nombreux développements spécifiques relatifs à des aspects tels que la *gestion des configurations*, l'*automatisation*, ou encore l'*audit des consommations*.

La virtualisation permet de conférer à une solution informatique les propriétés suivantes :

- La *mutualisation des ressources* : la virtualisation permet le partage des ressources offertes par une même machine physique entre plusieurs applications, et permet ainsi d'optimiser l'usage fait du parc informatique. En effet, dans les faits, en l'absence de virtualisation, beaucoup de serveurs physiques s'avèrent très peu utilisés au regard de leurs capacités.
- L'*abstraction sur la localisation* : une application est déployée sur l'une des machines constituant la plateforme de virtualisation, mais elle peut être très facilement déplacée, et continuer à être utilisée exactement de la même façon.
- L'*élasticité* : à tout instant, il est possible d'allouer à une application des ressources supplémentaires, dans la limite bien sûr de l'infrastructure physique.

Les solutions de *cloud computing* sont essentiellement des solutions offrant ces mêmes propriétés, mais à une plus grande échelle. Ainsi :

- Les parcs de machines se composent d'un très grand nombre de machines.
- Les serveurs peuvent être répartis sur plusieurs emplacements géographiques très éloignés, notamment sur plusieurs continents.
- La mutualisation peut se faire à l'échelle d'un grand nombre d'entreprises clientes (typiquement plusieurs milliers dans le cas d'une offre de *cloud public*).

---

[1] Tel par exemple *Richard Stallman*, informaticien à l'initiative du projet *GNU*.

[2] Tel *Larry Ellison*, cofondateur et dirigeant d'*Oracle Corporation*.

[3] On sait que la *virtualisation* désigne différentes techniques permettant d'exécuter un logiciel dans un *environnement d'exécution virtualisé*, au-dessus d'une infrastructure matérielle autre que celle pour laquelle il a été prévu.

A ces propriétés, les solutions de *cloud* ajoutent des caractéristiques spécifiques, qui sont les suivantes :

- *La facturation à l'utilisation* (souvent résumée par la formule « *Pay as you go* ») : les utilisateurs paient en fonction de l'utilisation effective des ressources. Selon le cas, il s'agit des *ressources réservées*, ou bien de *ressources consommées*, en particulier en termes de CPU et de stockage.
- Le caractère *« self-service »* : un utilisateur peut très simplement (via un portail) réserver des ressources, ou encore modifier les réservations faites. Les ressources demandées sont alors disponibles dans un délai très bref, sans intervention humaine côté fournisseur. Côté client, une telle réservation peut à la limite être faite de manière automatique, via un logiciel de surveillance.
- Les *API ouvertes* : une offre de cloud propose des API, accessibles à distance, en général sous la forme de Services Web REST, ceci pour piloter le *cloud* et pour interagir avec les ressources mises à disposition.

9.2.2. Les modèles de service

Le *cloud computing* se décline selon un certain nombre de *modèles de service*, correspondant à *différents niveaux de ressources virtualisées*.

On considère d'ordinaire *trois grands modèles de service*, appelés respectivement *infrastructure en tant que service* (ou encore *IaaS*, *Infrastructure as a Service*), *plateforme en tant que service* (ou *PaaS*, *Platform as a Service*), et enfin *logiciel en tant que service* (ou *SaaS*, *Software as a Service*). Nous allons examiner ici ces trois modèles.

Dans le modèle *IaaS* (*Infrastructure as a Service*), la solution de *cloud* présente à l'usager des *ressources matérielles virtualisées*, telles que des *serveurs* ou des *espaces de stockage*, et l'usager obtient de telles ressources à la demande. Disposant d'un serveur virtualisé doté de son système d'exploitation, ce dernier pourra alors y installer ses propres logiciels et les exécuter, exactement comme s'il s'agissait d'un serveur matériel contrôlé à distance depuis un poste de travail. La configuration logicielle est entièrement maîtrisée par le client.

Dans le *PaaS* (*Platform as a Service*), la ressource virtualisée correspond à un *environnement logiciel d'exécution*. Le client développe alors ses propres applications, qui s'exécuteront alors sur cette *plateforme*, avec les logiciels de base prévus et fournis par la solution de *cloud*. Celle-ci prend alors en charge l'hébergement et l'exécution de ces applications. L'infrastructure matérielle n'est plus visible, la solution de *cloud* se chargeant de dimensionner les ressources nécessaires.

Dans le *SaaS* (*Software as a Service*), enfin, la ressource virtualisée correspond cette fois à un logiciel applicatif prêt à l'emploi. Un tel logiciel pourra être une *application complète*, accessible à l'usager via une interface Web, déjà fournie dans l'offre. Un tel logiciel pourra être aussi une *librairie logicielle* invocable depuis un programme client.

Ces trois modèles de services correspondent donc à des *niveaux d'abstraction croissants* de la ressource offerte, allant des ressources de plus bas niveau, à savoir de simples ressources d'exécution et de stockage (serveurs et disques virtualisés), jusqu'à des ressources de haut niveau d'abstraction, à savoir des logiciels applicatifs complets.

Cette hiérarchie d'abstraction est symbolisée par la figure ci-après. Nous pouvons y voir les trois modèles positionnés par niveau d'abstraction croissant, du bas vers le haut. Nous avons fait figurer en outre sur ce schéma le cas d'un déploiement logiciel classique (l'application est alors parfois dite « *on premise* »), qui correspond pour sa part à une absence de ressources virtualisées.

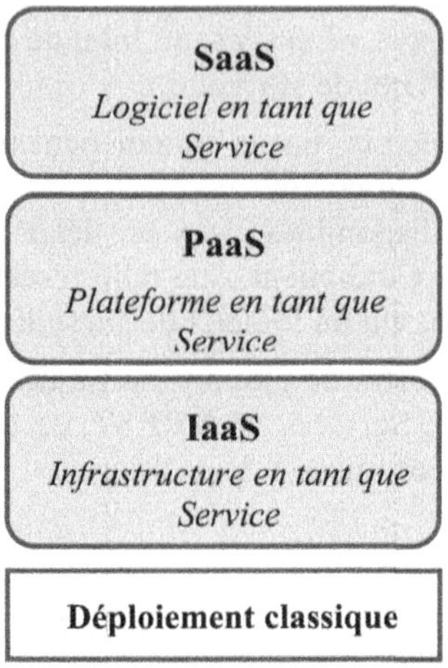

Figure 192. Les modèles de services du cloud computing.

Revenons maintenant plus en détail sur chacun de ces trois modèles.

L'infrastructure en tant que service, ou IaaS

Une solution de *cloud* de type *IaaS* offre une *infrastructure matérielle virtualisée*, avec mise à disposition de *serveurs* et d'*espaces de stockage virtuels*, voire de *réseaux*, également virtualisés. L'usager a alors l'illusion de disposer de machines physiques qu'il peut contrôler et utiliser à distance depuis un poste de travail, en accédant à la machine au niveau de son système d'exploitation, comme s'il s'agissait d'une machine physique.

L'usager dispose de *ressources à la demande.* Il peut ainsi « créer » des machines sur la base de configurations matérielles spécifiées, en fonction de ses besoins. Il peut également ajouter ou détruire des serveurs à tout instant. Comme déjà indiqué, la *configuration logicielle* est alors complètement maîtrisée par le client. Ce dernier peut installer *ses propres applications* et/ou les *progiciels* qui lui sont utiles, pour autant que ces derniers soient compatibles avec la solution de virtualisation mise en œuvre. On notera que l'utilisation d'un *cloud IaaS* nécessite donc des *compétences en termes d'administration*.

Une solution de cloud *IaaS* offre donc bien une certaine dynamicité des ressources, en particulier à travers la possibilité donnée à l'utilisateur de créer à tout instant de nouvelles ressources ou d'en détruire d'autres. Le développement d'applications logicielles effectivement *extensibles*, c'est-à-dire tirant parti de cette capacité de sorte à s'adapter, par exemple, à un flux entrant, reste cependant *à la charge de l'usager*. Dans ce cas, il appartient en effet au développeur logiciel de savoir à quel moment ou dans quelles conditions une machine doit être créée, de choisir ses caractéristiques, et déterminer les applications devant y résider, ainsi que la topologie des échanges. Un exemple d'offre *IaaS* est *Amazon AWS*.

La figure ci-dessous symbolise le principe général de mise en œuvre d'une configuration *IaaS*. Nous pouvons y voir des machines virtuelles et des zones de stockage créées à distance par un usager, prenant alors un rôle de *configurateur*. Des applications tourneront sur ces machines virtuelles, et seront utilisées, également à distance, par des usagers finaux.

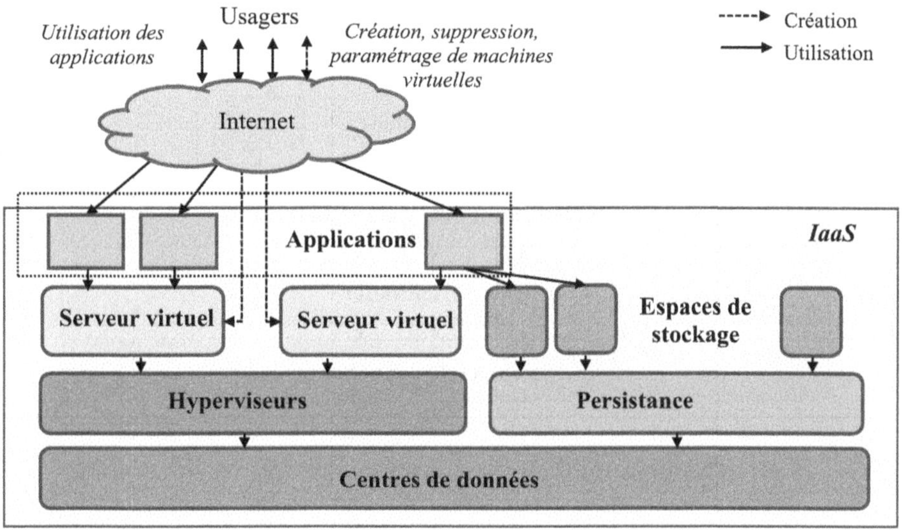

Figure 193. Principe de l'infrastructure en tant que service (IaaS).

La plateforme en tant que service, ou PaaS

Dans le cas d'une offre *PaaS*, la solution de *cloud* offre à l'utilisateur un *environnement logiciel d'exécution virtualisé*. Le client développe ses propres applications sur la base de cet environnement, que l'on appelle la *plateforme*, et qui prend alors en charge l'exécution des applications. Un modèle de plateforme souvent proposé est un modèle destiné aux applications interactives orientées Web, avec mise à disposition d'un serveur Web, d'une base de données relationnelle, d'un langage de programmation, avec un éventuel serveur d'application, le tout sur la base du système d'exploitation *Linux*. Ce peut être par exemple une plateforme *LAMP*[1], composée de logiciels libres constituant des standards de fait.

Pour développer le code applicatif, une offre de *PaaS* propose en général un ou plusieurs langages parmi ceux les plus courants. Comme déjà indiqué, l'infrastructure matérielle n'est plus visible de l'usager, et ce dernier n'a donc plus à en maîtriser la configuration. Comme déjà indiqué également, la plateforme de *cloud* se charge de dimensionner les ressources nécessaires. Il faut toutefois noter que, si les langages offerts sont des langages standards, les API des services à invoquer sont pour leur part, le plus souvent, des *API spécifiques*. Un exemple d'offre *PaaS* est l'offre *Google App Engine*.

La figure ci-après symbolise le principe de mise en œuvre d'une configuration *PaaS*.

---

[1] Acronyme se référant à un ensemble de logiciels libres permettant de construire des applications Web, les lettres composant l'acronyme signifiant à l'origine, *Linux*, *Apache*, *MySQL*, et *PHP*.

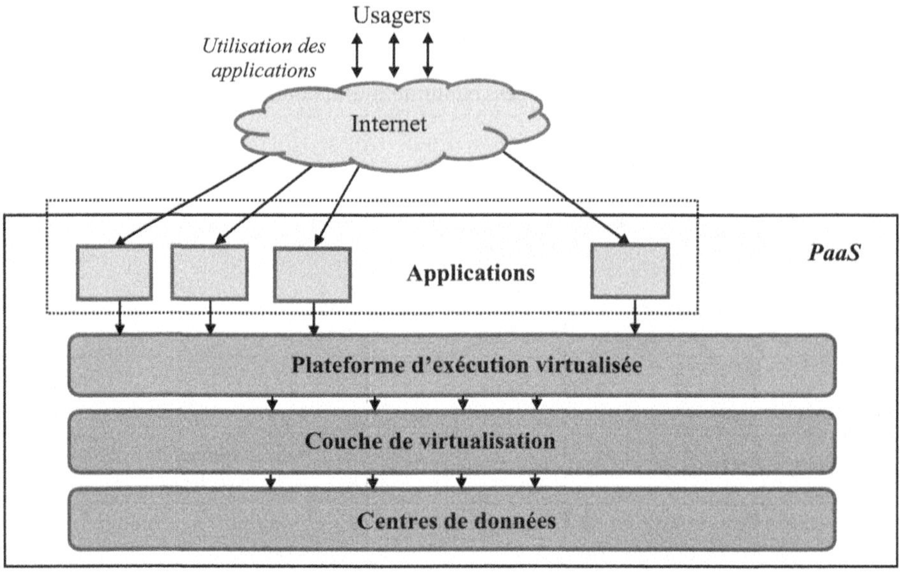

Figure 194. Principe de la plateforme en tant que service (PaaS).

Le logiciel en tant que service (SaaS)

Une offre de cloud *SaaS* correspond à une mise à disposition de logiciel applicatif virtualisé, prêt à l'emploi.

La ressource virtualisée peut être une application complète, accessible via le Web. Le client ne fera alors que *configurer* ou *personnaliser* l'application, de manière simple, sans installation de nouveaux logiciels. Nous aurons ici typiquement des applications d'usage général, comme par exemple des outils bureautiques, ou bien encore des applications métier d'usage courant liées à un domaine d'application comme, par exemple, la gestion de la relation client (applications de *CRM*, ou *Customer Relationship Management*). Un exemple d'offre *SaaS* de ce type est l'offre *Salesforce.com*.

Entrent également dans le cadre du *SaaS* des *librairies logicielles* exposées en tant que services. Un exemple en est une librairie mettant à disposition des données cartographiques. De tels librairies seront alors invocables depuis un logiciel client, et permettent le développement d'applications au-dessus de ces services, par le bais d'une API fournie. Les applications ainsi créées, formées pour partie d'un programme spécifique, tournant chez le client, et pour partie d'un logiciel générique hébergé sur un *cloud*, invoqué comme un service, seront dites *applications composites*.

La figure ci-après symbolise le principe de mise en œuvre d'une configuration *SaaS* dans le cas d'une application virtualisée.

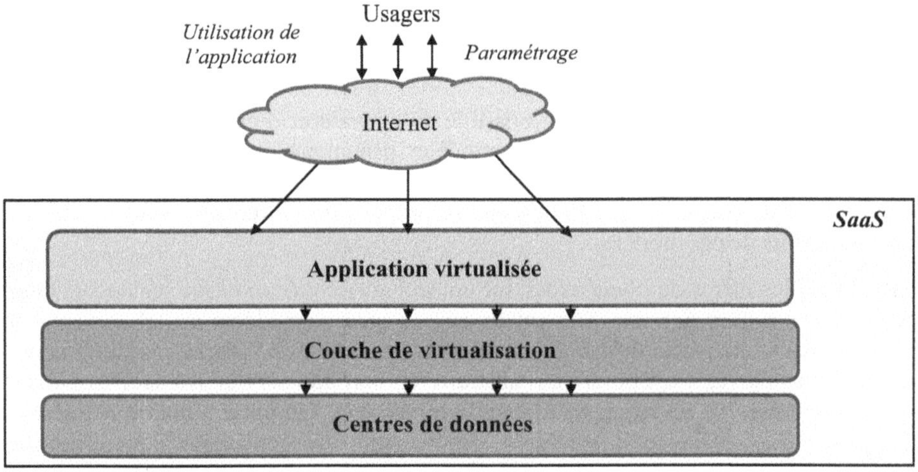

Figure 195. Principe du logiciel en tant que service (SaaS).

Niveau d'abstraction et spécificité

De manière générale, plus une offre de *cloud* présente un *niveau d'abstraction élevé*, plus elle est *spécifique*. Nous allons illustrer ceci sur la base des trois modèles présentés.

Dans le cadre d'une offre *IaaS*, il est possible de mener des opérations tout à fait comparables à celles que l'on mènerait dans le contexte d'un déploiement classique. Nous avons donc des abstractions de bas niveau, comme des machines et des disques, mais celles-ci permettront de mettre en œuvre quasiment tout ce qui pouvait l'être dans le cadre du développement d'une application classique[1]. Nous avons donc là un outil très générique.

Une offre de type *PaaS* est de *plus haut niveau d'abstraction*. On dispose en effet déjà d'une *plateforme d'exécution* de niveau *intergiciel*, préinstallée avec les outils de développement associés, d'où, bien sûr, un développement grandement facilité. Toutefois, il est évident que le développeur sera contraint par les possibilités des outils constituant la plateforme, laquelle est, nécessairement, plus ou moins orientée vers un certain type d'applications. Si les besoins s'écartent trop des abstractions offertes par la plateforme, le développeur aura de grandes difficultés à aboutir à une solution satisfaisante.

Enfin, dans le *SaaS*, la ressource offerte est de très haut niveau, puisqu'il s'agit d'une application ou d'un ensemble de services métier. Dans le cas d'une application, il faudra l'utiliser telle qu'elle est offerte, et, tout au plus, pourra-t-on la paramétrer pour mieux l'adapter à son usage propre. Dans le cas d'un logiciel fourni comme un ensemble de services, on développera son propre code applicatif coté client en utilisant tels quels les services. Dans tous les cas, l'offre proposée est spécifique, avec des fonctionnalités fixées en dur. Cette spécificité est l'inévitable contrepartie du très haut niveau d'abstraction offert.

---

[1] Mis à part, comme déjà indiqué, l'installation d'un progiciel non compatible avec a solution de virtualisation mise en œuvre dans le cloud.

Autres modèles de service

Nous avons présenté les trois principaux modèles de service les plus souvent considérés, et dont se revendiquent les offres majeures du marché.

A côté de ces modèles de base, il est possible de considérer d'autres modèles, qui, soit se réduisent à des sous-parties de ces trois modèles principaux, soit s'apparentent à des niveaux d'abstraction intermédiaires. On parlera de manière générale de *XaaS*, X désignant le type particulier de ressource que l'approche se propose de virtualiser. Nous ne citerons ici que quelques-uns de ces modèles.

Il existe ainsi des offres de *cloud* axées sur un seul *service de stockage virtualisé*. On parle alors de *Storage as a Service*. Suivant le cas, on peut considérer un tel service comme s'inscrivant dans une partie du modèle *IaaS* ou du modèle *PaaS*. En se plaçant à un niveau conceptuel plus élevé, il est possible d'abstraire en tant que service les accès à un *système de gestion de bases de données*, relationnelle ou *NoSQL*. On parle alors de *Database as a Service*, ou *DBaaS*. Une telle offre doit logiquement être considérée comme une forme particulière de *SaaS*[1].

Enfin, avec la montée en puissance des approches de *conteneurisation*[2], illustrée notamment par *Docker*, et susceptibles de se substituer avec intérêt dans de nombreux cas à la virtualisation classique par hyperviseur, il a été imaginé de baser des offres de *cloud* sur la fourniture de *conteneurs* virtualisés. On parle alors de *CaaS*, pour *Container as a Service*. Un *conteneur* se place conceptuellement à niveau proche de celui d'une machine virtualisée, mais dont on n'aurait plus la maîtrise complète du système d'exploitation.

Il convient de citer en outre ici le cas du *Backend as a Service*, lequel offre à des applications, le plus souvent mobiles, une couche serveur prête à l'emploi, avec, en particulier, des fonctionnalités d'*authentification*, de *gestion de données*, de *communication* entre applications, etc., voire d'*audit* et de *statistiques*, avec de possibles accès à des fonctionnalités *analytiques*. Un exemple de *Backend as a Service* est *Firebase*. En toute rigueur, il convient de considérer le *Backend as a Service* comme une déclinaison du *SaaS*, dans la mesure où le *backend* est simplement *configuré* en fonction des besoins, le code applicatif restant sur le serveur.

9.2.3. Comparaison des modèles de service

La figure ci-après reprend les trois modèles de service en mettant en évidence d'une part l'*articulation entre les entités abstraites du cloud et la production logicielle apportée par le client*, en faisant apparaître d'autre part les *responsabilités de différents* acteurs quant à la mise en œuvre de la solution. Ont également été positionnées sur chaque niveau quelques exemples d'offres majeures du marché s'inscrivant dans le niveau correspondant.

Dans le cas d'une application développée sur la base d'une offre *IaaS*, nous voyons que le client devra équiper la machine de l'ensemble du logiciel technique qui lui est utile, constituant la plateforme d'exécution, et qui inclura, par exemple, un serveur Web, une base de

---

[1] Plutôt que *PaaS*, car le développeur utilise ici un service, sans déport de code sur une plateforme distante.

[2] Approche consistant à exécuter les applications de différents clients sur le même système d'exploitation en isolant leur contexte d'exécution. Une application tourne alors dans un *conteneur*. L'avantage d'une telle solution par rapport à la virtualisation est sa performance, dans la mesure où il n'y a qu'un seul système d'exploitation. L'isolation est fournie par l'utilisation de mécanismes natifs du système d'exploitation de la machine, ou bien ajoutés, mais tout en restant très légers.

données et l'environnement d'exécution d'un langage, voire un serveur d'application ainsi que d'autres composants à caractère technique. Ceci sera plus spécialement de la responsabilité d'un *administrateur d'infrastructure*. Il sera bien entendu de la responsabilité du client de développer le code applicatif. Ce sera plus spécialement le rôle du *développeur d'application*. Nous voyons ici qu'il y aura dans l'organisation deux types d'acteurs, avec deux profils de compétences différents, amenés à interagir avec le *cloud*.

Dans le cas d'une application développée sur la base d'une offre *PaaS*, seul le code applicatif sera à fournir. L'acteur de l'organisation en charge de cela, et seul amené à interagir avec le *cloud*, sera ici le *développeur d'application*. La plateforme est fournie et n'a plus à être installée ni administrée.

Enfin, dans le cas d'une application fournie par le biais d'une offre *SaaS*[1], nous voyons que c'est l'usager final qui interagira directement avec la solution de *cloud*. Un second acteur pouvant être amené à interagir avec la solution sera, si besoin, un personnel technique, mais dont la seule tâche sera de paramétrer le service.

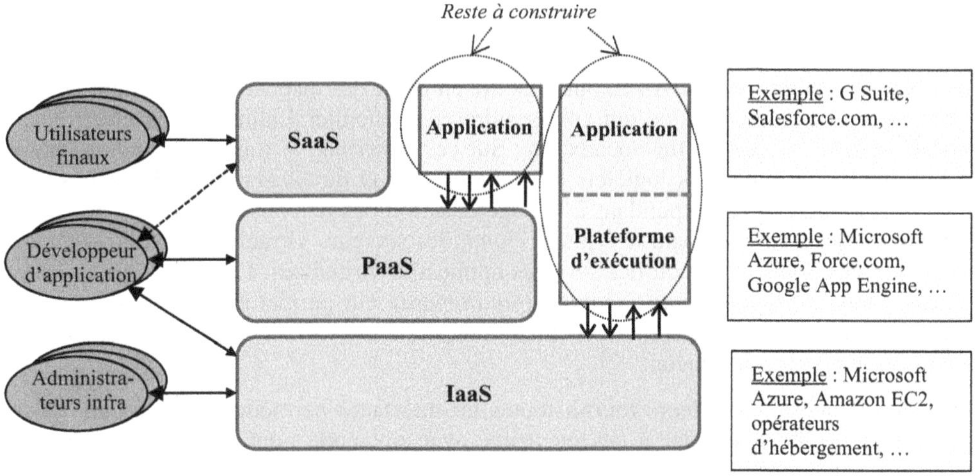

Figure 196. Les modèles de service avec responsabilités des acteurs.

De manière générale, nous voyons donc que le *IaaS* et le *PaaS* consistent dans une *mise à disposition de moyens techniques*, alors que le *SaaS* consiste dans une *mise à disposition d'applications*.

Remarquons que, dans un schéma tel que celui qui vient d'être présenté, on peut interpréter le positionnement respectif des différents modèles représentés comme illustrant le *niveau d'abstraction*, croissant du bas vers le haut, comme cela a déjà été dit. Toutefois, il est possible également d'interpréter ce positionnement en termes de *couches de service*. En effet, si les solutions *IaaS* s'appuient sur une virtualisation au-dessus d'un parc matériel classique, une solution de *PaaS* pourra pour sa part s'appuyer sur la mise en œuvre d'une virtualisation des infrastructures matérielles apportée par une couche *IaaS* (sachant qu'il

[1] De sorte à présenter un schéma simple, nous n'avons pas illustré ici le cas d'une application développée au-dessus d'une offre *SaaS* via une API.

existe bien sûr d'autres solutions, par exemple celles basées sur des *conteneurs*). Enfin, la mise en œuvre d'une offre de *SaaS* pourra elle-même s'appuyer sur une solution de *IaaS* ou de *PaaS*. On peut remarquer d'ailleurs que certaines offres du marché de niveau *SaaS* ont pu s'appuyer sur d'autres offres de *cloud*, de type *IaaS*, avec, par exemple, l'utilisation de machines virtuelles apportées par EC2.

Nous avons illustré ici les modèles de services en plaçant sur notre schéma quelques offres majeures, telles qu'*Amazon EC2 Microsoft Azure*, *Force.com*, *Google App Engine*, *G Suite* ou *Salesforce.com*. Il ne s'agit bien sûr que d'exemples illustratifs, sachant qu'il existe de très nombreuses autres offres de *cloud* dans chacune des catégories de modèles de service. On notera que certaines offres, du fait des fonctionnalités offertes, se positionnent naturellement non pas sur un seul niveau, mais sur plusieurs. C'est le cas en particulier de *Microsoft Azure* qui a ainsi été placé à la fois dans le niveau *IaaS* et dans le niveau *PaaS*.

9.2.4. Architecture d'une solution de cloud

Une solution de *cloud* proposée par un fournisseur doit mettre en œuvre un grand nombre d'éléments matériels et logiciels de natures très diverses. Figureront bien sûr dans la solution les matériels, avec de nombreux serveurs, organisés en *racks*, des éléments de stockage et des réseaux, regroupés dans des *centres de données* (*data centers*) géographiquement distribués. Le fournisseur devra en outre mettre en place des dispositifs permettant la bonne opération de ces matériels, ce qui comprendra en particulier l'alimentation électrique, le refroidissement, la gestion des locaux, etc. Sur ces matériels, le fournisseur devra naturellement mettre en œuvre les logiciels de *virtualisation* et de *supervision* nécessaires, mais aussi tout le logiciel correspondant à la concrétisation des *artefacts* virtualisés proposés à l'usager, et qui seront, suivant le type de *cloud*, des serveurs virtuels, des environnements, ou encore des applications ou des services applicatifs virtualisés. Des tels logiciels seront conçus selon un principe *multi locataire* (*multitenant*) leur permettant de servir en concurrence plusieurs clients, en gérant de manière indépendante et isolée les données et contextes d'utilisation propres de chacun.

Bien sûr, il faudra par ailleurs fournir toutes les interfaces permettant à un usager ou une application cliente d'accéder à ces éléments, avec un mode administrateur autorisant la création et la configuration personnalisée d'éléments propres à un client, ainsi que l'utilisation de ceux-ci par les programmes de ce dernier à travers des API. S'ajouteront à tout ceci un grand nombre d'autres éléments logiciels, comme ceux permettant d'assurer la nécessaire sécurité, avec des capacités d'authentification, de gestion des droits, la confidentialité des messages et celle des informations stockées, etc. S'ajouteront enfin les éléments logiciels permettant l'audit du fonctionnement à de fins de facturation et de génération de statistiques. Tous ces composants doivent organisés conformément à une certaine *architecture*.

Etant donné le grand nombre d'éléments et la complexité conséquente d'une telle solution, il s'avérait utile de proposer des *architectures de référence* permettant de décrire une solution, en permettant sa bonne compréhension ou encore sa comparaison avec d'autres solutions existantes. C'est pourquoi de nombreux travaux ont visé à proposer des *cadres de référence architecturaux* dédiés aux solutions de cloud. Ces productions ont émané de différents groupes de réflexion ou éditeurs de logiciel. Il ne peut être question d'étudier ici ces modèles, dans la mesure où il en a été proposé un certain nombre, et qu'aucune proposition particulière ne s'est par ailleurs imposée comme standard de fait. Néanmoins, malgré leur pluralité, toutes ces propositions ont convergé vers un certain nombre d'invariants que nous nous proposons ici d'aborder très succinctement. Précisons bien que nous nous attachons bien ici à une vision *fonctionnelle*, spécifiant une configuration d'éléments à un haut niveau de description, et non réellement à une architecture logicielle détaillée.

L'architecture d'une solution de *cloud* peut ainsi être compartimentée en différentes *couches fonctionnelles*. Chaque couche définie regroupe un certain nombre de fonctions attendues d'une solution *cloud*. La figure ci-dessous illustre à titre d'exemple les grandes lignes d'une recommandation issue de l'ITU (*International Communication Union*).

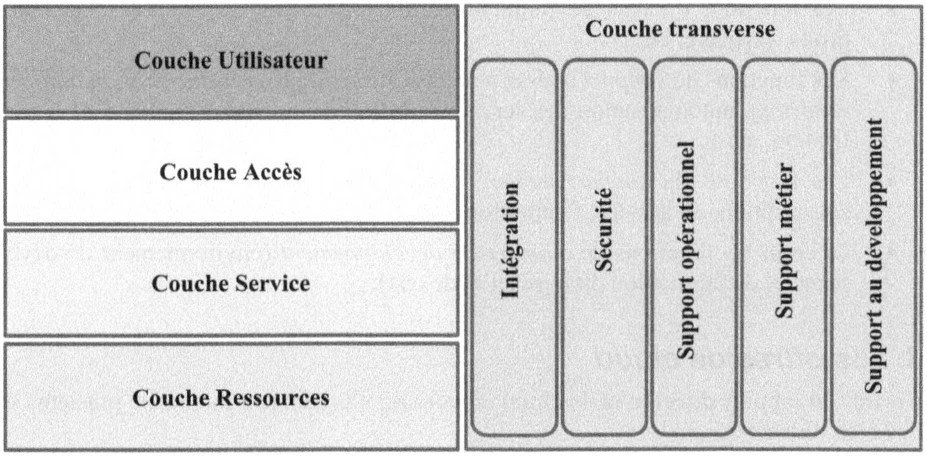

Figure 197. Architecture de référence pour le cloud.

Nous voyons sur la partie gauche de la figure une organisation en quatre couches logicielles superposées.

La couche *Utilisateur* supporte de manière générale l'activité du client, avec l'interaction entre le client et l'infrastructure *cloud* sous-jacente. Elle prend en particulier en charge les fonctions applicatives et les interfaces d'administration. C'est cette couche qui utilisera les services fournis par les ressources sous-jacentes.

La couche *Accès* permet l'invocation des fonctionnalités de *cloud*. Elle fournit une interface entre le consommateur de services et ces services eux-mêmes. Elle reçoit les requêtes d'accès aux services et aux ressources via les API du *cloud*.

La couche *Service* implémente pour sa part les services *cloud* en tant que tels, ainsi que les fonctionnalités d'administration. Elle contient les entités responsables du rendu du service offert aux parties clientes. Elle gère l'infrastructure requise, pilote le logiciel implémentant les services, et permet l'accès aux services du *cloud* en passant par la couche *Accès*.

Dans le cas du *SaaS* ou du *CaaS*, la couche *Service* déploie, configure et maintient les composants de sorte à fournir les services souhaités. Dans le cas du *PaaS*, cette même couche gère l'infrastructure de la plateforme et pilote les logiciels qui la composent (c'est le cas en particulier des logiciels exécutables, des bases de données et des éléments composant la plateforme). Dans le cas du modèle *IaaS*, la couche *Service* contrôle les ressources, tels les serveurs, le stockage, le réseau, et l'hébergement. Plus généralement, cette couche pilote tous les logiciels nécessaires à la disponibilité des services.

Enfin, la couche *Ressources* est constituée, comme son nom l'indique, des composants matérialisant les ressources elles-mêmes, venant en support aux services *cloud* proposés par la solution.

A côté de ces couches superposées, nous voyons, sur la partie droite de la même figure, les différentes *fonctions transverses* utiles à l'ensemble précédent. Cette partie peut être décomposée en différents sous-ensembles qui sont :

- Les fonctions d'*intégration*.
- Les fonctions de *sécurité* (authentification et gestion des identités, gestion des droits, cryptage, etc.).
- Les fonctions de *support opérationnel* (gestion du provisionnement, *monitoring* et *reporting*, automatisation des services, gestion des incidents, gestion de la virtualisation, etc.).
- Les fonctions du *support métier* (gestion des comptes utilisateurs, gestion des souscriptions au service, facturation, etc.).
- Et enfin les fonctions de *support au développement* (environnement de développement, de fabrication du logiciel et de test).

9.3. Les offres de cloud

Les offres en rapport direct avec le *cloud computing* s'organisent autour de plusieurs catégories bien distinctes.

Dans une première catégorie, nous trouverons les offres des *fournisseurs de cloud public*, dont, bien sûr, celles, très connues, des grands acteurs du monde de l'Internet, mais aussi beaucoup d'autres offres de moindre ambition qui peuvent avoir cependant tout leur intérêt dans un contexte de choix de solution. Il s'agit non d'offres de logiciel, mais d'*offres relatives à un service*. Elles impliquent toutefois très souvent pour le développeur le recours à des outils logiciels ou des API apportés par le fournisseur.

Dans une deuxième catégorie, nous trouverons les logiciels utilisés pour déployer et opérer un *cloud* sur la base d'un parc de serveurs. Nous les appellerons ici simplement les *logiciels de cloud computing*. Ceux-ci permettront la mise en place d'un *cloud privé* au sein d'une organisation utilisatrice, voire d'un *cloud public* visant à fournir un service à des tiers. Il s'agit le plus souvent de logiciels libres, pouvant présenter, dans certains cas, une certaine capacité d'interopération avec les offres précédentes.

Enfin, dans une troisième et dernière catégorie, nous trouverons une très grande variété de produits d'aide ou d'offres complémentaires, se plaçant par nature *au-dessus* des offres précédentes. Les fonctionnalités apportées porteront par exemple sur l'orchestration d'opérations ou la surveillance d'un *cloud*. Elles pourront porter également sur la gestion d'un ensemble de plusieurs *clouds*, ou encore fournir une aide dans la mise en place d'un *cloud hybride*. Nous nous intéresserons dans cette catégorie aux produits connus sous le nom de *plateformes de gestion de cloud*, ou *CMP* (*Cloud Management Platform*), solutions logicielles d'intérêt plus récent, qui visent à gérer de manière unifiée et centralisée différents environnements de *cloud publics et/ou privés*. Elles se placent donc à la fois *au-dessus des offres des fournisseurs* et des *logiciels de cloud computing*.

Nous pourrions ajouter à ces offres celles des ateliers de développement logiciel intégrant la possibilité de générer des applications exécutables dans un certain *cloud* particulier. Il s'agit dans ce cas soit de produits directement liés à l'offre d'un fournisseur *cloud*, soit d'une offre indépendante, apportée par exemple sous la forme d'un *plug-in* ajouté à un atelier généraliste.

Nous allons dans un premier temps examiner quelques offres des fournisseurs de *cloud public*.

9.3.1. Les offres du *cloud* public

L'offre afférant au *cloud computing* a d'abord été représentée par quelques très grands acteurs seulement. Puis, en tant qu'activité prometteuse, le *cloud computing* a attiré beaucoup de nouveaux entrants. Parmi les grands acteurs disposant à ce jour d'une offre de *cloud*, on trouve en particulier *Amazon.com*, ainsi que *Google*, *Microsoft* et *IBM*. Les offres de ces acteurs ne sont pas du tout équivalentes, et se positionnent, comme nous le verrons, de manière assez différente dans la hiérarchie d'abstraction des modèles de service.

Une autre catégorie d'acteurs au sein des fournisseurs de *cloud* est représentée par des éditeurs logiciels spécialisés dans les solutions d'entreprise. Dans ce cadre, un éditeur peut alors proposer un logiciel non plus à travers la cession de licences, mais par le biais de l'*accès à un service*. Les offres concernées sont en général spécifiques d'un domaine. De plus haut niveau d'abstraction, elles sont donc aussi moins générales que les offres précédentes. On peut classer *Salesforce* dans cette catégorie d'acteurs avec son offre afférant à la gestion de la relation client, accessible en tant que service.

Enfin, une autre catégorie est constituée d'un grand nombre d'acteurs en mesure de se positionner comme offreurs de solutions d'hébergement généralistes.

Il ne saurait bien sûr être question de citer et décrire ici toutes les offres existantes, d'autant que la liste des acteurs est très évolutive, de même que les fonctionnalités individuellement apportées par chaque offre, beaucoup d'offres étant en évolution continuelle. Nous avons choisi de nous limiter ici au seul examen des offres *Amazon*, *Google*, *Microsoft* et *Salesforce*, abordées ici à simple titre d'exemples, en tant qu'offres représentatives de la diversité des solutions, et seulement à ce titre.

Amazon AWS

Amazon.com est l'entreprise bien connue de commerce électronique, qui en quelques années seulement, a évolué en adjoignant à son activité initiale de vente à distance celle de fournisseur de *cloud*, approche dont elle a été, dans les faits, le précurseur.

Avec une offre sortie en 2006, constituée par la réunion de deux services appelés *Elastic Compute Cloud* (EC2) et *Simple Storage Service* (S3), qui permettaient respectivement de délivrer à la demande des serveurs et des espaces de stockage virtualisés, *Amazon* a été pionnier dans l'offre *IaaS*. L'offre de *cloud Amazon* s'est ensuite considérablement enrichie, et s'avère maintenant constituée d'un ensemble très étoffé de fonctionnalités complémentaires, toutes accessibles à distance en tant que *services*, d'où le nom générique d'*Amazon Web Services* pour désigner l'offre globale. Les grands services de base, de niveau *infrastructure*, comprennent en particulier :

- *Amazon Elastic Compute Cloud* (*EC2*), permettant de créer des *machines virtuelles*, appelé *instances*, conformes à un type de machine spécifié par l'usager.

- *Amazon Simple Storage Service* (S3), qui fournit des *espaces de stockage virtuels pérennes* et *sécurisés*[1].
- *Amazon Elastic Block Store* (*EBS*), qui fournit pour sa part des *volumes de stockage virtuels en mode bloc*, pouvant accueillir des systèmes de fichiers utilisables par les instances *EC2*.

L'utilisation de ces services est basée sur des invocations de *Services Web*. Ces services sont donc invocables en tant que tels depuis un programme client. Ils sont également accessibles depuis l'interface interactive de contrôle, appelée *AWS Management Console* (ou *AWS Console*), qui permet de gérer et de surveiller les ressources *Amazon* ainsi créées.

Sur la base de cette offre de base, purement *IaaS*, *AWS* a évolué par ajout progressif de fonctionnalités de plus haut niveau, avec, en particulier, un *bus de communication* de type *MOM*, une *base de données NoSQL* et un *CDN* (*Content Delivery Network*), etc. Sont venus s'ajouter, en particulier :

- *Amazon SimpleDB*, service de *base de données NoSQL* offrant une haute disponibilité via l'utilisation de réplicas distribués.
- *Amazon Simple Queue Service* (*Amazon SQS*), permettant de créer des *queues de messages* pour les communications entre applications, analogues à celles fournies par un *intergiciel orienté messages*, ou *MOM*.
- *Amazon CloudFront*, permettant la mise en œuvre de composants de type *CDN* (*Content Delivery Network*)[2] virtualisés.

AWS fournit bien d'autres services, dont, en particulier *Amazon AWS Authentication*, service d'authentification pour l'accès aux services, et *Amazon Virtual Private Cloud*, autorisant la création de *réseaux virtuels privés au sein de l'infrastructure AWS elle-même*.

Il existe par ailleurs beaucoup d'autres services, pour certains relativement spécialisés, et que nous ne détaillerons pas ici. Ce sont en particulier, au jour d'écriture de ces lignes, et de manière non exhaustive, *Amazon Simple Email Service* (*SES*), *Amazon Mechanical Turk*, *Alexa Web Services*, *Amazon Associates Web Service* (*A2S*), *Amazon Historical Pricing*, *Amazon Flexible Payments Service* (*FPS*), *Amazon DevPay*, et *Amazon Fulfillment Web Service*.

AWS apparaît donc comme un *ensemble de produits complémentaires*, beaucoup plus que comme une offre intégrée. *AWS* s'inscrit essentiellement dans un modèle de service de type *IaaS* pour le cœur des fonctionnalités, sur lequel sont venues se greffer des fonctionnalités de plus haut niveau d'abstraction, dont certaines s'avéraient indispensables dans beaucoup d'applications. *AWS* évolue dans le sens d'un enrichissement de son offre.

---

[1] Il est à noter qu'un autre service, Amazon Glacier, fournit maintenant, de manière alternative, un mode de stockage moins dispendieux qu'Amazon S3, destiné aux données très peu souvent accédées.

[2] Dans le cas où de données stables ou peu évolutives devant être accédées via Internet, l'utilisation d'un *CDN*, ou *Content Delivery Network*, permet d'utiliser des réplicas géographiquement répartis de ces données, en dirigeant implicitement les accès vers le serveur proche du site d'où émane la requête, ce qui permet des accès beaucoup plus rapides

Google Cloud Platform

Google Cloud Platform est une famille de services issue de Google, acteur bien connu, leader dans le domaine de la recherche sur Internet, et qui propose différents modèles de service.

Google App Engine, est une offre de type *PaaS*. Cette offre propose une plateforme de développement et d'accueil dédiée aux *applications Web*, reposant sur le parc de serveurs de la société *Google*. C'est l'une des offres de *PaaS* les plus caractéristiques, adoptée par ailleurs par nombre de grands sites Internet. Elle se présente comme une *solution homogène et intégrée de haut niveau* de virtualisation.

La *plateforme* mise à disposition offre un *support complet aux technologies Web standards*. Elle propose par ailleurs un *stockage persistant*, avec un langage de requête autorisant les recherches. L'usager développe ses propres applications, lesquelles sont alors hébergées et exécutées sur la plateforme virtualisée. L'usager ne voit que l'application, et n'a plus aucun serveur matériel à administrer, les efforts de développement étant par ailleurs réduits, du fait qu'une grande part de la solution est déjà construite.

Un intérêt majeur de la plateforme est la fonctionnalité de *dimensionnement automatique des ressources* en fonction du besoin lors des montées en charge, ainsi que celle d'*équilibrage de charge* transparent sur plusieurs serveurs physiques (*load balancing*).

Les principaux langages de développement proposés sont *Python* et *Java*, avec ajout plus récent de *Go* et *PHP*, chaque environnement fournissant les protocoles standards et les technologies utiles pour le développement d'applications Web. *Google Apps Engine* propose de plus pour le test des outils de *simulation*, permettant d'*exécuter une application sur un simple poste de travai*l. Les applications s'exécutent dans un environnement sécurisé, de type « bac à sable », limitant les accès des applications aux ressources ainsi qu'au système d'exploitation. Ceci permet à *App Engine* de distribuer les requêtes Web incidentes sur de multiples serveurs, ces derniers étant alloués et réalloués en fonction de la charge. Une application est donc isolée dans un environnement propre, sécurisé et fiable, indépendant du matériel, du système d'exploitation et de la localisation physique.

Une application peut être exécutée dans deux contextes distincts, appelés respectivement *environnement standard* et *environnement flexible*, offrant deux niveaux de service. Dans l'*environnement standard*, l'exécution d'une application est basée sur des instances de *conteneurs* préconfigurés, alors que dans l'*environnement flexible*, c'est le service *IaaS Compute Engine* de *Google* qui est utilisé de manière sous-jacente. De multiple services (plus de 30 au jour d'écriture de ces lignes), accessibles via des API, sont proposés pour divers usages, tels que l'authentification des utilisateurs, le stockage, la mise en œuvre de caches mémoires distribués, ou encore l'envoi de courriers électroniques via les comptes Google.

Sur le plan de la facturation, un service gratuit est proposé, mais celui-ci est limité par des quotas de stockage, de consommation CPU et de bande passante. Si l'usager adopte le mode payant, ces limitations tombent, le service restant gratuit dans une certaine plage de fonctionnement.

Les *avantages* majeurs de *Google App Engine* résident dans les apports liés à l'*extensibilité* et à la *transparence à l'infrastructure*. Les coûts d'entrées sont très bas, avec gratuité dans le contexte d'un usage limité. Enfin, un accès sécurisé aux données de l'entreprise est possible avec *Secure data connector*. Au titre des *limitations*, on notera la *dépendance à l'environnement Google* qui reste forte, en particulier au travers des API spécifiques, ainsi que l'impossibilité d'intégrer dans une application des progiciels du marché non prévus. Par ailleurs, l'offre est moins générale qu'une offre *IaaS*, et ne s'avère réellement adaptée dans les faits qu'à des classes particulières d'applications.

A côté de *Google App Engine*, *Google Cloud Platform* propose de nombreuses autres composantes de son offre, parmi lesquelles nous citerons l'offre appelée *Compute Engine*, qui est le service *IaaS* de Google, *Cloud Storage*, qui est un service de stockage de très gros volumes, *Big Query*, offrant des fonctionnalités d'analyse de données massives pour les applications de *Business Intelligence* (BI), *Cloud SQL*, service de base de données MySQL répliquée dans le *cloud*, ou encore *Kubernetes Engine*, environnement proposé pour le déploiement d'applications sur des *conteneurs*.

Notons que *Google* propose également l'offre nommée *G Suite*, très utilisée en pratique, constituée d'une *suite d'outils bureautiques* pour l'entreprise, accessibles via une simple inscription. Cette suite inclut les applications Web de Google les plus courantes, parmi lesquelles la messagerie *Gmail*, les outils *Google Docs*, *Google Sheets*, *Google Slides* et *Google Forms*, mais aussi *Google Hangouts*, *Google Agenda*, *Google+*, *Google Drive*, et Google *Sites*.

Microsoft Azure

Microsoft Azure est l'offre de *cloud* proposée par la société Microsoft. L'offre est sortie en 2010 sous le nom de *Windows Azure*, et renommée *Microsoft Azure* en mars 2014.

Microsoft Azure permet de construire, tester, déployer et gérer des applications hébergées dans les centres de données de la société Microsoft. L'offre inclut à la fois une *plateforme en tant que service* (*PaaS*), et une *infrastructure en tant que service* (*IaaS*). La plateforme supporte plusieurs langages de programmation, outils et *frameworks*, incluant des outils logiciels spécifiques de la société *Microsoft*, mais aussi des logiciels issus de sociétés tierces. L'offre *Microsoft Azure* propose en outre l'accès à un certain nombre de services applicatifs virtualisés, les plus courants étant la *messagerie*, le *calendrier* et les *outils de bureautique,* tel *Microsoft Office 365*. L'offre globale se situe donc à la fois dans les domaines du *IaaS*, du *PaaS* et du *SaaS*.

Au niveau *IaaS*, *Microsoft Azure* propose des ressources d'exécution sous la forme de machines virtuelles, qui peuvent être des serveurs équipés de *Windows* ou de *Linux*, possiblement préconfigurés avec divers progiciels d'utilité courante.

Au niveau *PaaS*, la plateforme offre un environnement permettant au développeur de construire et de gérer ses propres applications Web sur la base de *ASP.NET*, *PHP*, *Node.js* ou encore *Python*. Le service nommé *Web Apps* permet d'héberger des applications en leur conférant certaines propriétés de mise à l'échelle automatique et de haute disponibilité, tout en offrant des connecteurs vers un grand nombre de services et de progiciels d'entreprise. Les applications dites *WebJobs* permettent pour leur part d'implémenter des traitements planifiés ou exécutés en tâche de fond. On notera qu'Azure offre en outre différents services complémentaires comme, par exemple, la collecte de données techniques liées aux connexions des usagers ou encore le support à la mobilité.

Microsoft Azure offre une grande variété de *services de stockage* accessibles via des API. Il est ainsi possible de stocker des données sous forme de collections de couples clés-valeurs (service *Table*) ou bien des données binaires non structurées (service *Blob*). Divers autres services de gestion de données sont proposés tels *Cosmos DB*, base de données NoSQL supportant les recherches sur des documents JSON via un sous-ensemble de clauses *SQL SELECT*, *Redis Cache*, implémentation virtualisée de *Redis*, *StorSimple* (solution de stockage *cloud hybride*), *SQL Database*, et *SQL Data Warehouse*.

Pour les communications entre applications, *Microsoft Azure* propose un service de type *bus de messages*, appelé *Queue Service*, autorisant des *échanges asynchrones* par le biais de *queues de messages* ou de *topics*.

Au niveau *IaaS*, le réseau virtuel permet de configurer les plages d'adresses dans lesquelles les machines virtuelles seront placées. Le réseau virtuel peut également être connecté par réseau privé virtuel (VPN) au réseau de l'entreprise. Enfin, *Microsoft Azure* offre un CDN (*Content Delivery Network*) permettant de constituer des caches géographiquement distribués pour la redondance de données statiques volumineuses.

On notera pour terminer que *Microsoft Azure* offre certaines facilités de *déploiement hybride*, à travers de différents scénarios possibles de coopération et d'invocations mutuelles entre ressources locales du client et ressources du *cloud*.

Salesforce.com

Fondée en 1999, la société *Salesforce* a débuté son activité en tant qu'éditeur de logiciels dédiés à la gestion de la relation client (CRM), pour devenir ensuite précurseur dans l'offre de *logiciel en tant que service* dédiée aux métiers, avec son offre *Force.com*, lancée en 2007. Directement basée sur les acquis de ses progiciels classiques de CRM, et très spécialisée en termes de marché, l'offre de *Salesforce* est de ce fait relativement unique.

Force.com est une plateforme de haut niveau permettant la construction d'applications métier pour les ressources humaines, la gestion de projet, la logistique, etc. Ces applications sont hébergées sur l'infrastructure de serveurs de *Salesforce* et utilisables en ligne, depuis un poste de travail ou depuis toutes sortes de terminaux mobiles. C'est l'offre historique de la société. La plateforme est maintenant proposée sous le nom commercial de *Lightning*.

L'offre cloud de *Salesforce* se décline en de nombreuses catégories de services spécialisés, comprenant des applications dans les domaines de la relation client, du support aux ventes, du marketing, de l'aide à l'optimisation avec analyse de données, etc. Par exemple, *Sales Cloud* est une application en ligne, dédiée à la force de vente, et qui permet de consulter à tout instant le profil d'un client ou d'un prospect, ou encore de gérer des campagnes marketing. *Services Cloud* est une plateforme qui vise à optimiser la gestion de la relation client, en permettant l'accès aux informations clients, dont l'historique issu de centres d'appels. Cette dernière fournit également des outils d'analyse et de communication temps réel avec les clients. Créée en 2014, *Appexchange* est une place de marché pour entreprises permettant d'acheter l'une une solution d'éditeur de logiciels partenaire ou d'y déposer un offre.

9.3.2. Les logiciels de cloud computing

Nous abordons maintenant les offres logicielles dont la finalité est de déployer et gérer un *service de cloud* sur la base d'un ensemble de serveurs matériels, aux fins de mettre en œuvre un *cloud* au sein d'une organisation. Ce sont cette fois non plus des offres de services, mais des *produits logiciels*, le plus souvent libres.

Nous examinerons à titre d'exemple quelques-uns des logiciels parmi les plus connus, à savoir les logiciels *Apache CloudStack*, *OpenStack*, et enfin *Eucalypus*, sachant qu'il en existe bien d'autres, comme, par exemple *OpenNebula*. Nous prendrons essentiellement l'exemple d'Eucalyptus aux fins de présenter l'architecture interne d'un tel produit.

Apache CloudStack

Initialement développé par la société *Cloud.com*, *CloudStack* est un logiciel *open source* de la fondation Apache, qui permet le déploiement et la gestion d'un service de *cloud* sur une infrastructure de serveurs. Dans *CloudStack*, la virtualisation mise en œuvre peut être opérée sur la base de plusieurs hyperviseurs parmi les plus courants, au nombre desquels figurent *KVM*, *VMware vSphere*, *VMware ESXi*, *VMware vCenter*, ainsi que *XenServer*. La solution peut également être mise en œuvre sur la base de *conteneurs Linux LXC*.

CloudStack est donc une solution clé en main pour la mise en place d'une *infrastructure IaaS*, avec un réseau de communication abstrait en tant que service, une *gestion des comptes* usagers, une *API native*, complète et ouverte, une fonction de *comptabilisation* des ressources consommées, et enfin une *interface interactive de gestion*.

En plus de sa propre API, *CloudStack* supporte également l'API *Amazon Web Services* (AWS), ainsi que l'interface *OCCI*, ou *Open Cloud Computing Interface*, qui est l'interface de référence proposée par l'*Open Grid Forum*.

Les usagers peuvent configurer et gérer leur propre *cloud* avec une interface Web d'utilisation simple, avec un outil basé sur des lignes de commandes, ou encore via l'utilisation d'une API REST. *CloudStack* fournit en outre une API compatible avec *AWS EC2 et S3*, facilitant ainsi la mise en place d'un *cloud hybride* dans une organisation.

Une configuration de déploiement simple de *CloudStack* consiste en une machine exécutant le *serveur de gestion CloudStack*, jointe à une seconde, représentant à elle seule l'infrastructure *cloud*. L'infrastructure consiste donc ici en un serveur unique exécutant l'hyperviseur. Dans un déploiement minimal, encore plus simple, il est possible d'utiliser une seule machine agissant à la fois comme *serveur de gestion* et comme *hôte de l'hyperviseur*. Dans le cas général, l'infrastructure gérée sera au contraire composée de nombreux serveurs matériels. En outre, plusieurs *serveurs de gestion* peuvent être déployés et configurés de sorte à assurer une redondance et un équilibrage de charge, tous ces serveurs accédant alors à une information commune gérée dans une base de données MySQL.

OpenStack

OpenStack est un logiciel *open source* pour le *cloud computing*, permettant de déployer des *infrastructures en tant que service* (IaaS). Il est distribué sous licence Apache. Initié comme un projet commun impliquant la *NASA* et *Rackspace*, *OpenStack* et débuté en 2010, la solution a ensuite été gérée par la fondation *OpenStack*, organisation à but non lucratif, établie en 2012 dans le but de promouvoir le logiciel *OpenStack* et d'apporter un support à sa communauté d'usagers. De très nombreuses entreprises dans le monde (actuellement plusieurs centaines) ont rejoint le projet, parmi lesquelles on peut citer, par exemple, *Red Hat*, *AT&T*, *Cisco*, *Dell*, *IBM*, *Yahoo*, *Oracle*, *Orange*, *VMware*, *Intel*, ou encore *OVH*.

La solution possède une architecture très modulaire, et se présente comme un ensemble de logiciels associés, tels *Nova* (composant en charge de la gestion des ressources d'exécution, contrôlant les hyperviseurs), *Swift* (composant de *stockage objet* redondant), ou encore *Glance* (service de gestion d'images disque), avec de nombreux autres composants.

Un déploiement de la solution *OpenStack* permet de contrôler des *pools* de ressources matérielles hétérogènes, comprenant des ressources d'exécution, de stockage, et de connectivité réseau. Classiquement, les usagers peuvent gérer l'infrastructure ainsi constituée par le biais d'un panneau de commande, accessible via une interface Web, ou via une interface de type lignes de commande, ou bien encore à travers un ensemble de Services Web REST offerts à cette fin.

OpenStack offre des API compatibles avec celles des services Amazon EC2 et S3. Des applications clientes développées sur la base des Services Amazon pourront donc être réutilisées avec *OpenStack* moyennant une légère adaptation éventuelle.

Eucalyptus

Eucalyptus (acronyme de « *Elastic Utility Computing Architecture for Linking Your Programs To Useful Systems* ») est un logiciel *open source* destiné à la mise en œuvre sur un ensemble de serveurs de *clouds privés* compatibles avec *Amazon Web Services*. Intégrée à la distribution *Gnu/Linux Ubuntu 0.04*, la solution peut être installée sur la majorité des distributions *GNU/Linux*. La version Eucalyptus 4.4.3 date d'avril 2018. La virtualisation mise en œuvre est basée sur *Xen*. Le développement d'Eucalyptus prend ses racines dans un projet nommé *Virtual Grid Application*, mené à l'université *William Marsh Rice* et dans d'autres institutions entre 2003 et 2008. Repris par la société *Hewlett-Packard* en 2014, le projet Eucalyptus a été transféré plus tard à la société *DXC Technology*, puis à *AppScale Systems* qui en a repris le développement et le support.

Les mécanismes mis en place dans Eucalyptus permettent de gérer indifféremment des machines virtuelles *Eucalyptus* ou *Amazon*. Les usagers peuvent ainsi déplacer des machines virtuelles (appelées, comme dans AWS, *instances*) entre, d'une part, un *cloud privé Eucalyptus* et, d'autre part, le service *Amazon EC2* lui-même, de sorte à disposer d'une certaine forme de *cloud hybride*.

Le logiciel Eucalyptus comprend essentiellement *cinq composants principaux*, représentés sur la figure ci-après tels que déployés dans l'architecture de la solution, plus un composant optionnel. Ces cinq composants sont le *contrôleur de cloud*, le composant appelé *Walrus*, le *contrôleur de cluster*, le *contrôleur de* stockage, et enfin et le *contrôleur de nœud*, le composant optionnel étant le *broker* VMware. Nous allons détailler ici leurs rôles respectifs.

Le *contrôleur de cloud* est le point d'entrée du *cloud*. C'est un programme écrit en Java, offrant une interface d'invocation compatible avec celle d'EC2, qui traite les requêtes usager, et œuvre comme interface d'administration pour la gestion du *cloud*. Ce composant prend en charge la *gestion des machines virtuelles* et des *ressources associées*. Il assure par ailleurs la prise en compte des *quotas de ressources* allouées à chaque usager, ainsi que la *comptabilisation des consommations*. Il n'existe qu'un seul composant contrôleur dans une solution déployée.

Le *composant* appelé *Walrus*, également écrit en Java, est l'équivalent du service *Amazon AWS Simple Storage Service* (S3). Il met en œuvre un mécanisme de *stockage objet extensible*. Il peut être utilisé comme solution de *stockage en tant que service*, directement accessible via des *PUT* et des *GET HTTP*. Comme pour un stockage S3, le service peut enregistrer tout contenu, en particulier des *images machines*, des *clichés*, ou *snapshots* de volumes disque (c'est-à-dire des copies faites à un instant précis), ou encore les données des applications. Dans la version considérée à la date d'écriture de ces lignes, il ne peut y avoir, de même, qu'un seul composant *Walrus* par *cloud* déployé.

Le *contrôleur de cluster* est un composant œuvrant en tant que frontal placé devant un *cluster* de machines serveurs, communiquant avec le *contrôleur de stockage* associé, ainsi qu'avec les *contrôleurs de nœud* internes au *cluster*. Son rôle consiste à gérer l'exécution des instances présentes sur les serveurs du *cluster*, en assurant la qualité de service attendue. Il est écrit en langage C.

Le *contrôleur de stockage* est l'équivalent du service de stockage EBS de AWS. Il communique avec le *contrôleur de cluster* et les *contrôleurs de nœuds*, gère les volumes de stockage et les *clichés* en rapport avec les instances du *cluster* considéré. Il est écrit en Java.

Enfin, un *contrôleur de nœud* accueille des instances de machines virtuelles, et gère les points d'accès au réseau virtuel. Il recueille auprès du composant *Walrus* les images machine nécessaires et assure la création des instances. Il est écrit en C. Il y a autant de contrôleurs de nœud par *cluster* que nécessaire. On notera que, s'il n'y a pas de limite de principe au nombre de *contrôleurs de nœuds* par *cluster*, le souci de performance impose cependant en pratique une limite à celui-ci.

Le composant optionnel évoqué plus haut (non représenté sur la figure) est le *broker VMware,* destiné à fournir si besoin une interface compatible avec AWS pour les environnements *VMware*. Il tourne physiquement sur la machine du contrôleur de cluster. Le broker *VMware* a alors pour fonction de transformer les images machine Eucalyptus en disques virtuels *VMware*.

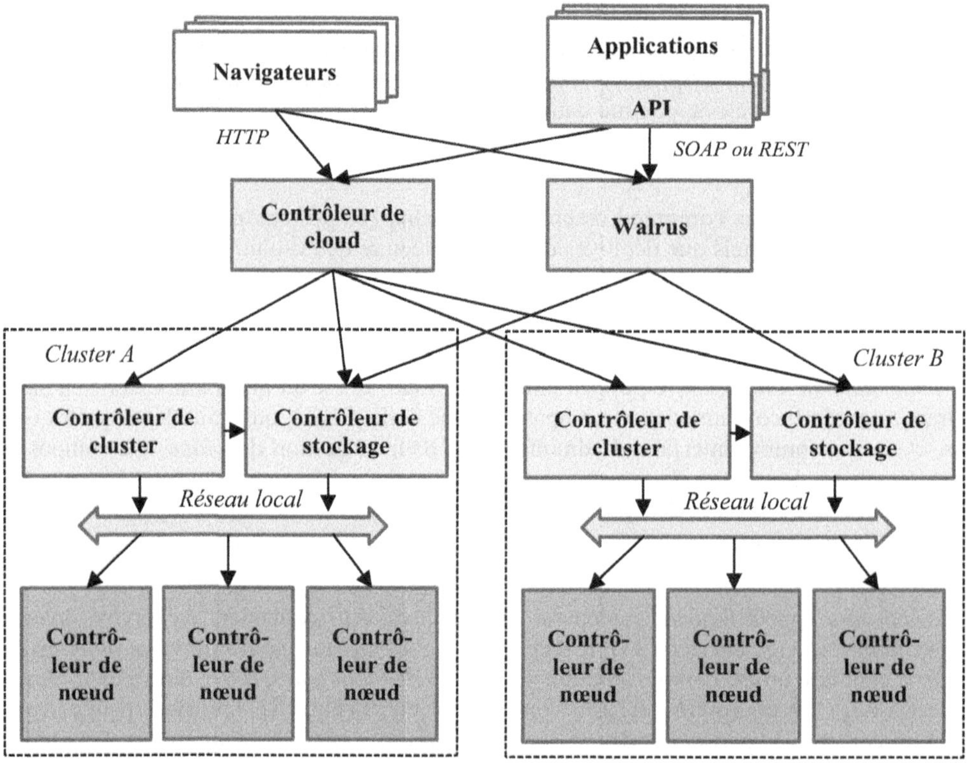

Figure 198. Architecture logicielle de la solution Eucalyptus.

La compatibilité d'Eucalyptus avec Amazon AWS mérite une attention particulière. Cette compatibilité signifie en particulier qu'une organisation utilisatrice d'Eucalyptus pourra réutiliser des *outils*, des *images machine*, ou encore des *scripts* compatibles avec AWS dans le cadre de la gestion de son propre environnement *IaaS* mis en place.

L'API AWS étant implémentée au-dessus d'Eucalyptus, les outils de *cloud computing* prévus pour communiquer avec AWS pourront de fait utiliser Eucalyptus avec la même API, au moins pour ce qui concerne les instances et les ressources de stockage. De plus, depuis 2013 et la version 3.3 d'Eucalyptus, une nouvelle série d'outils compatibles avec AWS a été intégrée à la solution, incluant le service d'*autoscaling*, la fonctionnalité d'*Elastic Load Balancing*, et l'outil de monitoring appelé *CloudWatch*, composants de l'offre AWS que nous aurons l'occasion d'examiner dans la suite

9.3.3. Les plateformes de gestion de cloud

Les *plateformes de gestion de cloud*, dites également *CMP* (*Cloud Management Platform*) sont des suites d'outils logiciels intégrées destinées à *gérer de manière unifiée et centralisée l'utilisation de plusieurs clouds,* comprenant notamment des *clouds publics* et/ou des *clouds privés,* pouvant même inclure des déploiements logiciels classiques *on premise*.

De telles solutions fournissent ainsi à une organisation utilisatrice une couche d'abstraction au-dessus d'un ensemble de *clouds*, avec lesquels cette dernière s'interface aux fins de piloter simplement ces différents environnements. Si les principales offres de CMP sont des *produits logiciels*, d'autres sont proposées en tant que *services*, c'est-à-dire selon un modèle *SaaS*.

Les fonctionnalités de base attendues d'un produit CMP concernent de multiples aspects. Parmi celles-ci, nous aurons la capacité à *gérer des ressources* basées sur différents environnements *cloud*. Nous aurons également la *gestion des autorisations* et des *accès* à ces environnements, ainsi que la *gestion financière* en rapport avec les coûts des consommations associées à ceux-ci. D'autres fonctionnalités de base attendues concernent la *gestion d'un catalogue*, aux fins de permettre l'*automatisation du provisionnement* sur les différents *clouds*, la gestion et la mise en œuvre de règles de décision pour le placement des machines virtuelles, et la répartition de la charge sur ceux-ci. Une dernière capacité attendue sera enfin, bien sûr, la capacité d'*intégration avec un certain nombre de clouds cibles*.

Il existe toutefois une très grande variété de fonctionnalités offertes, la richesse et la généralité de celles-ci variant beaucoup avec les produits. Les solutions les plus avancées ne se limitent pas à une simple gestion des infrastructures techniques, mais peuvent intégrer également des aspects liés à la fourniture du service, comprenant en particulier la gestion de la *qualité de service* et la *sécurité*.

Le *Cloud Standards Customer Council* (CSCC) a proposé une classification des fonctionnalités susceptibles d'être proposés par une solution de CMP. On trouve d'abord dans celle-ci une première catégorie en rapport avec des *services généraux*, comprenant la possibilité donnée à un usager d'un accès centralisé aux diverses fonctions via un *portail*, la fonction de *gestion d'un catalogue des clouds* disponibles, ainsi que la fourniture d'*outils analytiques* et d'outils de *reporting*. Les autres catégories concernent les fonctionnalités de *gestion des services*, de *gestion des ressources*, les fonctionnalités de *gestion financière*, de *gouvernance*, et enfin de *sécurité*.

Les plateformes de gestion de type CMP peuvent être issues d'un *fournisseur de cloud*, mais sont le plus souvent fournies par un *éditeur tiers*. De manière générale, les CMP prenant en charge la gestion des déploiements sur différents *clouds* sont issus de tels éditeurs.

Parmi les produits CMP les plus complets et les plus utilisés en pratique, on peut citer, par exemple, et de manière totalement non exhaustive, *Scalr*, *vRealize Suite*, *IBM Cloud Orchestrator*, *Cisco CloudCenter*, *RightScale*, *Red Hat CloudForms*, *CloudCheckr*, ou encore *HPE OneSphere*.

9.4. Les dimensions d'évaluation d'une offre de cloud

Il existe à ce jour un grand nombre d'offres de services en matière de *cloud*, et celles-ci présentent une très grande diversité. Les différentes offres ne sont donc en général pas interchangeables pour l'utilisateur. Afin d'être en mesure de comparer des offres aussi différentes, il faut nous disposer d'un *ensemble de critères*, permettant de caractériser chaque offre de manière individuelle pour être en mesure de comparer celle-ci à d'autres. S'il n'existe pas de référentiel de comparaison, il est cependant possible de considérer un certain nombre de caractéristiques, que nous appellerons ici *dimensions de comparaison*.

Des dimensions très souvent considérées[1] sont les suivantes :

- Les *types de ressources* virtualisées offertes par la solution.
- Le *niveau d'abstraction de l'offre*, c'est-à-dire le niveau de virtualisation des ressources offertes.
- La *généralité de l'offre*, qui correspond à son aptitude à supporter une variété plus ou moins grande d'applications.
- Sa *facilité de mise en œuvre*.
- Le *support à la reprise de l'existant* fourni par la solution.
- Le support à l'*extensibilité*, c'est-à-dire les moyens éventuels donnés au développeur pour lui permettre de concevoir une solution extensible, c'est-à-dire permettant un passage plus ou moins automatisé à l'échelle.
- Le *niveau d'intégration de l'offre*, qui reflète le degré de cohésion des différentes ressources abstraites proposées (ou, à l'inverse, la possibilité d'utilisation indépendante de différentes composantes de l'offre).
- La *standardisation* de l'offre, c'est-à-dire sa conformité éventuelle, en termes d'API, d'architecture ou de techniques, avec des éléments de références.
- La *réversibilité*, facteur inverse du degré de dépendance d'un utilisateur à la solution.
- L'*interopérabilité*, en particulier avec d'autres solutions de *cloud*.
- Le *SLA* (*Service Level Agreement*), qui comprend les engagements sur la qualité de service et les aspects contractuels associés.
- Le niveau de *redondance de ressources* offert par la solution.

---

[1] Nous présentons ici les dimensions formulées par David Hilley (College of Computing, Georgia Institute of Technology) dans l'article *Cloud Computing: A Taxonomy of Platform and Infrastructure-level Offerings*. *www.cercs.gatech.edu/tech-reports/tr2009/git-cercs-09-13.pdf*

- La *sécurité*, qui porte en particulier sur la confidentialité des échanges et des ressources stockées par un utilisateur dans le *cloud*, point incluant également la garantie d'*isolation* entre les contextes des différents utilisateurs.
- Et, enfin, le *mode de facturation*.

On notera que ces dimensions ne sont pas indépendantes les unes des autres, certaines présentant un niveau plus ou moins fort de recouvrement avec d'autres. On notera aussi qu'il existerait d'autres dimensions intéressantes à considérer, comme, par exemple, la *géo diversité des ressources* ou encore la *fiabilité de la solution*, que nous n'avons pas considérées ici.

Nous allons ici discuter de quelques-unes des caractéristiques évoquées ci-dessus. Nous nous limiterons aux *types de ressources offertes*, au *niveau de virtualisation* de l'offre, à la *généralité* et à la *flexibilité*, à la *facilité de mise en œuvre*, au support à la *reprise de l'existant*, et enfin au *degré d'intégration* de l'offre.

Les types de ressources offertes

La propriété la plus immédiate à considérer lorsqu'il s'agit de caractériser une offre de *cloud* correspond aux *types de ressources virtualisées* offertes à l'utilisateur. De manière générale, une ressource entre dans l'une des catégories principales, qui sont les *ressources d'exécution*, les *ressources de stockage*, et les *ressources de communication*. Il existe dans les faits une grande variété au sein de chacune de ces catégories, les ressources d'exécution en particulier allant d'une simple virtualisation de niveau machine jusqu'à la mise à disposition d'une application complète.

La plupart des fournisseurs de *cloud* offrent à la fois des ressources d'exécution et de stockage, souvent facturées de manière séparée. Selon l'offre considérée, ces ressources peuvent être exploitées ou non de manière indépendante, en rapport avec la dimension d'*intégration de l'offre*. On notera que certains fournisseurs ont pu proposer des offres construites sur la base d'une offre déjà existante de plus bas niveau. Dans ce cas, une telle construction peut s'appuyer sur plusieurs catégories de ressources sous-jacentes, ou bien seulement sur une seule. A titre d'exemple, la plateforme de partage d'images et de vidéo *SmugMug* utilisait-elle ainsi à ses débuts le service *S3* d'*AWS* pour son stockage, mais sans toutefois utiliser *EC2* pour l'exécution du code, en particulier pour l'accueil du serveur Web.

Le niveau de virtualisation, ou niveau d'abstraction de l'offre

Une autre dimension très naturelle pour caractériser une offre de *cloud* est le *niveau de virtualisation* des ressources offertes, que l'on peut aussi appeler le *niveau d'abstraction* de l'offre. Le niveau de virtualisation détermine le type d'interface mise à disposition de l'utilisateur. Il est donc en partie lié à la dimension précédente. Une telle interface pourra être de bas niveau, telle une interface de manipulation de serveurs virtualisés, ou de plus haut niveau, comme, par exemple, une API offerte par une plateforme PaaS ou encore celles d'une librairie métier. Cette notion de *niveau d'abstraction* concerne bien sûr les *ressources d'exécution*, mais aussi celles de *stockage*.

Pour ce qui est des *ressources d'exécution*, le niveau d'abstraction s'inscrit dans la structuration déjà considérée en trois modèles de service, avec, par niveau d'abstraction croissant, les modèles *IaaS*, *PaaS* puis *SaaS*. Toutefois, dans la pratique de l'offre, on peut noter que le niveau d'abstraction relève plus en fait d'une graduation que d'une classification stricte en seulement trois niveaux.

Au niveau d'abstraction le plus bas, celui du *IaaS*, par exemple dans le service *EC2* d'*Amazon*, l'utilisateur voit de simples *serveurs virtuels*. Pour ce dernier, un tel serveur sera tout à fait similaire à un serveur physique[1], bien que celui-ci soit une entité virtuelle hébergée sur une machine réelle inconnue partagée avec d'autres utilisateurs. Chaque machine virtuelle est dotée d'un *système d'exploitation préinstallé*, voire d'un *ensemble de progiciels préconfigurés* et prêts à l'utilisation. Un autre type de ressource d'exécution pouvant être offerte par un *cloud*, et de plus haut niveau, correspond au *connecteur* dédié aux transferts de données entre applications au sein du *cloud*, tel le service *SQS* d'*AWS*.

A un niveau plus haut, correspondant au modèle de service *PaaS*, un *cloud* offrira une plateforme d'exécution, avec un environnement de développement associé, dédié à un certain type d'application. On pourra y trouver par exemple une plateforme classique *LAMP* préinstallée pour les applications Web. L'utilisateur n'a alors plus à se soucier de la notion de machine : seule la considération des composants logiciels est pertinente pour lui.

A des niveaux encore plus hauts enfin, correspondant au *SaaS*, nous aurons d'abord les *API métier*, pour l'accès par exemple à un service de cartographie, puis les *applications complètes* virtualisées prêtes à l'emploi. Dans le premier cas, le développeur écrira un programme basé sur l'interface programmatique offerte. Dans le second cas, les actions côté client se réduiront le plus souvent à un paramétrage visant à la personnalisation du service.

En ce qui concerne les *ressources de stockage*, il existe de même différents niveaux d'abstraction, mais ces derniers ne sont pas ordonnés selon une hiérarchie stricte. A un niveau bas, nous trouverons les services de *stockage par blocs*, comme par exemple *EBS* d'*Amazon*, simulant un disque dur virtuel. Un *stockage de fichiers* peut être placé au-dessus d'un tel stockage par blocs, permettant de gérer une hiérarchie de répertoires. A un niveau plus haut, un autre type de ressource de stockage pourra être un service de *base de données*. Une telle base de données pourra reposer sur le modèle relationnel, suivant le standard SQL, ou une forme simplifiée de celui-ci, ou bien encore être de type NoSQL.

La généralité et la flexibilité

La *généralité* d'une offre correspondant à son aptitude à supporter une *variété plus ou moins grande d'applications*. On peut donc l'associer à une autre caractéristique, à savoir la *flexibilité*, la *généralité* variant par ailleurs en rapport inverse avec le *niveau d'abstraction*. De façon générale, les ressources de bas niveau sont plus générales que celles de haut niveau, car moins spécifiques d'un type d'application. En conséquence, les offres *IaaS* sont-elles plus générales que les offres *PaaS*, elles-mêmes plus générales que les offres *SaaS*.

En particulier, lorsqu'une offre *cloud* est elle-même bâtie sur une offre *cloud* de plus bas niveau, les deux offres entretiennent naturellement un rapport de généralité et de niveau d'abstraction inverses. Ainsi, par exemple *Heroku*[2], solution de type *SaaS* reposant sur *EC2* offrait-elle un environnement d'exécution d'applications Web de plus haut niveau d'abstraction que celui-ci, mais avec une moindre généralité. De même, en ce qui concerne les ressources de stockage, une offre pourra proposer une ressource telle qu'un système de fichiers, ou encore un service de base de données relationnelle prêt à l'emploi, construit sur la base d'un service de stockage par blocs, beaucoup plus simple, mais aussi plus général.

---

[1] Avec toutefois les mêmes contraintes que celles afférant à tout serveur virtualisé.

[2] Il s'agit de l'une des toutes premières offres *SaaS*, créée en 2007, et rachetée ensuite par *Salesforce.com*.

La facilité de mise en œuvre

La *facilité de mise en œuvre* d'une offre correspond à l'effort nécessaire au développement d'une application complète sur la base de cette offre. De manière générale, cette *facilité de mise en œuvre* est en rapport direct avec le niveau d'abstraction. En effet, les ressources de haut niveau constituent dans les faits des composants déjà construits, ayant vocation à se substituer à des développements spécifiques que le développeur n'a plus à mener. Dans l'hypothèse où une offre de haut niveau satisfait aux besoins d'une application, le développement de celle-ci demandera donc moins d'efforts pour arriver au même résultat, les ressources de haut niveau apportant des solutions aux problèmes auxquels le développeur aurait eu à faire face lui-même dans le cas d'utilisation d'une offre de plus bas niveau.

Si nous considérons par exemple le développement d'une application Web, opéré sur la base d'*EC2*, le développeur aura probablement à définir une image machine adaptée, puis à configurer le serveur Web exactement comme dans le cas d'un développement classique. Il aura également à définir les mécanismes utiles de haute disponibilité, de reprise après panne, etc., aspects pour beaucoup déjà pris en charge par d'autres offres comme, par exemple, *App Engine*, dont l'intérêt devient alors évident. Mais ce raisonnement ne tient que si les besoins s'inscrivent parfaitement dans le modèle d'environnement *PaaS* choisi. Dans la négative, le développement des fonctionnalités non naturellement réductibles aux ressources proposées en natif sera au contraire très coûteux.

On notera que les offres spécifiques d'un domaine d'application, comme par exemple *Force.com*, fournissent un ensemble de fonctionnalités préconstruites, spécialisées dans une classe particulière d'applications métier. Elles seront donc à même d'apporter un gain considérable en termes d'efforts de développement, mais, bien sûr, seulement dans l'hypothèse où les besoins s'avèrent en phase avec les fonctionnalités proposées.

Le support à la reprise de l'existant

Les aspects liés à la reprise de l'existant dans une nouvelle application constituent un problème récurrent dans les projets logiciels de toute entreprise. C'est le problème des ressources *léguées*, déjà évoquées. Celles-ci sont constituées de logiciels issus de technologies antérieures, mais que l'on choisit de continuer à opérer du fait de leur maturité et du coût important de leur migration.

Dans le contexte du *cloud*, le problème de la reprise de l'existant se pose d'une manière tout à fait particulière. En effet, du point de vue du *cloud*, sauf cas d'une application totalement nouvelle à créer, tous les logiciels existants peuvent en fait être considérés comme *légués*. De nombreuses applications qui pourraient tirer parti d'une exécution sur un *cloud* existent en fait déjà en dehors du *cloud*[1]. On peut alors s'interroger ici sur la pertinence du portage sur une solution *cloud* d'une application qui donne satisfaction.

De manière générale, l'aptitude d'une offre à la *réutilisation de code existant* est en rapport direct avec la *généralité* de celle-ci. Ainsi, plus les ressources offertes sont de bas niveau, plus la réutilisation s'avère, dans les faits, envisageable. Ainsi, les offres de type *PaaS* ne permettent-elles en général que difficilement la réutilisation de code exécutable. Il convient dans ce cas de reprendre le code source sur la base des API offertes par l'environnement de *cloud*, ce qui limite considérablement l'intérêt d'une telle solution dans la migration d'une

[1] On parle parfois de développement « *on-premise* » pour désigner les applications déployées de manière classique, par opposition aux applications exécutées dans un *cloud*.

application existante. Si une application doit être construite *ex nihilo*, alors une offre de haut niveau d'abstraction de type *PaaS* est tout à fait adaptée. Par contre, si une partie significative de l'application à développer est constituée de code existant à migrer, alors il est probable que c'est plutôt le choix d'une offre *IaaS* qu'il faut faire.

De manière générale, la reprise de l'existant dans un *cloud* est un problème difficile. Même si les applications *léguées* peuvent tourner dans le *cloud*, elles n'auront probablement pas été conçues pour être capables de supporter de manière dynamique une *extension* des ressources, par exemple par augmentation du nombre de serveurs. Ceci réduit d'autant l'intérêt d'une simple migration de l'application sans reprise de la conception. De façon générale, le support à la reprise de l'existant d'une part et la facilité de mise en œuvre d'autre part seront le plus souvent des propriétés antagonistes. Une étude de compromis devra donc être menée dans chaque, en considérant d'une part les efforts requis pour adapter l'application existante, et d'autre part ceux correspondant à une reprise à zéro du développement.

Le niveau d'intégration de l'offre

Enfin, le dernier aspect caractéristique d'une offre de cloud que nous considèrerons ici est son *niveau d'intégration*. Cet aspect est en rapport avec la possibilité, offerte ou non, d'utiliser de manière indépendante les différentes abstractions proposées. Nous pourrons avoir ainsi d'un côté des offres très intégrées, et de l'autre des offres permettant, voire favorisant, une utilisation indépendante de différents types de ressources offertes. Par exemple, *Google App Engine* est une offre conceptuellement intégrée. Au contraire, nous avons vu qu'*AWS* offrait plusieurs types de stockage distincts, l'un d'entre eux, *EBS*, fonctionnant en conjonction avec *EC2*, alors qu'un autre, S3, pouvait être utilisé si nécessaire de manière indépendante des instances.

Une offre basée sur des abstractions faiblement intégrées tend à élargir son *périmètre d'utilisation*. Toutefois, la définition de services suffisamment généraux pour être utilisables de manière indépendante les uns des autres peut conduire à une complexité inutile lorsque les services sont utilisés de manière conjointe. De façon générale, les solutions intégrées conduisent naturellement à une interface plus cohérente et plus simple à utiliser.

A l'exception de fournisseurs de *framework* intégrés, comme *App Engine* ou *Ruby on Rails*, on constate que la plupart des offres de *cloud* optent le plus souvent pour le choix de *capacités d'exécution et de stockage séparables*.

9.5. Le modèle IaaS d'Amazon Web Services

Dans cette section, nous présentons à titre d'exemple les grandes lignes du *modèle des ressources d'infrastructure* offert par *AWS*. Le *modèle de programmation de ces ressources*, c'est-à-dire les *services* et opérations associées proposés à l'usager aux fins de manipuler celles-ci, de les créer, de les utiliser ou de les détruire en résultera directement.

Nous avons fait le choix de baser notre illustration de la programmation d'un *cloud* sur la base de l'*IaaS*, et, plus précisément, sur l'offre *AWS*. Il y a différentes raisons à cela. Une première raison tient au fait que l'*infrastructure en tant que service* (*IaaS*) illustre bien la spécificité de la programmation d'applications *cloud* par rapport aux approches classiques, sachant que, dans une telle approche, le développeur sera en effet amené à manipuler des entités nouvelles, non considérées en programmation classique, telles les *unités d'exécution virtuelles*, les *espaces de stockage*, ou encore des *adresses IP publiques*. Il est donc intéressant d'étudier les moyens offerts à l'usager administrateur ou au développeur logiciel pour mener à bien cette manipulation. Dans ce cadre, et c'est là une deuxième raison, *AWS* a joué un rôle de précurseur dans cette approche *IaaS*, en plaçant dans son offre un ensemble d'*API de manipulation des ressources virtuelles*. Enfin, et c'est là une troisième raison, l'interface de *AWS* a joué en quelque sorte un rôle de standard de fait pour cette manipulation, une partie de ces API ayant été reprise, comme nous l'avons vu, par *différents logiciels libres de cloud*, favorisant ainsi la mise en place de *clouds hybrides*

9.5.1. Les ressources de base du modèle AWS

Il ne saurait bien sûr être question de décrire ici l'offre AWS, de très nombreux services, couvrant une très large palette de fonctionnalités, étant maintenant proposés. Ces services sont par ailleurs en constante évolution. Leur documentation étant publique, très bien détaillée, et facilement accessible, une telle description n'aurait que peu d'intérêt et ne pourrait de toute façon tenir dans cet ouvrage. Notre propos est ici de mettre en valeur quelques principes généraux présidant au fonctionnement des *ressources d'infrastructure* proposées par *AWS*, avec les types de ressources offertes, leur comportement, leur rôle dans la mise en place d'un ensemble d'applications d'entreprise déporté sur un *cloud* et, enfin, la manière de créer, configurer et utiliser de telles ressources. Seuls les services de base associés à ces ressources seront donc considérés dans la suite. On peut constater que ces fonctionnalités ont beaucoup évolué au cours du temps depuis leur introduction. Ces fonctionnalités sont très probablement appelées à évoluer encore. C'est pourquoi nous avons fait le choix de nous limiter en outre à la présentation des principes fondamentaux.

De manière générale, les opérations d'un service AWS seront accessibles de différentes manières. Ceci comprendra pour un usager l'accès aux services via l'utilisation d'une *console interactive*, accessible depuis la console générale d'AWS, ou bien encore via la frappe de *lignes de commandes*, par le biais d'un outil nommé CLI (*Command Line Interface*). Depuis un programme, du point de vue du développeur, un mode d'accès simple sera l'invocation de services REST à travers HTTP ou HTTPS, via des commandes *GET* et *POST*, l'opération du service invoquée étant spécifiée par le biais d'un paramètre nommé *Action*. Cette invocation de services REST est maintenant préférée à l'invocation de services SOAP, toujours supportée en partie, mais déclarée obsolète. Enfin, des API spécifiques sont proposées pour différents langages de programmation et environnements parmi les plus courants, comprenant *Java*, *.NET*, *NodeJS*, *PHP*, *Python*, *Ruby* et *C++*.

Au niveau infrastructure, AWS propose une notion de base, celle de *ressource d'exécution virtuelle*. De telles ressources, appelées *instances EC2*, représentent des serveurs virtualisés, que l'utilisateur, directement ou via un programme, pourra créer, utiliser et détruire à volonté. Les opérations correspondantes sont regroupées au sein d'un service nommé *EC2* (*Elastic Compute Cloud*). Les *instances EC2* ont vocation à accueillir le code des applications développées par la structure utilisatrice, ainsi que les logiciels de base utiles à ces applications. A cette notion d'instance, unité virtualisée d'exécution, s'ajoute celle de *réseau privé virtuel*, correspondant à une notion de réseau virtualisé susceptible d'être utilisé pour faire communiquer les instances d'une même structure utilisatrice. Nous présenterons dans la suite cette notion d'*instance EC2*.

Pour stocker les données, outre les périphériques disques locaux directement attachés aux machines que l'on vient de considérer, et dont la durée de vie s'avère donc limitée à celle de l'instance, AWS propose trois types principaux de ressources dédiées à un *stockage pérenne*. Ce sont respectivement les *objets de stockage*, accessibles via le service *S3* (*Simple Storage Service*), *les volumes de stockage en mode bloc* dits *EBS* (*Elastic Bloc*

Store), et enfin les *Systèmes de Fichiers élastiques*, plus récemment introduits, et accessibles via le service *EFS* (*Elastic File System*). Nous examinerons les grands principes afférant à ces trois types de ressources.

A un niveau conceptuel plus élevé que celui de l'infrastructure matérielle, et afin de permettre une *communication asynchrone* entre les applications s'exécutant sur différentes instances, AWS propose un service appelé *Simple Queue Service* (*SQS*), lequel assure dans l'espace virtualisé des instances le rôle d'*intergiciel orienté messages*. Nous examinerons dans la suite les grands principes de ce service SQS.

Enfin, AWS offre d'autres fonctionnalités qu'il nous semble utile d'évoquer ici. Ainsi, AWS propose-t-il un moyen de *superviser les instances* en exécution, d'*effectuer des mesures* afférant à leur exécution, dont, par exemple, la consommation de ressources CPU et de mémoire, et de porter ces mesures à la connaissance d'un usager administrateur. Il est en outre possible de faire exécuter de manière automatique des actions, soit en réponse à la survenue de certains évènements (lancement d'une instance par exemple), soit en réponse à des situations particulières, comme, par exemple, l'atteinte de certains niveaux de charge. Enfin, on pourra répartir automatiquement une charge de travail liée à un trafic entrant sur plusieurs instances (fonctionnalité d'*autoscaling*), et dimensionner, toujours de manière automatique, un groupe d'instances particulier. On utilisera alors pour ce faire des services tels que *CloudWatch*, *CloudWatch Events*, ou encore *Elastic Load Balancing*. Nous évoquerons succinctement les fonctionnalités de base de ces services.

Nous terminerons cette section dédiée à la présentation du *modèle des ressources* d'AWS en citant quelques autres services de plus haut niveau conceptuel que celui de l'infrastructure, dont le service de gestion de bases de données offert par AWS, appelé *RDS* (*Relational Data Service*).

9.5.2. Les ressources d'exécution, ou instances EC2

Le service *Elastic Compute Cloud*, ou *EC2*, est l'une des bases de l'offre *AWS*. *EC2* permet la location à la demande de machines virtuelles, qui constituent pour l'usager les *ressources d'exécution*, que l'on appelle *instances*. Chaque *instance* représente un *serveur virtuel* doté de caractéristiques conformes à un certain *modèle*. Du point de vue de l'usager, louer une instance est une opération identique sur le principe à celle qui consisterait à louer à l'heure un serveur physique choisi dans un catalogue, configuré selon ses besoins, à ceci près que cette opération est maintenant effectuée par logiciel, exclut toute manipulation physique, et est exécutée en seulement quelques minutes tout au plus. Une instance est associée à un *compte AWS*, associé à l'utilisateur ayant présidé à sa création. Il est possible à l'usager de créer autant d'instances que nécessaire, en fonction des besoins de l'application, sachant qu'il existe néanmoins un nombre maximum d'instances susceptibles d'être créées par compte utilisateur. Cette limite dépend en fait des *types* respectifs des différentes instances créées, la notion de *type d'instance* étant abordée dans la suite.

EC2 est donc un service dit d'*hébergement sur demande*, ou *hosting on demand*. Il permet d'allouer des serveurs virtuels sur lesquels on pourra installer ses propres applications et les exécuter. La location peut être faite selon différents *modèles de facturation* possibles, dont, tout simplement, celui d'une facturation au temps de mise à disposition. Toute machine recevra une adresse IP, et l'usager pourra accéder au contenu de la machine pour installer, administrer ou exécuter des applications via une interface d'administration, exactement comme s'il s'agissait d'une machine physique distante.

Dans les faits, une instance sera créée par invocation d'une opération du service *EC2*. En accord avec ce qui a déjà été indiqué, ceci pourra être fait à travers la console de gestion, directement par frappe d'une commande dans l'outil CLI, ou bien depuis un programme par invocation de Service Web ou de l'API. Une fois l'instance créée, l'usager pourra accéder à la machine ainsi mise à disposition via une simple fenêtre d'administration, pour, en particulier, y installer les applications ou les progiciels utiles.

La figure ci-dessous illustre le principe présidant à la manipulation d'une *instance EC2*.

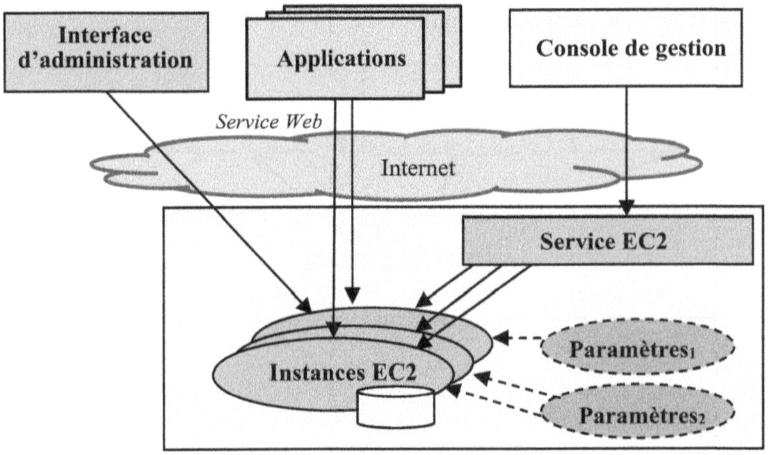

Figure 199. Création et utilisation d'instances EC2.

La sécurisation de l'accès à la machine ainsi créée peut être assurée par le biais d'un *système de clés*. Pour ce faire, l'entité créatrice de l'instance devra disposer d'une *paire de clés* (*clé publique*, *clé privée*), qu'il aura préalablement créée, et attachée ensuite à l'instance. AWS stockera alors la *clé publique*, alors que l'organisation utilisatrice conservera par devers elle la *clé privée* associée. Cette paire (clé publique, clé privée) sera connue par un nom.

9.5.3. La création d'une instance

La création d'une instance par un utilisateur ou par une entité logicielle est accompagnée de la fourniture de *paramètres* permettant de spécifier les caractéristiques attendues de la future instance. Ces paramètres étant dans les faits nombreux, une valeur peut être soit fournie explicitement par l'entité créatrice ou bien omise, auquel cas elle prend alors simplement une *valeur par défaut* prévue par EC2.

Les informations considérées comprennent en particulier l'*image machine Amazon*, ou AMI (*Amazon Machine Image*), qui définit la configuration logicielle souhaitée, le *type d'instance* à créer, ainsi que la *localisation* de l'instance et le *mode de facturation*, notions que nous allons considérer dans la suite de cette section.

De nombreuses autres informations peuvent être fournies à la création de l'instance, comme, par exemple, le nom de la *paire de clés* de sécurité attachée à l'instance, ou encore le *réseau privé virtuel* dans lequel l'instance doit être créée, etc.

Outre ces caractéristiques, fixées à la création de l'instance, il est possible d'attacher à celle-ci des *métadonnées*, appelées *balises*, ou encore *tags*. Ces balises sont constituées d'un ensemble de couples (clé, valeur), où *clé* est le nom d'une balise que l'on souhaite attacher à l'instance, et *valeur*, la valeur prise par celle-ci. En complément aux balises système, l'utilisateur peut créer et attacher à une instance des balises personnalisées. Dans le cadre d'un nombre important d'instances, ces balises permettront de *faciliter le classement et la gestion de ces instances*.

La figure ci-dessous illustre quelques caractéristiques majeures ainsi attachées à une instance EC2. Nous les examinerons plus en détail.

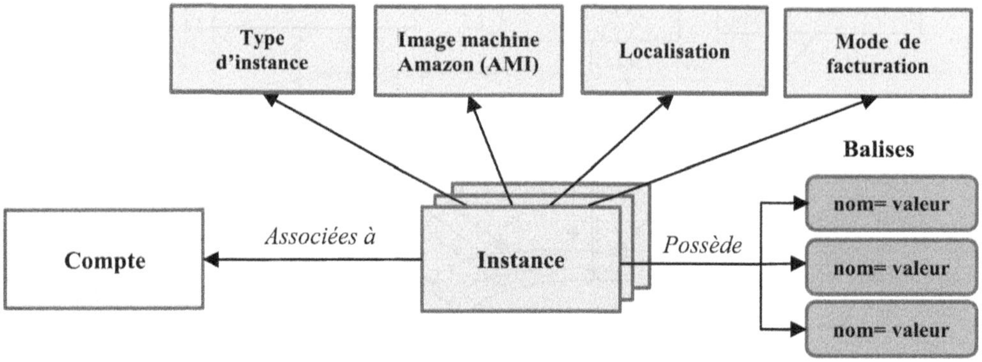

Figure 200. Caractéristiques d'une instance EC2.

A titre d'exemple, considérons la commande suivante de création d'une instance, où nous invoquons l'opération *run-instance* en spécifiant les valeurs des paramètres nommés *image-id*, *count*, *instance-type* et *key-name* :

```
aws ec2 run-instances --image-id amiXXX --count 1
                      --instance-type t2.micro --key-name  MaPaireDeCles
```

Cette commande permet de créer une instance conforme à l'AMI *amiXXX* (nous supposons qu'une telle AMI existe), avec le type d'instance souhaité *t2.micro* (type défini par EC2, figurant dans une famille d'instances appelée *t2*), en associant à cette instance la paire de clés *MaPaireDeCles* (que nous devons avoir créée auparavant). De nombreux autres paramètres pourraient être spécifiés, comme, par exemple, le *placement souhaité de l'instance*, *le groupe de sécurité* associé à l'instance, qui définirait les règles de communication avec celle-ci, ou encore le *sous-réseau* dans lequel elle doit être placée.

9.5.4. Les modèles d'image machine (AMI)

Une instance est créée avec un *système d'exploitation* préinstallé, choisi parmi plusieurs possibles. Mais elle peut être également dotée à sa création, si besoin, de *composants logiciels additionnels*, tels que, par exemple, un serveur Web, un serveur d'application et/ou un système de gestion de bases de données, voire même de fichiers de données. Le système d'exploitation et les composants ainsi présents définissent une *configuration logicielle*. Pour spécifier une telle configuration à la création d'une instance, il convient de communiquer en paramètre à l'opération de création la référence à une *image machine Amazon*, appelée *AMI* (*Amazon Machine Image*). Une AMI correspond à un *modèle prédéfini de configuration*. Elle permet de doter automatiquement une instance à sa création d'une copie des composants utiles, et donc lui permettre d'être très rapidement en service. A une AMI, est associée, comme nous le verrons, une configuration matérielle, spécifiée via la notion de *type d'instance*.

Il est tout à fait possible de créer et d'utiliser simultanément plusieurs instances conformes à la même AMI. Ces instances pourront même être réparties sur plusieurs serveurs physiques, comme symbolisé sur la figure ci-dessous, la notion de machine physique restant ici absolument cachée à l'utilisateur.

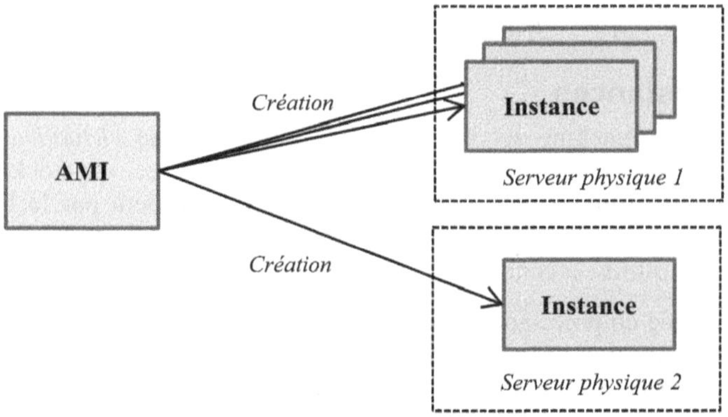

Figure 201. Création d'instance à partir d'une AMI.

Une AMI peut être choisie au sein d'une *librairie d'AMI* prêtes à l'emploi, proposée par AWS. Il est possible de créer simplement ses propres AMI, prenant modèle sur des instances déjà créées, et déjà configurées par installation manuelle des composants logiciels utiles. Une telle AMI spécifique pourra alors être *privée*, son usage étant réservé à son créateur. Elle pourra être aussi *partagée* entre un certain nombre d'utilisateurs désignés, voire rendue publique et proposée à la vente à d'autres organisations utilisatrices du service EC2.

Par exemple, si nous souhaitons développer un serveur Web, nous pourrons définir une *AMI privée spécifique*, comprenant un système d'exploitation de type *Linux*, un *serveur Web*, *un ensemble des pages statiques* dont nous aurons besoin, ainsi que le *code* utilisateur nécessaire à la *génération des pages dynamiques*. Cette AMI pourra alors être réutilisé à chaque création d'une instance destinée au déploiement de ce site.

On notera que, dans des anciennes versions d'EC2, la notion d'AMI était plus restrictive, les configurations d'AMI étant limitées à du code préinstallé, à l'exclusion de données, ce qui obligeait l'utilisateur à stocker ses données de contexte dans des espaces de stockage sécurisés de type *S3*, types de ressources que nous aborderons dans la suite. La notion actuelle, plus riche, permet de doter directement une instance de tous les éléments utiles à son exécution, applications et données comprises, et de la rendre immédiatement opérationnelle, non compté bien sûr le temps de création de celle-ci par le service[1].

---

[1] Ce temps varie avec le type d'instance, les temps constatés en pratique étant de l'ordre de la minute pour les types d'instances les plus récents, avec un maximum possible de l'ordre de quelques minutes pour les types d'instances les plus anciens.

On notera bien également que, même dans le cas d'instances créées avec des *composants de niveau plateforme d'exécution*, tels que des serveurs Web, des serveurs d'applications ou encore des systèmes de gestion de bases de données, nous sommes bien toujours dans le cadre du modèle d'*infrastructure en tant que service* et non de plateforme en tant que service, les composants qui apparaissent n'étant en effet non pas *virtualisés* en tant que tels, mais simplement *installés* au-dessus d'une machine virtuelle offerte par EC2.

Une instance possède un disque principal, appelé *périphérique racine*, sur lequel est déployé un système de fichiers. C'est ce volume qui recevra une *copie de l'AMI*, c'est-à-dire l'installation de tous les logiciels utiles spécifiés dans celle-ci. Nous verrons qu'il existe *plusieurs natures de périphériques racines*.

9.5.5. Les types d'instances

Une *instance EC2* est une machine serveur virtuelle, basée sur une *virtualisation open source*. Elle garantit des capacités prédéfinies de CPU, de mémoire, de stockage et de bande passante, conformes à un certain *modèle* que l'usager spécifiera par le biais d'un *type*. Il y aura masquage total de l'infrastructure réelle sous-jacente et l'usager ne verra qu'une simple machine conforme à ce modèle.

Une instance est donc créée en précisant un certain *type d'instance*, définissant des capacités matérielles mises à disposition. Ainsi, une application ayant besoin d'une quantité significante de RAM ou bien encore d'un niveau de performance accru en termes de CPU, pourra louer des instances plus puissantes, mais aussi plus coûteuses, alors qu'une application à dominante réseau tel un serveur Web pourra se contenter d'instances moins puissantes, mais aussi moins coûteuses. EC2 prévoit ainsi tout un ensemble de types d'instances susceptibles d'être choisis à la création d'une instance. Ces types sont structurés en *familles de types*, chaque famille comprenant un ensemble de modèles de serveurs *adaptés à différents cas d'utilisation*. A chaque type est attachée une tarification horaire spécifique. L'usager choisit alors au sein de ces différentes familles le type particulier d'instance convenant à son besoin. L'instance est alors créée, comme nous l'avons vu plus haut, avec le type ainsi spécifié.

Outre les caractéristiques matérielles qui viennent d'être vues, la notion de *type d'instance* inclut en particulier deux autres éléments à considérer ici, qui sont d'une part l'*extensibilité* éventuelle de l'instance et, d'autre part, la nature du *périphérique disque racine* attaché à cette instance. Nous allons nous expliquer sur ces deux aspects.

La *capacité à l'extensibilité* est une propriété attachée à *certaines familles de types* seulement. Elle consiste dans la possibilité donnée à une instance de bénéficier, en cas de besoin, d'une capacité CPU accrue durant un temps déterminé (typiquement une minute, l'instance disposant alors idéalement pendant ce temps de la quasi-totalité des ressources de la machine physique hôte). Cette possibilité prend pour base l'acquisition préalable de *crédits*, lorsque l'instance a une consommation CPU plus basse que ce qui est nominalement offert par le type de l''instance. A la date où nous écrivons ces lignes, certaines familles (les familles nommées t2 et t3 par exemple) regroupent des types d'*instances extensibles*, alors que d'autres (la famille m5 par exemple) sont constituées de types d'*instances non extensibles*. Bien sûr, l'utilisation d'un *type d'instance extensible* n'est pas neutre au niveau du coût.

9.5.6. Périphérique racine d'une instance

Considérons maintenant le second aspect évoqué plus haut, à savoir la *nature du périphérique racine*, ou *volume racine*, attaché à l'instance. Sur le principe, telle une machine physique, toute instance peut être dotée à sa création d'un ou plusieurs disques, que l'on appelle *volumes*, ici virtualisés, et dont le nombre et les caractéristiques sont fixés par le type d'instance choisi. Un volume particulier, le *volume racine* est le volume principal. Il reçoit une copie de l'*image machine Amazon* choisie pour cette instance. Ce disque sera utilisé par les applications au cours du fonctionnement.

Une *instance* étant une *machine virtuelle*, elle n'existe en tant que telle que durant une certaine *durée de vie*, période durant laquelle elle est louée, sans rapport avec la vie du véritable serveur matériel sous-jacent. Logiquement, son disque dur local, également virtuel, ainsi que les données qui y sont inscrites, doivent donc disparaître avec la terminaison de l'instance. Il s'agit d'un stockage *temporaire*. Un tel type de périphérique est appelé un *stockage d'instance*. Les instances des anciennes versions d'EC2 étaient toutes basées sur de tels stockages d'instance, un tel volume constituant alors *de facto* le périphérique racine d'une instance. Le caractère temporaire d'un tel medium de stockage en limitait l'intérêt, exigeant le recours à des sauvegardes, et/ou l'utilisation d'autres ressources de stockage pour recevoir les données pérennes des applications, les ressources plus particulièrement proposées par AWS à cette fin étant les *volumes EBS*.

Un *volume EBS*, ou *Elastic Bloc Store*, est un lieu de stockage virtualisé, analogue à un SAN[1] (Storage Area Network), matériellement indépendant d'une instance, et que l'on peut à tout moment attacher à l'une ou l'autre des instances présentes à un instant donné. Un tel stockage apparaît comme pérenne, dans la mesure où il peut recevoir des données des applications dans un système de fichiers, où il est susceptible de survivre à une instance, et où il peut être relu ultérieurement par une autre (nous considèrerons plus en détail les *volumes EBS* dans une section suivante). Toutefois, une telle utilisation de volume EBS requiert de le créer explicitement, et de l'attacher tout aussi explicitement à (puis la détacher de) l'une ou l'autre des instances.

C'est la raison pour laquelle *EC2*, dans les versions actuelles, permet, à la création des instances, d'attacher à celles-ci comme volume racine des *périphériques EBS* en lieu et place au *stockage d'instance* que nous venons d'évoquer. Il suffit pour cela de spécifier à la création de l'instance un *type convenable doté par EC2 d'une telle propriété*. On parlera de types d'instance *basés sur un périphérique racine EBS*, certains types, plus anciennement spécifiés, restant pour leur part basés sur des stockages d'instance.

Des instances de *types basés sur EBS* seront donc dotées à leur création d'un volume racine constitué non d'un stockage d'instance, mais d'un volume EBS, créé à cette occasion. Alors que les volumes de stockage d'instance (pour les instances qui en sont dotées) disparaissent avec la terminaison de l'instance, les volumes EBS sont potentiellement pérennes, et *pourront ou non disparaître*, en fonction de la valeur attachée à un attribut particulier attaché à l'instance, modifiable par l'utilisateur (le comportement par défaut étant celui de la disparition avec l'instance). Parmi les types d'instances offertes à l'usager, présents dans les différentes familles, nous trouvons des machines virtuelles *basées sur un stockage d'instance* et des machines *basées sur un stockage EBS*. La plupart des types présentent un seul disque, certains en offrant plusieurs. Rien n'empêche par ailleurs l'utilisateur d'attacher à une ins-

[1] *Storage Area Network.*

tance basée sur un EBS un ou plusieurs autres volumes de stockage EBS, qu'il aura lui-même explicitement créés.

On notera que les instances dotées d'un volume racine EBS sont créées beaucoup plus rapidement que les instances basées sur des disques de stockage d'instance. On notera également que la pérennité potentielle des volumes EBS, qui peuvent survivre à l'instance utilisatrice, permet la réutilisation par d'autres instances des données qui y sont inscrites (par exemple pour la reprise par une nouvelle instance du travail suspendu précédemment, par exemple en fin de journée), alors que rien de comparable ne peut être envisagé, en tout cas directement, pour une machine basée sur un stockage d'instance.

9.5.7. Les régions et zones de disponibilité

Les emplacements physiques d'hébergement des instances, c'est-à-dire les *centres de données* de la société *Amazon*, sont répartis dans différentes aires géographiques du monde, appelées, dans AWS, des *régions*. Ces *régions* sont elles-mêmes subdivisées en aires géographiques plus fines, isolées les unes des autres, appelées *zones de disponibilité*. Comme le nom le suggère, cette notion de *zone de disponibilité* correspond à une zone *indépendante en termes matériels, aucun composant physique n'étant partagé entre deux zones*, y compris les sources d'alimentation électrique. Ceci garantit que les défaillances matérielles affectant deux zones, même proches, ne seront pas corrélées entre elles. Il y a de ce fait une très faible probabilité de défaillance simultanée de deux zones au même moment. Les différentes zones de disponibilité d'une même région sont par ailleurs reliées par des *réseaux haut débit*. De deux régions seulement, *Etats-Unis* et *Europe*, l'offre est passée à un nombre conséquent de régions, incluant en particulier l'*Europe*, le *Canada*, l'*Asie*, l'*Amérique du sud*, etc. (16 régions actuellement au jour d'écriture de ces lignes).

La figure ci-dessous symbolise une telle structuration du parc matériel en *régions* et en *zones de disponibilité*. Chaque *zone de disponibilité* peut regrouper un ou plusieurs *centres de données*, contenant eux-mêmes un grand nombre de serveurs physiques.

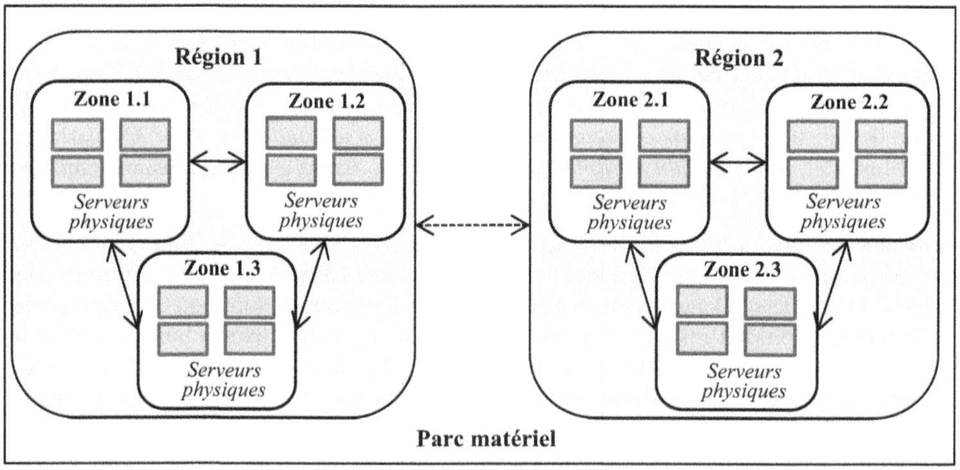

Figure 202. Structuration du parc de machines AWS.

De manière générale, *Amazon EC2* offre alors la possibilité de créer une ressource, et en particulier ici une *instance*, dans une *région* et une *zone de disponibilité* particulières spécifiées. Il est également possible de spécifier une région seule, EC2 se chargeant alors de déterminer une zone d'accueil au sein de cette région[1].

L'organisation cliente a ainsi la maîtrise de la *répartition de ses instances entre différentes régions et zones*. Il est possible en particulier de placer différentes instances rendant les mêmes services sur des emplacements multiples, de sorte à accroître la *disponibilité d'une application*.

De manière générale, la *localisation géographique* du serveur physique d'accueil par rapport aux postes clients a une importance en ce qui concerne les performances des applications, outre bien sûr ce qui concerne les aspects liés à la sûreté du fonctionnement. Sur le plan des performances, il s'agit ici de placer les ressources physiques autant que possible *au plus près* des utilisateurs de ces ressources. Si les utilisateurs sont les personnels de l'organisation utilisatrice, la chose est alors en général simple, car les lieux d'utilisation des ressources sont connus. Si les utilisateurs sont extérieurs à cette organisation utilisatrice, dans le cas par exemple d'un site marchand ou d'une application Web, destinés à des clients de l'organisation, le problème est plus complexe, dans la mesure où ces utilisateurs peuvent être *a priori* répartis dans le monde entier. Si c'est le cas, la solution peut alors consister à mettre en place une redondance des données statiques, en utilisant pour ce faire plusieurs instances réparties, et en mettant en œuvre un service particulier d'*AWS*, *CloudFront*, jouant le rôle de *CDN* (*Content Delivery Network*), sur lequel nous reviendrons.

Sur le plan économique, on notera que les localisations des serveurs physiques ne sont pas transparentes pour la facturation, *les flux entre régions* étant *facturés comme des flux avec l'extérieur*.

9.5.8. Les modes de facturation

AWS propose par ailleurs plusieurs *options d'achats*, ou *modes de facturation* possibles pour une instance, une telle option régissant en fait le modèle de coût afférant à l'utilisation de cette instance.

L'utilisation d'une *instance EC2* répond en effet à un certain besoin de l'utilisateur. Ce besoin peut être plus ou moins *stable*. Ainsi, dans un contexte de développement par exemple, il est possible qu'une machine ne soit nécessaire que quelques heures, pour réaliser des essais ou des tests, ou encore opérer un traitement ponctuel. Dans un contexte de production, le besoin sera en général beaucoup plus stable, et on aura besoin de la plupart des machines en continu, au moins sur une certaine période de la journée et certains jours. Toutefois, il est probable que des besoins ponctuels d'accroissement de charge puissent nécessiter des machines additionnelles sur une période de temps plus ou moins longue[2]. Enfin, dans le cas d'une application Web destinée à des clients, il est probable que le besoin sera cette fois variable dans le temps. La charge associée au besoin pourra donc nécessiter un nombre de serveurs très variable au cours du temps, avec, probablement, des pics à cou-

---

[1] Dans les faits, au jour d'écriture de ces lignes, EC2 ne garantit toutefois pas que l'exigence d'une zone spécifiquement demandée puisse toujours être honorée, sauf toutefois si l'usager possède déjà des instances dans cette même zone.

[2] Nous avons vu au début de ce chapitre que, dans le cas d'un provisionnement classique de machines physiques, cela nous obligeait à dimensionner le par de machine au maximum supposé du besoin.

vrir. Nous voyons donc qu'il y a là *de nombreux cas de besoin*, allant du contexte d'un besoin très ponctuel, plus ou moins prévisible, à celui d'une machine sollicitée en continu.

Pour cette raison, outre l'offre gratuite et limitée, AWS définit différents *modes de facturation* adaptés à différents cadres d'utilisation. L'usager spécifie alors le mode souhaité à la création de l'instance, mode qu'il pourra, dans une certaine mesure, modifier ultérieurement. Parmi les types d'instances possibles, *EC2* propose essentiellement des instances « *à la demande* », des instances *réservées*, des instances *planifiées*, et enfin des instances *ponctuelles*.

Les *instances « à la demande »* correspondent à des ressources *facturées au temps* (actuellement à la seconde), sans engagement à long terme. Elles permettent de supporter les pics de trafic, et visent à supprimer les achats de machines peu sollicitées.

Les *instances réservées* correspondent à des *réservations a priori* de ressources sur une durée prédéfinie, comprise entre un et trois ans. Il y a dans ce cas un paiement initial à honorer, puis un prix d'utilisation horaire réduit en comparaison d'une instance du type précédent. Le choix d'un mode particulier doit être fait de sorte à amortir le montant initial payé sur le temps d'utilisation visé.

Les *instances planifiées* constituent une sorte de variante des instances réservées, ces instances n'étant en fait disponibles que sur certaines périodes de temps convenues, fixées selon un planning récurrent, sur une durée d'un an.

Enfin, les instances dites *ponctuelles*, ou encore « *spot* », permettent d'exploiter les capacités de calcul inutilisées à un instant donné dans le *cloud* AWS, et que EC2 rend disponibles à un prix nettement inférieur à celui du tarif à la demande[1]. Le service permet alors de faire une offre de prix afférant à une réservation d'instance *ponctuelle*, puis d'exécuter l'instance aussi longtemps que l'offre faite dépasse un *prix courant*, déterminé à partir de l'offre et de la demande.

La différence entre les instances *ponctuelles* et les instances « *à la demande* » réside dans le fait que les premières peuvent être interrompues par *EC2* après notification d'un préavis, lorsque le service a besoin de récupérer la capacité ainsi utilisée. En pratique, lorsque les conditions liées au prix payé par l'usager ne sont plus réunies, l'instance en est avertie et dispose d'un certain délai (en principe de l'ordre de quelques minutes) pour finaliser son exécution en cours. Ce type d'instance, très bon marché, peut être utile pour exécuter des traitements intensifs hors d'un contexte interactif, par exemple dans un mode « *batch* ». AWS fournit par ailleurs des *services d'aide à la réservation d'instances* facturées selon ce mode. Ainsi, il est ainsi proposé des instances particulières qui permettent d'*automatiser la gestion des instances ponctuelles*, utiles lorsque l'utilisateur n'a pas le besoin immédiat de la puissance de traitement demandée. Ceci autorise alors une certaine « élasticité ». Il suffit à l'usager d'*indiquer la capacité de calcul dont il a besoin*.

EC2 propose en outre deux modes supplémentaires, appelés *hôtes dédiés*, et *instances dédiées*. Un *hôte dédié* est un serveur physique entièrement dédié à l'exécution d'instances d'un seul usager. Il est accessible à travers une facturation spécifique. Dans un tel mode, les composants logiciels de base ne sont plus fournis par EC2, mais exclusivement apportés par la structure utilisatrice, qui doit donc disposer par elle-même des licences nécessaires. Les

[1] Par exemple, pour fixer les idées de l'ordre de 10% du prix d'une instance « à la demande ».

instances dédiées correspondent pour leur part à un paiement à l'heure pour des instances également exécutées sur un matériel utilisé par un client unique.

9.5.9. Le cycle de vie d'une instance

Immédiatement après invocation de l'opération de lancement d'une instance, celle-ci est enregistrée par le service EC2 selon les conditions définies en paramètres, en particulier selon l'AMI spécifiée, et elle est alors placée alors dans un *état d'attente*. Dans cet état, le service EC2 procède lorsqu'il est prêt à toutes les opérations nécessaires, avec, en particulier, détermination du serveur physique d'accueil et initialisation de l'instance. L'instance n'est alors pas utilisable, et le temps correspondant n'est pas facturé à l'utilisateur.

A l'issue de ces opérations, l'instance devient *active*, c'est-à-dire *opérationnelle*. Elle est alors visible de l'usager, la machine étant prête à exécuter les applications hébergées et pouvant alors être accédée. Le temps passé dans cet état est facturé à l'usager selon les conditions tarifaires correspondant au mode de facturation choisi (avec un minimum de temps facturé), et ce que la machine soit réellement active ou non (c'est-à-dire que des applications y soient exécutées ou que des usagers s'y connectent ou non).

Dans cet état d'activité, une instance peut être « *rebootée* », auquel cas elle revient alors dans l'état *actif* à l'issue du reboot.

Lorsque l'usager procède à la *terminaison de l'instance*, celle-ci passe alors dans un état « *en cours de terminaison* », dans lequel elle reste un certain temps (non facturé à l'utilisateur), avant sa terminaison définitive, c'est-à-dire sa disparition (état *terminé*). Pour éviter toute terminaison non souhaitée, liée à une erreur humaine, il est possible de désactiver la possibilité de mettre fin à une instance, et ceci en positionnant un attribut nommé *disableApiTermination* à la valeur « *vrai* » (la valeur par défaut de cet attribut étant « *faux* »).

Les *instances basées sur des volumes EBS* sont, de plus, susceptibles d'être *temporairement arrêtées*, pendant des périodes où elles ne sont pas utiles (ce qui n'est pas le cas pour les instances basées sur des stockages d'instance, qui ne peuvent être temporairement arrêtées, mais simplement détruites). L'état d'*arrêt* permet de conserver l'instance créée, qui reste donc susceptible de redémarrer rapidement, mais sans supporter son coût.

A partir de cet état d'*arrêt*, l'instance peut être relancée, et elle repasse alors par l'état « en attente » le temps de son affectation à une nouvelle machine hôte. Ceci permet de limiter la période d'activité de l'instance, et donc la facturation, à la stricte période utile, au prix toutefois de la perte du contexte d'exécution, l'hôte physique d'accueil de l'instance relancée pouvant être différent de l'hôte physique précédent. Le passage de l'état *arrêté* à l'état *actif* donne lieu à la facturation minimale forfaitaire par EC2 correspondant à un certain temps convenu.

L'état *arrêté* peut être mis à profit pour *attacher ou détacher des volumes EBS*, *modifier le type d'instance* (avec les caractéristiques matérielles demandées) ou encore *modifier le noyau d'exécution*. On notera que ce temps peut également être mis à profit pour *créer une AMI spécifique* à partir de l'instance considérée.

La figure ci-après illustre un tel cycle de vie d'une instance. La partie de l'automate d'état spécifique des instances basées sur EBS, c'est-à-dire afférant à l'arrêt puis la reprise d'une instance, y a été figurée à l'intérieur d'un contour pointillé. Cette partie n'est valable que pour de telles instances.

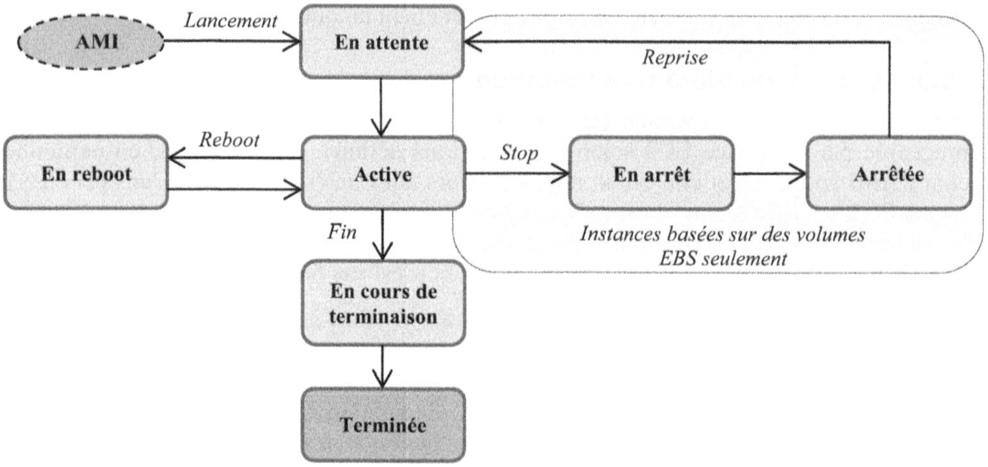

Figure 203. Le cycle de vie d'une instance.

9.5.10. Les communications entre instances

Une instance a vocation à héberger un certain nombre d'applications, lesquelles vont donc s'exécuter sur celle-ci, d'une façon tout à fait identique au cas d'une machine réelle. De manière générale, de telles applications auront en principe besoin de communiquer avec d'autres logiciels, que ceux-ci soient placés sur des *machines réelles* (postes de travail, serveurs de l'organisation, ou encore extérieures à celle-ci) ou sur d'*autres instances* du même *cloud*. Il convient donc de permettre de telles communications. On doit distinguer pour cela le cas d'un correspondant *extérieur au cloud* (machine réelle) du cas d'un interlocuteur *interne au cloud*, c'est-à-dire *une autre instance*.

Une instance reçoit à sa création une *adresse IP publique*, qui reste *stable* pendant toute sa durée de vie. Les communications avec l'extérieur s'effectuent alors à travers un composant de l'infrastructure AWS assurant la fonction de pare-feu (*firewall*). Les communications doivent alors obéir à des *règles de sécurité*, mises en œuvre au niveau de ce pare-feu.

Les *règles de niveau IP* consistent à autoriser ou non le trafic sur la base du *protocole* (TCP, UDP, etc.), du *port destinataire* et de l'*adresse IP source*. Il est possible par exemple de n'accepter que des connexions venant de l'entreprise, en spécifiant une plage d'adresses IP, voire l'adresse d'un serveur en particulier.

Les instances peuvent apparaître ou disparaître au cours du fonctionnement. Une application pouvant changer d'instance support à son exécution, nous voyons qu'il ne saurait exister ici de règles efficaces afférant aux communications à l'intérieur du cloud basées sur des adresses IP. Pour pallier cette difficulté, EC2 permet de définir des groupes d'instances particulières appelés *groupes de sécurité*, et de spécifier des règles au niveau de tels groupes. Un *groupe de sécurité* fonctionnera donc comme un *pare-feu virtuel*, contrôlant le trafic d'une ou plusieurs instances. Une instance peut appartenir à *un ou plusieurs groupes de sécurité*. L'appartenance à un groupe est définie à la création de l'instance et est non modifiable. Il n'y a plus ici de distinction en ce qui concerne les protocoles, ports et adresses IP.

La figure ci-dessous symbolise les deux cas de communication d'une instance EC2 avec une autre instance et avec l'extérieur.

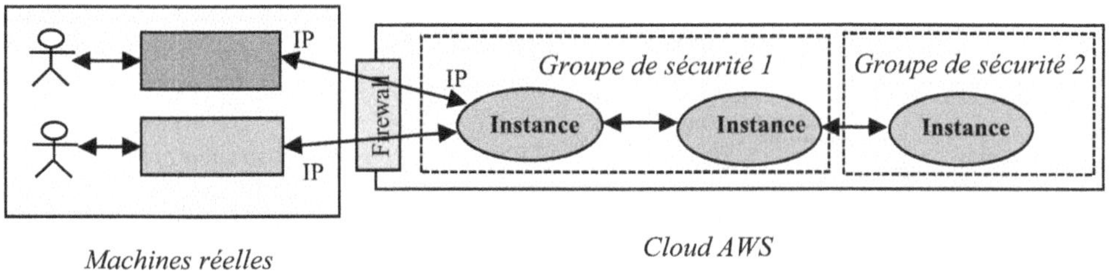

Figure 204. Communications avec des instances EC2.

9.5.11. Les adresses IP élastiques

Nous avons indiqué qu'une instance disposait automatiquement à sa création d'une *adresse IP publique stable*, permettant de communiquer avec elle, et, donc, en particulier, d'invoquer les services qu'elle héberge, d'interagir avec ses applications, ou simplement d'administrer le serveur.

Bien sûr, si l'instance est supprimée puis recréée plus tard, elle recevra une *adresse IP différente*. Il s'agira en effet d'une *autre instance*, même si celle-ci joue le même rôle et reçoit les mêmes applications. La logique voudrait ici que les interlocuteurs potentiels de l'instance (administrateur, applications clientes et autres instances utilisatrices) soient informés de ce changement, de sorte à ce qu'ils puissent s'adresser maintenant à la nouvelle instance. Toutefois, la propagation de la nouvelle adresse dans les DNS ne peut être immédiate. Nous voyons donc qu'un tel procédé est assez malcommode dans son principe, et que, par ailleurs, il n'est pas en mesure d'assurer la continuité souhaitée vis-à-vis de l'extérieur.

Afin de résoudre cette difficulté, AWS propose une notion d'*adresse IP élastique*. Une *adresse IP élastique* apparaît comme une adresse IP classique, qui s'avère donc *publique* et *routable*. Toutefois, une adresse IP élastique est *allouée non à une instance mais à un utilisateur*, indépendamment des instances créées. Elle est donc *pérenne* par rapport à celles-ci. L'utilisateur en dispose à son gré, et peut ainsi l'affecter à une instance, puis la réaffecter à une autre. Elle fait l'objet d'une facturation spécifique, qui est substantielle dans la mesure où il est important de limiter le nombre d'adresses IP ainsi immobilisées à la juste mesure de ce qui est utile aux usagers.

Ainsi, pour un ensemble de services à rendre, devant être placés sur la même machine, nous pourrons louer à demeure une *adresse IP élastique*, que nous affecterons à l'instance en charge d'exécuter les services à l'instant considéré. A chaque changement d'instance (terminaison d'une instance puis recréation d'une autre), nous réaffecterons systématiquement cette même *adresse IP élastique* à la nouvelle instance, donnant aux clients utilisateurs des services l'illusion de présence d'une même machine physique.

L'utilisation d'une adresse *IP élastique* est également un moyen simple (mais toutefois non automatique) qui peut être mis en œuvre lorsque l'on commute d'un serveur principal à un serveur de secours, en cas d'arrêt du premier, aux fins d'assurer la disponibilité d'un service.

La figure ci-dessous illustre l'utilisation d'une même adresse *IP élastique* attachée successivement à deux instances *Instance 1* et *Instance 2*.

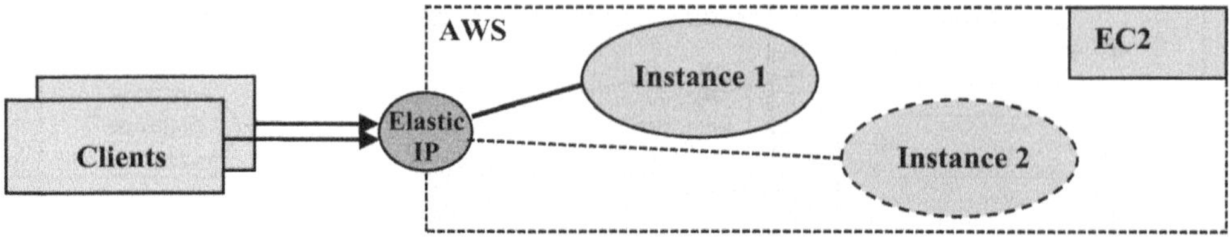

Figure 205. Principe des adresses IP élastiques.

9.5.12. Eléments de coût

Il ne saurait bien sûr être question d'aborder ici en détail les coûts associés à l'utilisation des instances EC2, ces coûts relevant en effet de l'offre commerciale d'Amazon, et n'ayant par ailleurs de sens qu'à un instant considéré, l'offre étant sujette à évolution.

Toutefois, dans un contexte d'optimisation d'une solution informatique, où l'on considère le cloud en général et AWS en particulier comme un élément potentiel de solution, il apparaît indispensable de procéder à une comparaison entre, d'une part, l'utilisation d'instances EC2 et, d'autre part, un hébergement classique correspondant. Il nous faut donc aborder cet aspect. Nous resterons bien sûr ici dans le cadre des ordres de grandeur. Pour procéder à une telle comparaison, il conviendra de considérer les *coût totaux de possession*, incluant, dans le cadre d'une machine physique, les coûts directs attachés à l'usage (par exemple la consommation électrique), le coût de maintenance, les différents coût indirects (par exemple le coût des locaux), et bien sûr l'amortissement du prix d'acquisition. Le coût total de possession est alors à comparer avec le prix de location des instances venant en remplacement des serveurs physiques, en sommant cette fois les coûts des instances réservées, planifiées, et de celles réservées « à la demande ». Bien sûr, cette comparaison sera tout à fait propre à un contexte particulier, qui sera celui de l'organisation considérée.

Dans le cas d'un besoin d'*utilisation continue* d'une machine, on peut le plus souvent constater que la stricte comparaison économique ne vient pas nécessairement en faveur des *instances réservées*. Il en va souvent de même avec des *taux d'utilisation seulement partiels*, la solution de serveurs réels restant souvent économiquement intéressante en utilisation continue, au moins dans une certaine plage de taux d'utilisation. En cas d'utilisation stable et régulière, mais non continue, les *instances planifiées* sont alors à considérer. Mais bien sûr, dans une telle décision, des aspects autres que les aspects strictement économiques sont également à considérer, une société pouvant par exemple souhaiter simplifier son fonctionnement, ne pas s'attacher de compétences d'administration, ou encore ne pas s'engager elle-même dans des choix de solutions techniques (pour assurer la disponibilité et la pérennité des données par exemple).

Sur le plan économique, l'offre AWS devient indiscutablement très attractive « *dans l'élasticité* », lorsqu'il s'agit de prendre en compte des pointes de charge sur certaines périodes de temps. En effet, *à l'échelle de l'heure*, l'offre EC2 apparaît économiquement très intéressante. La solution à adopter, c'est-à-dire les parts respectives de machines physiques acquises et d'instances louées, dépend en fait du *besoin en réactivité* de l'organisation.

9.5.13. Les objets de stockage S3

AWS offre différentes formes de ressources pour le stockage, adaptées chacune, comme on va le voir, à différents besoins et à différentes situations.

Outre le *stockage d'instance*, stockage local, directement lié à une instance et partie intégrante de celle-ci, donc temporaire, AWS offre essentiellement trois formes de *ressources de stockage pérennes*, d'existences indépendantes de celles des instances. Ces ressources sont respectivement mises en œuvre par le biais de trois services, qui sont le service *S3* (*Simple Storage Service*), le service *EBS* (*Elastic Block Store*), et enfin le service *EFS* (*Elastic File System*), plus récemment intégré à l'offre. Nous verrons que ces trois services permettent de créer et de gérer trois types de ressources de stockage, qui sont respectivement les *objets de stockage* S3, formes de stockage simples et robustes adaptées au stockage à long terme, les *volumes de stockage EBS* (*Elastic Block Store*), analogues à des disques externes virtualisés, rattachables à une instance, et enfin les *systèmes de fichiers EFS* (*Elastic File System*), ressources toutes trois dotés de propriétés très différentes.

Nous examinerons dans cette section les *objets de stockage S3*, créés grâce au service AWS nommé *S3* (*Simple Storage Service*).

Sur le plan historique, *Simple Storage Service* (S3) était l'un des services présents dès le lancement de l'offre AWS. Comme nous l'avons déjà indiqué, ce service est caractérisé, d'une part, par sa grande robustesse, conférée par l'usage de redondances, et, d'autre part, par son faible coût, autorisant une location en continu, avec la possibilité de stocker des volumes de données très élevés (facturés au gigaoctet stocké, sur une base mensuelle). Ce service est également caractérisé par la *simplicité du modèle de ressources* qu'il propose et, partant, la grande simplicité d'usage. Comme EC2, c'est un service *de niveau infrastructure*.

Les objets S3

Le service S3 met en œuvre un stockage dit *en mode « objet »* [1], c'est-à-dire ne reposant pas sur un système de fichiers, avec une gestion de blocs, mais fonctionnant selon le principe du stockage d'« objets » de données, *entités autonomes* embarquant un *contenu* accompagné de *métadonnées associées*.

L'unité de stockage est donc l'*objet S3*. Chaque objet S3 est une unité discrète, indépendante, identifiée de manière unique par un nom, aussi appelé *clé*, donné par l'usager à la création. Toutefois, contrairement à un fichier classique, un objet S3 sera, à la base, *écrit*, *lu* et *modifié comme un tout*. Le contenu d'un objet S3 pourra être de tout type, donnée brute ou structurée, au gré de l'utilisateur, pouvant être par exemple de la donnée binaire, du texte, image, vidéo, etc. Un objet pourra être de très grande taille (jusqu'à 5 téraoctets à la date d'écriture de ces lignes), sans limitation pratique sur le nombre d'objets créés par un utilisateur.

Un objet S3 est une ressource virtualisée, qu'il est possible de créer et d'utiliser de manière indépendante des unités d'exécution, c'est-à-dire des *instances*. Le contenu d'un objet pourra ainsi être créé et accédé indifféremment *depuis un programme tournant sur une instance*, *depuis un logiciel de l'organisation*, externe au cloud, ou bien encore *directement par un*

---

[1] On notera ici que le terme d'« objet » employé dans l'expression « stockage objet » ne doit en fait rien à l'approche et aux langages de même nom.

utilisateur à travers le Web. Plusieurs instances peuvent accéder aux mêmes objets S3, rendant donc possible un *partage de données* à travers des objets S3.

Les actions sur un objet sont simples, et s'expriment à travers une interface de type REST, appliquées à des URL qui représentent les entités gérées par S3. Ce sont l'*opération PUT*, qui permet de créer un objet doté d'une clé donnée, ou encore de remplacer le contenu d'un objet déjà existant portant cette clé, ainsi que l'*opération GET*, permettant de lire le contenu d'un objet existant. Comme déjà précisé, un objet S3 est écrit et lu comme un tout, aussi l'opération GET retourne-t-elle la totalité du contenu de l'objet[1].

La figure ci-dessous illustre la création et l'utilisation d'un objet S3. Nous y voyons un objet S3 créé par un client extérieur au cloud, usager ou logiciel, et ceci via l'utilisation du service S3. Comme nous le verrons dans la suite, cet objet S3 sera créé dans un *compartiment* utilisateur, précisé par l'utilisateur, dont il a été possible de choisir la *région AWS de stockage*. Un tel choix permet en particulier de limiter la latence, ou encore satisfaire à des exigences réglementaires. Nous voyons que cet objet est alors accédé et/ou modifié (un nouveau contenu étant alors envoyé en *upload*) par des instances en fonctionnement, mais aussi possiblement par le client lui-même.

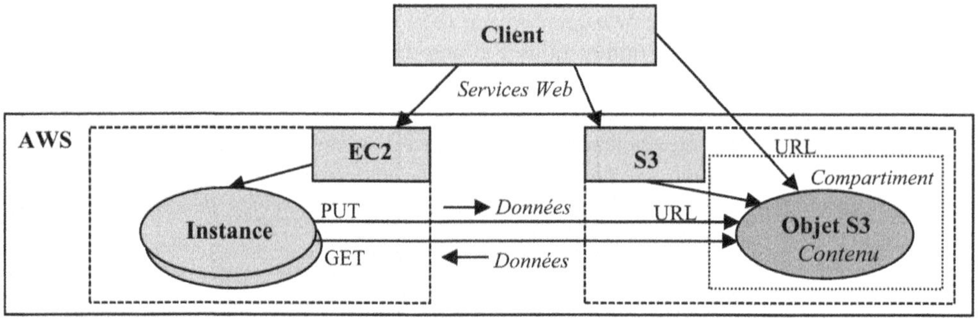

Figure 206. Création et utilisation d'un objet S3.

Le service S3 est adapté au stockage à long terme, pour lequel une très grande fiabilité est exigée. Ainsi, peut-on utiliser Amazon S3 pour stocker des copies de sauvegarde des données des applications à des instants particuliers, ou bien encore y placer des données de référence partagées par des utilisateurs, dont le stockage a vocation à durer, par exemple, des documents ou des pages Web. Il est à noter que le service EC2 utilise lui-même S3 pour stocker des « instantanés », copies de sauvegarde de l'état des ressources de stockage EBS, sachant qu'EC2 utilise aussi S3 pour stocker les *images machines Amazon* (AMI). On notera que, dans des versions antérieures d'EC2 qui n'offraient que des types instances basées sur un stockage local, avec des AMI plus simples, les objets S3 pouvaient en outre être mis à profit pour stocker les *données initiales d'une instance,* c'est-à-dire des données dont celle-ci devait disposer à sa création pour être en mesure de fonctionner.

Un objet S3 possède un *nom*, un *contenu*, ainsi que des *métadonnées* HTTP associées. Certaines de ses métadonnées sont standards, comme par exemple le *type de contenu*, voire

[1] Ceci n'est plus que partiellement vrai dans la version actuelle d'AWS, où certaines facilités sont maintenant offertes pour extraire d'un objet S3 certaines parties seulement de son contenu, sur la base de critères, exprimés de manière similaire à des clauses WHERE SQL.

renseignées de manière automatique, comme par exemple la *date de création* ou celle de *dernière modification*). Des *métadonnées personnalisées* peuvent en outre être définies par l'utilisateur.

La tarification associée aux objets S3, qui s'avère très bon marché, tient compte du *volume stocké*, des *flux transférés*, ainsi que du nombre de requêtes sur la période de temps.

Le stockage des objets S3

Comme nous l'avons déjà indiqué, aux fins d'assurer une *très haute disponibilité*[1], de même qu'une très grande *durabilité*[2], les objets S3, sont systématiquement *répliqués*. Cette réplication s'effectue *de manière automatique*, et *sur plusieurs zones de disponibilité* au sein de la région d'appartenance de l'objet. Cette réplication est effectuée de manière *asynchrone, non transactionnelle*, et fait donc apparaître une certaine latence, ne dépassant pas en pratique quelques secondes. L'approche ici utilisée, qui met en œuvre des réplications asynchrones des états complets des objets, jointes à la gestion des versions successives, garantit une *cohérence à terme*, ce qui signifie qu'une opération de lecture sera susceptible de renvoyer, dans certains cas, la valeur précédente de l'objet, non encore mise à jour. Cette valeur présentera cependant toujours un *contenu cohérent*. On notera que S3 ne supporte pas de notion de verrouillage d'objet.

Les objets S3 sont conçus pour offrir une très grande disponibilité et une très grande durabilité, les valeurs affichées par Amazon à la date d'écriture de ces lignes étant de 99,99% de disponibilité sur un an, et 99,999999999 % de durabilité.

Compartiments de stockage et gestion des objets

Nous avons vu que les *objets* constituaient les entités élémentaires stockées dans S3. Ces objets sont placés dans des réceptacles logiques créés par l'utilisateur, appelés dans S3 *buckets,* ou encore *compartiments*. Les *compartiments* sont des conteneurs destinés à accueillir des objets S3, analogues donc à des *répertoires*, à ceci près qu'ils ne permettent un classement des objets que sur *un seul niveau*[3], chaque objet étant stocké dans un compartiment choisi à sa création. Le contenu d'un objet S3 sera identifié par le *nom du compartiment* qui le contient, par son *nom*, c'est-à-dire sa *clé*, et enfin un *numéro de version* éventuel. On notera que le nombre de compartiments susceptibles d'être créés par un utilisateur est limité en nombre (100 à la date d'écriture de ces lignes, avec possibilité de lever cette limitation). Comme déjà indiqué, le nombre d'objets S3 par compartiment n'est, par contre, pas limité.

Un compartiment est créé dans une région donnée, fixée à sa création. Les compartiments permettent d'organiser l'espace de noms des objets S3, ceux-ci étant identifiés, et leurs contenus récupérés, à l'aide d'URL. Les compartiments Amazon S3 jouent alors un rôle analogue à celui des *noms de domaine Internet*.

Ainsi, si nous considérons un objet de clé */monimage.jpg*, stocké dans le compartiment *moncompartiment*, cet objet sera alors adressable via l'URL :

http://moncompartiment.s3.amazonaws.com/monimage.jpg

---

[1] Assurance de pouvoir accéder à tout instant à la donnée.

[2] Assurance de la conservation sur la durée de la donnée écrite.

[3] A l'inverse d'un répertoire de fichiers, ou ces derniers peuvent être organisés de manière arborescente, selon une profondeur fixée au gré de l'utilisateur.

La figure ci-dessous illustre un tel accès à des objets S3 stockés dans des compartiments, à l'aide d'URL :

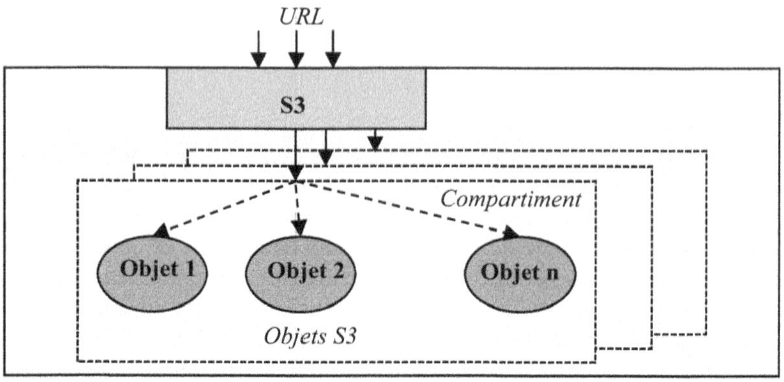

Figure 207. Stockage d'objets S3 dans des compartiments.

En utilisant l'interface de commande CLI, nous pourrons créer un compartiment par une commande *mb* (*make bucket*), de la forme :

aws s3 mb s3://moncompartiment --region eu-west-3

Cette commande aura pour effet de créer un compartiment nommé *moncompartiment* dans *eu-west-3*, qui correspond à Paris.

Pour supprimer un compartiment, on utilisera alors la commande *rb* (*remove bucket*) :

aws s3 rb s3://moncompartiment

Cette opération exige que le compartiment soit vide. Si ce n'est pas le cas, il est possible de mener à bien cette suppression en invoquant la même commande avec l'option *--force*.

Enfin, la commande *ls* permet de lister tous les compartiments d'un utilisateur, ou encore de lister les objets contenus dans les compartiments. Ainsi, par exemple, la commande suivante permettra-t-elle de lister tous les compartiments :

aws s3 ls

Nous avons vu que les compartiments ne permettaient le classement des objets que sur un seul niveau, et qu'ils ne pouvaient donc, de ce fait, réellement jouer le rôle classique de répertoires. Pour pallier cette limitation, et ainsi organiser les objets selon des *arborescences de classement*, construites au gré de l'utilisateur, la commande de recherche permet de lister tous les objets d'un compartiment donné *dont le nom commence par une certaine chaîne de caractères* spécifiée, appelée *préfixe*. Ceci permet de simuler, grâce à des *préfixes communs*, la notion de *sous-répertoire* ici absente.

Ainsi, il suffit de nommer des objets par des noms reproduisant un *chemin d'accès*, c'est-à-dire des noms de la forme */mesdocuments/rapports/monobjet*, pour simuler l'existence d'un sous-répertoire *mesdocuments,* contenant un sous-sous-répertoire *rapports*, contenant lui-même l'objet. On pourra alors, par exemple, effectuer une recherche dans le compartiment selon le préfixe */mesdocuments/rapports/* pour rendre compte d'une recherche qui serait effectuée dans un sous-répertoire (en réalité inexistant) de même nom. Bien entendu, l'organisation qui apparaît ainsi n'est pas ici réellement matérialisée.

D'autres commandes *S3* sont destinées à la gestion des objets, permettant de les *copier*, de les *déplacer*, de les *détruire* ou encore de les *synchroniser*. Ces commandes incluent *aws s3 cp*, *aws s3 mv*, *aws s3 rm* et *sync*. Les commandes *cp*, *mv* et *rm*, ainsi que la commande *ls*, que nous avons vu auparavant, fonctionnent de manière analogue aux commandes de mêmes noms du système d'exploitation Unix. La commande *sync* synchronise pour sa part les contenus d'un compartiment et d'un répertoire, ou encore de deux compartiments.

Les droits d'accès aux objets

Il est possible de contrôler l'accès aux compartiments, pour, par exemple, y autoriser ou non la création, la lecture ou la suppression d'objets. Il est également possible de contrôler l'accès aux objets. Il est enfin possible de consulter les journaux d'accès aux compartiments et aux objets.

Un objet est affecté de *droits d'accès*. Par défaut, un objet est accédé par son seul créateur, les droits, accordés de manière *positive* (principe du *grant*), étant explicitement formulés sont la forme de *listes de contrôle*, ou *Access Control List*, que nous appellerons ici plus brièvement des ACL. Un droit accordé peut concerner une *action sur l'objet lui-même,* telle que *read* ou *write*, ou encore une *action sur sa liste de contrôle*, telle que *read_acp* ou *write_acp* (*acp* signifiant ici *access control policy*). Il n'y a pas ici de notion de *groupes d'usagers*, à l'exception de groupes prédéfinis, *AllUsers* et *AuthenticatedUsers.*

Les ACL s'ajoutent aux politiques d'accès pouvant être définies via le service *AWS identity and Access Management* (IAM), AWS IAM étant le service dédié à la gestion des utilisateurs. Ce dernier permet de créer des utilisateurs et des groupes, et de gérer les autorisations d'accès aux différentes ressources.

Enfin, S3 peut prendre en charge le chiffrement du contenu des objets. Ceci concerne la sécurisation du transit des contenus sur le réseau, ainsi que le stockage lui-même, avec différents modes de contrôle possibles. Il est alors possible de spécifier au niveau d'un compartiment un *cryptage par défaut* de tous les objets qui y seront stockés, les objets étant alors cryptés coté serveur.

Les classes de stockage

S3 propose différentes *classes de stockage* possibles pour les données, en rapport chacune avec différents niveaux des paramètres caractéristiques du service, tels que le *temps de latence*, la *disponibilité*, la *durabilité garantie*, etc. Chaque classe est ainsi conçue pour une certaine classe de besoins, allant de *données souvent accédées et mises à jour*, jusqu'à des *données d'archive*, supportant très peu d'accès, mais nécessitant une grande durabilité.

Ces classes comprennent *Amazon S3 Standard* (mode de stockage général, avec des données fréquemment consultées), *Amazon S3 standard IA* (*Infrequent acsses*), pour des données à grande durée de vie, mais peu consultées, et, enfin, *Amazon Glacier*, lequel vise l'archivage à long terme. A été plus récemment ajoutée une nouvelle classe, nommée *Standard One Zone-IA*. Les cas d'utilisation auxquels répond cette dernière classe concernent les données auxquelles on accède rarement, et susceptibles d'être, si nécessaire, recréées. Ceci concerne en particulier le stockage des copies de sauvegarde *secondaires* de données, ou encore un stockage *déjà répliqué* sur une autre région AWS.

On notera que les objets peuvent être automatiquement déplacés vers des classes de stockage spécifiées par le biais de *politiques de gestion du cycle de vie*.

9.5.14. Les volumes EBS

Les *volumes EBS* sont des ressources de stockage *de niveau bloc*, pérennes par rapport au cycle de vie des instances. De telles ressources sont créées et manipulées par le biais du service de même nom, EBS, c'est-à-dire *Elastic Bloc Store*.

Un volume EBS est une ressource comparable à un *disque externe virtualisé*, avec un *stockage de type bloc*, mais dont les caractéristiques peuvent être modifiées, ce qui ne pourrait bien sûr être le cas d'un disque physique, d'où le qualificatif d'*élastique*. Un volume EBS est créé dans une *zone de disponibilité* donnée. Il peut alors être *attaché* au gré de l'utilisateur à une instance particulière de la même zone de disponibilité, de manière comparable au *mount* d'une partition disque, et éventuellement, ensuite, détaché pour être rattaché à une autre instance. Un volume EBS ne pourra donc être *attaché qu'à une seule instance à un instant donné*, instance dont il sera par ailleurs automatiquement détaché en cas de terminaison de celle-ci. Une telle ressource peut être utilisée comme *dispositif principal de stockage* pour les applications exécutées sur cette instance, et utilisé ainsi de manière tout à fait comparable à un disque physique.

Un volume EBS se comporte comme un *périphérique de stockage externe en mode bloc, non formaté*. Une fois une ressource EBS attachée à une instance, cette dernière peut l'utiliser alors exactement comme une partition de disque dur physique, pour en particulier y placer un *système de fichiers*. Un volume est donc un *disque logique*. Il simule en quelque sorte une *partition sur un SAN* (*Storage Area Network*), que l'on pourrait monter successivement sur différentes instances, mais seulement une à la fois. Un volume EBS offre un accès disque direct. Il est possible, comme on l'a indiqué, d'utiliser un système des fichiers sur une telle ressource, mais aussi d'y installer une *base de données*, rôle auquel elle est adaptée. Plusieurs volumes EBS peuvent être attachés à une même instance. On notera qu'il est possible de chiffrer le contenu d'un volume en utilisant la fonction de *chiffrement Amazon EBS*, en particulier en utilisant des clés issues du service appelé *AWS Key Management*.

La figure ci-dessous symbolise le principe d'attachement d'un volume EBS à une instance. Nous voyons ainsi sur la figure deux instances et deux volumes EBS, respectivement créées par le biais des services EC2 et EBS. Les deux volumes EBS sont d'abord tous deux attachés dans un premier temps à l'instance 1, puis, dans un second temps, le volume EBS 1 est détaché de l'instance 1 pour être ensuite rattaché à l'instance 2.

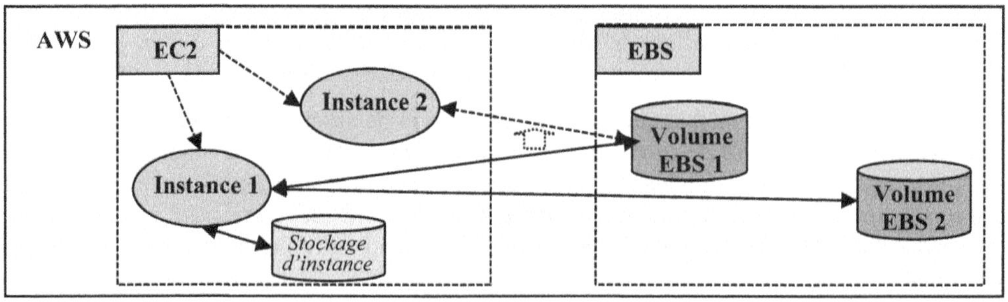

Figure 208. Attachement de volumes EBS à des instances.

Lorsque l'on crée un volume EBS dans une zone de disponibilité, celui-ci est automatiquement répliqué sur un autre espace disque physique de cette même zone, de sorte à réduire la probabilité de perte de données due à la défaillance d'un composant dans le parc de machines. Toutefois, malgré la *durabilité* ainsi assurée, on notera que les volumes EBS restent basés sur *une seule zone de disponibilité*, et qu'ils s'avèrent donc d'une sûreté inférieure à celle des ressources S3. Il convient donc de pouvoir *sauvegarder régulièrement le contenu d'un volume EBS*.

On utilise pour ce faire les ressources S3, déjà présentées. On peut alors réaliser les sauvegardes d'un volume EBS sous la forme d'*instantanés*, aussi appelés *snapshots*, écrits dans un *objet S3*. Il s'agit d'instantanés *ponctuels*, en ce sens qu'ils constituent des images fidèles aux instants précis de copie, et ce malgré les temps nécessaires aux copies (ce temps ne pouvant bien sûr être nul, et le contenu pouvant donc évoluer pendant la durée de la copie). Les écritures peuvent ainsi continuer pendant la copie, les mécanismes de réplication internes étant transparents pour l'utilisateur. Il est possible de réaliser des sauvegardes incrémentales, une sauvegarde ultérieure n'ayant alors pour effet de n'écrire que les blocs modifiés. A partir d'un instantané sauvé sur un objet S3, il est possible à l'inverse de *restaurer les données* via la *création d'un nouveau volume EBS*, qui sera alors doté du contenu correspondant à cet instantané, constitué des données inscrites sur l'objet S3.

La figure ci-dessous illustre ce principe de sauvegardes successives d'un volume EBS 1 sur un objet S3, puis restauration ultérieure sur un nouveau volume EBS 2 créé à cet effet.

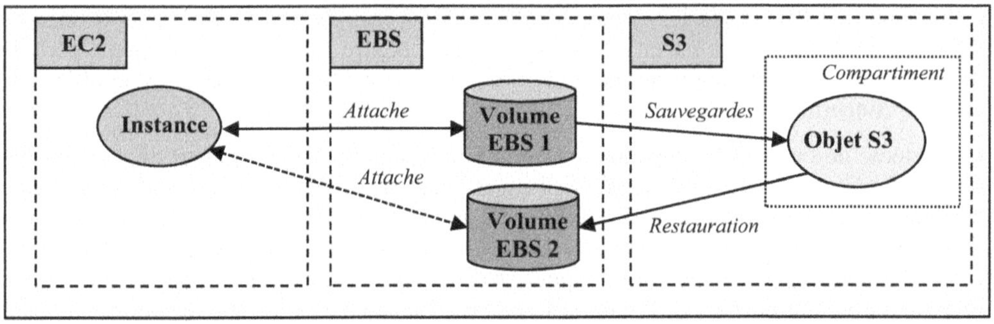

Figure 209. Sauvegarde d'un volume EBS dans un objet S3.

Il faut prêter ici attention au fait que, si un volume EBS contient une base de données relationnelle, il convient, pour exécuter une telle sauvegarde, qu'il n'y ait pas de transaction en cours. La sauvegarde, telle qu'elle a été évoquée, assure en effet un *contenu disque cohérent*, lequel ne correspond toutefois pas nécessairement à un *état de base de données cohérent*. Si la base de données est en fonctionnement, il devient alors indispensable d'utiliser l'opération convenable fournie par le système de gestion de base de données utilisé, permettant de délivrer un *cliché cohérent de l'état de la base à un instant donné*, et qui serait, dans le cas de MySQL par exemple, une opération du type *Flush tables with read lock*.

Il existe différents types de volumes EBS adaptés à différentes situations, dont les volumes *EBS SSD d'usage général*, ou *gp2*, les *volumes IOPS provisionnés SSD*, ou *io1*, les volumes *HDD à débit optimisé*, ou *st1*, ainsi que les volumes dits *Cold HDD*, ou *sc1*. Chacun de ces types de volumes se distingue par les valeurs offertes afférant à différentes caractéristiques telles que le *débit des entrées-sorties*, la *taille minimale* d'un volume, et partant, l'usage auquel ce type est destiné, des coûts spécifiques étant associés à chaque type. Les capacités maximales de stockage offertes sont, à la date d'écriture de ces lignes, de 16 téraoctets, sans limitation quant à la taille des fichiers inscrits sur ce volume. On notera que, de manière générale, les ressources EBS font apparaître un coût par unité de volume stocké plus élevé que celui afférant aux objets S3.

9.5.15. Les systèmes de fichiers EFS

Nous avons vu que les volumes EBS pouvaient être utilisés aux fins de constituer le disque principal d'une instance, tout en ayant la capacité de survivre à la terminaison de celle-ci. Toutefois, il n'est pas possible de partager des données entre instances par ce biais, un volume EFS ne pouvant être attaché qu'à une seule instance à la fois. En particulier, il n'est pas possible de faire coopérer sur cette base des applications de différences instances, se partageant, par exemple, une même charge de travail.

Plus récemment ajouté à l'offre AWS, *EFS* (*Elastic File System*) est un service de stockage qui permet la création de ressources virtualisées constituées de *systèmes de fichiers extensibles* et *partageables*. Le caractère d'*extensibilité* signifie ici que les systèmes de fichiers ainsi créés sont susceptibles de *croître de manière automatique* avec l'évolution du besoin de stockage, au fur et à mesure de l'ajout de fichiers. Les systèmes de fichiers ainsi créées sont utilisables, via un montage de volume, depuis les instances EC2 en fonctionnement, mais aussi depuis des applications classiques exécutées hors du cloud, par le biais d'une connexion au VPN, et via le service appelé *AWS Direct Connect*. Enfin, ces systèmes de fichiers sont dits *concurrents*, en ce sens qu'ils peuvent être partagés sur une même période de temps par plusieurs applications, exécutées sur différentes instances, et y accédant de manière concurrente.

Un système de fichier EFS fonctionne de manière analogue à un dispositif de stockage de type *NAS* (*Network Attached Storage*). Il assure par ailleurs un stockage doté d'une haute disponibilité et d'une durabilité élevée, grâce à un stockage redondant, utilisant des réplications sur *plusieurs zones de disponibilité au sein de la région* où le système de fichiers a été créé. EFS a été de plus conçu pour supporter des latences faibles et constantes. Le service EFS supporte le protocole NFS[1] dans ses versions 4.0 and 4.1, ainsi que le contrôle d'accès aux fichiers à travers les permissions POSIX[2] (*Portable Operating System Interface*).

Il n'y a pas de limitation quant à la taille d'un système de fichiers EFS, la taille maximum d'un fichier individuel au sein d'un tel système de fichiers étant, au jour d'écriture de ces lignes, de 47,9 téraoctets. Il existe une limite sur le nombre de systèmes de fichiers susceptibles d'être créés par un utilisateur dans une région donnée, cette limite dépendant de la région. On notera que, de manière générale, le coût afférant à l'utilisation de systèmes de fichiers EFS est nettement plus élevé que le coût correspondant aux volumes EBS, pour un même volume de stockage.

La figure ci-après symbolise les différentes ressources de stockage offertes par AWS, avec leurs relations respectives. Outre le stockage local d'instance, nous y trouvons les trois types de ressources que nous venons de voir, à savoir les *objets S3*, que l'on place dans des *compartiments*, les *volumes EBS*, et enfin les *systèmes de fichiers EFS*.

---

[1] *Network File System.*

[2] *Portable Operating System Interface.*

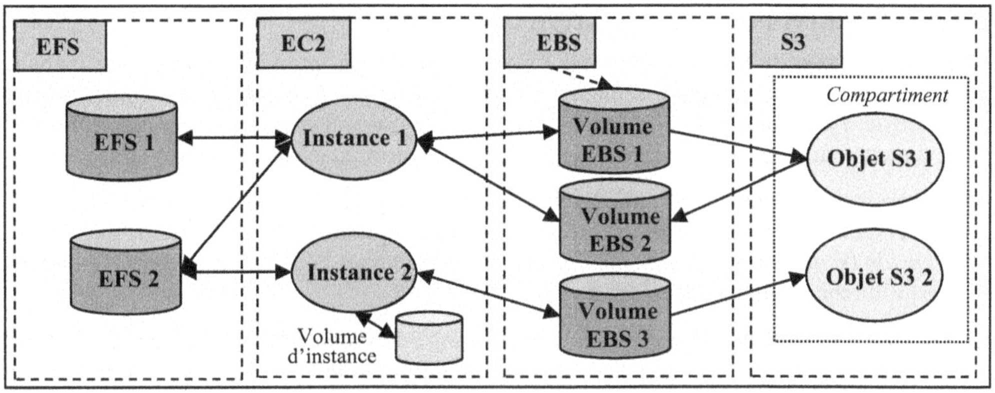

Figure 210. Synthèse des ressources de stockage AWS.

9.5.16. Le service de messagerie

Pour permettre les communications entre des applications exécutées sur différentes instances, ou encore entre de telles applications et des applications classiques présentes sur les machines de l'organisation, hors du cloud, outre les interactions synchrones, basées par exemple sur des services REST définis à façon, AWS propose un service de *communication asynchrones par messages* de type MOM, appelé *Simple Queue Service* (SQS). Il s'agit en fait d'un MOM, spécifiquement conçu et accessible comme un service AWS, et *exécuté à l'intérieur de l'infrastructure AWS*. SQS supporte la notion de *queue de messages*, les communications par *topics* pouvant par ailleurs être réalisées par le biais d'un autre service, nommé *SNS* (*Simple Notification Service*), non examiné ici.

SQS est donc service de type MOM, assurant une *communication par message*, *fiable* et avec *couplage faible*, entre des composants logiciels distribués, via des *queues de messages*. Il s'agit d'un moyen d'échange simple et donc limité dans ses fonctionnalités.

SQS fournit *deux types de queues de messages*. Les *queues de messages standards*, conçues pour offrir un débit élevé tout en assurant par ailleurs que les messages seront délivrés *au moins une fois*. Elles ne donnent pas de garantie sur le respect de la chronologie des messages, assuré. Les *queues de messages FIFO* (*First In First Out*) garantissent pour leur part que les messages seront traités une fois exactement, et dans l'ordre dans lequel ils sont envoyés. Il y a dans tous les cas garantie qu'un message ne pourra être perdu, un message qui s'avère non traité étant par ailleurs automatiquement supprimé à l'issue d'un délai de quelques jours.

La taille maximale d'un message est de l'ordre 256 kilooctets. Pour dépasser si besoin cette limite, un moyen peut consister à transmettre la seule référence à la charge utile, cette dernière étant stockée dans un objet S3, consulté par le consommateur à l'arrivée du message. Depuis un programme Java, il est possible de faire appel pour cela à une librairie appelée *Amazon SQS Extended Client Library for Java*, conçue à cette fin. La taille maximale de la charge utile est alors de 2 gigaoctet.

Il est possible d'attacher des *attributs* à un message, constituant des métadonnées. Un attribut possède un *nom*, un *type*, et enfin une valeur associée, jusqu'à 10 attribut pouvant être attachés à un message.

9.5.17. Supervision et adaptation dynamique

Dans un contexte de production, il est souvent essentiel de pouvoir répondre de manière immédiate à l'évolution de la demande. AWS propose pour ce faire des moyens aptes à *automatiser l'allocation de ressources machines*, c'est-à-dire d'instances, aux fins d'un juste dimensionnement du nombre de celles-ci par rapport au flux de requêtes entrant.

Deux services peuvent alors utilisés en conjonction, à savoir *Amazon Cloud Watch*, ou *ACW*, et *Amazon Auto Scaling* (*ASS*), aux fins d'assurer le contrôle d'un *groupe d'extension* (*scaling group*), ensemble d'instances exécutant la même application, associées à un équilibreur de charge (*load balancer*).

Cloud Watch permet de surveiller l'état (*montoring*) de l'ensemble d'instances EC2, fonctionnant en équilibrage de charge. Il est alors possible de définir des requêtes, basées sur des notions de *dimensions*, de *métriques* associées, et enfin de *mesures*. Le service fonctionne alors en mode *pull*, c'est-à-dire depuis les instances vers le service, auquel le client peut adresser des requêtes de sorte à s'informer des résultats.

Amazon Auto Scaling permet alors de dimensionner automatiquement le parc d'instances EC2 selon des conditions définies, à partir de *déclencheurs* (*triggers*), issus de métriques, avec des définitions de *bornes*. Le service ajoute ou supprime alors automatiquement des instances selon la charge, constituant ainsi un plateforme « élastique », c'est-à-dire dynamiquement adaptée aux besoins.

La figure ci-dessous illustre ce principe de fonctionnement :

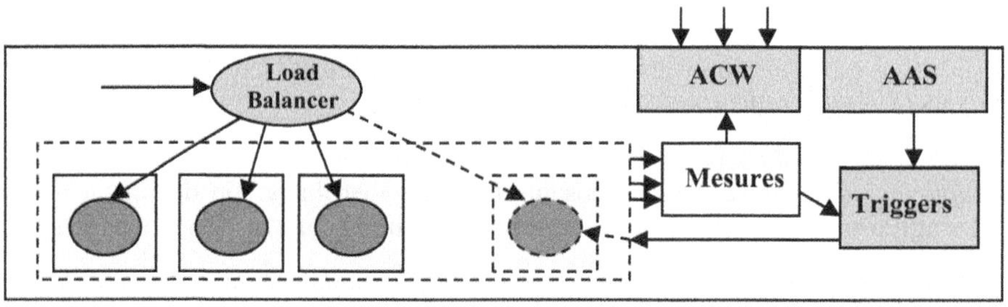

Figure 211. Principe de fonctionnement d'un groupe d'extension.

9.5.18. Quelques autres services

Nous citerons ici pour terminer quelques autres services proposés par AWS, et notamment ceux visant à la persistance des données.

SimpleDB est un service de stockage *pseudo-relationnel*. Il permet de stocker des données de manière tabulaire, à la manière d'un système de gestion de base de données relationnelle, en fournissant une interface de requête et de manipulation de données sur la base d'un langage de requête analogue à SQL, mais largement simplifié. *SimpleDB* est accessible indépendamment des instances EC2.

D'autres services de gestion de données sont proposés, tels *Relational Database Service* (RDS), service de base de données relationnelle fournissant un dimensionnement automatique, ainsi que *DynamoDB*, lequel s'inscrit dans une approche NoSQL.

Enfin, *CloudFront* est un service offrant un moyen de mise en place d'un CDN (*Content Delivery Network*), travaillant avec des données stockées dans des objets S3. De manière générale, un CDN est conçu pour améliorer la fourniture de contenus à des consommateurs de données géographiquement réparties, en mettant en place différents serveurs de distribution, ce qui permet de délivrer les contenus statiques depuis le serveur le plus proche du lieu du client, avec une latence réduite.

9.5.19. Synthèse des concepts

La figure ci-dessous dresse une synthèse afférant aux principales ressources AWS que nous avons ici étudiées.

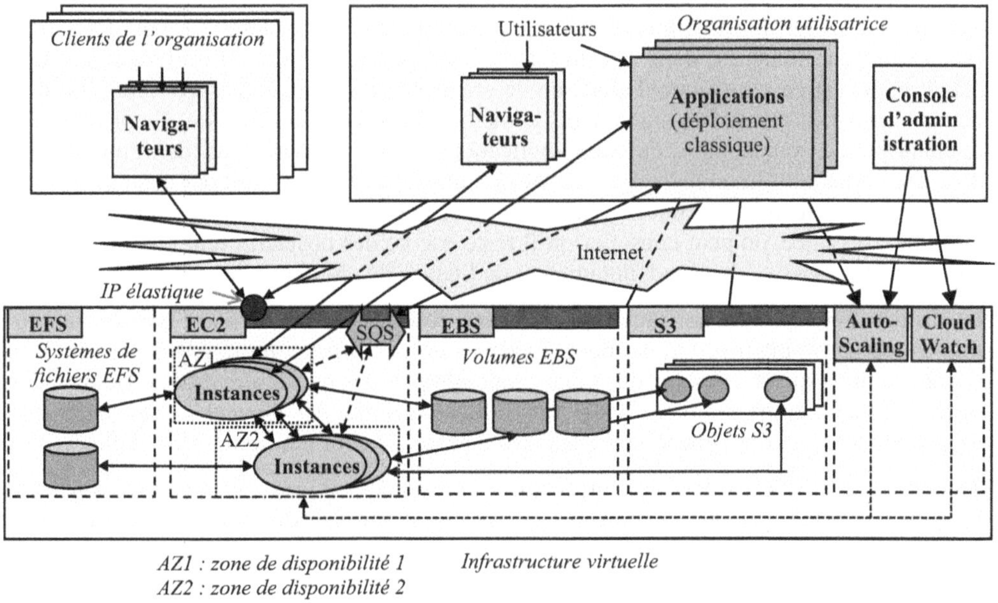

Figure 212. Synthèse des principaux concepts d'infrastructure AWS.

9.6. Conclusion

Nous avons étudié dans ce chapitre les principes de base du *cloud computing*, que nous avons d'abord illustrés au travers de quelques offres majeures d'outils et de services, puis, plus en détail, dans l'exemple du modèle des ressources de base proposé dans l'offre AWS d'Amazon, illustrant ainsi l'approche de l'*infrastructure en tant que service*.

Sur le plan technique, les logiciels de *cloud* pouvaient apparaître, à leurs débuts en tout cas, essentiellement comme des extensions des technologies de virtualisation. Il n'en est plus du tout de même à l'heure actuelle, ces logiciels constituant des systèmes répartis complexes, où un facteur de complexité particulier réside dans le très grand nombre d'éléments interconnectés et leur distribution géographique.

On peut constater que l'offre actuelle de *cloud* a globalement atteint à ce jour un niveau de maturité tout à fait satisfaisant, tant du côté des services offerts par les grands fournisseurs, que de celui des logiciels aptes à la mise en œuvre d'un *cloud* privé.

De manière générale, on constate qu'une *élasticité de plus en plus rapide* est un besoin absolument réel des entreprises. Le cloud permet maintenant de monter en très peu de temps une infrastructure matérielle et logicielle pour laquelle des mois auraient été nécessaires dans le cadre d'un déploiement classique. Le besoin est donc bien réel et le bénéfice potentiel considérable. Par ailleurs, nous avons vu que, du fait du principe du cloud, le bénéfice économique était double, et concernait le client comme le fournisseur. Il y a donc un moteur économique tout à fait réel en ce qui concerne la progression à venir de l'usage.

Malgré la très grande diversité des offres, tant du point de vue du niveau d'abstraction des ressources offertes que de celui des fonctionnalités, on peut considérer que le principe du « *computing as an utility* », mis en avant en préambule de ce chapitre, et but visé par les promoteurs du cloud, est dans une très large mesure en voie de réalisation. L'usage du cloud public est en croissance. Beaucoup de grandes organisations montent leurs solutions de cloud privé, et/ou sont engagées dans le même temps dans un processus de passage vers le cloud public pour nombre de leurs applications. Cela concerne beaucoup de domaines, dont une partie pour lesquels la recevabilité de l'approche cloud n'était pas acquise *a priori*. Mais malgré la maturité technologique des offres, la réalité du besoin, et l'adoption largement en croissance, on peut constater qu'il reste encore des obstacles tout à fait réels à une adoption plus massive du cloud, notamment de l'usage du cloud public.

Le risque afférant à la localisation des données avec l'usage malveillant qui peut en être fait, est en partie maîtrisé. Ainsi, nous avons vu qu'une offre comme AWS permettait un certain contrôle quant à aux localisations géographiques des ressources créées. De même, la mise à l'échelle des ressources d'exécution et l'extensibilité des moyens de stockage, autre inquiétude possible d'un client, sont, dans les faits, en général rapides et bien réelles.

Toutefois, il existe encore des problèmes à résoudre. Parmi ceux-ci, on peut citer l'appréhension légitime du client quant au verrouillage sur une offre particulière. Ceci pourra probablement être résolu dans le futur par l'émergence de standards adoptés par les fournisseurs. D'autres obstacles tout aussi réels concernent la difficulté possible quant au retour des données dans le cas du désengagement du client, mais aussi la confidentialité des données au cours de leur transmission et tout au long de leur stockage. D'autres aspects concernent les possibles goulots d'étranglement dans les transferts, la prédictibilité des performances et enfin le problème des licences logicielles. La difficulté d'interfacer les développements réalisés sur le cloud avec un existant, notamment lorsque celui-ci est basé sur des technologies anciennes est, de plus, tout à fait réelle. Toutefois, on peut penser que des aides seront progressivement apportées par les solutions concernant ces aspects.

On peut noter quelques tendances sur le plan technique. Ainsi, les applications seront probablement de plus en plus structurées en une *partie client*, possiblement mobile, et une *partie cloud*. La partie cloud devra s'adapter à la charge très rapidement, la partie client devant par ailleurs être à même de continuer, même déconnectée. Les logiciels d'infrastructure devront être de plus en plus « conscients » qu'ils ne tournent plus sur une machine physique, mais dans un environnement virtuel. Enfin, l'aspect coût devra être intégré de base dans la conception. Ainsi, le matériel placé du côté des centres de données devra probablement évoluer également (conception à l'échelle du *rack*, mise en veille automatique de parties, prise en compte « native » de la virtualisation dans le matériel, etc.).

Conclusion

Nous avons étudié ici un certain nombre d'approches majeures visant à la mise en œuvre des nécessaires interactions entre les diverses composantes logicielles d'un système réparti. De manière générale, nous avons vu qu'il s'agissait pour le développeur d'application de s'abstraire le plus possible des aspects techniques liés aux communications à travers le réseau, et de disposer de cette sorte de paradigmes très proches de ceux afférant aux interactions classiques entre les composantes d'un logiciel centralisé, tournant sur une machine unique.

Nous avons vu que chaque cas était caractérisé par un certain nombre de principes généraux, que nous nous sommes efforcés d'exposer, mais aussi par des standards éventuels, avec des interfaces de programmation associées, ainsi que des technologies logicielles aptes à permettre leurs mises en œuvre.

Nous nous sommes avant tout adressés ici à l'ingénieur logiciel intéressé par les aspects architecturaux, c'est-à-dire par la conception d'ensemble d'un logiciel, et désireux d'appréhender un système plus ou moins complexe dans sa globalité, et avec le recul nécessaire, de sorte à pouvoir mener à bien lui-même une définition d'architecture sur la base de connaissances solides.

Nous avons illustré la plupart de ces approches par les aspects en rapport direct avec la programmation des composants en interaction, ceci afin de donner au futur décideur une idée concrète de la facilité, ou au contraire de la relative difficulté, de mise en œuvre. Nous nous sommes limités ici dans chaque cas aux aspects les plus caractéristiques, le but n'étant pas du tout de former le lecteur aux diverses librairies logicielles évoquées, et en particulier au développement sur la base de celles-ci. Nous pensons toutefois que l'apprentissage de tel ou telle technologie logicielle évoquée pourra se trouver facilité par une bonne appréhension de principes sous-jacents, pour le cas où le lecteur aurait à les mettre lui-même en œuvre, appréhension que cet ouvrage s'est efforcé d'apporter.

Lorsque plusieurs technologies concurrentes s'offraient, comme c'est d'ailleurs le cas dans la quasi-totalité des thèmes traités, nous avons le plus souvent axé notre propos sur la présentation des standards de fait issus du monde Java, ou encore du logiciel libre. Il s'agit d'un choix tout à fait arbitraire, ne reflétant aucune espèce de jugement quant à la valeur des produits en question. Nous pensons par ailleurs que les principes qui ont été exposés peuvent le plus souvent être transposés assez simplement pour la compréhension des autres approches et produits, et, en particulier, dans le cadre d'offres propriétaires, ici seulement évoquées et non décrites.

Bien évidemment, il nous a été totalement impossible d'être exhaustifs. On pourra ainsi regretter l'absence de certaines approches, non abordées dans cet ouvrage, comme, par exemple, les technologies Web mises en œuvre côté client et serveur, ou encore les approches dites « client riche », qu'il s'avérait impossible de traiter dans le contexte d'un seul et même ouvrage et sous la contrainte d'une taille raisonnable. De même, nous avons fait le choix de passer sous silence nombre d'approches plus récentes comme, par exemple, les architectures à micro-services, les applications conteneurisées, ou encore l'automatisation du déploiement de celles-ci, aspects très intéressantes, mais qu'il n'aurait pas été possible de faire tenir dans le présent ouvrage.

Après une présentation des principes de base, maintenant très anciens, et en particulier des approches par objets distribués, nous nous sommes d'abord concentrés sur les interactions entre composants au sein d'une même application, possiblement distribuée, avec les problématiques et solutions de la persistance objet, puis les approches à base de composants métiers, maintenant très utilisées dans les applications Web.

Nous sommes ensuite passés à l'échelle plus large d'un Système d'Information, constitué d'applications, possiblement en grand nombre, et nous avons présenté successivement dans ce cadre les intergiciels orientés messages, ou MOM, les Services Web, ainsi que l'orchestration de processus basée sur le langage BPMN, ce qui nous a permis d'aborder l'architecture orientée service, dite S.O.A.

Enfin, de sorte à illustrer des systèmes distribués à beaucoup plus grande échelle sur la base d'Internet, nous avons fait le choix de présenter les bases de données NoSQL d'une part, et l'approche du *cloud computing* d'autre part, en mettant l'accent, pour ce second aspect, sur le modèle dit d'*infrastructure en tant que service*, et sur la vision qui en est proposée par *Amazon Web Service*.

Nous avons pu voir que le *cloud computing* condensait en quelque sorte la quasi-totalité des approches présentées, en intégrant la plupart des concepts d'interaction que ces dernières proposaient. Ainsi, la persistance et les composants métiers seront-il présents sous forme virtualisée dans une *plateforme en tant que service* avancée. Nous avons vu que la notion de MOM pouvait être présente dans une offre de cloud, en tant que *bus* présidant aux échanges asynchrones entre les applications. Les Services Web, et en particulier les Services REST, sont par ailleurs la base des interactions entre une application et les fonctionnalités d'une offre de cloud. S.O.A. constitue une architecture de base, où une partie, voire la totalité des Services, peuvent être déportées dans le *cloud*, architecture où ce dernier s'intègre donc très naturellement. Enfin, nous avons pu constater que les bases de données NoSQL avaient toute leur place à côté des bases de données relationnelles dans nombre d'offre de *cloud*, sous forme virtualisée, et accessibles sous la forme de services.

En fait, bien au-delà des approches d'intégration que nous avons pu voir, le *cloud computing* apparaît avant tout pour l'architecte comme une nouvelle forme de déploiement, utilisable pour l'ensemble d'une application ou d'un système, ou bien encore en conjonction avec d'autres formes de déploiement, tel un déploiement classique et/ou d'autres instances de *cloud*. On peut ici penser que l'avenir de beaucoup de Systèmes d'Information résidera dans des formes de déploiement mixtes, unissant différentes instances de cloud public, le cloud privé de l'organisation utilisatrice et enfin des déploiements classiques, et permettant une allocation dynamique des unités d'exécution sur les différentes formes de ressources offertes. Tout ce processus d'allocation devra alors pouvoir être mis en œuvre de manière automatisée, en fonction des besoins et en fonction de la charge d'ensemble constatée. Ce mouvement a commencé avec les approches du cloud hybride, que nous avons pu évoquer, et avec l'aide apportée par des logiciels de gestion de cloud, également évoqués. Ces approches devraient être amenées à se développer plus largement, de même que l'outillage apte à les mettre en œuvre. Ceci constitue nous semble-t-il un défi essentiel des logiciels de cloud et des futurs Systèmes d'Information.

Nous nous sommes pour notre part attachés à poser ici des bases conceptuelles précises et rigoureuses permettant à notre sens de bien appréhender les notions de base utiles à la maîtrise des interactions entre composants logiciels, au sein d'un systèmes réparti à plus ou moins grande échelle.

Références bibliographiques

ALLWEYER Thomas, *BPMN 2.0*, BoD, 2010.

ARMBRUST Michael, FOX Armando, GRIFFITH Rean, JOSEPH Anthony, KATZ Randy, KONWINSKI Andrew, LEE Gunho, PATTERSON David, RABKIN Ariel, STOICA Ion, ZAHARIA Matei, *Above the Clouds : A Berkeley View of Cloud Computing*, technical report ECB/EECS-2009-28, 2009.
ref: https://www.eecs.berkeley.edu/Pubs/TechRpts/2009/EECS-2009-28.html

BAUER Christian, KING Gavin, *Hibernate in Action: Practical Object/Relational Mapping*, Manning, 2004.

BAUER Christian, KING Gavin, GREGORY Gary, *Java Persistence with Hibernate*, Manning publications, 2015.

BLOKDYK Gerardus, *Message-Oriented Middleware*, 5starcooks, 2018

CHAUVET Jean-Marie, *Services Web avec SOAP, WSDL, UDDI, ebXML...*, Eyrolles, 2002.

DANIEL Jérôme, *Services Web. Concepts, techniques et outils*, Vuibert, 2017.

DESFRAY Philippe, *Modeling Enterprise Architecture with TOGAF : A Practical Guide Using UML and BPMN*, Elsevier Science & Technology, 2014

DOWNING Troy Bryan, *Java RMI: Remote Method Invocation*, Wiley, 1998.

ENSTROM David, *A Simplified Approach to IT Architecture with BPMN*, iUniverse, 2016.

FERREIRA Diogo, *Enterprise Systems Integration: A Process-Oriented Approach*, Springer-Verlag, 2016.

FOURNIER-MOREL Xavier, GROJEAN Pascal, PLOUIN Guillaume, ROGNON Cyril, *SOA. Le guide de l'architecte*, Dunod, 2011.

FOWLER Martin, *Inversion of Control Containers and the Dependency Injection pattern*. 2004.
Réf : https://martinfowler.com/articles/injection.html.

FRON Annick, *Architectures réparties en Java : RMI, CORBA, JMS, sockets, SOAP, services web*, Dunod, 2007.

GONCALVES Antonio, *JavaEE5. EJB 3.0 - JPA- JSP - JSF - Web services - JMS - GlassFish 3 - Maven 3*, Eyrolles, 2011.

GROSSO William, *Java RMI*, O'Reilly, 2001.

HOHPE Gregor, WOOLF Bobby, *Enterprise Integration Patterns Designing, Building, and Deploying Messaging Solutions*. Addison Weslay, 2003.

ORFALI Robert, *Client-serveur, guide de survie*, Vuibert informatique, 1997.

PANDA Debu, RAHMAN Reza, CUPRAK Ryan, REMIJAN Mickael, *EJB in action*, Manning, 2014.

PATRICIO Anthony, SALVATORI Olivier, *Hibernate 3.0 : Gestion optimale de la persistance dans les applications Java/J2EE*, Eyrolles, 2007.

POLLET Yann, *Systèmes, architectures, intégration. Pratique de l'intégration des systèmes avec SysML*. Ellipse, 2016.

PERROUD Thierry, INVERSINI Reto, *Enterprise Architecture Patterns: Practical Solutions for Recurring IT-Architecture Problems*, Springer-Verlag, 2013.

PLOUIN Guillaume, *Cloud computing - Sécurité, gouvernance du SI hybride et panorama du marché*, Dunod, 2016.

RYAN Mike, LUCIFREDI Federico, *AWS System Administration*, O'Reilly, 2015

STEPISNIK Josef, *Distributed Object-Oriented Architectures: Sockets, Java RMI and CORBA*, Diplomica Verlag, 2007.

ZAROUK Matthieu, *Cloud Computing - Maîtrisez les Services Web d'Amazon*, Editions ENI, 2013.

WITTIG Michael, WITTIG Andreas, *Amazon Web Services in Action*, Manning Publications, 2015.

Index

D

E

F

G

H

I

Imprimé en France en mai 2019
par l'Imprimerie Maury S.A.S. à Millau (12)
N° d'impression : F19/59040A
Dépôt légal : mai 2019